철학적 신학

Philosophische Theologie

철학적 신학

Philosophische Theologie

요셉 슈미트 지음 / 이종진 옮김

서강대학교 출판부

Umschlag: Data lmages GmbH
Gesamtherstellung:
W. Kohlhammer Druckerei GmbH+Co. Stuttgart
Printed in Germany

ISBN 3-17-017958-6

지은이의 말

이 책은 본인이 뮌헨 예수회 철학대학에서 수년간 "철학적 신학"(혹은 교육과정의 전공표기대로라면 "철학적 신론")을 정기적으로 강의하면서 생겨난 것이다. 고대 이래로 철학의 커다란 체계적인 주제 영역들에는 말하자면 신에 대한 물음이 속한다. 이 물음과 함께 사안을 벗어난 주제가 철학 안으로 들어오는 것은 결코 아니다. 오히려 철학은 종교적 전승이나 그것의 신학과 접촉하면서 비로소 자신의 물음이 포괄적으로 확장되고 특유의 철저성에 이르도록 도전받고 있다. 이러한 자기구성의 특징 안에서 철학은 그럼에도 불구하고 논증의 표준들을 발전시키고 있으며, 신학은, 만일 "로고스"Logos를 자신의 개념 안에 진지하게 받아들이고자 한다면, 이 표준들에서 벗어날 수 없는 것이다. 그 결과로 이제 신학은 자기편에서 철학을 통해 도전받고 있음을 발견한다. 이러한 협연은 긴장이나 불화가 없이 진행되는 것은 아니지만, 전체적으로 볼 때 두 학문적 분과 모두에 유리한 것으로 입증되는데, 이는 서양에서 양 분과의 발전이 보여주는 바와도 같다. 오늘날에는 이러한 상관성의 생산적인 효과가 양편 모두에서 자주 잊혀지고 있는 것처럼 보인다. 그렇기 때문에 그 상관성을 새롭게 숙고하고 다시금 활기 있게 만드는 것이 중요하다. 이를 촉진시키려는 것이 본서의 관심사이다. 따라서 이 책은 신 문제가 유용하면서도 순수한 철학적 주제라는 것을 보여주고자 철학자들만을 위해서 고안된 것이 아니라, 자신의 분과 안에서 철학적으로 의미심장한 문제들에 관심을 가진 신학자들을 위한 것이기도 하다.

역사적인 보기들을 선정함에 있어서 본인이 비중을 둔 것은 서구적인 사유의 고전적 전통이다. 이는 오직 그것을 배경으로 해서만 철학과 신학의 생성 및 철학적 신학의 완성된 형태가 이해될 수 있기 때문이다. 만일 독자들이 보기에 주제의 테두리 안에서 깊이 있게 다룰

만한 이름들이나 정신적 사조들이 아쉽게도 빠져있다면, 독자들에게 양해를 구하는 바이다. 하지만 본인의 선별은 그러한 것들과 독자적으로 그리고 건설적으로 대질하는 것을 가능하게 해줄 것이다. 본인의 생각으로는 이 책 안에서 연구되어 얻어진 범형Paradigma을 포기해야 함이 없이도 그것이 가능하다. 그러나 여전히 실행되어야 할 이 과제는, 본인 자신에게 아직도 부과되어 있는 것처럼, 독자들의 능력에 맡겨진 것이다.

본인의 동료들인 베른하르드 그롬Bernhard Grom, 외르그 슈플렛Jörg Splett, 벨라 바이스마르Bela Weissmahr에게 진심으로 감사드린다. 이들은 수고를 아끼지 않고 원고를 꼼꼼히 읽어주었고, 본인에게 귀중한 제언들을 해주신 분들이다. 무엇보다도 하랄드 셴도르프Harald Schöndorf에게 감사드린다. 그는 텍스트의 편집을 기꺼이 도와주었다. 마찬가지로 콜함머Kohlhammer 출판사의 위르겐 슈나이더Jürgen Schneider씨에게도 우호적인 협력에 감사드린다.

요셉 슈미트Josef Schmidt

옮긴이의 말

역자가 이 책을 완역하기까지는 근 2년 반의 시간이 소요되었다. 그 동안 직접 이 책을 교재로 삼아서 학부강의도 해보고, 혹은 세미나형식으로 대학원생들과 함께 공부도 하였다. 대체로 학생들의 반응은 이 책의 내용이 어렵다는 것이었는데, 아마도 내용이해를 어렵게 만든 중요한 이유들 중의 하나는 번역이 매끄럽지 못한 데에 있었을 것이다. 역자가 번역을 하면서 하나의 원칙으로 삼은 것은, 독일어구문에 익숙한 독자들이 보다 용이하게 이 책의 내용을 파악할 수 있도록 가급적이면 직역을 하는 것이었다. 적지 않은 단어들을 독일어로 병기한 것도 그런 목적에서였다. 번역상의 이러한 원칙이 독일어에 익숙하지 않은 학생들에게는 당연히 내용이해에 있어서 부담을 줄 수밖에 없었을 것이란 생각이 든다. 그럼에도 불구하고 분명한 문제의식과 동기를 가지고 강의나 세미나에 임했던 학생들은 역자가 보기에도 놀라울 정도로 이 책의 내용을 잘 소화해내었다. 그래서 비록 졸역임에도 불구하고, 역자는 이 번역서가 이 책의 주제에 관심을 가진 독자들에게 작은 도움이 되기를 기대해본다.

이 책을 지은 요셉 슈미트 신부는 역자의 박사논문 지도교수였다. 이 책을 번역하면서 또 다시 은사로부터 수많은 통찰과 식견들을 배울 수 있었다. 이러한 배움에 대해서 슈미트 신부님께 깊이 감사드린다. 또한 이 책의 내용을 꼼꼼히 읽고 교정을 해주신 김용해 신부님께도 감사드리며, 아울러 이 번역서가 출판되기까지 수고해주신 모든 분들께도 감사의 말씀을 드린다.

서강대 다산관 연구실에서

2006년 8월

이종진

차 례

일러두기

1. 이 책은 독일 콜함머Kohlhammer 출판사가 Grundkurs Philosophie 시리즈 제5권으로 발행한 요셉 슈미트Josef Schmidt의 〈Philosophische Theologie〉(Stuttgart 2003)를 완역한 것이다.

2. 번역상의 일반적인 원칙은 원문에 충실하게 직역하는 것이었다. 예컨대 독일어에서 흔히 발견되는 부문장들은 원문의 순서나 표기(보기: 쉼표사용)에 따라서 번역함을 원칙으로 했으며, 짧은 부문장의 경우는 이해에 큰 어려움이 없다고 판단되는 경우에 한해서 하나의 수식어처럼 처리해서 번역했다. 의역은 가능한 한 피하려 했으나, 의미소통을 위해서 예외적으로 허용해야 하는 경우도 있었다.

3. 사용된 부호와 표기의 원칙
원문에서 저자가 사용한 문장번호는 모두 생략했으며, 저자가 문장번호를 통해서 지시한 내용은 그 내용이 속해있는 해당항목번호를 역자가 각주를 통해서나 혹은 본문 안에서 ( ) 내지는 [ ]를 이용하여 참조하도록 하였다.

* (2부 II. 1 참조), [1부 I. b. 3) 참조]

모든 ( )는 저자 자신이 사용한 것이다. 원문의 출처를 밝히는 경우든, 라틴어나 희랍어 원어를 병기하는 경우든, 혹은 원문의 내용을 저자가 보충하는 경우든, 저자 자신이 사용한 ( )를 생략하지 않았다. 예외적으로 역자 자신에 의해 사용된 것은 위에서 언급한 것처럼 해당항목번호를 지시하기 위한 경우이다. 독자에게 다소 혼란을 줄 수도 있는 것은, 어떤 경우에는 라틴어나 희랍어 원어가 ( )없이 번역어 다음에 직접 병기되고 있는 경우이다. 이것은 저자가 라틴어나 희랍어 원어를 ( )없이 원문에서 직접 사용하고 있는 경우로서, 역자가 이를 우리말로 번역하고 ( )없이 번역어 다음에 직접 병기한 것이다.

* (Met. 1074 b)
* "근거로부터의 증명"(demonstratio per causam)
* 신학을 (단초적으로든 혹은 발전된 것으로든) 종교의 반성형태로 부르는 것이 가능하다.
* "나는 자기원인이란 그것의 본질이 존재를 포함하는 것, 또는 그것의 본성이 존재한다고 생각할 수밖에 없는 것이라고 이해한다"Per causam sui intelligo id, cuius essentia involvit existentiam; sive id, cuius natura non potest concipi, nisi existens.

[ ]는 인용문 안에서의 생략을 위해서나 혹은 본문의 내용이해를 위해서 주로 저자 자신이 사용한 것이며, 드물게는 독자의 이해를 돕기 위해서 역자가 삽입한 것도 있다.
* "주께서 말씀하신다[...]: 내가 시작이요, 내가 마침이다..." (저자사용)
* 이는 무제한적인 것 옆에 정신[아낙사고라스]이나 사랑[엠페도클레스]과 같은 계속되는 원인들을 받아들이지 않는 사람들이 말하는 바와도 같다. (저자사용)
* 만일 내가 [독일어로] "나는 독일어를 한 마디도 못합니다"라고 말한다면, ..." (역자사용)

' '의 사용은 주로 역자에 의해서 삽입된 것이다. 예컨대 다소 긴 독일어의 합성명사를 하나의 단어로 직역할 때 생기는 이해의 어려움을 해소하기 위해서, 역자가 부득이 여러 단어로 번역해야 할 때가 있었다. 이때 ' '를 사용해서 번역된 단어가 하나의 합성어임을 지시했다.
* '자신에게 머물러 있음'Beisichsein

철학자의 이름을 포함한 원어를 밝혀 줄 필요가 있거나 한자를 병기해야 할 경우에는 ( )나 [ ]와 같은 별도의 부호 없이 병기했다.
* 그는 이 개념이 "형용모순"形容矛盾contradictio in adjecto을 범하고 있다고 간주한다.

이탤릭체로 표기된 것은 모두 원서의 표기원칙에 따른 것이다.

4. 각주의 사용
각주는 모두 역자에 의해 사용된 것이다. 대체로 각주의 사용은 관련되는 항목을 지시하거나, 특정한 개념이나 그것이 사용된 맥락의 부연을 위해서, 혹은 철학적으로 보다 상세한 내용부연이 필요한 경우에 한하였다. 철학사전이나 인터넷검색을 통해서 비교적 용이하게 개념의 의미를 파악할 수 있는 경우에는 전문용어라 하더라도 그에 대한 각주를 달지 않았다.

5. 인용문의 번역
저자가 사용한 인용문들 중에서 우리말 번역서를 통해서 소개가 되어 있는 것은 역자가 그 번역서를 참조하여 수정해 번역했다. 그 밖에 우리말로 번역되지 않은 인용문들은 모두 역자가 직접 번역한 것이다. 성서의 원문들은 '공동번역성서'(대한성서공회)를 따랐다.

서 론

1. 철학의 주제로서의 신?

신은 하나의 철학적인 주제인가? 이 질문을 받아들이고 이러한 주제를 다루는 전통적인 철학의 결과는 "철학적 신론Gotteslehre" 혹은 "철학적 신학Theologie"이다. 그러나 이러한 명칭은 일관성 있는 개념인가? 이 명칭은 이질적인 구성요소들을 내포하고 있는 듯이 보인다. 그 하나는 "철학"이요, 다른 하나는 "신"(theós)이라는 종교적 개념을 통한 "신학"이다. 실제로 "신"은 우선은 종교언어에서 사용하는 말이다. 그러나 이 말과 함께 철학에 대해서도 커다란 의미가 있는 주제가 언급되었다. 어쨌든 철학은 그 시초이래로 항상 이 주제에 관심을 보여 왔다. 이 주제는 비록 종교를 통해서 철학에 주어진 것이기는 하나 그럼에도 철학은 명백하게도 이 주제에 대한 내적인 친화력을 소유하고 있다. "신"이라는 단어가 비록 철학으로부터 유래하지는 않지만, 철학은 그 말로써 의미된 것과 관련을 맺고 있으며 그 말의 의미와 그 내용의 진리성에 대해 묻는다. 이와 같은 종류의 고전적인 결합을 우리는 토마스의 "다섯 가지 길들" 안에서 발견한다(Sth I, q 2 a 3). 이러한 다섯 가지의 신 존재 증명들 안에서 나타난 각각의 논증의 결과는 예컨대, "최초의 동자"primum movens 혹은 "최초의 원인"causa prima 혹은 "자립적 필연자"per se necessarium 등의 개념들로 지칭되었다. 그런 연후에 항상 다음과 같은 문장이 뒤 따른다(혹은 그와 비슷한): "이를 모든 사람들은 신이라고 부른다"(quod omnes dicunt deum). 이렇게 토마스는 추상적인 철학적 개념들(활동actus, 원인causa, 필연자necessarium, 선bonum, 목적finis)을 사용하는 철학적 사유의 결과를 종교언어의 근본단어와 결합시키고 있다. 이러한 동일시는 신이라는 근본단어가 무엇을 의미하는지를 분명하게 해명하는데 도움을 주려는 것이며, 보다 정확히 말하자면 이러한 동일시는 불충분한 "신표상들"을 물리치기 위해서 비판적인 방식으로 발생해야 하는 것이다. 그러나 무엇보다도 "신"이라는 단어가 철학적인 반성을 통해서도 접근할 수 있는 진리를 표현하고 있다는 점이 제시되어야만 한다. 그렇다면 "신"이라는 단어가 유래하고 있는 "종교"는 대체 어떻게 이해될 수 있는가?

2. 종교

종교는 우리의 직접적이고도 감각적인 세계를 뛰어넘으면서 동시에 우리와 "관계되는" 영역에 대한 의식을 내포하고 있다. 그것은 우리의 세계보다 우월한 신적인 세력 혹은 여러 세력들의 영역인데, 그 세력들은 인간에게 요구하는 힘으로 다가오며, 인간들과 관계를 맺고 있는 것들이다. 그래서 인간은 그 세력들을 초점으로 삼으며 그것들을 숭배하게 된다(의례나 기도 안에서). 따라서 그 세력들은 인간에게는 근원적인 의미에서의 "현실"인 것이며, 말하자면 작용을 일으키는 힘들인 것이다. 이 영역은 종종 매우 구상적으로 표상되고 있는데, 예컨대 여러 신들의 삶이나 그들이 인간과 세계에 대해서 맺는 관계를 보도하고 있는 신화들 안에서 표상되고 있다. 그러나 이 영역의 피안성에 대한 의식으로부터 언제든 다시 그 영역의 비구상성을 강조하는 노력도 생기고 있다. 그러한 노력들은 불교에서처럼 피안성에 대한 부정적인 규정에 이르기까지 고등종교들 안에서 발견되는데, 불교에서는 (어쨌든 그 마지막 관점 안에서) 심지어 스스로 존립하는 신적인 것에 대한 개념까지 포기되고 있다. 종교는 그 자신의 구체적이면서도 생명을 부여하는 형태 안에서, 권위적인 성격을 지닌 전승이나, 아주 오래 전에 신화적으로 정초된 유래에 대한 규정들, 그리고 창립자의 인간됨이나 그들에게 발생한 계시들에 근거하고 있다. 그 계시들은 구전으로 전승되거나 글자로 기록되었다. 종교들의 언어는 광범위하게도 선사시대의 신화의 언어이며, 반성과 지혜에 대한 가르침의 언어이기도 하다. 종교적인 인간은 보통 어느 특정한 종교를 통해서 주어진 세계해석 내지는 실존해석 안에서 현존하며, 이러한 해석들은 종교적인 인간으로 하여금 그러한 해석들에 적합하게 사물을 바라보는 관점을 갖게 하며, 마찬가지로 그에 상응하는 행위, 즉 기도와 의식들을 준수하고 윤리적인 삶을 영위하도록 이끈다.

3. 철학-종교-신학

철학 또한 단순히 직접적으로 현존하는 것, 즉 외적으로 세계 안에 주어져 있는 것이나 혹은 내적으로 체험된 것에 만족하지 않는다. 철학은 시선을 우리의 현실 전체에로 향하면서 이 상이한 영역들을 넘어선다. 다시 말해서 철학은 시선을 원리적인 것에로, 현실의 근본구조들에로 (괴테의 "파우스트"에 나오는 말을 인용하자면: "세계를 가장 깊은 부분에서 결속시키는 것이 무엇인지를 나는 인식하고 있다", I, 382 이하), 현실적인 것과 그것에 대한 우리의 지식을 마지막으로 정초하는 것에로 향하고 있다. 여기서 물어지는 것은 오직 넘어섬 안에서, 말하자면 늘 제약되어 있고 직접적으로 주어져 있는 것을 초월하는 데서만 도달될 수 있다. 종교와 철학은 이렇게 공통적인 실행 안에서 만난다. 물론 양자의 합리적인 실행 방식은 상이하다. 철학의 자의식은 오직 근거 있는 통찰에만 의무지어져 있을 뿐, 권위를 가지고 보증된 전통에 매여 있지는 않다.

철학의 매체이자 유일한 척도는 오직 스스로에 대해 책임이 있는 이성이다. 철학은 신적인 영역 안에서 이 세계가 근거지어졌다는 종교의 진술들을 처음부터 부인할 필요가 없기는 하다. 오히려 그 반대이다. 왜냐하면 원리적인 것에 대한 철학의 물음은 종교와 비슷한 방향을 취하기 때문이다. 그러나 철학은 어떤 전통이나 앞서 주어져 있는 신앙을 주석하는데서 고갈되지 않는다. 왜냐하면 철학에 있어서 타당성을 갖는 것은 오직 이성적으로 스스로를 정당화시키는 것뿐이기 때문이다. 이로써 철학과 종교 사이에 비판적이면서도 생산적인 대화의 장이 개시되었다. 철학은 종교의 상이한 표상들에 대해 반론들을 제기할 것이며, 아마도 종교의 진술들 안에 존재하는 부족한 일관성과 불충분한 근거들을 지적할 것이다. 하지만 철학은 종교적인 핵심영역을 이제까지 도달되지 않은 합리적인 형태 속에서 출현시킬 수도 있다. 역으로, 종교는 철학의 도움을 받아서 자신이 지닌 내용들과 관련해서 비본질적인 것을 본질적인 것과 분리시키고, 본질적인 것을 보다 잘 근거지우며, 전체적으로 보아서 스스로에게 더욱 반성된 형태를 부여하는데 관심을 가질 수 있다. 하지만 종교는 이처럼 철학과 대질하면서 합리적인 협소화에도 반대할 것이며, 그래서 철학으로 하여금 이성의 개방성과 넓이에 부합하지 않는 수축된 기준설정들을 수정하도록 이끌 수 있다.

이렇게 해서 종교와 철학 사이에서 다양한 교환의 가능성이 생기게 된다. 그리고 실제로 그러한 교환은 서양에서의 정신적인 삶을 각인시켜 왔다. 철학은 항상 자신을 종교와의 관계로부터 이해했으며, 종교는 철학을 통해서 하나의 반성된 형태인 신학을 얻게 되었다. 이 점에 대해서 물론 주목해야 할 것은, "신학"이라는 말이 철학으로부터 유래한다는 점이다. 플라톤에게서 처음으로 그 점이 발견된다(Politeia 379a). 플라톤은 순화된 신 개념에 도달하기 위해 당시에 통용되던 신의 표상들을 비판하는데, 그러한 맥락 속에서 순화된 신 개념을 지칭하기 위해 "신학"이라는 말이 등장한다. 이 개념은 아리스토텔레스에 의해 차용되어서(Metaphysik VI, 1) "제일 철학",

즉 존재와 인식의 근본적인 원리들에 대한 학문을 지칭하게 된다. 후에 그리스도교 시대에 이르러, 즉 그리스도교가 고대철학의 영향을 받아서 자신의 신앙을 합리적으로 주석하고 곰곰이 숙고하는 일에 비로소 착수했을 때, "신학"이라는 개념은 오늘날까지 관례화된, 그리스도교적인 신앙의 학문적 형태라는 의미를 얻게 되었다. 그러나 이와 같은 맥락으로부터 이 개념을 보다 넓게 파악하고, 신학을 (단초적으로든 혹은 발전된 것으로든) 종교의 반성형태로 부르는 것이 가능하다. 그렇게 본다면, 이슬람 신학 혹은 힌두 신학도 있게 된다. 신화적인 형식들 안에서도 신학은 발달되지 않는 상태로 현존하고 있다. 그래서 사람들은 예컨대 호머Homer의 신학이나 헤시오드 Hesiod의 신학에 대해서 말하는 것이다.

4. 철학적 신학

신학이라는 개념이 철학으로부터 유래하며, 예컨대 아리스토텔레스에 있어서 근본적인 영역을 지칭한다는 사실은 결코 우연이 아니다. 왜냐하면 철학은 제일 원리들에로 향하기 때문이다. 철학은 바로 종교가 자신의 내용으로 가지는 저 마지막 영역과 접촉한다. "신"이라는 말이 지칭하는 주제는 그래서 철학 본래의 영역으로서, 어떤 방식으로는 철학의 핵심영역이기도 하다. 그 주제는 말하자면, 전체를 그것의 가장 깊은 근거와 최후의 원천들 안에서 반성하는 것이거나, 혹은 절대적인 것과 무제약적인 것에 대한 물음인 것이다. 그런 한에서 신은, 마치 사람들이 정치나 가족 혹은 수학의 철학을 개진할 수 있는 것처럼 철학의 여러 주제들 중의 *하나의* 주제는 아닌 것이다. 오히려 종교언어에서 신이라는 말로 정확히 지칭되는 것은 철학이 본질적으로 향하는 그 무엇이다. 이것은 철학이 그 어떤 잠정적인 것들에도 결코 만족하지 않는 물음, 곧 자신의 고유한 물음이 갖는 철저성을 진지하게 받아들일 때 그러하다. 이러한 철저성Radikalität(뿌리radix라는 말에서 유래함)을 통해서 종교와의 근접이 생겨나는데, 이는 서양철학의 전통 안에서는 도처에서 관찰할 수 있는 사실이다. 비록 이러한 근접이 항상 현존하는 종교적 신앙에 대한 승인을 보여주는 것이 아니라 많은 경우 그것에 대한 첨예한 반립의 상태에 처한다고 하더라도, 철학은 그럼에도 불구하고 최후의 것을 목표로 삼는 그 자신의 철저성을 통해서 흡사 종교적으로 조율되어 있는 것이다. "철학적 신학"은 이렇게 철학에 본래적인 내적인 실행을 주제의 실마리로 삼고 있다. 철학적 신학은 철학의 그와 같은 노력을 부각시켜 강조하는데, 그 안에서 문제가 되는 것은 마지막 추구와 물음의 중심, 혹은 더 이상 넘어설 수 없는 최후의 것에 대한 추구와 물음의 중심이다. 전혀 피할 수 없는 것은, 철학이 이러한 노력 안에서 종교적인 대답들과 관계를 맺게 된다는 것인데, 그 대답들을 승인하면서든 부인하면서든, 아니면 양자의 의미 모두에서든 그러하다. 역으로 종교는 이미 철학에 의해 함께 각인된 정신적인 주변 환경 안에서 자신을 주장하기 위해 사실상 철학과 대화를 하고 있다. 종교가 철학과 대화를 수행하면서 종교는 점점 더 신학이라는 반성된 형태를 띠게 된다. 이러한 대화 안에서 신적인 것으로 명명될 수 있는 저 마지막 영역과 관련하여 관건이 되는 것은 논증들과 적합한 개념들이다. 신적인 것에 대한 가능한 표상들이 모두 다 철학에 대해서 똑같은 방식으로 도전이 되는 것은 아니다. 최후의 것과 무제약적인 것에 대한 물음 속에서 철학은 다시금 종교에 대해서 신적인 것에 대한 종교 자신의 의식을 다음과 같은 방식으로 언표하도록 도전을 가한다. 곧 신적인 것이 자신의 진정한 모습으로 드러나고 그래서 신이 진실로 신으로 등장해야지, 어떤 방식으로든 예속된 크기로 남아서는 안 된다는 것이다. 오로지 그런 한에서만 종교는 철학에 의해서 진지하게 받아들여질 수가 있다. 즉 이러한 대화 안에서 신적인 것에 대한 개념은 규범적인 의미를 얻게 된다. 신적인 것에 대한 모든 표상들이 종교 안에서 등질의 가치를 지닐 수 없는 것처럼, 원리들을 탐구하는 철학에 있어서도 신적인 것에 대한 모든 표상들이 똑같은 방식으로 토론할 가치가 있는 것은 아니다.

5. 종교철학

종교철학은 18세기에 종교의 본질을 철학적으로 파악하려는 노력으로부터 발전했다. 그러나 종교철학의 발전은 교의신학이나 철학적 신학과 같은 잘 알려진 분과들 안에서 이루어진 것은 아니었다. 칸트에 따르면 종교는 도덕적 이성신앙이며(Kant 1793), 슐라이어마허에게 있어서 종교는 "무한자에 대한 느낌" 혹은 "우주의 직관"이다(Schleiermacher 1799, 53, 54). 그리고 헤겔은 종교를 "무한자에로의 들어 높임"으로 규정하였다. 포이에르바흐는 그러한 고양 속에서, 자기 자신의 무한한 열망을 실체화하고 그것을 피안으로 투사시키는 인간의 자기오해를 발견한다. 이와 함께 이후의 모든 환원주의적인 종교이론들을 위한 범례가 주어졌다(맑스, 니이체, 프로이드와 그의 후계자들). 이러한 환원주의적인 방식을 통해서가 아니라 종교적인 것의 고유한 의미를 정당히 평가하고 인정하려는 노력 안에서 20세기에 종교철학들이 생겨났는데, 나는 그들 중 몇 가지만 예를 들어 보겠다. 종교적 경험에 대한 경험적 기술로부터 출발하면서 종교적 경험은 궁극적으로 신적인 생명에 대한 참여로 해석되었다(제임스W. James). 혹은 어떤 이들은 종교학으로부터 출발하여 "성스러움"의 개념을 거쳐서 종교적인 것의 공통적인 개념을 발견하고자 했다(오토R. Otto, 하일러F. Heiler, 멘슁G. Mensching). 다른 이들은 종교적인 것이 인간정신의 근본구조들과 그 초월능력 안에(라너K. Rahner, 1941), 한계와 포괄자에 대한 실존적 경험 안에(야스퍼스K. Jaspers), 혹은 지고의 가치파악 안에(셸러M. Scheler) 정박해 있다고 보았다. 어떤 이들은 종교적인 것의 개념을 하이데거의 현존재분석과 관련시켜서 예컨대 불안이나 무의미성 혹은 무의 경험이라는 맥락으로부터 발전시켰다

(벨테B. Welte). 또 다른 이들은 비트겐슈타인으로부터 영감을 받아서 언어와 종교적 언사로부터 시작한다(달페르트I. Dalferth). 특별히 우리 시대의 종교철학자들 삼인을 부각시켜 볼 수 있을 것이다: 쿠르트 부흐텔Kurt Wuchterl. 그는 학문이론Wissenschaftstheorie에서 시작하여 범형Paradigma과 우연성Kontingenz에 대한 학문이론의 개념을 종교이해를 위해서 생산적으로 사용하고 있다. 두 번째 철학자는 리하르드 셰플러Richard Schaeffler이다. 그는 선험철학과 종교현상학, 종교사와 언어철학의 결합을 통해서 종교적인 것의 가치를 복합적으로 입증하려 노력하고 있다. 종교적인 것의 가치를 드러내 보이려는 셰플러의 종교철학의 중심은 대화적 경험개념이다. 세 번째로, 외르그 슈플렛Jörg Splett을 들 수 있다. 그는 종교적인 것의 차원이 인간의 근본경험들 (무엇보다도 윤리적인 것과 미적인 것의 경험들) 안에 닻을 내리고 있으며, 그래서 그런 경험들이 없이는 인간의 정신적인 삶은 생각될 수도 없고, 그 표현방식들도 적합하게 해석될 수 없다고 본다. 대체적으로 종교철학의 특징을 이루는 것은, 종교적인 것의 현상분석을, 이때 그러한 분석은 하나의 특정한 종교에만 국한되지 않는다, 그러한 현상들 근저에 놓여 있는 경험들의 전체적인 해석 및 종교적인 대상들의 체계적인 규정과 결합시키는 데에 있다.

많은 중복과 상응점들이 있음에도 불구하고 종교철학과 철학적 신학 사이의 차이점이 보여 져야만 할 것이다. 종교철학은 처음부터 종교에 관심을 두면서 종교를 일단 그 합리성에 비추어 검사하고, 그런 연후에 종교적인 것의 상이한 형태들과 수행들Vollzüge을 더욱 정확히 연구한다. 다시 말해서 종교철학은 종교현상들을 우선 경험적 지식을 통해 어떤 넓이 안에서 드러내고, 그런 다음 철학적인 수단들을 가지고 그 현상들을 반성한다. 그리하여 기도와 의례, 상응하는 행동구조들과 언어구조들, 체험의 방식들과 인식의 방식들, 예컨대 신비주의와 황홀경 등등처럼 현상들이 탐구된다. 그리고 이미 말한 것처럼, 이것은 철학적인 고려 하에 이루어진다. 즉, 어떤 한에서 이러한 현상들 안에서 무엇인가 현실 일반의 깊이와 그

심오한 의미가 나타나는가 하는 물음을 염두에 두면서 종교현상이 탐구된다. 종교적인 것의 인식적 차원은 그때에 상응하는 주목을 받게 되며, 진리의 문제는 적법한 것으로 간주된다. 철학적 신학에 특유한 것은 그와는 반대로 다음과 같은 점에 놓여 있다. 즉, 철학적 신학은 철학 자체의 중심으로부터 발원하며, 철학에 의해 발전된 방법론들과 개념들 그리고 철학적 전통들에 대한 철학 자신의 고유하면서도 체계적인 질문들의 맥락으로부터 발원한다. 철학은 여기서 우선은 자신만을 시야에 두며, 그런 다음 전체적인 것과 절대적인 것에 대한 위대한 최종이론들을 가지고 종교에 이르는 다리를 발견한다. 이때 철학의 대화상대자는 실증적인 종교이기보다는 신학이다.

6. 종교학

종교학은 종교를 그것이 발생하는 전 영역 안에서 연구한다. 종교학은 19세기에 종교들의 다양성에로 시야가 넓혀졌을 때 생겨났다. 종교학은 한 다발의 개별적 방법들, 예컨대 문헌학의 방법, 사회사와 문화사의 방법, 고고학과 인류학의 방법들을 사용한다. 종교학의 방법론은 기술적이다. 그래서 종교학은 철학적 신학이나 종교철학에 고유한 것처럼 철학적으로 규범적인 가치판단의 관점들을 포기한다. 종교들 간의 비교를 통해서 많은 공통점들이 밝혀지기는 하지만, 차이들 또한 드러난다. 이러한 차이들은 종교들의 특수성들을 역사적으로 기술하도록 대상을 제공한다. 종교학을 주도하는 특징은, 종교들을 가능한대로 역사적으로 문화적인, 사회학적인 혹은 심리학적인 요인들로부터 해명하려는 노력인데, 그 결과 종교학자들이 오늘날 가지는 관점에서 볼 때, 귄터 케러의 다음과 같은 언명이 타당성을 가지는 것처럼 보인다: "비록 항상 명시적으로 발설되지는 않았지만, 종교학의 대상, 즉, 종교적인 체계들은 그 자체 종교적으로 정의되어서는 안 된다는 점에 대해서 하나의 합의가 존재한다[...]. 종교학의 입장에서 볼 때, 종교는 전적으로 문화적으로 형성된 (즉, 인간에 의해 만들어진) 현상이다. 이로써 종교는 테크놀로지나 문학, 음악 등과 같은 다른 문화적 산물들과 체계적으로 구분되지 않는다”(Kehrer, 424 이하). 이러한 관점에 대해서 물론 쉽게 제기될 수 있는 반론에 따르면, 이 관점에서는 특별히 종교적인 것이 도외시되고 있다는 것이다. 그럼에도 불구하고, 경험적으로 정향된 종교학의 방식은 이렇게 스스로 설정한 한계들 안에서 진행된다. 이렇게 방법적으로 설정된 제한들이 의식되고 있다면, 그런 한에서 종교학의 방식은 별 문제가 없을 것이다. 왜냐하면 의심할 바 없이 종교학이 탐구하는 양상들은 구체적인 종교들과 그것들의 표현형식들을 이해하는데 기여하기 때문이다. 문제가 발생하는 것은, 종교학에서 채택한 관점이 종교적인 것을 경험적으로 접근할 수 있는 것(심리적인 것, 사회학적인 것 등등.)에로 환원시킨다는 의미로 이해될 때이며, 이와 함께 종교학의 관점이 스스로 철학적인 총체적 해석의 성격을 취하게 될 때이다. 그렇게 된다면, 이러한 해석의 권리 또한 철학적으로 토론되어야 할 것이다. 왜냐하면 종교적인 실현경과들은 그것들이 지향하는 바를 보건대 초경험적인 것에로 향해있기 때문이다. 만일 이러한 지향을 적합하게 해석하고자 한다면, 그것을 진지하게 받아들여야만 한다. 여기서 지향된 것이 존재하는가 하는 것은, 더 이상 경험적으로만 결정할 사안이 아니라 철학적 반성을 필요로 하며, 더욱 정확히 말한다면 종교철학과 철학적 신학의 반성을 요구한다.

7. 철학적 신학의 해석학적-변증법적 방식

철학적 신학 안에서 관건이 되는 것은 논증적으로 중재된 통찰들인데, 이것들은 철학의 중심으로부터 연유한다. 왜냐하면 인간의 정신이 마지막이자 더 이상 소급될 수 없는 것을 지향하는 것은 원리적인 것에 대한 순수한 철학적 질문에 상응하는 것처럼 여겨지기 때문이다. 이 마지막 것에 대해서 철학은 "근원적인 것", "무제약적인 것", "무한한 것" 혹은 "절대적인 것"과 같은 상이한 개념들을 가지고 있다. 이제 철학은 이러한 주제가 "신"이라는 말이 대변하는 것과 상응한다는 것을 인정하는 한에서, 철학은 철학적 신학인 것이며, 철학적 신학으로서의 철학은 종교 및 신학과 관계를 맺게 된다. 하지만 신과의 관계가 종교적인 의식 안에서는 본질적으로 믿음에서 우러나오는 수용에 근거하는 반면, 철학자에게 있어서는 상응하는 대상이 논증들의 전체적인 결합체계를 통해 주어진 것이다. 즉 이론異論들과 그에 대한 반론들을 매개로 해서, 말하자면 플라톤이 "토론하다"Dialégesthai 라고 부른, 대화 중의 대질을 매개로 해서 주어진 것이다. 변증법Dialektik이라는 말은 여기서 유래한다. 이 말의 의미는 철학적 신학의 몇몇의 주제들을 통해서 적어도 개략적으로나마 미리 언급될 수 있을 것이다. 철학적 신학이 말하듯이, 인간은 현실 전체에로 향해져 있고 그래서 무한자와 관계를 맺을 수 있는 존재이다. 이때 신이라는 개념이 이 무한자에 상응한다. 그러나 인간에게 도대체 이러한 전체성과 관계를 맺을 능력이 있는 것인가? 인간은 본질적으로 제약되어 있고 유한하지 않은가? 인간은 기실 철저히 그런 존재이다. 그럼에도 불구하고 인간은 바로 그와 같은 자신의 '구성적 본성'Verfaβtheit을 인식할 수 있는 위치에 있기도 하다. 그렇다면 인간은 [유한한] 자신의 구성적 본성에 완전히 갇혀 있을 수만은 없다. 그렇지 않다면, 그에 대한 인식은 가능하지 않게 될 것이다. 인간은 따라서 자신의 유한성과 아울러 유한성 일체를 넘어서는 능력을 소유해야만 한다. 이제 이러한 넘어섬이 향하는 그 무엇das Woraufhin이 무無가 아니어야만 한다면, — 만일 그것이 무라면 넘어섬 자체가 효력이 없을 뿐더러, 불가능하게 될 터이므로 —, 이 목표는 오직 더 이상 유한하지 않은, 즉 그 자체에 있어서 무한적인 존재만이 될 수 있다. 여기서 약술된 철학적 신학의 논증 안에서는 주장과 그에 대한 반대주장을 통해서 결과가 얻어지고 있음을 우리는 보고 있다. 이 논증이 의존하고 있는 전제, 곧 우리에게는 여하간 어떤 올바른 통찰의 능력이 있다는 전제에 대해서도 사정은 마찬가지이다. 인간은 끊임없이 오류들에 사로잡혀 있지 않은가? 인간이 결코 자신의 환영들로부터 빠져나오지 못한다는 사실을 많은 경우들이 말하고 있지 않은가? 사정이 그렇다고 일단 가정을 해보자. 그렇다면 이 견해는 정당한 것이 될 것이다. 이 견해는 근본적인 진리에 대한 통찰을 표현하는 셈이 될 것이다. 이렇게 인간이 진리에 이르는 능력을 갖고 있다는 인식은 오직 주장과 반대주장의 변증법으로부터 생겨나는 것이다.

이 같은 변증법은 사유의 역사, 특히 철학적 신학의 역사를 관통하고 있다. 왜냐하면 철학적 신학의 체계적인 기획들의 전개는 반대논지들과의 대질이기 때문이다. 그렇기 때문에 이 상이한 사상들과 그들 간의 논쟁에 대한 "숙고"는 철학적 신학의 대상영역들이 갖는 사안적 문제성 안으로 들어가는 훈련이다. 이하에서는 그런 이유로 자주 철학의 역사가 참조될 것이다. 철학의 역사는 말하자면, 인간에게 제기된 근본물음들에 대한 시대를 포괄하는 커다란 (논쟁적-)대화처럼 간주될 수 있다. 철학사의 연구는 그래서 역사적인 도야일 뿐만 아니라, 직접 사안 속으로 들어가도록 이끈다. 게다가 이러한 종류의 훈련은, 우선은 일단 여러 견해들을 숙지하고 이해하도록 가르친다. 그런 연후에야 비로소 그 견해들 안에서 나타날 수 있는 가능한 한계들이 우리에게 분명해질 것이다. 그리고 그 한계들과의 대질이 뒤따를 수 있는데, 그러한 대질은 외부로부터가 아니라, 즉 이미 형성된 어떤 의견들로부터 오는 것이 아니라, 사상들의 내부적인 문제성과 결부된 것이다. 단지 그러한 대질만이 설득력 있는 논변과 통찰들을 밝혀준다. 철학사에 대한 심화된 연구는 여러 견해들의 주석과 이해 안에서 우리의 해석학적인 감각을 조련한다. 정확히 이것이 하나의 체계를 획득하는데 기여하며, 어떤 경우에도 모든 견해들을 같은 정도로 옳거나 그르게 보는 상대주의에로 이끌지 않는다. 그와 같은 해석학적 감각은 특별히 철학적 신학의 고전적 텍스트들, 곧 신 증명들을 다루는 텍스트들의 이해를 위해서 요구된다. 그 텍스트들이 다루는 논증들의 핵심은 일반적으로 철학사 내지는 정신사적인 맥락 안에 깊숙이 위치해 있으며, 비로소 그 맥락으로부터 논증들의 핵심이 그 지속적인 의미 속에서 분명히 드러나야 한다. 이러한 재구성은 대단히 유용하다. 왜냐하면 이를 통해 명료해진 생각들은 그 사안적 무게와 함께, 그것들이 특별하거나 부차적인 철학적 활동에서 유래하는 것이 아니라, 철학의 중심으로부터 연유한다는 것을 드러내기 때문이다. 다시 말해서, 그런 생각들은 철학적 사유 일체를 특징짓는 물음, 곧 인식과 현실의 원리적인 것과 마지막 것에 대한 물음으로부터 연유하는 것이다. 철학을 그 자체의 본질에 의해서 움직이는 이러한 물음이나 그런 물음에 상응하게 대답들을 검토하는 일은, 신 존재 증명의 텍스트들 안에서 말하자면 농축된 형식으로 서술되어 있다.

만일 철학적 신학이 이런 배경을 가지고 종교로 향하게 되면, 철학은 종교에 있어서 물음거리들이 될 척도들을 제공하게 된다. 그렇게 해서 종교적인 의식으로 하여금 신에 대한 자신의 표상들(예를 들면, 신들이나 혹은 자연력들로서의)이 최후의 것이나 무제약적인 것의 개념에 상응하는지를 자문하도록 해야 하는 것이다. 이때 최후의 것이나 무제약적인 것에 대한 개념은 신 개념에 해당된다는 요구를 담고 있다. 하나의 종교 내에서 불일치가 의식될 수 있는데, 예컨대 그 종교의 성자들이나 예언자들이 더 심오하게 파악된 신 개념의 이름으로 기존의 신 표상들을, 그것이 자기 자신의 종교 안에 현존하는 것이든 아니면 다른 종교들 안에서이든, 우상숭배로 비판하는 경우에 그러하다. 종교사가 보여주는 바대로 신에 대한 생각들을 명료하게 만드는 그와 같은 역동성은, 원시종교로부터 고등종교들로의 이행을 주도한 것이다. 그러한 명료화의 계기는 종교적 경험들이나 신학적 반성들일 수 있다. 아마도 대개는 양자가 하나가 되어서였을 것이다. 그러한 명료화들은, 철학적 신학이라는 의미의 반성에 의해서 다루어지고 강화되어서 다시금 종교에로 되돌려 질 수 있었다. 그렇게 철학과 종교 사이에 생동적이고도 긴장에 넘치는 교류가 두드러지게 나타난다. 실제로 그러한 교류는 서양의 정신적 삶에 깊은 그리고 광범위한 영향을 끼쳤다. 이러한 상호관계의 역사는 종교와 함께 시작되었다. 종교가 시초에 서 있었다. 종교의 토대 위에서 반성적인 숙고가 전개되었고, 그로부터 마침내 철학이 생겨났다. 철학은 그러나 자신의 유래를 잊지 않으면서 긍정적이든 비판적이든 혹은 양자의 방식 속에서도 종교에 지속적인 관심을 기울여 왔다. 이러한 상호관계의 시작들은 서론적으로 간략하게나마 서술되어야만 한다. 그것들은 종교와 철학의 공통의 뿌리와 사안적인 연관을 분명하게 해주는데, 무엇보다도 철학적 신학의 전통이 그 연관을 대변하고 있다.

8. 그리스에서 시작된 종교적인 것의 철학적 주제화와 성서 안에서의 비교 가능한 신학적 반성들

a. *고대 그리스*에서는 철학적 사유가 종교로부터 자라났다. 다양한 현상들의 통일성에 대한 질문과 그러한 통일성을 구축하는 원천에 대한 질문은 벌써 신화적인 "신학" 안에서 미리 예시되었는데, 바로 신들에 대한 표상들을 하나의 질서 안으로 포섭하려는 시도들 안에서였다. 예컨대 호머(기원전 8세기)는 그리스 여러 지역들에 토착적이었던, 그리고 커다란 다양성을 형성했던 여러 상이한 신들을 올림포스 산이라는 공동의 장소 안으로 통합했다. 그 산의 주재자는 제우스로서 그는 여러 신들에게 마치 공통의 아버지 같은 존재였다. 헤시오드(기원전 700년경)는 이러한 통일성을 근원으로부터 이해시키려한다. 자신의 교훈시인 "신통기"神統記(신들의 기원)에서 그는 신들이 "무질서"Chaos ("chásko"에서 유래함. 하품하다; 하품하는, 텅 빈 심연이란 뜻)에서 유래하는 것으로 묘사하고 있다. 우선 무질

서로부터 밤과 빛 그리고 에로스와 함께 첫 번째 실재인 땅(Gaia)이 출현하며, 땅은 자신의 대구로서 하늘(Uranos)을 낳고, 하늘은 땅과 함께 신들을 낳는다. 이로써 헤시오드는 그리스 철학에 있어서의 주도적인 질문을 처음으로 수용하였다. 그 질문이란 다름 아닌 "아르케"Arché에 관한, 부연하자면 세계와 신들을 포함하는 전 우주의 근원에 관한 것이었다. 이 철학은 기원전 7세기에 소아시아 연안에 위치한 그리스 식민지들과 남이탈리아의 다문화적인 상황을 조건으로 해서, 그리고 상이한 종교전승들이 알려져 있는 상태에서 생겨났다. 주도적인 생각은, 근원에 대한 질문이 더 이상 특정한, 늘 제한된 종교적 표상들에 따라서 대답되어서는 안 되며, 모든 인간들에게 같은 정도로 접근할 수 있는 이해의 길 위에서 대답되어야 한다는 것이었다. 보편성에 이르는 이 같은 능력은 이성, 즉 현실을 이해시키고 이해하는 능력 이외의 다른 것이 아니다. 이성은 이제 사물들의 통일성을 이루는 보편적인 근거를 발견해야만 했다. 통일성의 근거는 우선은 모든 이들에게 통로가 주어진 직관 안에서 구해졌다. 그래서 탈레스는 물을 근원으로 보았으며, 아낙시메네스는 공기 내지 호흡을, 헤라클레이토스는 불을 만물의 근원으로 간주했다. 그에 덧붙여 헤시오드가 무에 이어 처음으로 현존하게 된 것으로 대지를 든 것을 생각한다면, 여기서 벌써 엠페도클레스 이후로 근세에 이르기까지 자연의 원초적 구성요소들로 간주되어 온 네 가지 요소들이 사유된 것이다. 그러나 이러한 근원적 크기들이 진실로 보편적인 것과 모든 규정성에 선행하는 것을 제시할 수 있기에는 너무 구상적이고 구체적으로 생각된 것이 아닌가 하는 질문도 생겨났다. 아낙시만더에게 있어서는 그렇기 때문에 아르케는 오직 "무한자"Ápeiron(A: 부정, peras: 한계)였다. 앞서 명명된 근원적 크기들이 죽은 물질들 이상의 신적인 성격을 지녔을지라도, 그에게는 무제약자가 신적인 것으로 여겨졌다. 크세노파네스에게서는 하나의 근원이라는 생각이 유일하고도 진정한 신과 결합되고 있다. 그는 종교의 쇄신을 요구하면서 신랄한 종교비판을 가하고 있다:

"에디오피아인들은 그들의 신들이 납작코이고 검은 피부를 가지고 있다고 주장하며, 트라키아인들은 그들의 신들이 푸른 눈에 금빛 머리를 가지고 있다고 주장한다"(B 16). "그러나 인간들은 신들이 자신들처럼 출생했으며, 옷을 입고 있으며, 음성과 육체를 가지고 있다고 가정한다"(B 14). "만일 소나 말, 사자가 인간처럼 손을 가지고 있어서 이 손으로 그림을 그리거나 조각품들을 만들어낼 수 있다면, 말은 신들을 말의 형상으로 그려낼 것이고, 소는 소의 형상으로 그려낼 것이다. 그리고 그들은 자신들의 신체형상에 상응하는 조각들을 만들어 낼 것이다"(B 15).

이 비판은, 예컨대 후에 포이에르바흐의 투사이론처럼, 종교의 해체를 목적으로 하는 것이 아니라 그것의 순화와 심화를 목표로 한 것이다. 근본적으로 문제가 되는 것은, 오직 순수하고 지고의 정신(νοῦς)인, 모든 것을 주재하고 움직이는 표본적인 신인 것이다. 크세노파네스는 하나이자 우주를 주재하는 정신에 관한 이론을 가지고 플라톤과 아리스토텔레스의 체계들을 미리 예시하고 있다: "유일한 신은 신들과 인간들 중에서 가장 위대한 자이며, 그 모습으로나 생각에 있어서 사멸할 인간들과 조금도 닮지 않았다"(B 23). "그는 전적으로 보며, 전적으로 이해하며(νοεῖ), 전적으로 듣는다"(B 24). "그는 항상 같은 곳에 머물며 어느 쪽으로도 움직이지 않는다. 왜냐하면 자신의 목적을 이루기 위해서 방금 이리로, 방금 저리로 가는 것은 그에게 어울리지 않기 때문이다"(B 26); "애씀이 없이 그는 모든 것을 자기 정신의 의식과 함께(νόου φρενί) 주재한다"(B 25).

b. *성서*에로: 고대 이스라엘에서 일신론적 신앙이 철저히 형성되는 데에 결정적인 일보가 가해진 것은 제2이사야서(이사야 40-55장, 기원전 6세기에 나옴)에서 발견될 수 있다. 그 이전의 구약 시대에서는 이스라엘의 유일한 신은 여전히 다른 신들과 마주하고 있는 신이었다. 예를 들면: "신들 중에 누가 당신과 같습니까?"(출애굽기 15, 11) 혹은: "야훼는 모든 신들보다도 위대하다"(출애굽기 18,

11). 그러나 이제 상황은 극단적으로 치달았다. 왕국은 파괴되었고 민족은 바빌로니아의 유배에 처해졌다. 외래의 신들이 야훼보다도 더 강력하다는 것이 입증된 것이 아닌가? 예언자들의 대답은 엄격한 일신론 안에 존립한다. 이러한 상황 하에서 계속 자신들의 신을 신뢰한다는 것이 도대체 무슨 의미가 있겠는가? 만일 자신들의 신을 붙들고 있어야만 한다면, 그 신은 마지막에 있어서 모든 가상에도 불구하고 본래 강력한 존재여야 한다. 신은 모든 것을 자신의 수중에 둘 때에만 강력한 존재가 될 수 있다. 오직 그럴 때에만 그는 실제로 그리고 진실로 신이라고 명명될 수 있다. 자신의 힘을 나누어야 하고 스스로가 다른 요소들 중의 하나일 뿐인, 그래서 더 상위의 맥락에 종속되는 신을 어떻게 의지할 수 있겠는가? 사람들이 최후에 신뢰할 수 있는 신은 그러한 신뢰를 받을 만한 본성을 지녀야 하며, 모든 것들의 유일하고도 강력한 하나의 근원만이 그러한 존재가 될 수 있다. 오직 한분이자 진실한 신만이 마지막 신뢰의 상관자이다. 신앙을 고수한다는 것은 이러한 신을 믿는다는 것을 의미한다. 때로 눈에 보이는 현상이 그러한 신의 권세에 역행할 수 있다. [하지만] 신이 마지막 결정적인 말을 갖는다. "주께서 말씀하신다[...]: 내가 시작이요, 내가 마침이다. 나밖에 다른 신은 없다 [...]. 겁내지 말라, 두려워 말라![...] 나밖에 다른 신이 또 있느냐? 과연 다른 바위는 없다"(이사야 44, 6. 8). 이러한 신 개념은 신학적인 반성, 말하자면 신에 대한 완전한 신뢰의 귀결들에 대한 반성에 힘입고 있다. 신 개념과 신뢰의 맥락은 이후의 그리스도교 신학을 위해서도 결정적인 것이다. 루터가 자신의 "대大교리문답서"에서 제일 계명에 관해 설명한 부분을 보도록 하자: "신앙과 신뢰가 올바르면 당신의 하느님도 올바른 신이다"(Bekenntnisschriften Nr. 587). 제2이사야서에서 나타나는 합리성은 그리스인들의 합리성과 동등하다. 다만 그것은 그리스적 합리성에서처럼 이론적–사변적인 질문이 아니라 실천적인 질문과 연결되어 있을 뿐이다. 그것은 실천적 수행, 곧 신앙의 논리적 함축들에 대한 반성이다. 동등한 합리

성이 비판적인 잠재력 안에서도 나타난다. 왜냐하면 보다 심화된 신 이해를 바탕으로 예언자들이 수행했던 종교비판은 그 날카로움과 풍자에 있어서 크세노파네스의 종교비판에 결코 뒤지지 않기 때문이다(이사야 44, 9-20). 그와 같은 종교비판은 후대의 지혜서 안에 받아들여지고 있다. 나는 지혜서의 표현에 따라 종교비판의 내용을 인용하도록 하겠다. 왜냐하면 종교비판은 그 곳에서 철학적인 수단들을 가지고 표현되고 있기 때문이다.

지혜서는 기원전 1세기에 집필되었다. 그리스어로 쓰여 졌고, 알렉산드리아에서 살았던 헬레니즘화된 유대인들의 거주문화에서 유래한다. 이 책에서는 그리스 철학이 비판되면서 동시에 수용되고 있다. 신은 "불"이나 "공기" 혹은 "물"과 동일시될 수 없다는 언명은 소크라테스 이전의 철학자들을 암시하는 것이다. 신은 또한 성좌들에 부속시킬 수도 없다. 성좌들은 신적인 것으로 여겨졌었다. 플라톤과 아리스토텔레스에게서는 여전히 이러한 관념이 발견된다. 그렇기 때문에 바빌로니아인들과 이집트인들에게 천문학은 그들의 운명을 결정하는 힘에 대한 탐색이었다. 그러나 이러한 관념은 인간이 마지막으로 종속되어 있는 유일한 신에 대한 신앙과는 상반되는 것이었다. 이 신앙은 철두철미 철학적인 수단들로 표현될 수 있다. "존재자"를 인식하지 못했다는 비판도 제기되고 있다. 이로써 파르메니데스(기원전 6세기)와 절대적 존재에 대한 그의 가르침 이래로 철학에 근본적이었던 개념이 지혜서에 영향을 미치고 있음을 알게 된다. 지혜서는 또한 자신의 전통과도 연결되어 있다. 왜냐하면, 헬레니즘적 유대교에서 일반적으로 사용되었던 성서인 70인 그리스 번역본에 의하면, 하느님께서는 모세 앞에서 자신을 다음과 같이 소개하고 있기 때문이다: "나는 존재하는 자다"(출애굽기 3, 14). 그러한 신은 "유비 안에서 추론된다". 유비적 생각은 물론이요, 세상으로부터 신에게로 나아가는 합리적 추론은 그리스철학의 사고이다. 이러한 신학적, 철학적 관점에 의해서 이미 제2이사야서가 유통하는 종교적 표상들에 가한 비판이 지혜서 안으로 받아들여지고 있

다. 이제 나는 본문을 인용하겠다:

"하느님[1]을 모르는 자들은 모두 태어날 때부터 어리석어서 눈에 보이는 좋은 것을 보고도 존재하시는 분을 알아보지 못하였고, 업적을 보고도 그것을 이룩하신 분을 알아보지 못하였다. 그래서 그들은 불이나 바람이나 빠른 공기, 또는 별의 회전, 혹은 도도하게 흐르는 물, 하늘에서 빛나는 것들을 세상을 지배하는 신들로 여겼다. 만일 이런 것들의 아름다움을 보고 그것을 신이라고 생각했다면, 이런 것들의 주님이 얼마나 더 훌륭하신가를 알아야 했을 터이다. 왜냐하면 그들을 창조하신 분이 바로 아름다움의 주인이시기 때문이다. 또 그들이 이런 것들의 능력과 힘에 놀랐다면 마땅히 이런 것들을 만드신 분의 힘이 얼마나 더 큰가를 깨달아야 했을 터이다. 피조물의 웅대함과 아름다움으로 미루어 보아 우리는 그들을 만드신 분을 알 수 있다. 그렇다고 해서 이 사람들을 크게 비난할 수는 없다. 그들은 아마 하느님을 찾으려고 열렬히 노력하다가 빗나갔을지도 모른다. 그들은 하느님의 업적 가운데에서 살면서 열심히 모색하다가 눈에 보이는 것들이 하도 아름다워서 그 겉모양에 마음을 빼앗기고 마는 것이다. 그렇지만 그들은 용서받을 수 없다. 만일 그들이 세계를 탐지할 수 있는 지식을 쌓을 능력이 있다면 어찌하여 세계를 만드신 분을 일찍이 찾아내지 못했는가. 그러나 생명이 없는 것들에게 희망을 거는 그들은 참으로 가련하다. 그들은 인간의 손이 만든 것을 신이라고 부르며 혹은 정교하게 다듬은 금은이나 동물들의 상이나 혹은 옛날에 어떤 사람이 조각해 놓은 쓸모없는 돌멩이를 신이라고 숭배하였다"(지혜서 13, 1-10).

비슷한 방식으로, 아마도 이 텍스트와 연관하여, 바오로 사도는 로마서에서 이교도들을 비난하고 있다. 왜냐하면 이제 그들에게 선포되고 있는 예수의 하느님은 본래 그들에게 알려지지 않은 분이

1) 역자는 "신"이라는 말을, 그것이 특별히 성서적인 그리고 그리스도교적인 맥락 안에서 사용되고 있는 경우에는, "하느님"으로 표기하였다.

아니었을 것이기 때문이다: "사람들이 하느님께 관해서 알 만한 것은 하느님께서 밝히 보여주셨기 때문에 너무나도 명백합니다. 하느님께서는 세상을 창조하신 때부터 창조물을 통하여 당신의 영원하신 능력과 신성과 같은 보이지 않는 특성을 나타내 보이셔서 인간이 보고 깨달을 수 있게 하셨습니다. 그러니 사람들이 무슨 핑계를 대겠습니까? 인간은 하느님을 알면서도 하느님으로 받들어 섬기거나 감사하기는커녕 오히려 생각이 허황해져서 그들의 어리석은 마음이 어둠으로 가득 차게 되었습니다"(로마서 1, 19 이하).

사도행전이 보도하는 바에 따르면, 아테네에서 바오로 사도는 에피쿠로스학파와 스토아학파의 몇몇 철학자들과 논전을 벌이게 된다(사도행전 17, 18). 이들은 바오로를 아레오파그 법정으로 끌고 가서 자신의 입장을 해명하라고 다그치고 있다. 바오로 사도의 보고는 이렇다: 1) 하느님은 권능을 가진 창조주이다. 그분은 신전에 머물지 않는다. 그로써 하느님은 그밖의 다른 신들과는 아득히 멀리 떨어져 계신 분이다. 2) 사람들은 그분을 찾고 있다(지혜서의 텍스트와 유사하다). 그것은 심지어 사람들의 숙명Bestimmung이다. 3) 이 하느님은 사람들에게 가까이 계시는 분이다. 하느님의 근접함을 확증하기 위해서 바오로는 스토아 철학자인 아라토스를 인용하고 있다. 하느님의 근접함과 떨어져있음은 서로를 배제하는 것이 아니라 조건지우는 것이다:

"그분은 이 세상과 그 안에 있는 모든 것을 만드신 하느님이십니다. 그분은 하늘과 땅의 주인이시므로 사람이 만든 신전에서는 살지 않으십니다. 또 하느님에게는 사람 손으로 채워 드려야 할 만큼 부족한 것이라곤 하나도 없으십니다. 하느님은 오히려 사람들에게 생명과 호흡과 모든 것을 주시는 분이십니다. 하느님께서는 한 조상에게서 모든 인류를 내시어 온 땅위에서 살게 하시고 또 그들이 살아 갈 시대와 영토를 미리 정해 주셨습니다. 이리하여 사람들이 하느님을 더듬어 찾기만 하면 만날 수 있게 해주셨습니다. 사실 하느님께서는 누구에게나 가까이 계십니다. '우리는 그분 안에서 숨쉬고 움직이며 살아간다'는 말도 있지 않습니까? 또 여러분의 어떤 시인은 '우리도 그의 자녀다'고 말하지 않았습니까?"(사도행전 17, 24-28).

9. 신학과 철학 간의 관계의 역사에 대해서

소위 교부시대라는 첫 번째 국면에 접어든 젊은 그리스도교는 그리스철학 안에서 계속하여 동맹자를 발견하게 된다. 왜냐하면 그리스도교는 스토아와 플라톤 철학의 도움을 받아 다신론과 다양한 미신들을 논박할 수 있었기 때문이다. 물론 그리스도교인들은 교육받은 이교도들에게서도 승인되고 있었던 신에 대해서 위의 철학들과는 경쟁관계에 돌입하게 된 소식을 선포해야 했다. 그 소식이란 말하자면 예수 그리스도 안에서의 신의 육화와, 예수의 수난과 죽음, 부활에 관한 가르침이었다. 예수의 부활은 우리의 부활도 근거지은 것이라는 기대가 그 가르침 안에 포함되어 있었다. 이러한 가르침들은 고대의 철학들에게는 낯선 것들이었다. 그래서 그 철학들의 비웃음을 사게 되거나(사도행전 17, 32) 혹은 그들에게 그저 "어리석음"으로 여겨졌다(고린도 1서 1, 23). 어떻게 최고의 신적인 현실이 이 세계의 한 부분으로 생각될 수가 있었을까? 인간 안에 있는 정신적인 것만이 소멸되지 않는 것일진대, 육신의 부활이란 불합리한 생각이 아니었을까? 그럼에도 예컨대 알렉산드리아의 클레멘스(200년 경)는 그리스도교의 가르침이야말로 지적인 논쟁을 꺼릴 필요가 없었던, 오히려 그런 논쟁 안에서 자신의 우월성을 입증할 수 있었던 "참된 철학"이라고 평가했다(strom I, 2. 5. 11. 18. 19). 아우구스티누스는 (바로Varro를 재수용하여) "신화적인", "정치적인", 그리고 "자연적인 신학"을 서로 구분하고 있다(de civ. dei VI, 5) (리베르그Lieberg 참조). 신화적인 신학은 시인들이 묘사한 신들의 역사에 관한 것이다. 정치적인 신학이란 국가의 의례에 대한 것이고, 자연적인 신학은 철학자들의 신학이다. 처음의 두 신학들을 아우구스티누스는 거부하고 있다. 그러나 세 번째는 진지하게 받아들여져야 한다. 왜냐하면 철학자들은, 특히 플라톤주의자들은 신에 대해서 많은 진실들을 말했기 때문이다(같은 책. VIII, 1 이하). 확실히 "철학"이란 이미 지혜에 대한 사랑을 뜻한다: "이제 지혜가 곧 신이라면[...], 참된 철학자는 신의 연인이다(porro si sapientia deus est[...], verus philosophus est amator dei)"(VIII, 1). 플라톤주의자들은 심지어 삼위일체에 대한 생각에까지 이르렀다(X, 23). 그러나 강생은 그들에게 알려지지 않은 채 남아 있었다. 비록 그들이 은총(gratia)에 대한 자신들의 이론을 통해서 강생이라는 생각에 열려있어야 했음에도 불구하고 말이다(X, 29). 중세초기에 이르기까지 신앙을 철학적으로 정초할 수 있다는 생각이 계속 관철되었다. 캔터베리의 안젤무스(1033~1109)는 그의 저서들인 "모놀로기온"Monologion 및 "프로슬로기온"Proslogion과의 연관 속에서 이렇게 적고 있다: 그는 거기서 다음과 같은 점을 보여주려 했다는 것이다. "우리가 강생을 제외하고(praeter incarnatonem) 하느님의 본질과 그분의 위격들에 대해서 신앙하는 바의 것은, 성서에 의존함이 없이(sine scripturae auctoritate) 필연적인 이성의 근거들(necessariis rationibus)을 통해서 입증될 수 있다(probari possit)" (de incarn. verbi, 6). 육화에 대한 저서(Cur deus homo)에서 그의 방식은 심지어, 그리스도가 없이는 구원이 불가능하다는 것을 "필연적 이유들을 가지고"rationibus necessariis, 아울러 "그리스도를 도외시하고"remoto Christo 입증하는 것이었다. 다시 말해서 논증을 위해 계시의 사건을 요구하지 않는 방식이었다(praefatio). 이는 "우리가 믿는 바를 통찰하기 위한"(quod credimus intelligere)것이었다(I, 1). 이성적인 증명을 포기한다면 그것은 태만(negligentia)이다(I, 1). 이성에 대한 그 같은 신뢰는 이제 헤겔에 가서야 비로소 다시 발견될 것이었다.

중세의 한 복판에 아리스토텔레스 철학이 알려지면서 상황이 변화되었다. 그리스도교의 신앙내용들은 이 철학의 외연과 극히 세분화되고 포괄적이면서도 완결된 체계에 대해서 마치 이물질을 대하듯 했다. 아우구스티누스의 정신 안에서 철학과 신학의 다양한 통합으로 특징 지워졌던 교부적인 중세초기의 관점은 깨어진 것처럼 보였다. 이러한 상황에 처해서 무엇을 할 수 있었을까? 아베로에스주의자들(이슬람의 아리스토텔레스-주석가이자 신봉자였던 아베로에스Averroes를 추종한 이들)의 해결책은 "이중진리"의 해법이었다(예컨대 브라반트의 시게루스Siger von Brabant). 다시 말해서 철학적인 진리와 신학적인 진리를 결합시키지 않은 채 병렬적으로 존속시키는 것이었다. 중세 전성기의 스콜라철학은 이에 반대했다. 토마스Thomas von Aquin는 아리스토텔레스를 인정하기는 했으나(아리스토텔레스는 그에게 항상 "그 철학자"였다), 그의 철학을 자연이성의 빛에 국한시켰다. 토마스가 보기에는 자연이성을 넘어서는, 사물에 대한 "초자연적인" 관점이 있으며, 이는 계시의 빛에서 유래하며 성서와 교회의 권위를 통해 보증된 것이다. 이렇게 중세 전성기의 스콜라철학은 "자연"과 "초자연"의 분리와 배속을 준비했는데, 이는 이후의 전 스콜라시대를 규정하는 것이었고, 교도권에 의해 고정되었다(DH 2751, 2755, 3016, 3538 이하). 이제 철학의 기능을 "신학의 시녀"ancilla theologiae로 규정하는 것이 통례가 되었다. "자연신학"theologia naturalis은 계속해서 철학적 신학에 대한 일반적인 표시가 되었으며(예컨대, 발터 브루거Walter Brugger의 전형적인 교과서 제목이 그러하듯이, 1964), 자연이성에 의지해서 명시적으로 자신을 계시로부터 말미암은 신학과 맞세웠다. 그러나 우리가 보았던 것처럼, 아우구스티누스에게 있어서 "자연적인 신학"은 아직도 하느님의 진정한 본성에 대한 가르침이라는 훨씬 더 포괄적인 의미를 갖고 있었다("신화적"인 시적 신학과, 기능적인 "정치적" 신학과는 대조적으로).

자연적인 인식과 초자연적인 인식의 분리, 그와 함께 철학과 신학의 분리는 유명론Nominalismus을 통해 후기 스콜라시대에 강화되었다. 유명론의 관점에서는, 인간이성은 더 이상 사물들의 본질로까지 관통해 들어갈 수 없으며, 개념들은 그저 주관적인 구성물일 뿐이다. 이와 함께 다른 한편으로, 신앙과 계시는 신과 초자연의 인식에 이르는 유일한 길로서 더 커다란 중요성을 얻게 된다. 루터는 이 같은 유명론적인 관점으로부터 강한 영향을 받았다. 철학과 이성에 대한 루터의 회의와 그가 신앙에 부여한 의미는 마찬가지로 그 같은 배경으로부터 이해된다. 그러나 멜랑크톤Melanchton의 인문주의를 통해서 다시금 개신교의 신학 안에 철학친화적인 요소들이 등장한다. 프랑스에서 발흥한 얀센주의Jansenismus는 프로테스탄트주의의 가톨릭적인 형식이었다. 신앙과 은총은 인간이성과 그것의 불충분성에 대립하는 것이었다. 파스칼은 고전적인 문구로 그 같은 대구를 표현했다: "아브라함과 이사악과 야곱의 하느님, 철학자들과 현자들의 신이 아닌". 17세기와 18세기는 영국에서 시작된 "이신론"Deismus이 확산되는 계몽주의 시대였다. 이신론은 의식적으로 보편적인 인간이성에 의존하여 그 영역 위에서 그리스도교의 근본적인 내용들을 정당화시키려는 신학이다. 예컨대, 존 톨란드 John Toland가 쓴 책(1696)의 제목, "신비적이지 않은 그리스도교 정신"에서 그 점이 분명히 드러난다(나중의 틴달M. Tindal도 이와 유사하다). 계시진리들이 입고 있는 옷은 이성으로도 정당화될 수 있어야 한다는 것이다. 그렇지 못하다면 그런 진리들은 종교로부터 배제해야 한다는 것이다. 레싱Lessing은 계몽주의의 이와 같은 정신으로부터 "인류의 양육"Die Erziehung des Menschengeschlechts (1780)이란 책을 썼고, 칸트는 "한갓 이성의 한계 내에서의 종교" Die Religion innerhalb der Grenzen der bloβen Vernunft(1793)를 썼다. 칸트에게 있어서는, 종교는 하느님의 존재를 요청하는 데로까지 나아간 도덕의 확장이었고, 그 결과 그는 다음과 같이 종교를 정의하고 있다: 종교는 "우리의 모든 의무들을 하느님의 계명으로 인식하는 것"(229, 유사한 내용으로 KpV A 233)이다. 그리스도교의 교의들은, 그것들이 이제 종교를 이처럼 도덕적으로 정초한 의미 안에서 주석될 수 있을 때에만 인정된다. 예수는 위대한 도덕적 전형이다. 그리스도론은 그 점에 국한된다. 삼위일체론은 거부된다. 기도와 의례들은 "미신"(살라Sala 참조)으로 여겨진다. 헤겔도 종교를 이성 안에서 정초하고 있다. 그러나 그에게는 그리스도론과 삼위일체론의 교의들은 이성적 통찰에 정확히 상응하는 사변적 내용을 갖고 있다. 그래서 헤겔이 "신학"이라고도 명명하고 있는 종교철학은(TW 17, 341) 그리스도교의 신앙을 그 중심적인 내용들과 함께 이성적으로 정당화하는 것이다. 비슷한 노력이 후기 셸링에게서도 발견된다.

프랑스 계몽주의 안에서는 교회와 그리스도교에 대한 비판이 불가지론적이거나 혹은 무신론적인 경향들과 결합되어서(볼테르Voltaire, 디드로Diderot), 마침내 무신론에 대한 노골적인 고백에 이르게 된다(홀바흐Holbach, 라 메드리La Mettrie). 철학은 이로써 종교와 신학에 대한 비판으로 나타난다. 독일에서는 포이에르바흐가 종교를 인간의 투사로 해석하여, 종교는 무한성을 향한 인간의 추구 안에 기초해 있다고 보았다. 그에게 종교의 개별적인 내용들은 인간학적 의미를 획득한다. 그리하여 소위 신에 대한 사랑은, 스스로를 넘어서는 인간 상호 간의 사랑의 힘을 오해한 것이다. 맑스는 종교를 단지 사회적 불의에 대한 보상으로 간주할 뿐이며("민중의 아편"), 니체는 종교를 삶에 적대적인 약자들의 복수심을 표현한 것으로 해석한다. 프로이드는 종교를 신경증적이고 유아적인 현실도피로 판정한다. 언어분석적인 실증주의는 종교적 언명들을 그저 무의미한 것으로 선언한다(카르납Carnap, 에이어Ayer). 비트겐슈타인은 이러한 관점에 반대해서 종교적인 초월체험Transzendenzerleben을 변호하며, 자연과학적인 혹은 인문과학적인 방식과 나란히 종교적인 "언어게임"의 고유한 가치를 지지한다. 이로써 종교와 신학에 그 고유한 적법성의 영역이 철학적으로 승인되고 있다. 그러나 이 영역이 형이상학적으로도 정당화될 수 있는지의 여부는 비트겐슈타인에게 있어서는 열려있는 문제이다(거명된 저자들에 대해서는 베거Weger 1979 참조).

신학과 관련해서 볼 때, 스콜라철학에 의해 지배된 가톨릭 신학 안에서는 위에서 묘사한 자연적 신인식과 초자연적 신인식의 배속이 주도적인 것이었다. 이것은 초기의 개신교 신학 안에서도 채용되었다. 그러나 경건주의는 종교적 체험의 강조와 함께 다시금 개신교의 이성비판적인 경향과 결합되고 있다. 슐라이어마허는 자신의 저서인 "종교에 대하여"Über die Religion(1799)에서 느낌의 관심사를 받아들이지만, 그것에 철학적인 토대를 부여하고 있다. 그는 종교가 그 안에서 정초된다고 본 무한자에 대한 느낌을 철학적으로 상세히 해명하고 있다. 키에르케고르는 종교가 신의 인격적인 부름에 대한 대답 안에서만 정당화된다고 보았다. 신의 부름은 종교를 윤리의 이성적이고 보편적인 구속력 너머로 끌어올린다는 것이다(Furcht und Zittern, Kierkegaard GW, Abt. 4 참조). 이 사상가의 영향력은 "변증신학"Dialektische Theologie안에 나타나고 있다. 이 신학은 양차대전 사이에 전성기를 맞이했던 것으로 중요대변자는 칼 바르트이다. 변증신학의 중요한 주제는 신앙의 독자성이다. 바르트에 따르면 신학은 완전히 자립적이다. 철학적 논증들과의 어떠한 접속도 잘못된 안전조치이고, 하느님의 말씀에 대한 순수한 신앙을 경감시키는 것이다. 그런 이유로 그는 매우 완강하게 신과 세계를 연결하는 유비론Analogie-Lehre에 반대하고 있다(Barth 1947, S. VIII). 이러한 반反철학적인 기류의 신학에 반대 입장을 취하는 것은 볼파르트 판넨베르그의 신학이다(Pannenberg 1961; 1971). 그에 따르면, 특유하게 신학적인 것은 고립된 신앙의 비약을 통해서 보전되는 것이 아니라, 철학적 및 인간학적으로도 묘사될 수 있는 인간의 개방성을 통해서이다. 이 개방성은 오직 신앙의 행위 안에서만 존립할 수 있으며, 신앙의 행위가 맹목적이 되지 말아야 한다면, 그것은 상응하는 하느님의 마주오심을 선취하는 것이다. 예수 그리스도의 가르침과 그의 인격이 하느님의 마주오심을 대변하고 있다. 가톨릭 편에서는 칼 라너가 자연과 초자연의 전통적인 분리를 뛰어넘으면서 철학과 신학의 연결을 옹호했고, 그로써 새로운 길을 제시하였다. 그에 따르면, 철학적 반성은 인간존재가 초월론적으로[2] 신을 지시하고 있음을 밝히 드러낼 수 있다. 이 지시성은 언제든 이미 하느님에 의해서 가능하게 된 것으로 생각될 수 있고, 예수 그리스도 안에서 최종적으로 자신을 고지한 하느님께 대한 신앙 안에서 성취된다(Rahner 1941; 1976). 가톨릭의 기초신학(가장 철학적으로 정향된 전통적인 신학적 분과)안에서는 계속하여 신학의 선험철학적 정초가 페어베인에 의해서 대변되고 있는데, 그는 피히테의 자아철학을 대화이론적인 확장 안에서 토대로 삼고 있다(Verweyen 1991). 철학적 측면에서는 슈플렛과 셰플러를 다시 거론할 수 있는데, 이들은 자신들의 철학적 입장들을 신학과의 부단한 교류를 통해서 발전시키고 있다. 이런 시도는 두 가지 학문들의 독자성을 보전하면서 양자 모두에게 이로움을 주기 위한 것이다.

10. 철학과 신학 사이의 상응점들

a. 지고의 것에 대한 생각과 그것의 파악불가능성

1) 철학 안에서

철학은 사유 안에서 마지막 것, 최고의 것, 무제약적인 것과 조우한다. 그것도 바로 이러한 것들에 대한 반론과의 대질 안에서이다. 왜냐하면, 만일 마지막 것, 무제약적인 것은 없다고 말하거나, 우리는 단지 잠정적인 것만을 파악할 수 있을 뿐이라고 말한다면, 이때 이것은 명백히 궁극적인 진리인식에 대한 요구를 담고 주장되는 것

---

2) 독일어의 'transzendental'이란 말을 역자는 칸트의 철학과 관련해서는 '선험적'이란 말로 번역하였고, 라너의 신학과 관련해서는 '초월론적'으로 번역하였다. 이러한 구분은, 전자의 번역어로는 '경험을 가능하게 하는'이란 칸트적인 의미를 부각시키고, 후자의 번역어로는 '경험의 한계를 넘어서는'이란 의미를 더 강조하기 위함이다.

이기 때문이다. 최후성 및 궁극성과의 연관을 피할 수 없다는 점은 특별히 선과 도덕의 영역에서 나타난다. 그러나 무제약적인 것과의 이 같은 관련성을 더 자세히 해명하려는 노력 속에서 분명해지는 것은, 이것이 사유에게는 결코 완전히 성공할 수 없다는 점이다. 그것은 사실적으로 뿐만 아니라 원리적으로도 그러하다. 모든 제약적 관계들을 넘어서 있는 것은, 더 이상 우리의 정신적인 시야 앞에 하나의 대상처럼 제시되지 않는다. 이러한 초대상성에 대한 몇 가지 보기들을 철학사로부터 들자면 다음과 같다: 플라톤에 따르면 "전제가 없는 것"이자 "모든 것의 시작"인 "선의 이데아"는 더 이상 하나의 대상처럼 사유가 마주할 수 있는 존재자가 아니라, "존재의 저편에" 놓여 있는 것이다. 그것은 단지 비유 속에서만 제시될 수 있다(Politeia 506-9, 511 b 이하). 마찬가지로 플로틴에 따르면 "헨"Hen, 곧 일자는 정신Nous, 즉 사유 너머에 존재한다(En V 1; V 4). 칸트에 따르면 무제약적인 것과 필연적인 것은 더 이상 이론적 대상이 아니다. 하지만 실천철학이 관련을 맺고 있는 도덕 안에서 그것은 최고의 선으로 실재한다. "도덕 형이상학을 위한 정초"Grundlegung zur Metaphysik der Sitten 말미에서 칸트는 다음과 같이 쓰고 있다: "그래서 우리는 도덕적 명령법이 무조건적으로 실천해야만 하는 필연적인 것임을 개념을 통해서는 파악하지 못하지만, 그것의 *파악불가능성*은 파악한다. 이것이 인간 이성의 한계에 이르기까지 원칙들 안에서 진력하는 철학에게 정당하게 요구될 수 있는 전부이다." 피히테에 따르면, 지고의 "불변적인 것"은 자기 자신의 마지막 "통일점" 안에서 반성적 지식에 주어져 있으면서 아울러 벗어나 있다: "그리하여 여기서 바로 철저히 파악 불가능한 것을, *파악 불가능한 것으로* 파악한다"(Fichte 1804, 32 이하, 34). 헤겔에 따르면 "철학과 종교의 내용은 동일하며", 그것은 "종교적이자 본질적으로 사변적인 것으로서"(Enz § 573 Anm) 그러하다. 그러나 분리하고 객관화하는 오성은 이 영역에 도달하지 못한다. 그리하여 헤겔은 신 증명들에 대한 자신의 강의에서 다음과 같은 결론에 이른다: "그렇게 때문에 모든 사변적인 것은 오성에게는 하나의 신비이다"(TW 17, 535). 비트겐슈타인을 인용하자면 이렇다: "영원의 상相 아래서 세계를 본다는 것은 세계를 한계 지어진 전체로서 본다는 것이다. 한계 지어진 전체로서의 세계에 대한 느낌은 신비스러운 느낌이다"(Tractatus 6. 45). "실로 언표 불가능한 것이 있다. 그것은 스스로 *드러난다.* 그것은 신비스런 것이다"(6. 522).

2) 신학 안에서

종교에 특유한 경험은, 신 혹은 신적인 것이 인간에게 가까이 있으면서 동시에 인간으로부터 벗어나 있다는 것이다. 인간은 신을 눈앞에 마주 대할 수가 없다. 보기를 들자면, 종교사 안에서 수많은 변형으로 나타나고 있는 그리스 신화의 세멜레Semele이다. 제우스는 그녀에게 인간의 형상으로 다가갔다. 하지만 자신의 모습을 그 신성 안에서 보려는 그녀의 소망을 제우스가 이루어주자 그녀는 곧 죽어야만 했다. 성서에서 우리는 하느님이 모세에게 다음과 같이 말하는 것을 읽는다: "너는 나의 얼굴만은 볼 수가 없다. 나의 얼굴을 보고 나서 사는 사람은 없다." 모세는(따라서 인간은) 오직 그 장소에 현존했던 지나쳐가는 신의 모습만을(문자 그대로: 오직 그의 "뒷모습" 만을) 볼 수가 있었다(출애굽기 33, 20 이하). 이사야 예언자에 따르면, 신은 인간의 생각을 울타리에 가두어 둔다: "내 생각은 너희 생각과 같지 않다. 나의 길은 너의 길과 같지 않다 - 야훼의 말씀이시다. 하늘이 땅에서 아득하듯 나의 길은 너희 길보다 높다. 나의 생각은 너희 생각보다 높다"(이사야 55, 8-9). 신약성서에 의하면 신은 "사람이 가까이 갈 수 없는 빛 가운데 계시며, 사람이 일찍이 본 일이 없고 또 볼 수도 없는"(디모테오 1서 6, 16) 분이다. 빛의 은유는 이미 플라톤주의에서 발견된다. 그리스도교 신학을 위해서 그리고 유사한 인용문들을 대신해서 아우구스티누스의 문장이 인용될 수 있을 것이다: "우리는 신에 대해서 말한다; 네가 파악하지 못하는 것이 무슨 그리 놀라운 일인가? 만일 네가 그 분을 파악한다면, 그분은 신이 아니다(De deo loquimur, quid mirum si non comprehendis? Si enim comprehendis, non est deus)"(sermo 117, 3, 5).

b. 주체가 대상 안으로 포섭됨

1) 철학 안에서

"최후의 것" 혹은 절대적인 것을 대상화함이 불가하다는 사실에 상응하는 것은, 자신과 관계를 맺고 있는 주관마저 포섭하는 절대적인 것의 포괄적 현실이다. 이것이 주관에게 의미하는 바는, 주관의 자기연관Selbstbezug은 저 최상의 것과 갖는 연관으로부터 분리할 수 없다는 것이다. 달리 말해서, 지고의 것에로 향함은 주관이 자신과 올바른 관계를 가질 때에만 성공할 수 있다. 이제 이러한 맥락이 규범적인 성격을 가진다는 의미는 이렇다: 문제가 되는 것은, 인간이 "최후에" 올바른 방식으로 자기 자신에 대해 태도를 취하는 것이고, 그래서 또한 최후의 것과 올바른 관계를 맺는 것이다. 무제약자로서 그리고 무제약적인 선으로서의 이 최후의 것은, 주관의 자기관련에 궁극적인 척도가 된다. 이것이야말로 자연철학을 넘어선 소크라테스의 커다란 일보였다. 그에게 있어서 "너 자신을 알라"는 정식은, 진정한 철학적 인식에 이르는 열쇠다(Phaidros 229 e 이하; Charmides 164 d 이하). 이 정식이 고대의 철학학파들을 규정해 왔다. 왜냐하면 그들 안에서는 항상 삶과 진리 일반에 대한 전체적인 태도와 관점이 문제시되고 있기 때문이다. 근세에서는 무엇보다도 칸트에 의해서 실천적인 것의 이 같은 의미가 철학적 인식의 요체로서 그리고 무제약자에 이르는 유일하고도 적합한 통로로서 부각되었다. 칸트에게는 실천적인 것의 영역이 모든 철학함Philosophieren의 중심을 형성하고 있다. 관념론에 있어서도 실천적인 영역은 중심으로 남아 있다. 특히 피히테에게 있어서 그 점이 분명히 나타나지만 헤겔과 셸링에게서도 인식될 수가 있다. 키에르케고르와 실존주의에 있어서도 사정은 마찬가지이다. 그러나 객관주의적으로 정향된 과학적 철학 또한 보통 도덕적인 요구들과 결합되고 있는데, 예컨대 유보 없는 진리의 추구와 학문적인 근간으로서의 지적인 성실성에 대한 요구가 그것이다.

2) 신학 안에서

여기서는 인간이 저 최고의 존재, 곧 신에게 향하는 것이 마치 중립적인 대상을 향하는 것처럼 할 수는 없다는 점이 건성으로 들어넘길 수 없을 정도로 가르쳐지고 있다. 오히려 인간은 올바른 관점을 가져야만 한다. 인간은 "순수한 마음"(마태오 5, 8)을 지녀야만 한다. 즉, 인간은 "회심하지" 않고서는 신에게 향할 수 없다. 마음을 돌려야만 한다. 다시 말해서, 반성의 운동(re-flectere에서 유래, 되돌려 굽히다)을 수행해야만 한다. 이를 지칭하는 신약성서의 단어는 "메타노이아"Metanoia이다: 달리 생각하다, 정신의 가치지향을 변화시키다. 인간은 완전히 신을 향하기 위해서 자신 안으로 들어가야만 한다. 따라서 이중의 반성이 요구된다: 자신 안으로 들어감과 자신으로부터 벗어나서 신을 향함, 혹은 더 잘 표현하자면, 우선은 신을 향하고, 그런 연후 그분의 시선 아래서 다시 자신을 되돌아보는 것, 자신의 죄스러움을 인식하고, 또한 새 인간이 되는 가능성을 인식하는 것이 그와 같은 이중의 반성이다. 그래서 오는 신, 즉 인간을 향하는 신에 대한 예수의 보도는 이 신에게로 향하라는 회심의 요구와 결부되어 있다: "때가 다 되어 하느님의 나라가 다가 왔다. 회개하고 이 복음을 믿어라"(마태오 1, 15). 이때 결정적인 활력은 신으로부터 말미암는다. 인간에게 관건이 되는 것은 신의 행위를 자신 안에 작용하게 하는 것이다. "이것은 모두 다 하느님께로부터 왔습니다. 하느님께서는 그리스도를 내세워 우리를 당신과 화해하게 해 주셨고[...],

하느님과 화해하십시오!"(고린도 2서 5, 18. 20). 결국, 인간이 신에게로 향함은 신 자신에 의해서 승인되어야 한다. 이러한 승인은 곧 은사이며 동시에 이 은사에 응답하라는 요구이기도 하다. 말하자면 자신 안으로 들어가고 또 자신으로부터 벗어나서 신에게로 회심하는 가운데, 그러한 요구를 통해서 자신을 진정한 포괄자로 입증하는 신에게 승복해야 한다는 것이다.

c. 이미 현존하는 삶의 맥락을 주제화함

1) 철학 안에서

이미 말한 대로 넘어설 수 없는 최후성과 포괄적인 절대성으로부터 저 지고의 대상을 객관화시킬 수 없다는 것이 귀결되며, 절대자에게로 정향된 주관이 그 존재 안으로 포섭되어 있음도 귀결된다. 계속해서 이것이 의미하는 바는, 주관은 여기서 전적으로 새로운, 결코 평범하지 않은 대상에로 향해 있다는 것이다. 하지만 이때 오히려 주관이 주목하게 되는 사실은, 그 대상은 이미 오래 전에 그에게 주어져 있다는 것이다. 그 대상은 주관이 그것에로 향할 수 있기 위해서는 이미 주관에게 알려져 있어야만 한다. 왜냐하면 반성을 통해서 주관은 자신의 주관성의 심연으로 인도되며, 그 안에서 주관성은 이미 항상 저 최상의 것이자 포괄하는 것에 의해서 지탱되고 있음이 [주관에게] 인식되기 때문이다. 포괄자와 관계맺음은 동시에 자기연관의 실현이자 심화이며, 최고의 것에 대한 인식은 상기인 것이다. 플라톤은 이 맥락을 분명히 보았다. 그에 따르면, 이데아들과 최상의 이데아, 곧 선의 이데아를 인식하는 것은 오직 "상기"Anamnesis일 뿐이다. 우리는 그 이데아에 의해서만 그것과 관계를 맺을 수 있기 때문이다. 선은 우리에게 결코 완전히 낯설지 않다. 우리는 그것을 오래 전부터 알고 있으며, 그것을 그저 의식하기만 하면 된다. 그러나 이때 선은 우리에게 놀라운 새로움으로 나타난다. "상기" 내지는

"기억"Memoria에 대한 생각은 아우구스티누스에 의해서 그리스도교 철학 안으로 도입되었다. '자신에게 머물러 있음'das Beisichsein은 기억 안에서 실현되는 정신의 근본작용이고, 이것은 인식과 의욕 안에서 세분화된다. 인식과 의욕을 통해서 인간정신은 신과 그분의 삼위일체성의 모상이 된다[2부 I. 3. b. 3) 참조]. 데카르트에 따르면, 철학은 자아의 반성활동과 더불어 시작되는데, 그것을 통해 자아는 자신 안에서 "본유관념"idea innata, 즉 정신에 생득적인 관념으로서의 하느님의 관념을 발견한다. 칸트에 의하면, 철학은 주관 안에 이미 항상 놓여있는 인식과 의욕의 가능성의 조건들에 대한 반성이다. 헤겔은 철학적 인식을 명명하기를, 그것은 "영혼의 길인데[...], 영혼은 자기 자신에 대한 온전한 경험을 통해서 자신이 자체에 있어서 어떤 존재인지를 알게 된다"(PG 67). 이 "자체에 있어서"an sich는 그에 따르면 절대적인 존재와 다름이 아니며, 이 존재는 그럼에도 불구하고 "상기"Er-innerung(PG 548, 590 이하)의 행위 안에서만 정신에 현현하는 것이다(플라톤과 관련해서는 TW 19, 44 참조).

2) 신학 안에서

신을 인식한다 함은 단지, 지금껏 부재하지도 낯설지도 않았던 그런 존재로서만 신과 관계를 맺을 수 있다는 말이다. 그래서 신은 모세에게 자신을 "조상들"의 신으로 계시한다(출애굽기 3, 15). 다시 말해서 신이 자신을 계시하는 것은 이스라엘 민족을 오래 전부터 동반해 온 신으로서, 그리고 이 민족이 자신을 새롭게 (다시금) 인식할 수 있는 신으로서 이다. 그 의미는 이렇다: 현실적으로 신을 향하는 것은, 그분이 역사 안에서 지금껏 수행해 온 활동에 대한 기억 내지는 상기이기도 하다. 후대의 그리스도교 안에서 보자면, 그것은 예수 그리스도에 대한 상기이다. 이 점은 각 개인과 개인의 역사에 대해서도 타당하다. 신앙에 이르거나 신앙을 의식적으로 수행하는 자는, 자신의 삶 안에서 신이 지금까지 현존해 왔음을 감사의 마음으로 인준하는 사람이다. 아우구스티누스는 이러한 인준을 다음과 같은 기도로 표현하고 있다: "늦게야 님을 사랑했습니다. 이렇듯 오랜, 이렇듯 새로운 아름다움이시여, 늦게야 당신을 사랑했습니다. 내 안에 님이 계시거늘 나는 밖에서, 내 밖에서 님을 찾아 [...]. 님은 나와 같이 계시건만 나는 님과 같이 아니 있었나이다" (Confess. 10, 27). 신에게로 향함이 이미 현존하는 그분과의 유대로부터 말미암는다는 점은, 신앙과 사유의 관계에 대해서도 의미심장한 것이다. 왜냐하면 신앙은 언제든지 이미 주어진 어떤 것이며, 전승 안에서 그리고 신앙공동체인 교회 안에서 오래 전부터 현존하는 것이기 때문이다. 반성은 되돌아서 신앙을 향한다. 그렇게 될 때, 안젤무스가 아우구스티누스에 잇대어 철학적-신학적 반성에 대해서 말하듯이(Proslogion의 서문), 반성은 "지성을 추구하는 신앙" fides quarens intellectum이다. 곧 지성적으로 관통되기를 원하고 그렇게 되어야 하는 신앙이다. 이와 같은 반성과 숙고는 무엇인가 이차적인 것이다. 그것은 이미 현존하는 신과의 다면적인 유대에 접속되는 것이다. 우리들 인간은 신 자신에 의해서만 그분께 도달할 수 있고, 그분이 이미 우리 안에서 그리고 우리를 둘러싸고 활동해 왔으며 또 활동하고 있는 경우에만 명시적으로 그분께 향할 수 있기 때문이다.

제 1 부

신에 대한 체계적 물음: 신 존재 증명들

"신 증명"Gottesbeweis이라는 개념에 대하여

"신 증명"이라는 말은 여기서 우선은 그 말로 표시된 논증을 위한 이름으로 단순하게 도입되었다. 그 논증 안에서 "증명"이란 말이 무엇을 의미하는지는 스스로 드러나야만 한다. 신 증명에서는, 예를 들어 공리적 원칙을 가진 연역적 방법(그 범례로는 수학을 들 수 있다)이 문제되고 있는 것이 아님이 드러날 것이다. 왜냐하면, 신 개념으로써 개시된 전체성의 관점 안에서는 어떤 물어지지 않은 출발점들도 있을 수 없기 때문이다. 무제약적인 것의 해명을 위해서는 오직 반성적이고 자기설명적인selbst-explikativ논증구조만이 적합할 수 있다(그것이 무엇을 의미하는지가 계속해서 드러나야 한다). 또한 자연과학들 안에서 행해지는 증명들의 종류가 문제되고 있는 것도 아니다. 거기서는 법칙에 대한 진술들과 선행적인 조건들의 도움으로 (작금에 유통하는 학문이론의 HO-모델[3]이 그렇듯이) 평가가 가능한 가설적 종류의 설명들이 예측되고 있다. 신은, 그 자신으로부터 도출될 수도 있을 이 세계 안에서의 어떤 과정들에 대한 "설명"이 아니다. 신은 일련의 간접증거로써 밝혀질 수 있는 크기가 아니다. 사람들은 그를 어떤 추정적인 존재처럼 (다음과 같은 방

3) 1부 I. 11 참조.

식으로: 히말라야에 설인Jeti이 존재하는가?) "발견해내고"auffinden 싶어 할 수가 없다. 사람들이 신을 "발견할"finden 수 있는 것은 그와 어떤 방식으로든 이미 그리고 항상 관계를 맺고 있을 때뿐이다. 절대적이고 필연적인 것은 (우리가 이 개념들을 신에 대한 생각을 위해 선택한다면) 존재하며 오직 존재할 수 있을 뿐이다: 그것은 언제나 이미 주어져 있는 것이고, (비록 명시적이지는 않더라도) 언제나 이미 알려진 것으로 존재하지만, 어느 경우든 경험적으로 현존하는 것은 아니다. 이 모든 것들이 더 정확히 무엇을 의미하는가 하는 것은 논증 자체가 보여주어야만 한다. 앞으로 밝혀지게 될 것은, 여기서는 사람들이 보통 "증명"이라는 말로 이해하는 것과는 철저히 구분되는, 아주 고유한 유형이 문제되고 있다는 사실이다. 그러나 신 증명이라는 개념이 통용되고 있기에, 나 또한 이 개념을 그 특별한 논증유형을 지시하는 이름으로 사용할 것이다.

고전적인 신 증명들은 철학적 신학의 요체로 지칭될 수 있다. 왜냐하면 그것들 안에서는 유한적인 것을 거쳐 무한적인 것에 이르는 넘어섬Überschritt이 문제되기 때문이다. 바로 이러한 이행은 서양철학의 핵심에 속하며, 철학의 모든 영역들 안에서 작용하고 있다. 그럼에도 불구하고 그러한 행보가 밀도 있게 이루어지는 논증들이 있는데, 그것들이 바로 신 증명들에 해당되고 그래서 종종 그런 이름으로 불려지고 있다. 이때 주도적인 질문은 다음과 같은 것이다: 저 행보의 적법성은 입증될 수 있는가? 혹은 그것은 단지 일종의 비합리적인 비약인가? 아니면 사유의 한갓 환상이자 자기오해인가? 철학 안에서는 오직 논리적 주장만이 유효하기에, 그러한 입증의 기도는 신 증명의 프로젝트라고 말해질 수 있다. 이러한 기도는 물론 이미 언급한 제한들, 예컨대 다른 학문들 안에서 사용되는 증명-개념들과 비교했을 때의 제한들을 염두에 두면서이다.

이러한 넘어섬, 곧 증명에는 상이한 유형들이 있다. 첫 번째는 외적인 자연으로부터 그것을 근거 짓는 신적인 것에로의 행보이다. 이것은 (세계를 의미하는 그리스어 "kosmos"에서 유래하는) "우주론적 신 증명"der kosmologische Gottesbeweis(KGB)이다. 두 번째는 진리와 그것의 인식에서부터 시작하여 다음과 같이 묻는다: 우리가 진리를 인식할 수 있다는 것은 무슨 의미인가? 존재하는 유한적인 존재자의 진리에 대한 인식은 무한적인 존재자에 대한 앎을 전제한다는 것이 입증되어야 한다. 이것은 (진리를 의미하는 그리스어 "aletheia"에서 유래하는) "진리론적 신 증명"der alethologische Gottesbeweis(AlGB)이다. 세 번째는 사유로부터 출발하여 그 안에서 발견되는 마지막이자 최고의 것과의 연관을 반성한다. 그 마지막 것은 더 이상 제약하는 조건들 하에 있을 수 없기 때문에 현실적으로도 존재하는 것으로 반성된다. 이것은 (존재자를 의미하는 그리스어 "on"에서 유래하는) "존재론적 신 증명"der ontologische Gottesbeweis (OGB)이다. 네 번째 신 증명은 가치 있는 것이나 선에 대한 경험으로부터 출발한다. 이 증명이 목표로 하는 바는, 그러한 경험은 오직 무제약적인 요구의 근원인 최고선과의 연관으로부터만 이해된다는 것이다. 이것은 (가치 있음을 의미하는 그리스어 "axios"에서 유래하는) "가치론적 신 증명"der axiologische Gottesbeweis (AxGB)이다. 우리가 다루는 다섯 번째 신 증명은 목적성을 지닌 형성물들을 출발로 삼는다. 그것들은 그러나 자연의 것들만은 아니고, 무엇보다도 우리의 정신적인 삶의 목적들 및 의미목표들이다. 전통적인 표기에 따라 (목표를 의미하는 그리스어 "telos"에서 유래하는) 이 증명은 "목적론적 신 증명"der teleologische Gottesbeweis(TelGB)으로 소개된다. 이 개별적 증명들은 고립된 채 병렬적으로 존재하는 것이 아니라는 점이 드러날 것이다. 그것들은 근저에 있어서 *하나의* 생각, 곧 유한적인 것으로부터 무한적인 것으로의 이행이라는 생각을 내포하고 있다. 그럼에도 불구하고 논증이 저마다 관계 맺고 있는 양상들, 곧 존재와 그것에 대한 경험이 지니는 양상들은 상이한 각인들을 가지고 제시됨을 허용한다. 그러나 우리가 보게 되겠지만, 그 양상들은 서로 긴밀하게 결합되어 있다. 존재, 진리, 선성과 사유는 이미 고대의 형이상학 이래로 서로를 지시하면서 함께 결부되어 있는 계기들로 여겨지고 있다. 여기서 소개되는 신 증명들도 그러한 지시적 맥락으로서 판명될 것이다. 하나의 증명의 실행은 다른 증명에 빛을 던져준다. 그런 식으로 그것들은 서로를 비추고 보완하면서 전체로 볼 때, 우리의 반성된 경험들이 갖는 상이한 차원들 안에서 스스로를 확증하는 하나의 핵심논증을 제시한다.

그러나 이로써 어떤 완벽성도 주장되고 있지는 않다. 신 증명들의 계속적인 변형들은 전적으로 가능하며 사유의 역사 안에서 또한 발견될 수 있다. 그것을 위한 원리를 헤겔은 우리의 모든 형이상학적-논리적 근본규정들(존재, 통일성, 실체, 전체성, 근거, 반성, 목적, 삶, 인식, 진리와 선성, 자기존재와 자유 — 이것들은 헤겔이 자신의 "논리학"Wissenschaft der Logik에서 다루고 있는 몇 가지 규정들을 든 것뿐이다)이 유한적인 것과 무한적인 것의 맥락을 포함하고 있다는 점에서 보고 있다. 그의 말을 직접 인용하자면: "사람들은 증명들을 수십 개로 늘릴 수 있다; 논리적 이념의 저마다의 단계가 그것에 이바지할 수 있다"(TW 17, 518). 이와 같은 근본규정들의 충만함은 완료될 수 없는 것이기에 언제든 새로운 신 증명들이 있을 수 있다. 그러나 모든 증명들은 이런 혹은 저런 종류나 방식으로 저 핵심논증을 포함하게 될 것이다. 말하자면, 제약적인 것은 무제약적인 것이 없이는 존재할 수 없으며, 상대적인 것은 절대적인 것이 없이는, 유한적인 것은 무한적인 것이 없이는 존재할 수 없다는 것이다.

Ⅰ. 우주론적 신 증명

1. 선先소크라테스적 구상: 아리스토텔레스는 자신의 저서 "물리학"Physik에서 소크라테스 이전의 자연철학자들의 논증, 특별히 아낙시만더의 논증을 재현하고 있는데, 이것은 이미 "우주론적 신 증

명"의 근본적인 생각을 포함하고 있다:

"모든 사물들은 시작이거나 시작으로부터 유래한다(ἢ ἀρχὴ ἢ ἐξ ἀρχῆς). 무제한적인 것으로부터는(ἀπείρου) 어떤 시작도 없다. 그렇지 않다면 그것에 하나의 경계가 설정될 것이다. 무제한적인 것은 시작이기 때문에 생성되지도 않았고, 사멸되지도 않는다. 왜냐하면 생성된 것은 마치도 모든 지나가 버림에 하나의 끝이 있듯이 필연적으로 종말을 맞이해야 하기 때문이다. 그렇기 때문에 이미 말한 것처럼 무제한적인 것의 시작은 없다. 오히려 무제한적인 것은 모든 것들을 포괄하고 조종하기 위해서 여타의 모든 것들의 시작처럼 보인다. 이는 무제한적인 것 옆에 정신[아낙사고라스]이나 사랑[엠페도클레스]과 같은 또 다른 원인들을 받아들이지 않는 사람들이 말하는 바와도 같다. 아낙시만더와 대부분의 자연철학자들이 말하듯이 무제한적인 것은 불멸, 불사이기 때문에 신적인 것이라고 한다"(Aristoteles, Physik 203 b 6-15).

(1) 모든 사물들은 시작이거나 시작으로부터 유래한다. (2) 아페이론Apeiron(무제한적인 것)은 시작을 갖고 있지 않다. 그렇지 않다면 그것은 하나의 경계를 갖게 될 것이다. 그것이 의미하는 바는, 아페이론은 아르케를 표현하고 있다는 것이다. (3) 시작 내지는 아페이론은 생성되지 않았고 불멸하다. 그것은 본질적으로 자신 안에 존재에 이르는 힘을 갖고 있다. 그것은 말하자면, 자기 밖에 있는 어떤 것을 통해서도 위협받지 않는다. (4) 생성된 것은 다시 소멸한다. 즉 그것은 제한되어 있다. 이 한계는 모든 측면으로부터 나타난다(아마도 이것은 헤시오드와 첨예하게 대립되는 생각인데, 헤시오드의 신들은 생성되지만 불사의 존재들이다). (5) 시작은 나머지 모든 것들의 시작이다. 시작은 모든 것을 포괄하고 조종한다. 시작은 멀리 떨어져 있으면서 모든 것들에 가까이 있다. (6) 이것은 신적인 것이다. 이 진술은 토마스의 다섯 가지의 길 마지막마다 발견되는 것처럼 종교적 전승과의 동일화를 이루는 것이다. 아낙시만더의 이 논증에서 아르케의 통일성은, 예컨대 물질과 정신이라는 이중의 근

원을 가정한 아낙사고라스나 혹은 세계 내 모든 것들은 네 가지 요소들(물, 불, 공기와 흙)로 구성되어 있고 그것들의 운동은 "사랑"과 "투쟁"이라는 두 힘들에서 기인한다는 엠페도클레스의 가르침에서보다도 더 잘 보존되고 있다.

우리는 이 텍스트 안에서 KGB의 근본구조를 발견한다. 그러나 그 문맥으로부터(Physik III, 4-8) 귀결되는 바는, 아리스토텔레스에게 있어서는 "아페이론"의 개념이 신적인 아르케를 지칭하기에는 적합한 개념이 아니라는 것이다. 그에게는 무제한적인 것이란 단지 물질의 잠재성이라는 의미에서, 혹은 수를 셀 때 나타나는 것처럼 잠재적으로 무한한 것이라는 의미에서의 무규정적인 것일 뿐이다. 힐슈베르거에 따르면, 아리스토텔레스는 무제한적인 것의 개념을 더 이상 아낙시만더처럼 "실체적인 어떤 것으로서가 아니라, 단지 하나의 성질로서" 파악하고 있다(힐슈베르거Hirschberger I, 219). 아리스토텔레스에게 있어서는 세계를 지탱하는 저 마지막 아르케는 최고의 정신적 수행이며 그로써 모든 규정들(형식들, 이념들)을 자신 안에 담는 자기수행이다. 따라서 아리스토텔레스를 아낙시만더와 두드러지게 구분 짓는 요인은 아낙시만더에 의해 범례적으로 제시된 핵심논증이 아니라, 저 최초의 보편적인 아르케에 대한 보다 자세한 주석이다. 그러한 주석 안에서 아리스토텔레스는 그의 보다 세분화된 개념성과 발전된 철학에 상응하는 근거들로부터 자신을 아낙시만더와 구분하고 있다.

*2. 플라톤*은 자연 안에서의 운동에서 시작한다. 운동은 운동의 충격들로부터 생겨나고, 이것들은 다시 선행하는 동인들에서 유래한다. 그러나 운동은 마지막으로는 자기운동 안에 정초되어야 한다(Nomoi 894 e 이하). 자기운동은 영혼에 특징적인 것이다(같은 책, 895 e 이하). "파이드로스"Phaidros(245 c 이하)에서는 이것이 영혼 불멸성에 대한 증명이다. 왜냐하면 자기 스스로 움직이는 것은 시초적이며 생성되지 않은 것이기 때문이다. 그렇기 때문에 영혼의 자기

운동은 모든 것을 지탱한다. 영혼은 신적인 것이며, 혹은 영원하고 불멸의 것, 즉 "진실로 존재하는 것"(247 c)의 직관 속에서 신적인 것과 직접적으로 합일되어 있다. 인간의 영혼은 그런 직관능력을 갖는 자의 영역에 속하며, 따라서 그 직관의 대상에 참여하는 자의 영역에 속한다. 영혼은 그로써 스스로 불멸 불사하다. 플라톤에게는 신 증명, 즉 지고하고 영원한 존재의 증명은 우리가 우리의 영혼을 통해서 그런 존재에게 참여하고 있다는 증명이기도 하다. 왜냐하면 그렇지 않을 경우, 우리는 그러한 논증을 할 수 없겠기 때문이다. "파이돈"에서는 "생명의 이데아"의 불멸성이 제시되면서 영혼불멸성에 대한 종결적인 증명이 이루어지고 있다: "소크라테스는 말했다. 적어도 신과 생명의 이데아 자체는, 무엇이든 불사적인 것이 있다면, 결코 소멸되지 않는 것임을 누구나가 다 인정하는 것이지"(Phaidon 106 d). 영혼은 오직 이러한 불멸의 생명과의 통일성 안에서 파악될 수 있을 뿐이며, 그래서 그것은 마찬가지로 불사적인 것이다(105 b - 107 a). 선행하는 증명들에서는(76 d - 80 e), 우리의 인식 안에서 선천적이고 이념적인 것, 그리고 초시간적인 것은 우리의 영혼과 분리될 수 없다는 것이 소크라테스에 의해서 보여졌다. 왜냐하면 영혼은 저 이념적이고 초시간적인 것을 통해서만 활동하기 때문이다. 다시 말해서, 영혼의 자신을—통한—활동Durch-sich-Agieren은 이념적인 것의 영역과 맺는 관계이거나, 그 영역의 수행이외의 다른 것이 아니기 때문이다: "그러나 그것(영혼)이 자기 자신을 통해서 관조한다면, 영혼은 순수하고 언제나 존재하는 불멸의 세계로 향하게 되지. 이것은 영혼과 동질적인 것이므로 영혼은 늘 이것과 함께 있을 수가 있는 거야"(79 d).

플라톤의 "법률"Nomoi에 나오는 텍스트에 주목해야 하는 내용이 있다: 영혼의 영역은 거기서 신들과 동일시되고 있다. 이 신들은 자연의 크기들로서도 간주되고 있는데, 예를 들면 성좌星座들이 그것이다. 플라톤은 전통적인 종교의 신들에 대한 표상들을 비판하면서도(Politeia 377-383 참조) 그것을 정화된 형식으로 자신의 체계 안으로 통합하려 한다(아리스토텔레스나 후에 플로틴도 마찬가지이다). "티마이오스"Timaios에 따르면, 이러한 신들은 "모든 것들의 아버지"인 데미우르그Demiurg에 의해서 우주 자체를 구성하는 부분들로 창조된 것들이다(27 이하, 39 이하). 그러나 데미우르그 자신은 이데아들을 향해 정향되어 있으며, 그것들에게 어떤 방식으로든 예속되어 있다. 이 대화편에서 데미우르그는 "누스"Nous, 곧 정신과 동일시되고 있는 듯하며, 반면에 신들은 그에 의해 창조된 세계영혼에 귀속되고 있다. "법률"에서 언급하고 있는 신들 또한 그것에 속한다. "국가"Politeia에서는 절대적으로 최고의 것, 곧 신적인 것은 "선의 이데아"이다. "향연"에서는 선의 이데아는 "아름다움의 이데아"로 불려진다. 거기서 아름다움의 이데아는 "항상 존재하는 자"로 명명되며, 그것은 "다른 것 안에 있지 않고[...], 순전히 자신을 위해 있다"(Symposion 210 e, 211 a 이하; Phaidon 247 c 이하 참조). 플라톤은 이러한 규정들을 가지고 최고이자 본래적인 신 이념에 도달하였다. 플로틴은 플라톤에 있어서의 신적인 영역의 세분화와 연결되어 초감각적인 것에 대한 삼중의 등급화를 채택하였다. 그것들은 곧 지고한 것으로서의 "일자" 혹은 "선하고 아름다운 것", 그것에 종속되어 있는 "정신", 그리고 재차 이 정신에 종속되어 있는 "영혼"이다. 이하의 "파이드로스"와 "법률"의 텍스트 안에서 플라톤은 우주의 운동이 신적인 영역에 근거 지어져 있음을 보여주려 한다. 이때 플라톤을 통한 이 영역의 계속적인 세분화는 도외시될 것이다.

"영혼을 가진 모든 것은 죽지 않네. 왜냐하면, 언제나 움직이는 것은 죽지 않으니까. 남을 움직이게 하고 또 남에 의해 움직이게 되는 것은 그 운동에 종말이 오게 마련이네. 그러므로 스스로 움직이는 것만이 자기 자신을 저버릴 수 없으며 운동을 멈출 수 없네. 그리하여 그 밖에 모든 움직이는 것의 원천이 되고 시작이 되네. 그런데 시작(ἀρχή)은 어떤 무엇에서 비롯되지 않네. 시작이 무엇에서 비롯된다면 그것은 이미 시작일 수 없네. 또한 그것은 무엇에서 비롯되지 않으므로 불멸하는 것이라야 하네. 왜냐하면, 모든 것이 시작에서 생성되어야 하므로, 이 시작이 멸망해서는 시작이 무엇으로부터 비롯될 수도 없고, 아무것도 시작에서 비롯될 수 없기 때문이네. 따라서 스스로 자기를 움직이게 하는 것(τὸ αὐτὸ αὐτὸ κινοῦν)이 운동의 시작이라네. 그것은 멸망될 수도 생성될 수도 없네. 그렇지 않다면 천지 만물은 다 생기를 잃고 정지되어서 다시 운동할 수도 생산될 수도 없네. 그런데 일단 스스로 움직이는 것이 불사라는 것이 입증된 이상, 이 자동自動하는 것을 영혼의 본질이요 개념으로 규정하는 것에 사람들은 의심을 품지 않을 걸세. 왜냐하면 자신의 운동을 밖으로부터 얻는 모든 물체는 영혼을 소유하지 못하지만, 내부에서 자기 자신으로부터 운동을 소유하는 것은 영혼을 갖기 때문이지. 이것이 바로 영혼의 본성이라네. 이렇게 스스로 움직이는 것이 영혼과 다름이 아니라면, 영혼은 반드시 불생불사하는 것이라야 하네"(Phaidros 245 c 이하).

"그래서 우리는, 자기 스스로 움직이는 운동은, 모든 운동의 시작으로서, 그리고 정지해 있거나 움직여진 것들 안에서 작용하는 최초의 것으로서, 필연적으로 모든 변화들 가운데서 가장 오래된 것이고 강력한 것이라고 주장해야 합니다. 그러나 다른 어떤 것을 통해서 충격을 얻거나 다른 것을 움직이게 하는 것은 두 번째 것입니다"(Nomoi 895 b). "이제 계속해서 모든 별들과 달과 연, 월, 그리고 사계절 전부와 관련시켜 봅시다. 우리가 다음과 같은 주장 말고 다른 어떤 주장을 할 수 있겠습니까? 영혼 혹은 영혼들이 이 모든 것들의 원인으로, 그리고 그 탁월함에 있어서 완전히 선한 것으로 입증되었기 때문에, 우리는 그 영혼들을 신성들이라고 주장하는 것입니다"(Nomoi 899 b).

*3. 아리스토텔레스*는 플라톤의 이러한 논증을 실마리로 삼는다. 하지만 그는 플라톤의 자기운동Selbstbewegung이라는 생각을 비판하고 있다(Physik VIII, 5). 왜냐하면 이 경우에 무엇인가가 똑같은

의미로 움직이면서 움직여진 것일 수밖에 없다. 그러나 그것은 모순이다. 아리스토텔레스에 따르면, 운동은 단지 움직여지지 않는 것 안에서만 정초될 수 있다. 후에 토마스는 아리스토텔레스와 플라톤 사이에서 하나의 조정을 시도하고 있다: "플라톤과 함께 스스로 움직이는 제 일자에 도달하든가, 아리스토텔레스와 함께 전적으로 움직이지 않는 일자에 도달하든가 차이가 없다"(Scg I, 13). 아리스토텔레스에 의하면, 움직여지지 않는 것은 우선은, 모든 사건 안에 있는 목표로서 주재하며 생성을 인도하는 형상들Formen이다. 이러한 생성은 가능성(dýnamis)에서 현실성(enérgeia)에로의 이행이다. 아리스토텔레스의 계속되는 우주론은 다음과 같이 요약할 수 있을 것이다: 그에 따르면 자연은 하나의 거대한 운동연관이다. 시간은 "운동의 척도"(Physik 219 b)이다. 이때 운동, 곧 "키네시스"kínesis는 각기의 변화의 형식Form이다. 변화들 가운데서도 물론 위치이동이 우위를 차지한다. 왜냐하면 최고의 물질적 존재자들인 성좌들은 오로지 장소에서만 변화할 뿐 그 성질들에 따라 변화하는 것은 아니기 때문이다. 시간은 시작도 끝도 없다. 시간이 관련되어 있고 시간과 결코 분리시킬 수 없는 운동도 마찬가지이다. 아리스토텔레스에 따르면 뉴튼적인 의미의 빈 시간은 없다. 덧붙이자면 빈 공간도 없다. 우주는 영원하며, 지구는 원형모양이고 우주의 중심에 위치해 있다. 지구 주위를 접시 모양의 천구, 말하자면 달과 태양과 혹성들, 그리고 마지막으로는 맨 밖의 축인 항성의 천구가 돌고 있다. 항성의 운동은 영속적인 순환운동으로서, 생각할 수 있는 가장 완전한 것이다. 천체들은 영원하다. 그것들은 네 가지 요소들로 구성된 것이 아니라, 일종의 정신적 질료성Stofflichkeit인 "에테르"Äther(후에 "다섯 번째 본질"quinta essentia로 지칭된)로 구성된 것이고, 신적인 지위를 누리고 있다(이미 플라톤에게서처럼). 움직이고 있기 때문에 그것들은 물론, 비록 (생성됨이 없는) 그들의 존재에 따라서가 아니라 단지 장소들에 따른 것이기는 하나, 가능성에서 현실성에로의 부단한 이행 중에 있다. 항성권은 그렇기 때문에 우주를 지탱하는 마지막 근거(Arché)가 될 수 없다. 왜냐하면, 운동은 단지 현실태Aktualität로부터만 나올 수 있기 때문이다. 근원적 존재가 움직여진 것이라면, 그것은 항상 가능성을 통해 제약된 것일 테고, 이 가능성이 자신으로부터 현실을, 따라서 마지막으로는 무가 존재를 생겨나게 해야만 했을 것이다. 그러나 이것은 생각할 수가 없다. 그렇기 때문에 움직이고 있는 우주는 오직 순수한 현실 안에서만 정초될 수 있다. 이것은 최고의 생명이자 최고의 자기연관이며, 순수한 반성, 곧 사유 내지는 자기-스스로-사유함이고, "사유의 사유" nóesis noéseos이다. 이 순수한 사유로부터 모든 운동이 유래한다. 이것이 스스로는 움직여져서는 안 되는 진정한 동자이다. 그러나 스스로는 어떤 방식으로든 운동에 가담되어 있지 않은 자가 어떻게 세계를 움직일 수 있는가? 대답은 이렇다: 그는 마치 사랑받고 있는 존재처럼 유인력誘因力을 통해서 세계를 움직인다. 아리스토텔레스가 구분하고 있는 네 개의 원인들, 곧 질료인, 형상인(내적인 것으로서의), 작용인 그리고 목적인(외적인 것으로서의)을 일견해 볼 때, 부동의 동자는 목적인으로서 규정되고 있다. 아리스토텔레스는 이로써 작용인이라는 의미에서의 세계의 산출을 알지 못한다. 작용인은 부동자와는 유리시켜야 할 세계 안으로의 가담을 동반하게 되겠기에 말이다. 플라톤이 신화로서의 "티마이오스"에서 주시하고 있는 바와 같은 창조는 아리스토텔레스에 따르면 배제되어 있다. 그러나 최고의 목적인이라는 개념으로 그는 플라톤의 생각을 이어가고 있다. 플라톤에 따르면 에로스Eros는 아름다운 것, 최후로는 "아름다움 자체", 즉 "항상 존재하는 자"를 향해 있다. 인간은 그 자신의 정신적 능력 안에서 이 최고의 것에 대한 "관조"Schau에까지 이를 수 있다(Symposion 210 e - 212 a). 그럼에도 에로스는 전 우주를 관통하고 있다. 이성이 없는 동물들도 종속種屬안에서 계속 번식하면서 이 영원한 것을 추구하고 있다(207 d). "파이드로스"에 따르면 영혼은 모든 것의 운동원리이다(245 c 이하). 영혼의 열망이 에로스이며, 이것은 정신적인 것으로서 "영원"하고도 "참된 존재자"를 관조할 때 충만을 발견한다(246 b - 248 e). 아리스토텔레스의 관점에서도 전 우주는 영원한 것에 대한 이 열망에 참여하고 있으며, 더욱이 형상Form이 존재자들에게 부여하는 저마다의 한계들 안에서 그러하다. 플라톤처럼 그는 동물들의 종속種屬의 삶을 지적하고 있다(de anima 415 a/b). 그러나 인간은 "관조"Theoria, 곧 신적인 것에 대한 정신적 직관의 능력을 갖추고 있다(Nik. Ethik X, 7-9). 이 신적인 것이 전 우주의 "최초의 동자"인 것이다. 나중에 이 모든 관점이 그리스도교적으로 수용된 것은, 단테의 "신적인 희극"에서 찾아볼 수 있다: "나는 하나의 신을 믿는다네／유일하고 영원한, 전 하늘을 움직이는 신을／사랑과 그리움을 통해, 스스로는 움직여지지 않는 신을"(div. com. III, 24, 130 이하). 이 작품의 마지막 절은 이렇게 끝난다: "태양과 다른 별들을 움직이는 사랑".

"그러나 움직여지면서 움직이게 하는 것은 중간적인 것이기에, 움직여지지 않으면서 스스로 움직이게 하는 무엇인가가 있어야만 한다. 그것은 영원한 것이고, 본질이자 현실이다. 그러나 그와 같은 방식으로 움직이게 하는 것은 열망되는 것이자 예지적인 것이다; 그것은 움직여지지 않으면서 움직이게 한다"(Met. 1072 a). "그것은 마치 사랑받는 존재처럼(ὡς ἐρώμενον) 움직이게 하며, 자신에 의해 움직여진 것을 통해 나머지 것을 움직인다. 이제 무엇인가가 움직여진다면, 그것이 다른 사정에 처하게 됨이 가능하다. 따라서 장소운동이, 움직이면서 움직여진 것인 한에서, 첫 번째 현실이라면, 그것이 다른 사정에 처하게 되는 것도 가능하다. 말하자면, 비록 본질에 따라서는 아니지만, 장소에 따라서는 가능한 것이다. 그러나 이제 움직여지지 않으면서 스스로 움직이게 하고, 실제적인 활동 가운데 존재하는 어떤 것이 있다(τι κίοῦν αὐτὸ ἀκίητον, ὄν ἐνεργείᾳ ὄν). 이것이 다른 사정에 처하게 되는 것은 어떤 경우에도 불가하다. 왜냐하면, 장소운동은 변화들 중에서 첫 번째이고, 장소운동 중에서는 순환운동이 첫 번째이며, 그러나 이 운동은 저 첫 번째 동자에 의해 산출되기 때문이다. 따라서 그것은 필연적으로 존재하며, 그것이 필연적인 한, 또한 선한 것이고 이런 의미에서 원리(ἀρχή)이다[...]. 하늘과 자연은 그 원리에 종속되어 있다. 그것의 삶은 최상의 것이며, 우리에게는 끊임없는 지속이 불가능하여 오직 짧은 시간만이 발생하지만, 그의 삶은 영속적인 것이다"(Met. 1072 b). "이성은 그것이 최상의 것이라면 자기 자신을 인식한다. 그리고 이성의 인식은 자신의 인식에 대한 인식이다(νόησις νοήσεως)"(Met. 1074 b).

*4. 플로틴*은 최고의 것을 "일자"이자 "선"으로 규정한다. 그는 KGB의 구조에 상응하는 논증 안에서 이 최고의 일자에 이른다. 다수는 "스스로 자족적이지"(autárkes) 않다. 왜냐하면 그것은 개별적으로나 전체적으로나 종속되어 있기 때문이다. 즉 완전한 자기연관으로, 철저한 통일성으로 생각될 수 없기 때문이다. 모든 점에서 스스로 존재하는 일자만이 자족적이고, 종속적이며 자신과 완전히 하나가 아닌 모든 것들의 근거가 될 수 있다:

"그 자족성에서 사람들은 최고의 일자의 통일성을 파악할 수 있다. 그것은 모든 것 중에서 가장 충분하고 자족적인 것이기에 또한 가장 결핍이 없는 것이어야만 한다. 그러나 모든 다수와 비非일자는 결핍되어 있다. 왜냐하면 그것은 다수로부터 비로소 하나의 일자ein Eines가 되었기 때문이다. 다수의 본질은 따라서 일자로 있음Einssein을 필요로 한다. 그러나 최고의 일자는 자기 자신을 필요로 하지 않는다. 최고의 일자는 자기 자신*이기* 때문이다. 계속하여 다수인 것은 예컨대 많은 사물들을 필요로 한다. 사물들의 각자는 다수 안에서 다른 것들과 결합되어 있고, 스스로 존립하지 않는다. 왜냐하면 그것은 다른 것을 필요로 하고, 그것을 통해 그런 존재는 개별적 구성부분들에 있어서나 전체로서 결핍적인 것이 된다. 이제 완전히 자족적인 존재가 있어야 하는 것이 사실인 만큼, 일자das Eine가 존재해야 한다. 왜냐하면 일자만이 자기 자신에 반해서나 다른 것에 반해서 결핍되어 있지 않기 때문이다"(En VI 9, 6).

5. 이슬람과 유대의 스콜라철학

이슬람 문화는 중세초기에 전성기를 맞이했었다. 그것은 서구의 그리스도교문화보다도 우월한 것이었다. 아랍인들을 통해서 계속하여 고대철학과 특히 아리스토텔레스의 저작이 서구에 알려졌고 수용되었다. 아비첸나Avicenna나 아베로에스Aberroes 같은 이슬람의 식자들은 13세기의 수준 높은 스콜라학에 커다란 영향을 미쳤다. 그들은 신 증명들도 집중적으로 다루었다. 이때 아리스토텔레스 해석과 관련하여 두개의 상위相違하는 견해들이 생겨났다(다음의 내용을 위해서는: Craig, 48-157).

(1) 첫 번째 견해의 중요한 대변자들은 알 킨디Al-Kindi(801~873)와 알 가잘리Al-Ghazali(1058-1111)다. 이들이 아리스토텔레스 철학을 수용한 것은 6세기에 알렉산드리아에서 가르쳤던 그리스도교 저술가 요한네스 필로포노스Johannes Philoponos의 영향 때문이었다. 요한네스는 영원한 세계에 대한 아리스토텔레스의 이론을 비판했다. 그가 보기에 이 이론은 그리스도교의 창조신앙과 조화될 수 없을뿐더러 그 자체 모순적인 것이었다. 모순적인 이유는, 영원히 존립하는 세계 안에서는 매 순간에 현실화된 시간-보폭들Zeit-Schritte의 무한한 수효가 앞서서 지나갔어야만 하기 때문이다. 그러나 이것은 불가능하다. 생각될 수 있는 것은 단지 (아리스토텔레스에 따라서도) 잠재적인 무한자(예컨대, 수數들에 있어서처럼)일 뿐이다. 위의 두 학자들은 이 생각을 받아들여서 그 기초 위에서 인과적 원인성Kausalursächlichkeit으로부터의 신 증명을 발전시켰다: 운동맥락과 발원맥락Verursachungszusammenhang안에서 사람들은 무한히 소급해 갈 수가 없다. 시작이 있었어야만 한다. 오직 전능한 신만이 시작을 설정할 수 있었다. 이런 견해만이 이슬람의 신 개념 및 창조교리에 조화될 수 있다는 것이다.

(2) 첫 번째 견해와 배치되는 다른 하나의 견해는 알 파라비Al-Farabi(950년 사망), 아비첸나(980~1037), 아베로에스(1126~1198) 그

리고 유대인 모세 마이모니데스(1135~1204. 십자군 전사들을 무찌른 술탄 살라딘Saladin의 주치의) 등에 의해서 대변되었다. 이들은 세계의 시초를 받아들이는데 반대한 아리스토텔레스의 논거가 설득력이 있다고 생각한 한에서, 영원한 세계에 대한 그의 견해를 따르고 있다. 그 논거인 즉, 시간은 시작을 가질 수 없다는 것이다: 왜냐하면, 만일 내가 시간의 시작을 생각한다면, 나는 그 시작을 다시금 상위에 놓인 시간축 위에서 생각하는 것이기 때문이다. 그렇지 않다면 시작이라는 개념은 의미가 없는 것이다. 그러나 아리스토텔레스에 따르면 시간은 실재적인 운동의 척도이고, 그런 한에서 항상 운동과 연관되어 있기 때문에(뉴튼적 의미의 빈 시간은 없다), 전체의 운동과 우주는 영원한 것으로 생각되어야만 하는 것이다. 그러나 이제 아리스토텔레스에 의하면, 우주는 다시 자신과는 상이한 최초의 동자에게 의존해 있는데, 비록 그 최초의 동자가 작용인적인 창조신의 의미로 생각되고 있지는 않음에도 불구하고 말이다. 위에서 명명한 식자들은 이제 아리스토텔레스의 이론을 창조신앙과 결합시켰다. 이를 위한 요체는 시간 내에서의 원인연속의 개념이 될 수 없고, 단지 "우연성"Kontingenz과 "필연성"Notwendigkeit이라는 개념쌍일 뿐이다. 우연적인 존재자는 단지 가능적인 것이다. 그것은 자신으로부터 존재로의 필연성을 지니지 못하며, 다른 존재자에게 의존해 있다. 이 점은 생성과 소멸에서 드러난다. 그러나 생성과 소멸의 전체적인 맥락은 어떻게 보아야 하는가? 이 맥락은 시작이 없는, 그래서 영원한 것으로 생각되어서는 안 되는가? 그 점은 시인할 수 있고, 그런 의미에서 그 맥락을 "필연적인" 것이라 칭할 수 있다. 그러나 이러한 필연성은 완전한 것은 아니다. 왜냐하면, 생성하는 것과 사멸하는 것의 맥락도 완전하게 자기 자신으로부터 말미암는 것이 아니기 때문이다. 즉, 그것은 철저한 자기정초Selbstbegründung안에서 생각될 수 없기 때문이다. 그로써 그 맥락은, 전체로서 종속된 것이고, 자신의 필연성 자체도 다시금 하나의 가능적인 것인 바, 바로 자기 자신을 통한 것이 아니라 타자를 통한 필연성인 것이다. 이 타자는 오직 전능한 창조신만일 수 있으며, 그만이 자기 자신으로부터 필연적으로 존재하는 자인 것이다. 하지만 세 명의 이슬람 식자들이 시작이 없는 창조를 설한 반면에, 마이모니데스는 아리스토텔레스적인 근거들의 약점도 인정했고, 그래서 비록 철학적인 근거가 아니라 신앙의 이유에서긴 했지만, 창조의 시작을 견지하는 것이 타당하다고 생각했다(Führer der Unschlüssigen II, 2-19; 신 증명들은 II, 1에서 발견된다). 토마스는 위에서 기술된 우연성으로부터의 신 증명의 논증을 "제 삼의 길"로 표현했다(아비첸나의 라틴어 텍스트 원전은 아노Arnou, 59-71 에서 발견된다; 마이모니데스의 첫 두 증명들은 토마스와 같지만, 제 삼과 제 사의 증명은 합해서 볼 때 토마스의 제 삼의 길에 상응한다). 그 외에도 이 철학적 관점은 그의 다른 증명들의 토대를 이루고 있다. 세계의 영원성에 대한 양자의 논쟁적인 견해들은 후에 칸트의 "순수이성비판" 안에서 (첫 번째의) 우주론적 이율배반으로 제시되었다(KrV B 454 이하).

6. 토마스 아퀴나스 – 첫째, 둘째 그리고 셋째 "길"

토마스는 신 증명의 주제를 다른 저작들에서는 짧게 언급하고 있고, 자신의 신 증명들은 주로 "이교도를 논박하는 대전"Summa contra gentiles(Scg I, 13, 15)과 "신학대전"Summa theologiae(Sth I, q II, a 3 resp)에서 행하고 있다. 신학대전의 텍스트는 보다 일목요연하게 구성되어 있고, 무엇보다도 대부분의 인용들을 위한 고전적인 텍스트로 이용되고 있기 때문에, 나는 이 책을 주로 참고할 것이다(주해를 곁들여 편찬된 훌륭한 텍스트로는 자이델Seidel, 1982 참조). 이 유명한 "다섯 가지의 길들" 중에서 첫 세 가지들이 이하에서 제시될 것이다. 그것들은 내용적으로 서로 긴밀하게 결합되어 있으며, KGB의 변형들을 제시하고 있다(묵Muck, 106-133 참조). 완전성의 정도로부터 추론되는 "네 번째 길"은 가치론적 신 증명 안에서, 목적성으로부터의 "다섯 번째 길"은 목적론적인 신 증명의 맥락 안에서 각각 다루어질 것이다.

토마스는 자신의 신 증명들을 신학대전 I 권의 제 2 문제에서 제시하고 있다: "신에 대해서, 그가 존재하는지"De Deo, an Deus sit. 첫째 절은 다음의 물음을 표제로 하고 있다: "신이 존재한다는 것은 자명한 일인가"Utrum Deum esse sit per se notum. 토마스는 알려져 있음(notum)을 "그 자체에 있어서"(secumdum se)와 "우리에 대해서"(quoad nos)로 구분한다. 그 자체에 있어서 신의 존재는 알려져 있고 자명한 것이다. 왜냐하면 신은 자기 자신의 존재이기 때문이다(Deus enim est suum esse). 그러나 우리에 대해서 신의 존재는 자명한 것이 아니다. 우리는 신의 이와 같은 내부적 관점을 지니지 못한다. 우리를 위해서 증명들이 필요한 것이다. 그런데 우리의 인식은 감각을 통한 것이기 때문에, 이 증명들은 감성을 통해서, 즉 외적이고 감각적인 존재를 거쳐서 실행되어야 한다. 따라서 신은 우리에 대해서 직접적으로가 아니라, 단지 간접적으로 유한한 것의 인식을 거쳐서만 인식될 수 있는 분이다.

둘째 절은 다음의 표제를 갖고 있다: "신이 존재한다는 것은 논증될 수 있는 것인가"Utrum Deum esse sit demonstrabile. 토마스는 다음과 같은 구분을 하고 있다: "근거로부터의 증명"(demonstratio per causam)은 우리에게는 가능하지 않다. 이 증명은 "전적으로 (사안적으로) 상위의 것으로부터의(per priora simpliciter) 증명", 혹은 "무엇 때문에"(propter quid)라고 불려지기도 한다. 다시 말해서, 우리는 신 자신 안에 놓여져 있는 근거로부터 그의 실존을 인식할 수 없다. 우리에게는 단지 "발원된 것으로부터의 증명"(demonstratio per effectum)만이 가능하다. 이 증명은 "이유에서의 증명"(demonstratio quia)이나 "우리에 대해서 먼저인 것을 통한 증명"(per priora quoad nos)이라 불리기도 한다. 왜냐하면, 신에 의해서 정초된 것, 바로 우리에게 더 잘 알려져 있고, 그런 한에서 인식 안에서 앞서 있는 것으로서의 세계를 통해서만 신에게 이르는 통로가 우리에게 가능하기 때문이다. 그래서 신은 자체적으로는an sich 먼저 있는 존재지만, 우리의 인식에 대해서는 후위의 존재이고, 비로소 입증되어야 할 존재이다.

셋째 절의 표제는 "신은 존재하는가"Utrum Deus sit이다. 이 절의 몸체 안에서 "다섯 가지의 길들"이 뒤따른다(항상 "나는 답한다" respondeo라는 말이 서두에 등장한다): "나는 신의 존재가 다섯 가지의 길들 위에서 증명될 수 있다고 대답한다"(respondeo dicendum quod Deum esse quinque viis probari potest). 토마스에게 있어서 첫 번째이자, 모든 길들 중에서 더 명백하고 가장 강력한 논증은 "운동으로부터 취해지는"(sumitur ex parte motus) 길이다:

"나는 대답한다: 신이 존재한다는 것은 다섯 가지 길로 논증될 수 있다. 첫째이며 더 명백한 길은 운동변화에서(ex parte motus) 취해지는 길이다. (a) 몇몇 사물들이 이 세계 안에서 움직여지고 있다는 것은(moveri in hoc mundo) 확실하며, 또 그것은 감각으로 확인되는 것이다. 그런데 움직여지는 모든 것은 다른 것한테서 움직여진다(omne autem quod movetur ab alio movetur). 사실 어떤 것도 그것을 향해 움직여지는 것에 대해 가능태에(in potentia) 있지 않는 한 움직여질 수 없다. 움직여주는 것은 그것이 현실태에(in actu) 있는 한 움직여준다. 즉 움직인다는 것은 어떤 것을 가능태에서 현실태로 이끌어가는 것 외에 다른 것이 아니다(de potentia in actum). 그런데 가능태에서 현실태로 이끌어가는 것은 현실태에 있는 어떤 유有에 의하지 않으면 될 수 없다. 예컨대 더워질 가능성 안에 있는 나무를 현실적으로 더운 것으로 만드는 것은 불, 즉 현실적으로 더운 것이며, 불은 이런 현실적으로 더운 것으로서 나무를 움직이며 변화시킨다. 그러나 같은 것이 같은 관점에서 동시에 현실태에 있으며 가능태에 있을 수는 없다. 다만 그것은 다른 관점에서만 가능하다. 예컨대 현실적으로 더운 것은 동시에 가능적으로 더울 수는 없고 다만 그것은 동시에 가능적으로 찬 것이다. 그러므로 같은 관점에서 같은 양태로 어떤 것이 움직여지는 것, 혹은 자기 자신을 움직이는 것은 불가능하다. 따라서 움직이는 모든 것은 다른 것에 의해 움직여져야 한다. (b) 그러므로 어떤 것이 그것에 의해 움직이게 되는 그것이 움직인다면, 그것 또한 다른 것에 의해서 움직여져야 하며, 그것은 또 다른 것에 의해서 움직여져야 한다. 그런데 이렇게 무한히 소급해갈 수는 없다. 그 이유는, [만일 움직이는 것의 무한한 소급이 인정된다면] 어떤 첫 움직이는 자가 없게 될 것이며, 따라서 어떠한 다른 움직여주는 자도 없게 될 것이기 때문이다. 제이동자第二動者들은 제일동자第一動者에 의해 움직여짐을 통해서만 다른 것들을 움직일 수 있기 때문이다. 그것은 마치 지팡이가 손에 의해 움직여져야만 다른 것을 움직이게 되는 것과 같다. (c) 그러므로 우리는 다른 어떤 것에 의해서도 움직여지지 않는 어떤 제일동자(aliquod primum movens)에 필연적으로 도달하게 된다. 그리고 모든 사람들은 이런 존재를 신으로 이해한다"(Sth I, q 2 a 3 resp).

출발점은 이런 관찰이다: 운동이 있다. (a) 운동에 대한 테제는, 운동 중에 있는 모든 것은 다른 것에 의해 움직여지고 있다. 그것에 대한 증명은 이렇게 진행된다: 1. 운동 중에 있는 것은 (다만) 그때마다의 현실성이 되려는 가능성 속에 있으며, 따라서 현실성에 아직 도달하지 못했다. 2. 적극적으로 움직일 수 있는 것은 오직 (이미) 현실적인 것뿐이다. 3. 움직인다는 것이 의미하는 것은, 무엇인가가 가능성으로부터 현실성에로 이행한다는 것이다. 4. 어떤 것도 똑같은 의미로 가능성 안에 있으면서(in Potenz) 현실 안에(in Akt) 있을 수 없다. 이로써 테제가 증명되었다: 운동 중에 있는 모든 것은 다른 것에 의해서 움직여지고 있다. (b) 이제 "무한소급" regressus in infinitum의 배제에 대한 증명이 뒤 따른다: 만일 적극적으로 움직이게 하는 것이 스스로 다시 움직여진다면 등등, 그렇게 이 계열 안에서 무한대로 나아갈 수가 없다. 만일 그렇다면 제일동자가 없이 오직 "제이동자"(moventia secunda)만 있게 될 것이다. 그러나 이런 의미에서 첫 번째 것이 없이 단지 두 번째 것, 따라서 후속하는 것만 있다는 것은 생각할 수가 없다. 따라서 "최초의 동자"(primum movens)를 전제해야만 하며, 그런 존재를 모든 사람들은 신이라 부른다.

우선 소급의 배제에 대해 해명해 본다면 이렇다: 토마스는 이미 아리스토텔레스가 했던 것처럼, 유한한 것의 영역 안에서 실제적인 무한성eine aktuale Unendlichkeit을 배제하고 있다. 소급 (혹은 전진) 안에서는 오직 잠재적으로만 무한이 있다. 즉, 나는 내가 언제든 계속해서 수를 셀 수 있는 것처럼, 항상 계속해 나아갈 수 있다. 이때 이미 존재하는 자체적으로 완결된 무한한 수열數列을 가정하는 것은 의미가 없다. 움직이는 원인들 안에서의 후행이, 가능적으로 완결될 수 없는 계속적 행보라는 의미로 이해되어야 한다면, 최초의 동자는 정의상 배제되는 셈이 된다. 그러나 내가 효력으로부터, 즉 정초된 것으로부터 나아갈 경우, 정초하는 것이 앞서 지나간 것으로 이미 전제가 되어야만 한다. 말하자면 나는 정초하는 것을 항상 "결정되지 않은 채 그대로 놓아둘"dahingestellt sein lassen 수 없다. 이미 전제되어야 하는 근거를 잠재적으로 무한한 것의 "아직 아님"Noch nicht 마다와 동일시하는 것은, 그 근거를 사라지게 만든다는 것을 의미한다. 그렇다면 이렇게 말할 수 있을 것이다: 정초를 필요로 하는 것은 근거가 없다. 그러나 그것은 모순이다. 왜냐하면 그렇게 될 경우, 정초를 필요로 하는 것, 즉 자신의 근거를 자기 밖에 가지는 것도 더 이상 존재하지 않을 것이기 때문이다. 그러나 하나의 근거가 주어져 있어야 한다는 사실만으로, 그 근거가 어떤 영역에 정해져야 하는지에 대해서는 아직 아무 것도 말해지지 않았다. 만일 그것이 공간-시간적인 경과들의 영역에서보다도 더 깊은 영역에 놓여있다면, 증명이 무효로 됨이 없이 그런 영역의 표면적인 차원 위에서는 양 측면들을 향해서 아마도 어떤 잠재적인 무규정성 Unbestimmtheit을 받아들일 수 있을 것이다. 왜냐하면 유한적인 것의 영역은 자체적으로 정초되어 있지 않고, 하나의 근거를 요구하기 때문이다.

이 증명에 대한 비판은 이미 스콜라학 안에서 거세게 일어났었다. 비판은 무엇보다도 두 가지 견해로 나타났다: 1) 이 증명은 자기활동성Eigenaktivität, 예컨대 영혼의 자기활동성을 배제할 때만 설득력이 있어 보인다. 2) 신은 운동사슬의 첫 번째 지체라고 생각될 수는 없을까?

1)에 대하여: 훌륭한 아리스토텔레스주의자로서 토마스는 생명체가 지니는 어떤 자기활동성을 배제할 수도 없고 배제하려고도 하지 않는다. 그 반대로, 생명체가 자신의 고유한 목적을 따름을 통해서, 그것은 자신의 자기활동성도 가진다. 그것은 자신의 "형상"eidos, 곧 "형식"Form에 따라서 자기 자신을 실현한다. 텍스트 안에서는 이러한 자기활동성에 대한 언급이 없는데, 그 결과 오해의 소지가 있는 인상이 생길 수 있다. 그러나 이 증명 안에서 토마스에게 문제가 되는 것은 보다 더 근본적인 관점이다. 자신의 활동성 안에 있는 생명체도 자신을 제약하는 운동맥락 안에 존재한다. 그것은 단순히 자기 자신을 통한 존재가 아니다. 예컨대 그것은 출생되는 것이고, 자신의 운동을 다른 존재자에게 힘입고 있다. "인간이 인간을 낳는다." 이 문장으로써 아리스토텔레스는 여러 차례 이 세계의 생명- 내지는 운동의 맥락을 표현하고 있다. 그 맥락이 없이는 그 안에 존재하는 자기활동적인 생명도 가능하지 않은 것이다.

2)에 대하여: 토마스가 움직이는 자연적 사물들과 사건들의 영역 위에서 신을 첫 번째 운동지체로 제시하지 않는 것은, 그에게 세계의 시작은 증명할 수 없는 것이라는 데서 연유한다(Sth I, q 46 a 2). 이 점에서 그는 아리스토텔레스를 따르고 있다. 즉, "최초의 동자"primum movens인 신은 운동계열의 시초에 있는 지체가 아니라는 것이다. 오히려 신은 마지막으로 지탱하는tragend, 그런 한에서 움직이게 하는 근거이다. 토마스는 다음과 같이 말하면서 이러한 아리스토텔레스의 관점을 그리스도교적인 신 사유와 결부시키고 있다: "보편적 원인"(causa universalis)으로서의 하느님은 "존재자와 시간을 산출한다"(producit rem et tempus)(Sth I, q 46 a 1 ad 6).

아우구스티누스도 같은 점을 말하고 있다(de civ. dei 11, 6; 12, 26).

"두 번째 길"은 "능동인의 이유로부터"이다: "둘째 길은 능동인의 이유로부터(ex ratione causae efficientis) (취해진다). (a) 사실 우리는 이 감각계에 능동인들의 질서(ordinem causarum efficientium)가 있는 것을 발견한다. 그러나 이런 세계에서 어떤 것이 자기 자신의 능동인으로(causa efficiens sui ipsius) 발견되지도 않으며 또 그런 것은 가능하지도 않다. 만일 그런 것이 있다고 가정한다면 그것은 자기 자신보다 먼저 있어야 할 것이며, 이런 것은 불가능하기 때문이다. (b) 그런데 능동인들에 있어서 무한히 소급할 수는 없다. 그 이유는 모든 질서 지어진 능동인의 계열에 있어서 첫째 것은 중간 것의 원인이고, 중간 것은 최종적인 것의 원인이기 때문이다. 이때 중간 것이 많건 혹은 하나만 있건 그것은 관계없으며, 원인이 제거되면 결과도 제거된다. 그러므로 만일 능동인들의 계열에 있어서 첫째 것이 존재하지 않는다면 최종의 것도, 중간의 것도 존재하지 않는다. 그런데 능동인들의 계열에 있어서 무한히 소급되어 간다면 제일능동인이 없을 것이며 따라서 최후의 결과도, 중간 능동인들도 없을 것이다. 이것은 분명히 허위다. (c) 그러므로 우리는 제일능동인(causam efficientem primam)을 인정해야 하며, 이런 존재를 모든 사람들은 신이라 부른다"(Sth I, q 2 a 3 resp).

토마스는 아리스토텔레스의 형이상학(Met. II, 2)에 근거하고 있는데, 거기서 원인계열Ursachenreihe의 무한성은 배제되고 있다. 이 증명은 이슬람적 스콜라학 안에서의 유신론적 창조사상(1부 I. *5* 참조)을 배경으로 해서 개선된 것이다. 논증은 이렇다: (a) 우리는 세계 안에서 능동인의 질서를 발견한다. 어떤 것도 자기 자신의 원일일 수 없다. 왜냐하면, 그렇게 될 경우 무엇인가가 자신의 존재보다 선행해야만 하기 때문이다. (b) 원인들의 계열에 있어서 무한히 소급해 갈 수 없다. 그럴 경우 오직 "중간 것"만이 있게 되기 때문이다. 따라서 "제일 원인"prima causa을 가정하는 것이 필연적이다.

이것을 모든 사람들은 신이라 부른다.

반론으로서는 여기서도 첫째 길에 반대하여 제기된 두 가지 비판들이 가능하다. 그것들에 대한 상응하는 대답도 여기에 전이될 수 있을 것이다. "원인들"과 관련하여, "부수적인" 혹은 "우연적인 원인"(causa per accidens)과 "본질적인" 혹은 "내적으로 규정하는 원인"(causa per se)을 구분하는 토마스의 관점이 중요하다(Sth I, q 46 a 2 ad 7). "우연적인 원인들"은 같은 영역 위에서의 연속을 형성한다. 여기서는 원인들 자체가 마치 세대들의 계열 안에서처럼 다시 사라질 수 있으며, 그 결과 하나의 잠재적인 무한성이 배제될 수 없는 것처럼 보인다. 아리스토텔레스의 영원히 시간적인 세계에 대한 표상을 생각해 보라. "내적으로 규정하는 원인들"causae per se에서는 영속적으로 지탱하는 원인들이 문제가 된다. 그것들은 아리스토텔레스의 우주론에서 땅과, 달, 혹성들, 항성들, 그리고 제일 동자의 조건체계Bedingungssystem를 형성하는 "질서 지어진 원인들"이다. 여기서 그때그때의 원인들은 영속적으로 활동해야만 한다. 그리고 여기서 우리는 무한적인 것에로 돌아갈 수가 없다. 왜 안 되는가? 아리스토텔레스에게 있어서처럼 토마스에게는 구분된 크기들 diskrete Größen의 실제적인 무한성은 생각할 수가 없다. 단지 잠재적으로만 이해될 수 있는 세계 내 사건경과들의 무한성은 확실히 지속적으로 지탱하는 원인들을 토대로 해서만 존재할 수 있다. 이 계열 안에서의 무한성을 가정한다는 것이 의미하는 바는, 현존하는 구분된 크기들의 무한성을 전제한다는 것일 텐데, 이것은 불가능한 일이다. 그러나 토마스의 이 논증에서 눈에 띄는 것은, 그가 단지 내적으로 규정하는 원인들, 곧 동시적으로 지탱하는 "질서 지어진 원인들"에서만 실제적인 무한성의 문제가 주어져 있다고 본다는 점이다. 이슬람의 아리스토텔레스 비판가들이 올바르게 인식한 것처럼 우연적인 원인들이 항상 이미 경과된 사건계열로 생각되고 있는 한에서, 실제적인 무한성의 문제는 우연적 원인들에 대해서도 제기될 수 있다는 것은, 내가 제대로 보고 있다면, 토마스에 의해서는

(아리스토텔레스에 의해서도) 반성되고 있지 않다.

둔스 스코투스Duns Scotus도 그의 논문인 "제일원리"de primo principio(1305년)에서 내적으로 규정하는 원인들causae per se을 근거로 논증하고 있다. 둔스 스코투스에게 이 원인들이란 "본질적으로 질서 지어진 원인들"causae essentialiter ordinatae을 의미한다(이는 "우연적으로 질서 지어진 원인들"causae accidentaliter ordinatae과 구분되는데, 이 원인들의 의미를 그는 토마스가 우연적 원인들 causae per accidens을 평가한 것과 마찬가지로 평가하고 있다)(III, 2, 28). 그러나 스코투스는 사고를 보다 더 정확하게 진행시키고 있다: 마지막 발원은 항상 서로 구분될 수 있는 것들인 본질적으로 질서 지어진 원인들의 계열 바깥에 놓여있어야 한다. 만일 그 원인들의 계열이 발원되지 않았다면, 그것들 스스로가 "자기원인"causa sui이 될 것이다(즉, 그것들은 자기관련적이 될 테고, 그래서 더 이상 구분되지 않을 것이다). 그럼에도 불구하고 그것들의 구별성 Diskretheit을 무한대로 확장할 경우, 그것이 의미하게 되는 것은 이렇다: "본질적으로 질서 지어진 무한히 수많은 원인들은 동시에 활동 중에im Akt 있게 될 것이다[...] 어떤 철학자도 이런 결론을 받아들이지 않는다"(III, 2, 29).

토마스에게 신은 마지막이자 모든 것을 지탱하는 원인이다. 그 원인은 한편으로는 우주적인 층들을 통해서 중재되며, 그런 한에서 토마스는 아리스토텔레스적인 세계상에 의존해 있다. 그러나 그것은 또한 직접적으로도 활동한다. 왜냐하면 그것은 철저히 창조적이며, 그 결과 사물들은 그것을 통해서 존재를 얻기 때문이다. 이것은 아리스토텔레스에게는 아직 미지의 생각이었다. 이와 같은 방식으로 제일 원인은 직접적으로 자신을 통해 정초된 것들의 존재 내지는 고유존재Eigensein와 결합되어 있다: "신의 편에서 사물들 안에 일으키는 작용은 존재 자체이다. 다른 모든 작용들이 그것을 전제하며, 그것 위에 근거 지어져 있다(primus autem effectus Dei in rebus est ipsum esse quod omnes alii effectus praesupponunt et supra quod fundantur)" (compendium theologiae 68; Sth I, q 44 a 1 resp). 창조에 대한 생각이 이렇게 아리스토텔레스의 우주적 원인들의 계층질서를 현저히 상대화시키고 있으며, 근저에 있어서는 그것을 비본질적인 것으로 만들고 있다. 신은 자신의 피조물들의 존재Sein라는 의미에서 창조주이며, 이분은 바로 아리스토텔레스에 따른 부동의 동자는 아닌 것이다. 그렇게 신은 모든 세계내적인 중재들을 관통하여 지탱하는 근거로서, 자신의 피조물들에게 직접적이고도 가장 내적으로 가까이 있다.

"셋째 길"은 "가능과 필연으로부터"이다: "셋째 길은 가능과 필연에서ex possibili et necessario 취해진다. 즉: (a) 우리는 사물세계에서 존재할 수도 있고 존재하지 않을 수도 있는 것들을 발견한다. 그런 것들은 생성, 소멸하며, 따라서 존재하며 존재하지 않는 것으로 나타난다. 그런데 이렇게 존재하는 모든 것은 항상 존재할 수 없으며 어떤 때는 없는 것이다. 따라서 모든 것이 존재하지 않을 수 있다면 어떤 때에는 사물계에 아무 것도 없었을 것이다. 그런데 이것이 참이라면 지금도 아무 것도 없을 것이다. 그 이유는 없는 것은 있는 어떤 것에 의해서가 아니면 존재하는 것을 시작하지 못하기 때문이다. 그러므로 만일 어떠한 존재도 (단 한번도) 없었다면 어떤 것도 존재하기를 시작하지 못했을 것이며, 지금까지 아무 것도 없었을 것이다. 이것은 명백히 허위다. 그러므로 모든 유가 가능한 것뿐일 수는 없고 사물계에 어떤 필연적인 것이 있어야 한다. (b) 그런데 모든 필연적인 것은 자신의 필연성의 원인을 다른 곳으로부터 갖거나(causam suae necessitatis aliunde) 그렇지 않을 것이다. 그런데 그 필연성의 원인을 다른 데에서 갖는 필연적인 것들의 계열에 있어서 무한히 소급해갈 수는 없는 것이다. 이것은 벌써 능동인의 경우에서 증명된 바이다. (c) 따라서 우리는 자신의 필연성의 원인을 다른 데에서 갖지 않고 다른 것들에게 필연성의 원인이 되는 어떤 것, 즉 그 자신을 통해 필연적인 어떤 것(per se necessarium)을 인정할 필요가 있다. 이런 존재를 모든 사람들은 신이라 부른다"(Sth I, q 2 a 3 resp).

이 증명은 아리스토텔레스의 형이상학(Met. IX, 8)에 근거하지만, 아비첸나에게서 비로소 정교해진 것이고(아노Arnou, 59 이하), 다시금 창조에 대한 생각을 배경으로 하고 있다. 논증은 이러하다: (a) 사물들은 생성하고 소멸한다. 그것들은 따라서 존재하거나 존재하지 않을 가능성을 갖고 있다. 이러한 기술로써 가능성Möglichkeit의 개념이 도입되고 있다. 이 개념은 그러한 기술과 결부되어 있고, 우선은 그것을 넘어서지 않는다. 가능이란 무엇인가? 대답은: 생성하거나 소멸하는 것. 그러나 모든 것이 이런 종류일 수는 없다(자이델Seidel과 함께 읽자면: "Impossibile est autem omnia quae sunt talia esse"). 왜냐하면, 만일 사정이 그러하다면, 한번은 아무 것도 존재하지 않았을 것이기 때문이다. 그러나 이것은 불가능하다. 무로부터는 바로 아무 것도 없겠기 때문이다. 그로써 (이런 의미에서의) 가능뿐만이 아니라, 무엇인가 필연적인 것이 있어야만 한다. (b) 이 필연적인 것은 자신의 필연성의 원인을 자신 안에서나 혹은 다른 것 안에 가지고 있다. 후자의 경우에는 무한히 소급해 갈 수가 없다. 즉 "자기 자신으로부터 필연적인 것"per se ipsum necessarium이 있어야만 한다. 이런 존재를 모든 사람들은 신이라 부른다. 토마스는 두 가지 방식의 필연적인 것을 (두 가지 방식의 가능적인 것도) 구분한다. 이것은 의미가 있다. 왜냐하면, 필연적인 것의 개념은 가능적인 것의 부정으로서 생긴 것이고, 후자는 우선은 생성되는 것과 소멸되는 것으로서 규정되었기 때문이다. 아리스토텔레스에 따른 영원한 세계는 더 이상 (이런 의미에서의) 가능적인 것이 아니고, 필연적인 것이다. 그럼에도 세계는 아직 자기 자신을 통한 필연적인 것이 아니다. 왜냐하면 세계는, 아리스토텔레스에 따르면 최초의 동자에게, 토마스에 따르면 창조주 신에게 종속되어 있으며, 따라서 자신의 필연성을 다른 데서부터(aliunde) 가지기 때문이다. 세계는 이제 심화된 의미에서 종속적인 것이기에 한갓 가능적인 것이다. 첫 번째의 가능성의 개념이 생성과 소멸에 결부되었다면, 두 번째 개념은 아주 일반적으로 종속성을 의미한다. 이와 상응하게, 첫 번째의 필연성의 개념은 생성과 소멸의 부정에서 생겼고, 다만 영원성을 의미했다. 두 번째의 보다 더 근본적인 개념은 자기 자신으로부터의 존재를 의미하며, 이런 존재가 바로 신인 것이다. 오직 그 분만이 자신의 필연성을 자기 자신으로부터 가진다. 오직 그 분만이 *자기*로부터 *존재한다*. 본질과 존재는 그 분 안에서 일치한다: "신 안에서 존재와 본질이 구분되는 것은 불가능하다(impossibile est ergo quod in Deo sit aliud esse, aliud eius essentia)"(Sth I, q 3 a 4 resp). "신은 자신의 존재이다(Deus est suum esse)"(같은 책. a 6 resp; 같은 책. q 2 a 1 resp 참조).

7. 우주론적 신 증명의 계속적인 전승

KGB는 스콜라 철학 안에서 계속 전승되었고, 이런 저런 변형들로 재현되었다. 두 가지 보기들만 들어 보겠다: 빌헬름 오컴은 시간적으로 선행하는 원인들을 가지고 수행된 논증을 더 강하게 비판하고 있으나, 보존(conservatio)의 첫째 원인은 필연적인 것으로 간주하고 있다(sent. 1. d. 2, q 10). 프란치스코 수아레쯔는 전체적으로 토마스의 처음 세 개의 길들을 따르고 있지만, 첫 번째 길을 아리스토텔레스적인 우주론과의 결합으로부터 분리하려고 애쓰고 있다(disp. metaph. XXIX, s. 1, nr. 7-17, 20-40). 데카르트도 마찬가지로 KGB에 주의를 기울이고 있다. "성찰" 3장의 신 증명은 완전한 것의 관념으로부터 출발하는데, 이 관념은 자신의 근거를 주관 안에 가질 수 없는 것이었다. 여기에 이어서 데카르트는 우연성으로부터의 신 증명의 한 변형을 첨가하고 있다. 이 변형은 그 토대가 외적인 현실이 아니라 구체적으로 의심하는, 그래서 불완전한 주관성이라는 점에서 흥미로운 것이다. 이와 같은 주관성이야말로 데카르트의 모든 논증의 출발점을 형성한다: "그러나 만일 내가 내 자신으로부터 현존한다고 한다면, 나는 의심하는 일도 없었을 것이요, 무엇을 바라는 일도 없었을 것이며, 결국 아무 부족도 없었을 것이다. 왜냐하면, 나는 나에게 모든 완전성들을, — 그것들에 대한 표상이 내 안에 현존하고 있다 —, 주었을 것이요, 그리하여 나 스스로가 신이었을 테니 말이다[...] 그리고 이 경우 무한히 거슬러 올라갈 수 없다는 것은 아주 명백한 일이다. 왜냐하면 특히 여기서 문제되고 있는 것은 그저 전에 나를 만들어 낸 원인이 아니라, 오히려 현재 나를 보존하고 있는(conservat) 원인이기 때문이다"(Med. III, 30, 34). 보존하는 원인들에 대한 오컴의 논증이 여기서 수용되고 있다. 라이프니쯔에 따르면 "충분한 이유의 원리"das Prinzip des zureichenden Grundes는 세계의 첫 번째 신적인 원인을 요구하는데, 이 원인은 그러나 사건들의 시간적인 연속의 영역에 놓여있을 수 없다: "따라서 다른 근거를 필요로 하지 않는 충분한 이유는, 우연적인 사물들의 계열 밖에 놓여져야 하며, 하나의 실체 안에 현존해야 한다. 이 실체는 계열의 원인이자 필연적인 본질이며, 자신의 실존의 근거를 자기 자신 안에 가진다. 왜냐하면, 그렇지 않을 경우 우리가 정지해 머무를 수 있는 충분한 이유를 여전히 갖지 못하게 되겠기 때문이다. 사물들의 이 마지막 근거는 신이라 불려진다" (Monadologie § 8). 라이프니쯔 학파의 크리스티안 볼프는 자신의 "자연신학"Theologia naturalis에서 KGB를 지지하고 있다(Pars I, cap 1, § 24 이하). 그는 데카르트와 마찬가지로 외적인 우연성경험Kontingenzerfahrung에서 시작하지 않고, 자기 영혼의 우연성경험으로부터 시작한다: 우리는 우리의 실존을 확신한다. 그러나 그것의 충분한 이유(ratio sufficiens)는 무엇인가? 우리가 그 이유를 우리 안에 가지고 있지 않다면? 사실 그러하다. 종속적이기에 우리는 명백히 필연적으로 존재하지 않으며, 따라서 요구되고 있는 충분한 이유는 오직 신적인 "필연적 존재"(ens necessarium) 안에만 놓일 수 있다. 그 존재는 "자기로부터의 존재"(ens a se)로서, "다른 데서부터의 존재"(ens ab alio)인 우리의 종속적 존재와 구별된다. 존록크도 이 노선 위에서 논증하고 있다: "인간이 자기 자신의 실존에 대한 분명한 관념을 소유하고 있다는 것은 내 생각으로는 의심의 여지가 없다. 인간은 자기가 존재하며 어떤 존재라는 것을 확실히 알고 있다[...]. 더 나아가서 인간은 직관적 확실성을 통해서, 순수한 무는 어떤 실제적 존재도 산출할 수 없다는 것을 안다[...]. 계속해서 분명해지는 사실은, 자신의 실존과 근원을 어떤 다른 것에 빚지고 있는 것은 자신의 실존 안에 포함되어 있고 그것에 속하는 모든 것도 다른 무엇으로부터 얻었어야 한다는 것이다. 그것이 소유하고 있는 모든 힘들은 똑같은 원천에로 되돌려져야 하며, 그 원천으로부터 분배된 것이어야 한다. 모든 존재의 이 영원한 원천은 그로써 모든 힘의 원천이자 근원이어야 한다. 그에 따라 이 영원한 본질은 또한 가장 강력한 것이어야 한다"(Essay Concerning Human Understanding, IV, 10, nr. 2-4). 데이비드 흄은 반복되는 연상들을 근거로 해서 인과맥락들에 대한 인식을 심리학적으로 정초하고 있다(Enquiry Concerning Human Understanding, 7절). 그로써 획득하게 될 신빙성들은 실천적인 삶을 위해서 충분하다는 것이다. 그러나 흄이 보기에 결정적으로 거부해야 하는 것은 현세적인 것을 뛰어 넘는 원인들에 대한 물음이다. 여기서는 더 이상 일상의 신빙성이 존재할 수 없다(같은 책, 11절). 그 외에도 그는 "필연적 본질"이라는 개념을 배척한다. 왜냐하면 우리는 저마다의 현존에 대해서 그 비현존을 생각할 수 있기 때문이다(Dialogues Concerning Natural Religion, 9장). KGB의 최근의 스콜라적 해석들을 위해서는 슈미트Schmidt 2000 b 참조.

8. 우주론적 신 증명에 대한 칸트의 비판

a. 칸트의 비판

우연성증명에 대한 가장 저명하고 영향력을 미친 비판은 칸트로부터 유래한다. 그래서 이 비판은 보다 자세히 살펴보기로 하겠다. 칸트는 이 증명을 "순수이성비판"의 "선험적 변증론"에 나오는 "순수이성의 이상"Ideal der reinen Vernunft에 대한 그의 이론 중 3절(KrV B 611 이하)과 5절(B 631 이하)에서 다루고 있다. 5절의 표제어 안에서 그는 이 증명을 "우주론적 증명"이라 칭하고 있지만, 텍스트 안에서는 라이프니쯔와 관련시켜 "세계의 우연성에 의한"a contingentia mundi 증명이라 부르고 있다(B 632). 우선은 (3절과 5절 모두에서) 이 증명의 핵심적인 생각이 적법한 것으로 간주되고 있다: "만일 어떤 것이 그것이 비록 무엇이건 간에 실재한다고 하면, 무엇인가가 필연적으로 실재한다는 것이 승인되어야만 한다. 왜냐하면, 우연적인 것은 그것의 원인으로서의 다른 우연적인 것의 제약 아래서만 실재하고, 이 제약에 관해서 또 같은 추리가 타당하여 드디어는 우연적이 아닌 한 원인에 이르고, 바로 그 때문에 무제약적으로 필연적 존재인 한 원인에 이르기 때문이다"(B 612; 상응하는 곳: B 632). 3절에서 계속 말해지는 바와 같이 문제점으로 드러나는 것은, 이 필연적 존재로부터 "어느 모로 보나 결함이 없고"(B 613), 따라서 "최고의 실재성을 갖는 존재"(B 614)라는 개념에로의 이행이다. 왜냐하면 오직 이러한 이행 안에서만 신의 개념에 도달하기 때문이다.

여기서 토마스의 "셋째 길"과의 현저한 유사성이 발견된다(Sth I, q II, a 3 resp). 왜냐하면 논증의 첫 번째 행보에서 토마스는 사멸하는 것, 그런 한에서 다만 "가능적인 것"possibile을 거쳐서 필연적인 것에로 이르기 때문이다. 그러나 이 필연적인 것은 "가능적인 것"과의 선행하는 대조 때문에 우선은 단지 사멸하지 않는 것일 뿐이다. 예컨대 우리는 사멸하지 않는 세계를 생각해 볼 수가 있을 것이다. 다시 말해서, 토마스에 따르면 여전히 본래적이고 신적인 필연자가 아니라 단지 "자신의 원인을 다른 데서부터 갖는"habet causam suae necessitatis aliunde 필연적인 것이 있을 수 있는 것이다. 신에게로 이르는 결정적인 일보는 비로소 이러한 필연적 존재로부터 "자기로부터의 필연적 존재"per se necessarium, 즉 자기 자신을 통한 필연적 존재로의 이행이다. 우연적인 것으로부터 필연적인 것에로의 추론과 신에게 이르는 추론 사이의 차이점을 보고 있다는 점에서 칸트와 토마스는 일치한다. 그러나 첫 번째의 필연성으로부터 두 번째의 더 높은 필연성에로 나아가는 추론의 권리와 관련해서는 물론 양자가 일치하지 않는다(이 점과 관련한 토마스와 칸트의 비교를 위해서는 휴스Hughes를 참조).

이 추론은 말하자면 칸트에 따르면 불가능하다. 왜냐하면 "최고의 실재성을 갖지 않는 제약된 존재의 개념이, 바로 그 때문에 절대적인 필연성에 모순된다는 점"(KrV B 616)이 입증되지는 않기 때문이다. 칸트가 여기서 필연적이라고 명명하는 것이 모순을 낳지 않는 "제약된 존재"에 대해 말할 때, 그는 그것으로써 어떤 존재를 생각한 것일까? "우주론적 이념들"의 네 번째 이율배반Antinomie을 염두에 둘 때, 칸트는 세계의 필연성에 대해 생각했다고 추측해 볼 수 있다. 왜냐하면 이 이율배반의 "정립"에 따르면, 감각적 세계로부터 출발해서 어떤 필연적인 존재에로 추론할 수가 있으며, 이때 이 존재는 세계에 속해야만 한다. 세계를 초월해 있는 필연적인 존재를 생각하는 것은 모순이 되겠기 때문이다(B 481). 그러나 "반정립"에 따르면, 세계 또한 필연적일 수가 없다. 왜냐하면 세계가 필연적 존재라면, 항상 정당하게 제기되는 원인에 대한 물음이 어디선가 중단될 것이기 때문이다. "정립"의 "주석"에서 칸트는 소위 우연적인 것이 실제로, 말하자면 "가상적可想的인"intelligiblen 의미에서 우연적인 것인지, 아니면 아마도 인과결정적으로kausaldeterministisch 필연적이지는 않은지(B 487 이하) 하는 의심을 암시하고 있다. 배제할 수 없는 이와 같은 필연성은 이로써 KGB가 목표로 삼고 있는 신 개념의 필연성에 대한 경쟁자일 수 있는 것이다.

5절은 우주론적인 증명이 감추어진 존재론적 증명이라는 유명한 논증을 포함하고 있다(B 635). 존재론적 증명의 무효성은, "존재"가 술어로 여겨질 수 없다는 점으로써 입증되었다(B 626 이하). 혹은 이후에 칸트의 부연설명에 따르자면: 저마다의 개념내용은, 최상의 개념내용까지도, 모순 없이 실존하지 않는 것으로 생각될 수 있다(B 643). 이 주장은 이미 흄에게서 발견된다: "신성은 필연적으로 존재하는 존재자라고 주장된다. 그리고 우리가 그의 모든 본질이나 본성을 안다면, 2의 제곱이 4가 되지 않는 것이 불가능한 것처럼 그가 존재하지 않는다는 것이 불가능하다는 것을 알게 될 것이라고 주장함으로써 그의 존재의 필연성을 설명하려 한다. 그러나 우리의 능력들이 변화되지 않는 한, 사정이 결코 그럴 수 없다는 것은 명백하다. 전에 우리가 존재한다고 생각했던 것이 그럼에도 불구하고 존재하지 않는 것으로 생각될 수 있음은 언제든 가능하다" (Dialogues Concernung Natural Religion, 9장).

필연적인 존재자에 대한 생각으로부터 "가장 실재적인 존재"ens realissimum로서의 신 개념으로의 이행은(3절) 칸트에 따르면 그 역의 추론, 곧 이러한 이상으로부터 필연적 존재로의 추론과 마찬가지로 불가능하다(5절). 그밖에도 우주론적 증명에서는 "변증적인 월권의 그물망이 감추어져" 있다는 것이다(B 637 이하): (1.) 우연적인 것으로부터 원인에로의 추론은 "오직 감각세계 안에서만 의미가 있다". (2.) 무한한 계열의 불가능성으로부터 세계 안에서든 혹은 세계를 벗어나서든 최초의 원인을 추론할 수 없다. (3.) 모든 조건들을 제거하고 그래서 근저에 있어서는 아무 것도 더 이상 파악하지 않는 것을 이해의 완성이라고 주장할 수는 없다. (4.) 개념의 "논리적 가능성"은 "선험적인"transzendental, 곧 경험과 연관된 자신의 "타당성"Tunlichkeit과 혼동되어서는 안 된다. 마지막 칸트의 주장은 (3)번과 상응하는 관점인데, 더 이상 발원되지 않은 제일원인의 개념은 그 자체에 있어서 모순적이라는 것이다: "우리는 다음과 같은 생각을 배제할 수도 없고, 그렇다고 그것을 견디어 낼 수도 없다. 우리가 모든 가능한 존재 중에서도 최고의 존재라고 표상하는 존재는 이를테면 자신에게 이렇게 말한다: 나는 처음도 없고 끝도 없이 영원히 존재한다. 나의 외부에는 내 의지에 의해서만 존재하는 것 외에는 아무 것도 없다. 그러나 이 나는 도대체 어디서 온 것인가? 여기서 만물은 우리 아래로 침몰한다. 그래서 최대의 완전도 최소의 완전도 지지대가 없이 사변적 이성 앞에서 부유한다. 그래서 사변이성은 별로 힘을 들이지 않고도 그것들이 사라지게 되도록 버려둔다"(B 641).

발터 슐쯔Walter Schulz에 의하면, 칸트의 이 텍스트는 그것이 서구 형이상학의 해체를 도입하고 있는 한에서, 근세 형이상학의 운명과 관련해 결정적인 위치를 점하는 것이다(Schulz 1957, 80). 버트란드 럿셀Bertrand Russel에게는 그 결과가 이렇게 들린다: "모든 것이 하나의 원인을 가져야한다면, 신도 하나의 원인을 가져야만 한다. 만일 아무런 원인도 가지지 않은 어떤 것이 있을 수 있다면, 그것은 신에 뒤지지 않게 세계일 수 있다"(Russell, 20). 맥키J. L. Mackie는 자신이 가한 모든 비판에도 불구하고 신적인 제일원인을 상정하는 주장에 어느 정도의 설득력이 있음을 인정해주려고 한다. 그러나 그의 최종적인 견해는 이렇다: "그렇지만 않다면 매력이 있는 이 주장의 최대의 약점은, 어째서 신은 모든 것이 다른 것에 종속되어 있다는 가정된 요구로부터 유일한 예외가 되어야 하는지를 정초해야 한다는 데에 놓여 있다"(Mackie, 147; 150 이하 참조).

b. 역逆비판의 가능한 두 가지 단초들

1) 하나의 대질은 칸트에 의해서 부당한 것으로 여겨진 이행, 곧 KGB의 결과인 필연성으로부터 완전하며 절대적인 것의 개념인 "가장 실재적인 존재"에로의 이행에서 시작될 수 있을 것이다(이로써

나는 이하에 주어진 KGB의 체계론을 선취한다). 이 이행이 완전히 자기 자신으로부터 존재하는 존재자에로의 이행이라면, 이를 통해 도달된 존재는 어떤 방식으로든 더 이상 제약된 존재로 생각될 수는 없다. 세계는, 자신이 혹시 지닐 수도 있는 고유한 필연성이 무시작의 의미이든 혹은 결정론적 인과연속의 의미이든, 항상 외적인 관계들의 결합체Gefüge로 남는다. 결정사슬 안에서도 A라는 사건은 B라는 사건과 구분되며, 그런 한에서 결코 자기로부터의 존재, 그리고 '자기 자신에게 머물러 있는 존재'Bei-sich-selbst-Sein와 동일시될 수 없다. 그렇기 때문에 KGB의 귀납적 추론을 위해서는 오직 세계초월적인 원인만이 문제가 된다. 그렇다면 그 원인의 순수한 자립적 존재는 (아마도 다분히 수사적인) "나는 어디로부터 온 것인가?"라는 저 존재자의 질문에 대한 적합한 대답일 것이다. 실제로, 비재귀적인irreflexiv 인과개념을 이 영역 안에서 여전히 사용하려는 시도들에서는 "모든 것이 우리 아래로 침몰한다". 그러나 러셀이나 맥키에서와 같은 시도들은 파악불가능성이나 그로부터 귀결되는 사안의 무대상성 때문에 잘못된 것이 아니라, 단순히 자기연관의 정초관계가 저 (비재귀적인) 인과개념을 통해서는 파악될 수가 없기 때문이다. 이러한 인과개념이 유일한 인과개념이라면, 예컨대 자유는 어떻게 파악되어야 하는가? 칸트와 함께 자유를 인식 가능한 영역으로부터 배제하는 것은, 전적으로 자연과학적 인식에 적합한 비재귀적 인과성에만 유일한 인식적 타당성을 허용하는 선先결정에 근거한다.

2) "가장 실재적인 존재자"의 개념에서부터 그런 존재자의 필연적 현존에로의 역추론에 대한 칸트의 비판은, 절대적인 것의 이념이 추상적이고 자의적으로 구성된 개념이라는 의미에서 취해졌을 경우에는 타당한 것이다. 이러한 종류의 개념내용들을 나는 모순 없이 언제든 존재하지 않는 것으로 생각할 수 있다(KrV B 643). 그러나 그 개념내용이 실행적인performativ 모순, 곧 주장을 수행할 때 등장하는 모순을 범하지 않고서는 부인할 수 없게끔 사유 안에 토대

를 두고 있는 것이라면 사정은 달라진다. "무제약적인" 것에 대한 칸트의 가르침은 그와 같은 사유필연성Denknotwendigkeit의 의미로 해석된다. 왜냐하면 이성은 무제약적인 것과의 관련이외에 다른 것이 아니기 때문이다: "무릇 우리를 몰아서 경험과 모든 현상들의 한계를 필연적으로 넘어서게 하는 것은 무제약자이다. 이성은 필연적으로 또 충분한 권리로써 제약된 것에 대립하는 무제약자를 사물들 자체 안에서 요구하며, 이를 통해서 조건들의 계열이 완성된 것이 되도록 요구한다"(KrV B XX). 칸트와의 논쟁에서 관건이 되는 것은, 무제약자에 대한 이러한 이성필연적인 관련이 주관내재적으로 남는지, 따라서 그저 주관적으로 타당한 이념을 넘어서지 못하는 것인지, 혹은 그 연관은 이러한 이념에 유일하게 적합한 무제약자의 현실적 존재에로 정향되어 있는지 하는 것이다. 그러한 현실적 존재가 없이는 무제약자의 이념은 제약된 것이 될 것이며, 그래서 자기 자신의 요구에 뒤쳐질 것이다. 더 자세한 내용은 존재론적 신 증명에서 다루게 될 것이다.

9. 최근의 종교이론들 안에서의 우연성의 개념

KGB를 체계적으로 다루기 전에 잠시 언급해야 할 것은, KGB에 있어서 중심적인 개념인 우연성이 최근에 부흥을 경험하고 있다는 사실이다. 그러한 부흥은, 학문적 표준을 충족시키는 종교의 정의를 위해서 어떤 적당한 근본개념을 구하려는 노력 가운데 벌어지고 있다. 데트렙 폴락은 그의 논문인 "종교란 무엇인가?"에서 여러 상이한 견해들을 음미한 후에, 종교의 정의를 위해서는 "우연성"의 개념이 특별히 적당하다는 결론에 도달하고 있다: "여러 다른 종교이론가들에 동의하면서 내가 전제하는 바는, 관련의 문제das Bezugsproblem는 우연성의 문제에 존립한다는 것이다. [...] 우연성은, 그것이 원칙적으로 제거할 수 없는 현존재의 불안정성을 주제화한다는 점에서 종교에 의미심장한 것이다"(Pollak, 184). 이때 종교의 "문제해결", 즉 종교의 "대답"은 "두 개의 계기들을 통해서 특징지어져 있다: 하나는, 인간의 가용적인 생활세계를 넘어서는 행위를 통해서이고(a), 다른 하나는 바로 이러한 생활세계와의 동시적인 관계맺음을 통해서이다(b)"(185). "일상적인 경험공간을 초월하는 행위 안에서 인간에게 접근될 수 있는 영역이 넘어서지게 된다. 오직 자신에게 접근이 안 되는 것 안에서 인간은 안정을 발견할 있다. 인간은 자신이 가진 수단들을 가지고 도달할 수 있는 것을 또한 캐묻고, 상대화시키며, 시비삼을 수 있다. 우연성의 문제를 극복함은 따라서 오직 파악 불가능한 것과의 관련을 통해서만 결과된다"(186). 폴락이 의존하고 있는 세 명의 저자들에게서 우연성의 개념이 어떻게 사용되고 있는지 간단히 약술하기로 하겠다.

사회학 안에서 종교는 전통적으로 사회에 대한 그것의 기능을 통해서, 예컨대 안정화시키고 통합하는 요소들로서 규정되고 있다(예를 들면, 에밀 뒤르켐Émile Durkheim, 게오르그 짐멜Georg Simmel 혹은 탈코트 파슨스Talcott Parsons). 그러나 이러한 정의는 종교를 원칙적으로 교환할 수 있는 크기로 만드는 듯이 보이며, 종교를 그 자신의 특수성 안에서 드러내지는 못하는 것처럼 보인다. 그래서 사회학자 *니클라스 루만*은 종교를 그 자신의 대체할 수 없는 기능을 통해 정의하려고 시도한다. 루만은 사회가 하나의 반성적 체계이며, 이 체계는 "복잡성의 환원"Reduktion von Komplexität을 통해서 환경세계를 "의미"의 질서로 변환시키려 정향되어 있다는 관찰에서 출발한다(Luhmann 1977, 1장). 그러나 이 과정은 결코 종결될 수 없기에, 즉 환원은 완전하게 성공할 수 없기 때문에, 그 체계에는 하나의 문제거리가 남게 되는데 그것이 바로 더 이상 제거할 수 없는 우연성의 문제인 것이다. 이제 종교가 "규정불가능성과 규정성(혹은: 초월과 내재)의 관계에서 평형을 이루고 있다면, 이 문제의 해결을 위한 종교 외부의 어떤 기능적 등가물들도 더 이상 존재하지 않는다"(같은 책. 46). 이와 상응하게 루만은 "종교라는 사회체계 안에서의 우연성의 변환들"(3장, 182 이하)이라는 표제어 하에서 종교적 내용들의 보다 자세한 기술과 규정에 착수하고 있다.

*헤르만 뤼베*는 이러한 생각을 받아들여서 어째서 종교는 계몽주의를 통해서 사라지지 않았는지를 해명함과 동시에, 그런 결과가 예상될 수도 없다는 추측을 확증하려 한다. 그는 "종교를 불가용적인 unverfügbar 것에 대한 태도표명의 문화로서, 혹은 '우연성극복의 실천'Kontingenzbewältigungspraxis으로 특징짓는 데서"(Lübbe, 150) 출발한다. 왜냐하면: "우리는 종교적인 삶의 실천 안에서 행위의미 Handlungssinn 안으로의 변환에 원칙적으로 저항하는 우연성에 대하여 태도를 취하고 있기"(154) 때문이다. 그런 이유로, 예컨대 종교적인 창조신앙은 진화이론에 어떤 경우에도 모순될 필요가 없다. 이런 신앙을 가진 자는 "오히려 우리 삶의 전제들의 우연적인 선제와 관계를 맺는다"(172). 영적 시가들 안에 포함되어 있는 진술들이나 호소들은 우리에게 세계에 대한 정보도, 그리고 예컨대 특정한 곤경을 제거하기 위한 구체적인 행위의 지침들도 마련해 주지 않는다. "[그 시가들은] 배데커Baedeker[4]나 소방대에 대해서도 경쟁이 되지 않으며, 오히려 우리는 어떤 삶의 처지에서도 현존재의 조건들을 제압할 만큼 강하지 못하다는 것이 생생히 드러난다. 문제의 시가들은 그런 현실에 대해서 감사와 청원, 그리고 한탄으로 대답하는 것이다"(173).

루만과 뤼베에 의해서 대변된 이와 같은 종교의 평가가 아무리 옳은 것이라 하더라도, 종교가 여기서 본질적으로는 비록 대체할 수 없는 것이라고는 하나 사회적이거나 심리학적인 기능을 거쳐서 규정된다면, 어떤 의구심이 남는다. 이러한 규정에 머물러서 그것이 종교의 본질을 대변하게 된다면, 이때 비록 섬세하나마 무한적인 것과 유한적인 것의 결합이 나타나는 듯이 보인다. 마치도 헤겔이 심지어 그런 결합을 KGB의 "형식" 안에서 여전히 인식할 수 있다고

---

4) 이는 창시자인 K. Baedeker의 이름을 딴 여행안내책자이름이다.

믿고 있는 것처럼 말이다(TW 17, 460-470). 만일 최후에 인간이 문제가 된다면, 인간의 복지와 행복, 그의 의미발견 등등이 문제가 된다면, 그때에는 어쨌든 *인간이* 중심에 서게 된다. 종교는 인간에게 유일무이한 것일 수 있다. 그럼에도 인간 홀로 종교의 가치를 재기 위한 척도를 제공한다. 로베르트 슈패만은 이러한 의구심을 다음과 같은 말로 표명하고 있다: "캔터베리의 안젤무스는 신을 그것을 넘어서서는 더 큰 것을 생각할 수 없는 그 무엇이라고 명명했다. 그러나 신을 무엇인가 좋은 분이 되게 하는 기능주의적인 신 이념의 해석은 신 이념을 폐기한다. 말하자면 신보다 더 큰 것은, 항상 그것을 위해서 신이 하나의 기능을 채우는 그 무엇이 되는 셈이다 [...]. 물론 인간이 신을 필요로 한다는 사실은 옳다. 하지만 인간이 신을 필요로 할 때 그 신은 자족적인 행복 속에서 살며, 그의 편에서 인간을 필요로 하지 않으며, 그의 창조적인 사랑은 충만에서 나오는 것이지 결핍이나 보완의 필요성에서 유래하는 것이 아닌 그런 분이다"(슈패만Spaemann, 1972, 58).

위에서 소개한 기능주의적인 관점들보다도 더 세련된 것은 *쿠르트 부흐텔Kurt Buchterl*의 기획이다. 그는 학문이론과 분석적인 행위이론을 거쳐서 종교라는 현상에 접근하고 있으며, 그런 기획 안에서 우연성의 개념을 회수한다. 부흐텔이 보여주는 것은 이렇다: "우연성의 극복"은 항상 주관의 시도인데, 그런 시도는 이해의 맥락 안으로의 편입을 통한 이론적인 방식 안에서이거나, 혹은 경험된 우연성을 변화나 형성의 행위를 통해서 제거하려는 실천적인 길 위에서이다. 그러나 학문이나 기술 안에서의 이런 노력은 한계에 직면하게 되는데, 인간이 더 이상 의미맥락 안으로의 편입이나 형상화를 통해서 해체시킬 수 없는 마지막 사실성들Faktizitäten에 불가피하게 봉착하게 되기 때문이다. 여기서 남는 것은 우연성을 인정하는 것뿐이다. 다시 말해서 "극복"을 포기하는, 우연성과의 "만남"이다. "우연성의 극복과 우연성과의 만남은 우연성을 초월하는 두 가지 가능한 형식들이다"(127). 이때 우연성과의 만남이라는 의미에서 사실성을 인정하는 것은, 종교적인 입장이 되기 위한 전제이다. 그러나 종교적인 관점이 생겨나려면 "영원한 타자"(127)에 대한 개방성이 우연성을 바라보는 시선에 동반되어야만 한다. 오직 이 "전적인 타자"(127)에 의해서만 극복의 실천을 넘어서는 의미부여가 기대될 수 있다. 의미부여는 절대적으로 불가용적인 것의 영역으로부터 오기에 "계시"로 여겨질 수밖에 없다(127, 241). 부흐텔에 따르면, 이러한 기대의 태도로써 비로소, 우연성의 "극복"을 위해 인간적 주관이 종교를 한갓 기능적 도구로 징발하고 있다는 (루만이나 뤼베에게서 생겨나는) 저 의구심이 제거된다. 부흐텔의 이러한 사상은 전적으로 설득력이 있다. 그러나 한 가지 덧붙이고 싶다. 우연성에 대한 "전적인 타자"의 승인은 철학적이고 형이상학적인 논의에 길을 열어놓아야 한다. 그렇지 않을 경우 우연성을 넘어서는 일보는 자의적인 (비록 심리학적으로 이해할 만한 것이라고 하더라도) 선택이라는 의심을 받게 될 것이다. 어째서 우연성이 마지막 것이 될 수 없는지에 대한 논증들이 있어야만 한다. 유물론적 체계들은(예컨대 귄터 둑스Günter Dux의 체계처럼) 종교적인 것의 전체적인 유의미성을 인간을 위해 승인하는데 아무런 어려움도 가지고 있지 않다. 그러나 그러한 승인은 그들에게는 다음과 같은 당연한 유보 하에서 내려지는 것이다: 우연성은 진실로 제거할 수 없는 우리의 마지막 지평이다. 이 지평은 심리적으로 추追체험할 수 있는 비합리적인 전제들 안에서 뛰어넘을 수 있는 것으로 나타나기는 하나, 이성적으로 정당화될 수 있는 이유들을 가지고 전적으로 넘어설 수 있는 것은 아닌 것이다. 내 생각으로는 바로 여기에 우주론적 신 증명이나 다른 신 증명들의 지속적인 시사성이 놓여 있다. 왜냐하면 그 증명들은 핵심에 있어서, 우연성을 전적으로 마지막 것으로 간주하고 절대화하는 것이 모순적이라고 논증하기 때문이다.

10. 우주론적 신 증명의 체계적 재구성

a. 증명의 출발토대

출발토대는 반성된 경험이다. 우리를 에워싸고 있는 세계를 보면, 세계는 사물들 및 서로 간에 갖가지 관계들로 얽혀진 성질들의 맥락으로 우리에게 나타난다. 우리는 스스로를 이러한 세계의 부분들로 경험하며, 그러나 자기 자신을 의식하고 있는 그런 존재로 경험한다. 이러한 세계맥락 안에서 하나의 "사물" 혹은 하나의 사건은 다른 것을 지시하고, 그 다른 것에 의해서 제약되어 있고 한계지어져 있는데, 바로 이러한 한계 속에서 비로소 동일성을 확인받을 수 있는 것이다. 어떤 것도 자신을 위해서 홀로 존재할 수 없다. 각자는 타자를 통해서 함께 구성되며, 그런 한에서 타자를 통해 함께 정초된다.

하나의 존재자ein Seiendes(S)는 경험세계 안에서 다른 S가 없이는 존재하지 않는 그런 존재로 제시된다. 이것이 하나의 정의로 간주될 수 있을 것이다. 이 정의의 부정적인 형식은 어떤 긍정적인 함축을 지시하는데, 그 자체로서 보자면 그것 또한 하나의 정의로 여겨질 수 있다: 다른 S가 없이 존재하는 S. 이러한 존재의 영역에서 양자의 정의내용은 서로를 모순적인 것으로 배제한다. 완전한 분리 disjunctio completa가 문제되고 있다(제 삼자는 존재하지 않는다). 첫 번째 정의의 S는 유한한 존재자endliches Seinedes(eS), 두 번째는 무한한 존재자unendliches Seiendes(ueS)라 불려져야 한다. 유한한(e)과 무한한(ue)이란 말의 의미는 정의로부터 동시에 생겨난다.

1. 정의: eS = : *자신을 통해서 존재하지* 않는, 즉 *다른 S가 없이는 존재하지* 않는 S.

2. 정의: ueS = : *자신을 통해서 존재하는*, 즉 *타자가 없이 존재하는* S.

첫째 정의에 대하여: 이것은 경험으로부터 얻어진 것이며 경험을 기술한다. 왜냐하면 우리는 우리의 세계를 eS의 맥락으로 파악하기 때문이다. 개별적 eS는 외적인 관계들이 없이는 마침내 존재할 수 없거나 혹은 존재하는 것으로 생각될 수 없다. 그렇기 때문에 eS의 관계들은 그것에 (비록 상이한 정도에서긴 하지만) 내적이고도 본질적인 것이다. 개별적인 eS들은 자립성과 고유존재Eigensein의 단계들을 형성하기는 한다. 그러나 모든 것들에 적용되는 것은 이렇다: 문맥이 없이는, 즉 관계적인 맥락이 없다면 그것들은 불가능했을 것이다. 그것들은 결코 완전히 자신을 통해 존재하는 것이 (그 내용이 파악될 수 있고, 존재한다고 인지될 수 있는 것이) 아니며, 더구나 그것들의 어떤 양상 안에서도 사정이 그러하다. 그들의 독자성 또한 항상 제약되어 있고 상내적인 것이다. 그렇지 않다면 그들 안에 완전히 '자신을—통한—존재'Durch-sich-Sein의 영역이 있을 것이다. 그러나 eS는 완전한 자기연관 Selbstbezug이 아니며(자기정초 내지는 자기설정이 아니며), 제약된 자기존재이다. 그것은 본래적으로 외적인 관계를 통해서 구성되어 있는 것처럼, 자기 자신에게서도 항상 다시금 벗어나 있다(혹은 긍정적으로 표현하자면: 자기에게 주어져 있다sich gegeben). 따라서 eS는 (어느 정도의 자신과의 통일성에도 불구하고) 오직 '부분적 존재와 달리 존재함의 구조'Struktur des Teil- und Andersseins안에서만 생각될 수 있다.

둘째 정의에 대하여: ueS는 첫 번째 정의에서 부정적으로 함께 정의되었다. S는 여기서 자신을 통해서만, 그로써 자신을 제약하거나 정초하는 다른 S없이 존재한다. 그것이 외적인 관계들을 통해서 제약되어 있지 않은 것처럼, 그것은 자신 안에서도 완전히 하나이다(즉 부분들이 없다). ueS는 (eS와는 달리) 오직 단수로만 생각될 수 있다. 두 개의 ueS가 있다면 그것들은 서로에 대한 외적인 관계를 가지게 될 것이다. 그때에는 그들은 실제적으로 상이할 것이고, 이러한 관계를 통해서 특징지어지며, 그로써 저마다 제약된 것이 될

것이다. 물론 ueS의 정의는 eS의 정의처럼 경험으로부터 얻은 것은 아니다. 그 개념은 여기서 (우선은) 단지 생각된 것일 뿐이다. 안젤무스와 더불어 이야기하자면: 그것의 내용이 의미하는 바는, "오직 자기 자신을 통해서만 존재하는 자"solum existens per seipsum이다. 그렇게 캔터베리의 안젤무스는 신의 개념을 설명하고 있으며 (Proslogion 5), 그 의미를 그는 우선은 다음과 같이 제시한다: "그분을 넘어서 더 큰 것을 생각할 수 없는 신deus, quo nil maius valet cogitari"(같은 곳). 이것으로써 안젤무스는 프로슬로기온 2장의 저 유명한 정의를 다시 채용하고 있다: "그것을 넘어서서 더 큰 것을 생각할 수 없는 것"id quo maius cogitari non potest. 언제든 확인해야 할 일은 이 정의가, 그것의 개념내용과는 대조되는 의미 안에서, 경험과 연관된 eS의 정의와 필연적으로 관계를 맺는다는 것이다.

b. 무한한 존재자(ueS)의 실존 입증

eS는 다른 eS를 참조하도록 지시되어 있다. 그 점에서 eS의 근본적인 종속성이 드러난다. 하나의 eS는 결코 홀로 자체 내에 서 있을 수 없다. 그것은 어느 경우든 ueS의 의미로 이해될 수 없다. 이제 제기되는 문제는, eS-맥락(오로지 eS의 지체들로만 구성되어 있는 관계맥락Relationszusammenhang)이 완전히 자체 내에 존립하며 그로써 ueS로서 파악될 수 있지 않겠는가 하는 것이다. 단순화를 위해서 eS1과 eS2라는 맥락에 국한시켜 보도록 하자. 이제 시도되어야 할 것은, 두 지체가 서로를 제약해서 그 결과 양자가 함께 완전히 자체적으로 존립하며 자신들의 존재를 위해서 또 다른 S를 더 이상 필요로 하지 않는다는 점을 숙고해 보는 일이다.

그러나 이와 같은 일은 가능하지 않다. 왜냐하면, 만일 양자가 서로 구분된 것이라면, 그 관계는 어느 하나가 다른 것을 통해서 남김

없는 자기규정과 자기정초로 비밀리에 변형되어서는 안되기 때문이다. 만일 이런 경우가 있다면 (이제 한 편으로부터 혹은 다른 편으로부터 출발하든) 절대적인 자기설정과 자기정초의 구조가 생겨나게 될 것이다. 제약하는 것은 항상 제약된 것에 의해서 완전히 설정될 것이다. 혹은 달리 말하자면: 하나는 다른 것을 "통해서", "스스로"—설정되고 "스스로"—정초된다. 이는 명백한 모순이다. 따라서 자기정초는 eS구조를 폐지할 수밖에 없다. 그러나 그렇게 되면 출발토대가 포기된 셈이 된다. 우리는 우리 앞에 절대적인 것, 곧 ueS를 갖게 된다. 우리 자신이 심지어 그런 존재가 된다. 왜냐하면 무한자와 우리 사이에 어떤 차이도 없겠기 때문이다. 그러나 이것은 완전히 우리의 경험과는 모순된다. 왜냐하면 저마다의 '조건짓는 다름'bedingende Andersheit이 폐지되겠기 때문이다. 우리 자신에게 물어보아야 할 것은, 과연 우리는 외적인 사물들이나 우리 자신을 경험할 때, 그때마다의 타자가 출발현실Ausgangswirklichkeit에 의해서 완전히 설정되고 산출되는 식으로 경험하는가 하는 점이다. 그렇게 되면 조건짓는 다름은 존재하지 않게 될 것이다. 그것은 가상이 될 것이다.

우리는 지금까지 단지 eS1-eS2 구조만을 다루었다. 이 구조가 계속되는 지체들로 증가할 경우에 사태가 변하는가? eS1-eS2-eS3 등등으로. 임의적인 확장 안에서 아마도 eS맥락의 자체내존립Insichstehen을 생각해 볼 수 있는 가능성은 없을까? 그러나 이것 또한 오류이다. 왜냐하면 저마다의 임의적인 eS맥락은 이미 다루어진 eS1-eS2의 요소구조에로 환원될 수 있기 때문이다. 하나의 eS를 매번 새로 첨가하더라도 eS-eS로 이루어진 eS구조와 마주하게 되기 때문이다.

(eS - eS) - eS
eS - eS …

그러나 임의적으로 수많은 지체들을 가진 저마다의 eS맥락이 항상 eS1-eS2의 구조를 보유한다면, 따라서 그 구조를 언제든 반복하고 확증할 뿐이라면, eS정의는 그 맥락 자체에 대해서 어떤 귀결을 가지는가 하는 문제가 제기된다. 왜냐하면, eS는 자신의 다수성(eS-eS)에 즉해서 그 자체로서 *인식될 수* 있기는 하다. 그러나 이 다수성은 스스로 항상 하나의 eS로 남으며, 즉 자기 자신을 통한 존재자가 아니다. 그러나 eS에 대해 적용되어야 하는 사실은, 그것이 다른 S가 없이는 생각될 수 없다는 점이다. 그러나 자신의 규정을 위해서 더 이상 계속되는 eS에로 소급해서 파악될 수 없는 이 다른 S는 무엇인가? 계속되는 eS로는 단지 eS구조를 확증하는 것뿐이지 않은가? 이제 남는 것은 ueS의 가능성뿐이다. 또 다른 대안은 없다. 그렇다면 이것이 의미하는 바는: 그것이 없이는 eS가 존재할 수 없는 S는 다만 계속되는 또 다른 eS가 아니라(이것은 단지 eS구조의 인식표징으로서 기능할 뿐이다), 근저에 있어서는 ueS이다. 왜냐하면 eS에 대하여 다른 S는 최후에는 *그 자체로서의* eS와는 *다른 것*이어야 하며, 그것은 오직 ueS일 뿐이다.

c. 여러 반론들과의 대질

1) 소급의 문제

이 논증에 반대하여 종종 "무한소급"Regressus in infinitum이라는 반론이 제기되고 있다. 이 반론이 의미하는 바는, 우리는 조건을 따름에 있어서 모순 없이 무한적으로 소급해 갈 수 있으며, 이 가능성은 위의 논증을 통해서 배제된 것이 아니라는 것이다. 실제로 eS자체들의 계열 안에서 일종의 무한소급은 배제되어 있지 않다. 그러나 바로 이 영역 위에서만 그러하다. 그것에 대한 두 가지 예를 들어보겠다: 쿠체라에게는 제일원인에 대한 질문은 가장 큰 자연수에 대한 질문과 같다(쿠체라Kutschera, 25). 이 반론은 우리가 eS-eS-eS.. . 의 직선적 인과율의 영역에 머무는 한 타당한 것이다. 그러나 eS-eS

의 구조 일반이 문제가 될 경우 그 반론은 기각된다. 맥키(143 이하)에 대해서도 같은 말을 할 수 있을 것이다. 이것은 많은 물리학자들이 가정하는 무한히 많은 세계들의 가능성에 대해서도 적용된다(에브리히Erbrich, 194 참조). 이 이론에 따르면, 에너지가 충만한 원－진공Ur-Vakuum상태로부터 "끊임없이 '세계기포'가 생성되며", 이 "무한히(!) 많은 세계들 가운데" 하나가 우리의 세계라는 것이다(같은 곳.). 하지만 이러한 무한성도 위에서 기술된 ueS와는 다르다. 수많은 세계들은 저마다 그 자체로 제한되어 있고, 자신들의 상이성으로 인해서 서로에 대해 외적인 관계 속에 존립하기 때문이다(c. 4) 참조).

그러나 eS지체들의 계열을 (그것이 무한하다고 하더라도) eS1과 eS2의 요소구조로 환원한다면, 그때 전체의 조건사슬은 세약된 것이며, 그것의 조건은 오직 eS와는 다른 것, 즉 ueS만이 될 수 있다. 소급문제는 따라서 나에게는 KGB의 중요문제로 보이지 않는다! 여기서 중요한 것은, 저마다의 eS맥락의 eS구조는 eS-eS 라는 첫 번째 행보에서 결정되어 있다는 점이다. 내가 여기서 실제로 '조건짓는 다름'을 붙들고 있다면, 계속해서 또 다른 것이 생겨난다. 왜냐하면, 완전한 자기연관은 이 첫 행보에서는 배제되어 있으며, 계속적으로 규정하는 eS를 첨가하는 것은 매번 다만 이러한 배제를 확증하는 것이기 때문이다. eS지체들을 무한히 증가시키는 것이 ueS의 무한성을 대체하는 것이 아닌 것처럼, 수학과 미적분의 차용도 오류로 이끄는 것이다. 왜냐하면, 0,9999... = 1의 경우에 계속해서 9를 첨가함에 있어서는 실제로 1에 가까워지고 있다는 점이 문제가 되지만, eS-eS-eS... 의 경우에는 계속해서 eS를 첨가하더라도 결코 ueS에 가까워질 수 없다는 것이 문제되고 있기 때문이다.

우리는 항상 ueS의 엄밀한 개념을 유념하면서 (순수한 자기관련, 어떤 경우에도 외적으로 규정되어 있다거나 내적인 다름이 아님, 완전한 자기가용성과 자기권능) eS지체들로 구성된 어떤 상황이 이 개념의 내용을 채울 수 있는지를 물어보아야 한다. 그렇지 못하다면 그런 상황은 늘 여전히 스스로를 통해서 존재하지 않는, 따라서 다른 S가 없이는 존재하지 않는 S로 남게 된다. 이는 입증의 책임을 부과하는 것에 대해서도 무엇인가를 이야기한다. 그러한 입증의 책임은 eS맥락을 완전히 자체적으로 존립하는 것으로서, 그래서 ueS로서 인지하려는 사람이 가장 먼저 짊어져야 하는 것이 아닌가? 보다 노골적으로 지적하자면, 예를 들어 커다란 의구심을 갖지 않고 물질을 모든 사물들의 유일한 근거로 간주하는 사상들에게 그러한 입증의 책임이 우선적으로 귀속되는 것이다.

맥키에 따르면, KGB는 기껏해야 사멸하지 않는 물질적 기체 Substrat를 추론해 낼 때나 설득력이 있다는 것이다: "결코 중단되지 않는 그런 하나의 연속이 있다면, 그것은 다음과 같은 사실을 지시할 수 있을 것이다. 즉 어떤 사멸하지 않는 원초적인 물질이 존재하며, 그로부터 사멸하는 사물들이 생성되고, 그것들은 다시 원초적 물질 안으로 용해되어 다른 사물들의 생성에 기여하는 것이다"(Mackie, 142; 146 참조). 이런 관점은 "우주의 대폭발"안에서 우주의 생성 일체를 보는 것이 아니라, 우주를 자체적으로 완결된 것으로 그리고 자연법칙적으로 자기 자신으로부터 설명 가능한 것으로 파악하려는 우주론적 이론들에도 적용된다(호킹Hawking, 93). 만일 충분한 정초가 절대적인 자기로부터의 존재 안에만 놓여있다면, 그 같은 정초는 항상 유한적 구조 속에 머무르고 마는 그 어떤 종류의 우주와도 동일시될 수는 없다.

2) 자립성 대 종속성?

그러나 하나의 eS는 다른 eS에 대하여 어떤 자립성과 고유활동성을 지니고 있어야 하지 않는가? 서로 간에 강력한 인과종속관계에서조차 하나의 eS는 다른 것에로 환원될 수 없는 어떤 특성이 있는 것이 아닌가? 왜냐하면, 만일 그렇지 않다면, 우리는 우주가 개별적으로나 전체적으로 어떤 고유작용도 갖지 못한다고 생각해야만 하기 때문이다. 그럴 경우 우주는 완전히 빈 것이 될 테고, 어떤 조건관계Bedingungsverhältnis도 더 이상 존재하지 않게 될 것이다. 그러나 만일 그러한 자립성을 받아들인다면, 그것은 eS 안에 말하자면 참된 그리고 절대적인 비종속성의 핵심영역이 있다는 것을 의미하는 것이 아닐까? 이에 대해 다음과 같이 말할 수 있다: eS 안에 어느 만큼의 비종속성이 있다는 것은 전제될 수 있고 전제되어야 한다. 그러나 ueS의 의미에서의 완전한 자기연관으로서는 아니다. 설사 eS의 어느 유일한 양상만이 완전한 비종속성의 성격을 부여받아 얻게 된다고 하더라도, 그렇게 되면 eS는 정확히 그와 같은 자기연관을 가질 수밖에 없을 것이다. 그렇게 되면 개별적 eS는 실제로는 ueS일 것이다(절대적이고 단수적인 능동). 만일 eS의 (필지히 시인해야할) 상대적인 독립성을 올바로 감안하려 한다면, 그것의 특별한 상대성이 규정되어야만 한다. 더 나아가서 eS의 자립성이 바로 ueS 안에서만 정초되고, 그 귀결로서, eS 안에서 ueS가 더 많이 현존할수록 eS는 더 독립적이 된다는 것이 인정되어야 한다. 뛰어난 보기로 들 수 있는 것이 유한적 자유이다. 무한적인 것에로의 정향과 무한자를 통한 내적 실현이 유한적 자유를 바로 자유로서 정초한다(더 자세한 것은 Weissmahr, Kap B IV 참조).

3) 모든 것은 무無로부터 생성된 것인가?

그러나 모든 것이 무로부터 생성된 것은 아닐까? 그렇다면 우리의 세계와 전체적인 eS-eS맥락은 오직 무das Nichts라는 이 하나의 근거만을 갖게 될 것이다. 예컨대 물리학자인 폴 데이비스가 그와 같이 생각한다: "우주는 무로부터 생긴 것인가?"(Davies, 276). 우리가 주장되고 있는 바를 좀 더 자세히 살펴본다면, 무라는 것은 여기서 철두철미 "어떤 무엇"etwas이다. 말하자면 에너지로 충만한 진공, 혹은 양자비약을 통해서 최초의 물질형식들이 생성된 원초적인 양자영역이다. 그러나 이러한 것은 근본적이고 형이상학적인 의미에서의 무가 아니다. 오히려 이러한 물리적인 유사-무는 아리스토텔레스적인 전통 안에서 "제일질료"materia prima라 불려진 것과 비교될 수 있을 것이다: 필연적으로 규정들 안에서 제시되기는 하지만, 우선은 아직 그런 규정들이 없이 생각되는 어떤 물질적 잠재성. 토마스는 제 삼의 길에서 근본적인 무에 대해서 이야기하고 있다: "만일 어떠한 존재도 없었다면 어떤 것도 존재하기를 시작하지 못했을 것이며 지금까지 아무 것도 없었을 것이다. 이것은 명백히 허위다"(Sth I, q 2 a 3 resp). 이 주장을 반박하기란 어려운 일이다. 이러한 무를 근거로서 제시함이 의미하는 것은 다만 이렇다: 아무런 근거도 제시하지 않음이다. 그러나 만일 eS가 자체적으로 정초되지 않는다면, 그것은 자기와 다른 것이 없이는 존재하지 않으며, 그런 다른 것이 *있어야만* 한다. 이 논증은 우주의 어떤 시초상태에 대한 전제와는 완전히 별개의 것이다.

맥키는 무로부터는 결코 어떤 것도 나올 수 없다는 원칙에 반대한다: "흄은, 우리가 의심할 바 없이 어떤 것의 비발원적 실존개시 Existenzbeginn에 대한 개념을 형성할 수 있다는 데에 주의를 환기시켰다"(Mackie, 143). 맥키가 의존하고 있는 흄의 글은 다음의 것이다: "모든 상이한 표상들은 서로로부터 분리될 수 있고, 원인의 표상은 그 작용의 표상과 명백히 상이한 것이므로, 원인이나 혹은 산출하는 원리에 대한 표상을 어떤 대상과 결합시킴이 없이 그 대상을 이 순간에는 존재하지 않는 것으로, 다음 순간에는 존재하는 것으로 우리는 수월하게 생각해 볼 수 있다"(Treatise of Human Nature, I, 3, 3). 이제 정초에 대한 물음을 배제하고 어떤 무엇이 단순히 존재한다고 생각하는 것은 형식적인 모순에 이르는 것이 아니기는 하다. 그러나 내가 생각한 것을 계속해서 해명해나감에 있어서 정초에 대한 물음은 이런 혹은 저런 방식으로 재차 대두된다. 왜냐하면 개별적인 무엇은 설명되고, 더 자세히 규정되고, 자신의 맥락 속에 세워져서 그와 함께 정초되어야 하기 때문이다. 누군가가 이렇게 대꾸할 수도 있다: "어째서 나는 근거를 물어야만 하는가?" 그러나 이 말로써 그는 근거를 물었으며, 사안의 근거들에 대한 물음을 중지한 자신의 논거를 그가 동시에 벗어나려고 하는 정당화에 종속시키고 있는 것이다. 따라서 내가 만일 정초의 물음을 그 보편적인 타당성 안에서 받아들인다면, 나는 "존재하는" 것과의 관련 속에서 양자택일의 처지에 있게 된다: 그것은 자기 자신 안에서 정초되거나 혹은 그렇지 않거나 이다. 후자의 경우, 그것은 다른 존재하는 것이 없이는 생각될 수 없는 것이다. 무를 근거로서 제시하는 것은 다만 어떤 근거도 제시하지 않음을 의미한다.

4) 여러 세계들 — 여러 시초들?

그러나 상호작용 없이 병렬적으로 존재하는 여러 세계들을 가정하는 것에 대해서는 무슨 말을 할 수 있을까? 이런 가정이 정초의 문제와 관련될 수 있을까? 그러나 여기서도 다음의 주장이 타당하다: 저마다의 세계는 그 자체로 보자면 절대적인 것 안에 정초되어 있으며, 그래서 절대적인 것에로의 추론은 세계들의 다원성에 종속되어 있지 않다. 단자들Monaden을 상호작용하지 않는 세계들로 간주한 라이프니쯔에게 있어서도 우리가 주의해야 할 사실은, 개별적 단자와 그의 세계는 전체의 단자들의 우주를 저마다의 고유한 방식으로 반영하고 있다는 점이며, 따라서 다른 단자들과의 모사성의 맥락이 현존하고 있다는 점이다. 우리의 세계가 많은, 아마도 심지어는 서로 간에 상호작용하지 않는 무한히 많은 세계들과 함께 하나의 원초적인 양자영역으로부터 발생했다는 것을 가정하더라도(에브리히Erbrich, 194 참조), 각기의 세계와 그 모두는 그럼에도 불구하고 절대적인 것 안에서 정초되어 있다. KGB의 근본생각은 따라서 침해되지 않은 채 남는다.

자체 내에 존립하는 세계들에 대한 주장에 상응하게도 쿠체라(26)와 함께 이런 이의를 제기할 수 있을 것이다: 아마도 여러 "제일원인들"이 있을 수 있다. 만일 "제일원인"이 엄밀한 의미에서 절대적인 것으로 생각된다면 이러한 주장은 가능하지 않게 된다. 왜냐하면, 우리가 이미 본 것처럼, 절대적인 것의 개념은 단수성 Singularität을 요구한다. 여러 절대적인 것들은 서로 구분될 것이다. 그것들은 서로에 대해 외적인 관계를 갖게 될 것이고, 이를 통해서 자신들의 고유존재에 있어서 규정되고, 또한 한계 지어진 것이 될 것이다. 따라서 그것들은 서로에 대해 eS-eS의 관계에 놓이게 될 것이다.

5) 충분한 이유의 원칙

라이프니쯔는 자신의 우연성증명을 "충분한 이유"의 원칙과 결합하고 있다. 그에 따르면 이것은 "모순율"과 함께 "우리의 이성인식이 의존하는" 두 번째 원칙이다(Monadologie § 31 이하). 이 원칙을 세계맥락에 적용하면서 라이프니쯔는 다음의 결론에 이른다: "특별하고도 우연적인 사물들의 맥락이나 계열이 아무리 무한대로 계속될 수 있다고 생각되더라도, 충분한 혹은 마지막 근거는 이 계열이나 맥락 밖에 놓여져야 한다"(같은 책. § 37). 따라서 라이프니쯔에게 있어서는, 유한한 원인들의 무한소급이 사유가능하다는 것은 반론이 되지 못한다. 그러나 "충분한 이유"의 원칙은 그것을 주석함에 있어서 어려움들을 야기한다. 그 원칙은 "사물들을 충분히 인식한 자에게 어째서 그것은 저러하고 다르지 않은지를 규정하기에 충분한 이유를 제시함이 가능하지 않다면, 어떤 일도 발생하지 않는다"(Vernunftprinzipien der Gnade und der Natur § 7)는 것을 의미한다. 맥키는 이 원칙을 "같은 원인들은 같은 작용들을 갖는다"(Mackie, 136)로 해석한다. 맥키에 따르면, 이 원칙은 우리가 세계 안에서 그것에 따라 의미 있는 방식으로 행동할 수 있는 바의 것이다. 그러나 한편으로는, 우리는 그 원칙을 세계 내에서 보편적인 타당성을 갖는 것으로 간주할 권리를 갖지 못하는데, 왜냐하면 그로부터 문제의 소지가 있는 결정론이 귀결되기 때문이라는 것이다. 그 밖에도 계속해서 맥키에 의하면: "세계 내에서 모든 것이 충분한 이유, 곧 같은 원인들은 같은 작용들을 일으킨다는 규칙에 부합하는 하나의 원인을 갖는다고 하더라도, 이것이 전체로서의 혹은 근본적인 자연법칙들로서의 세계 자체도 또 다른 종류의 충분한 근거를 가질 수밖에 없다고 기대해야 하는 충분한 이유는 아닌 것이다"(같은 책. 136). "또 다른 종류의"라는 말은 여기서 분명히 세계내적인 인과법칙들과의 상이성을 의미한다. 이 인과법칙들 자체는 연역가능성의 의미에서 비로소 근거지어질 수밖에 없는 것들이다. 쿠체라는 충족이유율이라는 라이프니쯔적인 원칙을 "불명료한 원칙"이라 칭하면서(쿠체라Kutschera, 28), 우리가 그것을 결정론적인 인과율로 이해한다면 더 정확한 의미를 얻을 수 있다고 본다(같은 곳.). 그럼에도 불구하고 세계 안에서 그 원칙을 일반적으로 적용하는 것은 주지하다시피 문제가 있는 것이다(같은 곳.). "하나의 특정한 세계가 실현되는 것에 대한 이유Grund는 그럼에도 불구하고 어떤 원인Ursache도 아니다. 왜냐하면 원인들이란 세계 안에서 시간적으로 위치지어진 사건들이며, 그 사건들은 해당되는 세계 안에서 적용되는 인과적 자연법칙들의 도움을 받아 작용이 그로부터 생겨나게 되는 바로서의 조건들이다; 이 세계의 실현 경과는 그 법칙들을 가지고는 설명되지 않는다"(같은 책. 28 이하).

그렇지만 신의 존재Existenz를 추론하는 것은 전혀 다른 종류의 것이다. 신의 존재는 세계의 필연적인 조건이나, 충분한 조건은 아니다. 이 말의 의미는, 신의 존재가 없이는 세계는 생각될 수 없지만, 신이 존재한다는 전제로부터 세계의 존재가 귀결되는 것은 아니라는 것이다. 사실 신은, 계속해서 숙고하자면, 세계가 존재하기 위한 충분한 이유이기도 하다. 하지만 이것은 신이 세계를 존재하게

끔 결정했다는 것이 덧붙여 생각될 때에야 비로소 그러하다. 충분한 이유라는 라이프니쯔적인 신 개념은 모호한 것이다. KGB에서 문제가 되는 추론은, 필연적인 존재인 신(A)이 신과는 다른 모든 것(B)에 의해서 함축되고 있다는 B로부터 A로의 추론이다. 다시 말하자면, 여기서 문제가 되는 추론은, 신적인 필연적 존재(A)로부터 그에 의해 (추정적으로) 함축된, 신이 아닌 것(B)으로의 추론이 아닌 것이다. 만일 라이프니쯔가 후자의 의미로 이해되어야 한다면, 그의 주장은 실제로 의심스러운 것이 될 것이다. 그러나 만일 그렇다면, 쿠체라가 정당하게 말하듯이, 이제 모든 것이 "그 자체에 있어서"an sich, 가장 작은 사건에 이르기까지, 신의 본질로부터 연역될 수 있다는 의미에서, 우연성도 폐기될 것이다(같은 책. 29 이하). 물론 신에게의 종속이라는 우연성은 이러한 "우연성의 폐지"에서도 여전히 주어져 있을 것이다.

6) 두 가지의 문제성 있는 경향들

1. eS맥락에 ueS의 성격을 부여하는 경향(내재주의적이고 유물론적 체계들). 2. ueS의 유일한 현존을 위해서 eS맥락을 단순한 가상Schein으로 설명하는 경향(예를 들면, 파르메니데스나 절대적 존재에 대한 수많은 힌두적 일원론들)(2부 II. 1 참조).

d. 핵심논증과 결부된 관점들 및 물음들

1) 정신Geist으로서의 무한적 존재자

ueS는 단지 주관적 구성물일 뿐인가? 실제로 그것은 우선은 하나의 이념Idee이다. 그러나 나는 오직 그것으로부터만 유한적 사물들을 그 존재에 있어서 파악할 수 있다. 이로써 ueS는 모든 eS보다 상위에 위치한다. 왜냐하면 나는 eS를 ueS로부터만 파악하기 때문이다. 이러한 상위로부터, 저 이념을 하나의 사물이나 대상으로 만듦을 용인하지 않는 비상응非相應이 생겨난다. 그럼에도 ueS는 다시금 주관성에로 제약되어 있는, 한갓 이념처럼 여겨진다. 그러나 그것은 불가능하다. ueS는 다만 어떤 주관적인 것일 수는 없다. 만일 그렇다면 그것은 무엇인가 한계 지어진 것 내지는 상대적인 것이 될 테고, 더 이상 우리가 그 안에서 유한적이고 상대적인 것 일체를 비로소 인식할 수 있는 바의 무한적인 것 내지는 절대적인 것은 아닐 것이다. ueS는 따라서 오직 주관-객관의 통일성으로서만 생각될 수 있다. 그러나 그렇게 되면 그것은 반성적 존재 혹은 순수한 자기연관이다. 나의 개인적 주관성은 그러한 자기연관을 통해서 조건지어지고, 그것을 통해서 수행능력과 인식능력을 갖게 된다. 동시에 저 최고의 반성적 존재는 나의 유한한 반성성Reflexivität을 넘어서며, 그 자체 무한적인 존재로서 나의 유한한 반성능력을 가능하게 할뿐만 아니라 그것보다 무한히 우월하다. 그러므로 ueS는 정신이며, 더욱이 내 *안에* 있고 나를 *넘어서* 있는 절대적인 정신이다. 이러한 정신으로서의 ueS는 나의 주관성에 내재적이자 초월적일 수 있고, 또 그래야만 한다. 이 같은 결과로써 KGB에 대한 반론으로 빈번히 제기된 하나의 물음이 부분적으로 대답되었다.

2) 신이 사물화되고 있는가?

만일 ueS가 실재로서als Wirklichkeit 인식되었다면, 그것은 대상인가? 우리가 이 질문에 대해서 예라고 대답한다면, ueS는 인식하는 주관에 마주서있는 것처럼 여겨진다. 그러나 그렇게 되면 ueS는 주관과 하나의 관계 속에 있게 될 것이고, 그로써 개별적인 것이 된다. 그리하여 KGB는 신을 하나의 대상으로 만들어서 사물화 한다는 반론이 제기된다. 이 반론은, ueS의 현실이 인식된 대상의 측면

뿐만 아니라 인식하는 주관의 측면도 마찬가지로 포함한다는 것이 분명해질 때에만 무력하게 된다. 따라서 ueS는 대상적인 것으로 뿐만 아니라 주관적인 것으로도 생각될 수 있어야만 한다. 말하자면, 대상적이라 함은 ueS가 여타의 모든 인식될 수 있는 사물들을 마지막으로 조건짓는, 우리 인식의 최고의 대상으로서 생각되어야 한다는 말이고, 주관적이라 함은 ueS가 사물들의 인식을 가능하게 하는 인식의 "배경"으로서 생각되어야 한다는 말이다. 이제 ueS의 이념은 선천적인 이념으로서(후험적이고 경험적인 것이 아닌) 생겨났고, 그 결과 eS는 단지 그것에 정향되어 있는 한에서만 인식될 수 있고 정의될 수 있다(성찰 3 장에서의 데카르트의 통찰). ueS의 이념은 선천적이며, 오직 그것으로부터만 유한적인 것이 인식될 수 있다. 그 역도 마찬가지로, 무한성에 대한 선천적인 이념은 오직 유한적인 것과의 관계 안에서만 우리의 사유에 나타난다. 따라서 ueS는 주관과 객관의 양 편에 서 있다. 바로 그 자신이 주관적-객관적이기 때문에 양 측면에 서 있을 수 있는 것이다.

위의 반론은 다음과 같이도 말해질 수 있다: 내가 결코 주관과 객관을 포괄하는 내 인식함의 통일성과 관계 맺을 수 없는 한에서, 무한적인 것의 사물화는 불가피하다. 왜냐하면 나의 인식함은 '주관의 수행'Subjektvollzug으로서 항상 그것이 관계 맺고 있는 것 "밖에" 서 있어야 하기 때문이다. 인식매체로서의 (언어적 표현 등등.) 나의 인식은 그것이 관계 맺는 것과 구분되어야만 한다. 이제 이러한 구분가능성은 철두철미 승인되어야 한다. 그럼에도 불구하고 그로부터 자기연관의 불가능성이 귀결되는 것은 아니다. 자기연관의 불가능성을 주장하는 것은 오히려 모순에 이른다. 왜냐하면, 이러한 주장은 자기 스스로에게도 타당한 것이 되어야 하며, 그래서 바로 자기 자신과 관계 맺기 때문이다. 따라서 만일 자기연관이 가능하고, 계속되는 반성을 통해서 그것이 *오직* 잠정적이고 유한적인 것(eS-eS 연관 안에 위치하는 것처럼)일수*만은* 없기에 최후에는 포괄적이며 무한한 것으로 판명된다면, 그런 존재와 내 사유가 관계 맺는 것을 불가능하다고 천명할 이유가 없는 것이다. 그러나 저 반론은 어떤 진리의 계기를 내포하고 있다. 왜냐하면 나를 포괄하는 주관과 객관의 통일성으로서의 ueS의 통일성을 나는 실제로 여타의 대상처럼 내 앞에 둘 수 없기 때문이다. 그 통일성은 포괄적이기 때문에 단지 간접적인 방식 속에서만 의식 안으로 들어올릴 수 있는데, 바로 그 통일성이 내 사유를 가능하게 하는 이미 주어진 전제로써 통찰되면서이다. 그래서 주객을 포괄하는 통일성의 입증(바로 발생한 것처럼)이 간접적인 것은(연역적이고 직접적이 아닌), 말하자면 그러한 입증이 반대 논거의 배제 속에서 존립하는 것은, 우연스런 일이 아니다.

3) 보편적인 정초와 주관에 대해서도 적용되는 그 정초의 타당성

ueS가 동시에 주관의 측면에 서야 한다면, 그것은 주관 또한 정초한다. 이러한 보편적인 정초와 더불어 비로소 ueS는 자신을 ueS로 입증한다. 그렇지 않다면 ueS는 무한적이지 않을 것이다. 그러나 주관이 ueS와 더 이상 거리를 둘 수 없다면, 그것의 정초 또한 그에 적합하게 생각되어야 한다. 정초란 이때 주관을 그 자신에 특유한 주관의 수행 속에서, 말하자면 '자유의 수행으로서'als Freiheitsvollzug 정초한다는 그런 의미로 생각되어야 한다. 그러나 그것은 요구로서만 가능하다. 그래서 KGB의 결과는 자신의 계속적인 해명으로서의 AxGB[가치론적 신 증명]을 미리 지시한다. 그런 한에서 여기서의 논증은 단순히 완결된 것으로 간주되어서는 안 된다. 자유와 관계되는 하나의 특별한 정초가 있어야만 한다. 그렇지 않다면 KGB는 지탱될 수가 없다. 왜냐하면 KGB는 보편적인 정초를 목표로 하기 때문이다. 어떤 영역도 그로부터 배제되어서는 안 된다. 그렇지 않을 경우 KGB는 타당성을 잃게 된다. 그러나 만일 내가 ueS를 거리를 둘 수 있는 대상으로 생각한다면, 나는 그것으

로부터 나의 자아를 이미 벗어나게 한 것이다. 이 자아 자체를 다시금 정초된 것으로 생각하는 것은 하나의 특별한 자유정초 Freiheitsbegründung의 과제이다.

4) 외적 현실의 규정에 대한 주관적 관여

KGB는 존재자로부터 출발한다. 존재자는 관계들 안에서 다른 존재자와 결합되어 있으나, 그 자체로 보자면 (상이한 정도에 있어서) 어느 만큼의 독립성(실체성Substantialität)을 소유하고 있다. 이것은 물론 하나의 *생각*이다(칸트를 참조할 것: 범주들은 사유로부터 나온다). 나는 어떻게 그 생각을 정당화하는가? 어쨌든 외적 지각은 나에게 실체적인 대자존재Fürsichsein라는 생각을 아직은 제시하지 못한다. 이 생각은 (어떤) 자기관련성이라는 생각이다. 그것은 자기존재Selbst-Sein, 내지는 자체존재로서의 존재의 고유지위가 갖는 자기관련성이다. 나는 그러한 자기관련성을 우선은 나에게서 알게 된다. 그러나 그것이 의미하는 것은 이렇다: 나는 외적인 현실을 내 자신의 조건에 따라 그 현실의 독립성 안에서 *사유한다*. 비로소 그렇게 하여 '자기 자신으로부터의 존재'Aus-sich-selbst-Sein이라는 척도가 생겨난다. 나는 이 존재에 다른 모든 존재자를 복속시키며, 이 존재에 비추어 보았을 때, eS는 항상 비독립적이고 종속적인 것으로 남는다. 이러한 관점 안에서 KGB의 출발토대는 단지 내가 내 주관성의 구조에 외적인 현실과 관련하여 개시력開示力을 귀속시켜야 할 경우에만 주어진다. 그것도 바로 다음과 같은 의미에서, 즉 내가 외적인 존재자 또한 (어느 정도에 있어서) 스스로를 위한 존재자로서 파악해야 하고, 따라서 내가 존재 일반을 본질적으로 (점진적인) 반성성으로서 파악함이 정당하다는 의미에서 주관에 개시력이 귀속되어야만 한다면, 그때에만 KGB의 출발토대가 주어지게 된다. 마치 (위를 참조할 것) 유한적 주관성의 정초가 그것에만 적합한 주관적 근거를 요구하는 것처럼, 만일 ueS가 (완전히) 자신 안에서 그리고 자신으로부터 존재하는 자로 생각되어야만 한다면, 따라서 '자체로부터 반성적인 것으로서'als per se reflexiv 생각되어야만 한다면, 존재 일반을 그리고 유한적 존재를 적어도 잠재적으로 주관적인 것으로 생각하는 것은 일관성 있는 사고이다. 이것이 의미하는 바는 우선은, 존재를 비교적 독립적인 것의 구조 안에서 생각한다는 것뿐이다. 이때 존재는 세계 안에서 그때마다 더욱 명백하고 강화된 자체내존재Insichsein로 출현한다. 목적론적인 신 증명의 맥락 안에서는 그렇게 주관으로부터 생각된 존재론이 문제가 될 텐데, 그러한 존재론에 따르면 존재는 근원적으로 자기존재이며 자체내존재이다[1부 I. b. 3) 참조]. 이 영역에서도 KGB는 따라서 계속적인 해명들로 나아가게 하며, 그것들에 대한 관심을 환기시킨다.

5) 절대적인 '자신으로부터의 존재' Aus-sich-Sein와 존재론적 신 증명

존재의 자기존재라는 척도는 완전한 자기정초, 곧 완전한 자체내존재 그리고 자기 자신으로부터의 존재라는 척도이다. 이제 다음과 같은 반론이 제기될 수 있다: 어째서 나는 이러한 척도를 인정해야만 하고, 그것을 구상構想해야만 하는가? 나는 최고의 무제약자이자 자기로부터의 존재자와 도대체 관계를 맺을 수 있고 또 그래야만 하는가? 그러나 이 질문은 위에서 제시된 논증과 함께 그 근저에 있어서 대답된 것이다. 왜냐하면 우리가 본 대로, 우리는 존재를 어떤 독립성으로서, 어떤 자체내존재로 파악해야만 하며, 그와 함께 완전한 자체내존재라는 척도를 마련하기 때문이다. 이제 존재자가 완전히 자신으로부터 존재하지 않는다면, 그것은 바로 다른 것이 없이는 존재하지 않는 것이며, 그 다른 것은 마지막에는 저 순전히 무제약적인 것만이 될 수 있다. ueS의 이념은 우리의 정신에 소속되어 있는 것처럼 여겨진다. 우리는 그것을 명백히 도외시할 수가 없다. 우리의 사유 안에는 "그보다 더 큰 것을 생각할 수 없는 그 무엇"id quo maius cogitari non potest이 나타난다. 이것은 안셀무스의 정식인데, 이로써 나중에 다루게 될 존재론적 신 증명(OGB)이 언급되었다. 이 증명은 사유 안에 있는 저 최고의, 능가할 수 없는 이념을 제시한다. 그 이념은 어떤 고려 하에서도 더 이상 제약된 것으로 생각될 수 없는 것인데, 그로써 한갓 주관적인 것으로도 생각될 수 없다. KGB는 이 이념 안에서 경험 안에서 주어진 유한적인 존재자의 전제를 본다. 이 유한자가 존재한다면, 그것은 단지 저 무한자의 존재로부터만 가능하게 된 것으로서 존재한다. 따라서 우리는 이렇게 말할 수 있을 것이다: KGB는 유한적인 존재자에게서 시작해서 저 최고의 이념에로 추론해 가며, OGB는 이 이념에서 시작하여 그것의 존재에로 추론해 간다. 그러나 그 차이는 그렇게 단순하지만은 않다. 실제로는 두 가지 증명들 사이에 다양한 교차가 존재한다. 왜냐하면 KGB는 ueS라는 저 선천적인 이념이 없이는 이루어지지 않으며, 이 때 이 이념의 진리성은 유한적 존재자에 대한 인식을 분석하면서 입증되기 때문이고, 아울러 OGB는 실제적인 사유와 파악에 대한 반성 안에서 - 그러한 사유와 파악은 항상 이미 존재와 관련맺고 있고, 스스로도 이미 실재적인 수행realer Vollzug이다 - 저 지고의 것에 대한 이념과 조우하기 때문이다. OGB는 따라서 그저 한갓 추상적인 표상이나 자의적인 개념의 고안으로부터 시작하는 것이 아니다. 그러나 우리의 파악은 주객의 차이에 의해서 규정되어 있기에, 논증은 우선적으로 (배타적이지 않게) 어떤 하나의 측면, 혹은 다른 측면에서 시작할 수 있는 것이다.

6) 유한적인 존재와 무한적인 존재의 관계

eS와 ueS가 다르다면, 양자는 외적인 관계Relation 안에 서 있는 것처럼 여겨진다. 그러나 이것은 유한성의 표지이다. 그렇다면 무한자가 유한화된 것인가? 증명의 결과는 이율배반적인 것이 아닌가? 증명의 결과를 유지할 수 있는 가능성은, eS에 대한 ueS의 관계가 모순 없이 설명되느냐에 달려있다. 이를 위해서는 eS와 ueS의 관계가 철저히 비대칭적으로 생각되어야만 한다. 이러한 불균형은 이미 지금까지의 생각 안에 포함되어 있기는 하다. 그러나 그것은 두드러지게 강조되고 설득력 있게 제시되어야 한다. 그때 관건이 되는 생각은, eS가 ueS 안에서 철저히 정초되어 있고, 후자가 전자를 근거지우고 있다는 생각이다. 이때 근거지움은 eS가 ueS를 통해서 eS의 가장 내적인 자립성에 이르기까지 지탱되고 있음으로 이해되어야 하며, 그 결과 ueS는 eS 안에서 현존하고, eS에 대한 ueS의 관계는 심지어 ueS의 자기관계로 이해될 수 있는 것이다.

이러한 생각은 확실히 쉬운 것은 아니다. 그래서 우리는 유한성의 영역 안에 그와 같은 무한자의 철저한 현존이 과연 실행 가능한 생각인지를 숙고함에 있어서 종교들의 진술을 경청해야만 할 것이다. 그때 확인하게 되는 사실은, 세계 안에서의 신의 현존이라는 개념은 종교들 안에서 오래 전부터 살아 있는 개념이라는 것이다. 이 점이 이러한 개념을 자의적인 날조라고 거부하는 것에 대해 일찌감치 반대하게 한다. 오히려 이러한 개념을 그 사변적인 의미 안에서 파악하고, 그것을 철학을 위해 생산적인 것으로 만드는 것이 타당하다. 이때 밝혀지게 될 점은, 앞질러 말해진 것이기도 하지만, 그러한 시도가 이 개념이 길어내어진 원천을 지속적으로 지시한다는 사실이다. 왜냐하면 기술된 문제에 대한 대답으로서의 그 개념은 계속되는 물음들, 예컨대 세계 안에 있는 것으로 생각된 신적인 현존과 세계의 참혹함과의 결합가능성에 대한 물음과 밀접하게 연결되어 있기 때문이다(변신론의 문제). 이로써 분명하게 되는 것은, 신 문제에 대한 최종적인 대답은 실존적인 영역 안으로도, 다시 말해서 완전히 사적인 자기이해와 세계이해의 영역 안으로도 들어가며, 그 문제에 대한 긍정적인 대답은 결단과 신뢰의 계기가 없이는 실현되지 않는다는 점이다. 이와 함께 하나의 영역이 중대한 의미를 지니게 되는데, 그 영역은 자체적으로 이미 종교적인 성격을 갖는다. 그러나 이러한 실존적인 첨예화 안에서 반성은 단지 더욱 명백하고 명시적으로 자신이 항상 의미하고 있는 바의 것, 말하자면 자유의 수행인 것이다. 그러나 신 문제에 있어서 자유로운 결단이 비합리적으로 내려지지 않아야 한다면, 위에서와 같은 논증들이 그 역할을 수행하게 될 것이다.

11. 과학적 인과성과 형이상학적 인과율

(이하는 슈패만Spaemann 1992 참조) 아리스토텔레스에 있어서의 네 가지 원인들은 저마다 다음과 같은 네 가지 왜라는 물음들에 대한 대답들이다. a) 무엇인가? ― 형상인, b) 무엇으로부터? ― 질료인, c) 무엇을 통해서? ― 능동인, d) 무엇 때문에? ― 목적인. 여기서 a/b는 내적인 원인들이고, c/d는 외적인 원인들이다(Physik 198 a, 194 b 이하; Met. 983 a - 988 b). 중세에는 창조라는 생각 때문에 능동인이 중요시 되었다. 능동인은 근세에는 지배적인 것이 되었다. 왜냐하면 자연과학은 기술Technik이라는 의미 안에서 자연에 대한 이해를 목표로 삼았는데, 이때 기술이란 산출하는 원인들에 대한 더욱 정확한 지식을 통해서 가능하게 되는 것이었기 때문이다. 철두철미 역학적으로 작용하는 자연이 그에 상응해서 군림하게 되었고, 그것이 바로 목적이었다. 하지만 사유에게는 이러한 종류의 인과성은 의심스러운 것이 되었다. 어떻게 유한적인 존재가 다른 유한적인 존재를 산출해 낼 수 있단 말인가? 산출이란 신에게 유보된 것이 아닌가? 도대체 사람들은 인과적 경과들을 관찰하면서 산출의 행위를 보고 있는 것인가? 지각에는 단지 현상들의 연속만이 주어져 있는 것이 아닌가? 17세기에 이러한 문제들과 부딪친 사조가 소위 "기회원인론" Okkasionalismus(예컨대, 말브랑슈Malebranche, 겔링크스Geulincx)이다. 이 이름은 벌써 여기서 염두에 두고 있는 해결책을 암시하고

있다: 인과사건 안에서의 산출은 자연의 행위가 아니라, 사건들이 연속되는 "기회"occasio에 신에 의해서 설정된 행위이다. 데이비드 흄은, 인과작용은 지각 안에서 보여지지 않는다는 견해를 피력했다. 물론 그는 신학적 설명도 배제했다. 그의 해결책은 이렇다: 인과성에 대한 우리의 견해는 같은 경과들의 반복된 관찰을 통해서 생겨나며, 습관에서 유래하는 연상법칙들 이외의 어떤 다른 기초도 갖지 못한다. 이 연상법칙들은 그러나 어떤 존재론적인 진술가치도 소유하지 못한다. "이것 다음에"post hoc라는 습관이 "이것 때문에"propter hoc라는 표상과 개념에로 이끈다는 것이다(Treatise of Human Nature I, 3, nr 4-6; Enquiry Concerning Human Understanding 7). 칸트는 이러한 현상적 관점을 수용하여 그것을 체계화시키고 있다. "그래서 우리가 무엇인가가 발생하는 것을 경험한다면, 그때 우리가 언제든 전제하는 바는, 어떤 무엇인가가 선행하며, 발생하는 것은 규칙에 따라 그 선행하는 것에 후속하고 있다는 것이다"(KrV B 240). 그러나 칸트에 따르면, 선천적인 인과성의 범주를 감성에 적용함으로써 비로소 그에 상응하는 인과적 인식이 생겨나며, 그런 인식은 따라서 무효하게 되지 않는다는 것이다. 다음과 같이 우리는 인과성을 견지하는 칸트의 생각을 이해할 수 있다. 닭의 울음소리는 해돋이보다 앞서기는 하지만, 그것을 "야기하지는" 않는다. 작용이란 것이 우리에게 알려진 것은 우리가 자연에 전이시키는 우리 자신의 행위를 통해서이다. "즉 모든 변화는 인과성의 연속적인 행위를 통해서만 가능하다"(KrV B 254). 칸트의 유고집에서는 행위함Handeln으로부터 유래하는 인과성이라는 개념의 의미와 근원에 대해 칸트가 수행한 계속적인 반성들이 발견된다: "주관이 (행동하도록) 움직이게 하는 자신의 힘들을 [의식하고 있음을] 통해서만, 그리고[,] 이러한 운동의 관계 속에서 모든 것은 상호적이어서[,] 자신에게로의 반작용을 즉시 강하게 지각하는데[,] 그 관계는 선천적으로 (경험에 종속됨이 없이) 알려져 있기에[,] 맞서 작용하고 움직이게 하는 물질의 힘들이 선취되고, 또한 물질의 성질들이 확정되는 것이다"(Kant AA XXII,

506, [...]는 저자에 의해 보완된 것이다).

오늘날의 학문이론Wissenschaftstheorie은 칸트와 연결된다. 학문이론에 의거해 보자면, 원인들의 학문적 탐구에 있어서 (이때 모델이 되는 것은 자연과학들이다) 관건이 되는 것은, 현상적인 연속들을 수학적 연관들 속에서, 즉 법칙들 안에서 파악함으로써 예측들을 가능하게 하는데 있다. 이때 미소영역Mikrobereich에서는 그저 통계상의 가치들만이 도달가능하다는 제약이 있다. HO-도식(헴펠Hempel/오펜하임Oppenheim에 따라서)은 이러한 인과이해를 다음과 같이 개념화한다: 하나의 해명되어야 할 사건(Explanandum)의 설명(Explanans)은 법칙들Gesetzen(G1, G2, ...)과 (출발상태의) 선행조건들Antezedensbedingungen(A1, A2, ...)로 구성되어 있다. 예를 들면: 이 실은 끊어진다(Explanandum). 왜냐하면 그러한 강도를 지닌 실은 1kg 이상의 하중을 받게 되면 끊어지기 때문이며(G), 이 실은 그러한 강도를 지닌 것에 속하고 1.5kg의 무게로 하중이 가해졌기 때문이다(A). 본래적인 작용요소는 그 자체에 있어서는 볼 수 있는 것이 아니다. 칸트에 있어서처럼 그것은 '덧붙인 사유' Hinzudenken를 통해서 기능한다. 그러나 여기서 이미 칸트적인 해결책에 부수되는 상반성Ambivalenz이 분명해진다: 사유에 현실을 개시開示하는 의미가 귀속되는가, 아니면 사유의 첨가는 단지 주관적인 것으로서, 말하자면 사유의 투사일 뿐인가. 이 질문은 순전히 이론적으로 결정될 수 없다. 그에 대해 칸트는 어쨌든 자신의 행위에 대한 의식이 포함되어 있다는 중요한 암시를 주었다. 우리는 이러한 관점을 계속해서 전개해갈 수 있고 또 그래야만 한다. 인과맥락을 구하는 과학자는 마치 기술자처럼 다음과 같이 자문하면서 생각한다: 내가 저것을 행한다면 무슨 일이 벌어질까? 그는 하나의 메카니즘을 구하는데, 그것을 그는 가상적인 간섭에 기인하는 작용으로서 이해한다. 학문이론 안에서 사람들은 이러한 견해를 "간섭적인 인과이론"interventionistische Kausaltheorie이라 부른다(슈패만Spaemann 1992 참조). 이 이론에 따르면, (1.) 내 자신에게서 관찰될 수 있는, 행위하고 작용을 일으키는 능력이 고립된 채 세계맥락 안에서 어떤 상응도 갖지 않아야 함을 가정하는 것은 설득력이 없다. 오히려 나의 작용은 하나의 작용맥락 안에서, 그리하여 도대체 세계의 현실맥락 안에서 비로소 움직이고 있다는 데서 출발해야 한다. (2.) 내가 원인들을 생각한다면, 나는 이것을 일반적으로 가능한 간섭의 방식 안에서 생각한다. 그래서 나에게 닭의 울음소리는, 내가 먼저 닭을 나의 표상 안에서 제거할 수 있고, 그럼에도 불구하고 태양이 떠오른다는 것을 알기 때문에, 해돋이의 원인으로서 타당하지 않은 것이다. 이에 상응하게도 기술자 또한, 만일 그가 이런 혹은 저런 것을 행할 경우, 이런 혹은 저런 조건을 설정하거나 그렇지 않을 경우, 어떤 일이 벌어질 것인지를 묻는다. (3.) 마지막으로, 이 세계 내 경과들의 연속의 비가역성은, 어쨌든 거대영역Makrobereich이라는 더 기다란 틀 안에서 그리고 그 부분들(의 연결)과도 관련해서, 기하학적인 동형성에 대해서보다는 일회적인 설정들을 가진 행위모델에 우선권을 내어주어야 하는 것처럼 보인다. 유일한 설정들은 정신과학들 및 역사과학들의 특수한 대상영역으로서 타당한 것들이다. 그러나 여기서도 사람들은 일반적인 법칙들을 구하는데, 예컨대 전쟁이나 혁명이 발생할 때의 전형적인 연속의 법칙과 같은 것이다(어떤 선先조건들로부터 그것들이 생겨나는가?). 그럼에도 불구하고 이러한 영역에서 명백하게도 늘 관건이 되는 것은 일회적인 경과들인데, 이것들은 결코 완전히 일반적인 법칙에로 지양될 수 없는 것들이다.

전제들이나 조건들로부터 무엇인가를 설명하거나 연역하는 이러한 인과분석과 구분되는 것이 형이상학적 인과율인데, 우선은 (1) 형식적으로 그러하다. 왜냐하면, 그것은 필연적인 조건에로의 (혹은 가능성의 조건에로의) 역추론이고, 그러나 그 조건으로부터 어떤 것도 연역되지 않기 때문이다. 즉 형이상학적 인과율은 형식논리적으로 볼 때, 함언含言Implikation으로서 진행되는 것이 아니라, 반대함언Replikation으로서 진행되는데, 말하자면 이렇다: 신이 존재하지 않는다면, 세계도 존재하지 않는다. 그런데 이제 세계가 존재한다.

그러므로 신이 존재한다. 그러나 다음과 같지는 않다: 신이 존재한다면, 세계도 존재한다. 그런데 이제 신이 존재한다. 그러므로 세계가 존재한다. 이로써 신은 우리의 인식에 대해서는 단지 이 세계의 필연적인 조건이지 충분한 조건은 아닌 것이다. 우리는 신으로부터 세계를 연역할 수 없다. 하지만 세계를 신에게로 되돌릴 수는 있다. 뿐만 아니라 형이상학적 인과율은 (2) 질료적으로 다음과 같은 특성을 갖는 바, 무한한(절대적인, 무제약적인) 존재를 통해서 유한한(상대적인, 제약된) 존재가 가능하게 되었음과 관계되는 것이다. 우리는 이점을 다음과 같이 정식화할 수 있다: *유한적인 것은 유한적인 것과 다른 것이 없이는, 즉 본래적인 의미에서의 무한적인 것이 없이는, 존재하지 않는다.* 혹은: *종속적인 것은 비종속적인 것이 없이는 존재하지 않고, 상대적인 것은 절대적인 것이 없이는 존재하지 않으며, "다른 것으로부터의 존재"ens ab alio는 "자신으로부터의 존재"ens a se가 없이는 존재하지 않는다.* 그러나 그렇게 조건짓는 것으로부터 조건지어진 것이 연역될 수는 없다. 이러한 형식적, 질료적 특이성 때문에 형이상학적 인과율은 위에서 기술된 과학들을 위해서는 완전히 무용한 것이다. 신은 학문적으로 의미심장한 크기가 아니며, 결코 그런 것이 될 수도 없다. 신은 세계를 탐구하는, 그리고 예측과 기술적 실현에 정향되어 있는 과학적 프로그램 안의 어떤 요소도 아니다. 형이상학적 인과율은, 세계가 어떤 관점에서도 스스로를 해명하지 못한다는 것과, 세계는 스스로 자명하지 않다는 것, 그래서 세계는 그 본질에 있어서 우연적이고 자신의 (개별적으로 '여하如何-존재'Wie-Sein의 근거가 아니라) 존재Sein의 근거를 자기 자신으로부터 소유하지 않고 세계가 아닌 것, 즉 우연적이지 않고 유한한 것으로서의 자신과는 다른 것 안에 갖는다는 것을 말해주면서, 과학에게 유일한 한계를 보여준다. 이제 우리가 쉽게 인식하게 되는 사실은, 형이상학적 인과율은 KGB의 논증과 다름이 아니라는 것이며, 이 KGB는 형이상학적 인과율을 그것에게 문제가 되고 있는 유일한 경우, 바로 KGB의 주제에 적용하고 있다는 것과 다름이 아니라는 것이다.

12. "자기원인"causa sui이라는 개념에 대하여

무한적인 존재자는 자기 자신으로부터의 존재이자 자기 자신을 통한 존재이다. 철학사 안에서는 그것을 위해 "자기원인"이라는 개념이 다양하게 사용되었다. 이 개념과 그것에 결부된 문제점을 간단히 살펴보기로 하겠다. 개념사적인 논구를 거쳐서 사안 자체가 다시 한번 명확해질 수 있기 때문이다. 토마스는 두 번째 길에서 "자기 자신의 능동인"causa efficiens sui ipsius이라는 개념을 거부한다. 왜냐하면 이 개념은 어떤 것이 자기 자신보다 (질서 지어진 원인들의 계열에 있어서) 앞서서 존재할 수 있음을 의미하기 때문이다("quia sic esset prius seipso"). 그런 이유로 토마스에게 있어서 이 개념은 신을 생각하기에는 적합하지 않은 것이며, 두 번째 길에서는 신을 지칭하는 것으로 "제일능동인"causa efficiens prima이라는 개념이 사용되고 있다. 물론 토마스는 이것으로써 능동적인 자기연관에 관한 저마다의 생각을 모순적인 것이라고 논박하려는 것은 아니다. 실제로 그는 자유를 그러한 자기연관의 방식 안에서 묘사하고 있다: "자기 자신으로부터 행위하는 자는 무엇인가를 자유롭게 행한다(Ille ergo libere aliquid agit qui ex seipso agit)"(Sth II/I, q 108 a 1 ad 2). 앞서서 토마스는 아리스토텔레스를 인용하고 있는데, 아리스토텔레스는 자유인을 다음과 같이 규정하고 있다: 자유인은 주인을 위해 존재하는 노예와는 달리 "자기 자신 때문에"ἑαυτοῦ ἕνεκα 존재한다는 것이다(Met. 982 b). 토마스는 그리스적 표현을 다시금 "자기원인"causa sui이란 말로 재현하고 있다(위에서 인용한 곳; 1 Met. lect. 3 n. 58 참조). 이때 "원인"이란 말은 탈격으로 이해되어야 한다. Scg III, 112에서 자유는 다음과 같이 정의되고 있다: "자신의 행위에 대하여 지배권을 갖는 것은 행위 안에서 자유롭다; 말하자면 자유로운 자는 자신의 행위의 원인인 자이다"(Quod dominium sui actus habet, liberum est in agendo; liber enim est, qui sui causa est). 여기서 "원인"은 1격으로 사용된 것처럼 보인다(마치 "자기 자신으로부터 행위하는"ex seipso agit 자에게 상응하는 것처럼). 따라서 토마스는 "자기원인"이란 개념을 자유의 규정을 위해 사용하고 있으며, 그러나 명백히 두 가지 의미에서이다: 한 번은 "자기 자신 때문에"(탈격으로 사용된 원인)라는 의미이고, 또 하나는 "자기 자신의 원인"(1격으로 사용된 원인)이다.

자유는 분명히 이 양 측면들을 가진다. 그것들은 서로 긴밀하게 결합되어 있다. 능동인의 "자신을 통하여"는 목적인의 "자기를 위하여"와 결합된 통일성 안에서 생각되어야만 한다. 중립적으로 사실적인 자기발원에 대한 생각은, 그것이 가치 있는 것과 선한 것의 양상과 결부되지 않는 한, 잠재적으로 모순적일 수 있다. 자기 자신과(행위하며, 혹은 어떤 여하한 성질을 띠고 있든지) 관련을 맺음은 자기수행이며, 그것은 곧 '자신에게 머물러 있는 존재'Bei-sich-Sein이자 '자신을 향한 존재'Auf-sich-hin-Sein이다. 이것은 규범성과 가치성을 포함하며, 최고의 존재자이자 절대자에 대한 사유를 위해서도 논리적인 귀결들을 갖는다. 그것은 일반적인 근거이자 자기 자신의 근거로서 오직 자기 자신 때문에 존재하는 것으로서만 생각될 수 있다. 오직 그렇게 해서만 그것은 왜라는 물음을 종결짓는다. 절대적으로 의심할 바 없는 것은 오직 전적으로 자신으로부터, 그로써 자기 자신 때문에 존재하는 자이다. 플라톤적 전통은 이 점을 분명히 보았다. 플라톤에게 있어서는 모든 것의 마지막 근거는(모든 것의 시작은) 동시에 최고의 목적, 말하자면 전적으로 선한 것이다(Politeia 506 - 509; 511 b). 플로틴에 따르면, 마지막 근원(ἀρχή)은 "자기 자신의 근거요, 자기로부터 그리고 자기를 향한 것이다αἴτιον ἑαυτοῦ καὶ παρ' αὑτοῦ καὶ δι' ἁυτόν"(En VI 8, 14, 41).

데카르트는 "자기원인"의 개념을 신 개념으로서 사용하고 있다

(Descartes 1972, 98). 스피노자의 "윤리학"Ethica에서는 이 개념은 근본적인 것이다. 윤리학의 1부(신에 대하여) 첫 번째 정의는 다음과 같다: "나는 자기원인이란 그것의 본질이 존재를 포함하는 것, 또는 그것의 본성이 존재한다고 생각할 수밖에 없는 것이라고 이해한다"Per causam sui intelligo id, cuius essentia involvit existentiam; sive id, cuius natura non potest concipi, nisi existens. 헤겔도 절대적인 것 내지는 정신의 의미내용을 설명하기 위해서 이 개념을 사용하고 있다(TW 6, 251; TW 17, 494 이하; TW 20, 172; RP § 66 Anm). 최고의 이념 혹은 "절대적인 이념"이 진리와 선, 이론과 실천의 통일성으로서 규정되고 있는 한, 플라톤적인 전통의 재수용이 인식될 수 있다(TW 6, 548; Enz § 233 이하).

이 개념에 대한 저명한 비판은 쇼펜하우어로부터 나온다. 그는 이 개념이 "형용모순"形容矛盾contradictio in adjecto을 범하고 있다고 간주한다. 왜냐하면 여기서는 발원된 것과 발원이 같은 의미에서 동일시되고 있기 때문이다(Über die vierfache Wurzel des Satzes vom Grund, § 8; Werke V). 그의 반론은 토마스의 두 번째 길에서의 반론과 일치한다. 그럼에도 불구하고 우리가 본 것은, 사람들이 만일 실재적인 자기연관이라는 개념을 모순적인 것으로 간주하지 않는다면, "자기원인"이라는 이 개념은 그러한 반론과 함께 끝장난 것은 아니라는 것이었다. 자기연관이라는 개념은 자기 자신으로부터의 작용을 함축하며, 역으로 자신으로부터의 작용이라는 생각은 자기연관이라는 생각을 포기할 수 없는 것이다. 여기서 어떤 모순이 잠복하고 있다고 추측하는 것은 이해할 만한 일이고, 그래서 토마스나 쇼펜하우어의 비판은 주의를 요하는 것이다. 하지만 저 개념의 불가피성은 우리가 대면해야만 하는 하나의 사변적 문제를 제시한다. 이 문제는 단지 자신으로부터Aus-sich가 자신을 위해서Für-sich로도 인지될 수 있을 때에만 해결될 수 있을 것이다. 다시 말해서, 무엇인가가 자신에게서 *미리vorweg*(post seipsum) 존재한다는 의미에서만 자신보다 *앞선다voraus*(ante seipsum)는 것이 사유가능할 경우에, 따라서 자신의 능동인이 자신의 목적인인 경우에 그 문제는 해결될 수 있을 것이다. 물론 능동인과 목적인은 우리의 세계 안에서는 분명히 구분되어야 하지만, 그렇다고 해서 양자가 완전히 분리될 수 있는 것은 아니며, 등급을 이루는 방식 속에서 항상 서로를 포함하고 있을 수 있는 것이다. 만일 사정이 이러하다면, 완전히 비목적적으로 규정된 세계 안에서는 어떠한 고유작용이나 도대체 작용 일체가 있을 수 없게 된다. 추측컨대 세계인식으로부터 목적인을 제거함으로써 곧바로 능동인의 제거가 후속적으로 귀결되는 것은 우연이 아니다. 목적인이 노후한 것이라면, 능동인도 곧 그와 같이 될 수밖에 없다[더 자세한 것은 1부 V. *1.* a. 8) 과 b. 1) 참조].

능동인과 목적인의 맥락은 절대적인 자기로부터의 존재라는 개념을 위해서도 논리적인 귀결들을 갖는다. 왜냐하면 이 개념은, 절대적인 자기로부터의 존재가 절대적인 자신을 위한 존재이자 자기 자신의 근거로서, 동시에 자신의 목적으로서 생각될 수 있을 때에만 확고히 지탱될 수 있기 때문이다. 칸트는 형이상학에 의해서 사유된 최고의 본질, 곧 모든 것의 근거로 하여금 자문하게 한다: "나는 어디로부터 온 것인가?"(KrV B 641). 이로써 그는 마지막 근거라는 개념을 부조리한 것으로 이끌려 한다. 버트런드 러셀도 비슷한 말을 하고 있다: "모든 것이 하나의 원인을 가져야만 한다면, 신도 하나의 원인을 가져야만 한다"(Russel, 20). 능동인과 무엇으로부터 das Woher에 대한 일면적인 조망은 이러한 귀결을 종용하는 것처럼 보인다. 그럼에도 불구하고 무엇으로부터가 무엇때문에Wozu와 하나로 생각될 경우에 그러한 귀결은 탈락된다. 그렇게 되면 절대적으로 '자신에게 머물러 있는 존재'das Bei-sich-Sein, 곧 완성 속에 있는 자신을 향한 것으로서의 자신으로부터 말미암는 존재를 생각할 수 있게 된다. 이러한 최고의 척도의 빛 안에서, 유한적으로 자신에게 머물러 있음과 유한적인 자기로부터의 작용은, 그것이 완전히 자신으로부터 존재하거나 자신에게 머물러 있음이 아니기 때문에, 근거들에 대한 계속되는 물음을 허용하고 또 명하는 것이다. 그러나 최상의 자신을 위한 존재임과 동시에 최상의 자기로부터의 존재라는 생각과 함께, 우리의 물음들은 평온에 도달할 수 있고 또 그래야만 하는데 단순히 그 이유는, 이 대답이 절대적으로 확실한 것, 곧 최상의 '자기-자신-때문에'Um-seiner-selbst-willen 속에, 그리고 절대적인 존재이자 선한 존재 안에 존립하는 것이기 때문이다.

II. 진리론적 신 증명

1. 아우구스티누스에 의한 진리로부터의 신 증명

a. 텍스트들 – 설명들

아우구스티누스는 신의 존재를 입증하기 위해서 상이한 논증들을 사용하는데, 이를 그는 언제나 뚜렷한 수사적 언어로써 표현하고 있다. 이때 그에게는 늘 개념적인 엄밀함이 문제가 되는 것은 아니다: "보십시오. 저기 하늘과 땅이 존재합니다. 그것들은 자신들이 창조되었노라고 외치고 있습니다. 그것들은 변하며 무상한 까닭입니다" (Confess. XI, 4; 유사하게는: Sermo 141, 2); 혹은: "[...] 은밀하면서도 모든 것을 관통하는, 어떤 것을 통해서도 욕되게 할 수 없는 신의 현재는, 여하한 방식으로 존재하는 한에서의 모든 것을 현존으로 불러낸다. 만일 그분이 모든 것을 창조하시지 않았다면, 모든 것이 그러저러하게 있지도 않을뿐더러, 일체 존재할 수도 없겠기 때문이다"(de civ. dei XII, 26). 플라톤주의자들에게는 철학적으로 인식될 수 있는 창조론이 승인되고 있다(같은 책. VIII, 6). 선들로부터 최고의 선으로 추론하는 플라톤의 생각도 아우구스티누스에게서 발견되고 있다(de trin. VIII, 3. 5). 그러나 아우구스티누스에게로 거슬러 올라가는 신 증명은 진리인식으로부터의 신 증명이다. 비록 그의 논증이 오늘날 우리에게는 몇 가지 이해상의 어려움들을 낳지만, 그래도 그것을 살펴보는 것은 가치가 있는데, 그 논증의 핵심내용이 지속적인 의미를 갖고 있기 때문이다.

저서: "자유의지에 관하여"(de libero arbitrio):

아우구스티누스는 회심 직후에(386년) 다른 광범위한 철학적 작품들과 나란히 3권으로 분할된 저서 "자유의지에 관하여"를 저술하였다. 이 저서는 3권의 처음까지 아우구스티누스와 에보디우스 Evodius라는 사람과의 대화로 되어 있다. 첫 권은 표제어에 적합하게도 인간을 돋보이게 하는 선인 자유와 함께 시작한다. 그런데 인간은 자유를 통해서 악을 행할 수 있는 능력도 지닌다. 그래서 2권에서 제기되는 질문은, 어떻게 신이 그런 능력을 지닌 인간을 창조할 수 있었는가 하는 물음이다. 여기서 신에 대한 생각이 모순에 빠질 위험에 처하기에, 우선은 신의 존재Existenz에 대한 물음이 대답되어야만 한다. 이것이 이루어지고 난 연후에 3권은 악의 사실과 신의 존재와의 결합가능성에 대한 문제로 향한다(변신론의 문제). 우리에게 중요한 문제는 2권에서 제시된 신 증명이다. 신의 존재는 우선 신앙인에게는 확실한 일이다. 그에 반해 시편에서 이야기하는 "어리석은 자"는 "자기 마음속으로 하느님이 없다고 말한다"(시편 14, 1; 53, 2; 비슷하게는 10, 4)(de lib. arb. 13). 그러나 믿는 이에게 타당한 것은, "우리가 믿는 바를 우리는 알고 통찰하기를 원합니다(id quod credimus, nosse et intellegere cupimus)"(16)라는 것이다. 특별히 아우구스티누스로부터 강한 영향을 받은 안젤무스는(Monologion, 서문 참조) 이 프로그램을 "이해를 요구하는 신앙(fides quaerens intellectum)"이라 명명하고 있다(Proslogion, 서문). 본래적인 논증은 불가피한 실존확실성Existenzgewiβheit의 입증으로 시작한다. 왜냐하면 여기서 나는 내 자신을 속일 수가 없기 때문이다: "만일 당신이 존재하지 않는다면, 당신은 자신을 속일 수가 없을 것입니다(utique si non esses, falli omnino non posses)"(20). 생명과 실존은 자기의식 안에 포함되어 있다. 다음의 세 가지가 있다: "존재, 생명, 통찰(esse, vivere, intellegere)"(22). 그저 실존하는 것이나(돌), 그저 살아있는 것(동물)도 존재할 수 있기는 하다. 그러나 우리는 이성을 부여받은 살아있는 실존적 존재이다. 이성(ratio)은 자신과, 자신에 의해 함축된 것을 파악한다(22). "우리가 만일 의심할 바 없이 존재하며 우리의 이성보다 뛰어난 무엇인가를 파악할 수 있다면, 이제 어떻게 그대는 그분이 어떤 분이든 간에 그분을 신이라 부르는 것에 대해 의심을 품을 수 있겠습니까? — [...] 내 생각으로는, 신을 나의 이성이 복속되어 있는 그런 분으로 불러서는 안 되며, 어떤 것도 그분보다 상위에 있지 않은 그런 분(quo est nullus superior)으로 불러야만 한다고 여겨집니다"(54)(유사하게: de doctrina christiana, I, VII, 7). 후에 안젤무스가 이러한 신개념을 재수용하고 있다는 것은 분명하다: "그보다 더 큰 것을 생각할 수 없는 그 무엇id quod maius cogitari non potest"(Proslogion 2). 계속해서 아우구스티누스에게 있어서 그것이 의미하는 바는 이렇다: "그대가 만일 영원하고 불변하는 것(aeternum atque incommutabile)만이 우리의 이성을 능가한다는 것을 발견한다면, 그때에도 그대는 이를 신이라고 부르는 데에 의구심을 품겠습니까?[...] 만일 이성이[...] 오로지 자기 자신을 통해서 무엇인가 영원하고 불변하는 것을 인식한다면, 그때 이성은 자신이 그것보다 열등하며, 그리고 그것이 자신의 신이라는 점을 시인해야만 할 것입니다"(55). "따라서 내가 무엇인가가 존재한다는 것을 보여준다면, 그대가 그것에 대해서 인정해야만 하는 것은, 그것 자신이 신이든가, 혹은 그것을 여전히 능가하는 무엇인가가 있다면 그것이 신이라는 것입니다. 이것으로써 족할 것입니다"(57). 이성이 도달하는 영원한 것에 대한 보기는 "수"이다(79 이하). 수(numerus)에 있어서 근본적인 것은 "일자"(unum)이다. "저마다의 임의적인 수에 대하여 타당한 것은, 그것이 얼마나 자주 일자를 자신 안에 수용하느냐에 따라 규정되고 명명된다는 것입니다. 그러나 일자는[...] 감각적으로 지각될 수는 없습니다[...]. 따라서 내가 일자를 알게 되었다 하더라도, 나는 확실히 그것을 육체의 감각을 통해서 알게 된 것이 아닙니다. 왜냐하면 육체의 감각을 통해서 내가 알게 되는 것은 단지 육체일 뿐이고, 그것은 이제 한번도 진실로 순수한 일자는 아니기 때문입니다"(84-87).

불변적인 것을 파악하는 이와 같은 이론적인 능력과 나란히, 그것에 대한 실천적인 가치적 인식 또한 존재하는데, 이런 인식은 욕구와 관련되어 있으며 "지혜"(sapientia) 안에서 실현되어 있다(96 이하). "그대는 아마도 최상의 선(summum bonum)을 인식하는 곳인 진리 이외에 그 어떤 것을 지혜라고 여기지는 않겠지요?"(100 이하). 모든 인간들이 행복을 추구하는 한, 그들은 최고의 선을 열망한다. 그러나 오직 지혜만이 그것에 이르는 길을 개시한다(100이하). "오직 최고의 선만이 우리를 행복하게 만들어주며, 그것은 우리가 지혜라고도 부르는 진리 안에서 인식되고 포착될 수 있습니다"(102). 실로 사람들은 상이한 목적들을 갖고 있기는 하지만, 선은 오직 하나뿐인데, 그와 같은 목적들과 선들이 인식되는 곳인 진리 역시 오직 하나인 것과 같다(105 이하). 사물들을 볼 수 있게 해주는 빛이 오직 하나이듯이, 지혜도 유일한 것이며, 그 안에서 상이한 선들이 그러한 것으로서 인식되는 것이다(108). 수들의 규칙들이 불변적인 것처럼, 지혜의 규칙들도 불변적이다(119). "양자는 신비 속에 그리고 진리의 확실성 속에 보호받고 있으며[...], 그리고 양자에게 있어서 문제가 되는 것은 동일한 사안입니다(eademque res est)"(123). "그렇기 때문에 그대는 변함없이 참인 모든 것을 자신 안에 포함하는 불변의 진리가 있다는 것을 어떤 경우에도 부인할 수 없을 것입니다. 그 진리는 그대나 나의, 그리고 어떤 인간의 소유물로도 불려질 수 없으며, 불변의 참된 것을 인식하는 모든 이들에게 기묘하게도 은밀한 것으로서, 그리고 누구에게나 접근될 수 있는 빛으로서 현현하며 자신을 고지하는 것입니다"(130). "그것은 바로 우리가 그것에 따라(secundum illam) 우리의 정신에 대해서도 판단을 내리는 것이 아닙니까? 반면에 우리는 그것에 대해 어떤 방식으로도 판단할 수 없는 것이 아닙니까?[...] 따라서 진리가 인간의 정신보다 못하지도 않고 그것과 같지도 않다면, 진리는 인간정신보다 우월하며 고귀해야만 합니다(superior atque excellentior)"(136). "그대가 기억할지 모르겠지만, 나는 그대에게 우리의 정신이나 이성보다 더 숭고한 어떤 것을 제시하겠다고 약속했습니다. 보십시오, 이제 여기에 그대는 진리 자체(ipsa veritas)를 가지고 있습니다"(137). "우리가 이 진리에 우리 자신을 복종시키는 데서 우리의 자유가 존립합니다. 그 진리는 우리의 하느님이며, 그분이 우리를 죄의 상태에서 말미암은 죽음으로부터 해방시키셨습니다. 진리 자체는, 마치도 인간이 다른 인간들과 교제하듯이, 믿는 이들에게 다음과 같이 말합니다: '너희가 내 말을 마음에 새기고 산다면 너희는 참으로 나의 제자이다. 그러면 너희는 진리를 알게 될 것이며 진리가 너희를 자유롭게 할 것이다'(요한 8, 31 이하). 왜냐하면 영혼은 자신이 안전함 속에서 향유하는 것만을 향유할 수 있기 때문입니다. 사람들이 마지못해 잃어버릴 수 있는 재화들에게서는 어떤 안전도 존재하지 않습니다. 그러나 진리와 지혜를 사람들은 의지에 거슬러 잃어버릴 수가 없습니다"(143 이하). "진리는 사랑하는 마음으로 그것을 향하는 모든 사람들에게 아주 가까이 있으며, 그들 모두에게 항상 현존합니다. 진리는 어떤 장소에도 머물지 않으면서, 그러나 어떤 곳에서도 결여되어 있지 않습니다. 그것은 밖에서는 독려하고 안에서는 가르치며, 자신을 바라보는 모든 이들을 더 낫게 변화시킵니다. 진리는 일찍이 어느 누구에 의해서도 더 나쁜 것으로 변화되는 법이 없습니다. 그 누구도 진리에 대해 판단하지 않으며, 그 누구도 진리가 없이는 올바르게 판단하지 못합니다(nullus de illa judicat nullus sine illa judicat bene)"(152). "그러나 그대는 내가 우리의 정신을 넘어서 있는 무엇을 제시할 경우에, 그리고 그보다 여전히 더 높은 것이 존재하지 않을 경우에, 그로써 신 증명이 이루어졌음을 고백하겠노라고 승인했습니다. 나는 그대의 승인을 받아들였고, 이를 증명하는 것이 충분하다는 것을 설명했습니다. 왜냐하면 만일 여전히 더 숭고한 무엇인가가 있다면 바로 그것이 신이며, 그렇지 않을 경우에는 진리 자체가 신이기 때문입니다"(153).

보충적인 텍스트: "진정한 종교에 대하여"(de vera religione):

"밖으로 나가지 마십시오. 당신 자신에게로 돌아오십시오. 진리는 내적인 인간 안에 거주합니다. 만일 당신의 본성이 아직도 가변적이라는 것을 발견한다면, 당신 자신을 넘어서십시오. 하지만 이점을 유념하십시오. 만일 당신이 당신 자신을 넘어서게 되면, 즉 당신이 당신의 이성적인 영혼을 넘어서게 되면, 당신의 이성을 비추는 빛줄기가 나오고 있는 곳에 이르도록 노력하십시오. 왜냐하면 자신의 이성을 올바로 사용하는 자가 진리에 도달하지 않는다면 그 밖에 어디로 이르겠습니까? 진리는 이성의 사용을 통해서 자기 자신에게로 오는 것이 아니라, 이성을 사용하는 모든 이들이 얻으려고 노력하는 것입니다. 그래서 보십시오, 여기 생각할 수 있는 최상의 일치가 있습니다. 그리고 이제 당신 또한 그것과 일치하십시오. 당신은 그것이 아니라는 것을 고백하십시오. 왜냐하면 그것 자체는 스스로를 구하지 않습니다. 하지만 당신은 구하면서 그것에 도달했고, 하나의 공간을 통과하면서가 아니라 정신의 동경에 의해 내몰려져서 도달한 것입니다[...]. 그러나 만일 당신이 내가 말하는 바를 통찰하지 못하고 그것이 진실인지를 의심한다면, 당신이 그것을 의심하고 있다는 사실 또한 의심하고 있는지를 주의해서 관찰해 보십시오. 만일 당신이 의심하고 있다는 것이 확실하다면 어디서부터 그러한 확실성이 나오는지를 탐구하십시오. 거기서 당신이 만나게 되는 것은 우리의 태양빛이 아니라 '이 세상에 와서 모든 사람을 비추고 있는 참 빛'(요한 1, 9)입니다[...]. 그리하여 다음과 같은 인식 규칙이 생겨납니다: 자신이 의심하고 있다는 것을 통찰하는 사람은 누구나 무엇인가 참된 것을 통찰하며, 그가 통찰하는 바를 또한 확신합니다. 따라서 그는 한 가지 참된 것을 확신합니다. 그러므로 하나의 진리가 있다는 것을 의심하는 사람은 누구나 자기 자신 안에 무엇인가 참된 것을 가지고 있으며, 그것을 그는 의심하지 않습니다. 이제 모든 참된 것은 오직 진리를 통해서만 참되기 때문에, 도대체 의심할 수 있는 사람 중 어느 누구도 진리를 의심할 수 없습니다. 사람들이 이 점을 깨닫는 곳에서 바로 저 빛이 찬란한 광채를 발하며, 그 빛은 공간크기나 시간크기, 아울러 공간적으로 혹은 시간적으로 생각된 환영들에 대해서는 어떤 것도 아는 바가 없습니다"(39장, 202-206).

텍스트와 논증의 이해를 위한 설명들:

보편적인 의심에 반대하여 행해진 자아확실성Ichgewißheit의 보복적retorsiv 입증은 진리확실성과 실존확실성을 함축하고 있는데, 이것이 바로 아우구스티누스가 여러 곳에서 개진하고 있는 핵심적 논증이다(이미 인용된 곳 외에도: contra acdem. III, X 23; de trin. X, 10. 14; XV, 12. 21; de civ. dei XI, 26). 아우구스티누스에 의해서 처음으로 상세히 수행된 이 논증은 데카르트를 앞서 지시하고 있다(Med. II). 진리에 대한 이의제기를 보복적으로 논박하는 것은 이미 알렉산드리아의 클레멘스에게서 발견될 수 있으며(Strom. VIII, 5), 비모순율Nichtwiderspruchsprinzip(NWP)에 대한 반론들을 논박한 아리스토텔레스에게 의존할 수 있다(Met. IV, 4-8). 그럼에도 자신의 실존과 실존 일체("전형적으로 데카르트적인" 논증)의 확실성에 대한 보복적인 입증은 아우구스티누스에게로 돌아가야 할 것이다. 이로써 근저에 있어서는, "너 자신을 알라(γνῶθι σεαυτόν)!" (Phaidros 229 e; Protagoras 343 b; Charmides 164 d 이하; Alkibiades I, 124 b 그리고 129 a; 또한 크세노폰Xenophon Mem. IV, 2, 24)라는 유명한 델피Delphi의 금언에 상응하게, 반성을 촉구하는 소크라테스적-플라톤적인 사유가 채택되고 일관되게 이행된 것이다. 자기 자신에 대한 반성은 더 이상 물음에 붙일 수 없는 진리에 대한 근본적인 통찰을 드러낸다. 아우구스티누스는 자신 안으로 들어가라는 요구를 철저히 수용하여 철학적 출발점으로 삼음으로써 이제 그는 새로운 정신적 세계, 곧 그리스도교에 속하게 된다. 그리스도교는 개개의 인간과 그의 실존이 지닌 유일한 가치와, 인간은 신의 의지를 통해서 인격적으로 부름받은 존재라는 것을 가르치고 있다. 아우구스티누스의 논증이 후에 데가르트에 의해 수용되었다는 것은 이미 언급하였다. 피히테는 아우구스티누스에게서 유래될 수 있는 다음의 요구를 통해서 자아에 있어서의 철저한 단초와 함께 자신의 학문이론에로의 입문을 도입하고 있다: "너 자신에게 주목하라: 너를 둘러싸고 있는 모든 것에 대한 조망을 등지고 네 안으로 돌아가라 – 이것이 바로 철학이 자신의 도제에게 던지는 첫 번째 요구이다. 언급되고 있는 것은 네 밖에 있는 어떤 것도 아니고, 다만 네 자신에 관한 것이다"(Erste Einleitung in die Wissenschaftslehre, SW I, 422).

"자유의지에 관하여 2권"에서의 문제는, 이성보다 상위에 있으며 이성을 마지막으로 구속하는 것, 따라서 이성의 내부에 있으면서도 그것보다 우위에 있는 척도를 향해 있다. 이것은 이론적이고 실천적인 측면에 따라서 전개될 수 있다. 이론적인 측면에 따를 때, 아우구스티누스는 일자 안에 정초되어 있는 수들 안에서(de musica VI, XVII. 56 참조) 이성을 규정하는 질서를 발견한다. 그 배후에는 플라톤적인 전통이 도사리고 있다. 플로틴에 따르면 최고의 것은 "일자"(Hen)이다. 이 사상은 보편적인 근원으로서의 "일자"에 대한 소위 "플라톤의 기록되지 않은 가르침"의 계속이다. 일자와, 그것과 함께 연관되는 것으로서 다수화의 원리인 "비규정적 이원성"은, 수들과 (더 계속되는 단계에서는) 물질적인 세계의 다양성의 근본토대이다(Gaiser 참조). 그러나 수학은 플라톤의 "선線의 비유"(Politeia 509 b 이하)에 따르면 영원한 세계에 부속되어 있기는 하지만 아직 이데아들 자체에 부속되어 있는 것은 아니다. 수학은 가설적인 것 안에 머물러 있으며, 계속되는 전제들을 지시하기 때문이다. 수학은 여전히 사유의 다음과 같은 영역, 곧 자기 자신을 지탱하며 순수하게 자신을 통해서 정당화되고 자신의 시작을 자기 자신 안에 갖는 반성적인 것의 영역과는 관계가 없다. 여기서 비로소 통합하는 근원적 이데아로서의 "선善의 이데아"가 자신의 장소를 가지며, 마찬가지로 플로틴에 의해서 (플라톤의 기록되지 않는 가르침에 상응하게) 탁월한 최고의 것으로 명명된 일자도 그러하다. 수들에 대한 아우구스티누스의 가르침을 이러한 배경에서 보건대, 그에게 있어서는 수들이 최고의 것이자 신적인 것을 가리키고 있다는 것이 이해된다. 왜냐하면 수들은 불멸적인 것의 영역에 속하며, 그들의 근본적인 규정, 즉 일자를 넘어서서, 저 이념적인 것이자 모든 것의 근원이요 목표인 전적으로 최고의 것을 지시하기 때문이다. 실천적인 열망 또한 최상의 것, 즉 이론적으로 겨냥된 지고의 것과 동일해야만 하는 최고선을 향해 있다. 그것이 이성을 구속하는 한, 그것은 이성에 대해 마지막 척도이자 완전한 진리이다. 유감스럽게도 아우구스티누스의 텍스트들에서는 이 사상의 정확한 논증적 실행이 결여되어 있다. 이러한 결핍은 때때로 읽기와 이해를 어렵게 한다. 아우구스티누스는 암시들로 만족하고 있는데, 이것들은 비로소 하나의 논증에로 중계되어야 하는 것들이다. 그럼에도 불구하고 "자유의지에 관하여"의 텍스트는 그러한 실행을 위해서 많은 흥미로운 생각들을 내포하고 있다. 예컨대, 이성의 수행 속에 실존이 함축되어 있다는 생각은 어떤 방식으로는 존재론적 신 증명에 대한 선파악Vorgriff이다. 말하자면 우리의 이성적 수행의 척도로서의 최고의 이성이 그러한 수행의 생산물일 수 없다면, 그러한 최고 이성의 자족적이고도 완전한 반성성은 실존 또한 지녀야만 한다. 이 최고이자 동시에 실재하는 이성은 우리의 내면에 있는 것이기는 하나(네 안으로 들어가라!), 그럼에도 우리와는 구분되어야 하는 것이다. 이를 위한 논증은 후에 데카르트에게 있어서와 비슷한 것이다(Med. III, 30). 위에서 인용한 "진정한 종교에 대하여"의 한 구절처럼, "당신은 그것[진리]이 아니라는 것을 고백하십시오. 왜냐하면 그것 자체는 스스로를 구하지 않습니다. 하지만 당신은 구하면서 그것에 도달했습니다". 우리의 이성이 갖는 불완전성은 우리의 이성과 저 최고의 이성 간의 통일성을 침해함이 없이, 양자간의 지속적인 차이를 증명하고 있다.

b. 이 논증의 후대의 수용들

최고의 진리로서의 신에 대한 아우구스티누스적인 생각이 어떻게 수용되었는지를 보여주는 보기들을 중세로부터는 단지 두 개만 들어 보겠다. *안젤무스*는 신앙을 이해하려는 자신의 프로그램에 적합하게(cur deus homo I, 1; proslogion 서론) "진리에 대하여"(de veritate)라는 저서에서, 우리가 "신이 진리라는 것을 믿을 때"(de ver. 1) 그것이 의미하는 바가 도대체 무엇인지를 묻고 있다. 그런 연후 그는 그 의미를 다음과 같이 해석한다. 개별적인 진리들은 하나의 보편적인 진리, 말하자면 마지막 적합성(rectitudo)의 척도를 전제하는데, 그것은 비종속적인 것으로 생각되며 "스스로를 통해서 존립하는 최고의 진리(summa veritas per se subsistens)"이다(13). 마찬가지로 *토마스*에 따르면 신은 이 최고의 자체 내에 존립하는 진리이다. 그것은 신이 인식함과 인식됨의 완전한 일치이기 때문인데, 이 일치는 항상 굴절된 인간의 인식 안에서는 그렇게 만나지지 않는다: "이제 신적인 인식 안에서 인식함과 인식된 것은 완전히 하나이기에, 신의 진리는 최초이자 최고의 진리가 될 것이다(cum igitur in intellectu divino sit omnino idem intellectus et quod intellegitur, sua veritas erit prima et summa veritas)"(Scg I, 62). 물론 이러한 관점을 더 상세하게 사변적으로 해석하는 일은 하나의 커다란 과제로 남는다. 만일 여기서 저마다의 진리 안에 주어져 있어야만 하는 일치로부터 최고이자 스스로를 위해 존립하는 일치에로 넘어갈 때, 부당한 실체화Hypostasierung가 이루어지고 있다는 반론이 쉽게 제기될 수 있기 때문이다. 이 반론에 맞설 수 있는 것은 단지, "진리"라는 것이 후속적인 추상의 개념이 아니라 인식 일반의 선행적이고 무조건적인 척도라는 것이 보여 질 수 있을 때뿐이다. 이러한 척도는 그 때문에 오직 절대적인 것의 형이상학적인 속성들 안에서만 더 확실하게 파악될 수 있다.

*데카르트*의 성찰 III장과 V장에 나오는 신 증명들이 그토록 중요한 이유는, 비로소 신과 그분의 진실성이 의심할 바 없는 자아확실성을 넘어서까지 삶과 학문들의 모든 진리인식들을 보증하기 때문이다(Med. V, 15 이하). 그렇지만 진리문제에 있어서 아우구스티누스와 중세 철학이 보여준 사변적 수준은 독일관념론에 의해서야 비로소 다시금 달성되고 있다. *피히테*는 1804년의 학문이론 안에서 절대적인 것에 대한 표현인 "진리"의 개념을 가지고 자신의 초기 학문이론에서의 "자아"개념을 대체하고 있다: "이제 철학이란 도대체 무엇이며 무엇으로서 일반적으로 간주되고 있는가, 혹은 철학에 대한 일반적인 요구에 따라 보다 쉽게 제시될 수 있다면 그것은 무엇이어야 하는가? 의심할 바 없이: 진리를 제시함이다. 그러나 진리란 무엇이며, 우리가 진리를 추구하고 있다면 우리는 본래 무엇을 구하고 있는 것인가? 이제 우리가 진리로 간주하지 않는 것이 무엇인지를 숙고해 보도록 하자: 만일 그것이 이러저러 할 수 있다면; 따라서 그것은 관점의 다양성과 가변성이다. 그러므로 진리란 관점의 절대적인 통일성과 불변성이다. [...]; 철학의 본질은 다음과 같은 점에 존립할 것이다: 모든 다양한 것을[...] 절대적인 통일성에로 되돌리는 것"(Fichte, 1804, 1 강의). *셸링*은 이미 초기 피히테의 절대

적인 자아에 대한 이론을 형이상학적으로 절대적인 것에 대한 가르침으로 이해했고 그렇게 해석했다. 그래서 그의 저서 "철학의 원리로서의 자아에 대하여 혹은 인간적 지식 안에서의 무제약적인 것에 대하여"Vom Ich als Prinzip der Philosophie oder über das Unbedingte im menschlichen Wissen(1794; SW 1/1, 149이하)는 다음과 같이 시작한다: "무엇인가를 알려고 하는 자는, 동시에 그의 지식이 실재성Realität을 가지기를 원한다[...]. 우리의 지식은 전적으로 실재성이 없어야 하든가 - 영원한 순환, 모든 개별적인 문장들이 지속적으로 상호작용하며 애매모호하게 뒤섞이는 것, 그 안에서 어떤 요소도 분리됨이 없는 하나의 혼돈이든가, 혹은 - 모든 것이 그것에 매달려 있고, 그것으로부터 우리의 지식의 모든 존립과 형식이 시발되는 마지막 실재성의 지점이 있어야만 한다[...]. 그 안에서 그리고 그것을 통해서 저기 있는 모든 것이 현존재Dasein에 도달하고, 사유되는 모든 것이 실재성을 지니게 되고, 사유 자체가 통일성과 불변성의 형식에 이르게 되는 그 무엇인가가 있어야만 한다"(§ 1). *헤겔*에 따르면 "절대적인 이념"은 완전한 진리이다. 그는 그것을 토마스가 신 개념을 기술하는 것과 비슷하게 기술한다: "세 번째로 정신은 이념을 자신의 절대적인 진리로, 즉 '즉자적인 그리고 대자적인'an und für sich 진리로 인식한다; 그것은 무한한 이념으로서, 그 안에서 인식과 행위는 균형을 이루었고, 그 이념은 자기 자신에 대한 절대적인 지식이다"(TW 6, 469).

2. 진리론적 신 증명의 체계적 재구성

여기서 제안되고 있는 내용의 본질적인 계기들을 나는 칼 라너Karl Rahner(1941), 요한네스 롯쯔Johannes B. Lotz(1957), 엠머리히 코렛트Emmerich Coreth(1964), 벨라 바이스마르Bela Weissmahr(1983, 1985), 그리고 외르그 슈플렛Jörg Splett(1986) 등에게 빚지

고 있다.

a. 존재하는 것에 대한 인식의 진리

진리에 대한 고전적인 정의는 이렇다: "사물과 지성의 일치"(adaequatio intellectus et rei)"(Thomas Sth I, q 21 a 2 resp). 이 정의가 가지는 문제성에도 불구하고 그것은 포기할 수 없는 것이다. 이 정의는 "합의"Konsens 혹은 "정합"Kohärenz을 통해서 더 정확하게 규정될 수는 있으나 대체될 수는 없다(상응하는 이론들을 위해서는 1부 II, *3.* b-e 참조). 어디에 이러한 일치가 존립하는가 하는 것은 오직 일치 자체를 통해서만 파악될 수 있을 뿐이다. 이 일치는 다른 종류의 일치들(예를 들면, 모형-실행, 모사-원본)을 통해서 더 자세히 해명될 수는 있으나, 명백히 설명될 수는 없다. 여기서 관건이 되고 있는 저 일치가 정확히 파악되려면, 그것은 이미 알려져 있어야만 한다. 이 알려져있어야함Bekanntseinmüssen은 "존재", "선", "자유", "무제약성"과 같은 모든 철학적인 근본개념들을 정의하려는 노력들을 한계지우고 있다.

인식은 반성적인 형태를 가진다. 이것은 언어적인 표현 안에서 나타난다. 나는 무엇을 무엇*으로서*(가령: 이것은 이러저러 하다거나, 어떤 무엇 무엇과 결합되어 있다거나, 자기 자신과 하나라거나, 실제로 존재한다는 등등.) 파악한다. 그로써 대상과 그것을 언어적으로 인식에 적합하게 편입시키는 것 사이에 어떤 거리가 생겨난다. 그 거리는 동시에 관계맺음과 동일성의 확인을 포함하며, 그 안에서 사안 자체는 바로 내가 그것을 인식하고 표현하는 바로서의 그것"이다"das ist. 비로소 이러한 차이와 함께 진리, 오류 그리고 거짓이 가능하게 된다.

어떤 무엇을 무엇으로서 그 동일성을 확인하는 것이 나에게 성공할 경우에, 나는 그것을 그것의 맥락 안으로 설정했고, 그렇게 인식한 것이다. 맥락의 가변성과 함께 사안과 그것의 인식도 변경될 수 있다. 그렇게 인식은 언제든 재차 추월될 수 있는 것이다. 그러나 만일 내가 이점을 절대화시킨다면, 모순에 빠지게 된다. "모든 진리는 추월될 수 있다". 이것을 말함은 명백히 모순적이다. 따라서 나는 적어도 궁극적인 진리에 정향되어 있으며, 개별적인 진리들 안에서도 최종적으로 타당한 진리를 고려해야만 한다. 이제 제기되는 물음은, 이것이 어떠한 종류의 함축들을 지니고 있는가 하는 것이다.

b. 인식, 진리맥락 그리고 절대적 존재

실제로 존재하는 것(따라서 수들과 같은 추상적 실재가 아닌), 즉 우리 자신이나 우리 주위에 존재하는 사물들에 대한 인식으로부터 출발하도록 하자. 나는 이러한 현존재들을 그들의 맥락 안에서 그리고 그 맥락으로부터 파악한다. 무엇인가가 "있다면"ist, 그것은 이 맥락에 속하며, 그 안에서 자신의 자리를 점하고 있고, 나의 인식 안에서 나는 이것을 사실로 파악했다고 주장한다. "있는" 것의 맥락은 물론 어떤 곳에서도 완결된 것으로 생각될 수는 없다. "있다(이다)"Ist의 외부에는 아무 것도 없겠기 때문이다(따라서 단지 무 das Nichts일뿐이다). 그런 한에서 존재의 맥락은 한계가 없다. 무엇인가를 한계 지어진 것으로 인식한다 함은, 완전히 그것 안에 갇혀있지 않고, 즉 그것에 고착되어 있지 않고, 그것을 저 마지막으로 무한한 존재의 맥락 안으로 세워둠을 의미한다(Hegel, Enz § 60; Decartes, Med. III, 24 참조). 내가 비록 이러한 맥락을 결코 온전히 목전에 가지고 있지 않거나 또 가질 수 없다고 하더라도, 내가 그것을 그 전체적 맥락에 관계시키지 않는다면, 나는 그것을 한정되고 유한한 것으로 전혀 인식할 수 없을 것이며, 그러한 것으로서 생각할 수조차 없을 것이다. 전체적인 맥락과 매번 관계맺음이 나에게 불가능하다면, 나는 개별적인 것을 "있다"의 통일성 안으로 편입시키는 기도를 할 수가 없을 것이다. 나는 결코 영역적인 결합들을 벗어나지 못할 것이다. 그러나 무엇인가를 그것의 "있다" 안에서 파악한다 함은, 바로 그것을 "있다" 일체의 맥락 안으로, 즉 전적으로 무한정한 존재의 맥락에 위치시킴을 의미한다. 이 맥락은 내 인식의 주관적이고 객관적인 지평Horizont이다. 오직 그 맥락으로부터만 그리고 그것을 향해서만 나는 개별적인 것에 대해서 말할 수 있다: 그것이 있다es ist.

이제 이 포괄적인 존재의 맥락을 어떻게 해석해야 할까? 그것은 아마도 세계맥락과 동일한 것인가? 이 가능성을 숙고함에 있어서 우리가 유념해야만 하는 것은 이점이다: 우리의 인식을 가능하게 하는 저 마지막 "있다"의 지평은 여하한 종류의 제한도 더 이상 허용하지 않는 무한성을 지녀야만 한다. 그것은 모든 한갓 사실성을 넘어서야 하며, 그래서 오직 자신 안에서 그리고 자신으로부터 완전히 무한정적인 것, 곧 더 이상 어떠한 방식으로도 제약되지 않은 것일 뿐이다. 따라서 그것은 전적으로 무제약적인 것, 오직 "그보다 더 큰 것을 생각할 수 없는" 그 무엇일 수 있을 뿐이다. 이 귀결은 마지막 무제한성을 요구하는 우리 인식의 진리능력 안에 놓여있다. 이러한 통찰로부터 물어질 수 있는 것은, 세계맥락이 이 무제약자와 동일할 수 있는가 하는 것이다. 그러나 사정은 그렇지가 않다. 세계맥락은 최후의 의미로 무한적이지 않다. 만일 무한하다면, 세계맥락은 어떤 한정이나 제약을 드러내지 말아야 할 것이다. 하지만 우리는 세계를 그 유한성의 구조 안에서(외적인 관계로서, 그와 함께 그 내적인 한정성 안에서) 인식한다. 세계는 하나의 사실로 남으며, 어떤 관점에서도 완전히 스스로를 정초하는 존재가 아니다. 우리가 전적으로 세계에 고정되어 있다면, 우리는 세계를 더 이상 이 구조 안에서 파악할 수는 없게 될 것이다. 우리가 다시 한번 세계로부터 거리를 둘 수 없다면, 그래서 사유하면서 그것과 관계를 맺을 수 없다면, 우리는 세계의 한정성에 적합하게 사유를 "할 수밖에" 없을 것이다. 그렇게 되면 우리는 세계의 이 고유한 한정성을 인식할 수도 없게 될 것이고, 세계를 더 이상 문제시조차 할 수도 없게 될 것이다. 하지만 우리의 반성은 결정론자도 여전히 가정해야만 하는 바로 이 능력의 특징을 보여준다. 마지막 고정과 제한, 혹은 선각인 先刻印Vorprägung으로부터의 독립성이 우리의 인식과 그것의 진리 연관 일체를 비로소 이해할 수 있게 해주며, 반성과 그것의 인식행위가 지니는 특수한 자유를 정초한다. 인식함은 *우리의* 행위이며, 우리는 그 행위를 우리 밖의 다른 무엇에로 되돌릴 수 없다. 우리는 저마다의 올바른 대화 안에서 우리의 상대자에게도 이러한 고유활동성과 자기책임성이 있음을 가정한다. 우리의 반성과 대화 안에서 항상 역할하고 있는 바로 이 자유로써 우리는 각기의 한정 너머의 저 우월성을 전제하고 있는 것이며, 이를 가능하게 해주는 것은 모든 경계를 넘어서는 절대적인 것뿐이다. 우리는 물론 이 절대적인 것 자체가 아니다. 우리의 유한성이 그것과의 순수한 동일시를 금한다. 우리나 우리의 세계 어느 것도 절대적인 것이 아니다. 그럼에도 우리는 그것과 관련을 맺고 있으며, 우리를 전적으로 넘어서는 무한자와의 관련이 없이 우리는 자신을 이해할 수가 없다. 이 무한자는 우리와의 철저한 차이를 침해받음이 없이 우리의 내면에 현존함을 통해서 우리의 정신적 능력을 정초하고 가능하게 한다.

그 안에서 우리가 이 세계의 유한성을 인식하게 되는 바로서의 그 지평은 따라서 이 세계와 단순히 동일한 것이 아니라 그것을 넘어서야만 하며, 더욱이 원칙적인 방식으로 그러하다. 그러나 그것이 의미하는 것은, 이 마지막 지평은 단지 최후성, 곧 절대성에 의해서만 채워질 수 있을 뿐이며, 모든 여하한 종류의 유한성은 그로부터 배제되어야만 한다는 것이다. "추측하건대"Vielleicht라는 생각과 함께 이러한 귀결로부터 벗어날 수 있는 것은 아니다. 예컨대 다음과 같은 생각이다: 추측하건대 이 마지막 지평 역시 여전히 원칙적으로는 유한적이다. 이러한 추측하건대가 하나의 가능성이어야만 한다면, 그 가능성은 자신에 대해서 일관적이어야 한다. 즉, 우리는 그 가능성이 우리에 대해서 실재적이라고real für uns 생각할 수 있어야만 할 것이다. 그러나 우리는 그렇게 생각할 수가 없다. 왜냐하면, 만일 이 가능성이 실재적이라면, 우리는 그것을 더 이상 파악할 수 없을 것이며, 전혀 숙고의 대상으로 삼을 수도 없을 것이다. 그러나 그것은 명백히 우리의 상황이 아니다. 우리가 비록 양상들과 관점들을 통해서 우리 자신이 그토록 제한되어 있음을 알고 있다고 하더라도(이러한 앎은 정말로 예측할 수 없는 것 안으로 이끄는데, 왜냐하면 어떻게 우리는 우리를 인식적으로 규정하는 모든 우리의 제약들을 정확히 파악할 수 있단 말인가?), 바로 다양한 제약들에 대한 앎은 이러한 인식이 다시금 어떤 제약 내지는 관점의 결과일 수는 없으며, 오히려 그것의 넘어섬을 전제한다는 사실에 대한 증명이다. 따라서 우리의 인식이 *원칙적으로* 제한되어 있음을 고려해보는 가능성은 모순적이다(이는 니이체의 "관점주의"Perspektivismus에 반대하는 생각이다). 이로써 그 가능성은 배제되어야 한다. 그렇다면 단지 다른 하나의 가능성만이 남는데, 말하자면 우리의 유한성에 대한 파악이 무한적인 것을 향한 유한성의 넘어섬 안에서, 즉 세계의 유한성을 초월하는 절대적 존재에로의 정향Ausrichtung 속에서 정초되어 있음을 보는 가능성이다. 이러한 초월Transzendieren은 우리의 정신에 구성적인 것이다. 그럼에도 그것은 우리가 우리의 세계를 그 유한성 안에서 인식하고, 세계를 비밀리에 무한성이 되지 못하도록 보장한다. 세계는 무한적이지 않으며 구조적으로 그렇게 될 수가 없다. 저 넘어섬은 그로써 다시금 유한성의 "구제"라고 말할 수 있을 것이다. 말하자면 우리의 세계를 있는 그대로, 즉 그 유한성 안에 맡겨두는 것이다.

c. 진리와 객관성 – "있다(이다)" Ist의 무제약성

비로소 이러한 무한성의 관점이 우리에게 인식의 객관성을 보증한다. 하지만 아마도 나는 결코 객관성의 인식에 도달하지는 못하지 않을까? 그러나 그것이야말로 모순이다. 내가 불가피하게 객관성을 주장하기에 객관성에로의 능력을 내가 지니고 있다면, 나는 저 마지막 관점을 소유하고 있는 것이다. 그것은 더 이상 넘어설 수 없는 것이며, 그 이유는 그것이 더 이상 넘어설 수 없는 것, 곧 절대적인 것 혹은 그 자체에 있어서 무한적인 것과 관계를 맺고 있기 때문이다. 그로부터 로베르트 슈패만은 어째서 데카르트가 자신의 자아확실성으로부터 신에 대한 생각에로 이르는지를 납득할만하게 설명하고 있다(슈패만Spaemann 1987): 자아확실성은 부인할 수 없는 자신의 실존확실성을 포함한다. 이때 자아확실성과 자신의 실존확실성은 물론 구분되어야 한다. 실존에 대한 통찰은 말하자면 자기확실성Selbstgewi*β*heit의 함축을 두드러지게 하며, 더욱이 내 사유에 대한 통찰 안에 함께 내포되어 있는 앎, 곧 이러한 사유수행의 *실존*에 대한 앎이 함축하는 바를 강조한다. 이러한 실존과 함께 수행은 "있다" 일체의 맥락 안으로 세워진다. 그러나 이 맥락은 원칙적으로 어떤 것을 통해서도 제약되지 않으며(바로 무das Nichts를 통해서만 제약된다), 따라서 무한적이다. 데카르트에게는 이러한 무한성은 즉시 신에 대한 생각과 동일하다. 왜 그런가? 이러한 귀결은, 성찰 III 장에서의 구체적인 논증에 종속됨이 없이(그 논증은 인과율에 의거하고 있다), 위에서 말한 바의 의미에 따라 볼 때 사안적으로 존재-맥락의 무한성에 대한 통찰로부터 생겨난다. 나는 자아확실성과 함께 내 실존을 이 맥락 안으로 세우는 것이다. 왜냐하면 나에 의해서 그저 구상된 것이거나 혹은 스스로 여전히 유한적인 것으로서가 아니라, 오직 그 자체에 있어서 무한적인 것으로서의 이 맥락만이 내 인식의 마지막 객관성을 보증할 수 있기 때문이다. 그 자체로 무한적인 맥락만이 인식을 모든 제약들 너머로 들어올리며, (유한적인 것의, 내 실존의) "있다"를 그 마지막 추월불가능한 객관성 안에서 인식되도록 드러낸다.

이로써 무제약성의 계기에 대한 본래적인 정당화가 주어졌다. "있다"에 대한 저마다의 인식은 그 계기를 자체 내에 지닌다. 내가 만일 어떤 하나의 "있다"에 대한 진리를 인식한다면, 그것은 또한 하나의 전적으로 우연하고 우연적인 "있다"에 대한 진리일 수도 있는데, 그 인식은 무제약적으로 타당하다. 어떤 다른 "있다"에 의해서도 이 "있다"가 논박될 수는 없다. "어떤 다른 것도 아닌"에 대한 의식과 함께 나는 모든 "있다"에 대해, 곧 존재의 전체적인 맥락에 대해 열려있는 것이다. 그 맥락으로부터 그리고 그 안에서 나에 의해 인식된 개별적인 "있다"는 자신의 무제약성을 소유한다. 이 "있다"는 자기 자신으로부터 말미암아 필연적인 것이 아니기는 하다. 그것은 종속되어 있고, 그런 한에서 가능적인 것일 뿐이다. 그러나 만일 그것이 일단 "있다면", 그때 그것은 자신의 실제적인 존재를 고려할 때 모든 가능한 반대되는 세계들을 배제하며, 그것들을 불가능하게 만든다. 그때에는 그것을 폐기하는 어떤 다른 것도 더 이상 가능하지 않게 된다. 다시 말해서 그 유한적인 "있다"는 존재를 통해서 그에게 귀속되는 무제약성을 지닌다. 존재는 자신 안에 이러한 무제약성을 가져야만 하며, 부연하자면 존재는 더 이상 어느 곳으로부터도 제약되어 있지 않은 그런 것이어야 한다. 존재는 스스로 — 최후로 그리고 근저에 있어서 — 완전한 의미에서 무제약적이어야 한다.

존재의 맥락은 따라서 그것이 마지막 무제약성의 정당화를 내포한다는 방식으로 생각되어져야 한다. 그렇다면 그것의 의미는 이렇다: 존재의 맥락은 마지막에 있어서 그리고 근저에 있어서 더 이상 조건지어지고 한정된 것으로 생각될 수 없다. 왜냐하면 그러한 한정화는 그 맥락을 보다 더 높은 맥락으로부터 파악하도록 요구하게 될 것이기 때문이다. 따라서 개별적인 "있다"의 필연성이 존재의 맥락 안에 정초되어 있고, 그 안에서 개별자가 자신의 폐기할 수 없는 자리를 점하고 있다면(심지어 항상 그리고 영원히, 왜냐하면 그것이 사멸한다고 하더라도 그것은 한번은 있었던 것이기에), 그때 이 존재의 맥락은 바로 그러한 필연성을 정초할 수 있는 상태에 있다고 생각되어야만 한다. 그런데 존재의 맥락이 그와 같은 능력을 갖는 것은, 더 이상 그것이 추월할 수 있는 잠정적인 것, 제약된 것, 우연적인 것이 아니라, 그 자체에 있어서 필연적인 것일 때뿐이다. 이러한 필연성을 통해서 비로소 존재의 맥락은 자신의 필연성이 연역될 수도 있는 또 다른 것을 더 이상 지시하지 않으며, 오히려 자신의 자기존재Selbstsein와 자기연관Selbstbezug으로부터 생겨나야만 하는 것이다. 이러한 필연성은 결정론적인 세계경과들의 맥락과는 아무런 관계도 없으며, 그것과 엄격히 구분되어야 한다. 결정론적 맥락은 구분된 크기들(사건들 혹은 경과들)을 갖기 때문이다. 그 맥락 안에 있는 모든 개별적이고 소위 필연적인 것은 밖에서 규정된 것이고 그런 한에서 우연적이다. 그리고 전체로 보아 그 맥락의 필연성은 항상 하나의 단순한 사실성Faktizität이며, 이 사실성은 스스로가 우연적인 것으로서 "있다"의 저 필연성을 보증할 수가 없다. 오직 존재의 맥락이라는 그 *하나의* 지탱하는 근거만이 "있다"의 필연성을 보증할 수 있다. 그 맥락은 그토록 필연적이어서, 자신의 필연성을 완전히 자신으로부터 얻는다.

하지만 여기서 언급되고 있는 무제약성은 다만 비모순율Nichtwiderspruchsprinzip(NWP)의 무제약성, 따라서 단지 형식적인 맥락의 무제약성이 아닐까? NWP 역시 자신의 형식성Formalität에 있어서 저 최고의 필연성을 지시할 수도 있다는 점을 도외시하고[1부 III. *4.* c. (7) 이하 참조], 여기서는 NWP를 "있다"에 대한 그것의 적용 안에서, 즉 실제로 실존하는 것에 대한 적용 안에서 반성해 보도록 한다. 실제로 실존하는 것이 있는 한에서, 그러한 사실은 폐기할 수 없다. 사유와 인식의 원리로서의 NWP와는 달리 여기서는 사실적으로 실존하는 것 안에서의 "있다"의 폐기불가능성이 주장되고 있다. 만일 사실적으로 존재하는 것이 있다면, 이것은 전적으로 선소여적인 것이고 변경할 수 없다. 그것은 변경불가하게 존재와 그 객관성의 "공간" 안에 있다. 한갓 표상이나 사고의 구성물에 있어서는(이것에 대해서는 NWP 역시 적용될 수 있을 것이다) 표상하는 자의 측면으로부터 폐기가 가능하다: 나는 다음과 같이 말할 수

있다: 나는 이것 그리고 저것을 생각하지만, 그것은 “있지” 않다. 내가 하나의 이야기를 고안해 낼 때, 나는 그렇게 진행한다. 그래서 나는 세계들을 만들어낼 수도 있고 그것들을 다시금 폐기할 수도 있다. 그러한 폐기는 실존하는 사실에 있어서는 가능하지 않다. 이 사실은 *단순히einfachhin 있으며ist*, 더욱이 더 이상 단지 가언적이지 않다(그에 반해 NWP의 “있다”는 다만 가설적인 타당성만을 갖는다: *만일wenn* 무엇인가가 있다*면*, *그렇다면dann* 그것은 있지 않을 수 없다). 비슷한 방식으로 예컨대 하나의 꿈이나 혹은 한갓 현상 또한 폐지불가능한 것은 아니다. 왜냐하면 나는 다음과 같이 말할 수 있기 때문이다: 실제로 그 모든 것은 전혀 존재하지 않는다, 혹은 적어도: 아마도 그것은 존재하지 않는다. 따라서 나는 그것을 존재의 의미에서 폐지할 수 있다(나는 그것을 내 사유 안에 가지기는 하지만, 동시에 그것이 실제로 존재하지 않는다는 것을 알거나 혹은 그렇게 추측한다). 존립하는 사실에 있어서 사정은 완전히 다르다. 그것은 존재하며, 더더구나 폐지할 수 없다. 그 사실은 이 절대적인 폐지불가능성을 자신의 *그러한-존재So-Sein* 혹은 *이-존재 Dieses-Sein*를 통해서 가지는 것이 아니라, 오로지 자신의 “있다”를 통해서 가진다. 이 점에서 그것은 무제약적인 것이다. 가능한 세계들은 그것과 더 이상 하나의 영역에 서있지 않다. “있다”의 사실성을 통해서 그에 반하는 가능적인 세계들은 불가능성이 되며, 이는 단지 실존하는 것이 지니는 특수한 필연성의 다른 측면일 뿐이다. 사실의 이러한 필연성은 어디에 근거하는 것인가? 그저 우연적인 사실 자체 내에 근거하는 것은 아니다! 그러한 사실은 제약된 것이기 때문이다. 사실의 무제약성을 성립시키고 정초하는 것은 존재의 맥락이다. 그 안에서 하나의 사실은 자신의 확고하고도 폐지할 수 없는 자리를 점한다(그 사실이 사라지더라도 그것은 자신의 자리를 영구히 보유한다). 이 맥락은 요구된 무제약성을 자신 안에 지닌다고 생각되어야만 한다. 다시 말해서, 그 맥락은 자기 자신 안에서 무제약적이어야 한다. 그 맥락이 이러한 무제약성을 갖는 것은, 우

연적인 것의 한갓 맥락으로서가 아니라 우연적인 것을 지탱하는 근거일 때, 즉 자체 내에서 무제약적인 존재일 때이다(Henrici 참조).

오류와 거짓, 그리고 환영들은 진리의 맥락으로부터 분리되어 있다. 그것들은 흡사 자유롭게 부유하는 것들이며, 모든 것과 결합될 수 있으며, 아울러 그 어떤 것과도 결합될 수 없다(이때 문제가 되는 것은 물론 사실들로서의 거짓이나 꿈이 아니라, 그것들의 특수한 비실재성이다). 반면에 하나의 진리는 참된 것, 곧 "있다"의 맥락 안에 편입되어 있으며, 거기서 자신의 폐기할 수 없는 자리를 점하고 있다. 한갓 가상에 처해서 나는 그것이 (아마도) 실제로는 전혀 다른 것이라고 언제든 말할 수 있다. 이제 모든 우리의 인식이 그러한 가상이라면, 그것은 언제나 폐기할 수 있는 잠정적인 것이 될 것이다. 그러나 그것은 인식의 "있다"와는 모순된다. 더군다나 우리에게 실재에 이르는 통로가 항상 이미 친숙한 것이 아니라면, 가상에 대해서 결코 말할 수도 없을 것이다. 모든 것을 가상이라고 간주하는 것은 따라서 무의미하고 모순적이다. 그러나 모든 것을 가상이라고 간주하는 관점의 보다 세련된 철학적 해석이 있다: 모든 인식은 (어떠한 길들이나 우회로들 위에서든) 다만 우리의 설정 Setzung이다. 우리는 인식 안에서 단지 "우리에 대해서"für uns까지만 이를 뿐, "그 자체에 있어서"an sich로까지 이르지는 못한다. 여기서도 반론을 제기할 수 있는데, 우리가 "그 자체에 있어서"와 관계를 맺음이 없이는 "우리에 대해서"를 생각할 수 없다는 것이다. 우리는 이 관점을 더 정확히 고찰해 보아야 한다. 왜냐하면 그것이 삶의 느낌을 지속적으로 규정하기 때문이다. 우리는 아마도 우리 자신에 의해서 고안된 세계들, 곧 가상의 세계들 안에서 살아가고 있는 것은 아닐까? 이 주제는 문학 안에서 예컨대 칼데론Calderón ("인생은 일장춘몽")이나 피란델로Pirandello("네가 그렇게 생각한다면, 네가 옳다") 등에 의해 다루어졌다. 피히테는 "인간의 규정"Die Bestimmung des Menschen이라는 자신의 저서 2권에서 객관화하며 확실성을 구하는 지식을 자기폐지의 지점까지 이끄는데, 거기서 그에게 남은 할 말은 이렇다: "나 자신은 도무지 알지 못하며, 존재하지 않는다. 그림들이 있다: 그것들은 현존하는 유일한 것이며, 그림들의 방식에 따라서 그것들은 자신에 대해 안다[...]. 꿈꾸어지는 삶이 없이, 그리고 꿈을 꾸는 정신이 없이, 모든 실재는 놀라운 꿈으로 변한다; 꿈 안으로, 그 꿈은 꿈 안에서 저절로 연관된다"(Fichte 1800, 83). 니이체는 이와 같이 자신의 표상들과 구성물들 안에 유폐된 상태를 "관점주의"Perspektivismus라 명명했다: "사실들이란 존재하지 않으며, 해석들만이 있다"(Schlechta III, 903). 니이체에게 있어서 이러한 견해는 자신의 존재론에서 귀결한다. 말하자면 그가 가정하는 대로 단지 사실적인 것, 우연적인 것, 제약된 것만이 있다면, 저마다의 마지막 연관은 배제되어 있다. 마지막으로 타당한 관점 안에서 어떤 무엇의 "있다"를 인식해 보려는 것은 환상적인 것이 될 수밖에 없는데, 그러한 무제약성을 정초할 수 있는 존재의 맥락이 사유되지 않기 때문이다. 인식함의 측면으로부터도 마지막 타당성은 배제되어 있다. 나의 인식수행이 여타의 모든 것과 마찬가지로 우연적이기 때문이다. 나는 내가 생각하는 대로 그렇게 사유해야만 하는데, 그 어디선가에 의해서 조건지어진 나의 사실적인 "사유"-수행이 나를 그렇게 규정하기 때문이다. "*마지막 회의.* ― 대체 무엇이 마지막으로 인간의 진리들인가? ― 그것은 *논박할 수 없는* 인간의 오류들이다"(Die fröhliche Wissenschaft, Nr. 265). 진리임을 주장하는 이 진술의 자기모순은 명백히 드러난다. 물론 니이체가 무엇인가 올바른 것을 보았다는 점은 반박할 수 없다. 우리의 인식은 의심할 바 없이 관점들에 의해 각인되어 있기 때문이다. 그럼에도 이러한 테제의 절대화는 자기모순적이다. 이 완전한 "관점주의"에 대한 유일한 대안은, 우연성을 넘어서는 절대적이고 무제약적인 존재와 그 존재의 진리를 향해 있는 우리 정신의 원칙적인 개방성이다. 그로부터 이 세계의 가장 부수적인 사실조차도 여전히 즉자적으로 갖고 있는 저 무제약성의 양상이 비로소 이해가 된다.

d. 무제약적인 규범으로서의 진리

주장들은 참이어야 한다. 우리는 그것들을 우리 자신에게서나 다른 이들 앞에서 정당화해야 한다. 우리는 주장들의 정당성을 알거나 적어도 예측해야만 한다. 통찰에 선행하는 숙고는 물론이요, 뒤따르는 통찰의 방어도 논거를 가지고 행해야 한다. 척도는 언제나 진리이다. 진리는 무제약적인 규범이다. 하나의 사실이나 가치, 타당성의 존립에 대한 저마다의 통찰과 그와 관련된 저마다의 숙고나 물음, 논증들 또한 그 자체로부터per se 진리에 종속되어 있으며, 그 결과 우리의 전체적인 정신적 삶은 규범으로서의 진리에 정향되어 있다. 이때 인식과 동의, 숙고 등등의 상응하는 행위들은 자유로운 것으로 생각되어야 하는데, 오직 자유만이 무제약적인 규범을 통해서 구속되어 있기 때문이다. 이러한 행위들은 어떤 경우에도 자동작용들Automatismen이거나 한갓 반사작용들이 아니다. 만일 그렇다면, 그것들은 그저 자신들의 사실적인 조건맥락을 지시하는 자연적인 경과들일 테고, 그 맥락으로부터 사람들은 그런 행위들을 해명할 수 있을 것이다. 그러나 무제약적인 것에로 정향되어 있는 행위는 그와 같은 맥락들에로 환원될 수 없다. 그런 행위는 무제약적인 규범이라는 원칙적으로 초사실적인 것과의 결합에 기인하기 때문이다. 그 규범에 자신이 종속되어 있음을 안다는 것이 의미하는 바는 자유롭다는 것이다. 이로써 우리는 결정론에 반대하여 논변할 수 있는 하나의 기초를 획득한 셈이다. 왜냐하면 결정론을 지지하는 자는 그것이 참이라고 주장하기 때문이다. 그러나 진리와 관계맺음은 자유를 전제한다(슈타인보르트Steinvorth, 66-75; 슈플렛Splett 1986, 19-48 참조).

그러나 그와 같이 최종적으로 규범화시키는 진리는 어떻게 생각되어야 할까? 그런 진리는 하나의 제약된 내용을 갖는 어떤 개별적 진리와 동일시될 수는 없다. 사실 모든 개별적 진리는 그것의 참됨Wahrsein이라는 관점에서는 무제약적이다. 하지만 또 다른 관점에서 보자면 그것은 제약되어 있다. 모든 정신적 행위들의 보편적인 규범이자 마지막 정당화의 근거로서의 진리만이 더 이상 어떤 조건들에도 구속되어있지 않다. 그렇지 않다면 그 진리의 무제약성은 해체될 수밖에 없을 것이다. 어떤 개별적 진리를 그것의 제약성 안에서 인식한다함은, 바로 그러한 조건들에 종속되어있지 않은 한에서의 *하나의* 진리die *eine* Wahrheit와 관계맺음을 의미한다. 따라서 도대체 참된 인식이라는 것이 있다면, 그것을 위한 전제는 더 이상 제약될 수 없고 혹은 제약되지 않은 마지막 진리와 관계맺음이다. 그 진리는 모든 진리들의 유일한 규범die eine Norm이다. 그런 이유로 아우구스티누스는 "진리"veritas와 "참된 것"verum, 즉 하나의 진리와 개별적인 참된 것을 구분했다. 이로써 지금까지의 진술들과의 연결이 생겨났다. 우리의 결과는, '대자적 존립'Für-sich-Bestehen 안에서든 혹은 그것에 대한 인식 안에서든, 저마나의 개별적 진리를 가능하게 하는 것으로서의 자체적으로 무제약적인 진리맥락이었다. 이 절대적인 진리맥락 혹은 진리근거는 하나의 무제약적인 진리로서, 정신의 자유로운 행위를 무조건 구속한다.

이로써 우리에게 있어서 진리의 개념은 중요한 관점으로 확대되었다. 진리는 가치중립적일 수 없으며, 단순한 "있다"의 의미로 이해될 수 없다. 규범으로서의 진리는 승인을 요구하며, 그래서 우리는 그것을 무제약적인 규범으로서 무조건 인정해야만 한다. 진리는 이런 방식으로 구속하면서, 자신이 요구하는 인정을 응당 받을만함을 우리에게 보여준다. 왜냐하면 진리는 인식과 판단의 마지막 정당화의 근거로서 오직 완전히 자체적으로in sich 정당화될 수 있기 때문이다. 진리의 주권은 우리로 하여금 경의를 표할 것을 요구한다. 그 요구를 거절함은 자기모순에 빠지게 됨을 의미하게 될 것이며, 인식의 빛이 어둠으로 변화되는 결과를 초래하게 될 것이다(요한 3, 20 이하 참조). 우리의 결과는 이렇다: 이미 아우구스티누스가 간파한 것처럼, 진리는 그 핵심적 본질에 있어서 동의할 가치가 있고 선한 것으로 스스로를 드러낸다. 물론 이것은 저마다의 임의적인 개별적 진리에 대해 말해질 수 있는 것이 아니라, 단지 구속하는 힘을 지닌 저 근본적인 진리에 대해서만 말해질 수 있다. 이와 함께 언표된 선의 주제는 "가치론적 신 증명"(AxGB)에 속하며 거기서 비로소 더 상세히 개진되기는 할 것이다. 하지만 거기서는 선이 자신의 진리를 인식하게 하듯이[1부 IV. *15*. a. 1) 참조], 여기 AlGB 안에서는 진리가 다음의 사실을 보여준다: 진리는 선성 Gutheit이 없이는 파악될 수 없다. 우주론적 신 증명 안에서도 선과의 연관이 생겨났었다(1부 I. *12* 참조). 한 번 더 분명하게 되는 사실은, 상이한 신 증명들이 내적으로 결합되어 있다는 것인데, 마치 초월자들Transzendentalien에 대한 가르침에 따라서 "존재", "진리", 그리고 "선"이 서로를 함축하고 있는 것과 같다. 선의 주제와 관련해서 나는 이러한 암시들 정도에 그치고 싶으며, 가치론적 신 증명에 대한 상론은 유보하기로 하겠다.

e. 자기 자신으로부터의 필연성

토마스에 따르면 다음의 명제는 타당하다: "어떤 것도 그것이 무엇인가 필연적인 것을 자신 안에 갖지 않을 만큼 그렇게 우연적이지 않다(nihil enim est adeo contingens, quin inse aliquid necessarium habeat)"(Sth I, q 86 a 3 resp). 왜냐하면 무엇인가가 "있다면", 그것은 동일한 관점에서 존재하지 않을 수가 없고, 그로써 무제약적이고 필연적이기 때문이다. 이를 정당화하는 것이 존재의 맥락인데, 그 맥락은 이와 같은 필연성을 겨냥해 해석되어야 한다. 이것은 오직 저 제약된 필연적 존재가 최고의 필연성을 가진 존재 안에, 즉 완전히 자신으로부터 존재하기에 무제약적이고 필연적인 존재 안에서 정초될 때만 발생할 수 있다. 물론 이러한 사고의 진행에 있어서 필연성의 개념은 절대적 존재와의 관련 속에서 좀더 정확하게 규정되어야 한다. 왜냐하면 필연성의 개념 안에 내포된 '다를-가능성이－없음'das Nicht-anders-Können은 절대적인 것과는 멀리해야할 어떤 강제를 의미하는 것처럼 여겨지기 때문이다. 그렇기에 우리는 "우리에 대해서"quoad nos와 "자체에 있어서" quoad se를 구분해야만 한다. 논리적으로 "우리에 대한"이라는 인식적 관점은 최상의 '있지-않을-가능성이-없음'das Nicht-nicht-sein-Können과의 연관성을 가지고 표현되고 있다; 최고의 필연성은 "그 자체에 있어서" 모든 강제를 능가한다. 강제란 자기소외일 것이고, 그래서 자신으로부터의 존재가 아닌 것이다. 말하자면 자체에 있어서 필연적인 존재ens necessarium에 대한 생각 안에서 '다를-가능성이-없음'의 필연성은 최상의 자유를 통해서 능가되어 있다(우리에 대해서 필연성의 성격을 잃어버림이 없이). 필연적 존재는 영원하고도 스스로에게 충실한, 그리고 확고부동한 존재에로의 결의 Entschiedenheit zum Sein로 생각될 수 있다.

f. 진리 그리고 존재의 단일성

아우구스티누스에게 있어서는 수 안에서 신적인 것의 영원한 진리가 인식될 수 있다. 우리가 본 것처럼, 이는 플라톤적-플로티노스적인 배경 하에서 이해될 수 있는데, 수는 단일성을 전제하고, 이러한 단일성은 최고의 단일성(Hen)이 없이는 생각할 수 없는 것이며, 이로써 수가 그 단일성을 지시한다는 것이다. 최고의 절대적인 단일성을 제시하는 것은 고유한 신 증명으로 간주될 수 있을 것이다(그러한 논증이 실행되는 것은 벡크H. Beck, 134-146, 슈미트 Schmidt 1988 참조). 내가 선호하는 바대로, 보충적인 논증으로서의 이 증명은 AlGB에 배속시킬 수 있다. 왜냐하면 이 증명이 의미하는 바는, 개별적인 "있다"는 오직 존재의 마지막 맥락으로부터 이해될 수 있으며, 이 맥락은 우연적인 것을 초월하고, 그와 함께 순전히 자기 자신으로부터 존재하기 때문이다. 이로써 존재의 맥락은 또한 자신과 완전히 일치하며, 따라서 어떤 외적으로 산출된 단일성이 아니라, 순수한 자기연관으로서의 단일성이다. 칸트에 따르면, 나의 인식을 주재하는 이 단일성은 선험적 통각統覺die transzendentale Apperzeption, 곧 내 자아의 단일성이다. 왜냐하면, "내가 생각한다고 함은das: Ich denke 나의 모든 표상에 수반될 수 있어야 하기"(KrV B 131) 때문이다. 그것은 "오성의 모든 사용과 전 논리학과, 논리학에 따른 선험철학이 결부되어야 하는 최고의 지점"(KrV B 134)인 것이다. 그러나 칸트에 따르면 이러한 단일성은 주관적 타당성만을 가지는데, 그것은 곧 외부에서 주어진 다양을 결합하는 데에 있다. 칸트 이후의 관념론은 이 지점에서 더 깊이 숙고하고 있다. 단일성은 객관적 타당성 또한 가져야하기 때문이다. 도대체 저마다의 단일성이 없이 하나의 다양이 생각될 수 있는가? 안과 밖(자발적인 오성의 수행과 외적인 직관)의 차이 또한 하나의 단일성으로부터만 이해될 수 있다(그렇지 않다면 대립Entgegensetzung에 대해 말하는 것은 아무런 의미가 없을 것이다). 그 안에서 우리의 이해가 수행되는 바로서의 단일성은 우리로 하여금 사물들을 첫째로, 그때마다의 자신과의 일치 안에서, 둘째로 서로에 대한 관련과 상호간의 단일성 안에서, 인식하게 한다. 그렇게 우리는 우리의 세계를 맥락으로서 파악하는 것이다. 하지만 만일 인식될 수 있는 것의 측면에서 자아에 상응하는 마지막 단일성이 결여되어 있다면, 따라서 인식될 수 있는 것이 존재 안에서 다양성의 분리Auseinander에 머문다면, 어떻게 우리는 우리의 세계를 맥락으로서 파악할 수 있겠는가? 어디로부터 나는 나로 하여금 이 마지막 다양 일체를 인식하고 사유하게 하는 관점을 가지게 되는가? 나의 자아로부터? 그러나 내 자아가 단지 개별적이고 주관적인, 오로지 일면적인 단일성에로의 능력만 지닌다면, 어떻게 그것이 자기 단독으로부터 포괄적인 단일성의 개념에 이를 수 있는지는 해명될 수가 없을 것이다. 그 개념이 단지 보편적인 질서의 원칙이라고 하더라도 매한가지다. 자아는 개별성에 고착되어 있지 않고, 반대로 모든 한계를 넘어서고, 그래서 상위의 단일성을 사유할 능력이 있을 때만, 이 개념에 도달할 수 있다. 자아는 이러한 단일성 자체이거나, 혹은 자신이 구성적으로 관련되어 있는 자신보다 상위의 단일성을 통해서 단일성의 능력을 소유해야 한다. 오직 후자만이 가능한 경우일 수 있다. 우리의 자아는 전적으로 자신과 하나가 아니기 때문이다. 바로 자아가 외적인 대상들에게로 필연적으로 정향되어 있다는 것, 곧 (칸트가 옳게 본 대로) 자아의 구성적인 수용성이 그 점을 보여준다. 따라서 자아는 상위의 단일성의 척도를 전제하는데, 이 척도는 오로지 자기 자신과 완전히 일치할 수 있을 뿐이다. 어째서 이러한 최고의 단일성의 척도가 전제되어야 하는가? 그 이유는, 자신과 완전히 하나가 아닌 존재는 항상 다른 곳으로부터 그 자신의 단일성이 가능하게 되었기 때문이다. 그렇게 되면 단일성은 자기 자신을 통해 자아에게 귀속되는 것이 아니라 다른 것을 통해서이다. 여기서 구상된 무한한 소급은 아무런 해결이 아니다. 무한소급 안에서 나는 단지 항상 외적인 단일성만을 내 앞에 두게 될 것이고, 그로써 마지막 분리에 머무르게 되겠기 때문이다. 그러나 [그렇게 되면] 바로 이러한 분리를 나는 그러한 것으로서 인식할 수 없게 될 것이다. 하지만 그런 인식이 나에게 가능하다면, 그것은 최후의 상위의 단일성과의 연관을 통해서이다. 그 단일성은 오직 자기 자신과의 완전한 일치일 수 있을 뿐이다.

이 논증에서의 결정적인 요점은, 단일성에 대한 생각은 자신으로부터 말미암아 자체 내에 머무르는 마지막 단일성을 요구하며, 이 단일성은 인식이 그것에 의해 주재되어야 한다면, 한갓 생각일 수는 없다는 것이다. 우리의 자아는 그 자체로 하나의 절대적인 단일성이 아니기는 하다. 하지만 자아는 자신의 반성적 단일성을 본질적으로 저 마지막이자 최고의 단일성에로 개방됨을 통해서 가지며, 이 단일성은 자아 내에 현존함을 통해서 자아의 자신과의 일치뿐만 아니라, 세계의 인식과 형성에 있어서 자아의 통합능력을 가능하게 하고 주재하는 것이다. 이 최고의 척도는 생각만이거나 주관적 구성물일 수만은 없다. 오히려 그것은, 만일 그것이 존재자의 인식을 주재하고 진리에로 이끈다면, 동시에 존재자 자신을 지탱하는 단일성의 근거이어야 한다. 플로틴에게 있어서는 이러한 단일성이 철학의 요체이다. 말하자면 "헨", 곧 일자는 모든 것의 근원이요, 모든 것에 대한 우리의 인식의 척도이다(이러한 생각에 근접하는 보기로는 판넨베르그Pannenberg 1978 참조).

g. 진리, 단일성 그리고 최고의 반성성Reflexivität

최고의 단일성은 오직 자기연관으로서만 생각된다. 그것은 자기 자신과의 일치여야 하기 때문이다. 따라서 그것은 최고의 반성성을 의미한다. 이러한 맥락은 이미 고대에 발견된다. 파르메니데스에 따르면 절대적 존재에 상응하는 것은 사유, 곧 누스Nous인데, 이것은 존재와 동일하다: "사유와 존재는 동일한 것이다"(B 3). 플라톤에 의하면 누스는 그 자체에 있어서 반성적인 것, 자기의 전제들을 자신 안에 포함하는 것, 따라서 누스적인 이데아들의 존재를 파악한다(Politeia 511 b 이하). 누스는 그리하여 본래 자기 자신을 통해서 존재하는 것과 동일하며, 그래서 또한 진리와 하나이다: "이성(nous)은 진리와 완전히 동일한 것이거나 혹은 모든 것들 중에서 그것에 가장 유사한 것이자 가장 참된 것이다"(Philebos 65 d). 아리스토텔레스는 최고의 존재자를 "사유의 사유(nóesis noéseos)"로 규정한다. 이에 완전히 부합하게도 토마스에게 있어서는 인식함과 인식된 것의 절대적 단일성이 신 안에서 실현되었다(Scg I, 62). 이러한 생각에 대해서 무엇보다도 플로틴이 이의를 제기했는데, 반성성은 여전히 차이를 포함하며 그래서 최고의 단일성과 결합할 수 없다는 것이다. 그러나 이 반론은, 차이가 그 자체로부터per se 결핍으로 간주될 수 있을 때에만 효력이 있다(더 자세한 것은 2부 I. *3.* a 와 d 참조). 초기의 피히테는 절대적인 것을 절대적인 자아 안에서 본다. 이 절대적 자아는 우리의 자아에 내재하며 심지어 자아의 고유한 수행이다. 그러나 절대적 자아는 우리의 자아가 수행하는 모든 행위들과 한계초월의 영원한 목적규정Zielbestimmung으로서 우리의 자아에 대해 또한 초월적이다(Fichte 1794, I § 1). 셸링은 자신의 저서인 "선험적 관념론의 체계"System des transzendentalen Idealismus에서, 앎으로부터 시작한다. 앎은 주관과 객관의 단일성을 전제하는데, 이것은 마지막으로는 절대적인 단일성이어야 한다(그렇지 않다면 양 측면은 서로에 대하여 항상 낯설 것이고, 지식을 위한 어떤 보증도 없게 될 것이다). 확실히 이 단일성은 오직 절대적인 것 자신만이 될 수 있다. 그것은 따라서 "지성적인 직관" 안에서 우리에게 항상 이미 현전해야 한다. 그렇지 않다면 우리는 무엇을 알 수도 없고, 물어가면서 지식에로 향할 수도 없다(Schelling 1800, I). 헤겔에 따르면, 목적규정으로서 우리의 앎의 근저에 놓여 있는 최고의 '자각적自覺的 존재'Beisichsein는 "절대적 지식"(TW 3, 575 이하), 혹은 "절대적 이념"(TW 6, 548 이하)이다. 이러한 생각에 다시 한번 더 가까이 다가가보도록 하자.

이미 말한 바대로, 진리를 인식함은 오직 우리 정신의 마지막 개방성 안에서만 가능하다. 이것은 우리의 다양한 제약성과 모순되지 않는다. 그 반대이다. 제약성은 원칙적인 개방성 안에서만 우리에게 의식될 수 있다. 이러한 개방성은 이제 어디에 존립하는가? 예컨대 절대적인 빈 공간 안에? 그러나 그것은 무로서 효력이 없을 것이다. 그럴 경우 우리는 우리의 제약성을 오직 무 안으로 들어가게 할 수 있을 뿐이고, 따라서 결국 제약성을 넘어설 수 *없게* 될 것이다. 유일한 대안은 이렇게 생각된다: 저 개방성은 절대적인 것, 더욱이 절대적인 존재를 통해서 채워져야 한다. 그러나 우리는 우리의 사유를 *사유로서* 돋보이게 하는 그 개방성을 이런 방식으로 대상화하는 것은 아닐까? 이러한 반론을 참작하면서 우리는 다음과 같이 말해야 한다: 저 개방성은 우리의 사유에 고유한 것이며 그것에 어떤 방식으로든 맞서 있지 않다. 하지만 그렇다면 우리의 사유는 스스로가 절대적이고 무한한 자각적 존재가 아닌가? 명백하게도 그런 경우는 있을 수 없다. 우리의 사유는 절대적인 것이 아니며, 그러나 분명히 그것과 분리될 수도 없다. 우리는 아마도 다음과 같이 말해야 할 것이다: 우리의 사유는 절대적인 사유를 통해서 가능하게 된 것이고, 그 안에서 움직이며, 그것과 관계 맺으며, 그것을 통해서 지탱되고 있다. "우리는 그분 안에서 숨쉬며 움직이고 살아간다"고 바울로는 신에 대한 우리의 관계를 말하고 있는데(사도행전 17, 28), 여기서 그는 무엇보다도 우리의 정신적 존재를 의미하고 있다. 이는 그가 여기서 의존하고 있는 스토아철학에 상응하는 것으로(같은 곳.), 그 가르침에 따르면, (플라톤적인 가르침에 부합하여) 누스는 신적이고 무한한 것이며 우리 인간은 그것을 분유하고 있다는 것이다. 그리스도교적으로 표현하자면 그 의미는 이렇다: 신적인 정신은 우리에게 자신을 분유하게 하며, 이러한 (자기-)증여를 통해서 우리의 정신적 존재를 정초한다. 이러한 신적이고 인간적인 정신에 대한 (고대의/그리스도교의) 가르침은, 우리가 본 것처럼 근세의 주관철학 안에서 다시 수용되고 있다. 왜냐하면 계몽주의에 의해서 그토록 강조된 인격성은, 바로 그것의 가장 독자적인 활동들 안에서 보건대, 보다 더 깊은 무한성의 차원이 없이는 파악될 수 없음이 드러나기 때문이다. 우리의 사유 안에 있는 모든 것은 우리에 의해서 사유된 것이고, 그래서 이렇게 말할 수 있기는 하다: 우리에 의해서 사유 안에 설정됨gesetzt. 그럼에도 불구하고 그로부터 우리가 오직 주관적인 관점에 제약되어 있다는 결론이 도출되는 것은 아니다. 오히려 우리 안에 있는 가장 정신적인 것, 말하자면 우리의 가장 인격적이고 주관적인 내적 공간은 하나의 마지막 무제약성으로부터 살아간다. 유한한 존재인 우리는 이 무제약성을 무한한 정신적 존재이자 자각적 존재와 하나가 된 삶 안에서만 소유한다.

3. 진리문제의 배경에 대한 해명들

다음의 개요는 니이체의 말로 시작되어도 좋을 것이다. 그것은 자신의 "관점주의"에 대한 니이체의 비판적 반성의 능력을 보여주는 것이다: "오늘날 신앙이 없고 반형이상학적인 우리들 인식하는 자 역시, 천년나이의 신앙이 점화시킨 화재로부터 불을 취하고 있다. 그 신앙이란 저 그리스도교적인 신앙을 말하는데, 그것은 신이 진리이며 진리는 신적이라는 플라톤의 신앙이기도 했었다"(Die fröhliche Wissenschaft Nr. § 344). 모든 진리주장들의 파괴 역시, 자기 자신에 대한 계몽된 반성 안에서, 여전히 무제약적인 진리욕구 Wahrheitswillen의 열정에 의해서 스스로가 규정되고 있음을 안다.

진리란 무엇인가? 그것은 어떻게 정의될 수 있는가? "참된"이라는 말은 부가어적으로 사용될 수 있고(참된 친구, 참인 문장), 또한 술어적으로 사용될 수도 있다(이것은 참이다). 나중의 사용은 오직 진술과의 관련 속에서만 가능하다(이 진술은 참이다, 그러나 다음은 성립되지 않는다: 이 친구는 참이다). 이하에서는 단지 진술의 진리만이 문제가 될 것이다. 이때 중요한 것은 음성형태Lautgestalt의 진리가 아니라, 그 안에서 표현된 "명제"Proposition, 곧 진술내용이다(이것은 상이한 언어들이나 혹은 뜻이 같은 말들 안에서 표현될 수 있다)(다음을 참조할 것: 페르버Ferber 74 이하, 켈러Keller 104 이하; 푼텔Puntel 1973, 1978).

a. "일치" adaequatio라는 고전적인 진리정의

진리는 "지성과 사물의 일치adaequatio intellectus et rei"(Sth I, q 1 a 2 resp; de veritate, q I a 10 resp), 즉 정신(혹은 언어, 생각 등등)과 (지향된) 사안(현실)과의 일치이다. 이 정의는 일반적인 언어용법과 부합하는 것이다. 우리가 '언제 하나의 문장이 참인가?' 라고 묻는다면, 이때 예상되는 대답은 이렇다: 그 문장이 말하는 그대로일 때이다. "화성인들이 존재한다"라는 문장은 따라서 언제 참인가? — 화성인들이 존재하는 경우이다(예컨대, 내가 그들을 망원경이나 그 밖의 방법으로 찾아낼 수 있을 경우가 아니다). 하지만 이런 정의와 함께 몇 가지 어려움들이 생겨난다:

(1) 이 정의는 순환적으로 보인다. 왜냐하면, 진리에 대한 어떠한 정의가 진리에 상응하고 그것에 적합한 것인지를 내가 묻는다면, 나는 내가 비로소 정의하려고 하는 바의 진리에 대한 이해를 이미 가지고 작업을 하고 있는 셈이기 때문이다. (2) 이 정의는 인식이론적으로 중립적이 아니다. 그것은 인식실재론Erkenntnisrealismus을 전제하고 있는데, 이는 비로소 증명되어야 하는 것이기 때문이다. (3) 이 정의는 주관의 측면과 객관의 측면 양자보다 상위에 있는 관점을 요구한다. 그러나 과연 우리가 그런 관점에 이를 수 있는 능력이 있는가? 우리는 항상 단지 견해들을 견해들과 비교할 수 있을 뿐이지 않은가?

알프렛 타르스키Alfred Tarski의 의미론적 진리이론을 보도록 하자(푼텔Puntel 78, 2장 참조): 타르스키는 "참된"wahr의 의미를 이렇게 규정한다: "눈은 희다"라는 문장은, 눈이 희다면 참이다(혹은 "p"는 p일 때 참이다). 이러한 규정을 통해서 알 수 있게 되는 것은, 진리서술어Wahrheitsprädikat를 통해서 구축된 관계는 두 개의 진술들 사이에 있는 관계인데, 그것들은 말하자면 메타언어적인 진술(인용부호 안에 있는 것)과 대상언어적인 진술(인용부호 없는 진술)이다. 대상언어적인 진술은 언어 밖의 대상들에 대해 말한다. 메타언어적인 진술은 대상들을 겨냥하고 있는 대상언어적인 진술들에 대해 말한다. 진리서술어의 의미론은 따라서 언어들의 등급을 나눔으로써 해명된다. 이때 타르스키에 따르면, 대상언어적인 영역이 실재론적인지, 관념론적인지, 현상학적인지 혹은 그 밖에 어떻게 해석되어야 하는지는 열려져 있는 문제로 남을 수 있다. 타르스키의 진리론은 일치이론의 언어철학적인 번역 내지는 재공식화로 간주될 수 있다. 그럼에도 위에서 일치이론에 대해 제기한 물음들이 사라지지는 않는다. 예컨대, 대상언어와 메타언어의 구분이 순환문제를 완전히 제거할 수는 없다. 왜냐하면, “p”와 p 사이의 관계가 참이 되게 만드는 것을 파악하기 위해서, 나는 이미 다른 동형들과 구분될 수 있고 전적으로 독특한 진리관계Wahrheitsbeziehung의 개념을 소유해야 하기 때문이다. 다시 말해서 나는 진리가 무엇인지를 이미 알고 있어야만 한다. 게다가 계속 이어질 수 있는 인식이론적이고 형이상학적인 물음들은 배제되거나 유예되고 있다. 규준의 문제에서 시작하는 진리이론들이 여기서 구제책을 강구하고 있다. 왜냐하면 일치이론은 지성과 사물의 일치라는 아주 일반적인 규준 이외에는 아무런 진리인식의 규준도 제시하지 못하는 것처럼 보이기 때문이다. 이러한 길 위에서 진리의 개념이 더 정확히 규정되고 있는가?

b. 정합이론

하나의 개별적 진술은 그것이 참이라고 가정된 진술들의 맥락 안에 모순 없이 삽입될 수 있을 때에만 참이다. 우리는 여기서 진리에 대한 정의와 함께 진리 인식의 규준을 동시에 가지는 것 같다. 하지만 이 이론은 충분하지가 않다. 비록 그와 같은 진술의 배열이 성공한다 하더라도 ‘그 진술이 참인가?’ 라는 물음이 끝까지 제기될 수 있기 때문이다. 예컨대, 중세에서는 세계에 대한 모든 진술들은 지구중심의 세계체계 안으로 잘 삽입될 수 있다고 여겨졌으나, 그럼에도 불구하고 이 자체적으로 정합적인 체계는 현실과 부합하는 것은 아니었다.

c. 명증이론

진술은 그것의 진리가 나에게 명증적일 때 참으로 간주될 수 있다. 여기서도 진리는 그것을 인식하기 위한 기준으로부터 정의되고 있다. 하지만 명증체험은 아직 진리를 보증하지는 않는다. 보기: '전체는 그것의 부분보다 크다'는 명증성은, 수학적으로 무한한 크기들을 고려할 때 해체된다(내가 AB구간의 중간을 D라는 점으로 분할한다면, 이때 AD구간은 AB구간보다 "더 적은" 점들을 포괄하는 것은 아니다).

d. 합의이론

진리를 묻고 탐구하는 사람들이 그들 간의 (지배로부터 자유롭고, 조종되지 않은) 대화 말미에 도달하는 일치는 진리로 간주될 수 있다. 그러나 여기서도 다시금 다음과 같은 질문이 제기된다: 합의가 오류에 의거하지 않는다는 것을 무엇이 보장하는가? 확실히 이 이론 안에서는 진리의 인식에 이르는 길이 잘 묘사되고 있다. 하지만 목표가 되고 있는 합의는 진리의 정의로서는 충분하지 않다. 탐구의 노력을 종말론적으로 확대시켜서 다음과 같이 말하더라도 사정은 변하지 않는다: 탐구의 예측할 수 없는 도정 마지막에 보편적으로 승인된 것은 참이다. 그럼에도 불구하고 왜 그것이 거짓일 수는 없는가? 논리적으로 그런 가능성은 배제되어있지 않다. 이로써 합의는 진리의 정의로서는 충분하지 않은 것이다.

e. 실용주의적 이론

유용성이나 검증가능성이 진리를 결정한다. 그러나 이 정의 또한 불충분하다. 많은 경우 거짓과 과오도 유용할 수 있지 않은가? 그리고 실제로 검증될 수 없는 진술들(예컨대, 별들의 수효는 짝수다)에 대해서 나는 그럼에도 불구하고 다음과 같이 의미 있는 방식으로 말할 수 있다: 그 진술들은 참이거나 거짓이다(물론 수학에서의 "직관주의"Intuitionismus에 따르면, 어떤 사태의 존립은 그것의 사실적인 구성가능성Konstruierbarkeit에 달려있다. HWPh 4, 543 이하 참조).

f. 일치이론에로의 복귀

b)에서 e)까지의 진리이론들에서는 항상 다음의 결정적 질문이 남게 된다: 진술은 명증적이거나 유용하거나 등등 일수 있지만, 그것은 또한 참인가? 이 질문은 다시금 일치이론에로 돌아가게 한다. 왜냐하면 진술이 참인 것은, 오로지 그것이 말하는 그대로 일 때뿐이기 때문이다. 이때 정의의 순환성은 "존재", "선성", "인식", "언어", 그리고 또한 "진리"와 같은 모든 철학적 근본개념들의 독특성을 지시한다. 이 개념들은 그것들에 대한 이해를 전제하지 않고서는 정의될 수 없다. 그래서 일치이론에서 관건이 되고 있는 일치는, 그것에 대한 이해가 이미 현존할 때만 그 독특성 안에서 인식되고 동일성이 확인될 수 있는 것이다. 모델이나 모사, 반영 등은 어쨌든 문제가 되고 있는 일치를 위한 유비들이다. 그러나 이 일치는 항상 이미 이해된 것이어야 한다. 우리가 진리를 정의 안에서 (재차) 인식해야만 한다면, 우리는 진리와 친숙해야만 한다.

g. 우리는 도대체 진리를 인식할 수 있는가?

실제로 진리의 일치-정의는 인식이론적인 함축을 갖고 있다: 진리의 인식은 인식되고 있는 사안에 머물러 있음을 의미한다. 이러한 '사안에-머물러-있음'Bei-der-Sache-sein이 가능한가? 나는 논박할 수 없는 확실성을 가지고 진리를 인식할 수 있는가? 혹은 나는 도처에서 오직 추측들에만 의존해 있는가? 나중의 경우라면, 일치의 진리는 아마도 하나의 환영으로 드러날 것이다. 그러나 이제 내가 명백히 인식할 수 있는 진리들이 있다. 가령, 비모순율이나 혹은 빛깔이 있는 것은 항상 연장되어 있다는 것과 같은 본질맥락들이다. 수학 또한 반박할 수 없는 확실성을 가진 전제들로부터 생겨나는 맥락들을 제시한다. 그러나 나는 실존하는 것, 즉 실재적인 것 또한 인식할 수 있는가? 언제든 내가 아우구스티누스나 데카르트와 함께 견지해야 하는 바는, 내가 내 자신의 실존을 알고 있으며 이 앎을 의미있게 논박할 수 없다는 것이다. 게다가 나에게는 (고통이나 색감과 같은) 현상들이 주어져 있는데, 이것들은 우리에게 나타나는 현상들로서의 사실들이다. 이것들이 나에게 주어져 있을 경우, 나는 그것들을 반박할 수 없는 확실성을 가지고 확인할 수 있다(더 자세한 것은 켈러Keller 125-158 참조).

h. 보복적 논증

우리가 진리를 인식할 수 있는 상태에 있고 또 그래야만 한다는 것을 입증하는 아주 근본적인 논증이 있는데, 말하자면 보복Retorsion의 논증이다(뒤집다retorquere라는 말에서 기원됨)(바이스마르Weissmahr 1989; 훼슬레Hösle 1994, 152-181 참조). 누군가가 우리는 어떤 진리도 인식할 수 없다고 주장한다면, 그는 하나의 참된 진술을 하고 있노라고 주장하는 셈이다. 이것이 보여주는 바는, 우리는 진리에 대한 통찰을 전제할 수밖에 없다는 것이다. 우리는 이미 항상 진리와 친숙해 있다. 우리는 무엇이 진리인지를 알고 있으며, 우리가 진리들을 인식했을 때만 이것을 알 수 있다. 우리는 개별적 주장들을 의심할 수 있기는 하나, 결코 진리를 인식하는 우리의 원칙적 능력을 의심할 수는 없다. 우리는 근본적인 방식 안에서 이미 항상 진리에 머물러 있어야 한다. 이러한 보복적 논증(이것은 또한 실행적performativ 혹은 선험적transzendental이라 불려지기도 한다)을 더 정확히 이해하기 위해서는 다음의 양자 사이의 차이에 주목해야 하는데, 그것은 (1) 어떤 주장의 "명제적" 내용, 즉 주장 안에서 진술되고 있는 것과 (2) 주장 자체의 수행Vollzug, 곧 주장의 "실행적" 행위이다. 보복적 논증에서는 두 가지 언어영역들인 (1)과 (2) 사이의 불일치에 대해서 주의가 환기되고 있다. 예컨대, 만일 내가 [독일어로] "나는 독일어를 한 마디도 못합니다"라고 말한다면, 그때에는 (1) 안에서 무엇인가가 진술되고 있지만, (2) 안에서는 그것에 대한 반대가 주장되고 있다. 많은 재담들을 통해서 이러한 모순이 지적되고 있다(훼슬레Hösle 1994, 176 참조): 누군가가 문을 두드리는데 안에서 다음과 같은 목소리가 들린다. "나 지금 집에 없어요". 혹은 (고대의 재담서 안에서): 시작詩作을 금지한 아버지의 명을 어기고 다시 시를 쓰다가 들킨 어린 오비드Ovid가 아버지에게 매를 맞는다. 오비드가 대답한다: "저를 용서해 주세요. 결코 다시는 시를 쓰지 않겠어요(párce mihí numquám vérsificábo patér!)". 이 말의 기지는, 오비드가 이 말을 오보격五步格으로, 즉 시적인 형식으로 말하고 있다는 데에 있다. 이렇게 항상 "명제적으로" 주장된 것과 "실행적으로" 주장된 것 사이에 모순이 생긴다.

이제 이러한 모순들의 대부분은 (a) 주장된 사안을 다른 방식으로 표현할 경우 철저히 피할 수 있다. 만일 내가 독일어로 "나는 독일어를 한 마디도 못합니다"라고 말한다면, 이는 실제로 실행적 모순이다. 하지만 내가 같은 내용을 영어나 이태리어로 말한다면 어떤 모순도 생기지 않는다. 그와는 다른 것은 (b) "나는 존재하지 않는다"와 같은 주장 안에서다. 이것은 여하한 진술의 양식을 통해서도 제거할 수 없는 모순이다. 그럼에도 불구하고 이 주장은 우연적인 사실의 소여성, 곧 내 자신의 철저히 우연적인 실존에 근거하고 있다(나는 존재하지 않을 수도 있기 때문에). 다시 한 번 이와 구분되는 것은 (c) 비우연적인 것에 대한 실행적 전제인데, 이 전제는 저마다의 주장 안에 함축되어 있는 것으로서, 예컨대 존재 일체에 대한 전제, 그리고 계속해서 설명하자면, 무제약적인 존재, 마찬가지로 진리와 (우리가 본 것처럼) 무조건적인 진리에 대한 전제이다. 이때 이 모든 세 영역들(a, b, c)에 대해서 타당한 사실은 이렇

다: 부정이 단지 명제적 영역에서만 숙고된다면, 어떤 모순도 생기지 않는다. “어떤 진리도 없다”. 이 문장은 참이거나 거짓일 수 있다. 이 문장은 순전히 명제적으로 보았을 때 어떤 모순도 내포하고 있지 않다. 그와는 달리 “이 원은 사각형이다”라는 문장이나 혹은 “p이면서 p가 아님”이라는 문장들에서는 이미 명제적인 영역에서 모순이 현존한다. 그러나 다른 경우들(a, b, c)에서는, 우리가 다음의 점에 주목한다면, 곧 무엇인가를 주장하는 사람이 자신의 주장의 수행을 통해서 무엇을 함께 주장하고 있는지에 주의한다면, 모순이 비로소 가시적이 된다.

그러나 우리가 진리를 인식할 수 있는 것은 주장 안에서 뿐만이 아니다. 우리의 물음과 의심 안에서도 진리와의 관련성이 내포되어 있다(코렛트Coreth, 1장 참조). 왜냐하면 물음이 의미가 있다면, 나는 “있는” 것, 곧 진리에 대해 묻기 때문이다. 만일 진리가 무엇인지를 내가 모르고 있다면, 그리하여 진리에 대한 어느 정도의 인지성이 주어져 있지 않다면, 나는 진리에 대하여 물을 수가 없을 것이다. 동일한 것이 의심에 대해서도 타당하다. 내가 어떤 의심을 표명한다면, 나는 진리를 알고 있어야만 한다. 바로 이러한 앎은 우리에게는 더 이상 추적해 들어갈 수 없는 것이다. 이미 언급한 니이체의 진술을 마지막으로 들어 보자: “*마지막 회의.* – 대체 무엇이 마지막으로 인간의 진리들인가? - 그것은 *논박할 수 없는* 인간의 오류들이다”(Die fröhliche Wissenschaft Nr. 265). 우리가 이 문장을 혹시나 좌초된 의견들이나 선입견들에 대해 비판적인 태도를 취하라는 권고로 받아들인다면, 이 문장은 철두철미 진지하게 받아들여져야 한다. 하지만 이 주장의 보편성 안에 명백한 실행적 모순이 놓여 있다. 왜냐하면 여기서 참임을 요구하는 주장이 제기되고 있는데, 이 진술의 명제적 내용은 바로 그러한 요구를 부당한 것으로 천명하고 있기 때문이다. 우리는 여기서 니이체의 표현의 기교에 현혹되어서는 안 된다. 이 점을 유념하는 것이 특별히 이 저자의 글들을 마주했을 때 요구된다.

4. 우리를 넘어서는 참된 – 존재에로의 정향

앞에서 제시된 것처럼, 진리에 대한 앎 속에서 나는 "있다"Ist, 곧 존재의 마지막 맥락에 정향되어 있는데, 본래 그것은 더 이상 맥락이 아니라 절대적인 자체내존재Insichsein이다. 이것만이 요구된 무제약성을 보증할 수 있으며, 그로부터 나는 제약된 것을 사유할 수 있고, 인식하면서 그 동일성을 확인할 수 있다. 이 무제약적인 것만이 인식을 객관적으로, 또한 주관적으로 가능하게 한다(즉 인식된 것과 인식함을 가능하게 한다). 이 마지막 맥락이 한갓 사실성(우연성)이고 그래서 제한성이라면, 그와 함께 주어진 지평은 결코 참된 인식을 가능하게 하지 못할 것이다. 그로부터는 주어진 제한성이라는 의미에서 단지 고정과 결정Determination만이 시발될 수 있겠기 때문이다. 제한성 자체도 더 이상 인식될 수 없을 것이다. 제한성이 인식될 수 있다면, 더욱 포괄적인 지평이 주어져 있어야만 한다. 제한됨이 불가능하고, 주관과 객관의 양 측면이 하나 안에 있는 마지막이자 무제약적인 지평만이 진리의 인식을 보증하고, 우리가 도대체 진리에 대해 물어볼 수 있다는 사실을 이해할 수 있게 해준다.

이렇게 전제된 무제약자는 물론 더 이상 객관화시킬 수 없다. 우리는 무제약자로부터 거리를 취할 수가 없다. 하지만 우리가 그것을 사유할 수 있다면, 그것은 우리가 그것과 거리를 둘 수 있다는 것을 의미하는 것처럼 여겨진다. 마치도 대상과 구분된 주관을 통해서 하나의 대상이 파악될 때마다 주관이 대상과 "거리를 두어야" 하는 것처럼 말이다. 하지만 무제약자는 바로 그런 식으로 거리를 둘 수 있는 것이 아니다. 그렇다면 그것을 사유함은 불가능한 일인가? 만일 그렇다면 그것은 모순일 것이다. 해결책은 무제약자에 대한 사유를 그 독특성 안에서 파악함에 놓여 있다. 반성은 모든 반성의 근저에 놓여 있는 것에까지 다다를 수 있지만, 동시에 통찰해야 할 것은, 반성의 근저에 놓여 있는 그것 자체는 더 이상 여타의 것과 같은 사유의 대상이 아니라는 점이다. 오직 간접적인 방식으로만, 즉 내가 반성하는 바의 것으로서 나의 정신적 수행들의 항상 이미 주어진 전제에 대한 인식 안에서만, 나는 저 무제약자를 사유할 수 있는 것이다. 이 특별한 사유를 대상을 파악하면서 포괄하는 사유, 곧 "comprehendere"와 구분하기 위해서, 아우구스티누스(Confess. IX, 10. 24)와 쿠사누스(de doct. ign. I, 4), 그리고 데카르트(Med. III, 38)는 다만 하나의 "접촉"attingere일 따름인 사유에 대해서 말하고 있다. 무제약자는 나와 마주설 수 있기에는 너무도 나에게 가까이 있다. 그것은 사유행위를 지탱하며 그것에 방향성을 주고, 이러한 사유행위와의 일치 때문에 더 이상 사유하면서 대상으로 만들 수가 없는 것이다. 그것은 나의 자아-수행을 가능하게 만드는 힘으로서 나에게는 내면적인 것이며, 자아-수행 안에 현존한다. 그러나 바로 그 때문에 나는 나의 자아처럼 그것을 최후에는 대상화할 수 없는 것이다. 만일 내가 나의 자아를 객관화시킨다면, 즉 자아를 인식하면서 나에게 맞서 세운다면, 그때 그것을 하는 자는 "나"이며, 그래서 나는 이미 더 이상 단순히 이러한 나의 대상이 아닌 것이다. 이제 밝혀지는 것처럼, 자아는 무제약자와의 결합과 일치를 통해서 그것과 직접적인 "접촉" 안에 있고, 그런 이유로 무제약자처럼 나에게 완전히 알려진 것이자 친숙한 것이다. 그럼에도 불구하고 자아는 나의 인식하는 포착으로부터 벗어나 있다. 무제약적인 존재의 이 같은 특성에 대해 세 개의 보기들을 중세와 근세, 그리고 현대로부터 들어보기로 하겠다:

a. *마이스터 엑카르트Meister Eckhart*는 절대적인 것 그리고 그것이 세계에 대해 갖는 관계와 관련해서 역설적인 언어를 사용할 수밖에 없음을 인식한다. 왜냐하면 절대자는 보통의 사물적이고 유한한 의미에서 "있는" 것이 아니기 때문이다. 역으로 유한자는 본래적으로, 즉 완전한 자기 자신으로부터의 존재라는 척도에 따라서 "있지" 않다. 이로써 피조물 안에 있는 신의 모사는 동시에 극도의 비유사성이다. 엑카르트는 말한다: "신과 피조물의 관계에서처럼, 어떤 것도

다른 것에 그토록 비유사하며 동시에 유사한 것도 없다nihil tam dissimile et simile coniunctim alteri [...] quam deus et creatura" (Exoduskomm. Nr. 117, DW, Lt. Werke I, 112). "존재는 신이다 Esse est deus"(op. trip. prol., Werke II, 473). "모든 피조물들은 순전한 무이다[...]. 모든 피조물들은 어떤 존재도 갖지 않는다. 그들의 존재는 신의 현재에 매달려있기 때문이다"(DP, 171). "신은 무이다. 그것은 그분에게 존재가 없다는 의미에서가 아니다. 그분은 사람들이 진술할 수 있는 이것도 아니고 저것도 아니다 - 그분은 모든 존재 너머에 있는 존재이다"(DP, 407).

b. *데카르트*의 성찰 3장에서의 증명은 그가 하나의 논증 안에서 간결히 요약하고 있는 어떤 통찰에 의거하고 있다. 이 논증은 인과율에 대한 선행하는 증명의 실행과는 독립적인 것이다(이 점에 대해서는 셴도르프Schöndorf 1987, 112 참조): 유한적인 것은 무한적인 것을 배경으로 해서만 파악될 수 있으며(Med. III, 24), 이때 무한적인 것은 구조적으로 유한하게 남는, 단순히 잠재적으로 무한한 것의 의미로 이해되어서는 안 된다(III, 27).

"또 나는 무한한 것을 참된 표상에 의하여 파악하는 것이 아니라, 마치 정지를 운동의 부정으로써 파악하고, 어두움을 밝음의 부정으로써 파악하듯 유한한 것의 부정으로써만 파악한다고 믿어서는 안 된다. 왜냐하면, 정반대로 무한한 실체 안에는(in substantia infinita) 유한한 실체 안에서보다 더 많은 실재성(plus realitatis)이 있다는 것, 따라서 무한자, 즉 신의 개념은 유한자, 즉 나 자신의 개념보다도 어느 의미에서 먼저 내 속에 있음(priorem quodammodo in me esse perceptionem infiniti quam finiti)을 내가 명백히 이해하기 때문이다. 만일 그것을 통해 내 자신을 비교하고 나의 결함들을 알아보게 하는 바로서의 보다 완전한 어떤 존재의 관념이 내 안에 있지 않다면(si nulla idea entis perfectioris in me esset), 어떻게 나는 내가 의심하고 욕구한다는 것, 즉 나에게 무엇인가가 결여되어 있고 내가 아주 완전하지 못하다는 것을 파악할 수 있단 말인가?"(III, 24).

c. *칼 라너Karl Rahner*(1904~1984)에게 있어서 AlGB의 근본생각은 (이러한 표시가 없이) 그의 저서인 "말씀의 청자"Hörer des Wortes 안에서 결정적인 것이 되었다. 이 저서 안에서의 중심개념은 유한적인 것을 넘어서는 무한자에로의 "선파악"Vorgriff의 개념이다. 선파악의 "지평" 안에서 유한자가 그 존재 안에서 파악된다. "선파악은 의식케 하는 지평의 개시開示이다. 그 안에서 개별적 대상은 인간적 인식에 알려진다"(Rahner 1941, 77). "선파악이 향하는 그 무엇dieses Woraufhin des Vorgriffs은, 선파악을 통해 가능하게 되는 대상, 즉 추상하고 객관화함으로써 파악되는 그런 종류의 대상이 아니다. 왜냐하면 [만일 그렇다면] 그와 같은 대상은 물론 스스로가 오직 그러한 선파악 안에서만 파악될 수 있는 것이 되겠기 때문이다"(78). 그런 다음(79 이하) 칸트와 하이데거와의 관련 하에서, 이러한 선파악은 재차 제한된 것에로 향할 수 없으며, 그러나 또한 무를 향할 수도 없다는 점이 제시되고 있다. "인간인식의 초월론적 지평이 갖는 긍정적인 무제한성은 이러한 지평을 채우지 못하는 모든 것들의 유한성을 자신으로부터 보여준다. 무가 무화하는 것이 아니라, 선파악이 향하는 존재의 무한성이 모든 직접적으로 주어진 것들의 유한성을 드러낸다"(80). 그것은 "즉자적으로 무제한적인 존재에로의 선파악이다[...]. 이러한 선파악이 설정되는 필연성과 함께 신의 무한한 존재가 또한 함께 긍정되었다. 선파악은 직접적으로 신을 대상처럼 정신 앞에 세우지 않는다. 선파악은 대상적 인식의 가능성의 조건으로서, 자신으로부터 일체의 어떤 대상도 자기 안에 표상하지 않기 때문이다. 그러나 필연적인, 그리고 이미 항상 실행된 인간 인식의 조건으로서의 선파악 안에서 이미 절대적인 존재, 즉 신의 실존이 또한 비록 표상되고 있는 것은 아니지만 함께 긍정되고 있다"(81 이하). "이것은 철두철미 선천적인 신 증명이 아니다

[...]. 선파악과 그것의 폭은 현존하는 것으로서, 그리고 모든 인식을 위해 필연적인 조건으로서 단지 인식될 뿐이며, 실재하는 존재자의 후험적인 파악 안에서 그것의 필연적인 조건으로서 긍정되는 것이다. 이렇게 신 인식에 대한 우리의 표현은 전통적인 신 증명이 수행하는 실재존재론적인realontologisch 방식으로부터 인식형이상학적인erkenntnismetaphysisch 방식에로의 전환이다"(82 이하). 선파악이 향하는 그 무엇의 객관화 불가능성을 라너는 지속하는 "신비"로 주석한다. 이 신비가 항상 우리를 위하여 존재하는 신이다(Schriften IV, 51 이하; IX, 167 이하 참조).

Ⅲ. 존재론적 신 증명

1. 안젤무스적 신 증명의 전사前史에 대하여

칸트에 의해서 이름 붙여진 "존재론적 신 증명"der Ontologische Gottesbeweis(OGB)은 신에 대한 생각으로부터 신의 존재를 추론한다. 즉 이 증명은, 신이 그 참된 의미에 따라 볼 때 무엇인가 라는 생각 안에 신이 실존한다는 전제가 내포되어 있다고 추론한다. 캔터베리의 안젤무스가 처음으로 이 증명을 간결하게 정식화했다. 하지만 안젤무스에 앞선 선구자들도 있다. 우리는 아우구스티누스의 진리증명을 이미 존재론적 논증으로 주석할 수 있다. 최고의 진리는 다시 한 번 이성보다 상위에 있는 것이기 때문이다. 이렇게 이성을 구속하는 것은 이성의 '구성적 본성'Verfaβtheit으로부터 규명되며(따라서 외적인 경험들의 재수용 안에서가 아니라), 부연하자면 이성이 최고의 이론적 실천적 진리에로 정향되어 있음에서 밝혀진다. 이 진리는 이성에게 방향성을 주고 이성을 주재하며 무조건 구속하는 것으로서, 이성의 산출물일 수는 없다. 물론 여기서 논구되고 있는 이성은 어떤 작업가설Konstrukt이 아니라, 자신의 수행에 대한 반성 안에서 우선 자기 자신의 실존을 확신하게 되는 살아서 활동하는 이성이다. 이것은 이미 안셀무스적인 사고의 해석을 위한 하나의 지침이다. 이성을 무제약적으로 구속하며 그것보다 우위에 있는 저 진리의 힘 또한 이와 같은 자기존재 내지는 그와 함께 존재의 함축을 가져야만 한다. 아우구스티누스의 논증들은 철두철미 이러한 의미에서 이해될 수 있다. 그리하여 안셀무스의 신 증명은 아우구스티누스의 논증들로부터 자극을 받았다고 여겨진다. 예컨대 안셀무스의 신 개념("그보다 더 큰 것을 생각할 수 없는 그 무엇")의 초기형태는 "자유의지에 관하여" II, 54 안에서 발견되는데, 거기서 신은 "어떤 것도 그분보다 상위에 있지 않은 그런 분quo est nullus superior"으로 규정되고 있고, 그 의미는 이러하다: "그분보다 더 높은 것은 존재하지 않음이 그분에 대해서 확실할 때, 오직 그런 분만을 나는 신으로 인정할 수 있다Hunc plane fatebor deum quo nihil superius esse constiterit"(II, 55)(비슷하게는 de doctr. chr. I, 7. 16 참조). 다른 곳에서 그는 신을 "그분을 넘어서서는 어떤 더 좋은 것이 있을 수도, 생각될 수도 없는 전적으로 최고의 선summum bonum omnino, et quo esse aut cogitari melius nihil potest"(de mor. eccl. cath. II, 11, 24)으로 규정하고 있다. 보에티우스에게 있어서도 그에 상응하게 신은 "그보다 더 나은 것이 존재하지 않는 그 무엇id quo melius nihil est"(cons. phil. III, 10 p)이다. 그러나 이미 스토아 안에서 이러한 신 개념이 발견되고 있다. 세계는 신과 동일시될 수 있기에, 세계(mundus)에 대해 적용되는 사실은 이렇다: "더 낫고 더 아름다운 것이 없을 뿐만 아니라, 전혀 더 나은 것을 생각할 수도 없다nihil praestabilius, nihil pulchrius, nec solum nihil est, sed ne cogitari quidem quicquam melius potest"(Cicero de nat. deor. II, 18; 19-21 참조). 세네카 또한 이와 같은 규정의 방향을 취하면서 적합한 신 개념을 구하고 있다: "신은 어떤 분인가? 당신이 보고 있는 모든 것이자, 당신이 보지 못하는 모든 것이다. 그분 홀로 모든 것일 때(si solus est omnia), 그리고 그분이 자신의 작품을 안팎으로 유지할 때(si opus suum et intra et extra tenet), 그럴 때에야 비로소 신은 그보다 더 큰 것을 생각할 수 없는(qua nihil maius cogitari potest) 자신의 크기(magnitudo)를 얻게 된다"(nat. qaest. I praef. 13).

본래의 논증과 관련해서, 우리는 파르메니데스를 이 증명의 창시자로 부를 수 있다. 그에 따르면 사유와 존재는 하나이다: "사유와 존재는 동일한 것이다τὸ γὰρ αὐτὸ νοεῖν ἐστίν τε καὶ εἶναι"(B 3). 오직 비존재를 포함하지 않은 순수하고 절대적인 존재만이 모순없이 생각될 수 있기에, 그것은 또한 실존하며, 혹은 진실로 실존하는 것이다. 그에 반해서 비존재와 섞여 있는 다른 모든 것은 단지 가상일뿐이다. 플라톤의 파이돈(102 a - 107 a) 안에서는 "존재론적 논증의 플라톤적 원형"이라고 명명된 논증이 발견된다(자이페르트 Seifert, 125; 비슷하게는: 프랑크Frank, 353): "생명의 이데아"는 죽음을 명백히 배제하는데, 이는 마치도 짝수의 이데아가 홀수의 이데아를 배제하는 것과 유사하다. 따라서 내가 생명이라는 개념을 이해한다면, 나는 이미 생명의 불멸성도 이해한 것이다. 물론 플라톤에게 문제가 되고 있는 것은 개별적인 생명체가 아니라, 그것을 통해서 개별적 생명체가 자신의 생명을 갖게 되는 바로서의 생명 자체이다. 그의 논증은 아마도 이렇게 해석될 수 있다. 즉 우리는 우리 안에, 완전히 자신으로부터 존재하기에 무제약적이며 자기관련적인, 그리고 그 때문에 살아있는 존재에 대한 선천적인 이데아를 가지고 있다. 그 존재는 영원히 실존한다고 생각될 수밖에 없다. 그렇다면 이 존재는 신과 동일해야 한다. "소크라테스가 말했다. 도대체 무엇인가가 불사한다면, 적어도 신과 그리고 생명의 이데아 자체는 결코 멸망하지 않는다는 것을 누구나가 인정하는 것이지"(106 d). 그에 따라 생명을 이해한다함은 그것의 폐지불가능성을 이해하는 것이며, 이것은 신과 동일시되어야 한다. 그 밖에도 이것은 대화 안에서 소크라테스가 행한 영혼불멸성의 마지막 (그리고 그로써 특별히 강조된) 증명이다. 분명하게도 영혼불멸성은, 개별적 영혼도 그 지분을 갖고 있는 바의 그 자체에 있어서 불멸적인 신적인 생명이 입증될 수 있을 때에만, 입증가능한 것이 된다. 파이드로스에 따르면(245 c 이하), 인간의 영혼이 자신의 불멸성을 발견해 내는 것은, 더 이상 계속 연역할 수 없는 자기운동의 능력을 거쳐서이다. 플로틴에게서는 두 논증들이 다 수용되어서 연결되고 있다(En IV 7, 9). 아리스토텔레스에 따르면, 최고의 것, 부동의 동자, 자기반성적인 정신Nous은 "생명"이자 "활동"enérgeia이고, 다시 말하자면 수행이며 따라서 존재이다(Met. 1072 b).

2. 안젤무스의 "프로슬로기온" Proslogion 안에서의 신 증명

안젤무스는 아오스타Aosta에서 태어났으며(1033/34), 프랑스에서 수학했고, 벡Bec수도원(노르망디)에 입회했다. 그곳의 수도원장이 되었다가 후에 캔터베리의 대주교가 되었다. 그는 1109년에 사망했다. 본인의 저서인 "프로슬로기온"(1077/1078)에서 안젤무스는 유명한 신 증명을 토대로 자신의 신론을 정초하고 있다. 서론에서 책 전체의 기획을 대변하는 말이 발견된다: "이해를 요구하는 신앙(fides quaerens intellectum)"(Cur deus homo I, 1 참조). 이 생각은 아우구스티누스에게서 유래한다(de lib. arb. II, 13). 신앙 안에 먼저 주어진 것은 지성적으로 파악되고, 가능한 한 이성의 근거들을 통해서 참인 것으로 입증되어야만 한다. 신 증명을 위해 중심적인 텍스트를 형성하고 있는 2장과 3장을 인용하기로 하겠다:

"신앙에 통찰을 부여하시는 주님, 당신께서 유익하다고 판단하시는 한, 당신은 우리가 믿는 것처럼 존재하시며, 우리가 믿는 그대로의 분이라는 것을 제가 통찰할 수 있게 해주십시오. 우리가 믿기로는, 당신은 그보다 더 큰 어떤 것을 생각할 수 없는 그런 분입니다(credimus te esse aliquid quo nihil maius cogitari possit). 혹은

'어리석은 자가 마음속으로 하느님은 없다고 말하기'(시편 10, 4; 14, 1; 53, 2) 때문에, 그 같은 분이 존재하지 않는 것일까? 그럼에도 불구하고 이 어리석은 자가 내가 말하는 것, 곧 '그보다 더 큰 어떤 것을 생각할 수 없는 그 무엇'이라는 말을 듣는다면, 그는 그가 듣는 것이 무엇인지를 이해한다. 그리고 그가 이해하는 것은, 비록 그것이 존재한다는 것을 그가 통찰하지 못한다고 하더라도, 그 자신의 지성 안에 있다(in intellectu eius est). 왜냐하면 무엇인가가 지성 안에 있다는 것과 그것이 존재한다는 것을 통찰하는 것은 서로 다른 것이기 때문이다. 만일 어떤 화가가 자신이 창작하게 될 것을 미리 고안해 낸다면, 그것을 그는 자신의 지성 속에 가지기는 하지만, 그가 아직 만들어내지 않은 것이 존재한다는 것을 아직은 인식하지 못한다. 그러나 그가 이미 만들어 냈다면, 그는 그것을 지성 안에서 가질 뿐만 아니라, 그가 이미 만든 것이 존재한다는 것을 또한 통찰한다. 그와 같이 어리석은 자에게도, 적어도 지성 안에 '그보다 더 큰 것을 생각할 수 없는 그 무엇'(id quo maius cogitari nequit)이 있음이 확인된다. 왜냐하면 그가 그 말을 들을 때, 그는 그것을 이해하며, 언제든 이해되는 것은 지성 안에 있기 때문이다. 이제 그보다 더 큰 것을 생각할 수 없는 그 무엇은 지성 안에만 있을 수 없음이 확실하다. 왜냐하면 그것이 적어도 지성 안에만 있다면, 그것이 실제적으로도 존재한다고 생각될 수 있고, 이때 이것이 더 큰 것이 되겠기 때문이다. 따라서 그보다 더 큰 것을 생각할 수 없는 그 무엇이 지성 안에만 있다면, 그보다 더 큰 것을 생각할 수 없는 그 무엇은 바로 그보다 더 큰 것을 생각할 수 있는 어떤 것인 셈이다. 하지만 이것은 불가능하다. 따라서 의심할 바 없이 그보다 더 큰 것을 생각할 수 없는 그 무엇은 지성 안에서는 물론이요, 실제적으로도 존재한다"(2장).

"그것은 전적으로 참되게 존재하므로, 그 비존재는 생각조차 할 수 없다(ut nec cogitari possit non esse). 왜냐하면 그 비존재를 생각할 수 없는 어떤 것이 존재하며, 이것은 그 비존재를 생각할 수 있는 것보다 크다는 것이 생각될 수 있기 때문이다. 그러므로 그보다 더 큰 것을 생각할 수 없는 그 무엇이 존재하지 않는다고 생각될 수 있다면, 그보다 더 큰 것을 생각할 수 없는 그 무엇은 바로 그보다 더 큰 것을 생각할 수 없는 것이 아닌 셈이다. 양자가 서로 일치하지 않기 때문이다. 그래서 그보다 더 큰 것을 생각할 수 없는 그 무엇은 진실로 존재하며, 그 비존재는 생각조차 할 수 없다. 그분이 바로 당신입니다, 주님, 우리의 하느님. 주님, 나의 하느님, 당신은 그렇게 진실로 존재하시며, 당신이 존재하지 않는다는 것은 생각조차 할 수 없습니다. 그것은 당연한 일입니다. 만일 어떤 정신적 존재가 당신보다도 더 훌륭한 무엇을 생각할 수 있다면(posset cogitare aliquid melius te), 그 피조물은 창조주 위로 자신을 들어높여서(ascenderet creatura super creatorem) 창조주를 판단하게 되는 셈인데(et iudicaret de creatore), 이는 전적으로 부조리한 일입니다. 그러나 당신만이 유일한 예외일 뿐, 그 외에 존재하는 모든 것은 존재하지 않는다고 생각될 수 있습니다. 이로써 당신만이 모든 것 중에서 가장 참되게 그리고 그렇기 때문에 가장 많이 실존을 소유하고 계십니다(verissime omnium et ideo maxime omnium habes esse). 그 외에 존재하는 모든 것은 그렇게 진실로 존재하는 것이 아니며, 그래서 더 적은 정도의 실존을 소유합니다(non sic vere, et idcirco minus habet esse). 그렇다면 어째서 어리석은 자는 마음속으로 하느님이 존재하지 않는다고 말합니까? 당신이야말로 모든 것 중에서 가장 많이 현존하는 분이라는 것이 이성을 가진 존재에게는 그토록 분명한 일인데도 말입니다. 그가 바보이기 때문이 아니라면 왜 그렇겠습니까?"(3장).

2장은 기도로 시작하고 있다. 신은 신앙에 통찰을 부여하는 분으로 호칭되고 있다. 신앙하는 이는 이 신을 향해서 다음과 같은 사실을 통찰할 수 있게 해달라고 청한다: "당신은 우리가 믿는 것처럼 존재하시며, 우리가 믿는 그대로의 분이라는 것을". 신앙하는 이는 신의 실존과 그분의 본질의 실존을 확신하고 있다. 그분의 본질

Wassein은 "그보다 더 큰 것을 생각할 수 없는 그 무엇"aliquid, quo nihil maius cogitari possit임에 존립한다. 하지만 (시편의) 어리석은 자는 이 같은 본질의 실존에 이의를 제기한다. 그러나 어리석은 자는 자신이 논박하는 바를 이해해야 한다. 어리석은 자 또한, 지성 안에만 있는 것이 지성 안에서 뿐만 아니라 실제로도 존재하는 것보다는 적다는 것을 (화가의 보기에서처럼) 이해할 것이다. "그보다 더 큰 것을..."은 우선은 지성 안에만 있는 것인데, 그것이 또한 실제적으로도 존재한다고 생각될 수 있으며, 그렇게 되면 그것은 지성 안에 있는 자신의 단순한 개념보다도 "더 큰 것"이다. "그보다 더 큰 것을..."이 그러한 것으로서 생각된다면, 그것은 실제에 있어서도 존재하는 것으로 생각되어야만 한다.

3장은 마지막 통찰을 다시 한번 수용하고 있다: "그보다 더 큰 것을..."의 비존재는 생각될 수 없다. 이 생각은 이제 고유한 개념으로서 새로운 출발점이 되고 있다: 즉 그 비존재가 생각될 수 없는 어떤 것이 생각될 수 있으며, 그것은 어떤 경우에도 그 비존재가 생각될 수 있는 것보다 더 큰 것이다. "그보다 더 큰 것을..."이 이제 사유된다면, 그것은 그 비존재가 생각될 수 있는 어떤 것으로서 생각될 수는 없다. 왜냐하면 사유 안에서는 그것을 넘어서 나아갈 수가 있기 때문이다. 그로써 그것은 그 비존재가 생각될 수 없는 어떤 것으로서 생각되어야만 한다. 이어서 다시 신에게 말을 건네는 호칭이 이어지는데, 이제 그분은 비존재가 생각될 수 없는 그런 분으로서 호칭된다. 이때 "더 큰"maius은 "더 훌륭한"melius으로 해석되고 있다(이미 아우구스티누스에서 그랬던 것처럼: de trin. VI, 8; 토마스에 의해서 수용된 곳은, Scg 1, 43). 누군가가 신보다 더 큰 것/더 훌륭한 것을 생각한다면, 그는 자신을 신위로 들어올리게 될 것이다. 그는 신에 *대해서über* 판단하게 되는 셈인데, 이는 가능하지 않다(de lib. arb. II, 152). 신은 마지막 판단의 척도이다. 사람은 그분에 *따라서nach* 판단할 수 있을 뿐, 그분에 *대해서* 판단할 수는 없다. 마지막 경우는 다시금 더 높은 척도를 전제하기 때문이다. 계속해서 중요한 제약이 뒤따른다: "그러나 당신만이 유일한 예외일 뿐, 그 외에 존재하는 모든 것은 존재하지 않는다고 생각될 수 있습니다".

3. 안젤무스의 신 증명에 대한 토론

a. 안젤무스의 동시대인인 *가우닐로Gaunilo* 수사는 이 증명을 비판하면서 말하기를, 만일 안젤무스의 증명대로라면 사람들이 가장 아름다운 섬 또한 표상할 수 있고, 그 섬의 완전성에는 실존도 속해야만 한다고 추론할 수 있다는 것이다. 하지만 이런 비판에 대해서 안젤무스가 했듯이(3장의 결론에서) 신 개념의 특수성이 강조되어야 할 것이다. 오직 자기 자신으로부터의 존재자인 신과 관련해서만 본질과 존재의 통일성이 적용된다. 다른 철학자들도 신 개념의 이러한 특수성을 힘주어 강조하고 있다. 두 개의 보기들만 들어 보겠다: 토마스에 따르면, "신은 말하자면 자신의 존재이다(deus enim est suum esse)"(Sth I, q 2 a 1); 스피노자는 신적인 실체에 대해 말한다: "그것은 자신 안에 존재하며, 자신을 통해 파악된다(quod in se est, et per se concipitur)"(Eth. I 정의 3).

b. *토마스*는 안젤무스와 관련해서 (그의 이름을 거명함이 없이) 신의 개념이 그분의 존재를 포함하고 있음을 강조한다. 하지만 신의 개념 안에 존재 또한 (그러나 바로 개념적으로만) 포함되어 있다 하더라도, 이 개념은 우리에게는 우선은 *단지* 하나의 개념일 뿐이라는 것이다. 우리 인간들은 신의 개념 만으로부터 그분의 실존을 인식할 수 있는 처지에 있지 않다는 것이다. 우리는 (우리에게 접근될 수 있는) 창조된 세계와 그것의 물질성을 필요로 하며, 오직 그것을 통해서만 신이 우리에게 인식될 수 있다는 것이다. 토마스의 이러한 논변의 배후에는 아리스토텔레스의 가르침이 있는데, 그

에 따르면 (플라톤에 반대하여) 우리의 인식은 근본적으로 감관을 통하여 중재된다는 것이다. 안젤무스의 논증이 실존으로부터도 출발하지 않을 경우에는 설득력이 없다는 비판은 확실히 옳은 것이다. 즉, 내가 개념을 현실로부터 분리해서 오직 개념 안에서만 그리고 개념들을 가지고서만 논증한다면, 나는 사실 개념의 영역을 벗어나지 못한다. 따라서 나는 한갓 추상적인 개념의 입장에 서 있어서는 안 된다. 논증의 원문에 따라 보자면 안젤무스는 이러한 입장에 만족하는 듯이 보인다. 신은 우선은 지성 안에서만 주어져 있는 분이어야 하기 때문이다. 그러나 문제가 되는 것은, 이 지성과 그것이 가진 최고의 생각이 안젤무스에 따르면 어떻게 이해되어야 하는가이다. 그 생각이 단지 사유의 구성물로서 이해되고 있다면, 비판이 옳다. 그러나 그 생각이 능가할 수 없는 최고의 존재를 표현하는 것으로 이해되고 있다면, 그래서 그런 존재를 전제하지 않고서는 실재적으로 수행되는 사유가 마지막에는 스스로를 이해할 수 없게 된다면, 비판은 무의미하고 안젤무스가 옳게 된다. 안젤무스적인 생각에 대한 본인의 재구성은 이러한 의미에서의 이해를 목표로 할 것이다.

c. 토마스의 위대한 동시대인인 *보나벤투라는* 안젤무스의 증명을 받아들이면서 명시적으로 자신의 논거를 그에 의존하고 있다. 그는 안젤무스의 텍스트를 단순히 재현하는 것이 아니라, 아우구스티누스적인 논증의 도움을 받아 다음과 같은 의미에서 창조적으로 재구성하고 있다. 곧, 보복적으로retorsiv 제시할 수 있는 진리의 인식은 무제약적이고, 최후의, 그리고 불멸하는 진리, 곧 신 자신과 관계맺음이 없이는 생각할 수 없다는 것이다. 이 마지막 발판이 없이는 도대체 어떠한 진리도 없다는 것이다: "아우구스티누스가 말하기를, 최초의 진리를 통하지 않고서는 어떤 진리도 인식될 수 없으며, 그것을 통해 다른 모든 것이 참이라고 인식되는 바로서의 참된 것은 가장 의심할 여지가 없이 참된 것이다; 따라서 신이 존재한다는 것

은 의심할 수 없이 참일 뿐만 아니라, 그토록 (참이어서) 그것을 넘어서서는 더 이상 의심할 수 없는 어떤 것도 생각될 수 없다; 따라서 그와 같은 참된 것이 존재하지 않는다는 것은 생각될 수가 없다 (Augustinus dicit [...], quod nulla veritas videri potest nisi per primam veritatem; sed verum, per quod omne aliud verum videtur, est verum maxime indubitabile; ergo Deum esse, est verum non solum indubitabile, sed etiam quo nihil indubitabilius cogitari potest: ergo est tale verum, quod non potest cogitari non esse)"(De mysterio trinitatis, q 1 a 1 nr. 25, Opera V, 47). 신의 존재는 그분의 본질로부터 자명한 것이다. 만일 사람들이 신이 어떤 분이며 누구인지를 이해했다면, 그분의 실존 또한 확신한다: "신이 신이라면, 신은 *존재한다*; 그런데 (여기서 전제된) 조건은 너무도 참이기에, 그것이 (주어져) 있지 않다고는 생각될 수가 없다; 그로써 신이 존재한다는 것은 의심할 수 없이 참이다(si Deus est Deus, Deus *est*; sed antecedens est adeo verum, quod non potest cogitari non esse; ergo Deum esse, est verum indubitabile)"(같은 책. nr. 29, V, 48).

d. *니콜라우스 쿠사누스*가 자신의 저서인 "가능존재에 대한 3인의 담화"Trialogus de possest에서 행하고 있는 논증은 OGB에 근접시킬 수 있다. 신은 가능성(potentia/posse)과 현실성(actus/esse)의 통일성으로 이해되어야만 한다(7). 신은 제약되어 있지 않은 능력이기 때문에 순수한 가능성이다. 그러나 바로 이것은 무제약적인 수행으로서만, 곧 순수한 존재로서만 생각될 수 있다. 쿠사누스는 양자를 "가능존재"possest라는 개념 안에서 결합하고 있으며, 이것이 신의 정의에 사용되고 있다. 신은 "가능존재"로서 보편적인 근원이다. 신 이외의 다른 모든 것은 존재할 수 있는 가능성을 가지지만, 만일 존재한다면, 존재하지 않을 가능성도 가진다. 신은 이러한 의미대로 존재하지 않을 수 있는 가능성이 아니다. 그는 전혀

존재하지 않게 "될 수가"kann 없으며, 그로써 필연적으로 존재한다. "즉, 근원이 존재하지 않을 수 있다면, 그것은 있지 않을 것이다. 근원이 존재하기 때문에 그것은 존재할 수 있는 것이다. - 따라서 근원은 절대적 필연성인데, 그것은 존재하지 않을 수 없기 때문이다"(27). 주의해야 할 것은, 쿠사누스가 순전히 개념적으로, 예컨대 추상적인 가능성들만으로 논증을 하고 있는 것이 아니라는 점이다. 로마서 1장 20절과 연관지어 쿠사누스는 세계로부터 출발하는데, 이는 "볼 수 있는" 것을 넘어서서 신, 곧 "볼 수 없는" 것을 인식하기 위함이다(2). 개념들(가능성과 현실성)은 선소여적인 세계를 파악하여 관통함으로부터 유래한다.

e. *데카르트*가 성찰 5장에서 수행하고 있는 안젤무스적인 신 증명에 따르면, 신의 현존은 그분의 본질에 대한 통찰로부터 필연적으로 생기며, 그에 상응하게 다음과 같이 추론된다는 것이다: "또 나는 항상 현존한다는 것이 신의 본성에 속한다는 것을 명석 판명하게 통찰하는데, 이는 어떤 모양 혹은 수에 대하여 내가 증명하는 바가 그 모양 혹은 수의 본성에 속한다는 것을 통찰하는 경우와 꼭 같다[...]. 신의 현존이 그분의 본질로부터 분리될 수 없다는 것은 3각형의 본질로부터 그 세 각의 합이 2직각이라는 것이 분리될 수 없는 것처럼 (나에게는) 명백하다"(Med. V, 7/8).

f. 이 증명에 대한 *데이비드 흄*의 비판은, 내가 저마다의 실존을 실존하지 않는 것으로도 모순 없이 생각할 수 있기 때문에 필연적인 실존은 있을 수 없다는 것이다. 사람들이 신을 "필연적으로 실존하는 존재"로 생각하는 것은 적합하기는 하다. 그러나, "전에 우리가 존재한다고 생각했던 어떤 것이 그럼에도 존재하지 않는다고 생각하는 것은 언제든 가능한 일이다. 그리고 마음은, 2의 제곱이 4라는 것을 언제나 인식할 필연성을 갖는 것과 같은 방식으로, 어떤 대상이 언제나 지속적으로 존재한다고 가정해야 할 필연성을 갖지

않는다. 그러므로 '필연적인 실존'이란 표현은 아무런 의미도 갖지 않거나, 혹은 같은 결과를 갖게 되겠지만, 그 자체에 있어서 모순적이지 않을 어떤 의미도 갖지 않는다"(Dialogues concerning Natural Religion, 9부). 또한 칸트에 따르면, 사변이성에 대해서 말할 수 있는 것은, 그것이 "최대의 완전이나 최소의 완전"과 관련해서 "아무런 힘도 들이지 않고 양자 모두가 사라지도록 내버려 둔다"(KrV B 641)는 것이다.

g. 칸트의 비판과 그것에 대한 평가

*칸트*는 이 증명의 열렬한 비판가였다. "존재론적 신 증명"이라는 표현도 그에게서 유래한다. 그는 이것을 순수이성비판의 "선험적 변증론"에 나오는 "순수이성의 이상"에 대한 이론 안에서 제시하고 있다. "선험적 이상"das transzendentale Ideal은 사물의 완전한 규정이라는 생각에서 생겨나는데, 이것이 전제하는 바는, 우리가 "가능한 모든 술어 일반의 총괄개념"(B 601)을 생각할 수 있다는 것이다. 이 "실재의 총괄"omnitudo realitatis이 신 개념의 토대를 이룬다. 잘못된 "변증법적 가상"은 이러한 사유의 전제가 인식의 한 대상으로 화할 때 생겨난다. 존재론적 신 증명은 말하자면 이 개념을 실존이라는 서술어와 결합한다. 저 총괄의 완전성에는 존재 또한 포함된다고 하기 때문이다. 하지만 "*존재*는 분명히 실재적인 술어가 아니다"(B 626). 왜냐하면 존재는 규정들의 완전함을 위해서 어떤 기여도 하지 않기 때문이다. 하나의 개념내용은 오직 경험을 통해서 중재된 인식 안에서만 존재하는 것으로 파악될 수가 있다. 보기(B 627): 현실의 100탈레르와 가능적인 100탈레르는 내용의 규정에 있어서 구분되는 것이 아니라, 단지 경험을 통해서만 구분된다.

칸트가 존재론적 신 증명과 우주론적 신 증명을 결합한 것은 시사하는 바가 많다. 칸트에 따르면, "제한된 존재들" 역시 "무제약적으로 필연이라고 인정하는 것”(B 616)은 금해져 있지 않다. 따라서 필연성이라는 한갓 개념은 칸트에게 있어서는 상이한 내용들에 대해 열려있는 개념이다. 우주론의 네 번째 이율배반에서 칸트는 하나의 필연적인 세계원인은 내용적으로 규정되지 않은 채 남는다고 논변하고 있다. 왜냐하면 그것이 세계에 귀속되어 있는지(내재Immanenz) 혹은 세계를 넘어서 있는지(초월Transzendenz)에 대해서 결정될 수가 없기 때문이라는 것이다(B 484 이하). 그와 같은 필연성으로부터 신적인 “실재의 총괄”을 추론해 가는 것 또한 가능하지 않게 된다. 순수이성비판의 전체적인 사상으로부터 생겨나는 논거가 덧붙여진다: 인과율은 오직 자연인식 안에서만 타당성을 가진다. 따라서 그것은 자연을 초월하는 방식 안에서 적용될 수가 없다(B 664). 그로부터 다시 한번, 세계를 정초하는 필연성에 대한 사상은 규정되어 있지 않다는 칸트의 테제가 이해된다. 칸트는 줄곧 우연성으로부터 필연성에로의 추론을 아주 일반적으로 타당한 것으로 간주하고 있다(B 612; 632 이하). 그럼에도 불구하고 필연성이라는 개념의 비규정성 때문에 이러한 추론이 “실재의 총괄”의 필연적 실존을 입증할 수 있는 것은 아니다. 그런 이유로 우주론적 신 증명은 감추어진 존재론적 신 증명인 것이다. 다시 말하자면, 존재의 필연성으로부터 실재의 총괄에로 추론해 나갈 수 있는 것은 오직 실재의 총괄의 측면에서 볼 때 필연성과의 동일성이 확실할 때뿐이기 때문이다. 그러나 이러한 확증은 단지 존재론적 신 증명을 통해서만 근거지울 수 있는 것이다. 하지만 이 증명은 개념으로부터 현실로 추론해 갈 수 없기 때문에 기각된다. 이제 칸트에 따르면, 자연신학적인(목적론적인) 신 증명이 우주론적인 신 증명에 매달려 있기 때문에 모든 신 증명들은 존재론적인 신 증명에로 돌려져야 한다.

신의 현존에 대한 물음은 이론적 인식에 대해 열려있는 채 남는다(B 669). 하지만 실천적으로는, 즉 윤리적 행위로부터 볼 때, 신의 현존은 요청되어야만 한다(B 661 이하). 왜냐하면 오직 신만이 윤리적 행위가 행복에로 귀결되게 해주는 (따라서 선인과 행복을 누리기에 합당한 자가 결국에 가서는 불행한 자, 즉 어리석은 자가 되지 않도록 해주는) 보증자로 간주될 수 있기 때문이다. 비로소 이러한 요청 안에서 선험적 이상은 존재론적인 가치를 획득한다. 신학적으로도 대체로 승인되어야 할 칸트의 관심사는 신을 세계맥락으로부터 멀리 떨어져 있게 하는 것이다(B 668). 신은 이 세계의 어떤 (더 높은) 크기도 아니다. 그런 한에서 칸트는, 신이 없이는 자연의 경과에서 발견되는 어떤 양상들(운동, 혹성운동의 형식 등등)이 설명될 수 없다는 아리스토텔레스적인 (그리고 또한 뉴튼적인) 이론에 반대하고 있다. 우리는 순수이성비판의 제 2판 서문에 나오는 칸트의 유명한 말을 상기해볼 수 있다: "나는 *신앙*에 자리를 마련하기 위하여 *지식*을 버려야 했다"(B XXX).

이 비판에 대한 평가:

(1) 탈레르의 예는 그 자체로 보자면 가우닐로의 가장 아름다운 섬의 예처럼 너무도 불충분한 것이다. 후자처럼 전자는 신 개념의 특수성을 고려하지 않고 있다. 신 개념에 적용되는 사실은, 그 본질내용이 개념적으로 자신 안에 실존을 포함한다는 것인데, 신은 자신의 실존을 자기 자신을 통해서만 소유한다고 생각되어져야 하기 때문이다. 그러나 칸트는 자신의 예를 가지고 무엇보다도 존재-인식은 오로지 감각적 경험을 통해서만 생겨난다는 것을 말하려고 한다. 그로부터 개념들로부터 추론된 모든 실존은 타당하지 않음이 귀결된다. 그러나 이런 결론은 다음의 문제에로 이끈다.

(2) 인식을 감각적으로 중재된 대상인식에로 국한시키는 것은 문제가 있다. 인식이 이런 방식으로 정의된다면 당연히 분석적으로 귀결되는 바는, 신인식이 없다는 것이다. 신은 감각적인 대상이 아니기 때문이다. 그렇다면 "물 자체"Ding an sich에 대한 칸트의 언사는 어떻게 평가해야 할까? 물 자체는 감관들을 "촉발한다"affiziert

(KrV A 358). 그렇게 칸트는 부득이하게도 "현상 일반의 예지적인 원인"(B 522)에 의존하고 있다. 이로써 이러한 "본체적인"noumenal, 즉 순전히 예지적인 "즉자"An sich의 비감각적인 인식가능성이 전제되고 있으며, 더군다나 우리의 경험과 연관해서 그것에 하나의 원인성이 귀속되고 있는데, 이는 인과성의 범주를 경험내재적인 영역에 한정한 연후에는 결코 가능할 수 없는 일이다. 초감각적인 것의 영역에는 "무제약적인 것"의 이념이 속한다. 이 이념은 이성에게 필연적인 것이다(B XX, 364); 그러나 이념은 단지 "규제적인" 의미만 가질 뿐, 경험과 연관된 범주들처럼 인식에 대해서 구성적인 의미를 갖는 것은 아니다(B 536 이하; 647; 672). 그것은 단지 "문제성 있는 개념"(B 445 Anm)일뿐이다. 그러나 이때 제기되는 질문은, 이 이념이 아마도 단지 우리의 주관성의 구성물일 뿐은 아닌가 하는 것이다. 그럴 경우 물론 우리의 이성은 원칙적으로 유한한 것이 될 것이다. 그러나 이성은 그것을 어떻게 인식할 수 있는가? 우리가 이성에게 유한성의 초월을 승인한다면, 이러한 초월은 초감각적인 영역에로 이르게 되기는 하겠지만, 그 영역은 더 이상 실존과 비실존 사이에서 의심스럽게 부유할 수는 없다.

(3) 칸트에 따르면 우연성의 증명을 통해서 적법하게 추론될 수 있는 "필연적 존재"는(B 612) 아직 규정되지 않은 것이다; "그로부터 최고의 실재성을 갖지 않는 제약된 존재의 개념이 그 때문에 절대적 필연성에 모순이 된다고는 결코 추론할 수 없다"(B 616). 이것은 토마스가 "제 3의 길"에서 보여준 생각이다. 거기서 추론은 우선은 자신의 필연성을 "다른 곳으로부터" 갖는 필연적 존재에로 향한다. 이것은 예컨대 개별적 사건을 포괄하는 필연성 안에서의 세계일 것이다. 그러한 필연성을 칸트 또한 염두에 두고 있었을 것이다. 하지만 토마스에게 있어서 명백한 것은, 그 자신의 필연성 안에서 [여전히] 정초를 필요로 하는 존재의 개념에 머물러 있을 수는 없다는 것이다. 왜냐하면 그런 존재는 오직 '자기 자신을 통해서 필연적인 것' 안에서 정초된다고 생각될 수 있기 때문이다. 하지만 이

런 논증은 칸트로서는 받아들일 수 없는 것이다. 그에 따르면 이 논증은 경험으로부터 분리된 것이며, "이성은[...] 오직 개념의 배후에서 탐구하기"(B 634) 때문이다. 하지만 자기 자신으로부터 필연적이지 않은 존재에 대한 생각을 개념적으로 탐구하고 숙고하면서 이러한 필연성의 계속적인 정초를 묻지 않는 것이 용인될 수 있는 것인가? 그와는 반대로 토마스에 의거해 다음과 같이 말할 수 있을 것이다: 여전히 우연적인 특징들을 지니는 필연적 존재는 전적으로 필연적인 것이라고 간주할 수 없으며, 그런 한에서 그것은 완전히 자신 안에 존립하고 자기 자신으로부터 필연적인 존재를 지시한다. 이런 존재가 신 개념에 부합할 것이며, 존재론적 신 증명을 수단으로 하여 그 존재를 신의 절대적인 실재성과 동일시하는 것에 대한 비판은 기각될 것이다. 이러한 논증은 사실 경험적인 관찰을 통해서 입증될 수 없는 철저히 개념적인 논증일 것이다. 문제는 단지, 우리가 존재에 대한 우리의 사유 안에서 그러한 개념적인 방식을 포기할 수 있는가 하는 것이며, 그러한 논증을 무효화하는 것이 일관성 있게 가능한가 하는 것이다.

(4) 칸트에게 또 물어볼 수 있는 것은, 그가 무제약적인 것의 개념을 필요한 명증성 안에서 제시하고 있는가 하는 점이다. "그런데 무제약자만이 제약들의 전체성을 가능하게 하는 것이기 때문에, 뒤집어 말하면 제약들의 전체성은 항상 그 자신 무제약적이기 때문에, 순수한 이성의 개념 일반은 그것이 제약된 것들을 종합하는 근거를 포함하는 한에서 무제약자의 개념을 통해서 설명될 수 있다"(B 379, 393 이하 참조). 무제약자의 개념은 칸트에 따르면 자아와 세계맥락, 그리고 내용들의 전체로서의 (실재의 총괄로서의) 신에게 적용될 수 있다(구분은 변증론에 대한 단락 B 379, 390 이하 참조). 하지만 이것은 모든 제약들을 넘어서야만 하는 무제약자의 개념에는 적합하지 않은 것이다. 고유한 시작으로서의 자아나 유한적인 것의 전체로서의 세계나 아니면 이 모든 내용들의 합계도 자신으로부터 말미암아, 즉 그것들이 대자적으로für sich 의미하는 것으로부

터, 이미 전적으로 무제약적인 것은 아니다.

(5) 그렇기 때문에 또한 비판받아야 할 칸트의 테제는, 술어들의 총괄이라는 생각이 신 개념을 위한 토대를 제공해야 한다는 것이다. 이미 헤겔은 이 개념이 절대자를 표현하기에는 부적합하다고 간주하고 있는데, 그 이유는 많은 상이한 술어들과 함께 그것들의 전체적인 한계도 신 안으로 옮겨지겠기 때문이다(TW 5, 119). 칸트가 계속해서 이 전全-존재All-Wesen는 단순하고 분할할 수 없는 것으로 생각되어야 한다고 말할 때(KrV B 607 이하), 그 주장은 정초되지 않은 채 있다.

(6) 칸트는 실천이성을 거쳐서야 비로소 문제성 있는 열려진 의미에서 뿐만 아니라 확정적이고 단호한 의미에서의 신 개념에 도달한다. 그때 사용된 신 개념의 내용과 관련해서 칸트는 그에 상응하는 그리스도교 전통의 충전된gefüllt 신 개념에 의존한다. 이때 선험적 이상이라는 여전히 매우 비규정적인 개념과의 결합은 충분히 통찰되고 있지 못하다. 게다가 이론적 인식과 실천적 인식의 엄밀한 구분도 문제 삼을 수가 있다. 한편으로는 실천적 인식의 요청 안에 이론적 요소들이 포함되어 있으며(참이거나 거짓일 수 있는 진술들), 다른 한편으로는 이론적 인식 또한 하나의 수행, 즉 행위이며 그로써 자유의 행동이다. 통찰은 말하자면 하나의 규범, 즉 진리의 요구에 뒤따르는 것인데, 주체는 그것에 대해서 자신을 개방할 수도 있고, 또한 그것에 반해 (물론 단지 자기모순과 자기혼란을 대가로 해서만) 자신을 닫을 수도 있다. 최종적으로 타당한 진리의 토대와 관련맺음이 이론적이고 실천적인 정신의 수행을 공통적으로 지탱하는 것이다. 이 토대의 구속력은 절대적인 것의 존재론적인 무게가 없이는 제약되고 잠정적인 것 안에 머물게 된다.

h. *독일관념론* 안에서도 OGB에 상응하는 (어쨌든 이 증명에 대한 순전히 개념적이지 않은 해석에 있어서의) 논증들이 발견된다. 그래서 피히테에 따르면, 자아는 고유한 개별적 자아를 넘어서는 마지막

자기반성의 능력을 갖는다. 그는 학문이론에서(Fichte 1794) 절대적 자아(첫 번째 근본명제)를 다음의 두 가지, 즉 비자아와 마주서 있는 자아(두 번째 근본명제)와 양자를 중재하는 과제(세 번째 근본명제)와 구분하는데, 이 중재의 과제는 저 절대성에 의해서 주재되고 가능하게 되지만 사실상 결코 완전히 실현될 수는 없는 것이다. 절대적 자아에 대한 이론은 피히테의 후기 작품들 안에서(1801/04/05 년의 학문이론들과 1806년의 "지복의 삶에로 이끄는 지침"Anweisung zum seligen Leben 안에서) 절대적인 것에 대한 이론으로 분명해진다: 절대적인 생명, 존재, 마지막 통일성과 진리에 대한 이론. 그러한 진리의 현상이 곧 우리의 자아인 것이다. 셸링은 "철학의 원리로서의 자아 혹은 인간적 지식 안에서의 무제약적인 것에 대하여"Vom Ich als Prinzip der Philosophie oder über das Unbedingte im menschlichen Wissen(1795) 라는 자신의 저서에서 1794년의 피히테의 이론을 취한다. 그는 자아 안에 있는 저 절대성을 지식 안에서 항상 전제된 절대적인 것에 대한 통찰로 해석한다. 헤겔에 따르면, 저마다의 지식 안에서 함축적으로 전제되어 있고 의식의 자기반성에서 마지막으로 등장하는 "절대적 지식"(PG 575 이하)은 절대자에 대한 개념의 기초인데, 이를 그는 "절대적 이념"이라 부르고 있다(TW 6, 548 이하). 헤겔에 따르면 그 이념이 지니는 주객통일성을 입증하는 일은 OGB에 상응하는 것이다(슈미트Schmidt 2000 a 참조).

4. 존재론적 신 증명의 체계적 재구성

a. "그보다 더 큰 것을 생각할 수 없는 그 무엇" – 한갓 개념인가?

(1) "그보다 더 큰 것을 생각할 수 없는 그 무엇"으로 이해될 수 있는 신 개념은 그 개념의 내용을 생각할 수 있는 능력으로부터 출발하지만, 또한 이 개념의 내용보다 더 큰 것을 생각할 수 없는 무능력에 대해서도 말하고 있다.

(2) 따라서 어떤 능가할 수 없는 것이 사유 안에서 마주칠 수밖에 없는 것이다. 이 능가불가능성은 심리학적으로 이해된 것일 수 없다(어떤 사람은 다른 사람보다도 무엇인가 더 큰 것을 표상할 수 있는 더 나은 처지에 있다. 후자는 아마도 더 적은 환상을 가지고 있겠기 때문이다). 그것은 또한 다만 무엇인가 가장 큰 것을 생각하고 이것을 출발점으로 고정시키려는 의도를 통해서 규정된 것일 수도 없다. 그러한 자의성은 뜻하지 않게 모순으로 이끄는데, 예컨대 가장 높은 수를 생각하려는 의도에 있어서와 마찬가지이다. 오히려 사유 안에서는 원칙적으로 능가할 수 없는, 즉 상대화시킬 수 없는 무엇에 대한 생각이 주어져 있다는 것이다.

(3) 출발점은 따라서 내가 다음과 같이 말하는 방식으로 규정될 수는 없다: 나는 바로 이 개념을 생각하며, 그것을 고정시키고, 그것을 출발점으로 삼는다: "그보다 더 큰 것을 생각할 수 없는 그 무엇". 이러한 방식은 수용할 수 없는 것이다. 왜냐하면 모든 사고의 실행은 내가 임의적으로 설정한 괄호 속에, 곧 이 개념의 가설적 전제 안에 감금될 것이기 때문이다. 그 전제를 나는 또한 포기할 수도 있으며, 혹은 그 반대(즉 그 전제는 언제든 배제될 수도 있다)로부터도 마찬가지로 잘 출발할 수 있을 것이다. 오히려 질문되어야 할 것은, 내가 사유 안에서 정확하게도 그 개념, 곧 안셀무스가 말하는 "그보다 더 큰 것을 생각할 수 없는 그 무엇"을 발견할 능력이 있는가 하는 것이며, 아울러 내가 이 개념에 대해서 또한 다음과 같은 점을 통찰할 수 있는가 하는 것이다: 그것은 나의 사유에 소속된 것이며, 참으로 나의 사유를 위해서 전적으로 구성적인 것인데, 그 이유는, 내가 도대체 생각을 한다면, 나는 항상 "더 큰 것"을 향해 나아가는 경향에 의해서 이끌려지며, 이 경향은 바로 그 경향을 가능하게 하는 것으로서의 이 능가할 수 없는 "가장 큰 것"을 지시하기 때문이다.

(4) 안셀무스가 자신의 논증이 이와 같은 방식으로 이해되길 바라는 것은(그래서 자의적인 개념적 설정과 전제라는 의미에서가 아

니라), 이미 "할 수 없음"non potest이라는 말에서 알아차릴 수 있다. 이 말로써 안젤무스는 명백히 사유에 소속된 무능력에 대한 통찰에 호소하고 있다. 그 무능력이란 말하자면, 자기 자신에 대해 숙고하는 사유가 자신 안에서 조우하는 마지막 것이자 능가할 수 없는 것으로서의 그 무엇을 상대화시키거나 넘어설 수 없는 무능력이다. 그와는 반대로 "할 수 없음"이 단지 가설적인 전제의 의미로 (내가 일단 어떤 특정한 것을 넘어서서 사유할 수 없다고 가정한다면, 이러한 전제도 마찬가지로 잘 남아있을 수 있다) 이해된다면, 그 경우 "할 수 없음"은 폐기할 수 있고 상대화시킬 수 있는 것으로 평가될 것이다. 이러한 이해와는 달리 내가 더 적합한 해석이라고 간주하는 바에 따르면, "그보다 더 큰 것을..." 으로써 의미된 개념내용, 즉 신은 안젤무스에 따르면 그것에 "대해서"über 판단될 수 있는 그 무엇이 아니라는 것이다(3장). 오히려 문제가 되고 있는 저 가장 큰 것은, 그것에 "따라서"nach 판단해야 할 마지막 판단의 척도이며, 사유는 내적으로 그것을 지시하고 있다는 점이다("자유의지에 대하여" II, 152 안에 제시된 아우구스티누스의 결정적인 생각이 여기서 수용되고 있으며, 이는 프로슬로기온이 전적으로 그 책으로부터 강한 영향을 받았음을 보여준다).

b. 사유의 마지막 정초에 대한 질문

(1) 그러나 나는 도대체 이러한 의미에서 마지막 것, 능가할 수 없는 것과 연관되어 있는 것인가? 이미 그 마지막 것을 주장하는 시도가 모순적이기 때문에 아마도 그것은 사유 안에 전혀 존재할 수가 없는 것인가? 왜냐하면 그것을 주장함은 어쨌든 항상 조건들에 매달려 있을 수 있기 때문이다. 마치 저마다의 전제(또한 저마다의 가정들이나 공리)가 (a) 사실상 항상 계속되는 전제들에 종속되어 있는 것처럼 보이며, 그래서 나를 무한한 소급으로 이끄는 것처

럼, 그리고 그 소급을 나는 단지 (b) 교조주의적인 단절을 통해서만 끝맺을 수 있거나, 아니면 (c) 순환운동이라는 대가를 치르고서야 피할 수 있는 것처럼 말이다(저마다의 마지막 정초에 반대하는 소위 뮌히하우젠-삼도논법Münchhausen-Trilemma[5])에서의 3중의 이의 제기처럼. 예컨대 한스 알베르트Hans Albert, 11-15 참조).

(2) 그러나 내가 '전제가 없이 타당한 인식은 없다'고 말한다면, 이때 물어보아야 할 것은, 어떤 전제들 하에서 이 진술이 타당한가 하는 것이다. 만일 '이 진술은 바로 마지막 통찰을 제시하기 때문에 무조건 타당하다'라는 것이 의미되고 있다면, 그때 나는 모순에 빠진다. 그러나 내가 '그 진술 또한 오직 전제들 하에서만 타당하다'라고 말한다면, 이때 물어보아야 할 것은 '어떤 전제들 하에서?'이다. 여기서 대답은 다음과 같이 내려질 수 있다: '바로 전제가 없는 인식은 있을 수 없다'는 전제하에서. 그와 함께 이러한 "인식"은 진부한 것이 되어 버렸다. 무전제의 배제는 결국 말하자면 하나의 전제에 매달려 있는데, 그 전제를 나는 명백히 할 수도 있고 안할 수도 있다. 내가 그 전제를 "해야만" 한다면, 그 의미는 이렇다: 그 전제는 무조건 타당하며, 그래서 나는 모순 속에 있다.

(3) 만일 내가 '나는 (무전제의 배제라는) 이 전제를 *할 수 있고*, 하지만 그렇게 하도록 강요받지는 않는다'고 말한다면(왜냐하면 그 "해야 함"은 바로 무전제를 의미하기 때문이다), 그때 나는 '또 다른 전제 하에서 그것은 타당하지 않다'고 말할 수도 있게 된다. 어

---

5) "뮌히하우젠-삼도논법"은 본문에서 설명된 것처럼 인식론의 문제에서 최종적인 근거짓기를 세 가지 전략에서 찾으려 하나 어떤 것도 만족할 만한 답이 아님을 입증하는 논법이다. 이는 흔히 뮌히하우젠 남작에 관한 우화에 빗대어서 제시되는데, 그 우화에 따르면 뮌히하우젠 남작이 터키와의 전쟁에서 늪에 빠져 허우적거리면서 머리채를 자기 손으로 들어올리려 했다지만 그것은 불가능한 시도라는 것이다. 쇼펜하우어는 스피노자에 반대하여 자기원인causa sui이라는 신 개념의 부당성을 지적하기 위해서 이 우화를 이용하고 있다.

떤 전제하에서? 대답은 오직 다음과 같을 수 있을 뿐이다: 바로 무전제라는 전제 하에서. 그러나 무전제는 내가 할 수도 있고 안할 수도 있는 전제들 하에 서 있을 수 있는가? 명백히 아니다. 무전제는 자신을 통해서만 주어진 것이다. 무전제는 오직 *자신으로부터만, 이미 항상* 타당할 수 있다. 그것이 가능하다면, 그것은 필연적이다. 그러나 그것은 다만 "가능한" 것일 수만은 없으며, 그 결과 그것의 존립이 계속적으로 그것과는 상이한 전제들에 종속되어 있는 것은 아니다. 다시 말해서: 그것이 가능하다면 그것은 존재*해야만 한다*. 왜냐하면 그것은 자신의 가능성의 근거를 자신 안에 가지며, 자신의 존립의 조건들을 자기 자신 안에 갖기 때문이다. 그러나 그것은 가능해야만 하는데, 그것의 불가능성은 (이미 우리가 본 것처럼) 모순적이기 때문이다.

(4) 보복Retorsion이 시도된 진술((2) 안에서), 즉 '전제가 없는 인식은 없다'는 분석적이 아니라 종합적인 진술이다. 이 진술은 ('p는 -p가 아니다'라는 의미처럼) 진부하게 동어반복적인 것이 아닌, 내용 있는 진술이길 원한다. 이 진술이 분석적이라면, 그것의 부정은 형식적 모순이 되어야 할 텐데, '전제가 없는 인식이 있다'는 진술은 그런 경우에 해당이 안 된다. 따라서 '전제가 없이 타당한 인식은 없다'는 진술은 다만 형식적으로가 아니라, 오직 내용적으로만 논박될 수 있다(마치 '전제가 없는 인식은 없다'라는 진술 안에서 형식적 모순이 제시된다면 그것을 통해서 무전제의 주장이 참으로 입증될 텐데 실은 그렇지 않은 것처럼). 이 진술은 따라서 종합적 진술이며, 더군다나 종합적-선천적 진술이다. 왜냐하면 이 진술은 초경험적이자 원칙적인 것으로 이해되고 있으며, 그런 한에서 선천적이기 때문이다. 이 진술은 '지금까지 전제가 없는 어떤 인식도 나타난 적이 없다'고 말하지 않고, '그러한 인식은 있을 수 없다'(바로 뮌히하우젠-삼도논법을 근거로 해서)고 말한다. 여기서 비판적으로 출발점이 되고 있는 그 진술은 그로써 다음과 같이도 표현될 수 있다: 종합적이고 선천적인 통찰은 없다. 그러나 정확히도 이것은 모

순이다. 이 주장과 함께 정확하게 그러한 통찰이 주장되고 있기 때문이다(왜냐하면 이 주장은 분석적이지도 경험적이지도 않기 때문에)(훼슬레Hösle 1987, 245 이하 참조).

c. 무제약자의 이념은 단지 주관적 이념일 뿐인가?

(1) 무제약자의 이념이 갖는 내용은 우선은 계속해서 더 규정될 필요는 없다. 그러나 그것이 의미하는 바는 무전제성이다. 주장되고 있는 것은 (하나의 측면으로부터이든 혹은 다른 측면으로부터이든) 내용적인 진리에 대한 통찰인데, 보다 정확히 말하자면 전제가 없는 진리에 대한 통찰이다. 그 진리의 내용을 나는 어떤 조건들 하에서도 더 이상 제시할 수 없다. 왜냐하면 그 내용은 자신의 무제약성 이외의 어떤 다른 것 안에서도 존립하지 않기 때문이다. 그 내용의 진리는 오직 이러한 자신의 무제약성일 뿐이며, 그 내용은 이 무제약성을 모든 가능한 제약들에 반해서 견지해야만 한다. 내가 그 내용을 사유할 때 처해있는 모든 맥락들 안에서 그 내용은 자신의 무제약성을 유지하고 입증해야만 한다. 내가 만일 '실제로 존재하는 것을 일별할 때 이러한 진리내용은 단지 하나의 생각일 뿐이다'라고 말한다면, 나는 그것을 제한하게 되는 셈이고, 그것을 단지 제약된 것으로 간주해야 할, 즉 제약된 무제약자로 만들게 될 것이다. 내가 말하자면 존재의 사실적인 맥락을 염두에 두고 있다면(즉, 내가 존재하는 것으로부터 출발한다면), 저 내용이 자신의 무제약성을 유지하는 것은 오로지 그 내용이 다만 생각되고 고안된 구성물이 아니라 "존재할" 경우이다. 그로써 그 내용은, 자신의 진리가 주장되는 경우에, 그 자체로부터per se 실재적인 것으로 주장된 것이다. 나는 그 내용을 사실적인 존재의 맥락 안에서 한갓 생각으로 이해할 수 없으며, 그로써 그 내용을 상대화시킬 수 없기 때문이다. 중요한 것은 물론 주장하는 자를 위한 존재맥락의 선소여성이다. 주장자는

예컨대, 저 내용이 오로지 자신의 의미내용을 근거로 해서만 이미 실재적이라고 말할 수는 없으며, 오직 다음과 같이 논증할 수 있을 뿐이다: *만일* 도대체 무엇인가가 있다면, 저 내용에 존재가 결여될 수가 없다. 그렇지 않을 경우 그 내용은 제약된 것이 되겠기 때문이다. 토마스에 따르자면 그것이 의미하는 바는 이렇다: 즉자적으로 quoad se 그것은 이미 항상 존재하고 있다. 그럼에도 불구하고 우리에 대해서quoad nos 그것의 존재성은 단지 우리가 존재자로부터 출발할 때에만, 다시 말해서 우리가 우리의 경험을 포함시킬 때에만 다다를 수 있는 것이다(이처럼 경험적 토대를 포함시키는 것은 OGB를 순전히 개념적으로만, 즉 개념의 영역에만 잔류하는 논증으로서 이해하는 것과 구분된다). 이하에서(2-12) 나는 이러한 근본적인 생각을 몇 차례의 시도들 안에서 더 상세히 해명할 것이다. 따라서 내가 말하려는 것은 핵심에 있어서 어떤 새로운 것이 아니라, 가능한 반론들과의 대질과정에서 다만 몇몇의 측면들을 해명하는 것이 될 것이다. 이때 논증들은 자주 단지 뉘앙스의 차이만을 드러낼 것이고, 그래서 반복적인 내용들이 될 수밖에 없다.

(2) 전술한 결과에 이론이 제기된다면, 또 다른 차원에서 다시금 보복논증의 가능성이 생겨난다. 이 전적으로 무제약적인 것이 없다는 사실, 즉 그것에 존재가 귀속되지 않는다는 사실에서 출발해 보자. 무제약자는 우연적이지 않기에, 즉 제약된 것이 아니기에, 무제약자의 비존재 또한 우연적인 사실이 아니라 불가능성을 의미한다. 무제약자는 그로써 불가능한 것이 될 것이다. 즉 필연적인 방식으로 존재하지 않게 될 것이다. 그러나 그로써 존재하는 제약된 것이 무제약적인 것이 되어 버렸다. 왜냐하면, 무제약자가 불가능하다면 자신과 모순 되는 반대, 즉 제약된 것은 필연적이기 때문이다. 사실적이고 우연적인 존재가 그로써 자체적으로 비우연적인, 즉 필연적이 되는 셈이다. 그러나 이것은 모순이다. 말하자면 나는 다음과 같이 말할 수밖에 없게 된다: 내가 불가피하게 주장하는 마지막 통찰은 이렇다: 오직 우연적인 것만이 존재하며, 그것은 무제약적으로

그러하다. 이러한 통찰은 어디에 근거하는가? 이제 이 통찰은 내가 사유하는 내용 안에, 즉 우연적인 것의 사안 안에 정초되어야 한다. 다시 말해서 (나의 추정적인 통찰은) 존재란 오직 우연적일 수 있을 뿐이라는 것이다. 존재는 필연적이다. 그럼에도 이 필연성의 내용은 우연성이다. 이것은 모순이다.

(3) 항상 전제해야만 하는 마지막 진리에 대한 저 통찰은 이 진리에 대하여 다음과 같이 진술한다: 이 진리는 그것의 내용에 따라 볼 때 무제약적이다. 이미 진리 자체 안에 놓여 있지 않은 조건, 그리고 그것을 통해서 진리가 구성되고 결국 진리가 그 아래에 처하게 되는 바로서의 그러한 조건은 어떤 것도 생각할 수가 없다. 바로 그것이 의미하는 것은 진리의 완전한 무제약성이다. 진리는 그런 한에서 상대Gegenüber의 측면일 수가 없다. 진리는 또한 사유의 구성물일 수 없다. 사유의 구성물은 처음부터 실재, 곧 존재와 마주서 있는 것으로 생각되어야만 하는데, 그것은 마치 수들이나 동화들 같은 사고의 형성물들이 평화적으로 그러한 대조를 견디어 내는 것과 같다. 왜냐하면 그것들은 그러한 대조를 통해서 정의된 것이기 때문이다(혹시 본래적으로 자립적인 수들의 세계가 있지는 않은가에 대해서 내가 논쟁을 하고 토론을 할 때, 만일 그런 세계가 있다손 치더라도 그 세계는 하나의 맞은편, 즉 실재와는 다른 것이기 때문이다). 무제약자의 이념은 모든 자신의 조건들이 스스로를 통해서 구성된 것이라는 주장을 내포하고 있다. 그것의 의미내용은 자기 자신이외의 다른 어떤 것을 통해서 구성된 것이 아니며 그래서 다른 것과의 관련을 통한 것이 아니다. 대조를 통한, 즉 외적인 관계를 통한 그 어떤 제약은 무제약자의 이념과는 양립할 수가 없다. 바로 이점이 저 마지막-통찰 안에서 전제되고 있다. 이로써 모든 본질적인 것이 말해졌다. 계속되는 것은 그저 전개일 따름이다. 그러나 이러한 전개가 무의미한 것은 아니다. 반론들을 논박함은, 비록 새로운 어떤 것이 추가되지 않는다 하더라도, 진리를 더 명백히 드러내게 할 수 있기 때문이다. 내가 만일 도대체 무엇인가가

있다는 사실에서, 그리고 이미 나의 사실적인 사유와 물음이 실재의 수행Vollzug von Realität이라는 사실에서 출발한다면, 그로써 벌써 저 무제약자의 이념이 실제로 *존재한다*는 것이 말해진 셈이다. 그것이 *존재하지* 않는다면, 그것은 한갓 가능성으로 남게 될 것이고, 그 가능성은 오직 자신과 구분된 것과의 관계 안에서 자신의 현실성에로 이를 수 있기 때문이다. 하지만 그로써 무제약자의 이념은 우연적인 것이 될 것이고, 더 이상 그것의 내용에 상응하는 것처럼 무제약적이지 않게 된다. 그 이념이 사실상 존재하지 않는다고 가정한다면, 그것은 불가능한 것일 수밖에 없다. 누군가가 이렇게 말할 수도 있다: 그래서 어쨌단 말인가? 그렇게 되면 그 이념은 바로 자신의 불가능성을 근거로 해서 존재하지 않게 된다. 하지만 이러한 귀결은 대수롭지 않은 것이 아니다. 이 귀결이 의미하는 것은 즉시, 사실적인 존재가 절대적으로 필연적인 것으로, 즉 제약된 존재가 무제약적인 것으로 간주되어야 한다는 것이다. 그러나 이것은 이미 언급한 모순을 낳게 된다. 우연적이고 제약된 것, 유한적인 것은 바로 절대적인 것이 아니며, 자신의 다수성에 있어서도 절대적인 것으로 생각될 수 없기 때문이다. 자신의 실재적인 수행 위에서 무제약자의 이념을 숙고하는 사유는 따라서 그 이념의 존재를 증명한다. 한갓 사고의 구성물로서 간주된 그 이념의 의미내용은 이미 추상의 결과이며 사유행위로부터의 분리이다. 이러한 분리는 분리의 행위에 대한 숙고를 통해서 다시금 지양될 수 있고 또 지양되어야만 한다.

(4) 이로써 OGB 내에서 KGB의 변형이 생겨난다: 나는 말하자면 (비판적으로) 내가 존재를 그것의 전적인 제약성 안에서 인식한다는 사실로부터 출발한다. 이것은 무제약적으로 타당해야 할 것이다. 왜 그런가? 이 존재는 바로 그것에 대해서 오직 제약성만이 진술될 수 있는 그런 것이기 때문이다. 존재는 그와 함께 자신의 마지막 '구성적 본성'Verfaßtheit에 있어서, 즉 무제약적으로, 제약된 것이며, 오직 그렇게만 생각될 수 있는 것이다. 그러나 그것은 모순이다. 나는

모순 없이 오직 이렇게 말할 수 있을 뿐이다: 내 자신의 잠정적인 관점 안에서 나는 존재를 단지 제약된 것으로 인식한다. 이 진술에 반대하는 어떤 이의제기도 있을 수 없다. 왜냐하면 이 진술은 다음과 같은 추가적인 진술을 위한 공간을 허용하기 때문이다: 잠정적인 인식은 마지막 말을 갖지 않는다. 존재는 여전히 무제약성의 차원 또한 포함해야만 한다. 내가 이러한 차원을 배제한다면, 나는 존재를 제약성에로 고정시키는 것이며, 더욱이 무제약적으로 그렇게 하는 셈이 된다. "아마도"라는 말은 해결이 아니다(즉 다음과 같이 말하는 것: 아마도 존재는 제약된 것이거나 무제약적인 것이다. 나는 입장표명을 하지 않겠다). 왜냐하면 이 경우 각각의 선택은 자신의 일관성 위에서 검증될 수 있어야 하기 때문이다. 그런데 존재는 확정적으로 제약되어 있다고 보는 관점의 선택은 모순적으로 입증된다. 그로써 다른 대안의 선택이 타당하게 된다. 그것은 무제약적인 존재의 선택인데, 이는 자신의 편에서 볼 때 제약된 존재의 동시적인 존립을 결코 배제하지 않는다. 왜냐하면, 단지-제약되어 있는 것이 홀로 존재할 수 없다고 하더라도, 무제약적인 것과 제약된 것의 함께Miteinander가 전적으로 가능하며, 심지어 그것이 진리이기 때문이다.

(5) 라이프니쯔도 필연적인 것으로부터 그것의 실존에로의 추론을 지지하고 있다. 그럼에도 사람들이 갖게 되는 인상은, 이런 추론이 필연적인 것의 개념 안에 있는 형식적인 비모순성을 근거로 해서 벌어진다는 것이고, 그 결과 논증은 다음과 같이 진행된다는 것이다: 필연적인 존재의 개념은 형식적으로 모순적이지 않다(마치 "둥근 사각형"의 개념이 모순적인 것처럼). 따라서 이런 존재는 가능하며, 만일 그것이 가능하다면 또한 필연적이다(Monadologie § 45 참조. 칸트에 있어서는 KrV B 635 이하에서 이점이 비판되고 있다). 일단 저 개념이 어떤 은폐된 모순들도 포함하고 있지 않음이 시인된다고 하더라도(그것에 대해서는: (9)를 참조), 논증은 그럼에도 개념의 영역 위에 머물게 된다. 오직 사실적으로 존재하고 경험

안에서 주어진 것과의 대질 안에서만 논증은 설득력을 얻을 수 있는 것이다. 그런 이유로 우리가 택한 방식은 다른 것이다. 무제약자의 가능성은 우선은 전제로서, 주장함의 행위로부터 취해지고 있다. 다시 말하자면, 내가 무엇인가를 주장한다면, 그때 나는 위에서 묘사한 방식 속에서 무제약자와 관계를 맺는다. 이 무제약자는 다시금 다른 것에 의해서 제약되고 그로써 가능해진 것일 수는 없다고 생각되어야만 한다. 따라서 무제약자의 필연성은 자신의 가능성과 함께 주어진 것이다. 그러나 이 필연적인 것이 또한 "존재한다"는 것은, 오직 사실적으로 존재하는 것과의 대질을 통해서만 입증될 수 있다. 왜냐하면 이러한 대질의 토대위에서 무제약자의 이념은 비록 물음에 붙여지기는 하나, 동시에 자신의 존재 안에서 입증될 수 있기 때문이다.

(6) 훼슬레는 마지막 정초의 논증이 사유에 대해서뿐만 아니라 존재에 대해서도 타당하다는 점을 밝히기 위해서, 내가 이러한 주장 속에서 항상 존재와 관련을 맺고 있으며 그런 한에서 존재를 이미 일별하고 있다는 논점을 제시한다(훼슬레Hösle 1987, 249). 이것은 옳다. 이 생각은 단지 전개될 필요가 있을 뿐이다. 그것이 나의 목적이었다. 실제로 사정은 이러하다: 존재와 사유는 완전히 분리된 것이 아니다. 내가 만일 나의 사유는 존재에 이르지 못한다고 말한다면, 나는 그럼에도 이미 존재와 관련을 맺게 된 셈이 될 것이다(그와 상응하게 전혀 알려져 있지 않은 "물자체"Ding an sich를 가정하는 것은 모순적이라는 것이 훼슬레의 논점이다). 또한 나는 나의 사유를 이미 사유수행으로서als Denkvollzug, 즉 실재적인 행위로서 이해해야만 한다. 내가 실재적인 행위로서의 나의 사유에 대해 반성한다면, 나는 이 지점에서 이미 존재에 처해 있으며beim Sein, 그와 함께 마지막 객관성으로서의 존재의 보다 넓은 맥락에 처해 있는 것이다(슈패만Spaemann 1987 참조). 마지막 정초에 대한 위의 생각은 오직 나의 사유에 대해서만 타당할 뿐, 존재와 관련해서는 나는 그것의 원칙적인 유한성과 한계, 제약, 즉 존재의 한갓

사실성을 가정하고 있다고 말할 수는 없는 것일까? 그러나 이것은 가능하지 않다. 왜냐하면 만일 내가 '나는 나의 인식함 안에서 존재에 이르는 통로를 가지고 있다'는 데서부터 출발할 경우에, 나는 다음의 양자택일 앞에 서게 되기 때문이다. (a) 나는 이 존재를 철저히 제약된 것으로 파악하거나, 혹은 그것이 (b) 자신의 다양한 제약성을 침해받음이 없이 무제약자의 차원을 포함하며, 그 차원은 이제 그에 상응하게 주석되어야 한다는 식으로 파악하든가 이다. (a)의 가능성은 모순에 이른다. 왜냐하면, 나는 그 가능성 안에서 존재를 자신의 마지막이자 근본적인, 즉 무제약적인 구성적 본성 안에서 인식하고 있다고 주장하는데, 이는 바로 내가 부정하는 바를 주장하는 셈이기 때문이다. 따라서 나는 (b)의 가능성에로 향해야 하고 다음과 같이 말해야 한다: 나는 (또한) 존재의 인식을 그것의 무제약성 안에서 갖는데, 이때 그 존재는 다양한 제약성 안에 있는 존재처럼 그렇게 내 눈앞에 놓여있는 것은 아니다. 존재의 무제약성은 오직 지탱하는 (배후-)근거라는 의미에서만 파악될 수 있고, 그와 함께 단지 눈앞에 놓여 있는 존재와는 "전혀 다른 것"으로서만 파악될 수 있다. 이와 반대로 다음과 같이 말하는 것은 전혀 문제될 것이 없다: 세계의 탐구를 위해서 나는 존재자의 제약성만을 전제하며, 존재자를 그것의 상이한 조건맥락들안에서 추적하는데, 이 맥락들은 세계 안에서 스스로를 제시하는 바대로이며, 이때 나는 바로 그와 함께 이미 방법적으로 모든 무제약자에로의 도달을 배제한다. 이것은 하나의 적법하게 규제하는 전제인데, 그것은 "내가 만드는" 전제이며, 세계현실의 구성적 본성을 통해서 정당화된 전제이다. 그러나 내가 이러한 전제를 절대적으로 유일한 것이자 그 자체에 있어서 무전제적인 것으로 들어 올린다면, 위에서 기술한 모순에 빠지게 된다. 무전제적이고 무제약적인 것은 스스로에 의해서 항상 이미 주어져 있다. 나는 그것을 다만 그러한 것으로서 "발견할" 수 있을 뿐이다.

(7) 따라서 나는 무제약자에 대한 내용적인 통찰로부터 출발해야

만 한다. 이 무제약자는 무제약적인 내용이며, 무제약적인 존재이다. 이러한 통찰은 그럼에도 단지 형식에 대한 통찰일 뿐이지는 않을까? 즉, 무제약적으로 타당한 비모순율에 대한 통찰이 아닐까? 그러나 무제약성에 대한 통찰은 어떤 방식으로든 제약될 수는 없는 것이다. 만일 그것이 한갓 형식에로 고정된다면, 그것은 제약되는 셈이 될 것이다. 그렇게 되면 나는 다음과 같이 말하는 셈이 된다: 나는 무제약적으로 오직 형식만을 인식한다. 이것은 오로지 형식에 대한 진술인가? 마지막 통찰은 (이미 우리가 본 것처럼) 어떤 경우든 동어반복의 (분석적인 것의) 형식에 대한 주장 이상이며, 하나의 내용적인 통찰이다. 그러나 저 진술 안에서는 하여튼 이미 더 많은 것이 주장되고 있는데, 그 이유는, 만일 그 진술이 형식이 *유일한* 무제약자라는 것을 의미한다면, 이는 어찌되었든 내용과 관련을 맺은 것이기 때문이다. 이러한 관련은 어떻게 보일 수 있을까? 아마도 그 관련성은 내용 또한 마지막으로 무제약적이라는 뜻에서는 아닐 것이며, 오히려 그 반대일 것이다. 즉, *오로지* 형식만이 무제약적이기 때문에 내용은 항상 제약된 것이어만 하거나 혹은 그럴 것이라는 의미에서이다. 이 점은 이제 더 추적해 들어가야 한다. 내용은 무제약적으로 제약되어 있다고 내가 말한다면, 이는 이미 알려진 모순이다. 그러나 내가 만일 '*아마도* 내용은 항상 제약되어 있다'고 말한다면, 바로 이러한 가능성은 검토되고 배척되어야 할 것이다. 다시 말해서, 내가 '무제약자는 오직 형식이고, 내용은 그러나 항상 제약되어 있다'고 말한다면, 이것은 내용에 대한 마지막 통찰이 될 것이고, 이때 나는 내용으로부터 형식을 분리시킨 셈이 된다. 그리고 더욱이 그러한 통찰은 무제약적인 제약성이라는 의미에서 내용이 지니는 마지막 구성적 본성을 주장한다. 비모순율은 "단지" 형식이기만을 원한다. 이 "단지"는 그것의 본질에 속하며, 바로 이러한 (자기-)상대화가 그 안에 있는 절대적인 것을 보지 못하게 만든다. 이 "단지"(그와 함께 그것은 이미 무제약자 자신이 아니다)는 이미 자신의 가설적 구조 안에 주어져 있다. *만일* a 이면, *그때는* a

이다. 즉, 어떤 규정된 내용이 주어져 있으면(단지 생각으로나 혹은 실재적으로도), 그때에는 다음이 타당하다: 그 내용이 존재하는 한, 그것은 자신의 반대가 아니며, *그런 한에서* 그것은 무제약적이다. 따라서 무제약성은, 어떤 임의적인 내용이 설정된 한에서 그 임의적인 내용의 무제약성이다. 이 무제약성은 그 내용의 한 측면, 곧 양상인데, 이것은 비모순율을 통해서 강조되어 표명되고 있다. 이렇게 비모순율에 의해서 강조된 무제약자의 양상이 마지막으로 어디에 정초되어 있는지를 묻는 것은 의미있고 정당한 일이기는 하다. 이에 대한 대답은 단지 다음과 같이 내려질 수 있을 뿐이다: 전적으로 무제약적인 것 안에서. 그렇지 않다면 항상 단지 제약된 것이 저 무제약성의 양상에 대한 근거로 간주될 것이고, 그로써 이 무제약성의 양상은 정초되지 않은 것으로 남겠기 때문이다. 그러나 비모순율은 자신의 가설성을 통해서 주어져 있는 형식과 함께 스스로가 이미 절대적인 것의 온전한 개념일 수가 없다. 비모순율의 형식은 임의적인 내용들을 조회하는 데서 존립한다. 그러나 비모순율이 참된 절대자를 암시한다는 것은 확실하다. 이 점은 이하에서 제시되는 비모순율의 동일성함축Identitätsimplikation에서 명료해져야만 한다.

(8) 비모순율의 (한갓) 형식에서 시작하기로 하자. 이 형식은 진부한 것인가? 비모순율의 필연성에 대한 통찰은 진부한 것이 아니다. 왜냐하면 나는 비모순율의 형식을 통해서 하나의 실재Entität에 (생각으로든 감각적으로든) 자신과의 동일성이 귀속됨을 인정하기 때문이다. 나는 이 실재를 그것 자신과 맞세우며, 그 실재의 자신과의 동일성을 승인하는데, 그 동일성이란 더욱이 개개의 항목별로 엄밀히 들어맞는 것을 의미한다. 비모순율의 모든 적용은 그와 같은 동일성에 근거해 있다. 그러한 필연성은 무제약적인 것이며, 어떤 것을 통해서도 부정될 수 없고, 그 무엇으로부터도 논박되거나 의심될 수 없는 것이다. 비록 자신과 동일한 저 실재는 제약된 것이고, 사유된 것이며, 유한하고 대상적인 것이기는 하다. 그러나 그 제약

된 것은 자신과의 동일성이라는 파악 가능한 “지점”을 가지고 있다. 나는 그것이 그 자신과 동일함을 반성적으로 인식할 수 있다. 바로 그 점에 그 실재의 모든 제약성에도 불구하고 무제약성의 계기가 놓여 있다. 한 대상을 그 자신과 동일시하는 것은 가장 상이한 분석적인 맥락들의 근간이다. 그것은 나로 하여금 자신과의 한갓 동일성에 대한 추상적인 생각, 곧 일자로서의 동일성, 혹은 그 자체로서 무한히 반복될 수 있는 숫자로서의 동일성에 대한 생각도 가능하게 해준다. 무엇이 나에게 이러한 동일시의 능력을 부여하는가? 명백히도 그것은 원리적인 ‘자각적 존재’Beisichsein에 대한 나의 파악이다. 이러한 파악이 자신의 장소와 근거를 나의 자의식 내에서와는 다른 어떤 곳에서 가질 수 있을까? 자의식을 통해서 나는 스스로를 자기 자신으로 파악하는데, 이는 내가 내 자신에 처해 존재하기 때문이다. 자의식으로부터 그리고 자의식과의 연관 속에서 나는 여하한 방식으로 존재하는 모든 것을 그것의 고유한 동일성 안에서도, 즉 그것 자체로서 파악할 수 있다. 나는 그것을 나에게 맞세울 수 있고 인식할 수 있다. 왜냐하면 바로 그 “나에게”(자의식)가 없이는 어떤 맞세움도, 어떤 대상화도 가능하지 않기 때문이다. 다시 말하자면: 나는 나에게 처해 존재하기 때문에, 나는 그 자신으로서의 다른 것에 처해서도 존재할 수 있다. 그러나 도대체 나에게 이러한 동일성수행Identitätsvollzug이 어떻게 가능한 것인가? 온전한 동일성의 수행은 오로지 절대적인 것 자신일 것이다. 나와 나의 대상들 중의 어떤 것도 그것이 될 수는 없다. 모든 나의 동일성수행들은 그 각각이 단지 제약된 것일 뿐이다. 그럼에도 불구하고 나는 그러한 수행을 저 완전하고 마지막의, 절대적인 동일성과의 관계 안에서 기도할 수 있다. 그것은 나의 동일성수행이 그 앞에서 정당화되어야만 하는 척도이다. 나의 동일성수행은 오직 그 빛 안에서만 나에게 가능하다. 완전한 절대성을 향한 제약의 철폐는 나의 동일성수행의 조건이다. 이 점은 내가 그 반대를 생각하고자 시도할 때 분명해진다. 즉 나의 동일성확인들을 가능하게 하는 동일성수행이 그 자신의 제약성 안에서 고갈된다는 사실로부터 출발해 보자. 그렇게 되면 나는 하나의 동일성확인을 언제든 오로지 나의 제약된, 사실적인 인식조건들에 따라서 기도할 수 있을 테고, 이러한 한계에 대한 더 이상의 어떤 해명도 내 자신에게 제시할 수 없을 것이다. 왜냐하면 그러한 해명 또한 재차 오로지 상응하는 제약성으로부터 도출되겠기 때문이다. 나의 인식실행들과 동일성확인의 실행들은 다만 다음과 같은 이유들 때문에 발생할 수 있게 될 것이다. 즉, 내가 그렇게 생각*해야만 하기* 때문에, 나의 언어가 그러하기 때문에, 나의 두뇌가 그렇게 기능하기 때문에, 나의 문화가 나에게 이것을 명하기 때문에 등등이다. 다시 말해서 나의 동일성확인의 능력은 사실적인 것에 고정되고 그것 만으로부터 정초될 것이다. 그러나 이것은 모순이다. 왜냐하면 나는 사실적인 것을 그러한 것으로서 인식하고 이해하면서 바로 이 사실적인 것을 넘어서기 때문이다. 사실적인 것의 이러한 한계는 학문의 진보를 통한 것만으로는 극복할 수가 없을 것이다. 그 한계는 다만 밀려지게 될 뿐이다. 그 한계는 오로지 사실적인 것을 그러한 것으로서 의식함을 통해서만 극복될 수 있다. 곧 이 한계로부터 전적으로 초사실적인 것을 향한 원칙적인 넘어섬을 통해서만 그 한계는 극복될 수 있다. 이 초사실적인 것과의 관계를 통해서만 나는 내 자신에 처해 존재하며, 그 어떤 무엇을 비모순율에 따라서 인식하고 동일시하며 처리할 수 있는 것이다. 척도로서의 이 초사실적인 것은 자신과의 완전한 동일성이며, 절대적인 반성이다(이 논증은 피히테(1794)의 "제일근본명제" 안에서의 논증과 상응하는 것이다. 그의 논증은 비모순율로부터 출발하여 그것으로부터 다음의 사실을 제시한다. 곧 비모순율은 자신의 가언적인 성격 때문에 본래의 무제약성을 스스로 정초할 수 없으며, 무제약성을 단지 절대적인 자각적 존재로부터, 피히테의 언어로 표현하자면: 절대적인 자아를 통해서, 소유한다).

(9) 라이프니쯔는 필연적인(무한한) 존재의 가능성을 일별하면서 스스로 다음과 같은 반론을 제기한다: 이러한 생각은 내가 아직 알

지 못하는, 은폐된 모순성을 내포하고 있지 않을까? 마치 사람들이 "영속적으로 움직이는 동체"perpetuum mobile는 모순적이지 않다고 오래 동안 생각했던 것처럼(Nouveaux essais IV, 10, 7이하. 반론은 여기서 데카르트를 겨냥해 있다). 따라서 무제약적인 것에 대한 생각, 곧 신에 대한 생각은 단지 아직 발견되지 않은 하나의 은폐된 모순을 내포하고 있는 것이 아닐까? 라이프니쯔는 여기서 이 반론에 대한 아무런 대답도 하고 있지 않다. 우리의 연구로 얻어진 영역에서 그 대답은 어떻게 주어질 수 있을까? 나는 다음과 같이 생각한다: 필연적인 것(무제약적인 것, 무한한 것)에 대한 생각은 어떤 은폐된 모순도 내포하지 않는다. 왜냐하면 우리는 (위에서 말한 바에 적합하게) 이 필연적인 것을 오직 모순의 감수를 대가로 해서만 부인할 수 있기 때문이다. 즉, 우연성 하나만을 위해서 필연적인 것을 배제하는 생각은 우리를 모순으로 이끈다. 이 모순은 다음과 같은 점에 존립한다. 곧 나는 필연적인 것에 대한 생각을 그것을 부인함에 있어서도 요구해야만 한다는 것이다. 그와 함께 나에게는 단지 필연적인 것을 근본적으로 받아들이는 가능성만이 남게 된다. 그렇지 않을 경우 나는 생각하기를 포기해야만 하겠기 때문이다. 물론 이것은 하나의 순환논증이라는 반론이 제기될 수 있다. 어느 정도는 그러하다. 중요한 것은 단지 이때의 순환논증이 "악순환"circulus vitiosus은 아니라는 점이다. 그러한 악순환이 생겨나는 것은 다음과 같은 경우인데, 만일 내가 하나의 우연적 가정을 (나는 그것을 포기할 수도 있고, 혹은 그것으로부터 모순 없이 그 반대를 가정할 수도 있다) 한편으로는 내 논증의 기초로 삼으면서 다른 한편으로는 내 논증의 결과로 주장할 때이다. 하지만 필연적인 것은 그것의 반대가 나에게 모순 없이 마찬가지의 출발점으로서 기여할 수 있는 그런 우연적 가정이 결코 아니다. 필연적인 것은 하나의 불가피한, 언제든 주어져 있는 전제이며, 그것을 논박함에 있어서도 다시 한번 요구되어져야만 하는 그런 것이다. 순환은 이 경우에 절대적인 것 자체의 순환(자체-내-존립das In-sich-Stehen)이다. 우리는 절대적인 것 안에서 사유한다. 다시 말해서 우리는 오직 절대적인 것을 *통해서만* 사유하며, 말하자면 그것에 의해 [사유하는] 능력을 부여받게 된다. 절대적인 것에게는 어떤 "외부"도 없다.

(10) 무제약적인 것은 나에게 앞서 주어진 것으로서 생각되어야만 한다. 만일 그것이 나에 의해서 생각되고 구성된 것, 그리고 고안된 것일 뿐이라면, 그것은 나의 사유에 종속되어 있다. 앞서 주어진 것으로서의 무제약자는 이런 것이다: 자기존재Selbstsein, 즉 존재이다. 한갓 사유된 것은 "스스로" 존재할 수 없다. 이 점에 대한 확실한 표징은, 사유된 것이 이 차원에서는 결코 자기연관이라는 의미에서의 자기존재에 이를 수가 없다는 것이다. 우리는 이 점을 다음과 같이 명확히 할 수 있다: 한갓 표상은, 이를테면 어떤 사람과의 만남에 대한 꿈은 근본적으로 그 사람과의 실제적인 만남과 구분되는데, 부연하자면 첫 번째 경우에는 나의 상대가 단지 "나에 대해서" 현존하지만 두 번째 경우에는 "그 자신에 대해서"도 현존함을 통해서 단순히 구분된다. 말하자면 두 번째 경우에는 만남이 나에게 대해서 하나의 만남인 것처럼 그 사람에 대해서도 역시 그렇다는 것이다. 첫 번째 경우의 제약들은 집단적 표상들에 대해서도 타당하며, 일체의 *단지* 사유된 것에 대해서도 타당하다. 이러한 표상의 세계가 수학 안에서 아주 분명한 것처럼 내적인 귀결들과 필연성의 구조들을 가질 수 있다는 점은 위에서 말한 내용에 저촉되는 것은 아니다. 장기놀이에 있어서도 나는 놀이규칙들로부터 출발하면서 엄격한 귀결의 성격을 지닌 가능성들에 즉해 있는 전적인 세계를 내 앞에 갖고 있다. 그 세계를 나는 점차로 발견해 나갈 수 있다. 그러나 이 같은 종류의 선소여성은 어떤 자기존재도 갖고 있지 않다. 그것은 단지 사유된 세계로서 항상 비존재자의 괄호 속에 설정되어 있다. 그러나 무제약적인 것은 엄밀한 자기존재이다. 그것은 자신으로부터 그리고 자신에 대해서 존재한다. 그것은 그런 한에서 "자체 내 반성"(헤겔)이다. 오직 존재 안에서만 자기연관이 가능하다. 오직 존재자만이 그런 한에서 자신으로부터 그리고 자신

안에 존재할 수 있다. 그렇기에 파르메니데스나 피히테에게 있어서는 절대적인 존재는 사유이자 반성인 것이다. OGB에 대한 유통되는 비판은 다음과 같다: 무제약적인 것에 대한 생각은 단지 생각일 뿐이며, 이는 내가 무제약적인 것을 존재하는 것으로 생각할 때에도 역시 그러하다. 하지만 이 비판이 간과하는 것은, 무엇인가가 "단지" 생각일 뿐이라는 진술은 하나의 전제를 갖고 있다는 점이다. 말하자면 내가 단지 사유된 것과 실제적인 것 사이에서 의미심장한 구분을 할 수 있다는 전제이다. 만일 내가 마지막 통찰 안에서 무제약적인 것과 그 어떤 관점에서도 관계를 맺고 있다면, 동시에 나는 무제약적인 것이 "단지" 하나의 생각일 뿐이라는 제약 아래에 이 무제약적인 것을 위치시킬 수는 없다. 무제약성이 요구하는 바는, 한갓 사유된 것의 영역을 넘어서서 존재의 영역 안으로 들어서는 것이다. 도대체 존재의 영역이야말로 비로소 자기존재와 참된 무제약성을 허용한다. 왜냐하면 자기존재, 대자존재Fürsichsein는 오직 존재 안에서만 가능하기 때문이다.

(11) 보복의 방법은 반성적이며, 반성을 요구한다. 오직 이러한 반성 안에서만 나는 내 자신에 처해 존재하며 무제약적인 것에 처해서도 존재한다. 이런 맥락에서 자기연관성을 목표로 하며 그것을 요구하는 논증들, 곧 반성논증들을 겨냥해 빈번히 제기된 반론을 살펴보도록 하자. 사유의 자기연관성은 이율배반Antinomien에 이르지 않는가? 이에 대해 다음과 같이 말할 수 있다: 오직 부정적인 자기연관성, 곧 자기연관성의 배제만이 이율배반에 이른다. 이 점의 타당성을 보여주는 것은 그 유명한 진리론적인 이율배반이다: "나는 (이 문장으로써) 거짓을 말한다"("나는 진리를 말한다"는 아무런 문제가 되지 않는다). 혹은 집합론적인 이율배반도 그러하다. 이 이율배반은 "자기 자신을 요소로서 포함하지 *않는* 모든 집합들의 집합"이라는 개념으로부터 귀결된다.[6] 의미론적인 이율배반도 마찬가지이다. 이

---

6) 집합론적인 이율배반을 좀 더 부연해보면 다음과 같다: 일반적으로 집

이율배반이 생겨나게 되는 경우는, 만일 우리가 자기 자신을 표시할 상황에 놓여 있는 "자기논리적인"autologisch 단어들("3음절의" dreisilbig라는 말처럼)과 그러한 경우가 아닌 "상이논리적인" heterologisch 단어들("2음절의"zweisilbig라는 말처럼)을 구분한 후에 "상이논리적"이라는 개념이 자기논리적인가 혹은 상이논리적인가를 물을 때이다. 이율배반으로 이끄는 것은 항상 오직 *부정적인* 자기연관일 뿐이지, 긍정적인 자기연관은 아니다. 그러한 이율배반을 피하기 위해서 일체의 자기연관을 부정하는 것은 목욕물을 버리다가 아이마저 버리는 것과 같으며 스스로 모순에 이르게 된다. 왜냐하면 어떤 진술도 자기 자신에게 적용되어서는 안 된다는 규정은 단지 모순만을 재생하기 때문이다. 말하자면 이 규정 자체는 어떻게 되는가? 만일 이 규정이 그것의 내용에 적합하게 자신에게 적용되어서는 안 된다면, 그것은 자기 자신에게 적용되어야만 한다. 만일 이것이 발생한다면, 이것은 자기적용의 금지에 모순 된다. 자기연관은 따라

합 그 자체는 그것의 구성요소가 아니다. 예컨대 사람들의 '집합'은 그 자체가 그것의 하나의 지체인 사람이 아니다. 그럼에도 불구하고 외견상 자기 자신의 지체들인 집합들을 생각해 볼 수가 있다. 예컨대 찻숟가락이 아닌 사물들의 '집합'의 경우, 그 집합 자체는 찻숟가락이 아닌 한에서 그것의 지체들, 곧 찻숟가락이 아닌 사물들 중의 하나이다. 이제 '자기 자신의 지체가 아닌 모든 집합들의 집합'이라는 개념을 생각해 보자. 이때의 집합은 자기 자신의 지체인가? 만일 그렇다면, 그 집합은 자신의 지체이다. 그렇다면 그 집합은 자기 자신의 지체가 아닌 집합들 중의 하나일 것이다. 즉 그 집합은 그 자신의 지체가 아니다. 만일 그렇지 않다면, 그 집합은 그 자신의 지체가 아니다. 그렇다면 그 집합은 자기 자신의 지체가 아닌 집합들 중의 어느 것도 아닐 것이다. 즉 그 집합은 그 자신의 지체인 집합들 중의 하나이다. 그리하여 어떤 경우에도 '그 자신의 지체가 아닌 모든 집합들의 집합'이라는 개념은 이율배반에 이르게 된다. 러셀은 '하나의 집합이 그 자신의 지체인가'라는 물음이 무의미하다는 것을 밝힘으로써 이 이율배반이 해소될 수 있다고 보았다. 이에 대한 보다 상세한 이해를 위해서는: *Philosophie des 20. Jahrhunderts[20세기의 철학]*, Coreth/Ehlen/Haeffner/Ricken, Stuttgart 1993 (Kohlhammer, Grundkurs Philosophie, Bd 10), 138-139쪽 참조.

서 피할 수 없으며 배제할 수도 없다. 반성적 구조는 우리의 정신에 기본적인 것이기 때문이다. 러셀에 의한 대상언어와 메타언어의 구분, 혹은 그의 유형이론Typentheorie은 전적으로 제한적인 타당성을 갖고 있다. 그러나 그것을 자기연관의 금지 하에 보편화시키는 것은 모순적이 된다(바르디Várdy 참조). 물론 자기연관성을 직접적으로 제시하는 것은 쉽지 않은 일이다. 무엇인가가 자기 자신과 마주해 있으면서, 즉 자신과는 다른 것이면서 *아울러* 자신과 하나라는 것, 그리고 이것도 더 이상 상이한 고려들에 따라서가 아니라 *하나의* 의미에서 그렇다는 점을 어떻게 생각으로 모사할 수 있겠는가? 그러나 객관화하는 사유의 이러한 무능력은 자기연관 일체를 부정하게 하는 충분한 근거는 아니다. 왜냐하면 그러한 부정은 우리가 본 것처럼 모순에 이르기 때문이다. 오히려 자기연관은 비록 주어진 것이기는 하나 단지 간접적으로만 자신을 제시한다고 말해질 수 있을 뿐이다. 피히테는 상이한 시도들 안에서 자아의 자기연관을 직접적인 재구성을 통해 이해시키려 하였으나 항상 어려움에 봉착했다(헨리치Henrich 1967 참조). 왜냐하면 자기연관은 나중에 정돈된 사유수행으로서도(반성으로서도) 그리고 자기대상화의 행위로서도 온전히 파악될 수는 없기 때문이다. 하지만 이러한 결과들은 피히테에게 있어서는 결국은 다음의 사실에 대한 증명일 뿐이었다. 곧 우리의 자기연관을 가장 깊숙한 곳에서 형성하고 그것을 최후적인 것, 즉 무제약자와 결합시키는 바의 것은 대상화하는 사유를 벗어난다는 점이다.

(12) 우리의 정신은 따라서 기본적으로 자기연관적인 구조를 갖고 있다. 이것을 부인하면 모순에 처하게 된다. 이는 존재의 확실성 내지는 무제약적인 존재의 확실성으로서의 자각적 존재에 대해서도 마찬가지로 적용된다. 내가 이러한 확실성들을 대상화시킨다면, 나는 그들로부터 거리를 둘 수 있고 그것들을 의심할 수가 있다. 저 (기본적인) 반성 안에서 이것은 불가능하다. 나에게-처해-있음Bei-mir-Sein 안에서 나는 존재에 처해 있다. 바로 이러한 자각적 존재는 존재의 수행이기 때문이다. 비로소 여기서 나는 나의 존재와 존재 일반으로부터

더 이상 분리되어 있지 않고 또 분리될 수도 없는 것이다. 그런데 이 나의 존재, 이 (자기-)수행은 절대적인 자기수행에 의해 지탱되어져 있고, 말하자면 그의 "공간" 안에서 발생한다. 그러나 자기수행으로서의 이 "공간"은 그 자신의 고유한 수행이며, 그의 (무한한) 존재의 수행이다. 내가 이것을 파악하는 장소는 내 반성의 장소, 곧 나의 나에게-처해-있음의 장소이다. 이러한 관점으로부터 다시 한 번 어째서 아우구스티누스에 있어서 이성을 구속하는 것 역시 "존재하는지"가 이해된다. 마치 나의 이성적 반성이 실존을 자체 내에 포함하는 것처럼. 마찬가지로 어째서 데카르트에 따르면 자기확실성이 곧 신의 (자기-)존재의 확실성에 대한 열쇠인지도 이해할 수 있게 된다. 계속해서 제시되는 점은, 반성을 불가피하게 만드는 저 (보복적인 혹은 선험적인) 방법은 무제약적인 것을 제시함에 있어서 이 무제약적인 것에 외적인 것이 아니며 그럴 수가 없다는 것이다. 오직 반성의 자각적 존재만이 무제약적인 자각적 존재를 개시한다. 이 무제약적인 자각적 존재는 저 반성의 자각적 존재 안에서 자신을 나에게 드러내며, 나의 자각적 존재에게 절대적인 자각적 존재로 나타난다. "너 자신을 알라!"라는 요구나, 혹은 아우구스티누스적이자 피히테적인 "네 안으로 들어가라!"라는 정식은 정확히 자각적 존재의 지점에로 이끈다. 거기서 절대적인 것은 인식자에게 자각적 존재로, 그리고 자신을 통한 존재로 떠오른다. 절대적인 것이 출현하는 것은 바로 여기서이며, 대상적인 것이나 대상화시킬 수 있는 것을 거쳐서가 아니다. 절대적인 것 자신은 대상이 아니기 때문이다. 우리가 "신 안에서 살고, 움직이고, 존재한다"는 것이 비로소 이해할 수 있는 것이 된다. 그럼에도 이러한 확실성, 곧 존재의 마지막 확실성이나 절대적인 존재의 확실성은 항상 단지 간접적으로만 주어져 있다. 여기서 보복적인(간접적인) 방법은 다시 한번 그것의 적합성을 사안에 즉해서 입증한다. 무제약성에 이르는 열쇠이자 그것과 분리할 수 없는 연관 속에 위치한 나의 고유한 자기수행은 무제약성처럼 완전히 대상화될 수가 없다. 어째서 그러한가? 왜냐하면 무제약적인 것이 대상화될 수 없기 때문이다.

d. 무제약적인 것의 사유 안에서 사유할 수 없음의 양상

(1) 무제약적인 것의 "소여성"의 특별한 방식, 말하자면 정신적 수행을 동반하면서 그것으로부터 단지 간접적으로만 이끌어낼 수 있는 공-소여성Mit-Gegebenheit은 무제약적인 것 자체의 개념으로부터 귀결된다. 왜냐하면 나는 무제약적인 것, 한계가 없는 것을 대상화시키면서 나에게 맞세울 수가 없기 때문이다. 만일 그렇게 되면, 그것은 거리를 둔 것이 될 테고 더 이상 포괄적이지 않게 되어, 마주한 존재 내지는 대상존재로 한정될 것이다. 무제약적인 것에 대해 허용할 수 있는 "대상화"는 항상 단지 마지막에 있어서는 비주제적으로 주어져 있는 것(Karl Rahner), 곧 항상 이미 전제된 것, 나의 정신적 수행들을 앞서 포괄하는 것, 그런 한에서 사유하면서 결코 완전히는 회수할 수 없는 것에 대한 추가적인 주제화일 수 있을 뿐이다. 어떤 방식으로는 자아 또한 이러한 비주제적인 성격을 가지고 있다. 자아는 자신을 완전히 대상화시킬 수 없기 때문이다. 내가 나의 "자아"에 대하여 말할 경우, *내가* 그것에 관하여 말한 것이다. 따라서 자아는 무제약적인 것과의 유사성을 드러낸다. 그 유사성이 의거하는 바는, 자아는 오직 무제약적인 것 안에 자신의 근거를 갖는다는 데서만 파악될 수 있다는 사실이다. 자유는 무제약성을 내용으로 갖는다. 더욱이 자유가 (핵심에 있어서) 유한한 결정요인들에로 환원될 수 없는 한에서 그러하다. 그러한 자유존재는 오직 무제약적인 것과의 연관으로부터만 가능하며 또한 그 연관으로부터만 생각해 볼 수 있는 것이다. 그러한 시초성은 오직 절대적인 시초성을 통해 능력을 부여받은 한에서만 생각해볼 수 있는 것이다. 이것이 바로, 신적인 것은 자아 안에서 그것의 가장 깊은 근거이자 가장 내적인 원천으로서 자신을 드러낸다는 (아우구스티누스와 신비주의자들의) 통찰이다.

(2) 일반적으로 다음과 같이 말할 수 있다: 무제약적인 것은 그것에 대한 연관성이 구성적인 것으로 나타나더라도 단지 간접적으로

만 제시될 수 있다. 내 자유의 행위들이 단순히 외적인 결정요인들에로 환원될 수 없다는 점은 나에게 간접적으로 제시된다(예컨대, 그렇지 않을 경우 어떤 책임도 있을 수 없게 된다든가 그리고 내가 도대체 인식할 수가 없다는 등등이 나에게 분명해짐을 통해서). 다른 존재자들에 대한 각기의 존재자의 (파악이 어려운) 자립성에 대한 입증(논증은 이러하다: 그렇지 않을 경우 도대체 세계 내에 어떤 독립적인 작용도 있을 수 없게 된다 등등), 혹은 우연적인 존재에 있어서 필연성의 양상 내지는 무제약성의 양상에 대한 입증(그렇지 않을 경우 나는 우연적인 존재의 동일성을 확인할 수 없게 될 것이다. 그러나 그것이 "존재할" 경우, 만일 내가 그것의 동일성을 확인할 수 있다면 그것이 가지는 필연성 안에서이다) 등은 항상 간접적인 증명들을 수단으로 해서만 발생한다. 간접적인 증명은 이때 어떤 임시변통이 아니라 마지막 정초가 문제되는 곳에서의 유일하게 가능한 증명이며, 그로써 그 자체 내에서 논리적 모순이 없는 것이다. 이렇게 우리는 직접적이고 공리적인 증명이 (그 자신의 항상 계속되는 전제들과 함께) 절대화될 수 없음을 입증하는 데서 시작했다. 간접적인 증명 속에서 그것이 직접적인 증명에 비해 최후의 정초라는 문제에 있어서 더 우월하다는 것이 입증될 수 있었다(훼슬레Hösle 1987, 251 참조).

e. 안젤무스의 논증과 신 증명들의 통일성

(1) 안젤무스의 증명은 따라서 그것을 적합하게 주석할 경우 받아들여질 수가 있는 것이다. 프로슬로기온에서의 개략적인 증명은 여기서의 신 개념이 단지 개념적인 구성물로 도입되고 있다는 비판의 여지를 만들고 있다. 그러나 이러한 비판은 안젤무스의 의도를 지나쳐 버리는 것일 수 있다. 뿐만 아니라 "보다 더 큰"maius이라는 다의적인 개념은 오해의 소지가 있다. 이 개념은 여기서 상대적

인 것을 계속되는 맥락 안으로 삽입시킴을 의미하는데, 이러한 삽입은 더 이상 상대적이지 않은, 즉 모든 상대적인 것이 그것에 종속되는 바로서의 절대적인 것에로의 일보를 불가피하게 만든다. 안젤무스에게 있어서 더 이상 넘어설 수 없는 이 "보다 더 큰"은 "보다 더 훌륭한"melius 것으로서 가치적 성격도 갖는다(Proslogion 3장). 그것은 순수한 자기 자신으로부터의 존재이며, "홀로 자신을 통해서만 존립하는 모든 것들 중의 최상의 것"summum omnium solum existens per se ipsum이다(5장).

(2) 안젤무스에 따르면 "신"은 필연적이며 더 이상 능가할 수 없는 최상의 생각이기는 하다. 그러나 그는 동시에 그렇게 사유된 신의 파악불가능성을 알고 있다. 프로슬로기온 15장에서는 그 의미가 이러하다(신에게 건네는 호칭): "당신은 그것을 넘어서서 더 큰 것을 생각할 수 없는 그런 분일뿐만 아니라, 생각될 수 있는 것보다도 더 큰 어떤 분이기도 합니다. 왜냐하면 그와 같은 종류의 그 무엇이 생각될 수 있기 때문입니다." 사유는 최상의 것과의 연관 안에서 다시 한 번 자기 자신의 한계성을 인식할 수 있고 인식해야만 한다. 이것은 "존재의 저편"에 대한, 곧 최상의 것에 대한 플라톤적 사상이다. 이 최상의 것은 더 이상 파악할 수 없는 것으로서 파악되어져야 하는 것이다. 그러나 이러한 사상은 안젤무스에게 있어서는 표현의 정확성을 의미하지, 신에 대한 사유의 폐기는 아니라는 점이 중요하다. 왜냐하면 사유의 자기제약은 사유, 즉 신에 대한 사유를 통해서 요구된 것이기 때문이다. 신적인 무제약자는 직접적인 포착 속에서는 결코 파악될 수가 없다. 그러나 그러한 존재는 항상 전제되어 있고, 이 점은 인식될 수가 있다.

(3) 여기서 상술된 내용과 부합하는 OGB의 해석들은 몇몇 고전 철학자들(특히 독일관념론자들)외에도 오늘날 비록 많지만 않으나 점차로 일군의 학자들에게서 발견되고 있다. 나는 훼슬레에 대해서는 이미 언급했다(훼슬레Hösle 1987). 프랑크의 사상에도 OGB에 상응하는 이해가 근저에 놓여 있다(프랑크Frank 1995). 바이스마르

(Weissmahr 1983, 특별히 OGB에 대해서는 94쪽 이하 참조. 거기서는 우리가 도대체 어디서부터 절대자의 개념을 가지게 되는가라는 물음으로부터 출발하고 있다)나 슈플렛(Splett 1973, 63-70; 여기서는 비모순율을 근거로 해서 형식적-이론적인 논증이 인간의 질료적-실천적인 의미요구와 결부되고 있다)의 사상에서도 마찬가지이다. 셴도르프의 데카르트-해석으로부터도 그와 같은 이해를 이끌어낼 수 있다(Schöndorf 1989). 슈르는 어떻게 안젤무스의 증명이 피히테에 의해서 재구성될 수 있는지를 보여주고 있다(슈르Schurr 1966). 자이페르트는 마찬가지로 형이상학적인 의미에서의 OGB에 부응하고 있고, 이 증명을 직접적인 본질통찰이라는 의미에서의 현상학적 길 위에서 규명하고 있다(자이페르트Seifert 2000). 사안에 따라 볼 때(이 이름 하에서가 아니더라도) OGB의 논증은 라너에게서 발견될 수 있다(Rahner 1976, 37-78). 독일관념론 안에서의 OGB에 대해서는 나의 논문을 참조할 수 있을 것이다(슈미트Schmidt 2000 a).

(4) 존재론적 신 증명(OGB)이 사유와 존재의 통일성으로부터 귀결된다면 이때 즉각적으로 분명해지는 것은, 그것이 이미 말해진 다른 신 증명들, 곧 진리론적 신 증명(AlGB)이나 우주론적 신 증명(KGB)과 밀접히 결합되어 있다는 것이다. 가치론적 신 증명(AxGB) 또한 마지막에 있어서는 단지 또 하나의 계속되는 변형을 제시할 뿐이다. KGB는 무엇보다도 사유와 존재의 관계가 지니는 객체측면에서 움직인다. 그럼에도 그것이 보여주는 바는, 무제약적인 것의 개념(ueS)이 이미 유한적인 것(eS)의 파악을 위해서 방향을 제시한다는 점인데, 논증은 이때 유한적인 것으로부터 출발한다. 게다가 이 증명 안에서 최고의 존재는 다만 주체존재의 근거로서만 이해될 수 있다. AlGB는 진리의 수행 안에서의 전적인 주체－객체－단일성을 주제로 삼고 있다. 무제약적인 것은, 이 증명이 보여주는 바대로, 절대적인 주체－객체존재로서 최후의 객관적이고 주관적인 지평이다. OGB는 사유에서 시작한다. 그러나 이 증명은 사유가 존재와 원리적인 관계단일성Beziehungseinheit을 갖는다는 점으로부터

이해될 때에만 지탱될 수가 있다. 이로써 신 증명들은 모두가 주체 -객체-단일성의 마지막 근거를 향해 있고, 이때 논증이 선택한 강조점은 한 번은 객체(KGB)이며, 다른 한 번은 주체-객체(AlGB)이며, 세 번째로는 주체(OGB)이다. AxGB는 저 주체-객체-수행들의 정신적 수행이 갖는 실천적으로 가치적인 양상에서 시작한다.

(5) 이미 KGB에서 지시된 것처럼, 이 증명에 의해 도달된 ueS는 한갓 대상이 될 수가 없다. 만일 그렇다면, 그것은 인식하는 주체에 맞서있게 될 것이며, 그런 한에서 항상 상대적이고 제약된 것이 될 것이다. 따라서 그것이 실제로 ueS라면, 그것은 주체와 객체를 포괄하는 것이어야만 한다. 바로 이 점은 다른 증명들에 대해서도 타당하며, 물론 그 토대가 사유이자 주체수행인 OGB에 대해서도 그러하다. 이러한 주체의 수행이 더 정확히는 어떻게 파악되어야 하는가라는 물음은 다른 신 증명들에 대해서도 적용된다. 무한적인 것은 주체의 수행이 그 안에 정초되어 있는 것으로 생각될 수 있을 때에만 주체수행과 결합될 수 있다. 그렇지 않을 경우에는 근거지어져야만 하는 것이 파괴될 것이다. 이로부터 이끌어지는 결론은, 무한적인 것과 관계맺음은 자유의 수행을 구성해야만 한다는 것이다. 이로써 정초의 문제는 가치론적 신 증명(AxGB)이 비로소 만족스럽게 해결하는 영역에 위치하게 된다. 이 증명의 주요논점을 미리 일별하면서 그 의미가 무엇인지를 간략히 해명해야 할 것이다. 문제는 자유가 동시에 파괴되지 않는 그런 식으로 정초되어야 한다는 점에 있다. 이에 대해 정초하는 것은 자유를 그 자신의 고유한 가능성 안으로 설정한다고 생각되어져야 한다. 정초하는 것은 자유를 자기설정Selbstsetzung에로 이르게 해야만 한다. 이것은 자유에 대한 요구를 통해서만 발생할 수 있다. 말하자면 자유가 되도록 요구함을 통해서이다. 여기서는 무제약적인 요구가 중요한 관건이 되어야만 하는데, 왜냐하면 오직 그런 요구만이 최고의 필연성에 대한 표현이기 때문이다. 무제약적인 선을 통해서 바로 이 무제약적인 요구를 경험함은 AxGB의 토대이다. 이로부터 지금까지의 증명들이

새롭게 해석되어져야 한다. 증명들 안에서 말해진 필연성은 한편으로는 그로부터 우리가 더 이상 거리를 둘 수 없는, 그래서 우리의 자유를 가장 내밀한 곳에 이르기까지 규정하는 그런 것이어야 한다. 다른 한편으로, 이 가장 내적인 규정은 그것이 선한 것 내지는 의미 있는 것의 무제약적인 요구와 동일한 경우에만 생각해볼 수 있는 것이다. 이 요구는 자유를 향해 있고 자유를 구성한다. 그와 같이 생각된 필연성의 관점에서만 우리의 자아-수행의 종속성은 모순 없이 구상될 수가 있다. 당위의 무제약적인 요구를 통해서 생겨나는 구속은 자유를 폐지하지 않고 오히려 정초하는 유일한 것이다. 자유가 없이는 인식행위나 정신적 수행들의 그 어떤 것도 생각할 수가 없다. KGB가 그로부터 출발한 종속성은 따라서 이에 상응하게 더 깊이 이해되어야 하고, 선의 양상에서 풍부해져야 한다. 마찬가지로 OGB의 마지막 통찰의 필연성도 이러한 의미에서 해석되어야 한다. 말하자면 그 필연성은 선의 필연성으로서 분명해진다. 그렇지 않다면 그 필연성은 강제가 될 것이고 자유와 모순이 될 것이다. 주체는 이 필연성으로부터 벗어날 수가 없다. 주체는 이 필연성과 거리를 두거나 그것에 맞서 있을 수 없으며, 자신을 그것과의 통일성으로부터 파악해야만 한다. 그러나 이 점은 저 필연적인 것(선한 것)이 자유와의 고유한 관계를 구축하고, 용인하며, 허락할 때에만 생각해볼 수 있다. 이때 자유의 자기존재에로 이르게 하는 이와 같은 자유공간의 용인은 동시에 가장 엄격한 종속성을 의미해야만 한다. 물론 그것은 결정론적인 종속성이 아니라, 선한 것 그리고 존재해야만 하는 것에 대한 종속성이다.

5. "무"에 대한 반성 – 존재론적 신 증명의 변양태

이하에서 나는 "무"의 개념이 열쇠의 역할을 하는 OGB의 한 변형을 제시하기로 하겠다. 그와 함께 나는 서구적 사유의 한 전통적

가지를 말하고자 하며, 또한 그에 대한 해명을 돕고자 한다. 오늘날에 그 전통은 종종 너무 개괄적으로 거론되고 있지만, 나에게는 그것이 지니는 특성상 [그에 대한 반성이] 지극히 생산적인 것으로 여겨진다(슈미트Schmidt 2001 a).

a. 만일 아무 것도 없었다면 결코 무엇인가가 있지 않을 것이다 – 토마스의 셋째 길

신학대전에 제시된 토마스 아퀴나스의 다섯 개의 신 증명들 중에서(Sth I, q 2, a 3 resp) "세 번째 길"은 "가능과 필연"의 개념들을 가지고 착수되고 있다(sumpta ex possibili et necessario): "즉 우리는 사물세계에서 존재할 수도 있고 존재하지 않을 수도 있는 것들을 발견한다. 그런 것들은 생성, 소멸하며, 따라서 존재할 수도 존재하지 않을 수도 있는 것으로 나타난다." 따라서 "가능적인 것"은 생성하고 소멸하는 것, 곧 이미 항상 존재하는 것이 아닌, 더욱이 자신에 의해, 자신의 본질로부터 존재하지 않는 것의 경험적 소여성을 지시하면서 도입되고 있다. "그런데 이렇게 존재하는 모든 것은 항상 존재할 수는 없다. 그것은 존재하지 않을 수 있는 것은 어떤 때는 없는 것이기 때문이다(impossibile est autem omnia quae sunt talia esse: quia quod possibile est non esse, quandoque non est)". 논증의 의미는 이러하다: 모든 것이 통틀어 이와 같은 존재일 수는 없다. 왜냐하면, 그렇게 되면 "모든 것"이 "가능적인 것", 즉 생성된 것이거나 혹은 다시 사멸하는 것이 되겠기 때문이다. 만일 그렇다면 도대체 언젠가 한 번은 아무 것도 없었어야 할 것이다. 다음의 문장은 "어떤 때는"quandoque이라는 말로 우선은 과거가 의미되고 있음을 분명히 해준다: "따라서 모든 것이 존재하지 않을 수 있다면, 어떤 때에는 사물계에 아무 것도 없었을 것이다. 그런데 이것이 참이라면 지금도 아무 것도 없을 것이다. 그 이유는 없는 것은 있는 어떤 것에 의해서가 아니면 존재하는 것을 시작하지 못하기 때문이다. 그러므로 만일 어떠한 유有도 없었다면 어떤 것도 존재하기를 시작하지 못했을 것이며 지금까지 아무 것도 없을 것이다. 이것은 명백히 허위다."

계속되는 논증은 다음과 같은 사고과정을 갖는다: 따라서 만일 모든 것이 통틀어 "가능한 것", 곧 생성된 것이 될 수 없다면, 왜냐하면 그렇지 않을 경우 어떤 때는 아무것도 존재하지 않았어야 하므로, 결국 "존재자"ens는 전적으로 "가능한 것"뿐인 것은 아니다. 단순히 가능한 것이 아니라 필연적인 어떤 존재자가 있어야만 하는 것이다. 다시 말해서, 그것은 다시금 생성된 것이 아니라 항상 존재하는 것이다. 이 "필연적인 것"necessarium은 우선 "자신의 필연성의 근거를 다른 데에서 갖는" 것일 수 있다. 즉 그것은 자기 자신으로부터 필연적이지 않은 것이다. 그러나 그러한 존재는 최후에 있어서는 "그 자체로 필연적인 것"per se necessarium, 즉 자신의 필연성의 근거를 자기 안에 갖는 어떤 것 안에서 근거지어져야 한다. 그 존재는 완전히 자기로부터 그리고 자신에 의해 존재하기 때문이다. 이런 존재를 모든 사람들은 신이라 부른다. 이 논증에 있어서 주목해야 할 것은, 토마스가 여기서 2단계의 필연성의 개념을 사용하고 있다는 점이다. 첫 번째 단계의 필연성의 개념을 그는 모든 존재자가 시간 안에서 생성된 것이고 그런 한에서 가능적인 것일 수 있음이 불가능하다는 데서부터 얻어내고 있다. 항상 영원한 무엇인가가 있어야만 하는 것이다. 그런데 이 영원한 것은 이미 절대적인 것일 필요는 없다. 절대적인 것은 완전히 자신으로부터 존재하며, 그래서 비로소 진실로 필연적인 것이고, 따라서 두 번째 단계의 필연적인 것이다. 이와 상응하게 2단계의 가능성의 개념도 사용되고 있는데, 한 번은 생성과 소멸의 경과로부터 얻어지고 있는 가능적 존재자의 개념이다. 두 번째 단계의 가능적인 것의 개념은 단순히 종속성을 의미하며, 이것은 스스로가 여전히 종속적인 영원한 존재에 대해서도 (즉 종속적이며 그런 한에서 단지 가능적인 필연적 존재에 대해서도) 적용된다. 그에 따라 자신의 필연성의 근거를 여전히 "다른 데에서"aliunde 갖는 첫 번째 단계의 필연성의 개념이 모습을 드러내야 한다. 시간 안에서 생성된 존재의 부정, 곧 첫 단계의 가능적인 것의 부정은 우선은 항상–이미–존재하는 것만을 결과로 낳게 되는데, 예컨대 그것은 영원히 존립하는 세계–전체이다. 이제 이것은 정확히 아리스토텔레스의 가르침인데, 그에 따르면 움직여진 우주는 부동의 동자와 본질적으로 구분된다고 하더라도 영원한 것이다. 토마스는 이러한 아리스토텔레스의 가르침을 다음과 같은 숙고를 통해서 고려하고 있다. 즉 그에 따르면, 세계는 (다섯 개의 길에 따라) 신 안에서 정초되나, 세계의 시간적 시작은 철학적으로 증명할 수 없으며, 오히려 그러한 시작은 단지 신앙될 수 있을 뿐이라는 것이다(Sth I, q 46 a 2).

b. 절대적인 무와 필연적인 존재

덧붙여 말하자면: 언젠가 아무것도 없었다면, 지금 또한 아무것도 없을 것이다. 그러나 이러한 "자명성"은 사변적으로 커다란 폭발력을 지니고 있다. 이는 토마스에 의해서 명백히 핵심적 논증으로 사용되고 있으며, 그렇기에 더 자세히 고찰할 가치가 있다. 어느 땐가 무Nichts가 있었다면, 항상 무일 것이다. 아무것도 없다면, 존재는 불가능하다. 이것은 결코 사소한 통찰이 아니다. 말하자면 이것이 의미하는 바는, 존재와 무는 그저 사실적으로 상이한 상태들이 아니라는 것이다. 오히려 그 의미는 이렇다: 존재와 무는 사실적으로 결합될 수 없을 뿐만 아니라 무는 존재를 필연적으로 배제한다. 어느 땐가 아무것도 없다면, 존재는 불가능하다. 그러나 그 의미는: 무의 상태는 "가능"possibile이 아니다. 즉 무의 상태는 우연적이지 않다. 만일 무가 존립한다면("존립"Bestehen이란 말은 여기서 무의 "존재"Sein라는 오해의 소지가 있는 언사를 대치하기 위함이다), 무는 어떤 제약된 사실이 아니라 필연적인 것이다. 제약된 것으로서의

무의 존립은 그것을 제약하는 다른 어떤 것이 없이는 생각될 수가 없을 것이다. 이 다른 것은 그러나 무가 아닌 것으로서의 존재뿐일 것이다. 그러나 존재는 무의 존립과 함께 영원히 배제되어 있다. 이로써 무는 자기 밖의 모든 제약을 불가능하게 만든다. 무는 스스로가 전적으로 무제약적이다. 이로써 무엇인가 놀라운 것이 드러난다. 무의 상태는 절대자의 질을 가진다. 무는, 만일 그것이 존립한다면, 무제약적이고 절대적이다. 그것은 순전히 자신으로부터 있으며, 완전히 비종속적이다. 무가 있다면, 무는 필연적이다. 그러나 무가 없다면, 무는 필연적으로 없다. 바로 무는 본질적으로 무제약적이고 결국 우연적이지 않기 때문이다. 따라서 아무 것도 없지 않다면, 그 때에는 이러한 무는 불가능하다. 그러나 그렇다면, 존재가 필연적이라는 것이 그 귀결이나. 무-상태의 사실적인 비존립으로부터 존재의 본질적인 필연성이 귀결된다. 존재는 (전체에 있어서 혹은 본질에 있어서) 우연적이지 않고 필연적이며, 순수한 자기로부터의 존재이고 절대적이다.

"세 번째 길"의 진술들과 관련해서 토마스의 논증이 단지 다음과 같은 것을 의미할 뿐이라는 반론이 제기될 수 있다: 어느 땐가 아무것도 없었다면, 결코 그 무엇도 있을 수 없다. 그러나 존재는 전체로서 무 안으로 건너갈 수는 없는 것일까? 이에 대해 다음과 같이 말해질 수 있다: 만일 "어디로부터"das Woher와의 관련 속에서 단지 필연성이라는 양상진술만이 적합한 것이라면(존재는 무로부터 나올 수 없으며, 따라서 본질적으로 자체 내에 존립한다), 존재는 그 근원에 따라 필연적이며, 이러한 필연성은 나누어질 수 없다. 만일 존재가 근원에 있어서 필연적이라면, 그것은 본질적으로 필연적이다. 존재의 본질이 제약된 것이라면, 그것은 바로 전체로서als Ganzes 그러하다. 존재는 이로써 본질적으로 필연적인 것으로서 제시된다. 만일 내가 존재를 (그것 자체를, 그것의 존재를 혹은 그것의 존재 안에서) 파악한다면, 그것의 완전한 필연성 안에서도 파악한다. 이 필연성은 존재에게 비로소 외부로부터 귀속될 수는 없다.

왜냐하면 존재 "밖에는" 오직 무만이 있기 때문이다. 존재를 파악한다 함은 따라서 그것의 필연성을 파악함을 의미한다. 존재의 존재는 바로 그것의 필연성이기 때문이다. 말하자면 토마스에 의해서 하나의 측면에 따라, 즉 존재자의 시간적인 근원Woher을 일견하면서 파악된 필연성은 전적인 필연성을 의미한다. 이제 물어보아야 할 것은, 이렇게 규명된 절대적 존재가 항상 제약되고 우연적인 우리의 경험적 현실과 어떻게 관계되고 있는가 하는 것이다. 대답은, 그것이 아무리 개별적으로 내려지더라도, 다만 다음과 같을 수 있다: 이 우연적인 현실은 진정한 존재, 자기 자신으로부터 말미암은 존재가 아니라, 본질적으로 종속되어 있는 것으로서 절대적인 존재, 곧 자신으로부터의 존재 안에 근거하고 있다.

그러나 "무"에 대해서 말하는 것은 무의미한 것이 아닐까? 이미 고르기아스는 이렇게 주장했다: 무를 생각한다 함은 항상 무엇인가를 생각함이다. 그런 한에서 무에 대한 생각은 모순적이다(B 3 [67]). 하지만 이 반론은 위의 논증에 적중하지 못한다. 우리가 만일 사유와 사유내용(노에시스Noesis와 노에마Noema)을 구분하는 것이 의미있다는 사실로부터 출발한다면, 곧 분명해지는 사실은 이러하다: 무의 사유내용에 즉해서는 어떤 모순도 생겨날 수가 없다. 어째서 나는 아무 것도 존재하지 않는 상태를 생각할 수 없어야 한다는 말인가? 혹은 근대적으로 말하자면, 그 상태를 일견하면서 그 상태를 말하는 진술을 제외한 모든 정언적인 대상언어적 진술들이 오류인 그런 상태를 생각할 수 없어야 한다는 말인가? 그것은 모순 없이 생각할 수 있는 "가능한 세계"이다. 그러나 이것으로 충분하지는 않다. 그러한 상태는 심지어 생각할 수 있는 가장 단순한 것일 것이다. 왜냐하면 존재 안에는 복합성이 가능하기 때문이다. 절대적인 것과 우연적인 것은 함께 존립할 수 있다. 그에 반해 무 안에는 어떤 차별도 가능하지 않다: 만일 아무 것도 없다면, 오직 순수한 무만이 존립한다. 따라서 우리가 궤변에 의해서 길을 잃지 않는다면, 전제된 완전한 무에 즉해서는 항상 이것에 머물러야 하며, 결코 존재에로 이를 수 없다는 토마스의 생각은 물리치기 힘든 통찰을 표명하고 있는 것이다. 어느 경우든 무의 배제는 파르메니데스와 함께 서구 철학사의 시초에 놓여 있는 것이다(비록 그의 생각이 상대적인 무와의 관련 속에서가 아니라 절대적인 무와의 관련 속에서 타당할 뿐이라고 하더라도).

c. 더 최근의 사유의 역사로부터 취해진 보기들

라이프니쯔에게 있어서는 다음과 같이 말해진다: "우리는 계속해서 단순하고 직관적인 인식을 통하여 한갓 무는 어떤 실제적인 본질도 산출할 수 없음을 알고 있다. 이로부터 수학적인 자명성을 갖고 귀결되는 바는, 영원으로부터 그 어떤 것이 있어왔다는 것인데, 시초를 갖는 모든 것은 그 무엇인가를 통하여 생성되어야만 했기 때문이다"(Nouv. ess. IV 10, 3; 비슷하게는: 록크J. Locke, Conc. Hum. Underst. IV 10, 3과 8). 그래서 라이프니쯔는 저 유명한 물음을 제기한다: "어째서 도대체 무엇인가가 있으며 오히려 아무 것도 없지 않은가. 왜냐하면 무는 그 어떤 것보다 더 단순하고 쉽기 때문이다"(Principes de la nature e de la grace § 7). 이 물음 안에는 도대체 무엇인가가 있다는 것에 대한 놀라움이 표현되어 있다. 플라톤과 아리스토텔레스 이래로 철학은 놀라움과 함께 시작되며, 그것은 양자 모두를 본질적 존재인 "실체"Usia의 파악에로 이끌고 있다. 파르메니데스는 존재에 대한 통찰을 무의 엄격한 배제와 결부시켰고, 당연히 존재를 무의 어떤 그림자도 가지지 않은 것으로 생각했다(플라톤과 아리스토텔레스는 존재를 차별화하면서 다른 길을 택하고 있다). 라이프니쯔에 있어서는 존재에 대한 놀라움은 즉시 존재의 내적인 필연성과 신적인 본질의 인식에로 이끈다(위의 책. § 8). 놀라움, 존재의 파악, 즉 사실적이고 필연적인 존재의 파악은 형이상학이 다만 풀어서 개진해야 할 인식행위처럼 보인다. 우리는 파르메니데스에게 있어서의 놀라움이 다음과 같이 표명되고 있음을 발견하게 되는데, 곧 존재의 통찰이 신적인 계시를 통한 사로잡힘Ergriffenheit으로서 묘사되고 있다(B 1, 1 이하). 인간은 무엇인가가 있다는 것에 대한 이 놀라움을 빼앗겨서는 안 된다. 라이프니쯔는 다만 다음의 생각을 덧붙이고 있다: 무의 상태는 더 단순할 것이다. 이로써 놀라움 속에서 스스로를 반성하는 존재의 *비자명성*이 의식되고 있지만, 동시에 (무에 대한 생각을 넘어서서 보다 확고히) 존재의 필연성과 최고의 *자명성*(토마스와 함께 말하자면: 존재의 "자신으로부터 알려짐"per se notum, Sth I, q 2 a 1)도 의식되고 있다. 이를 통해 일종의 개념적 긴장이 생겨나는데, 이 긴장은 그럼에도 어떤 모순을 낳지는 않으며, "절대적인 자기성"absolute Selbsthaftigkeit(Splett 1973, 70)으로서의 그리고 자유로서의 존재의 개념 안에서 납득할 만한 해결을 발견하고 있다.

그러나 라이프니쯔에게 있어서는 무로부터는 아무 것도 생기지 않는다는 통찰을 주석함에 있어서 어떤 양면성이 남아 있다. 왜냐하면 "이성원칙들"에서 인용한 위의 구절은 "충분한 이유가 없이는 아무 것도 발생하지 않는다"(§ 7)는 가르침과 직접적인 연관 속에 있기 때문이다. 주지하다시피 이 가르침은 라이프니쯔에게 있어서 그의 결정론에로 이어진다. 그러나 무의 불가능성에 대한 인용된 통찰은 사안에 따라 볼 때, 비록 라이프니쯔 자신이 결정론적인 주석에로 기울고 있다고 하더라도, 그러한 주석에 종속된 것은 아니다. 프리드리히 하인리히 야코비는 무로부터는 아무 것도 생기지 않는다는 저 근본명제 안에서, 그리고 존재는 무가 될 수 없다는 상응하는 원칙과 함께, 스피노자의 가르침과 그의 결정론의 중심을 보고 있다: "스피노자의 철학을 모든 다른 철학과 구분하는 것, 그의 철학의 영혼을 형성하는 것은 극도의 엄격성 속에 놓여 있는데, 이 엄격성으로써 그 유명한 근본명제: 무는 무로부터 생겨날 수 있으며, 무는 또한 무 안으로 되돌려질 수 있다(gigni de nihilo nihil, in nihilum nil potest reverti)가 그 안에서 확정되고 완성된 것이다. 만일 그가 여하한 행위의 모든 시작을 부인하고, 마지막 원인들의 체계[즉, 목적론]를 인간 오성의 최고의 착란으로 간주했다면; 그것은 단지 이 근본명제의 결과로 발생한 것이다"(야코비Jacobi Werke IV, 1, 125 이하). 그래서 야코비에 따르면 스피노자주의는 "무신론"(216)이자 "숙명론적"(221)이다. 야코비는 저 근본명제를 (스피노자와 관련하여 정당하게도) 결정론적으로 해석하는데, 이러한 해석은 이미 고대에 있었다(예컨대, 루크레티우스Lukrez de rer. nat. I, 156 이하와 그곳에서의 맥락 참조).

셸링은 이 생각을 그 근원적인 깊이에서 이해했고 표현했다. 1804년에 발간된 그의 유고집 "모든 철학의 체계"System der gesamten Philosophie(SW VI, 131 이하)에서 그는 우선 저마다의 인식이 주체와 객체의 마지막 통일성을 전제로 하며, 이 통일성은 오직 절대적인 것, 곧 신 안에서 성취되어 있다고 설명한다. 이 절대적인 것은 인식을 가능하게 하는 "빛"이다. 그런 다음 말하기를: "저 절대적인 빛, 신의 이념은 이성 안으로 들어와서 그 안에서 인식의 영원한 긍정Affirmation으로서 계속 비치고 있다. 우리 영혼의 본질인 이 긍정의 힘으로 우리는 무가 영원히 불가능하며 결코 인식되거나 파악될 수 없음을 알게 된다. 그리고 무한성의 심연에서 현기증을 일으키는 오성의 저 마지막 물음은 이러하다: 어째서 아무 것도 없지 않으며, 어째서 도대체 무엇인가가 있는가? — 이 물음은, 존재는 필연적이라는 인식을 통해서, 즉 인식 안에서의 저 절대적인 존재의 긍정을 통해서 영원히 극복된 것이다. 신의 이념이라는 절대적인 관점은 실제로는 무의 절대적인 부정과 다름 아니며, 그렇게 확실히 이성이 영원히 무를 부정하기에 무는 아무 것도 아닌 것이며, 그렇게 확실히 이성은 모든 것을 긍정하기에 신은 그렇게 영원하다"(155). 신의 현실을 설명하기 위해서 셸링은 여기서 파르메니데스의 근본이념을 라이프니쯔의 물음과 결합시키고 있다(자신을 두 사람과 명백히 관련시킴이 없이). 신은 이때 절대적 존재로서 주관적 수행들, 특히 인식수행을 가능하게 만드는 존재이다. 선험철학에로의 칸트적이면서 피히테적인 전회는 셸링에 의해서 회수되고 있지는 않지만, 그는 그것이 전통적인 형이상학의 수정된 재수용 안에 단지 보존되어 있음을 본다. 왜냐하면 오직 진실로 절대적인 것만이 인식수행과 자아수행을 정초할 수 있기 때문이다. "자연철학 입문을 위한 잠언들"Aphorismen zum Einleitung in die Naturphilosophie(1806)에서 그는 다음과 같이 쓰고 있다: "무한성의 심연에서 현기증을 일으키는 오성이 던지는 질문, 곧 어째서 아무 것도 없지 않은가, 어째서 도대체 무엇인가가 있는가라는 질문에 대해서는 무엇인가etwas가 아니라 전체das All, 즉 신만이 충분한 대답이다"(SW VII, 174). 우리 시대에는 라이프니쯔적/셸링적인 물음은 하이데거를 통해서 새롭게 토론되었다. 그는 이 물음을 "불안"과 "권태" 속에서 불현듯 나타나는 존재의 비자명성에 대한 반성의 맥락에서 제기하고 있다(Gesamtausgabe 9, 122). 벨테는 무에 대한 하이데거의 생각을 신인식의 길에로 확장하고 있다(벨테Welte 1978, 49 이하).

d. 잘 알려진 존재론적 신 증명에 대한 일별

위에서 제시된 사유의 진행은 존재론적인 신 증명에 새로운 빛을 던진다. 이 증명이 어떤 해석에서는 결코 설득력이 없고, 어떤 해석에서는 전적으로 설득력이 있는지가 이제 드러나게 되겠기 때문이다. 안젤무스의 프로슬로기온증명에 나오는 "그보다 더 큰 것을 생각할 수 없는 그 무엇"(Proslogion 2/3)은 그 자체에 있어서 그것을 넘어서서 더 큰 것을 생각할 수 없는 무엇이며, 따라서 전적으로 절대적인 것이다. 문제는 (그것에 대해 어리석은 자들과 토론되고 있다) 이 "무엇"id quo이 실존하는가 혹은 단순한 생각인가 하는 것이다.

근본적으로, 그리고 우리의 맥락에서 관건이 되는 요점과는 독립적으로, 논증의 적합한 이해를 위해서 다음과 같은 점이 숙고되어야

할 것이다: "그보다 더 큰 것을 생각할 수 없는 그 무엇"은 마치 내가 만들 수도 있고 그렇지 않을 수도 있는 개념인 "날개 달린 말"처럼 자의적으로 만들어진 개념으로 취급되어서는 안 된다. 이는 이 개념이 현실성과 연관되는지를 계속해서 물어보기 위함이다. [안젤무스의 신 개념이 자의적인 개념일 수 있다는] 이러한 해석은 안젤무스의 의도와 양립할 수가 없다. 왜냐하면 신 개념은 그에 의해서 "생각할 수 없음"cogitari nequit(혹은 non potest)이란 말과 함께 도입되고 있고, 이는 가언적인 전제를 갖지 않은 것이기 때문이다. 즉 여기서 문제가 되는 것은 사유의 다른－가능성이－없음Nicht-anders-Können인 것이다. 저 "무엇"은 자의적인 개념형성에서 벗어나 있다. 그것은 사유가 절대로 더 이상 간과할 수 없는 것이어야 하기 때문이다. 안젤무스에 따르면 그와 같은 것은 사유 안에서 발견된다: 사유가 사유하면서 더 이상 벗어날 수 없는 바로 그것. 이것은, 그것 스스로가 사유되고 있으면서, 신에 대한 생각이다. 안젤무스는 사유에 그러한 '다른－가능성이－없음'이 본래적이라는 것을 (이것은 물론 동시에 하나의 능력인데, 말하자면 넘어설 수 없는 것에 대한 사유능력이다) 밝히지 않았다. 그러나 그는 분명하게도 그로부터 출발하고 있다. 이러한 해석에 대한 대안으로는, 안젤무스가 저 불가능Nichtkönnen을 단순한 전제로 도입하려 했다는 해석일 것이다(그 무엇을 생각하면서 그것이 넘어설 수 없는 바의 것임을 내가 동시에 전제하는 것은 타당하다). 물론 그렇게 되면 똑같은 권리를 가지고 모든 생각할 수 있는 것의 추월가능성으로부터도 출발할 수 있게 될 것이다. 그러나 그처럼 자의적으로 설정된(맞세워진) 전제들로부터의 결론은 결코 안젤무스가 의도했던 것처럼 하나의 증명에 도달할 수는 없을 것이다.

안젤무스적 증명에 대한 세간의 비판이 의거하는 통상적 해석은 이러하다: 절대적인 것, 곧 완전히 자족적이고 자신 안에 존립하는 것을 사유한다 함은 이미 그것을 존재하는 것으로 사유함을 의미한다. 그것은 자기 밖의 조건들을 통해서 비로소 실재성을 가질 필요가 없고, 자신의 실재존재Realsein의 조건들을 그 자신의 본질 안에 이미 소유하고 있기 때문이다. 그러나 이 점은 바로 무에 대해서도 타당한 것이 아닌가? 무는 절대적이며 외적인 제약들을 가지고 있지 않다. 무는 자신에게만 달려 있으며 스스로 자족하다. 만일 무가 존립한다면besteht, 그것은 절대적이고 영원한 필연성을 갖고 존립한다. 무의 개념을 생각한다 함은 따라서 이런 의미일 것이다: 무의 필연성과 그것이 존립하는 필연성을 함께 생각함이다. 통상적인 해석에 따르면, 절대적 존재의 실존에 대한 안젤무스적 증명은 절대적 무의 존립을 위해서도 실행되어질 수 있다는 것이다. 그러나 그렇게 되면 증명은 (이미 말한 대로: 이 증명에 대한 통상적인 이해에 따라 볼 때) 결정적으로 잘못된 것임이 분명해진다. 왜냐하면, 만일 절대적인 것에 대한 한갓 개념으로부터 그것의 사실적인 존립이 증명될 수 있다면, 완전한 존재 혹은 완전한 무 둘 중에서 어떤 절대적인 것이 증명되었는지가 여전히 결정되지 않은 채 남겠기 때문이다.

따라서 절대적인 존재의 개념과 절대적인 무의 개념 중에서 어느 것이 사실로 존립하는지는 순전히 개념적으로는 결정될 수 없다. 하지만 경험이 참작이 될 경우에는 쉽게 결정에 이를 수가 있다. 말하자면 무엇인가가 실존한다는 데서부터 출발할 경우, 무가 존립하지 않는다는 것은 명백하다. 그러나 무는 자신의 개념내용에 의해서 절대적이고 필연적인 것이지, 한갓 가능적인 것이나 제약된 것이 아니기에, 무의 비존립과 함께 즉시 무의 불가능성이 입증되었다. 그러나 무가 불가능하다는 것이 의미하는 바는 이렇다: 존재는 필연적이다. 따라서 무의 비존립에 대한 통찰과 함께 즉시, 존재가 본질에 있어서 필연성을 의미한다는 인식이 주어진다. 즉 존재는 순수한 자기 자신으로부터의 존재이며, 완전한 자족성이자 무제약성이다. 오직 그렇게만 존재의 필연성이 사유하면서 확인될 수 있기 때문이다. 벨라 바이스마르는 이 맥락을 다음과 같은 명쾌한 말로 표현하고 있다: "절대적 무가 한갓 가능성일 수 있다고 생각하는 것은 완전히 잘못된 것이다. 만일 절대적 무가 실제로 가능하다면,

그것은 필연적일 것이다. 혹은 달리 말해서: 절대적 무는 그것이 필연적이어서 (즉, 그것이 무조건 필연적이어서) 그 결과로 도대체 아무 것도 존재하지 않을 경우에만 [...], 절대적 무는 가능할 수 있다. 그러나 절대적 무가 필연적이라면, 그때에는 도대체 아무 것도 존재할 수가 없을 것이다. 그러나 이 결론은 이제 잘못된 것이고, 따라서 선행하는 것도 오류이다Atqui falsum consequens, ergo et antecedens"(Weissmahr 1990, 470). 따라서 포기할 수 없는 핵심은 존재의 확실성이며(바이스마르에 따르면: das "atqui falsum"), 이는 이미 자아의 자기확실성으로부터 생겨난다. 결국 존재에 대한 경험을 고려함이 없이는 신 증명은 전적으로 성공할 수가 없다. 이 점에 있어서 안젤무스의 논증에 대한 토마스 이래의 규범적인 비판은, 그 논증을 한갓 개념들로부터의 결론으로 이해한 한에서, 의심할 바 없이 옳은 것이다. 토마스는 그 자신의 증명들 안에서 주지하다시피 감각적인 경험에 의거하고 있다. 하지만 우리는 사유에서 시작할 수도 있는데, 이는 물론 사유가 실재적인 수행으로서als realer Vollzug 취해질 경우에만 그러하다. 사유수행은 무가 아니다. 내가 사실적으로 사유하고 있다는 의식과 함께 무를 생각한다면, 나는 그로부터 무의 불가능성과 존재의 필연성을 추론할 수 있다. 내가 사유수행에 대한 이러한 반성을 "개념"안으로 포함시킨다면, 무의 "개념"으로부터 존재의 필연성이 규명될 수 있다고도 말할 수 있다. "개념"의 이러한 의미는 셸링에 따르면 "선험적 사유"의 본질을 이루는데, "선험적 사유는 개념을 행위로서als Akt 의식하게 되며, 개념의 개념에로 자신을 들어올리기 때문이다"(SW III, 345). 혹은 헤겔이 말하기를: "나는 실로 개념들을, 즉 특정한 개념들을 *갖고 있다*; 그러나 나는 순수한 개념 자체이며, 개념으로서 *현존재Dasein*에 이르렀다"(TW 6, 253). 우리가 (비록 내용적으로는 여전히 계속해서 규정되지 않은, 그러나 어쨌든) 실재적인 정신적 수행의 이와 같은 반성적 자기확실성을 선천적 확실성으로 이해한다면, "선천적인 신 증명"에 대해 말하는 것을 방해할 이유는 없다. 그렇다면 우리는 (오직 그럴 경우에만) "존재론적인 신 증명"을 개념적으로 선천적인 신 증명이라 부를 수 있다.

셸링이 그의 후기철학에서 이 증명을 다루고 있는 것은 시사하는 바가 많다. 그렇기에 그것을 잠시 더 일별해 보기로 하자. 셸링의 초기저서인 "철학의 원리로서의 자아 혹은 인간적 지식 안에서의 무제약적인 것에 대하여"Vom Ich als Prinzip der Philosophie oder über das Unbedingte im menschlichen Wissen(1795, SW I, 149 이하)에서의 단초는 존재론적인 신 증명처럼 읽혀지는데, 이는 물론 더 자세히 들여다보면 추상적인 개념으로부터가 아니라, 이미 "실재성"을 포함하고 있는 "지식"으로부터 출발하는 증명으로서 이해되고 있다(§ 1). 이 지식은 다음과 같이 전개된다: "우리가 단지 도대체 무엇인가를 알고 있다면, 우리는 적어도 일자Eines 또한 알아야만 한다. 우리는 다시금 다른 지식을 통해서 일자에 도달하는 것은 아니며, 일자 자체가 우리의 모든 지식의 실재근거를 내포한다." 이 일자가 "따라서 생각되어져야만 하는 이유는, 단지 그것이 존재하고 존재해야만 하기 때문이다. 즉 어떤 다른 것이 생각되는 것이 아니라 그것 자체가 생각되기 때문이다." 왜냐하면 "절대적인 것은 오직 절대적인 것을 통해서만 주어질 수 있기" 때문이다(같은 곳.). 존재론적 신 증명의 구조는 셸링의 동일성철학의 국면에서 분명히 발견될 수 있는데, 예컨대 "모든 철학의 체계"(1804) 안에서이다: "절대적인 것은 직접적으로 자신의 이념을 통하여 존재하는 것이며, 혹은 그것의 이념에 그것이 속하는 바의 것이다"(SW VI, 149, 비슷하게: 150, 157, 159). 그러나 후기철학에서 셸링은 존재론적 신 증명에 결연히 반대하는 입장을 표명한다(SW XIII, 156 이하). 신에 대한 생각은 "개념적인", "부정적인 철학"의 정점이기는 하나, 그럼에도 그것은 "존재"에 다다를 수가 없다. "존재"는 오직 받아들여질 수 있을 뿐이다. 존재는 "그 앞에서 사유가 침묵하게 되는"(161) 바의 것이다. 여기서부터 "긍정적인 철학"이 이러한 선소여적 존재 안에서 신을 인식하기 위한 목적을 가지고 출발한다.

이성은 "그러나 이성 밖에 그리고 이성을 넘어서 존재하는 것을 다시금 이성의 내용으로 만들기 위한 의도만으로 그것을[존재자를] 설정한다: 그것이 바로 이성의 내용이 되는 것은, 그것이 후험적으로a posteriori 신이기(신으로서 인식되기) 때문이며"(170), 참으로 신이 오직 그 안에서 "자신을 인식할 수 있게 만들며" 이 "계시"를 수단으로 하여 "절대적인 정신"(174)으로서 알려지기 때문이다. 이렇게 셸링에게는 존재론적 신 증명에 대한 그의 후기 비판에서 결국 그 증명의 더욱 정확한 표현이(그리고 그 자신의 초기 입장에 대한 더 정확한 표현이) 성공적으로 이루어지고 있다. 왜냐하면 결코 물리칠 수 없는 무제약적인 것과 절대적인 것, 곧 신의 개념은 오직 "있는"ist 것의 수용이라는 맥락 안에서만 사유에게 진리가 되기 때문이다.

e. "무"의 다양한 의미

아리스토텔레스에 따르면 존재는 "다양한 방식으로" 진술된다(Met. 1026 a 33). 그는 "무"에 대해서도 똑같이 말한다(Met. 1067 b 25). 이 점을 우리는 유념해야만 할 것이다. 왜냐하면 지금까지 "무"에 대해서는 단지 특정한 의미에서만 언급되었기 때문이다. 그러나 언어와 사유의 역사 안에서는 그것과는 다른 많은 의미들이 발견되고 있다. 물론 이 상이한 의미들은 또한 서로 연관되며, 그 결과 우리는 철두철미 "존재론"을 "무론"Meontologie("μὴ ὄν", 무)을 통해 보완하는 것을 숙고해야 할 것이다. 그에 대한 초석을 놓기 위해 나는 이하에서 [무의] 중요한 의미뉘앙스를 역사에서 취한 보기들과 함께 제시할 것이다(코부쉬Kobusch 1971; 그리고 리젠후버Riesenhuber 1973 참조).

(1) *절대적인 무das absolute Nichts*: 이것은 우리의 연구를 위해 결정적인, 모든 존재의 부재로서의 "무"라는 의미이다. 형식적으로 이 의미는 모순적이지 않으며, 우리가 그 의미내용만을 본다면, 이

무는 실제적인 상태로서 가설적으로 가능하다. 그러나 그것이 존립하지 않기에 그것은 사실적으로 뿐만 아니라 원칙적으로 불가능하다.

(2) *절대적인 것의 무das Nichts des Absoluten*: 절대적 존재는 모든 유한적 존재자와 근본적으로 구분되기에, 그것은 유한적 존재자의 저편으로서 간주되어야만 한다. 이 다름은 이미 파르메니데스에게 있어서 분명해지고 있다. 플라톤은 진실로 존재하는 것 내지는 이념적인 것의 영역을 종결하는 선의 이데아를 "존재의 저편"(Politeia 509 b)으로 규정하는데, 이는 어떤 방식으로는 무이다. 플로틴은 플라톤의 이 말들로써 최고의 실체, 곧 "일자"(En V 4, 1, 10)를 묘사하며, 무의 개념을 그것에 적용한다: "일자das Eine는 모든 것이며, 그럼에도 어떤 유일한 것도 아니다. 왜냐하면 모든 것의 근원은 모든 것이 아니라, 모든 것이 그로부터 말미암기 때문이다 [...] 이제, 근원 안에는 아무 것도 없었다는 바로 그 이유 때문에, 모든 것은 근원으로부터 나올 수 있다; 바로 존재자가 실존할 수 있기 위해서, 저것[그와 같은!] 자체는 존재자가 아니라(οὐκ ὄν) 그것의 산출자이다[...] 저것은 완전히 성숙한 것이기에(그것은 어떤 것도 구하지 않고, 어떤 것도 갖지 않으며, 어떤 것도 필요로 하지 않는다), 그것은 곧 넘쳐흘렀고, 그것의 충만은 다른 것을 생겨나게 했다"(En V 2, 1, 1 이하; VI 9, 3, 38 이하 참조). 그리스도교는 여기에 연결될 수 있었다. 디오니시우스 아레오파기타는 "모든 존재와 인식을 넘어서 있는(ὑπὲρ πᾶσαν οὐσίαν καὶ γνῶσιν)"(PG III, 997) 것에로의 신비적 고양을 가르쳤다. 엑카르트도 비슷하게 말하고 있다: "신은 무이다". 그리고 그는 곧 이를 더 정확히 표현한다: "신은 존재를 결하고 있다는 그런 의미가 아니라, 그분은 (오히려) 사람들이 진술할 수 있는 이것이나 저것도 아니며 – 그분은 모든 존재 너머에 있는 존재이다"(DP, 407).

(3) *유한적인 것의 무성으로서의 무das Nichts als Nichtigkeit des Endlichen*: 파르메니데스에 따르면 생성과 소멸의 세계는 가상이자 환상이다. 플로틴에게 있어서는 무엇보다도 질료는 "무"(III 6,

7, 11 이하)이며(물론 일자와는 완전히 다른 의미에서), 질료를 구비하고 있는 모든 것도 그러하다. 이 점은 그리스도교인인 엑카르트에게서는 이렇게 생각된다: "모든 피조물들은 순수한 무이다". 여기서도 다음과 같은 해명이 중요하다: "모든 피조물들은 존재를 갖고 있지 않다. 왜냐하면 그들의 존재는 신의 현존에 달려있기 때문이다. 신이 단 한 순간이라도 모든 피조물들을 등지게 되면, 그것들은 없어질 것이다"(DP, 171).

(4) *유한적인 것과 그것의 인식의 계기로서의 무das Nichts als Moment des Endlichen und seiner Erkenntnis*: 파르메니데스가 존재를 순수한 존재에로 환원시킨 것은 곧 모순에 봉착했다. 왜냐하면 우리의 면전에 있는 현실적인 것도 자신의 자립성을 갖기 때문이다. 이미 데모크리토스는 불변적인 존재를 다수의 원자들로 복수화시키고 있다. 그것들은 "허공"(κενόν, *A* 49)에서 움직이고 있으며, 이 비존재를 토대로 결합될 수 있다. 플라톤은 "소피스트"(236 d 이하)에서 파르메니데스가 무를 배제한 것에 대해 반대하고 있다. 왜냐하면 "아님"das "Nicht"(das "ἕτερον")이 없다면, 즉 다른 것 혹은 상이한 것이 없다면, 우리는 어떤 구체적인 것도 인식할 수 없기 때문이다. "따라서 비존재자는 운동에서나 모든 개념들과의 관계 속에서도 필연적이다. 왜냐하면 상이한 것의 본성은 모든 것 안에서 존재자에 대하여 상이한 것을 불러일으키며, 각기의 것을 비존재자로 만든다"(256 d/e). 아리스토텔레스는 이 노선을 계승하여 무의 다양한 의미를 강조한다: "비존재에 대해서는 다양한 방식으로 말해지고 있다(τὸ μὴ ὂν λέγεται πλεοναχῶς)"(Met. 1067 b 25). 그는 3중의 의미를 구분하고 있는데, (1) 범주적 의미(이것은 다음과 같이 이해되어야 한다: 개별적인 범주들에 따라서, 인간이 아닌, 큰 것이 아닌 등등), (2) 허위적 의미(진술의 허위성과 관계되는), 그리고 (3) 잠재적 의미(잠재적인 것을 아직-아님으로서 표현하면서)가 그것이다(Met. 1089 a 25 이하). 여기서 중세시대에 논의된 "허구적인 것"이 더 첨가될 수 있을 것이다(코부쉬Kobusch, 814 참조).

(5) *사유와 자유의 무das Nichts des Denkens und der Freiheit*: 각기의 주어진 내용과 다시 한 번 거리를 두고 자기 자신 안으로 물러나는 가능성은 사유의 고유한 자립성을 결정한다. 그러한 자립성 안에서 사유는, 파르메니데스가 이미 본 것처럼, 절대적인 것과 유사하다. 근세의 자유에 대한 생각은 이점과 결부된다. 헤겔은 이렇게 말한다: "사유 안에서 나는 자유롭다. 나는 다른 것 안에 존재하지 않고, 전적으로 내 자신에게 머물기 때문이다"(TW 3, 156). 헤겔은 일반적인 규정가능성과 아직-규정되지-않음Noch-nicht-Bestimmtheit 가운데 처해 있는 이 자유로운 사유의 특수한 규정을 "순수한 존재" 혹은 "무"라고도 부른다(TW 5, 82 이하). "그 자신에 대한 무의 최고의 형식은 자유일 것이다. 그러나 자유는 최고의 강도로 자신 안으로 침잠하고, 스스로가 긍정인 한에서, 그것도 절대적인 긍정인 한에서, 부정성이다"(TW 8, 187). 이 자유로운 자체내존립Insichstehen은 "반성"이다. 반성은 "무로부터 무로의 운동이며 그것을 통해서 자기 자신에게 돌아온다"(TW 6, 24, 또한: 81, 148 이하, 150, 219 이하). 반성은 특정한 개념들 안에서, 예컨대 "그 무엇"이나 "다른 것", "단일성"과 "구별", "실체"와 "우연" 등등에서 구체화된다. 이 개념들 안에서 사유는 움직이며, 동시에 그들 안에서 현실이 제시된다. 이때 "논리학"의 이러한 범주적 체계의 규정들은 또한 존재와 무의 통일성의 그때마다의 새로운 방식들이다(TW 5, 86).

(6) *도덕적인 무das moralische Nichts*: 자유는 양면적이다. 자유는 자기 자신에게 그리고 자신의 규정에 적합해야 한다. 그러나 그것은 또한 그르칠 수 있다. 이미 플로틴의 체계에 따르면 영혼은 진정한 존재자를 향해야만 한다. 영혼이 질료, 곧 "무"에 속박되면, 그것은 스스로 무화된다. 그리스도교는 이 점과 연결될 수 있다. 아우구스티누스에 따르면, 인간이 죄를 짓는 것은 신을 저버리고 공허한 것 안으로 추락함을 통해서이다: "그리고 그것은 분명하다. 왜냐하면 인간이 죄를 지을 경우, 죄는 아무 것도 아닌 것이고 인간은

아무 것도 아닌 것이 되기 때문이다(et manifestum est, quia peccatum nihil est, et nihil fiunt homines cum peccant)"(Joh. I, 13).

(7) *허무주의적인 무das nihilistische Nichts*: 야코비는 피히테를 비판하고 있는데, 모든 것을 설정하고 모든 것이 그로부터 도출될 수 있는 절대적인 자아의 철학과 함께 "허무주의"에로 타락한다는 것이다(이 개념은 여기서 처음으로 등장한다)(Werke III, 44). 그리고 피히테에게 자신의 "무지"Nicht-Wissen의 철학을 맞세운다(같은 곳.). 이 철학은 이미 항상 선소여적인 신의 규명불가능성 앞에서 만족한다(같은 곳. 48과 그 밖의 여러 곳). 쇼펜하우어에 따르면, 세계는 그 본질에 있어서 맹목적이고 무의미한 의지이며, 그래서 아니오das Nein만을 얻을 뿐이나: "물론 우리 앞에는 오직 무만이 남아 있다"(Die Welt als Wille und Vorstellung I, § 71). 니이체에게 있어서는 이러한 세계이해는 다음과 같이 표명된다: "우리가 이러한 생각을 다음과 같이 가장 끔찍한 형태로 사유해보자: 있는 그대로의 현존재는 의미와 목적을 결하고 있다. 그러나 그것은 불가피하게 끝악장이 없이 무 안으로 되돌아온다: '영원한 회귀'. 이것이 허무주의의 가장 극단적인 형태이다: 무('무의미한 것')는 영원하다!"(StA 12, 213).

(8) *창조-무das Schöpfungs-Nichts*: 성서가 시작되는 것은 신을 통한 세계의 창조인데(창세기 1), 이는 성서의 가장 마지막 (그리스어로 된) 책들 안에서 무로부터의 창조로(존재자로부터가 아닌, οὐκ ἐξ ὄντων) 더 정확히 표현되고 있다(마카베오 2서 7, 28). 이것은 세 개의 위대한 유신론적 종교들의 고전적인 가르침이 되었다. 이 신학적인 가르침은 그러나 철학적으로도 중요성을 지닌다. 왜냐하면 이 가르침은, 세계가 신에게 근본적으로 종속되어 있으면서도 동시에 자립적이라는 것을 의미하기 때문이다. 신은 세계의 어떤 시간적이고 공간적인 혹은 작용인적인 "변방들"에 즉해 있는, 세계의 존속을 위해서 필연적인 "연결부분"이 아니다. 그렇게 생각된다면

신은 유한하게 될 것이다. 세계는 오히려 자신의 자립성에로 방출된 것이고, 말하자면 "무에로"ins Nichts 설정된 것이다. 세계는 "자기 자신에게" 주어져 있으며, 아무렴: "주어져 있다". 오직 그러한 피조물적인 "무한성"만이 신의 진정한 무한성에 적합한 것이 되며, 오직 그로부터만 예컨대 세계의 진화적인 자가동력이 신에게로의 원칙적인 종속과 함께 생각될 수 있으며, 아울러 피조물적인 자유가 신적인 은총과 함께 생각될 수 있는 것이다.

f. 도대체 무엇인가가 존재한다는 놀라움

"어째서 도대체 무엇인가가 존재하며, 오히려 아무 것도 없지 않은가?" 이 물음은 놀라움을 표현하고 있는데, 이 놀라움은 인간이 정신적 존재로서의 자신의 품위를 위태롭게 하려하지 않는다면, 빼앗겨서는 안 되는 것이다. 그것은 무엇인가가 "존재한다"는 것에 대한, 그리고 이 "있다"Ist를 그러한 것으로서 파악할 수 있는 고유한 능력에 대한 놀라움이다. 그러나 존재의 근거에 대한 이 놀라운 물음은 무에 대한 생각도 포함하고 있다. 만일 무에 대한 생각이 무의미한 것이라면, 저 물음과 그것이 지닌 놀라움도 함께 그 의미를 잃게 될 것이다. 하지만 무에 대한 생각이 의미가 있는 이유는, 그것을 거쳐서 존재의 비자명성과 아울러 존재의 자명성이 파악될 수 있고, 동시에 양자가 모순 속에서 폐기되지 않음이 확실해지기 때문이다. 왜냐하면 존재의 필연성은 강제나 타율적 규정이 아니기 때문이다. 만일 그렇다면, 이는 종속성일 것이다. 왜냐하면 자신의 내부에 종속되어 있음도 피상성과 우연성의 한 형식이기 때문이다. 존재의 필연성은 오히려 순수한 자기존재(만일 사람들이 원한다면: 순수한 결단성)이며, 필연성은 여기서 (물론 오직 여기서만!) 자신의 모습을 자유로서 드러내야만 한다. 나에게는 "필연성"으로부터 "자유"로의 이행의 의미는 고수해야 할 것으로 여겨진다. 헤겔은 이를 본질논리학으로부터 개념논리학에로의 이행 속에서 발전시키고 있다: "그렇기에 *개념* 안에서 *자유*의 왕국이 개시되었다"(TW 6, 251; TW 8, 303-307 참조). 이는 통상적인 맑스주의적 해석, 곧 헤겔에 따르면 자유는 필연성에 대한 통찰이라는 해석(그리고 그러한 해석의 결정론적인 함축)과는 아무런 관계도 없다. 존재는 자유 안에 정초되며, 스스로가 본질에 있어 자유이다. 존재에 대한 놀라움이 존재의 비자명성과 연역불가능성을 반성한다면, 그 놀라움은 존재의 본질을 이루는 자유 역시 반성하는 것이다.

슈플렛은 "그 모든 것이 어째서?"라는 물음 안에서 "그 안에 내포되어 있는 의미문제"(Splett 1973, 65)를 본다. 왜냐하면 이 물음의 '어째서'에 대한 대답은 오직 하나의 존재 안에서만 발견될 수 있기 때문인데, 이 존재는 전적으로 자기 자신 때문에 있으므로 완전히 의심의 여지가 없는 것이다. 이는 모든 것을 정초하는 선의 이데아에 대한 플라톤의 생각이다. 그리스도교적 사유와 그것에 의해 영감을 받은 철학은 저 "모든 것의 시작"(Politeia 511 b) 안에서 성서의 신을 재인식한 바, 그분의 "자기로부터의 존재"와 "자기 자신 때문에"는 절대적인 자발성과 자유이다. 이 신의 필연성은 그분의 자유의 신비 속에 정초된 채로 영속한다. 안젤무스적 신 증명에 대한 토마스의 유보가 (토마스가 안젤무스를 이해하는 대로) 사안적 타당성을 갖는 것은 여기서이다: 신 안에서 "본질"과 "존재"가 불가분적으로 하나라는 것을 우리가 알고 있다고 하더라도(Sth I, q 2 a 1), 그럼에도 우리는 (예컨대 최초의 통찰들로부터 추론된 아리스토텔레스적으로 낙천적인 결론 안에서) 신의 실존을 그분의 본질로부터 연역하고 "파악할" 수는 없다. 그분의 실존은 우리에 의해서 받아들여져야만 한다. 신의 실존은 홀로 그분의 자유 안에 정초되어 있는데, 이는 비록 그 자유가 우리에 대해서 마지막이자 능가할 수 없는 필연성의 지평을 결정하고 있음에도 불구하고 그러하다.

그러나 신은 우리가 그분의 자유에 참여하게 허락한다. 우리는 자신과 그분에게 예라고 응답하면서 그분의 긍정에 화답해야 한다.

그와 함께 신은 창조주로서 무에 새로운 방식으로 공간을 마련한다. 왜냐하면 유한적인 것에 의해서 "아니오"가 말해질 수 있기 때문이다. 이러한 가능성은 본래 불가능성이기는 하다. 그러한 가능성은 피조물의 자기파괴에로 이끌기 때문이다. 그렇지만 피조물은 자기 자신을 성취해야 하며, 그렇게 해서 피조물은 다음과 같이 괴테의 파우스트에서 고전적으로 말해지는 것처럼 원칙적으로 또한 "아니오"를 말할 수 있다: "나는 끊임없이 부정하는 정신이다!/ 그것도 정당하게; 왜냐하면 생성하는 모든 것은,/ 영락해버리는 가치를 지니기에;/ 그렇기에 아무것도 생성되지 않았더라면 더 나았을 텐데./ 그렇게 모든 것은 너희의 죄,/ 파괴, 간단히 악이라 불리는 것이며,/ 나의 고유한 요소라네"(1338 이하의 절). 나중에 메피스토는 말한다: "나는 그 대신에 영원한 공허를 사랑했다네"(11603). 자신과 분열된 파우스트는 이 아니오와 결합한다. 그것이 자신의 고유한 것이기에(1660 이하; 1678 이하; 무엇보다도: 1765-1775 참조). 어째서 이 아니오인가? 피조물 편에서의 이 원칙적인 아니오의 동기는 적개심일 것이다. 곧 있는 그대로의 자신에 대하여, 그리고 그러한 존재로서의 자신을 끊임없이 받아들여만 하는 것에 대한 원한일 것이다. 슈플렛에 따르면 이것이 죄의 근원이다: "창조주에 대한 깊이 자리 잡고 있는 적개심 — 자기 자신을 수용하기를 거부하면서"(Splett 1990, 98 이하). 파우스트에 있어서 이 점이 분명하게 드러난다(위의 곳 참조): 내가 원하는 것을 얻지 못한다면, 차라리 모든 것이 붕괴되어야만 한다. 그러나 자기 자신을 받아들이고 넘겨받는 과제와 관련해서 신은 피조물을 홀로 내버려두지 않는다. 신은 오히려 피조물의 긍정을 자신의 고유한 사안으로 만들며, 그것도 피조물의 긍정 안에서 자신을 계시할 정도로, 즉 완전히 그 안에서 자기 자신일 정도로까지 그렇게 한다. 왜냐하면 "예라는 응답은 그분 안에 있기"(고린도 2서 1, 20; Splett 1964 참조) 때문인데, 이는 십자가의 조건 하에서도 (즉 *모든* 조건들 하에서도) 그러하며, 곧 무의 영원한 배제 속에서 존재에 대한 영원한 긍정인 것이다.

Ⅳ. 가치론적 신 증명

그리스말로 "axios"는 "값진", "가치있는"을 의미한다. 가치론적 신 증명der axiologische Gottesbeweis(AxGB)은 따라서 평가함에서, 즉 우리가 가치개념들(좋은, 당위 등등)을 가지고 묘사하는 사물이나 행위의 양상들에서 시작한다.

*1. 토마스*의 "다섯 개의 길" 중에서 가치론적 신 증명은 *네 번째 길*이다. 이 논증은 플라톤적인 전통에서 유래하지만, 직접적으로는 아리스토텔레스에게로 소급되며 다음과 같이 진행된다: (a) "참된 것", "좋은 것", "존재하는 것"은 그들의 본성에 있어서 최고의 것을 목표로 삼는다. 그것은 절대적인 것으로서 그와 같은 개념내용들의 구체적인 귀속을 위한 내적인 척도이다. (b) 동시에 이 지고의 것은 (상이한 정도에 있어서의) 존재하는 것, 참된 것, 좋은 것의 원인이며, 우리의 구체적인 판단들이 관계 맺는 것이다. (c) 따라서 최고의 선이자, 참된 것, 존재자가 있어야만 한다. 그 내적인 최대는 동시에 실재적인 원인이며, 불에 대한 (상이한) 열기의 관계에서 해명된다. 아리스토텔레스는 (불의 보기에 적합하게) 다음과 같이 판단내리고 있다: "나중 것을 위해서 진리의 원인인 것이 진리의 최고등급을 갖는다"(Met. II, 1, 993 b).

"넷째 길은 사물계에서 발견되는 단계에서ex gradibus 취해진다. (a) 사실 사물계에서는 선성과 진성과 고상성에 있어서(bonum et verum et nobile) 더하고 덜한 사물들이 발견된다. 또 [선, 진, 고상 외의] 다른 것들에 대해서도 마찬가지다. 그러나 서로 다른 여러 사물들에 대해 더하고 덜하다고 하는 것은 최고도로 있는 어떤 것에 여러 가지 모양으로 접근하는데 따라 말해지는 것이다. 예컨대 최고도로 더운 것에 더 가까운 것이 더 더운 것이다. 따라서 형이상학 2권에서 말하는 것처럼, 가장 참되고, 가장 선하고, 가장 고귀한 것, 그 결과로 가장 많이 존재하는 어떤 것이 있다. (b) 그런데 어떤 영역에 있어서 가장 많이 하나의 특성이 귀속된다고 불리는 것은 그 영역에 속하는 모든 것들(그 특성을 지닌 사물들)의 원인이다. 예컨대 같은 책(형이상학)에서 말하는 것처럼, 최고도로 더운 불은 모든 더운 것들의 원인이다. (c) 그러므로 어떤 사물의 경우이든 그 존재와 선성과 모든 완전성의 원인인 어떤 것이 존재한다(aliquid quod omnibus entibus est causa esse, et bonitatis, et cuiuslibet perfectionis). 이런 존재를 우리는 신이라 부른다"(Sth I, q 2 a 3 resp).

위의 인용에 대해 다음과 같은 관찰을 언급할 수 있겠다: 우리를 혼란스럽게 하는 보기는 네 가지 요소들에 대한 가르침에서 취해졌다. 지상의 세계에서는 네 요소들(불, 물, 공기, 흙)이 계속해서 뒤섞여 있는 채로 현존하지만, 그것들의 순수한 형식에 있어서는 등급이 매겨진 명료성 안에서 자신들이 구체적으로 산출되기 위한 척도이자 원인을 형성한다. 그러나 불의 보기는 그 이상의 어떤 설명력도 지니지 못한다. 왜냐하면, 진성과 선성, 존재자의 개념들은 무한대로 상승될 수 있기 때문이다. 사람들은 절대적인 존재자, 절대적으로 참된 것, 혹은 절대적으로 선한 것을 생각할 수 있다(순수한 완전성perfectio pura). 이 최고의 개념들은 서로 동일시될 수 있어야만 한다(최고의 존재자는 또한 최고의 참된 것이다 등등). 이 통일성은 그 개념들의 내적인 결합, 바로 외연의 동일함을 보여준다(그것들은 존재ens, 선bonum, 진verum, 일자unum와 같은 초월자들Transzendentalien이다). 다른 개념들은 절대화시킬 수가 없다(불, 붉다, 나무 등등은 저마다가 혼합된 완전성 혹은 완성되지 않은 완전성을 표시한다: perfectio mixta 혹은 incompleta). 우리는 최고의 존재자와의 관련성을 KGB 안에서 보았고, 최고의 진리에 대한 정향은 AlGB 안에서 보았다. AxGB는 최고의 선과의 연관을 개진하고 있다. 철학사에 대한 일별이 토마스의 논증을 이해하는데 도움을 줄 수 있다.

*2. 플라톤*과 그의 시대가 처했던 정신적 상황을 우선 보도록 하자. 펠로폰네소스 전쟁의 와중에 생긴 정치적이고 정신적인 변혁들 안에서 전통적인 가치들은 동요에 빠졌다. 더욱이 민주정 안에서는 언변력이 있고 다른 이들에게 자신의 관점을 설득시킬 수 있었던 사람들이 성공을 거두게 되었다. 소피스트들은 지식과 수사술을 통해서 우위를 차지하려는 사람들의 점증하는 필요에 부응했다. 그들은 (사례를 대가로) 교양과 논증술을 가르쳤고, 그로써 자의적인 목적에 동원될 수 있는 수단을 마음대로 이용할 수 있게끔 해주었다. 그들은 비판적이고 파괴적인 가르침을 통해서 보편적인 구속력들이 상실되었다는 느낌을 강화시켰다. 예컨대 그들은 다음과 같은 관점을 대변했다: 지금까지 통용되어 온 규범들은 그 타당성을 "본성적으로" 가진 것이 아니라, 다만 "인간에 의해 설정된" 것이다. 자신들의 학식을 토대로 그들은 여러 민족들의 전통들과 가치관들의 다양성을 지시할 수 있었고, 이 사실을 그들이 주창하는 상대주의의 의미로 해석했다. 그들의 설에 따르면, 스스로가 설정한 목적을 힘있게 관철시키는 것만이 유일한 관건이다. 그런데 그 점을 성취하기 위해서는 소피스트들인 자신들에게서 배워야만 한다는 것이다. 프로타고라스의 말이다: "저마다의 사안에 대해서 두 가지 대립된 의견들이 있다"(B 6a). 이로써 단지 "더 약한 의견을 더 강한 의견으로 만드는"(B 6b) 수사학적인 논증의 기교만이 중요하게 된다.

소크라테스(플라톤)는 소피스트들과 토론을 벌이는데, 예를 들면 정치학 I권에서 트라시마코스와, 혹은 대화편 고르기아스에서 칼리클레스와 논쟁을 벌이고 있다. 이 두 소피스트들이 지지하고 있는 가장 성공적인 이기주의자들, 곧 독재자들의 이상은 플라톤에 의해서 예리하게 파괴되고 있다(Politeia IX, 또한 7번째 서한을 참조. 여기서는 시라쿠스의 통치자가 부정적인 보기로 제시되고 있다). 모든 이들을 지배하며 자신에게 봉사하도록 강요하는 독재자는 어떤 친구도 가질 수 없다. 친구를 얻기 위해서는 다른 이들을 동등하게 인정해야 하지만 독재자에게는 그런 능력이 없기 때문이다. 그래서 그는 오직 아첨하는 이들과 그가 신뢰하지 못하는 사람들에게만 둘러싸여 있다. 외롭고 늘 공포심 속에 있는 독재자는 가장 본래적인 거처, 즉 자신의 영혼 안에서도 자기의 주인이 아니다. 끊임없이 그는 자신의 탐욕을 쫓으며 그것의 노예이다. 이것을 깨닫는 자는 이성적인 방식으로 그러한 이상으로부터 거리를 취할 것이다. 단순히 그때마다 자신이 좋다고 간주하는 것을 선이라고 이해하는 것은 분명히 불합리한 것이다. 그러나 누구나가 자신이 그런 이해 안에서 속을 수 있음을 시인한다면, 그 의미는 이렇다: 관건이 되는 것은 객관성과 진리이다. 그렇다면 자신에게 진실로 선한 것을 발견해내기 위해서, 도대체 인간의 본성은 어떻게 구성되어 있고, 어떤 폐기할 수 없는 맥락들 안에 인간이 처해있는가 하는 물음이 대두된다.

따라서 선에 대한 물음은 구성적이면서도 동시에 규범화시키는 구조들의 맥락에로 이어지며, 우리의 가치평가들은 이 구조들과 관련하여 정당화되어야 한다. 플라톤은 그것들을 "이데아들"이라고 부른다. 여기에 마지막 정당성의 근거가 있어야만 한다. 그렇지 않다면 모든 선한 것은 계속되는 조건들 하에서만 선하게 될 것이다. 그러나 그렇게 되면 우리는 어떤 곳에서도 진실로 (그리고 근저에 있어서) 선한 것에 대해 말할 수 없게 될 것이다. 그러나 그것은 이미 선에 대한 우리의 물음과 모순되며, 무엇보다도 무조건 요구하는 선의 경험과 모순된다. 플라톤은 선의 마지막 정당성의 근거를 "선의 이데아"라고 부른다. 이것은 우리의 평가들에 통일성을 부여하고 우주를 지탱하는 이념적인 근거이다. 우리가 무엇인가를 선하다고 간주하고 이러한 판단이 선 안에 또한 정초되어 있게 한다면, 우리는 선의 이데아와 관련을 맺는 것이다. 만일 선이 한갓 사실성 안에 정초되어 있다면(예컨대 사실적인 욕구들 안에 정초되어 있다면), — 사람들은 플라톤을 그런 식으로 이해할 수도 있다 —, 가치판단은 기술적記述的인 판단이 될 것이다. 그것은 다만 *있는* 것에 대한 판단으로 번역될 수 있을 것이고 이로써 해체될 것이다(근대적으로 말하자면, 사실적인 "이다"ist에서 "있어야 한다"soll sein로 추론하는 "자연주의적인 오류추리"가 생겨나게 될 것이다). 플라톤은 선이 오직 선의 맥락으로부터만 정초될 수 있고, 이 맥락은 절대성을 포함한다는 것을 인식했다. 선의 맥락은 항상 다른 것에 의해서가 아니라 마지막으로 자기 자신 안에서 선해야 하며, 그로써 자기 자신을 통해서 선한 것 안에 정초되어야 하기 때문이다. 선한 것을 정당화시키는 근거는 그것이 다만 하나의 설정이 아니라(오직 "thesei" 만이 아니라), 자기 자신으로부터(즉 "physei") 그러한 것일 때에만 자기 자신 안에서 선한 것이 될 수 있다. 한갓 설정으로서의 선한 것은 제약적이고 상대적이 될 것이다. 자기 자신으로부터 선한 것은 그 스스로가 "있는" 바의 것으로서 그러하다. 즉, 자신의 존재로부터 선한 것이다. 마지막으로 정초하는 선으로서의 선한 것은 존재로부터 분리될 수 없다. 이제 그 마지막이자 무제약적인 선은 어떤 방식으로든 더 이상 조건들 아래에 놓여질 수 없기 때문에 그에 상응하는 존재론적인 근본형태를 지녀야만 한다. 그것이 자신의 존재 안에서 제약되어 있다면, 그것은 단지 더 넓은 맥락 안에 있는 하나의 사실일 뿐이고, 자신의 선성을 이러한 조건들과 나눌 수밖에 없을 것이다. 무조건 선한 것은 오직 무제약적인 존재자로서일 뿐이다. 그렇기 때문에 플라톤에 따르면 선의 이데아는 전적으로 무전제적인 것, "ἀνυπόθετον"이다 (Politeia 511 b). 선으로 존재하는 것은 절대적인 선소여성 일체이며 "모든 것의 시작" (같은 곳.)이다.

국가Politeia에 따르면, 이러한 선은 주도적인 정치지도자들을 알아내서 그들이 스스로의 기능을 실현하게 해야 한다(505 e - 506 b). 소크라테스의 대화상대자들은 이 선에 대해서 더 자세한 것을 경험하고 싶어 한다. 그러나 소크라테스는 계속해서 직접적으로 선에 대해 이야기하기보다는 비유로 말하는 것을 선호한다. 그는 단지 선의 "소생所生(ἔκγονος)"에 대해 말하길 원한다(506 e). 이것은 태양인데, 선은 "모상(ἀνάλογον)"으로서의 태양 안에서 자신을 드러낸다(508 c). 가시적인 세계 내에서 태양으로부터 빛이 방사되어 그 빛 안에서 우리가 모든 것을 인식할 수 있는 것처럼, 정신적인 세계 내에서는 선의 이데아로부터 저 더 높은 빛이 방사되어 그 안에서 우리는 정신적인 인식들에 도달하게 된다(507 d 이하). 그런데 태양은 사물들을 비출 뿐만 아니라 그들에게 성장과 생명 또한 부여하는 것처럼, 선의 이데아는 정신적인 인식대상들의 근거이기도 하다(509 b). 태양이 우리의 감각적인 시력은 물론 가시적인 사물들의 가능근거인 것처럼, 선의 이데아는 정신적인 파악과 정신적인 현실들의 가능근거이다. 태양이 본래적인 감각적 대상이 아니듯이(사람들은 태양을 들여다볼 수 없다), 선의 이데아도 직접적인 대상이 아니다. 소크라테스는 그것이 단지 간접적으로만 인식될 수 있다고 말한다: "그럼에도 선은 존재가 아니며, 그 품위와 힘에 있어서 존재를 능가한다(ἐπέκεινα τῆς οὐσίας)"(509 b). 플라톤은 이 비유에서 감각적인 세계와 초감각적인 세계를 결합하고 있다. 초감각적인 세계는 감각적인 세계 안에서 자신을 나타내며, 선의 근원적 이데아는 감각적인 세계 안에서 자기 자신의 모상인 태양의 모습으로 자신을 내어준다. 그 모상을 통해서 선의 이데아가 비유적으로 인식될 수 있는 것이다. 이 비유적이고 간접적인 인식은 최고의 이데아에게만 적합한 것이다. 그것은 대상으로 만들어질 수 없는 것이다. 그것은 동시에 인식의 중심에 놓여있는 근거이기 때문이다. 최고의 그리고 포괄적인 이데아로서 그것은 주관과 객관을 넘어서 있으며, 또는 양 측면에 걸쳐 있다. 비유적으로 최고선의 이데아에로 근접하는 것은 따라서 최고선의 근본형태 안에 정초되어 있는 것이고, 그로써 사변적으로 정당화되어 있다. 선의 이데아가, 마치 태양이 시력을 부여하는 것처럼, 주관이 자신에게 정향되는 것을 가능하게 하고 그로써 주관에게 내면적이라는 점은, 저 최고의 초월이 주관 안에 내재함을 입증한다. 괴테는 (플로틴에 의해 중재된) 플라톤의 비유에 의거해서 이러한 연관을 다음과 같이 표현했다: "눈이 태양과 같지 않다면,/ 눈은 태양을 결코 알아보지 못했을 거야;/ 우리 안에 신의 고유한 힘이 놓여 있지 않다면,/ 어떻게 신적인 것이 우리를 매혹할 수 있을까?"(Zahme Xenien III; HA I, 367).

소위 선線의 비유(Politeia 509 c 이하)에서 플라톤은 하나의 선상에 있는 두 개의 구간이라는 실례를 가지고 감각적인 세계와 정신적인 세계의 차이를 분명히 하고 있다. 양자는 다시 세분되어 있다. 정신적인 측면에는 첫째 절단면 내의 수학과 같은 정신적 형성물과 둘째 절단면 내의 본래적인 이데아들이 속한다. 이 이데아들은 오직 자신을 통해서만 정초될 수 있으며, 그들을 완결하는 요약은 선의 이데아이다:

"그러면 지성에 의해서라야 알 수 있는 종류의 다른 한 부분으로 내가 뜻하는 것은 다음 것이라 이해하게나. 이는 이성 스스로가 변증술적 논변의 힘에 의해서 파악하게 되는 것으로서, 이때의 이성은 전제들을 원리로서가 아니라 문자 그대로 밑에 설정한 것들로서 대하네. 즉 무전제의 것(ἀνυπόθετον)에 이르기까지 모든 것의 원리(τοῦ παντὸς ἀρχή)로 나아가기 위한 발판들이나 출발들처럼 말일세. 이성 스스로가 이를 포착하게 되면, 이번에는 이 원리에 의존하고 있는 것들을 고수하면서, 이런 식으로 다시 결론 쪽으로 내려가되, 그 어떤 감각적인 것도 전혀 이용하지 않고, 형상들 자체만을 이용하여 이것들을 통해서 이것들 속으로 들어가서, 형상들에서 또한 끝을 맺네"(511 b/c). "즉 인식할 수 있는 것의 영역에 있어서 최종적이자 각고 끝에 보게 되는 것이 선의 이데아이네. 그러나 일단 이를 본 다음에는, 이것이 모든 것에 있어서 모든 올바르고 아름다운 것의 원인이라고, 또한 가시적인 것의 영역에 있어서는 빛과 그 주인(태양)을 낳고, 지성에 의해서라야 알 수 있는 것의 영역에서도 스스로 주인으로서 주재하면서 진리와 지성을 제공하는 것이라고, 그리고 또 장차 개인적인 용무에서든 혹은 공적인 용무에서든 누구든지 슬기롭게 행하고자 하는 자는 이 이데아를 보아야만 한다고 결론을 내려야만 하네"(517 b/c).

저마다의 사실성을 넘어서는 선의 관점에 대한 보기는 "향연"(그 주제는 에로스이다)에서 아리스토파네스에게 향한 소크라테스의 응수이다. 아리스토파네스는 에로스를 분할된 인간에 대한 신화로써 정초하고 있다(189 c 이하): 인간은 원래 하나의 전체였다. 신들에 의해서 인간은 분할되었다. 이제 저마다의 부분은 보완되기를 구하며, 이 추구가 사랑인 것이다. 소크라테스는 그에 반해서 에로스를 선에 대한 정향으로 규정한다. (그는 디오티마 여사제가 자신에게 가르쳤노라고 보도하고 있는데) 디오티마가 말한다: "또 이런 말을 하는 사람도 있더군요. 즉, 사랑하고 있는 사람들은 자기의 다른 반쪽을 찾고 있는 거라고 말이에요. 그러나 나는 그런 소릴 하지 않습니다. 사랑은 자기의 반쪽을 찾는 것도 아니요, 전체를 찾는 것도 아니에요. 다만 그 반쪽이니 전체니 하는 것이 동시에 어떤 좋은 것이면 또 모르겠습니다마는. 사실 인간은 자기 자신의 손이나 발도 자진해서 잘라 버리는 겁니다. 그것이 유해하다고 생각되면 말이에요. 자기 것이라고 해서 덮어놓고 좋아하는 사람은 한 사람도 없다고 나는 생각해요. 자기 자신의 것은 좋은 것이요, 남의 것은 나쁜 것이라고 하는 사람이 있으면 또 말이 달라지겠지만 말이에요. 사실, 좋은 것 이외에 사람들이 사랑하는 것이란 아무것도 없습니다. 당신에겐 이렇게 생각되지 않습니까?" 소크라테스가 응답한다: "단연코 그렇습니다!"(205 d 이하). 따라서 사실적인 열망은 아직 선을 정초하지 않는다. 오히려 이러한 열망 자체는 선의 관점 아래서 판단되어야 하며, 선한 것으로 인식되어야 한다(이러한 정확한 규정과 함께 아리스토파네스 또한 무엇인가 적합한 것을 파악했을 것이다). 우정은 인간이 사회적 존재이기 때문에 좋은 것이 아니라, 그 자신의 사회성 안에서 선이 인간에게 나타나며, 그 선은 말하자면 그 안에 선한 삶이 존립하는 바의 것이다. 그러므로 어느 누구에게도 단지 사실적인 삶과 그것의 연장이 중요한 것일 수는 없으며, 오직 그러한 삶이 좋은 것으로도 인식될 수 있을 때에만 중요한 것이다(Gorgias 511 c - 512 b). 선으로의 정향은 원칙적으로 긍정해야 할 것의 긍정인 것이다. 사람들은 이렇게 물을 수 있다: 사는 것이 좋은 것인가? 대답은, 내가 바로 살고 있고 사실적으로

살려고 한다는 것을 지시하는데서 성립될 수 없다(많은 사람들은 삶을 원하지 않는다). 사는 것이 좋은 것이라면, 그것은 이 삶이 가치 있는 것으로 인식되었기 때문이고, 이 삶에 따라서 하나의 동의가 상응하기 때문이다. 이 동의는 삶이나 삶의 욕구라는 사실 안에 정초되어 있는 것이 아니라, 이 삶이 존재해야만 한다는 점에 정초되어 있다. 삶은 그것이 좋은 것이고, 전적으로 선한 것 안에 정초되기 때문에 존재해야만 한다. 선은 자신의 편에서 삶과 사랑, 우정 안에 나타나며 이 모든 것을 무엇인가 선한 것으로 만든다.

*3. 아리스토텔레스*는 니코마코스 윤리학(NE)에서 각각의 열망에 귀속된 선을 강조하고 있다: "선은 모든 것이 열망하는 목적이다"(NE I, 1). 목적은 자신 안에 그 완성을 가진 삶의 수행이며, 행복Eudaimonia이다. 행복해지려는 수행은 자신의 규범을 자기 자신 안에 가진다: "자신의 표준적인 가능성을 향한 영혼의 수행". 인간에게 있어서 이것은 "이성에 따른"(I, 6) 삶이다. 로고스와 결부되어 있는 것은 (플라톤에 있어서처럼) 진리의 문제이다. 삶의 수행은 "본성에 상응하게"(I, 9) 형성되어야 한다. 그렇기 때문에 외관상 선한 것과 실제로 선한 것이 구별되어야만 한다(III, 6). "통찰"이 삶을 인도해야만 한다. 삶은 폴리스의 공동의 삶 안에서 실현될 때에 "선한 삶"이 된다. 그럼에도 영혼이 지닌 최고의 능력은 자신 안에서 "누스"가, 즉 "관조하는" 이성이 활동하도록 허용하는 능력이다. 이것은 현자에게서 성공적으로 이루어진다. "관조에 대해 주장되는 바는, 그것이 자기 자신 때문에 사랑받는다는 것이다. 그것은 우리에게 관조 이외의 어떤 것도 제공하지 않는다"(X, 7). 관조 안에서 바로 선에 있어서 전형적인 '자기자신때문에'Umseinerselbstwillen가 성취된다. 그러한 삶이야말로 신적인 삶에 대한 참여이다. 신적인 삶은 영속적인 정신적 활동 안에 존립한다(바로 최고의 자기-자신-때문에의-존재 속에서)(같은 곳.). 인간은 "무엇인가 신적인 것을 자신 안에 갖는 한에서"(같은 곳.) 그러한 능력을 지닌다. 여기서 니

코마코스 윤리학으로부터 "형이상학"과 그것의 가르침에로 이르는 다리가 놓여질 수 있다. 그 가르침이란 최고의 (움직이게 하는) 목적에 관한 것인데, 그것은 신적인 생명으로서 순수한 '자기자신때문에'이며, 그것을 통해 우주를 움직인다(Met. XII, 7).

4. *플로틴*에 따르면 최고의 선은 "헨"Hen, 곧 일자이다. 이 일자는 "선"이라고도 불려진다. 이것은 자신으로부터 "정신"nous과 "영혼"psyche의 실체들을 유출시키며, 영혼 안에서 물질을 가진 우주가 정초된다. 우리들 인간은 물질적 세계 안에서 현존하지만 저 지고의 것과 관련을 맺고 있으며, 우리의 존재에 적합하게 되기 위해서 그것을 향할 수 있고 또 향해야 한다(En V 1; VI 9).

5. *아우구스티누스*로부터는 하나의 텍스트가 인용될 수 있겠는데, 이는 더 이상의 설명이 필요치 않은 것이다: "무엇 때문에 항상 더 많은 선들을 거명하는가?[...] 그 이유는, 우리가 올바르게 판단한다면, 내가 언급했거나 혹은 그 밖에도 여전히 더 드러나고 생각될 수 있는 이 모든 선들에 대해서, 만일 우리에게 선 자체의 개념이 각인되어 있지 않다면, 우리는 하나가 다른 것보다 더 좋다고 말할 수 없을 것이기 때문이다. 이 선 자체의 개념에 따라 우리는 무엇인가를 좋다고 여기며 하나를 다른 것보다 선호한다(nisi esset nobis impressa notio ipsius boni secundum quod et probaremus aliquid et aliud alii praeponeremus). 그래서 우리는 신을 마치 이런 저런 선으로서가 아니라, 선 자체로(sed ipsum bonum) 사랑해야만 한다. 우리는 영혼의 선을 구해야만 하는데, 그것은 영혼이 판단하면서 그 위로 비행하는 바의 것이 아니라, 영혼이 사랑하면서 그것에 집착하는 바의 것이기 때문이다(quaerendum enim bonum animae, non cui supervolitet iudicando, sed cui haereat amando). 그것은 신이 아닌 다른 무엇이겠는가? 그것은 선한 영혼도, 선한 천사도, 혹은 선한 하늘도 아닌, 선한 선이다(sed bonum

bonum)"(de trin. VIII, 3.4).

*6. 보에티우스*는 테오데리히왕의 집정관이었는데 동로마에 협력했다는 의심을 받고 (아마도 자신의 반反아리우스교적인 신론 때문에 아리우스교적인 고트인들의 의심을 사게 되었다) 감옥에 갇혀 고문을 당하고 524년에 처형되었다. 감옥에서 그는 "철학의 위안에 대하여"de consolatione philosophiae를 썼다. 이 저서는 최고의 선에 대해 말하고 있다. 이것이야말로 절망하는 자에게는 진정한 지주였기 때문이다: 최고의 선이 있다. 그것은 마지막으로 비호하고 발판을 마련해 준다. 사람들은 (에피쿠로스와 함께) 이렇게 물을 수 있을 것이다: "신이 있다면 어디서 악이 나오는가?"(si quidem deus est, unde mala?) 하지만 결정적인 것은 다음의 물음이다: "신이 없다면 어디서 선이 나오는가?"(bona vero unde, si non est?)(cons. I, 4p, 100 이하). 신이 없다면 선은 우리의 경험 안에서 어떤 기초도 갖지 못할 것이다. 하지만 우리의 경험과 평가 안에서 (예컨대, 윤리적인 것 안에서) 선은 의심할 바 없이 주어져 있다. 보에티우스는 (그리스도인으로서!) 부분적으로 아리스토텔레스적인 요소들을 지닌, 플라톤적이며 플로틴적인 최고선의 가르침을 발전시키고 있다. 그 가르침에 따르면 최고선은 절대적인 완전성이다. 그것은 완전한 지복이며, "완전한 선"perfectum bonum으로서 "모든 선들의 원천"omnium fons bonorum이다(III, 10 p, 4 이하, 36). 그것은 "그것을 넘어서서 더 이상 훌륭한 것이 존재하지 않는 바의 것id, quo melius nihil est"이다(같은 책. 26)(안젤무스의 프로슬로기온 3장 참조). 그것은 자족적이며, 유일하고 모든 것의 근원이다. 보에티우스에게 확실한 것은, 오직 그렇게 생각된 선만이 마지막 인격적 지지대이자 선의 정당성의 근거가 될 수 있는 것이다.

*7. 안젤무스*는 "모놀로기온"(1-3장)에서 선으로부터의 신 증명을 전개하고 있다. 이 신 증명은 전적으로 위에서 기술된 전통 안에

서 있다. 우선 우리는 "선하다"라는 서술어로 매우 상이한 것, 심지어 상반된 것을 표시하는 것처럼 보인다. 예컨대 말은 어떤 때는 그것이 느리게 걸을 때 좋다가도 다른 경우에는 빨리 움직일 때 좋게 여겨진다. 그럼에도 하나의 통일적인 관점이 나타난다: 유용함. 말은 그것이 농마로 사용되느냐 혹은 경주용 말로 사용되느냐에 따라서 각기 상이하게 평가된다. 그러나 "유용성"utilitas은 마지막 관점이 아니며(그것은 항상 계속되는 '무엇때문에' 라는 물음에로 이어진다), 오직 통일성을 부여하는 "최고선"summum bonum의 척도만이 그러한 것이 될 수 있다. "최고선"은 "자신을 통한 선"per se bonum이다. 그것은 "일자이며 그러한 것으로서 자기 자신을 통한 것이다et ipsum unum est per se ipsum".

*8. 토마스*에 따르면, 보편적으로 정향된 인간적 의지의 역동성은 최고선에 의해서 비로소 이해되는 것이다. 의지는 정신적이다. 그것은 인식을 통해서 중재되어 선과 관련을 맺기 때문이다. 개별적 선은 그러나 자신의 선성을 "보편적 선"을 통해서 갖는데, 그렇기 때문에 보편적 선은 의지 또한 마지막으로 끌어당기는 것이다. 이러한 "보편적 선"으로서의 신은 의지의 근원이다. 그분은 물론 의지의 유일한 "원인"이기도 하며, 의지에게 자유를 위임한다. "보편적 선인 신 이외의 어떤 다른 것도 의지의 원인이 될 수 없다nihil aliud potest esse voluntatis causa, nisi ipse deus, qui est universale bonum"(Sth II/I, q 9, a 6 resp). 그리고 "다른 모든 것은 분유를 통해서 선하며, 그래서 개별적인 선이다; 개별적 원인은 그러나 어떤 보편적인 정향도 제공하지 않는다omne enim aliud bonum per participationem dicitur, et est quoddam particulare bonum; particularis autem causa non dat inclinationem universalem". 신은 자신의 무한성 안에서 울타리를 치우고 자유롭게 만드는 선이며, 동시에 다른 모든 것을 그 (상대적) 선함 안에 정초하고 인식되도록 한다(Riesenhuber 1971 참조).

*9. 칸트*에 따르면, 신은 이론이성에 의해서는 인식될 수 없다. 그럼에도 실천이성을 거쳐서 신에게 이르는 통로가 있다. 도덕은 최고선을 추구하도록 의무지우며, 최고선은 행복을 누릴 자격이 있는 자가 실제로도 행복해지는데서 존립하기 때문이다. "무릇 행복을 필요로 하고 또 행복할 만하되 행복을 누리지 못하는 일은 이성적 존재자의 완전한 의욕과 — 우리가 만일 그런 존재자를 생각한다면 그는 동시에 모든 권능을 소유하겠지만 — 도저히 조화될 수 없기에 말이다"(KpV A 199). 이 이성적인 의욕은 우리의 윤리적인 행위 또한 주재해야 한다. 물론 이 목적에 도달하는 것은 우리의 힘들을 넘어선다. 그럼에도 그 목적은 단순히 도달할 수 없는 것이어서는 안 된다. 그렇지 않다면 도덕이 우리에게 요구하는 것은 무의미하게 되고 또한 추구될 수 없는 것이 된다. 이러한 "실천이성의 이율배반"(KpV A 204 이하)은 오직 도덕적이면서 동시에 전능한 이성을 가정함으로써만 해소될 수 있으며, 그런 존재가 바로 신인 것이다. 신은 따라서 이성적인 방식으로 도덕에 의해서 요청되어져야 한다(KpV A 223 이하).

*10. 피히테*에 의하면, 신에 대한 생각과 신에 대한 신앙은 마찬가지로 무제약적인 선에 대한 실천적인 확실성의 결과이다. 하지만 그에게 있어서는 이 연관이 덕과 행복의 추구 사이의 합일을 거쳐서 비로소 생겨나는 것이 아니라 훨씬 더 직접적인 것이다. 양심의 소리는 피히테에게 있어서는 영원한 신적 의지의 음성이다. 오직 그렇게 해서만 도덕적인 요구의 무제약성이 적합하게 생각되고 확정될 수 있기 때문이다. 이 음성에 자신을 맡김으로써 우리의 인간적인 추구도 실현된다. 도대체 그럴 때에야 우리의 세계도 실재성을 얻게 되며, 의심 속에서나 혹은 어떤 곳에서도 마지막 발판에 이르지 못하는 이론적 지식 안에서 해체되지 않는다. 피히테는 이러한 내용을 자신의 저서인 "인간의 규정"Die Bestimmung des Menschen(1800)에서 제시하고 있다. 그로부터 몇 개의 문장들을

인용한다:

"내가 중단 없이 모든 나의 숙고를 정향시켜야 하는 하나의 요점이 있다: 나는 무엇을 해야만 하는가, 그리고 어떻게 나는 이 계명을 가장 합목적적으로 실행할 수 있는가. 나의 모든 사유는 나의 행위와 관련을 맺어야 하며, 비록 멀리 떨어진 것일망정 이 목적을 위한 수단으로 간주되도록 해야 한다; 그렇지 않다면 사유는 공허하고 목적 없는 유희이자, 힘과 시간의 낭비일 뿐이고, 나에게 전혀 다른 의도로 주어져 있는 고상한 능력을 망치는 셈이 된다"(Fichte 1800, 96 이하). "나의 내부에 있는 저 음성은 내가 신앙하는 것이며, 그리고 내가 믿는 다른 모든 것도 그것 때문에 믿게 되는 바의 것인데, 그것은 나에게 일반적으로 행동하라고 명하지 않는다[...]. 내 양심의 이 소리는 내 실존이 처한 저마다의 특수한 상황 속에서 내가 과연 특별히 무엇을 해야 하고 또 무엇을 피해야 할지를 명한다: 그 소리는, 내가 만일 그 소리를 오직 주의 깊게 경청한다면, 내 삶의 모든 사건들을 통해서 나를 동반한다. 그 소리는 내가 행동해야만 하는 곳에서 내게 자신의 가르침을 거절하지 않으며, 억제할 수 없게끔 나의 동의를 낚아챈다: 그 소리와 맞서 다투는 것은 내게 불가능하다"(같은 책. 97 이하). "이 의지는 나를 자기 자신과 결합한다; 이 의지는 나를 나와 같은 모든 유한적인 존재들과 결합하며, 그래서 우리 모두의 보편적인 중재자이다[...]. 각자에게 자신이 행해야 할 특별한 의무를 부과하는 양심의 소리는 광선과도 같아서, 그 빛을 받아 우리는 무한자로부터 출발하여 개별적인, 그리고 특별한 존재로서 내세워진다; 그 소리는 우리의 인격성을 경계짓는다; 그 소리는 따라서 우리를 원초적으로 구성하는 참된 토대이며, 우리가 살아가는 모든 삶의 근거이자 소재이다. 마찬가지로 우리가 무한자로부터 시간의 세계 안으로 취하여 얻는 의지의 절대적 자유는 우리의 삶의 원리이다"(같은 책. 139 이하). "저 영원한 의지는 당연히 세계의 창조자이며, 그 의지만이 그런 존재가 될 수 있고, 그것만이 창조를 필요로 하듯이 말이다[...]. 우리가 빛과 그 안에서 우리에게 나타나는 모든 것을 알아보게 되는 것은 그분의 빛을 통해서이다[...]. 우리는 그 분의 손 안에 있으며 그 안에 머무른다. 어느 누구도 우리를 그분으로부터 끌어낼 수 없다. 그 분이 영원하기에 우리도 영원하다. 어떤 이름도 부를 수 없고, 어떤 개념도 포괄할 수 없는 숭고하며 살아 있는 의지여, 나는 아마도 내 감성을 당신께로 들어올려도 될 것입니다. 당신과 나는 분리되어 있지 않기 때문입니다. 당신의 음성은 내 안에서 울리며, 나의 음성은 당신 안에서 다시 반향됩니다; 나의 모든 생각들은, 그것들이 오직 참되고 좋은 것이라면, 당신 안에서 생각된 것입니다. — 파악할 수 없는 존재인 당신 안에서 내 자신과 세계가 완전히 이해됩니다. 내 실존의 모든 수수께끼들은 해결되고, 최고로 완성된 조화가 내 정신 안에 생겨납니다"(같은 책. 143 이하).

*11. 셸링*에게 있어서도 양심과 종교성은 불가분적으로 결합되어 있는데, 다음의 두 텍스트들이 그 점을 보여주고 있다(셸링은 "religio"라는 단어를 "religare": '되돌려 묶다' 혹은 '단단히 묶다'라는 어원에 따라 이해하고 있다):

"종교성[...]. 우리는 그 말을 병든 시대가 부르는 바의 것, 곧 한가한 숙고나 독실한 척하는 예감, 혹은 신적인 것을 느끼고 싶어 하는 의욕으로 이해하지 않는다. 신은 우리 안에 있는 명료한 인식이거나 혹은 정신적인 빛 자체이다. 그 안에서 비로소 다른 모든 것이 명백하게 된다. 그 빛 자체가 불명료하다는 것은 너무도 동떨어진 생각이다; 종교성은 이러한 인식을 가진 자를 참으로 한가하게 내버려두거나 유희하도록 만들지 않는다. 종교성은, 그것이 있는 곳에서, 우리의 감성철학자들이 생각하는 것보다도 무엇인가 훨씬 더 실체적인 것이다. 우리는 종교성을 그 말의 근원적이고 실천적인 의미에서 이해한다. 그것은 양심성이다. 양심성은, 사람이 자신이 아는 바대로 행위하며, 자신의 행위 안에서 인식의 빛과 모순 되지 않는 것을 의미한다. 인간적인, 즉 물리적이고 심리적인 방식으로가 아니라, 신적인 방식으로 이러한 인식과 행위의 모순이 불가능한 사람을 우리는 종교적이라고 부르며, 그것은 곧 그 말이 지닌 최고의 의미에서 양심적이라는 말과 같다. 의무의 계율에 대한 존중심으로 올바른 행동을 결정하기 위해서, 아직도 발생하는 사건 안에서 그 계명의 실천을 유보해야만 하는 사람은 양심적이 아니다. 이미 그 말의 의미에 따라 볼 때, 종교성은 대립적인 것 사이에서의 어떤 선택도 허용하지 않으며, 따라서 종교성은 [그저 냉담한] 선택의 자유aequilibrium arbitrii (모든 도덕의 역병)가 아니며, 어떤 선택도 없이 단지 올바른 것을 위한 최고의 결의일 뿐이다"(Philosophische Untersuchungen über das Wesen der menschlichen Freiheit, 1809, SW I/7, 392). "우리는 자신 안에 하늘의 빛이 비쳐 들어오는 유일하게 열려진 지점을 갖고 있다. 그것은 우리의 마음이며, 혹은 더 올바르게 말하자면 우리의 양심이다. 우리는 이 양심 안에서 하나의 법칙과 하나의 규정을 발견하는데, 이 규정은 이 세계로부터 온 것일 수 없으며, 오히려 일상적으로는 이 세계와 투쟁 중에 있는 것이다. 그렇게 해서 양심은 우리에게 보다 드높은 세계의 담보물로 기여하며, 양심을 따라 사는 법을 배운 사람을 불사不死라는 위안 가득한 생각에로 고양시킨다"(Über den Zusammenhang der Natur mit der Geisterwelt, 1810, SW I/9, 17).

*12. 존 헨리 뉴먼*에 의하면, 양심은 가장 설득력 있게 신을 지시한다. 다음의 인용문은 "동의의 문법을 조력으로 한 수필"An Essay in Aid of a Grammer of Assent(1870)에서 발췌한 것이다:

"양심은 그러나 자기 자신 안에 머무르지 않고 희미한 방식으로 자기 자신의 저편에 있는 어떤 것에까지 다다르고, 불명료하게 자신의 결정들에 대한 동의를 인식한다. 그 동의는 양심 자신보다 더 높으며, 의무와 책임에 대한 저 예리한 감각 안에서 입증된 것이다. 그 감각이 그것들을 지탱하고 있다. 그런 이유로 우리는 양심을 하나의 음성으로 말하는데 익숙해져 있는 것이다 — 이 표현은 아름다움에 대한 감각에 그것을 적용하는 것이 결코 우리의 생각에 떠오르지 않을 그런 표현이다. 그 외에도 그것은 하나의 음성 혹은 음성의 반향이며, 위풍당당하고 강제적인데, 우리 경험의 전 영역 안에 있는 어떤 명령도 그와 같지 않다"(75). "우리가, 우리가 당하는 경우가 그러하듯이, 책임감을 느끼거나, 양심의 소리를 어겨서 부끄러움을 느끼고 경악한다면, 그것이 포함하는 바는, 우리가 책임을 져야하는 한 분이 여기에 있다는 것이다. 우리는 그분 앞에서 부끄러움을 느끼며, 우리에게 향해지는 그분의 요구들을 두려워한다. [...]이와 같은 감정의 움직임들의 원인들이 이 가시적인 세계에 속하지 않는다면, 양심의 지각이 향해 있는 대상은 초자연적이며 신적인 것이어야만 한다. 그렇게 해서 명령의 현상으로서의 양심의 현상은 정신에 최고수권자의 모습을 각인시키는데 적합한 것이다. 그분은 판관이며, 거룩하고, 정의롭고, 권세가 있으며, 모든 것을 통찰하고, 응보적인 분이다. 도덕적인 것에 대한 감각이 윤리의 원리이듯이, 양심은 종교의 창조적인 원리이다"(77).

*13. 클라우스 리젠후버*는, 존 헨리 뉴먼과 유사하게, 그러나 인간 상호간의 귀결들과 같은 몇 가지 본질적인 양상들을 중심으로 더 풍부하게, 양심을 그 종교적인 차원에서 묘사하고 있다: "당위의 요구에 처해 있음을 아는 인간은 특별히 과오를 범한 후에 자신이 환히 들여다보여지고 알려져 있다는 인상을 갖게 된다. 그는 마치도 매수할 수 없는 시선의 공간 안에 있음을 경험한다. 그는 그 시선으로부터 벗어나서 도망가거나 혹은 자신을 숨기고 싶어 한다. 그는 자기 자신을 인지하는 이 시선에 의해서야 비로소 자기 자신을 완전히 인식하게 된다. 죄인이기에 자신이 그 시선에 의해 단죄받은 자임을 알며, 혹은 그 부름을 긍정하기에 자신이 그 시선에 의해 인정받고 칭찬받은 자임을 안다. 알려져 있음과 요구받고 있음은 함께 당위Sollen의 인격적인 특성을 보여준다. 죄의 경험에는, 인간이 무제약적인 인격 앞에서 (종종 동료인간에 대한 과오를 통해서

중재되어) 죄를 지었음을 아는 것뿐만 아니라, 버려져 있음과 고독, 즉 대화의 단절과 같은 경험도 속하는 것처럼 보인다. 그렇게 해서 죄인은 종종 직접적인 죄의 인상 아래서, 한편으로는 폐쇄되어 있고 순수한 인간 상호간의 교제에 무능함을 느끼며, 다른 한편으로는 강하게 상호 인간적인 인정과 관계에 의존되어 있음을 느낀다. 그는 상호 인간적인 교제를 통해서, 자신이 보다 근본적인 교제로부터 벗어나 있다는 사실과 자신의 인격적 가치에 대한 보다 깊은 인정이 결여되어 있음을 감추거나 대체하고 싶어 하는 듯이 보인다. 역으로 윤리적 요구를 응당 실현하는 것은 기쁨과 내적인 안정성 안에서 표명된다. 사람들은 그때 자신이 결정적인 인격적 법정에 의해서 받아들여지고 인정되었음을 느끼기 때문이다"(Riesenhuber 1968, 65).

*14. 외르그 슈플렛*이 보여주는 바는, 인간을 무조건적으로 긍정하는 것은 무제약적인 신에 의한 인간의 긍정 안에서만 정초될 수 있다는 것이다:

"제약된 존재로 승인된 인간에 대한 무조건적인 '예'Ja는, 오직 그 긍정이 제약되어 있거나 혹은 변덕스러운 유한한 자아에 의해서 말해진 것이 아닌, 절대적인 인격적 현실이자 자유의 현실에 의해서 말해진 (무제약적인) 긍정에 근거함을 통해서만 책임질 수 있는 것이다. 그것이 의미하는 바는, 내가 어떤 인간에게 *그 사람의* 척도를 따라서가 아니라, *무조건* 책임 있게 '예'를 말할 수 있어야만 한다면, 나의 척도는 그 사람에 대한 신의 무제약적인 긍정이어야만 한다. 그러한 '예'로부터 그가 존재하며, 그 자신이 되어야만 하는 것이다. 한 인간에 대한 '예'는 무제약적인 것으로서, 그 사람에 대한 신의 '예'를 함께 말하는 것이다. 한 걸음 더 나가보자: 어째서 신의 이 긍정이 마지막으로 함께 말해지고 있는가? 만일 긍정이 마지막에 있어서는 긍정된 인간 때문에 발생한다면, 그것은 다시금 단지 그 사람의 척도에 따라서 정당화될 수 있게 될 것이고, 즉 제약되고 유한하게 될 것이다. 함께 긍정함das Mit-Ja이 무제약적으로 발생하는 것은, 오로지 신의 긍정이 긍정하는 신 *자신*에 대한 '예'속에서 함께 말해질 때이다. 이로써 우리는 많은 독자들이 보기에 역설적인 결과에 도달했다: 단지 다른 사람에 매료되어 있음을 표현하고자 영원한 사랑, 사랑의 성스러움과 신성함, 바로 신에 대한 사랑에 대해서 말하려 했던 자는, 심리적으로나 시적으로 정직하고 정당할 수도 있을지 모른다. 그러나 사유의 판단 앞에서 그리고 시대의 시금석 위에서 그러한 언사는 자기오해로 폭로된다. 그와 같이 폭로된 무제약성-주장은, 결합의 시초적인 마술이 퇴색하자마자, 인간에게 과도한 요구로 다가온다. 그러나 역으로: 신에 대한 '예'속에서 그분이 인간을 받아들이는 그 긍정에 '예'라고 말하는 것은 다른 이들의 인격적인 중심에 도달하는 것이며, 욕구나 기분 그리고 사랑의 종교도 그와 같은 중심에 도달하지는 못한다"(Splett 1978, 30 이하).

15. 가치론적 신 증명의 체계적 재구성

이하에서 나는 가치론적 신 증명을 체계적으로 제시할 것이며, 그 안에서 여기서 언급된 상이한 논증들을 다룰 뿐만 아니라 그보다 더 나아갈 것이다.

a. 동의의 근거로서의 절대적 선

1) 진리와 선성 - (자기)인식과 (자기)의욕, 절대적 선

인간은 자기확실성, 곧 자기연관을 가진 존재이다(아우구스티누스, 데카르트). 이 자기연관은 다른 이들과의 관련을 통해서 중재된다. 이것은 정신적 활동의, 즉 주체-객체-연관의 지향성이다. 자기연관은 이러한 대상에로의 정향 안에서 간접적으로 함께 주어져 있다. 자신의 자아를 대상화시키면서 그것과 주제적인 관계를 맺는 것도 이러한 구조로부터 귀결된다. 이때 자기연관은 간접적으로 자기객관화 안에 함께 주어져 있다.

지향성은 인식과 의욕이다. 자기수행은 항상 대상들에 대한 의욕을 거쳐 중재된 '자기 자신을 의욕함'Sichselbstwollen이기도 하다. 생생한 수행으로서의 (자기)인식이 일종의 (자기)의욕인 것처럼, (자기)의욕 또한 (자기)인식이다. 의욕은 단순히 활기찬 행위가 아니라, 인식함으로서 참이어야만 하는 전제들을 내포하고 있다. 의욕은 긍정해야만 하는 것, 그리고 선한 것과 관련을 맺는다. 그러나 인식하는 의욕으로서 그것은 실제로 그리고 진실로 선하며 긍정해야할 것과 관련을 맺는다.

그러나 선의 진리가 단지 수단의 진리일 뿐이어서, 미리 설정한 척도, 곧 목표설정이 진리능력이wahrheitsfähig 없는 것은 아닐까? 그러나 인식이 어떤 곳에서도 멈출 수 없듯이, 인식하는 의욕도 마찬가지이다. 목표의 사전척도 또한 적어도 선에 대한 진리능력이 있는 신념들로서 반성 시에 염두에 두어야만 한다. 그로써 유용성의 관계뿐만 아니라, 유용성의 척도로 간주되거나 혹은 주관 안에서 사실상 타당한 것으로 경험되는 것도 인식에 종속된다. 마지막으로 내가 그 척도에 동의할 수 있는 것은, 오직 그것이 좋은 것이라고 내가 확신할 때뿐이다. 그렇지 않을 경우, 자기존재는 더 이상 반성적이지 않게 될 것이다. 그것은 더 이상 정신적인 자각적 존재가 아니라 비합리적인 활동일 뿐이다. 확실히 그것은 자신과 모순될 것이다. 반성은 더 캐물을 수 없는 사실로서 이해될 수는 없다. 반성이 출발점으로 삼는 사실은, 그것이 자기 자신에게 명확해질 수 있고 스스로가 진리의 척도에 종속된다는 점에 있듯이, 그것은 자신의 동의에 대한 정당성의 근거를 요구하며, 이때 반성은 참으로 그리고 명백하게도 자기 자신으로부터 말미암은 선이외의 다른 어떤 척도도 전제할 수 없다.

그러나 이제 긍정과 자기긍정이 진리능력이 있고, 따라서 자동적으로 진행되는 어떤 메카니즘도 아니라면, 내 자신의 선성은 물론 개별적인 대상들의 선성에 대한 의심 또한 가능하다. 역으로 의심은 긍정함의 진리능력을 전제하면서 나로 하여금 그것과 부딪치게 한다. 따라서 (고대나 근대의) 회의주의는 절망에 이르기까지(키에르케고르) 정신에 특유한 가능성이며, 그 가능성에서 그것이 인식될 수 있게 된다. 그 가능성이 유발되는 것은 다음과 같은 사실을 통해서이다. 곧 인간은 (자기 자신과 다른 이에 대한) 자신의 동의의 마지막 정당화의 토대를 마음대로 수중에 넣을 수는 없으며, 고작해야 그 토대를 알아차릴 수 있을 뿐인데, 그것은 그 토대에 복속되기 위함이다.

물론, 선성과 모든 이의 동의를 받을만한 가치를 부정하는 것은 진리의 부정과 비슷한 아포리아Aporie에 빠지게 된다. 선의 부재에 봉착함은 어떤 중립적인 사실확인도 아니기 때문이다. 확실히 그 안에는 다음과 같은 인식이 놓여 있다: 여기에 결여되어 있는 것은 마땅히 현존*해야만 하는 것이었다*; 만일 그것이 결여되어 있지 *않다면, 좋을* 텐데. 이것은 어쨌든 하나의 동의를 함축하고 있다. 그 동의의 척도는 다시금 환상이 될 수는 없는 것이다. 선의 완전한 결여는 더 이상 인식될 수도, 진술될 수도 없을 것이다. 이것은 누구에게나 즉시 직관적으로 명백하다. 선의 결여나 상실을 경험하는 것은 고통스러운 일로서, 그것은 예컨대 치통과 같은 물리적인 고통이 아니라, 하나의 정신적 행위로부터 귀결되는, 즉 정당한 것이길 원하는 통찰로부터 결과되는 신체－영혼적인 고통이다. 그러나 그 통찰에 진리에로 정향된 동의가 속한다. 절망(키에르케고르는 이를 "죽음에 이르는 병"에서 강조했다)은 정신적 행위이다. 정신적 행위로서의 절망이 내포하고 있는 전제들은 스스로가 참이라고 주장하며 가치의 타당성에 의존하는 것들이다. 이러한 타당성이 어떤 관점에서도 바닥이 없는 것이라면, 도대체 어디에 문제가 놓여있는 것인가? 상실의 경험 안에는 어떤 상실도 없단 말인가? 그렇다면 절망 또한 환영일 것이다. 그렇다면 심지어 그것이 해결책이 될 수는 없을까? 더 이상 어떤 절망도 없다는 것! 그렇다면 그것은 확실히 좋은 것이 될 것이다. 하지만 여기서 "좋다"는 것은 무엇을 의미하는가? 따라서 동의는 피할 수 없는 것으로 남으며, 정신적인 행위로서의 동의는 참으로 선한 것에 정향되어 있다. [인간은] 정신적인 자기수행으로부터 벗어날 수 없듯이 동의로부터도 하차할 수 없는 것이다. 정신적 수행에 대해서는 위에서 제시되었다: 그것은 기본적으로 자기의욕이며, 그러한 것으로서 선과 그것의 진리에로의 다다름이다. 선성과 진리는 동일한 하나의 두 측면들이다. 승인되기를 요구하는 진리가 가치중립적일 수 없듯이, 선은 정당하게도 진리의 바닥에 서 있어야만 한다. 인식하는 자각적 존재의 수행은 하나의 의욕, 곧 자각적이 되려는 의욕이며, 진리에 머물러 있으려는 의욕이다. 그 진리는 동시에 의욕의 목표점이고 정당화된 참된 선이다. 선의 마지막 정당화가 선의 무제약적인 타당성을 정초하듯이, 마찬가지로 진리는 무제약적인 승인의 요구를 통해서 자신 안에 내포된 절대적 선성을 개시한다(1부 II, *2*, d 참조).

하지만 아직도 반론이 남아있다: 이제 이렇게 항상 주어져 있는, 참으로 선한 것에로의 다다름이 늘 동의를 내포하고 있다면, 그리고 더욱이 그 동의가 원칙상 자아에 의해서 정당화될 수 있는 것으로 간주된다면, 동의는 피할 수 없는 것처럼 보인다. 그러나 그것은 동의하는 행위의 자유에 역행하는 것은 아닌가? 결국 일종의 자동작용 Automatismus이 주도하고 있는 것인가? 그러나 그런 자동작용은 정신의 초월능력을 통해서 이미 오래 전에 추월되었다. 그래서 단지 하나의 가능성만이 남는다: 마지막으로 동의할 만한 가치가 있는 것은 무제약적으로 선한 것이다. 이것만이 자유를 파괴하지 않고 오히려 그것을 가능하게 한다. 그것은 한계가 없는 것으로서, 지향적 행위의 장벽을 제거한다. 그렇게 되면 나는 모든 개별적인 것을 의심할 수 있고, 나에게 가치가 있는 것으로 다가오는 모든 것에서 비난할만한 무엇인가를 발견할 수 있다. 그러나 나의 의심 일체를 가능하게 하는 것, 곧 마지막이자 무제약적인 진리와 선성은 당연하게도 의심할 수가 없다. 혹은 달리 말하자면: 비판은, 그것이 이론적이든 혹은 실천적이든, 하나의 척도를 전제한다. 유한한 척도는 나를 제약하고 고착시킬 것이다. 하지만 무한한 척도는 나를 모든 속박에서 풀어주며, 자유롭고 신중히 고려된 동의를 가능하게 해준다.

2) 선의 질서에 대한 생각과 절대적으로 선한 것

(플라톤을 통해 영감을 받고, 선험화용론Transzendentalpragmatik의 생각을 수용함: 아펠Apel 1976, II, 359-435; 회슬레Hösle 1994)

2a) 선의 질서

인식적으로 긍정적인 (자기)연관이 마지막으로는 무제약적인 척도를 목표로 삼는다면, 절대적인 이기주의자 자신이 그러한 척도로 천명될 수는 없을까? 그러나 이미 지향성의 구조가 그를 경고해야 마땅하다. 지향성의 구조가 확실히 의미하는 바는, 자기연관이 항상 타자를 통해서, 즉 대상영역을 통해서 중재되어 있다는 것이다(자신에 대한 명시적인 반성 역시 단지 우선은 간접적인 자아연관Ichbezug의 강조일 뿐이며, 이때 반성 자신이 심지어 이러한 간접성에 의해 특징지어져 있는 것이다. 위를 참조). 그러나 이기주의자는 다양하게 모순을 경험한다. 보기: 그는 승인을 구한다. 하지만 그가 이것을 발견할 수 있는 것은 자신이 승인을 베풀 때뿐이다. 즉 자기 자신을 철회해서 다른 이들을 마찬가지로 가치있게 만들 때뿐이다. 그러나 자신을 부분으로 경험하고 긍정함이 의미하는 것은, 다른 이들을 함께 긍정함이다. 자기긍정은 그와 함께 단지 다른 이들을 함께 긍정하는 것으로서만 가능하다. 이러한 함께 긍정함은 선의 중재맥락에로 이어지며, 이 맥락은 개별적인 긍정의 정당화와 함께 시작된다.

이미 진리에로의 정향은 원칙상 대화적이다. 진리는 객관성을 의미하기 때문인데, 모든 통찰력 있는 자들은 똑같은 정도로 객관성에 이르는 통로를 가지고 있다. 그렇기 때문에 나는 진리의 인식을 추구하면서 대화에 관심을 가지고 있어야만 한다. 다른 주체들이 나에게 아직 알려져 있지 않은 관점들을 첨가해 주기 때문이다. 내가 홀로 숙고를 한다고 하더라도, 나는 (내면화된) 대화를 하고 있는 것이다(플라톤: 사유는 "자기 자신과의 영혼의 대화"이다. Theaitetos 189 e). 그와 함께 나는 원칙상 다른 주체들도 승인한 것이다. 왜냐하면, 내가 누군가와 말을 할 때, 나는 그를 동시에 내 마음대로 처리할 수 있는 대상으로 간주하거나 다룰 수 없기 때문이다. 나는 오히려 그를 자유로운 존재로 존중해야만 한다. 그 역시 통찰의 능력이 있는 존재이기 때문이다. 이러한 존중심과 그 안에 내포된 동의는 인식 안에서의 자기긍정으로부터 귀결되는데, 이 자기긍정은 단지 대화적인 공共긍정으로서만 적합하게 설명된다.

함께 긍정함은 단지 상호 인격적으로만 이해될 수는 없다. 그것은 오히려 자연까지도 포함해야만 할 것이다. 이미 신체와 그것의 자연적인 맥락이 그 점을 시사하고 있다. 자신을 부분적 존재로 긍정함이 의미하는 것은 자신이 부분으로 있는 맥락을 긍정함이다. 이것은 자연, 곧 우주에 대해서도 타당하다. 바로 오늘날 사람들이 빠지게 되는 명백한 아포리아는, 사람들이 자연을 그저 가용적인 물질로 간주하고 그것에 어떤 독자적인 품위를 인정하지 않을 때이다(우주에 대한 경건한 신앙을 가졌던 고대에 있어서 자연의 독자적 품위를 인정하는 것은 당연한 일이었고, 이는 본래 창조신앙에 더 가까이 놓여 있어야 하는 것이었다). 그와 함께 생겨난 질서는 실재적이다. 그 질서가 인간의 본질에 속하기 때문이다. 그 질서는 또한 규범적이다. 사람들은 플라톤을 따라 그것을 관념적이라고 부를 수도 있을 것이다. 그러나 이 관념적인 것이 우리의 구체적인 현실의 내적 구조를 형성해야만 하기 때문에, 관념적인 것이 감각적으로 소여된 것 안에 내재적으로 현존한다는 아리스토텔레스의 관점이 덧붙여 취해져야 할 것이다. 여기서 관념적이고 규범적인 것을 강조하는 것이 중요한 소이는, 그것으로부터 행위를 하도록 하는, 그리고 현실을 긍정하도록 하는 요구가 출발하기 때문이다. 그 요구는 현실을 형성하고 변화시키는 것도 포함한다. 따라서 우리를 둘러싸고 있는 모든 사실적인 것을 인준하는 것이 관건이 될 수는 없다. 오히려 중요한 것은, 현실에 내재적인 공-존재Mit-Sein의 원칙을 우리의 공동의 행위 안에서 적합하게 관철시키는 것이다. 이것은 예컨대 교육을 포함하며, 상태들에 대한 비판과 그 개선을 포함하고, 또한 사실적인 위협들(병원체 등등)에 대한 대처를 포함한다. 다시 말해서, 현실의 규범적이고 관념적인 구조는 우리로 하여금 모든 영역들 안에서 문화를 요구하며, 아울러 오늘날 우리에게 항상 더 분명히 의식되는 것처럼, 그것은 자연에 대한 존중심 안에서이다.

2b) 선의 질서와 절대적으로 선한 것

이러한 질서는 그것이 생겨난 바와 같이 능가할 수 없는 마지막 선인가? 그 질서에는 여전히 전적인 무제약성이 결여되어 있다. 위에서 살펴 본 질서는 종속적인 것의 구조로 남으며, 그런 한에서 절대적이지 않기 때문이다. KGB를 참고하라: 유한적인 것 상호간의 이질적 관계는 결코 순수하게 자신을 통한 존재의 관계가 아니며, 그런 한에서 항상 상대적이며 종속적이다. 이것은 규범적인 의미에서의 구조에 대해서도, 즉 관념적인 질서에 대해서도 타당하다. 규범적-관념적인 유한성도 유한성으로 남으며 무한적인 것을 필요로 한다. 플라톤에 따르면 상호의존성 안에 있는 관념들은 스스로가 다시 한번 "선의 이데아"를 통한 마지막 정초를 필요로 한다. 이 선의 이데아는 사물의 "본질"과 "존재"(οὖσία)를 나타내는 관념들에 대하여 초월적인 것이다. 그것은 "존재(혹은 본질)의 저편에 있다(ἐπέκεινα τῆσ οὖσίας)"(Politeia 509 b). 그러나 관념들은 현실적인 것의 구조를 형성하기 때문에(왜냐하면 현실적인 것의 "진리" 혹은 "고유성"이 관념들 안에 놓여 있으므로), 저 최고의 이데아로써 현실의 마지막 깊이 또한 말해졌다. 아리스토텔레스는 이것을 "부동의 원동자"(모든 것을 선을 향하도록 끌어당기는 자)에 대한 자신의 가르침으로 표현했고, 성서적 전통은 신적인 창조주를 통해 표현했다. 이 창조주는 세계를 무의미한 사실brutum factum로 창조한 것이 아니라 의미 있는 실재로, 즉 자신에 의해 내적인 목적들과 규범들을 구비한 실재로 창조했다. 플라톤에 있어서도 포괄적인 질서는 오직 신적인 것을 함께 고려하는 가운데 온전히 사유되었다. "오 칼리클레스여, 현자들이 주장하길, 하늘과 땅, 신들과 인간들은 오직 공동체를 통해서만 존립하며, 우정과 예의, 그리고 사려와 정의를 통해서 존립한다네. 그렇기 때문에, 친구여, 그들은 세계를 전체로서 그리고 질서 지어진 것으로서 바라보지 혼동과 무절제한 것으로 보지 않는다네[...]; 그러나 자네는, 가장 중요한 것은 많이 소유하는 것이라고 믿고 있어"(Gorgias 507 e 이하). 우리가 우리 자신과 세계를 한갓 사실성으로 이해하지 않고 내적인 규범들을 구비한 것으로 이해한다면(이를 관념적-실재성Ideal-Realität이라 부를 수도 있을 것이다), KGB에 따라 볼 때 모든 현실적인 것이 그 안에서 정초되어 있는 저 절대적인 것은 또한 절대적 관념성 혹은 선성이어야만 한다. 이러한 절대적 관념성은 유한적인 것에 내재하는 질서의 관념들을 포함하여 그 모든 유한적인 것에 대해, 그것을 진실로 정초할 수 있기 위해서, 다시 한번 초월적이어야만 한다.

오직 절대적인 선성만이 상대적으로 선한 것을 그것의 선성 안에 정초할 수 있다. 그런데 절대적 선성은 또한 존재론적으로도 절대적이어야 한다. 만일 그것이 존재론적으로 상대적인 것이라면 종속적인 것이 될 테고, 그래서 선의 계속적인 중재맥락을 지시하게 될 것이다. 우리가 이미 본 것처럼, 종속적인 선에 대한 긍정이 그것이 종속되어 있는 맥락에로 미치게 되면(왜냐하면 종속적인 선은 그 맥락으로부터 그리고 그 안에 존재하면서 선한 것이기 때문에), 절대적이고 완전히 자신 안에 존립하는 선은 존재론적으로 더 이상 종속적인 것으로 생각될 수 없겠기 때문이다. 따라서 오직 존재론적으로 절대적인 것만이 선한 것으로서도 절대적이다. 여기서 알 수 있는 KGB와의 연관은 역으로 KGB의 마지막에 입증되었었다(1부 I, *12* 참조): 존재론적인 '자신으로부터의 존재'(KGB의 결과)는 마지막 '자기－자신－때문에'이다(능동인과 목적인의 통일성 안에서). 이로써 절대적인 것 안에서 존재와 선성이 일치한다. 이 양상들은, KGB와 AxGB가 서로를 지시하고 상호적으로 서로를 요구하듯이, 서로를 요구한다.

b. 양심의 근거로서의 절대적 선

1) 양심의 출처

무제약적으로 선한 것은 우리의 경험 안에서 양심의 요구로 현존한다. 전술한 곳에서 그것은 우리의 동의의 근거였다. 선의 무제약성은 양심 안에서 무제약적인 당위로, 즉 피할 수 없는 요구로 자신을 고지한다(칸트적으로 말하자면: 그것은 가언적으로가 아니라 정언적으로 명령한다). 나는 양심 안에서 부름을 받고 도전 받은 자신을 경험한다. 나는 이러한 요구를 거부할 수는 있으나 그것에서 본래 벗어날 수는 없다.

우리는 자신의 행위와 다른 이들의 행위, 혹은 그 행위의 근저에 놓여 있는 의도를 마지막 척도에 따라서 판단한다. 우리는 말한다: 이것은 좋거나 혹은 나쁘다. 더욱이 단순하게 다음과 같은 제약적인 덧붙임이 없이 그렇게 말한다: 나를 위해, 그를 위해, 자신의 이득을 위해, 유용함 때문에, 쾌락을 증가하기 위해. 우리의 행위와 우리가 우리 자신을 이러한 행위에로 규정하는 방식 속에서, 우리는 책임을 져야함을 알고 있다. (정직한 양심을 가진) 우리는 이러한 책임에 대한 모든 일반적인 부인을 변명으로 느낄 수밖에 없다.

내가 만일 이런 책임이 단지 나의 초자아Überich나 혹은 내면화된 사회의 요구에로 거슬러 올라간다고 말하려 했다면, 나는 그 요구의 무제약성을 폐지했을 것이다. 그러나 나는 이 요구를 자신이나 세계의 어떤 법정에로, 즉 스스로가 다시 한 번 종속적이고 그래서 그 배후를 캐물을 수 있는 크기에로 되돌릴 수가 없다(즉, 그래서는 안 된다). 여기서 요구되고 있는 것은 무제약적이며, 나는 이 무제약성에 부응해야만 한다. 우선 나는 이 무제약성에 행위로 상응해야만 한다. 하지만 두 번째 국면에서 나는 사유하면서도 그것에 상응해야만 하는데, 이것은 내가 그 요구의 무제약성이 보존되는 식으로 그 요구의 출처를 파악할 때이다. 내가 만일 그 요구를 온전히 유한적인 크기에로, 예컨대 내가 거리를 둘 수 있고 혹은 계속되는 맥락에로 편입시켜서 상대화시킬 수 있는 어떤 협약이나 구성물에로 되돌린다면, 무제약성은 사라질 수밖에 없다. 무제약성이 보존될 수 있는 것은 오로지 내가 그 요구를 마지막으로 무제약적인 선 안에 정초되도록 할 때뿐이다. 이 무제약적인 선은 존재론적으로 무제약적인 것이기도 해야 한다. 이 무제약자가 자유와 상반되지 않는다는 것은 이미 양심의 요구라는 현상이 입증한다. 왜냐하면 내가 *마땅히 해야만sollen* 할 수 있는 것은 오직 내가 강요받지 않았을 때뿐이기 때문이다. 오히려 나는 이러한 요구 안에서 나의 자유를 알고 있다 [Kant KpV A, 5 이하. 1부 I, *10*. d. 1) - 5) 참조].

2) 요구하고 비호하는 힘으로서의 무제약적인 선

무제약적인 요구를 경험함이 의미하는 바는 그것이 향해져 있는 주체를 승인하고 그 가치를 인정함이다. 인간은 자신이 의미되고 있고, 그것도 무제약적으로 의미되고 있음을 느낀다. 이점은 그에게 사회와 마주하여 그 누구도 수여할 수 없는 안정성을 준다. 우리는 소크라테스처럼 지배적인 의견에 맞섰던 사람들을 생각해볼 수 있다. 소크라테스는 이 안정성을 불사에 대한 희망으로도 표현하고 있다(예컨대, Apol 40 e - 41 d).

플라톤에게 있어서 자기 자신에 대한 동의는 오히려 별 문제가 없는 것으로 생각되고 있다. 그러나 그것은 어느 경우든 선에 대한 물음을 통해서 진리문제와 결합되어 있다. 이러한 결합은 근대와 특히 현대에서 동의 일체가 정당화될 수 있음을 의심하게 하는 가능성을 개시한다. 아마도 나라는 존재는 그토록 하찮아서 내 자신에게 그저 예라고 말할 수 없거나 동의할 수 없는 것은 아닐까? 그러나 바로 양심이 보여주는 바는, 무제약적인 요구 안에 나의 인격에 대한 확증도 놓여있다는 것이다. 내가 다른 인간을 진지하게 받아들이면서, 더욱이 마찬가지로 양심의 요구 하에 서 있는 (서 있도록 규정된) 그런 존재로 받아들이면서, 나는 그를 똑같이 원칙상 가치 있는 존재로 간주해야만 하는 것이다. 여기서 자신의 가치에 대한 경험은 다른 이들의 가치에 대한 경험과 교차된다.

c. 인간의 무제약적인 가치와 무제약자

양심은 나에게 도전적으로 다른 이들의 가치를 지시하면서, 자기 가치의 경험을 중재한다. 다른 이의 가치에 대한 경험은 어디에서나 일차적인 경험이기 때문에 논증은 또한 거기서부터 출발점을 취할 수 있다.

우선 현상을 보자: 인간의 무제약적인 가치는 이중으로 나타나는데, 한 번은 존중해야할 고유영역으로서 나타난다. 즉, 나는 사람을 단지 수단으로 만들어서 도구화시켜서는 안 된다. 나는 오히려 사람을 그 자신의 자기목적성 안에서 승인해야만 한다(칸트: "목적 자체로서"). 그와 함께 권리가 정초되었다(근본적인 권리는 인권이다). 그러나 타자는 또한 가치의 심연도 인식하게 해주는데, 이것은 그에게로 다가가서 관심을 갖고 그의 가치를 그 충만함에 있어서 인정하도록 초대한다. 이렇게 관심을 기울임이 곧 사랑인 것이다. 타자의 권리가 말하자면 그의 고유영역 앞에서 물러서게 만드는 반

면에, 사랑은 그의 귀중한 가치를 가능한 한 많이 펴내기 위해 그와 더 가까이 관계를 맺는데서 존립한다. 권리와 사랑은, 그때마다 특별하게 강조된 것인데(최소와 최대로서), 인간의 무제약적인 품위에 대한 승인의 방식들이다. 이제 다음과 같은 물음이 제기된다: 인간은 이렇게 자신의 품위를 결정하는 고유한 가치를 어디서부터 갖는가? 가능한 대답들은 이렇다:

(1) *가치는 동료인간들에 의해서 그에게 부여된 것이다.* 인간은 역시 실제로 사회적 승인을 통해서 자신의 가치를 얻는 것이 아닌가? 과연 인간이 자신의 가치를 의식하게 되는 것은 의심할 바 없이, 사회적 승인을 통해서 가치가 그에게 중재되고 있다는 사실을 통해서이다. 그러나 그의 가치가 오로지 이러한 중재의 행위를 통해서만 구성된 것이라면, 그는 자신의 가치를 동료인간들의 은총 덕에 갖는 셈이 된다. 그들은 원칙상 그 선물을 회수할 수도 있다. 이 점이 보여주는 바는 이렇다: 인간의 가치는 자신에 대한 사회적 승인에 선행해야만 한다. 인간에 대한 동의는 진리에 근거해야 한다. 오직 인간이 이미 가치 있는 존재이기 때문에, 인간에 대한 승인이 권리와 사랑 안에서 진실로 정초되어 있는 것이다.

(2) *인간은 사회를 통해서, 예컨대 상응하는 법률들을 통해서 가치를 획득했다.* 그러나 이 대답은 (1)번에로 환원된다. 여기서도 말하자면 제도들의 중재로, 즉 다른 사람들을 통해 가치가 수여되고 있는 셈이다. 그런데 종종 사회는, 더욱이 그 법률적 체제 안에서도, 인간의 가치를 인정하라는 경고를 경험해야만 한다. 국가나 사회에 대한 비판은 더 이상 존재할 수 없단 말인가? 인간의 가치는 따라서 협약적으로 정초되지 않는다.

(3) *인간은 아마도 자신의 의지결정을 통해서, 자신의 설정을 통해서, 즉 '나는 긍정 받고 싶다!고 선언함으로써 자신의 가치를 가진다.* 하지만 승인에 대한 인간의 사실적인 요구가 그의 가치를 정초할 수는 없다. 오직 이 가치 자체만이 자기편에서 그런 요구를 정초할 수 있는 것이다. 품위는 앞서 주어져 있으며, 인간 자신에게

도 그러하다. 인간은 더 이상 스스로의 품위를 믿지 못하는 상태에 빠질 수도 있다. 그렇다면 그에게 새롭게 그의 품위를 지시해야만 한다. 그는 그것을 새롭게 발견하도록 격려 받아야 한다. 그렇지 않다면 자신이 가치 있다거나 혹은 무가치하다는 그의 결의는 비판될 수가 없을 것이다. 그 밖에도: 아직도 혹은 더 이상 이러한 의지를 표명할 수 없는 사람들은 어떻게 되는 것인가? 여기서 분명해지는 것은, 나는 그들의 가치를 이미 전제해야만 하고, 더욱이 그 가치를 그들 자신의 승인의 행위에 선행하는 것으로서 전제해야만 한다.

그러므로 인간은 자신의 가치를 이미 실존과 함께 소유하고 있다고 이해되어야 한다. 그러나 이제 그의 실존은 종속적인 것이기에, 그 실존은 그것이 지닌 가치적 성격과 함께 정초를 필요로 한다. 인간의 사실적 실존의 근원은 마지막에 있어서는 그 실존이 지닌 가치의 근원이기도해야 한다. 그로써 이러한 근원 자체는 가치창조적인 근원으로 생각되어야만 한다. 그 근원은 물질적 과정 안에만 존립할 수는 없다. 그러한 근원은 그저 중립적인 사실성만을 산출할 것이기 때문이다. 인간의 근원은 실존과 가치를 정초하는 '예'로부터 이해되어야만 한다. 그렇다면 다른 사람의 가치에 대한 동의와 마찬가지로 자신의 가치에 대한 동의는 이렇게 정초하는 '예'를 함께 수행함이다.

d. 자신을 긍정된 자로서 긍정함 - 원초적 신뢰

양심 안에서의 자기가치의 경험과 동료인간을 통한 이 경험의 중재라는 맥락으로부터 심리학에 의해서 "원초적 신뢰"Urvertrauen라고 불려지고 있는 관점이 의미를 얻게 된다(심리학적으로는: 에릭슨Erikson, 62 이하; 철학적-신학적으로는: 큉Küng, 490 이하; 판넨베르그Pannenberg 1983, 217 이하). 인간이 말하자면 '자기신뢰'와 '삶과 현존재로의 신뢰'를 얻게 되는 것은, 다른 사람들이 자신에게 보여주는 관심을 경험하면서이다. 그들의 '예'를 거울로 해서 그는 자기 자신을 긍정할 수 있고 신뢰를 표현할 수 있다. 하지만 성숙이 깊어짐에 따라 그에게 분명해져야 하는 사실은, 자신의 (자기)신뢰를 보증해주는 다른 이들의 능력에 한계가 있다는 것이다. 만일 자기긍정이 여전히 종속적이고, 개별자가 자신의 고유가치와 삶에 대한 신뢰를 완전히 스스로 보장할 수 없다면, 자기긍정은 더 깊은 토대에 근거해야 한다. 그 토대는 이 세상의 어떤 힘에 의해서도 더 이상 대체되거나 파괴될 수 없는 그런 것이어야 한다. 이 더 깊은 차원이 그에 상응하는 정신적인 관점 안에서 도달되면, 이제 뒤돌아보면서 타인들을 항상 이 더 깊고 형이상학적인 '예'를 중재하는 대변자로 간주할 수 있게 된다. 오직 그러한 '예'만이 마지막 토대가 될 수 있다.

폴 틸리히는 말한다: "존재에로의 용기는 자신을 받아들여진 자로서 받아들이는 용기이다"(Tillich 1968, 163). 틸리히에게 있어서, 최후의 초월적인 '받아들여졌음'에 대한 물음은 무엇보다도 인간이 죄를 지은 경우에 분명히 나타난다. 인간 상호간의 용서는 정화와 새로운 시작을 위해서 더 이상 충분치 않다(그것은 아마도, 예컨대 다른 이들의 죽음을 통해서, 더 이상 가능하지도 않다). 여기서 인간에게 적용될 수 있는 것은, "자신이 수용될 자격이 없음에도 불구하고"(163) '받아들여졌음'을 신뢰하는 것이다. 그러나 이러한 수용은 오직 저 실존과 가치를 정초하는 법정으로부터만 기대되거나 희망될 수 있다. 이 무제약적인 법정과의 관계는 하나의 신뢰행위이며, 그 관계는 이러한 성격을 그것의 모든 음영들 안에서 유지하고 있다. 사실 항상 관건이 되는 것은 올바른 자기관계이긴 하지만, 만일 그 자기관계가 자유의 행위라면, 그때 이 행위는 다시 한 번 신뢰의 감행 속에서 나타난다.

쟝-뽈 싸르트르에 의하면 다음의 양자택일이 문제가 된다: 신 혹은 자유(그의 희곡인 "파리떼"에서). 다시 말해서, 인간이 스스로에게 최상의 존재일 경우에야 비로소 자유가 있을 수 있다. 지금까지 말해진 바에 따르면, 인간은 그를 넘어서는 무제약자가 존재하지 않을 경우에 자신의 자유를 잃는다는 것이었다. 어떤 경우에도 인간은 종속적이며, 그래서 그는 전적으로 무제약자가 아니다. 그런 무제약자가 도대체 없다면, 오직 상대적인 크기들, 종속적인 것들, 그리고 이 세계의 분규들만이 지배하게 된다. 무제약자만이 인간에게 모종의, 그러나 결정적인 우월성을 보증할 수 있으며 그와 함께 그의 자유를 보증할 수 있다. 오직 자신 안에서 완전히 무제약적인 것만이 상대적이고 유한적인 무제약성을 승인하고 정초할 수 있다. 이 무제약자와의 관계와 함께, 혹은 달리 말하자면: 자신의 내부에 있는 이 무제약자의 현존과 함께 인간의 자유가 존립하거나 영락한다(크링스Krings, 특히 161 이하 참조).

무제약자와의 이러한 관계가 기능적인 관계가 아니므로(이는 무제약자의 개념에 모순될 것이다), 그것은 오직 자기위탁의 관계만이 될 수 있다. 앞서 진행된 숙고들은 '마음대로 규정함'Verfügen에 대해서가 아니라 신뢰에 대해서 말하고 있다. 이 신뢰는 무제약자가 자신의 삶에 속함을 발견하게 해주며, 그래서 무제약자와 접속되어야 하는 바의 것이다. 왜냐하면 논증은 적어도 단초적으로 항상 이미 수행된 정신의 실천과 관련을 맺었기 때문인데, 이 실천은 실존적인 결단의 방향정위를 위해서 주석되어야 하는 것이었다(서론, *10*, c 참조). 오직 이 고유한 실천에로의 용기 속에서 그 실천의 근거 또한 지탱하는 근거로서 파악될 수 있다.

e. 양심의 구속과 신뢰 사이의 통일성

내가 "전체"와의 관련을 다만 맹목적인 사실성에로 '넘겨져 있음'Ausgeliefertsein으로 이해한다면, 나는 계속해서 여전히 그러한 사실성에 의해 도달할 수 없는 자유공간을 내게 보존할 능력이 있을 것이다. 나는 다음과 같이 말할 수도 있다(말할 수밖에 없다):

나를 둘러싸고 있는 힘들은 나를 으스러뜨릴 능력을 갖고 있기는 하다. 그러나 나는 그 점을 알고 있으며, 그 힘들과 거리를 둘 수가 있다. 따라서 나는 원칙적인 의미에서 우월한 자로 남는다. 가장 내적인 부분에서 나는 영향을 받지 않기 때문이다. 그러나 이러한 자기이해의 귀결은, 내가 내 자신의 침해할 수 없는 독립성의 근거를 순전히 내 자신으로부터 얻을 수밖에 없을 것이라는 점이다. 나는 내 자신을 마지막 자기정초의 근거로 이해할 수밖에 없게 된다. 그러나 이것은 (우리가 상이한 방식으로 살펴본 것처럼) 가능하지 않다. 나는 절대자가 아니라 유한적인 존재이기 때문이다. 이러한 통찰과 함께 다시금 내 자신의 (영웅적인) 독자성에 대한 의구심이 생겨나며, 남김없이 '넘겨져 있음'에 대한 느낌이 새롭게 생겨난다. 그래서 고유한 자유의 소유와 상실에 대한 느낌 속에서 끊임없는 동요가 생겨날 수밖에 없다. 나의 자유를 의식 안에서 지속적으로 보존하는 것은 내가 그 자립성을 종속성과 함께 생각할 수 있을 때에만 가능하며, 더욱이 종속성이 자립성을 침해하는 것이 아니라 오히려 그것을 정초하며 보증한다는 식으로 생각할 때뿐이다. 그러한 종속성은 양심 안에서 나타난다. 양심을 거쳐서 그리고 그 안에서 나는 나의 자유가 구속되어 있으면서 동시에 보존되어 있음을 안다. 그리고 이러한 (내 자유와 인격성의) '보존에 대한 앎'에 의지하는 것이 무제약적인 신뢰이다.

역으로 나는 저 힘만을 완전히 신뢰할 수 있다. 나는 그 힘에 의해서 마지막으로 구속되어 있음을 안다. 그 힘만이 나를 에워싸며 보호할 수 있다. 그 힘이 나를 가장 내적인 부분 안에서 구속하지 않는다면, 나는 그것과 거리를 둘 수 있을 것이다. 나는 그 힘을 상대화시키고 분류할 수 있을 것이며, 아니 그렇게 밖에 할 수 없을 것이고, 그로써 그것을 내 자신을 지탱하는 마지막 힘으로 승인할 수 없게 될 것이다. 내가 그 힘과 관계를 맺는 것은 오직 내가 그것으로부터 거리를 둘 수도 벗어날 수도 없고, 그러한 것을 원치도 않을 때뿐이다. 나는 내가 그렇게 해서는 안 된다는 것을 알기 때문이다. 이 힘보다 더 적은 어떤 힘을 나는 결코 폭넓게 신뢰할 수 없다. 나는 내 자신을 잃게 되리라는 불안을 가져야 함이 없이도 오직 그 힘을 향해서만 철저하게 자신을 "내맡길"verlassen 수 있다 (이 말의 이중적 의미에서[7]). 왜냐하면 나는 자신을 포기하거나 어떤 소외상태에 빠짐이 없이 (거리를 둘 수 있는 가능성 내지는 필연성의 잔여가 없이) 그 힘에 복속하기 때문이다. 오직 그렇게 해서 나는 온전한 내 자신의 신뢰에 상응하는 충만한 안전을 경험할 수 있다. 종교사적으로 '신뢰'와 '구속되어 있음'이라는 경험의 이 통일성은 구약 안에서 나타난다: 마땅히 유보 없는 신뢰를 받아야만 하는 신은 무제약적인 계명들의 신이기도 하다. 보호의 신, 그리고 이집트로부터의 해방을 가져다 준 신은 시나이에서 율법을 부여한 신이기도 하다.

최후의 힘으로서의 선에 의거하는 것은 다른 신 증명들과의 연결을 만들어낸다. 선이 단지 우리의 소망이나 구성물이 아니라면, 그것은 선한-*존재*Gut-*Sein*이며, 그것도 상대적인 존재가 아니라 절대적인 존재이다. KGB에서의 ueS는 따라서 진실로 선한 것의 필연적 조건이다. 다시 말해서, 선이 어떤 방식으로든 제약된 것이라는 함축(결론)을 지니고 있다면, 그것은 무제약적으로 선한 것으로서의 선이 내포하는 전제를 파괴할 것이다. KGB가 AxGB를 지시하고 그 안에서 자신의 실현을 발견한 것처럼(왜냐하면 무제약자는 자유와 더불어 존립할 수 있고, 그런 한에서 오직 자유를 구속하는 것으로서 생각될 수 있기 때문에), AxGB 또한 KGB를 지시한다. 그 이유는, 무제약적으로 선한 것이 또한 무제약적인 존재가 아니라면, 그것은 단지 상대적인 것, 그리고 그와 함께 단지 상대적으로 선한 것만이 될 수 있겠기 때문이다.

---

7) 독일어 동사 "verlassen"은 "버리다"라는 뜻이며, 여기서 파생된 "신뢰하다"의 의미도 갖는다.

V. 목적론과 의미문제

고적전인 신 증명들에는 목적론적인 신 증명der teleologische Gottesbeweis(TelGB)도 속한다. 아주 일반적으로 말해서 이 증명이 의미하는 바는 이렇다. 우리는 세계 안에서 합목적적인 구조들과 마주치게 되는데, 이것은 마지막에 있어서는 초세계적인 정신적 원인이 없이는 이해될 수 없는 것이며, 우리는 그 원인을 오직 신이라고 생각할 수 있다. 토마스의 다섯 길들 안에서 이 증명은 다섯 번째이자 마지막 것이다. 마찬가지로 나는 이 증명을 마지막에 제시한다. 그 이유는 이 증명이 그것에 강하게 각인된 자연철학적 성격으로 인해서 오늘날 우리에게 더 이상 쉽게 접근되기 어려울뿐더러, 종종 추월된 것으로, 그리고 전승된 세계상에 고착된 것으로 간주되기 때문이다. 그러나 내 생각으로는, 이 증명의 핵심적 내용을 오늘날에도 설득력 있는 방식으로 제시될 수 있는데, 물론 순전히 자연철학적인 관점에서는 아니다. 오늘날에도 수용할 수 있는 이 증명의 형태를 조망해 볼 때, "목적"이라는 주제를 인간의 자기목적성이란 맥락 안에서 다루는 것은 불가피하다. 그것은 곧 인간학과 특별히 의미문제를 함께 고려해야 함을 의미한다. 그렇게 해서 생겨나는 목적연관의 확립은 이 증명을 그것의 영역존재론적인regionalontologisch 의미 이상으로 들어 높이고, 이 증명을 존재 일체와 결합시킨다. 이러한 관점에서 TelGB는 심지어 신 증명들의 요약적인 형태로 간주될 수 있다. 물론 이때 요구되는 바는, 다른 신 증명들이 이미 인지되었고, 그 결과 우리가 그것들을 되돌아 볼 수 있다는 점이다.

1. 고전적인 목적론적 신 증명

a. 그 역사의 체류지들

1) *신화적 사유*는 전적으로 목적론적이다. 세계와 그것의 질서는

신들의 행위를 통해서 생겨나며, 세계 내의 모든 사건들은 그와 같은 신들의 행위에 의해서, 그리고 신들과 인간들 사이의 행위맥락에 의해서 관통되어 있다. 이러한 관점에 반대한 것은 우선 그리스 안에서 생겨난 소크라테스 이전의 철학인데, 이 철학은 세계를 물질로부터 설명하고 있다. 이와 관련해서 가장 극단적으로 반목적론적인 것은 데모크리토스의 원자론이다. 아낙사고라스는 물질적인 세계 안으로 정신, 곧 누스를 형성자로 도입하고 있기는 하다. 그럼에도 이러한 사상은 그에게 있어서 체계를 이루지는 못하고 있으며, 그래서 소크라테스와 플라톤의 비판을 받게 된다.

2) 무엇보다도 아낙사고라스라는 인격에 의해 대변된 이 견해에 대하여 *소크라테스*는 윤리적 함축을 지닌 "너 자신을 알라!"는 말을 대비시킨다. *플라톤*의 "파이돈"(97 이하)에서 소크라테스는 어떻게 해서 근거들에 대한 추구가 그로 하여금 아낙사고라스의 저서들에 이르게 했는지를, 그리고 어떻게 자신이 그의 대답들을 부적당한 것으로 느끼게 되었는지를 보도하고 있다. 소크라테스는 말하기를, 아낙사고라스의 대답들은 마치 누군가가 어째서 소크라테스가 감옥에 남기를 고집하면서 탈주하지 않는가라는 물음에 대해서 그의 근육과 다리가 이러 저러한 자세를 취하고 있기 때문이라고 대답하는 것과 같다는 것이다. 왜라는 물음은 본래 목적, 곧 선에 대한 물음이다. 그것은 상위의 물음으로서, 사실적인 조건들에 대한 물음과 혼동되지 말아야 하는 물음이다. 전체의 우주도 그러한 관점 안에서 바라보아야 한다. 인간이 하나의 부분으로서 속해 있는 우주 역시 전체에 있어서는 합목적적인 구성물로 간주되어야 하며, 목적들을 설정하는 신적인 정신 안에서만 정초될 수 있다. 그렇기 때문에 파이돈의 독자들에게는 소크라테스의 죽음에 헌납된 이 대화편 안에서의 우주론은 우선은 놀랍기만 한 것이다(Phaidon 108-113). 이러한 목적론적인 우주론은 "티마이오스"에서 더 상세히 개진되고 있는데, 거기서 세계는 신적인 창조 안에서 정초되고 있다. "필레보

스" 또한 조회될 수가 있다(28 c - 31 b). 그리고 "법률"에 따르면 질서 지어진 국가에 대한 사상은 신들에 의해 질서 지어진 세계를 전제함이 없이는 가능하지 않다(Nomoi X). 플라톤에 따르면, 객관적인(관념적인) 규범들이라는 의미에서의 선에 대한 물음에 답하는 것은 계속되는 물음을 요구하게 되는데, 그것은 바로 그 안에서 선이 실재로 가능하며 이행할 수 있는 과제가 되는 바로서의 우주에 대해서 이 관념적인 것이 수행하는 기능에 대한 물음이다. 크세노폰은 "소크라테스에 관한 회상"에서 전하기를, 소크라테스는 우주를 신들에 의해 창조된 목적물로 간주했다는 것이다. "그는 (소크라테스는) 이렇게 말하기 시작했다. 유티데모스여, 나에게 말해보게나. 과연 어떤 배려를 가지고 신들은 인간들이 필요로 하는 모든 것들을 마련해 주었는지에 대해 자네는 언젠가 한번이라도 숙고해 본 적이 있는가? 유티데모스는 대답했다. 맹세코 그래 본 적이 없습니다. 소크라테스는 계속 말했다. 그럼에도 자네는 우리가 무엇보다도 빛을 필요로 하며, 신들이 그것을 우리에게 제공한다는 것을 확실히 알고 있을 거야. [3-12 안에서 성좌들, 계절들, 불, 식물과 동물들에 대한 언급들이 뒤따른다] 만일 자네가 신들을 볼 수 있는 형상으로 대할 수 있기를 기다리지 않고, 그들의 작품들을 바라보면서 그것에 입각해서 신들을 숭배하고 존경한다면, 내가 확실히 진리를 말하고 있다는 것을 알게 될 거야"(Memorabilien IV, 3, 3 과 13).

3) *아리스토텔레스*는 아낙사고라스를 칭찬하고 있다. 왜냐하면 그가 "이성(nous)"을 "우주와 질서의 원인"으로 설명함으로써 "오류를 범하는 자들과는 달리 분별 있는 자로 여겨졌기"(Met. 984 b) 때문이다. 그럼에도 비판이 뒤따르는데, 그가 다른 원인들을 가지고 해결하지 못할 경우에 이성을 단지 "당혹스럽게" 끌어다대고 있다는 것이다(985 a). 아리스토텔레스에 따르면 누스는 체계를 형성하는 힘이어야 하며, 그로써 목적론이 되어야 한다. 여기서 그는 완전히 자신의 스승인 플라톤을 따르고 있다. 섹스투스 엠피리쿠스(adv.

Dogm. III, 20 이하)는 아리스토텔레스에 대하여 (아마도 그의 실종된 저서인 "철학에 관하여"와 연관지어서) 다음과 같이 전하고 있다: "아리스토텔레스는 사람들에게서 발견되는 신에 대한 신앙을 두 가지 뿌리들로부터 연역하고 있는데, 영혼 안의 경과들로부터와 천체에서부터이다. 영혼의 경과들은 수면 중에 있는 것들과, 영혼의 신에 대한 열광과 예언적 은사라는 것이다[...]. 그로부터 따라서 사람들에게 신적인 것의 실존이 떠올랐으며, 만일 영혼이 자신을 위해서 존재하며 최고의 지혜로 채워져 있을 경우에, 이 신적인 것은 영혼과 비교될 수 있다고 아리스토텔레스는 말한다. 그러나 천체의 운행들도 이 점을 보여준다. 사람들이 어떻게 대낮에 태양이 선회하는지를 바라보았을 때, 그리고 밤에 또 다른 별들의 움직임 안에서 놀라운 질서를 관찰했을 때, 그들은 하나의 신 안에서 이러한 운동의 근원을 구했기 때문이다. 따라서 아리스토텔레스 역시 그렇게 가르치고 있다"(이 두 가지의 출발점들이 천체와 영혼에 관계되는 한, 실천이성비판의 "맺는 말"에 나오는 칸트의 유명한 말과의 유사성이 눈에 띈다). 키케로는 (아마도 마찬가지로 "철학에 관하여"로부터) 아리스토텔레스에 대하여 다음의 비유를 전해주고 있다: 만일 지하에서 살고 있는 사람들이 지상으로 나와서 땅과 바다, 태양, 그것들의 아름다움과 작용을 관찰했다고 하자. "만일 그들이 이것을 보았다면, 이들은 신적인 존재가 실존하며, 이 놀라운 작품들은 신적인 존재의 창조물들이라는 것을 진실로 믿게 될 것이다. 아리스토텔레스는 따라서 그 점을 말하고 있다"(de nat. deor. II, 95 이하). "천체에 관하여"에서 아리스토텔레스는 다음과 같이 간결하게 쓰고 있다: "신과 자연은 목적 없이는 아무 것도 만들지 않는다"(271 a). 플라톤이 티마이오스에서 이데아들을 질료 안으로 보내 우주를 형성시키기 위해서 데미우르고스를 필요로 하는 반면에, 아리스토텔레스는 자연이 항상 이미 관념적으로 규정되어 있다는 데서 출발한다. 즉 이데아들은 이미 항상 사물들 안에 있다는 것이다. 네 가지 원인들, 곧 형상인, 질료인, 작용인, 그리고 목적인(Met. I,

3, 983 a/b)은 '왜'라는 물음의 네 유형들에 대한 대답이다(Phys. 198 a). 형상, 곧 에이도스는 목적 또한 가리키며, 이해를 근거짓는다. 이에 대해 슈패만은 다음과 같이 말한다: "목적인은 원인들에 대한 아리스토텔레스의 가르침 안에서 수위성을 갖는다. 목적인 홀로 '왜'라는 물음을 이해의 의미에서 만족스럽게 해결할 수 있다" (슈패만Spaemann 1981, 71). 이 때 원인의 유형들은 결코 서로를 배제하는 것이 아니라, 서로에게 보완적으로 부속되어 있다. 그렇게 자연의 경과들은 이 네 가지 원인들 모두를 통해서 구성되어 있다. 이러한 관점은 오늘날의 토론을 위해서 중요한 것이다. 아리스토텔레스에 따르면, 텔로스Telos는 작용인을 대체하는 것이 아니라, 단지 발원과정 내에서의 한 차원일 뿐이다. 예컨대, 한스 드리쉬Hans Driesch의 생기론Vitalismus의 오류는 목적인을 작용인의 대체물로 만들려는 것이었다.

변화와 운동은 하나의 목적을 향해 있다. "물리학"(Phys. 201 a 10 이하)에서는 "운동"은 "엔텔레케이아"entelécheia로서 정의되고 있다. 이로써 운동은 텔로스로부터 이해될 수 있다. 모든 일체의 생성은 목적을 향해 있다(Met. 1050 a). "숙명", 즉 섭리 혹은 우연은, 이와는 반대로 단지 "우연을 통한"per accidens(Phys. 197 a) 원인일 뿐이다. 그것은 "비규정적"이다(같은 곳.). "로고스"가 늘 관계를 맺는 것은 항상 혹은 대부분의 경우에 있어서 발생하는 그 어떤 것이다(같은 곳.). "우발성"Autómaton(도출되지 않은 자연발생적인 것)과 "숙명"은 누스와 자연 아래에 질서 지어져 있다(198 a). 엠페도클레스의 비목적론적인 관점, 예컨대 날씨나 동물의 이빨들 또한 우연의 산물들이라는 견해에 대해 아리스토텔레스는 네 개의 반론을 제기하고 있다: (1) 자연의 경과들이 갖는 규칙성은 설명될 수 없게 된다. 그는 이때 "모든 자연적인 사건들"(예컨대, 날씨나 생물학적인 것도)을 관련시키고 있다(198 b 이하). (2) 자연 안에서의 목적정향성은 행위와 상응한다고 간주되어야 하며, 여기서 중요한 것은 목적들이다(199 a). (3) 사람들은 "오류들"에 대해서 말하는데(199 a/b), 이것은 오직 하나의 목적규정으로부터만 설명될 수 있다. 그리고 (4) 목적을 지닌 과정들은 항상 의식과 함께 발생할 필요는 없다. “노련한 수공업자도 항상 숙고할 필요는 없다.” 자연의 목적활동성은 따라서 목적의식과 함께 귀결될 필요는 없는 것이다(199 b). 총체적 자연과 관련해서 보자면, 그 자연은 물리학의 저서들에 따르자면, 마치 그 안에 있는 모든 사건들이 결과적으로는 합목적적인 것으로 파악될 수 있게 되듯이, 그렇게 스스로가 다시 한 번 목적활동적인 것으로 이해될 수는 없다. 이러한 제약은 물론 “천체에 관하여”와 “철학에 대하여”로부터 인용한 구절들과 일종의 긴장에 놓여 있다(그것에 대해서는 Wagner, 476 이하 참조). 그러나 물질적으로 규정된 자연의 외부에 존재하는 최고의 목적으로서의 신은 순수한 정신적 “부동의 동자”(Met. 1072 b)로서 작용을 일으킨다. 그는 마치 “사랑받는 자”(같은 곳.)처럼 최고의 매력점으로서 그리고 최고의 마지막 원인으로서 움직이게 한다. 자연 내의 모든 존재는 자신의 고유한 가능성에 상응해서 이 최고의 목적에 참여한다(de anima 415 a/b; Platon, Symposion 208 a/b 참조). 아리스토텔레스가 이로써 분명히 하는 것은, 객관적인 선성은 (이것은 재차 하나의 관심에로 환원될 수 없는 것인데, 그 관심이란 오직 스스로가 다시금 하나의 선성에 의해 살아가는 것이다) 오직 최고의 비종속적인 ‘자기자신때문에’를 염두에 둘 때만 가능하다는 것이다(슈패만Spaemann 1981, 73 참조). 학문은 이 최고이자 마지막 목적을 인식한다(Met. 982 b). 인간은 관조Theoria를 통해서 그것을 인식할 능력을 가진다(NE X, 7과 8): 부동의 동자의 완전한 생명은 “사유의 사유”nóesis noéseos라는 자기연관적이고 자기목적적인 행위 안에서 완성되어 있다. 그것은 우리 인간들에게는 단지 단초적으로만 가능하다(Met. 1072 b).

4) *스토아주의자*들과 그들의 내재주의적인 관점에서는 (신과 자연은 동일시되고 있다) 총체적 목적론 역시 자연과 함께 주어져 있

다. 그렇기에 자연은 아리스토텔레스에게 있어서보다 훨씬 더 직접적으로 그 자체에 있어 합목적적인 형성물로 간주되고 있다. 키케로에 따르면 제논은 다음과 같이 가르쳤다: "그러나 이제 확실히 모든 사물들 중에서 어떤 것도 세계(mundus)보다 더 낫고, 더 우수하며, 더 아름다운 것은 없다. 더 나은 어떤 것이 존재하지 않을 뿐만 아니라, 더 나은 어떤 것을 생각해 볼 수조차 없다. 이성과 지혜보다 더 나은 것이 존재하지 않는다면, 이 양자는 우리가 최고의 것이라고 인정하는 것 속에 필연적으로 포함되어 있어야만 한다[...]. 만일 그렇지 않다면, 땅이 특정한 시기에는 꽃으로 만발하고 다시금 추위로 응고될 수 있을까? 혹은 만일 그렇지 않다면, 우리는 하지와 동지 때에 태양의 더 높고 더 깊은 궤도를 확인할 수 있을까? 그 많은 사물들은 그들의 본성에 적합하게 지속적인 변화 속에서 발견되지 않는가. 혹은 만일 그렇지 않다면, 달이 뜨고 질 때의 조수간만이 움직임 속에 빠질 수 있을까? 혹은 혹성들은 어떠한가. 전체의 천체가 자체적으로 오직 유일한 선회만을 그리고 있지만 혹성들은 그럼에도 서로 간에 상이한 궤도를 보유하고 있지 않은가? 이러한 경과들은, 만일 그것들이 바로 유일하며 신적인 그리고 중단 없이 활동적인 정신을 통해서 움직이게 된 것이 아니라면, 세계의 모든 부분들의 그와 같은 조화 속에서 당연하게 발생할 수는 없을 것이다[...]. 이로부터 도출되는 결론은, 우주는 신이라는 것이다(esse mundum deum)"(de nat. deor. II, 18 이하, 21).

키케로로부터 이러한 관점에 부합하지 않는 말이 유래하는데, 세계는 그것의 질서에 있어서 우연으로부터 설명될 수 있다거나, 마찬가지로 에니우스의 연대기die Annalen des Ennius는 땅바닥에 쏟아진 글자들로부터 우연히 생성될 수 있었다는 것이다(de nat. deor. II, 93). "크리시포스는 여하튼 다음과 같은 적절한 비유를 전하고 있다: 외피가 보호를 위한 것이고 칼집이 칼을 위해 존재하듯이, 우주를 제외하고는 여타의 모든 것들 또한 다른 것을 위해 창조된 것이다. 즉, 땅이 소출하는 것과 열매들은 동물들을 위해 창조되었고, 동물들은 인간을 위해 창조되었다. 마치 말이 달리기를 위해서, 소가 경작을 위해서, 그리고 개가 사냥이나 감시를 위해 있는 것처럼; 그러나 인간 자신은 우주를 관조하고 모방하기 위해서 태어났다"(de nat. deor. II, 37). 이러한 관점이 어떻게 상세한 변신론의 체계들로 이르게 되는지는 나중을 참고하기 바란다. 에피쿠로스주의자들은 스토아주의자들과 그들의 우주적 목적론에 반대하여 데모크리토스의 비목적론적인 관점과 결합되고 있다(예컨대, 루크레티우스).

5) *성서*에서는 세계의 아름다움과 질서로부터 창조주에로 추론하는 것이 예컨대 지혜서 안에서 발견된다(지혜서 13, 1-9). 이 본문은 이미 KGB의 역사와 연관해서 인용되었다. 바울로 사도는 아테네에서 스토아와 에피쿠로스 철학자들과 노론했다(사도행전 17, 18). 그는 철학적으로 지혜서의 생각들을 수용하고 있다. 그것은 로마서 1장 19절 이하에 잘 드러난다: "사람들이 하느님께 관해서 알만한 것은 하느님께서 밝히 보여 주셨기 때문에 너무나도 명백합니다. 하느님께서는 세상을 창조하신 때부터 창조물을 통하여 당신의 영원하신 능력과 신성과 같은 보이지 않는 특성을 나타내 보이셔서 인간이 보고 깨달을 수 있게 하셨습니다. 그러니 사람들이 무슨 핑계를 대겠습니까? 인간은 하느님을 알면서도 하느님으로 받들어 섬기거나 그분께 감사하지 않았습니다."

6) 이 목적론적 논증은 *교회교부들*에 의해 빈번히 수용되고 있다. 몇 개의 보기들만 언급하겠다. *미누치우스 펠릭스*(200년 경)는 "옥타비우스"Octavius에서 이렇게 적고 있다: "이 모든 정교한 세계 건축물이 신적인 계획에 따라 완성된 것이 아니라 무계획적으로 서로 맞붙어 있는 어떤 조각들로부터 둥근 덩어리로 만들어졌다고 믿는 사람들은 나에게는 감성도 없고 오성도 없는 자들로 보여 진다. 그들은 머리에 눈조차도 가지지 않은 자들처럼 보인다"(17, 3). 이어서 성운들과 계절들, 식물과 동물, 마지막으로 인간도 언급되고

있다(17과 18): "이 모든 것들은 그들의 창조와 구성 그리고 질서를 위해서 최고의 건축가와 완전한 이성을 전제한다; 만일 최고의 기교와 이성이 없다면, 그들은 느껴질 수도, 인식될 수도 그리고 파악될 수도 없을 것이다"(17, 6).

락탄티우스(300년 경)는 "신적인 교시들로부터의 발췌록"(1장)에서 이렇게 적고 있다: "어느 누구도 신적인 섭리의 현존을 의심하지 않는다; 이 물음에 대해서는 에피쿠로스학파를 제외하고는 거의 모든 철학자들에게서 *하나의* 음성과 *하나의* 확신만이 지배적인데, 바로 세계는 신의 창조력이 없이는 생겨날 수가 없었으며, 신의 주재가 없이는 계속 존속할 수가 없다는 것이다[...]. 모든 것이 놀라운 아름다움과 장관을 이루고 있고, 모든 것이 인간과 여타의 피조물들의 이익과 편의를 위해 가장 적합하게 조화를 이루고 있는데, 누가 하늘과 땅의 이와 같은 질서와 설치를 바라보고 섭리를 의심할 수 있겠는가? 따라서 이성을 지니고 존속하는 것은 이성이 없이 시작되었을 수는 없다."

니사의 그레고리우스(4세기)는 "대 교리서"(서론)에서 이렇게 말한다: "이교도와 담화할 때에는 그에게 우선 첫째로, 신적인 존재를 믿는지 아니면 무신론자들의 가르침에 찬동하는지를 묻는 것이 좋을 것이다. 그가 이제 신적인 존재의 실존을 부인한다면, 그는 지혜롭고 정교한 세계질서를 토대로 해서 그 안에서 자신을 계시하고 우주 위에 군림하는 힘이 있음을 받아들이도록 설득될 것이다."

아우구스티누스(Sermo 141, 2)는 이렇게 말한다: "세상에 물어보라, 하늘의 아름다움, 별들의 빛남과 질서, 낮의 태양과 달, 밤의 서리를 가진 세상에게. 땅에게 물어보라, 나무들과 식물들을 풍요롭게 하는, 온갖 종류의 동물들이 서식하며, 인간을 위해 장식되고 마련된 땅에게, 자기 안에서 태어난 존재들의 충만을 가진 대양에게. 모든 것들에게 물어보고 나서 보라, 저마다의 것이 자신의 감관 안에서 자신의 종류에 따라 너에게 대답하고 있지 않은지를: 신이 우리를 만드셨다. 드높이 숙고한 철인들이 이것을 물었고, 그들은 세계

라는 예술작품으로부터 신적인 예술가를 인식했다."

7) 위의 언사와 비교해 볼 때, "다섯째 길" 안에서의 *토마스*의 언어는 오히려 진지하다: "다섯째 길은 사물들의 통치에서 취해진다. (a) 사실 우리는 인식을 갖지 못하는 사물들, 즉 자연적 물체들이 목적 때문에 작용하는 것을 본다. 이런 것은 자연물들이 가장 좋은 것을 얻기 위해 항상 혹은 자주 같은 모양으로 작용하는데서 나타난다. 그리고 그것은 결코 우연에서가 아니라 어떤 의도에서부터 목적에 도달하는 것이 명백하다. (b) 그런데 인식을 갖지 않는 것들은 인식하며 깨닫는 어떤 존재에 의해 지휘되지 않으면 목적을 지향할 수가 없다. 이것은 마치 화살이 궁수에 의해 지휘되는 것과 같다. (c) 그러므로 모든 자연적 사물을 목적에로 길서지어 주는 어떤 지성적 존재가 있다. 이런 존재를 우리는 신이라 부른다"(Sth I, q 2 a 3 resp). 따라서 해명이 필요한 것은, 의식을 갖지 않은 사물들이 목적을 향해서 작용한다는 사실이다. 규칙성과 동형성은 이러한 작용에 대한 암시이다. 이때 토마스는 명백히 생명과정들만이 아니라 아주 일반적으로 자연의 경과들을 염두에 두고 있다. 근세의 사람들은 관찰된 규칙성을 자연법칙적으로 설명할 것이다. 그렇다면 여기서는 당연하게도 "대체적으로"가 아니라 오직 "항상"만이 존재하게 될 것이다. 그러나 토마스에게 있어서는, 우연을 불규칙성에 대한 간접증거로 간주하는 아리스토텔레스에게 있어서처럼, 규칙성, 더욱이 우세한 빈발성이라는 의미에서의 규칙성은 목적정향성에 대한 암시이다. "이교도를 논박하는 대전"(Scg I, 42)에서 우연성은 다음과 같은 근거로 배제되고 있다: "왜냐하면 그것[규칙성]은 항상 혹은 대체적으로 그러하기 때문이다." 같은 책(I, 13)에서 증명은 요한네스 다마스케누스(700년 경)의 저서를 토대로 삼아(아노Arnou 58 이하 참조) 자연경과들의 규칙성을 통한 동일한 정초로 개진되고 있다. 이러한 관점 안에서는 따라서 발원Verursachung 하나만으로는 여전히 규칙성에 대한 보증이 되지 못한다. 왜냐하면

우연도 역시 원인일수 있기 때문이다. 토마스와 아리스토텔레스에 의하면 규칙성은 바로 정초를 필요로 한다(슈패만Spaemann 1981, 86 이하). 물론 토마스와 아리스토텔레스 사이에는 현저한 차이가 있다. 후자에게 있어서는 목적정향적인 자연의 과정들은 필연적으로 어떤 의식에 의해서 주도되는 것이 아니며, 그렇기에 더 높은 의식 안에서의 어떤 토대도 필요하지가 않다. 토마스에 따르면 자연의 과정들은 그러한 토대가 없이는 생각될 수가 없으며, 이 토대는 창조신을 통해서만 주어진 것이다. 이 창조신이 저 경과들을 주도하는 것은 마치 궁수가 화살을 지휘하는 것과 같다. 목적설정은 따라서 세계를 초월하여 자리 잡게 된다. 토마스는 여전히 충실한 아리스토텔레스주의자이기에 세계 안에서의 목적들의 내재를 유지하고 있기는 하다. 다만 그가 덧붙이는 것은, 목적들은 초월적인 창조주에 의해서 설정되고 발원된 것이어야 한다는 점이다.

8) *근세 안에서 목적론에 대한 비판과 갱신*: 창조주를 통한 자연목적들의 정초는 그럼에도 불구하고 자연에서 목적을 비워버리는 결과를 낳았다. 이것은 유명론 안에서 발생했다. 유명론은 사물들 안에서 작용하는 형상들을 내재적인 목적들로서 인식하는 것이 더 이상 가능하지 않다고 간주했다. 사람들은 신이 세계를 작용인들을 거쳐서 당신의 목적들에로 향하게 한다는 관점에 만족했으며, 그래서 세계 안에서는 오직 그러한 원인들만이 만나질 수 있다는 주장을 지지했다. 이러한 관점은 새로운 자연과학적 사유와 일치하는 것이었는데, 이러한 사유는 자연의 숨겨진 의미를 해독하고 기술적으로 자연을 제어하기 위해서 작용인만을 과학적으로 중요하게 간주했다. 프란치스 베이컨(1561~1626)이 "마지막 원인"(causa finalis)에 대해 내린 다음과 같은 유죄판결은 유명한 것이 되었다: "마지막 원인은 신에게 봉헌된 처녀와 같아서 아무 것도 분만하지 못한다(tanquam virgo Deo consecrata, nihil parit)"(de augmentis scientiarum III, 5). 자연의 목적론은 스콜라 철학 안에서 여전히 가르쳐지기는 했다. 그러

나 그것은 자연법칙들과 경쟁하게 되었고, 단지 무지의 피난처 asylum ignorantiae로서 기능하게 되는 위험에 처하게 되었다. 즉 그것은 어떤 자연법칙적인 해명도 가능하지 않을 경우의 보조설명으로서 기능하게 된 것이다. 그리하여 수아레쯔(1548~1617)는 진공 안에서의 물의 상승을 어떤 특별한, 자세히 규정되지 않은 목적인으로부터 "설명하고" 있다(Disp. Metaph. XXXIII, s. 10, nr 10). 이러한 설명방식은 목적론을 불신하게 만들었다. *데카르트*는 방법론적으로 목적론을 완전히 도외시하고 있다. *홉스*나 *스피노자*의 형이상학에 있어서도 목적론은 자기보존의 경향을 위해서 배제되고 있다. 슈패만은 목적론의 "전도顚倒"에 대해서 말하고 있다(슈패만Spaemann 1981, 105 이하). 그 의미는, 도달해야 할 목적을 향한 존재자의 자기초월은 존재자 자신에게로 "뇌돌려서서", 그 존재자에게서는 단지 현재의 상태를 보존하려는 경향만이 확인될 수 있다는 것이다. 그러나 *라이프니쯔*는 고전적인 목적론과의 연결을 시도하고 있다. 그는 목적론을 자연법칙적인 관점과 화해시키려 애쓰고 있다. 사물들의 외적인 양상에 따르면, 자연법칙성은 그것의 수학화와 함께 타당해야만 한다. 그러나 세계는 내적인 양상도 지니고 있으며, 그것은 "단자들"을 통해서 주어져 있다. 단자들은 원자적이며 반성적인 중심들이다. 세계는 단자들로 구성되며, 그것들 안에서 전체의 우주가 그때그때 특정한 관점 안에서 반영되고 있다. "원초적 단자"로서의 신은 단자들을 "예정된 조화" 안에서 지탱하고 있으며, 이 조화는 동시에 법칙적인 외부적 관점을 보증하는 것이다. 이리하여 라이프니쯔의 계승 안에서 목적론은 다시금 영예를 차지하게 되었다. 목적론의 갱신은 "이신론"Deismus과 결합되었는데, 예컨대 *크리스티안 볼프*(1679~1754)와 그의 학파가 그 보기이다. 신은 인과역학적으로 기능하는, 그러나 전체로서는 완전히 계획되고 (마치 시계처럼) 합목적적으로 형성된 세계의 창조주로서 간주되었다.

헤르만 사무엘 라이마루스(1694~1768)는 위의 생각을 고수하고 있다. "자연 종교의 가장 고상한 진리들"이라는 그의 저서는 창조주

인 신에 대해 원대하게 설계된 가르침을 제시하고 있다. 목적론의 논증이 여기서 중심을 이루고 있다: 세계 내의 수많은 합목적성들로부터 필연적으로 지성적인 창조주를 추론할 수 있다는 것이다. 그것에 대한 하나의 증명이 동물의 왕국에서 볼 수 있는 수많은 "재능들"인데, "그 안에서 오성과 통찰, 예술, 지혜, 의도가 그토록 많이 계시되고 있으며, 이것들은 생동적이거나 생기가 없는 자연의 모든 능력을 뛰어넘고 있으며, 무한히 지혜로운 한 장인Werkmeister 이외의 그 누구에게도 귀속될 수 없는 것이다"(Reimarus, Kap V 끝부분). 그러나 창조는 특별히 인간에게 향해져 있으며, 인간은 자신에 대한 창조의 합목적성을 인식할 수 있다: "인간은 세계의 일반적인 설계, 자연의 힘들과 그 규칙들, 지상과 그것의 편리성들을 신적인 의도에 따라서 자신에게도 특히 유익이 되어야 하는 사물들로 간주하게 된다: 영원한 섭리는 인간을 향해서도 고안된 것이며, 그 섭리는 살아있는 것들을 위한 이 장엄한 건축물 안에서 인간의 실존과 생명 또한 복리에 이르도록 규정했기 때문이다"(VIII § 9). 세계와 자연의 합목적성은 특별히 라이프니쯔와 연결되는 변신론 부분(IX)에서 변호되고 있다. *데이비드 흄*은 자신의 마지막 작품인 "자연 종교에 관한 대화들"(1779)에서 세계 안에서 목적에 모순 되는 수많은 현상들이 있음을 지적하면서, 라이마루스가 지지한 것처럼 신적인 창조주를 지시하는 목적론을 극단적으로 의문시하고 있다(2-8장).

9) *칸트*는 자신의 "판단력 비판"에서 라이마루스를 목적론적인 논증의 실행 때문에 칭찬하고 있다(KUK B 471). 칸트는 이 논증을 항상 커다란 존중심을 가지고 바라보았다. 그럼에도 그는 같은 책에서 이 논증이 증명으로는 충분하지 않음을 강조했다. 칸트에 따르면 우선 목적론적인 구조들은 오성의 범주들을 통해서 인식될 수가 없는 것들이다. 오성의 범주들은 우리에게 단지 역학적인 맥락만을 개시하기 때문이다. 그런데 자연목적들은 "상호적으로 원인과 작용으로서 관계하며"(B 289) "조직된 것이자 스스로를 조직하는

존재로서"(B 292) 서로 관계한다. 우리에게는 "불가해한" 이 성질은 "우리가 알고 있는 어떤 인과율과도 유비적인 것을 가지고 있지 않다"(B 293 이하). 왜냐하면 예술작품 역시 이러한 구조에는 완전히 들어맞지 않는 하나의 유비일 뿐이기 때문이다(B 294). 아리스토텔레스 역시 예술작품을 자연목적론에 대한 사유적 근사치로서만 간주했다: "선박건조술이 목재 안에 놓여진다면, 그것은 자연이 제작품이 되는 것과 유사하게 될 것이다[...]. 의사가 자신의 치유술을 자기 자신에게 적용할 때 이점이 가장 분명해진다: 자연 역시 그와 비슷하게 나아간다"(Phys. 199 b). 그러나 비록 사람들이 자연 안에서의 목적론적인 구조들로부터 출발한다고 하더라도, 칸트에 따르면 그것들로부터 어떤 신적인 세계창립자도 입증될 수가 없다. 그 근거는, 자연 안에서 마주칠 수 있는 목적들은 "경험적으로 규정된" 것이며, "전적으로 선한 것을 포함할 수 없다"(KUK B 408)는 데에 있다. 즉, 최종목적은 자연으로부터 끌어내어지지 않는다. 그것은 자연의 관찰을 넘어서기 때문이다. 물론 우리는 "선한 의지"를 통해서 규정된 "자유"안에서 최종목적을 갖는다(B 411). "도덕적 법칙들은 어떤 것을 목적으로서 무조건, 따라서 최종목적이라는 개념이 요구하는 바와 똑같이, 이성에게 대하여 지정해준다고 하는 독특한 성질을 가지고 있다"(B 423). 이 "최종목적"은 단지 도덕적으로 요구된 과제로 이해될 수 있다. 그것의 내용은 이렇다: "자유를 통해서 가능한, 이 세계 안에서의 최고선" (같은 곳.). 이 선은 "우리의 힘이 자라는 한" 장려되어야 할 것이다. 그것은 말하자면 "행복인데, 그러나 이것은 행복해질만한 자격이 있음을 의미하는 것으로서의, 인간과 도덕법칙과의 일치라고 하는 객관적 조건하에 성립하는 행복이다"(B 424). 그러나 이것을 보장하는 것은 우리의 가능성들을 넘어선다. 하지만 이와 같은 목적에로의 정향이 무의미하게 되어서는 안 된다면, 그것은 도달 가능한 것이어야만 한다. 그러나 이것은 오직 신만이 보장할 수 있다. "결국 우리는 도덕법칙에 적합한 최종목적을 설정하기 위해서 하나의 도덕적인 세계원인(세계창립자)을 받아들여야만 한다. 최종목적이 필연적인 한, 그만큼(다시 말하면 동일한 정도로, 그리고 동일한 근거에서) 도덕적 세계원인도 필연적으로 상정되어야 한다. 즉 신이 존재한다는 것도 필연적으로 상정되는 것이다"(B 424). 실천이성비판에서 이성의 요청들을 제시한 것과 마찬가지로 칸트는 판단력비판에서도 신의 존재가 이러한 방식으로 "단지 우리의 이성의 실천적 사용에 대해서만 충분히 입증되고 있을 뿐"(B 434)임을 강조한다. 그럼에도 칸트는 신을 부정하는 것 그리고 그와 함께 최종목적이 도달불가능하다는 견해, 곧 최종목적의 "무성"Nichtigkeit에 대한 견해는 그것을 추구하라는 도덕적 요구를 허용되어서는 안 될 만큼 "약화"시킨다는 점을 지적하면서, 도덕과 신앙 사이의 끈을 매우 밀착시키고 있다(B 428; 비슷하게 KpV A 205).

10) *피히테*에게는 이러한 도덕적 과제가 본래적인 "인간의 규정"Die Bestimmung des Menschen(1800년의 그의 저서)이다. "이것은 이성이 우리에게 설정하는 지상적 삶의 목적이며, 이성은 오류 없이 그것에 도달하는 것을 보증한다"(Fichte 1800, 117). 과연 이것은 "모든 실재에 대한 의식이 연결되는 지점"(90)이기도 하다. 그러나 세계는 자신의 고유한 목적론 안에서 간주되는 것이 아니라, 인간과 인간에 의해 실현되어야 할 목적을 염두에 두면서 생각되고 있다. "나의 세계는 내 의무들의 대상이자 영역이지, 절대로 다른 어떤 것이 아니다"(100). "영원한 의지", 그것은 곧 절대적인 요구로서 인간과 만나며, 인간을 능가하면서도 또한 인간을 지탱하는 인간의 고유한 근거인데, 이것이 유일하게 허용되는 신 개념이다. 피히테는 요한복음 10장 28절을 암시하면서 이렇게 말한다. "우리의 모든 삶은 그의 삶이다. 우리는 그의 손 안에 존재하며 그의 손 안에 머물러 있다. 어느 누구도 우리를 그로부터 잡아챌 수가 없다"(144).

11) *셸링*에게는 피히테의 단초가 여전히 일면적이다. 그 이유는

그것이 자아 단독으로부터 출발하기 때문이다. 그것은 자연철학을 통해서 보완되어야 하는데, 절대적인 것은 자연 안에서도 똑같이 제시되기 때문이다. 이때 셸링은 칸트의 판단력비판으로부터 지속적으로 영감을 받고 있다. 셸링은 이미 1795년의 저서에서 "거의 규명할 수 없는 것처럼 여겨지는" 그 책의 "깊이"를 칭찬하고 있다(SW I/1, 232). 그는 1797년의 저서인 "자연철학에 이르는 이념들"에서 이렇게 적고 있다: "우리가 마침내 자연을 하나의 전체로 통합할 경우에, *기계론*과 *합목적성*이 서로 마주서게 된다. 기계론은 원인과 작용의 하강하는 계열을 의미하며, 합목적성은 기계론으로부터 독립된 것으로서 원인과 작용의 동시성을 의미한다. 우리가 이 양 극단들까지도 통합함으로써 우리 안에서 *전체적인 것의* 합목적성에 대한 이념이 생겨나게 된다. 자연은 자기 자신 안으로 되돌아오는 원주Kreislinie가 된다. 그것은 자기 자신 안에 종결된 체계이다. 원인들과 작용들의 계열은 완전히 멈추게 되고, *수단*과 *목적* 상호 간의 연결이 생겨난다; 개별자는 전체가 없이, 전체는 개별자가 없이 *현실적으로* 될 수 없었다"(SW I/2, 54). "철학은 절대적인 것에 대한 학문이다. 그러나 절대적인 것이 자신의 영원한 행위 안에서 필연적으로 두 개의 측면들, 곧 실재적인 것과 관념적인 것을 하나로 파악하듯이, 철학은 [...] 필연적으로 자신을 두 개의 측면에 따라 나누어야만 한다"(같은 책, 66). 이로써 피히테의 범례에 따라 정신철학에 마주서는, 독자적인 자연철학이 구상되었다. 정신에 의해 자연을 정초함이 의미하는 바는, 자연을 유기체로 간주해야 한다는 것이며, 혹은 자연을 "세계영혼"(이것은 1798년의 저서의 제목이며, 그 책으로 인해 괴테는 셸링을 예나로 불러들였다)으로 간주해야 한다는 것이다. 절대적인 것이 자연 안에서 자신을 설정하는 양식은 "자기-자신을-긍정함"이다. "이 영원하고 무한한 '자기-자신을-의욕함'의 복사물이 세계인 것이다"(SW I/2, 362). 상반되는 경향들은, 가령 "중력"과 "빛"을 통해서처럼,[8] "계사"Copula 안에서 연결되며, 이 경향들로부터 세계가 구축되는데, 그것은 곧 물질이라는 낮은 단계로부터 생명을 거쳐 인간에 이르기까지의 세계이다. "절대적인 계사, 곧 저 양자의 통일성이자 중심점은 오직 일자 안에서만 발견될 수 있으며, 단지 이 지점으로부터만, 반복된 전개 속에서, 새롭게 무한한 세계로 확장될 수 있다. 저 일자는 인간이다. 인간 안에서 그 결속은 결합된 것을 완전히 돌파하여 자신의 영원한 자유 안으로 귀향한다"(같은 책. 375). 여기서 자연철학은 그 지점에 도달하였고, 셸링이 그의 저서인 "선험적 관념론의 체계"(1800)에서 수행한 것처럼, 그 지점으로부터 선험철학이, 똑같이 근원적으로 그리고 자연철학의 전제가 없이, 자아로부터 출발하면서 발전될 수 있는 것이다.

12) 셸링의 체계가 전체에 있어서 목적론적인 것처럼 *헤겔*의 체계 또한 그러하다. "정신현상학"에서 헤겔이 보여주는 바는, 의식의 모든 국면들에서 우리가 움직이는 것은 자기연관 내에서라는 점이다. 이러한 자기연관은 우리로 하여금 우리의 의식이 시도하는 상이한 대상화들을 넘어서도록 만들며, 자신을 의식 안에 있는 절대적인 것의 현존으로서 입증한다(슈미트Schmidt 1997 a 참조). 이 현존은 우리의 사유가 가지는 가장 추상적인 질서개념들Ordnungsbegriffe과 그 개념들 간의 상호관계에 대해서 규정적인 것이며, 이점을 보여주는 것이 "논리학"의 시도이다(슈미트Schmidt 1977; 2000 a 참조). 여타의 질서개념들(존재, 본질, 근거, 실체 등등)이 그 안으로 중재되는 바로서의 근본적인 질서개념은 "이념"Idee이다. 이 개념의 특징은 다시금 자기연관이다. 이 개념은 우선은 "생명"의 개념 안에 주어져 있고, 그 다음에 (자기-인식 그리고 자기-의욕 안에서) "참"과 "선"이라는 개념에로 세분화되며, 그것들의 통일성인 "절대적 이념"에 도달하게 되는데, 이것이 절대적인 것에 대한 논리적 표현이다. 이때 중요한 사실은, 이러한 개념들이 주관적인 의미를 가질 뿐

---

8) 여기서 중력과 빛이 자연의 상반된 경향들이라 함은, 하나(중력)는 내부를 향하며 다른 하나(빛)는 외부를 향하고 있다는 의미에서이다.

만 아니라, 그것들 안에서 현실 자체가 (현실의 즉자Ansich가) 제시된다는 점이다(이것은 칸트의 이원론의 극복이다). 정신의 영역, 곧 주관적으로 개별적인 정신과 객관적으로 사회적인 정신(다시 말해서 법률적이고 역사적인)의 영역은 물론, 자연의 영역 또한 이러한 범주들을 가지고 파악되고 규명될 수 있는 것이다. 이 범주들의 최고의 척도는 "절대적인 이념"이다. 자연과 관련해서는, 기계론이 단지 하나의 피상적 관점일 수 있음은 너무도 명백하다. 기계론은 범주로서 충분하지 않기 때문이다. 보다 심오한 범주들은 목적과 생명의 범주들이며, 따라서 이 범주들이 자연 안에서 통용되어야 하는 것이다. 다시 말해서 자기연관은, 그것에 의해서 나는 자연을 관조하는데, 자연 안에서 또한 현상해야 하는 것이다. "절대적 이념"은 그러나 단지 주관적인 척도일 뿐 아니라 자연의 객관적 근거이기도 하다. 즉, 미리 주어진 객관적인 것의 영역으로서의 자연은 절대적인 것이 현상하고 자기를 계시하는 하나의 방식이다(Enz § 574 참조). "자연은 *그 자체에 있어서an sich* 살아 있는 전체이다; 자연의 국면들을 통한 운동은 더 자세히는 이런 것이다. 이념은 자신을 *즉자적으로an sich* 존재하는 것으로서 *설정한다.* 혹은 똑같은 말이지만, 이념은 자신의 직접성과 피상성으로부터, 그 피상성이란 곧 *죽음*인데, *자신 안으로 in sich* 돌아온다. 이것은, 이념이 우선은 *살아 있는 것*이 되기 위해서, 그러나 그 다음으로는 자신이 단지 생명일 뿐이라는 이 규정성을 지양하고 자신을 정신의 실존으로 드러내 보이기 위해서이다. 이 정신은 진리이며, 자연의 궁극목적이고, 이념의 진정한 현실이다"(Enz § 251).

13) *괴테*는 칸트와 더불어 볼프 학파의 목적론들에 대하여 비판적인 입장을 견지했지만, 셸링과 헤겔의 자연관에 대해서는 개방적인 입장을 보여 주었다. 괴테는 자신의 고유한 입장을 이렇게 적고 있다: "비판적인 이성은 신의 존재에 대한 목적론적인 증명을 제거했다; 우리는 그것을 감수한다. 하지만 증명으로서 타당하지 않은

것이 우리에게는 느낌으로서 타당해야 한다. 그래서 우리는 천둥-신학Brontotheologie으로부터 눈－신학Niphotheologie에 이르기까지 그렇게 경건한 모든 노력들을 다시금 가까이 불러들인다. 번개나 천둥, 그리고 폭풍 속에서 엄청난 힘의 근접을, 만발한 꽃의 향기와 온화한 공기의 산들거림 속에서 사랑스럽게 다가오는 존재를 우리가 느껴서는 안 된다는 말인가?"(Maximen und Reflexionen 9; HA 12, 365 이하).

14) *쇼펜하우어*에 따르면 세계의 본래적인 "즉자"An sich는 주관적인 표상과의 관계에서 객관적인 것을 의미하는 의지이다("Die Welt als Wille und Vorstellung"). 이로써 얼핏 보면 그의 체계가 극단적으로 목적론적인 것처럼 여겨진다. 물론 의지는 맹목적이며, 순수한 자기보존을 지향한다. 그렇기에 슈패만은 쇼펜하우어에게서 (이미 홉스나 스피노자에게서처럼) "전도된 자기보존의 목적론"을 발견한다(슈패만Spaemann 1981, 193). 게다가 자기와 연관된 의지는 통일적인 것이 아니라 다양하고 적대적이며, 그래서 우리의 육체적이고 정신적인 삶의 고통 내지는 수난과 함께 갈등들을 야기한다. 쇼펜하우어의 해결책은 금욕적으로 의지를 부정하는 것이다.

15) *니이체*는 "자기보존"을 통한 목적론의 해체에 반대한다. "무엇보다도 무엇인가 살아있는 것은 자신의 힘을 *방출하고* 싶어 한다 — 삶 자체는 권력에로의 의지이다 —: 자기보존은 단지 그것의 간접적이고 가장 빈번한 결과들 중의 하나일 뿐이다, — 잠시, 여기서 그리고 도처에서, 과다한 *목적론적인* 원리들을 조심하라! — 마치 자기보존충동이 그러한 원리인 것처럼(스피노자의 비일관성을 생각할 것)"(Jenseits von Gut und Böse, 13번). 물리학의 개념들 역시 해석들이다: "이제 아마도 대 여섯 명의 머리 속에 물리학 역시 단지 하나의 세계－해석이자 세계－정돈이지(우리에 따른! 실례를 무릅쓰고 말하자면), 세계해명은 *아니라*는 사실이 어렴풋이 떠오를 것

이다"(같은 책, 14번). 그러나 또 다른 점에서는 쇼펜하우어가 옳다: "우리가 그러한 그리스도교적 해석을 쫓아내고 그것의 '의미'를 화폐위조처럼 단죄하는 한, 즉시 끔찍한 방식으로 쇼펜하우어적인 물음이 우리에게 다가온다: *도대체 실존은 어떤 의미를 지니는가?*"(Die fröhliche Wissenschaft, 357번). 쇼펜하우어처럼 니이체는 이 물음을 부정한다. 현실은 극단적으로 비목적론적이다. 니이체의 해결은 초인에 대한 가르침이다. 초인은 초월이 없는 무의미하고 목적도 없는 세계에 하나의 의미를 내어 놓는데, 그것은 말하자면 무의미한 것을 긍정하는 행위 안에서이다.

b. 목적론적 신 증명의 신빙성을 되찾음

1) 비목적론적인 사유는 유지될 수 있는가?

근대 자연과학들의 동향 안에서 자연과 현실에 대한 목적론적인 관점은 점점 더 포기되기에 이르렀다. 다윈은 자신의 체계에서 목적론적인 설명들을 단호히 배제했다. 그 역시 "적응", "쓸모 있음" 혹은 "유용성"에 대해 말하고 있으며 그로써 목적론적인 개념들을 사용하고 있기는 하다. 그러나 이러한 언사는 "비본래적인" 것이다. 왜냐하면 그것은 회고하는 가운데서만 의미를 갖기 때문이다. 즉 그러한 언사는 단지 결과와 관련될 뿐인데, 그 결과란 자연의 사건 안에서 "잔존한" 것을 의미한다. 자연 안에는 이것 혹은 저것이 보존된 채 남아 있고, 반면에 다른 것들은 사라져 버렸다. 보존된 채 남아 있는 것은 성공적인 것이자 생존능력이 있는 것이라 칭해지지만, 그럼에도 그것의 근저에 목적정향성이 부여되지는 않는다. 그 밖의 자연과학들에서처럼 생물학에서도 오직 인과분석적이고 결정론적으로 정향된 사유와 탐구만이 결정적인 권위를 갖는다. 한스 드리쉬Hans Driesch(1867~1941)의 소위 "생기론"Vitalismus은 생물체 안에 있는 인과원인으로서의 "엔텔레케이아"Entelechie로부터 출발했지만 에피소드로 머물렀을 뿐이다. 생물학자에게 목적론적인 언어는 거의 피할 수 없는 것이기는 하다. 그러나 그것은 그에게 잠정적이고 "비본래적인" 것이다. 존 할대인John Haldane에게서 다음의 말이 유래한다: "목적론은 생물학자에게는 하나의 소실과도 같다. 그는 그 소실이 없이는 살아갈 수가 없다. 그러나 그는 그녀와 함께 있는 것이 공공장소에서 발각되는 것을 원치 않는다"(슈패만Spaemann 1981, 218에서 인용). 오늘날의 생물학자에게는 이 딜렘마의 해결이 1958년 콜린 피텐드리그C. S. Pittendrigh에 의해서 각인된 "텔레오노미"Teleonomie라는 개념이다(이 개념에 대해서는 Ritter HWPh를 참조할 것). 이 개념은 외견상 목적론적인 구조를 갖지만 온전히 그리고 남김없이 (비록 사실적으로는 아니라고 하더라도 원칙상) 인과분석적이고 기계론적인 경과들로 번역될 수 있는 그러한 구조를 가리킨다.

하지만 극단적으로 비목적론적인 사유 역시 문제점을 지니고 있다. 이러한 사유와 함께 작용인의 개념이 도대체 여전히 유지될 수 있는 것인가? 역사적으로 보았을 때, 목적인이 우선 배척되고 나자 작용인도 의심받기에 이르렀다. 이러한 결과는 전적으로 이해할 만한 것이다. 왜냐하면 작용의 개념은 어떤 독자성을 전제하지 않고서는 생각될 수 없기 때문이다. 그 독자성으로부터 작용이 발생하며, 그것은 자기존재를, 그리고 그와 함께 일종의 자기연관을 함축한다. 무엇인가가 작용해야만 한다면, 그것은 비록 단지 잠재하는 것이라 하더라도 자신에게 어떤 관계를 취할 수 있어야만 한다. 만일 이점이 부인된다면, 혹은 고유작용을 매번 다른 것에로 환원시키고 결국 예측할 수 없는 것에로 이동시킴으로써 아예 고유작용을 사라지게 만든다면, 그때에는 어떤 고유한 작용도 갖지 않는 세계가 면전에 있게 될 것이다. 만일 세계가 개별적인 것 안에서 작용하지 않는다면, 어떻게 세계가 전체에 있어서 작용할 수 있어야한단 말인가? 만일 후자가 견지되어야만 한다면, 개별적인 사건에 모종의 고유작용성Eigenwirksamkeit이 승인되어야만 한다. 이것은 더욱이 '하나의 표현방식'facon de parler이란 의미에서만은 아니다. 우리가 도대체 사물들 저마다의 고유존재를 단지 주관적인 구성으로 간주하지 않는다면 말이다. 그것은 곧 납득할 수 없는 생각이기에 그렇다. 그러나 만일 사물들이 등장할 때 자신들의 고유존재 또한 소유하고 있다면, 그것들은 자신으로부터 고유한 작용을 전개시킬 수 있어야만 한다. 이것은 우리가 사물들과 함께 처해 있는 행위연관을 통해서 지속적으로 경험하는 바와 같다. 자연법칙적인 묘사는 이러한 작용을 사라지게 하는 것이 아니라, 그것을 전제하고 있다.

그럼에도 고유작용은 사변적인 문제를 제기한다. 왜냐하면 그것은 외적인 발원의 한갓 전달로 이해될 수는 없고, 오직 (모종의) 자기존재로부터 유래할 뿐이라고 생각될 수 있기 때문이다. 작용하는 것은 "스스로"selbst 작용한다. 그렇다면 그것이 의미하는 바는 이렇다: 그것은 어떤 방식 속에서 자기 자신보다 앞서 있고 자기 자신을 선취한다. 그것이 자신에게 머물러 있는 것은, 그것이 자신을 지향할 때이며, 자신의 고유한 실현을 목적으로 삼을 때이다. 다시 말해서 자신의 행동하는 '먼저'Prius가 자신의 겨냥되고 있는 '나중' Posterius이기도 할 때, 즉 자신의 '앞섬'Voraus(ante seipsum)이 자신의 '선취'Vorweg(post seipsum)이기도 할 때이다. 작용은 항상 또한 고유작용이며, 이것은 오직 목적론적인 구조가 작용의 토대를 이루고 있는 한에서이다. 무엇인가가 자신으로부터 작용할 수 있는 것은, 오직 그것이 스스로를 위해서 그리고 스스로를 향해서 존재하거나 존재할 능력이 있을 때뿐이다. 단지 그렇게만 그것은 자신을 실현하는데, 이것이 바로 자기존재이자 자기수행이다. 그렇다면 이것이 의미하는 바는 이렇다: 작용연관으로서의 세계는 완전히 비목적론적으로 생각될 수가 없다. 우리가 본 것처럼, 칸트에게 있어서 목적론은 오성이 극복할 수 없는 문제이다. 왜냐하면 목적론 안에서는 원인과 결과가 전도되기 때문이다. 실천이성비판에서 칸트는 사실 "초감성적인 인과성", 말하자면 자유로부터의 인과성에 대해 말하고 있기는 하다. 그러나 그는 그러한 인과성을 하나의 인식대상으로 만드는 것을 거부한다. "이성"은 "어떻게 해서 감성적 직관과는 다른 종류의 직관에서 근거와 결과의 논리적 관계가 종합적으로 사용될 수 있는지를, 즉 어떻게 *예지적 원인causa noumenon*이 가능한지를 보여주고자 하지만, 그것을 도무지 실행할 수가 없기"(KpV A 85) 때문이다. 칸트에 따르면, 인과성은 오직 감성적 결과로서만 인식될 수 있으며, 이러한 인과성은 시간적으로 직선적이다 (비록 그것이 "상호작용"안에서와 같이 동시성으로 번역될 수 있을지라도). 그러나 문제는, 도대체 작용의 개념이 지탱될 수 있는가 하는 것이다. 왜냐하면 작용의 개념은, 칸트가 인식불가능한 것으로 배제하는 것, 즉 '자기 자신으로부터의 작용'Aus-sich-selbst-Wirken이라는 의미에서의 작용, 그리고 그와 함께 '자신을 선취해 있는 존재'Sich-vorweg-Sein라는 의미에서의 작용을 생각하지 않고서는 있을 수 없기 때문이다. 헤겔은 칸트에게서 사변적인 문제를 그저 미루어두는 거짓해결을 간파한다. 헤겔에 따르면, 작용이란 다음과 같이 생각되어져야 한다. 곧 반성성은 마치 자유로부터의 인과성이란 개념에서처럼 작용의 개념에 외부적으로 덧붙여지는 것이 아니라, 이미 항상 작용의 개념 안에서 함께 생각되어진 것이다. 이는 자기존재가 존재 안에서 항상 이미 함께 생각되어진 것과도 같다. 헤겔은 그래서 이렇게 말하고 있다: "자신을 위해서 존재하는 실체가 바로 원인이다"(TW 6, 222). "이념들"Ideen(SW I/2, 54)로부터 인용한 셸링의 본문 역시 여기서 상기할 수 있을 것이다. 고유작용성은 따라서 목적론의 계기를 이미 자신 안에 가지고 있어야만 한다. 만일 그렇다면, 우리는 세계의 작용연관이 비목적론적이지 않다고 생각해야만 한다. 목적론적인 구조들은 세계 안에서 외부로부터 가해진 어떤 이물질도 아니며, 세계가 내적으로, 그리고 그 본질로부터 존재하는 바의 것, 곧 자기존재의 '현상 안으로의 나타남' das In-Erscheinung-Treten이다. 물론 결코 잊어서는 안 되는 것은, 세계의 자기존재는 절대적인 존재가 아니라는 것이다. 세계의 존재는 자기에게 항상 외면적인 것이기도 하며 그렇기에 원칙상 종속적이다(KGB 참조). 그럼에도 불구하고 이러한 본성적 구조에 근거하여 자기-외적인-존재Sich-äuβerlich-Sein 혹은 자기-내적인-존재 Sich-innerlich-Sein의 등급이 세계의 존재와 결합할 수 있고, 바로 이러한 등급성 안에서 세계가 우리의 눈앞에 등장한다.

비목적론적인 사유가 영역적으로, 혹은 방법론적으로 제약되어 있는 한, 그것에 반대할 어떠한 이유도 없다. 그러나 그것이 일반화되어서 현실 전체에로 적용된다면 문제점에 빠지게 된다. 곧 이미 거론한 일반 존재론의 문제점들 외에도 다음과 같은 문제에 봉착하게 된다: 인간의 현실인식이 목적론으로부터 벗어난 존재론에 방향을 맞추게 되면, 인간은 더 이상 자기 자신을 적합하게 파악할 수 없게 된다. 왜냐하면 목적론은 우리의 자기인식과 세계인식의 가장 기초적인 것에 속하기 때문이다(슈패만Spaemann 1994 참조). 우리는 자신을 다음과 같은 존재로서 이해한다. 곧 무엇인가가 우리의 존재에 대해서 좋은 것이며, 그리고 이러한 방식으로 자신과 연관되어 있는 존재로서 우리는 스스로를 이해한다. 우리는 자신을 자기연관으로서 이해한다. 오직 이러한 관점 안에서만 우리는 우리와 똑같은 존재들의 동일성을 확인할 수 있으며, 생명체를 비생명체와 구분할 수 있는 것이다. 우리가 그물 안에서 버둥거리는 물고기를 볼 때, 우리는 이 운동을 바람 안에서 펄럭이는 수건의 움직임과 구분한다. 우리가 즉시 이해하게 되는 것은, 물고기는 "무엇인가를 향하고 있지만"auf etwas aus, 수건은 그렇지 않다는 것이다. 우리가 세계 내의 경과들을, 혹은 우리 자신 안에서처럼 생명체 안에서의 경과들을 인과분석적으로 묘사하고 항상 더 긴 결정사슬에로 환원시킬 수 있다 하더라도, 우리는 여전히 이것이 모든 진리가 아님을 알고 있다. 자기연관의 영역이 있으며, 우리는 이 영역을 우선은 자신에게서 경험하고, 세계 안에서도 - 등급들 안에서 - 지각한다. 물론 이러한 지각은 항상 일종의 "가정"Unterstellung이다. 다시 말해서 그것은 실천적인 행위이다. 오직 내가 자기연관을 인정할 때만, 그것은 나에게 역시 그러한 것으로서 인식될 수가 있다. 내가 가능한 한 엄밀한 객관화에만 전념한다면, 인과분석적인 사유가 우위를 차지하게 되고, 어떤 곳에서도 그것에 한계가 설정되지 않는다. 그러한 사유는 저절로 목적론적인 것의 차원과 부딪치지 않는다. 목적론적인 차원과 부딪치게 되는 것은 실천적 인식의 행위이다. 문제는 단지 이런 것이다: 이러한 실천적 인식은 하나의 허구인가? 그것은 의인화Anthropomorphismus인가? 그렇다면 그 결과는 인간이 자기 자신을 의인화에 이르도록 만든 셈이 될 것이다. 인간은 자기 자신에게 하나의 목적론적인 오해가 될 것이다. 그러나 이것은 모순적이다. 왜냐하면 인간은 이 비판적 물음들 역시 자기 자신을 향해서 제기하며, 결국 자기연관의 전제하에 있기 때문이다. 따라서 자기연관이 무엇인가 기초적인 것이어서, 그 결과 이러한 종류의 실천적인 (자기)인식이 우리에게 현실의 차원을 열어주며 그리고 이러한 차원이 현실에 외적인 어떤 것이 아니라고 말해야만 한다면, 그때 세계의 존재는 이러한 차원을 포함하는 것으로 생각되어져야 한다. 자기연관의 내면성은 세계 자체에게도 본래적인 것이다. 그것은 세계의 우선은 잠재적이면서, 그럼에도 불구하고 본질적인 내면이며, 그 안에서 세계의 독자성이 표명된다. 인간의 실천적인 자기이해로부터 출발해서 우리는 이렇게 작용의 분석을 거쳐 도달한 것과 같은 결과에 이르게 된다. 아리스토텔레스에게 있어서는 존재는 독자성이자 자기존재인데, 이것은 물론 비생명체보다는 생명체에게 더 높은 정도로 귀속된다. 그렇기 때문에 아리스토텔레스에게 있어서는 "실체"라는 개념은 생명체에게서 추론된 것이다. 존재가 우선적으로 자립성, 자기존재라면, 자기연관은 외부로부터 결정된 존재보다 더 많은 존재와 더 많은 자기소유를 갖는다. 그럼에도 불구하고 세계 안에서 마주칠 수 있는 현실적인 것의 자기연관은 항상 종속적인 것이다. 자기연관은 미래정위Zukunftsorientierung를 의미하기 때문이다. 결정론은 과거에 정위되어 있다. 그러나 목적Telos은 미래와의 관계를 제시한다. 하지만 미래는 아직 존재하지 않는다. 이러한 미래와의 관계가 다시금 과거로부터 말미암는 속박에로 전환되지 않는다면, 바로 독립적인 존재 안에서 "존재하지 않는" 것에 대한 종속성이 드러난다. 현실적인 것의 미래는 '그것을 향해 다가오는 것'이다. 무엇인가 이미 존재하지 않는 것이 "현실적인 것을 향해서 가까이 다가온다". 다시 말해서, 현실적인 것에게 무엇인가가 주어진다. 그러나 이러한 선물은 외적인 첨가가 아니라, 자기존재에로의 선물이며, 그래서 미래관련은 현실적인 것의 자기존재의 수행이다. 이 점이 특별히 분명해지는 것은 이 세계 내의 독립성의 최고의 형식인 자유에서이다. 자유는, 자아가 자신을 과제로서 경험하는 곳에서, 자아가 자신을 넘어서야만 하는 곳에서, 즉 자아가 어떤 요구, 그것도 무제약적인 요구 하에 처해 있는 곳에서, 마주칠 수 있다. 그러나 이 과제는 동시에 자기존재에로의 선물이다. 이제 세계가 이러한 자기존재 안에서 자신의 자기존재를 표명한다면, 세계는 그 안에서 자신의 본질적인 종속성도 표명한다. 언어적으로 이점은 다음의 표현 안에 함축되어 있다: 세계는 "자신에게 주어져 있다". 따라서 세계는 선물이며, 그것도 자기존재에로의 선물이다.

자기연관 내에서는 고유한 출발점이 생각될 수가 없다(왜냐하면 "자신에게" 주어지는 것은 이미 어떤 방식으로든 "존재하기" 때문이다). 이점은 우리가 그 부분으로 존재하고 있는 전체로서의 세계와 관련해서도 타당하다. 세계가 본질적으로 자기존재라면, 그것은 자신을 "선취해"vorweg 있다. 그런 한에서 세계는 그것이 비로소 점차적으로 드러나는 바의 것이다. 한편으로는, 이 새로운 것, 즉 도래하는 것은 지나간 것으로부터 연역될 수 없다. 만일 그렇다면 진정한 미래는 존재하지 않을 것이다. 자기연관은 이 미래와 결부되어 있다. 다른 한편으로, 인과분석적인 사유는 새롭게 등장하는 것을 철저히 결정론적으로 추적할 수가 있다. 그러나 이러한 시도는 모든 계속되는 것이 연역될 수 있는 하나의 시초에 결코 도달할 수가 없다. 그 이유는 단순히, 시초는 항상 이미 "더 많은" 것이며, 자기 자신을 이미 선취하여 있고, 그러나 나중 것이 소급해 작용하면서 시초를 새롭게 구성하기 때문이다. 세계는 항상 새롭게 제시된다. 전제-조건들Antezedens-Bedingungen로서의 시초로부터 고정적인 법칙들에 따라서 모든 나중 것들이 연역될 수 있다고 생각하는 것은 단지 하나의 추상일 뿐이며, 결코 온전한 진리가 아니다. 완전한 객관화는 성공할 수가 없다. 그것은 항상 주체에 의해 수행되며, 이 주체는 항상 모든 객관화에 이미 "앞서"vorweg 있기 때문이다.

그럼에도 불구하고 목적론적인 사유와 인과분석적인 사유는 서로의 길을 가로막을 필요는 없다. 인과분석적인 사유는 결코 어떤 곳에서도 종결되지 않는 예측불가능의 과제로 남는다. 그러나 그것은 절대화되어서는 안 된다. 만일 그렇게 되면, 주체가 자기 자신 역시 객관화시켜야만 되는 모순에 이르게 된다. 그러나 주체를 거쳐서 세계현실에 이르는 고유한 통로가 가능한 것으로 남아 있다면, 세계의 본성적인 구성은 이러해야 한다: 주체존재가 세계의 고유한 내적인 가능성이다. 세계는 자신의 자기존재를 표명하도록, 즉 실제로 그 자신의 본질로 존재하도록, 기획되어 있다. 세계가 자기존재를 표명하는 곳은, 세계가 자신을 되돌아보고 자신을 파악하는 곳에서이다. 이점은 물론 실천적인 인식에게만 접근될 수 있는 것이다. 이것이 칸트의 통찰인데, 비록 우리가 목적론에 대한 칸트의 주장들에 모든 점에서 동의하지 않는다 하더라도 이 통찰은 견지할 수 있다. 이미 개별적 구성물들에 접해서 그것들에 대한 한갓 묘사로부터 목적론이 입증될 수는 없다. 그러한 묘사는 심지어 범주적인 오성의 규정과 모순되는 것처럼 보인다. 그럼에도 불구하고 우리가 "자연을 그 유기적 산물들에 있어서나마 부단한 관찰을 통하여 탐구하려고 하는 경우에는, 우리는 자연의 근저에 하나의 의도라는 개념을 반드시 인정하지 않을 수 없는 것이다"(KUK B 334). "최종목적"에 대한 문제는 비로소 오직 인간의 자유와 연관시켜서만 해결될 수 있다(같은 곳. § 85, 86). 실천적인, 즉 자유에 의해 규정된 행위가 목적론적인 것에 이르는 통로이다. 이점은 피히테나 셸링, 그리고 헤겔에 있어서도 다르지 않다. 오직 자유로부터만 우리는 다시금(슈패만과 함께) 자연에 일종의 목적론을 귀속시킬 수 있고, 또 그래야만 한다. 이러한 정신적 관점, 즉 인식하고 의욕하는 자기존재의 관점은 존재론 일체에 이르는 열쇠이기도 하다. 존재는 본질적으로 자기존재이다. 우리는 그것을 오직 이와 같은 정신의 관점으로부터만 그러한 것으로서 사유할 수 있고, 그것의 현상들 안에서 적합하게 설명할 수 있다.

2) "인간적 원리" Das anthropische Prinzip

인간과 관련을 맺고 있는 우주의 목적론적인 체제Verfassung는 오늘날의 자연철학 안에서 "인간적 원리"란 개념 아래 토론되고 있다. 이 개념의 의미는, 우주의 물리적 조건들이, 우리가 우리 자신으로부터 알고 있는 바와 같이, 생명이 출현할 수 있었고 (약한 인간적 원리) 혹은 출현해야만 하게끔 (강한 인간적 원리) 조성되어 있었다는 것이다. 물리적인 기본조건들 안에는 바로 그러한 발전을 가능하게 하는 어떤 "미세조율"(영어로: fine-tuning)이 현존하는 것처럼 보인다. 만일 저 기본조건들이 조금만 달랐다면, 우리 인간을 포함하고 있는 이 우주는 가능하지 않았을 것이다. 몇 가지 예를 들어 보자(더 상세히는 레슬리Leslie, 25-65 참조): (1) 우주의 최초 상태의 밀도가 대폭발 이후에 곧바로 조금만 더 강했다면, 우주는 다시금 급속히 붕괴하여, 그 결과 어떤 별들도 (물론 어떤 혹성들도) 형성될 수가 없었을 것이다. 더 약한 밀도에서도 우주의 급속한 팽창은 마찬가지로 별들이나 성운들의 형성을 방해했을 것이다. (2) 약한 핵에너지가 단지 얼마만큼 더 강했다면, 우주의 초기 국면에서는 오직 수소만이 형성되었을 것이고, 헬륨은 생겨나지 않았을 것이다. 따라서 우리의 태양처럼 생명을 가능하게 하는, 오랜 가열시간을 가진 별들은 생겨나지 않았을 것이다. 만일 핵에너지가 더 약했다면, 양성자와 중성자가 생겨나지 않았을 것이다. (3) 만일 강한 핵에너지가 얼마만큼 변동되었다면, 모든 생명의 토대인 탄소가 안정적인 요소로 존재하지 않았을 것이다. (4) 중력이 더 약했다면, 물질의 응집이 생겨나지 않았을 것이고, 아울러 별들이나 혹성들도 생겨나지 않았을 것이다. 만일 중력이 더 강했다면, 별들은 너무 가까워져서 하나의 혹성에서 생명이 발전되는 것을 방해했을 것이다. (5) 전자기력이 조금만 더 강했다면, 초신성超新星의 폭발들에로 이르지 않았을 것이다. 그 폭발들과 함께 무엇보다도 생명을 위한 기본적인 요소들이 방출되는 것이다. 만일 이 힘이 더 약했다면, 별들의 수명은 너무 짧았을 것이고, 그 결과 그 어떤 혹성에서도 생명이 발전될 수 없었을 것이다. (6) 중성자와 양성자 간의 무게비례가 조금만 달랐어도, 원자들이 생겨나지 않았을 것이고 그와 함께 유기적인 결합들도 없었을 것이다.

우리는 만일 그것들이 없었더라면 우리가 살고 있는 우주가 존재하지 않았을 그러한 미세조율들을 더 많이 알고 있다. 우리의 우주는 정확히 생명과 정신의 발전에로 이끈 출발조건들을 보유했고, 따라서 목적론적으로 구성된 것처럼 보인다. 그러나 이러한 해석에 대한 반론들도 있다(에브리히Erbrich, 194 참조): 1.) 이러한 출발조건들이 우연이라고 가정할 수는 없을까? 물론 이러한 견해는 사람들이 그에 상응하는 수많은 자연발생적인 "시도들"을 가정할 때만 설득력이 있다. 우리의 우주가 지속적인 양자요동 안에 처해 있는 원초적 진공으로부터 산출되었고, 그로부터 새로운 우주들, 곧 무수히 많은 우주들이 계속해서 형성되었으며(짧은 수명을 가진 것, 오랜 수명을 가진 것, 매우 상이한 세력관계들의 조합들과 자연상수들 그리고 소립자들의 성질들을 가진 것), 이러한 와중에서 언젠가 우리의 우주가 한 번 형성되었고, 그것의 체제가 곧 우리의 세계를 낳게끔 계속해서 발전되었다고 추론한다면, 이는 가능한 것처럼 보인다. 2.) 사람들은, 언젠가 일반화된 물리학이론의 틀 안에서(TOE, 다시 말해서 Theory of everything), 저 출발점들을 연역할 수 있다고 가정할 수 있다. 즉 우리의 세계를 위해 구성적인 상수들은 세계의 발전 안에서 최초로 균형이 깨지면서 생겨난 것들인데, 그 상수들은 그것들이 현재 존재하는 방식대로 정확히 그렇게 존재해야만 한다는 것이다. 그러나 이러한 이론이 우리의 세계에 대한 최종 해명이 될 수 있을까? 이에 대한 에브리히의 대답은 이러하다: "TOE 역시, 다른 모든 이론처럼, 그들 자신은 다시금 연역될 수 없는 가정들(공리들Axiome)로부터 출발해야 한다. 바로 이러한 공리들의 선택과 정초에 대한 물음은 되풀이된다. 그러나 우리가 언젠가 그에 대한 대답을 발견하게 된다하더라도, 우리는 유일하게 가능한 세계의 가능성만을 비로소 수중에 갖게 될 것이고, 어째서 이 가능한 것이 현실적으로 존재하는지를 여전히 알지 못할 것이다. 우연성Kontingenz은 몰아낼 수가 없고, 신에 대한 물음이 되돌아올 것이다"(에브리히Erbrich, 194). 다시 말해서, TOE는 엄밀한 의미에서 완전히 재귀적reflexiv이어야 할 것이고, 자기 자신을 정초하는 것이어야 할 것이다. 문제는, 수학적인 이론이 이것을 성취할 수 있는가 하는 것이다. 괴델Gödel에 따르면 그처럼 완전히 자기 자신을 정초하는 수학적 이론은 존재할 수가 없다. 그 이론은 말하자면 초수학적이라야 할 것이고, 그렇게 되면 그것은 사람들이 의도하는 것처럼 더 이상 연역적인 종류가 아닐 것이다. 게다가 그처럼 유일하게 가능한 세계의 실존에 대한 물음은 해결되어야 할 것으로 남게 될 것이다. 세계의 정초가 완전한 자기정초의 형식 안에서 생각된다면, 세계는 전적으로 절대적인 것으로 생각되어져야 할 것이다. 그러나 세계는 자신의 다양하고 외적인 관계들로 인해서 절대적인 것이 아니며, 그렇게 될 수도 없다(KGB 참조).

따라서 자연과학으로부터 이끌어낸 인간적 원리 단독으로는 이 세계의 목적론적 체제를 보증할 수가 없을 것 같다. 이 세계의 목적론적 체제가 다른 토대 위에서 확보된다면, 인간적 원리는 물론 그것을 암시할 수 있고, 측면에서 확증할 수가 있다. 그러한 다른 토대는 비로소 일반 존재론에서 발견될 수 있는데, 이 존재론은 자신의 핵심을 인간의 자기이해 안에 가지고 있다. 인간은 선을 향한 무제약적인 규정을 고려해볼 때 자신을 오직 자기목적으로서만 적합하게 파악할 수 있으며, 이러한 자기목적성으로부터 자신을 가능하게 하는 세계와 그것의 존재 내지는 자기존재를 파악하도록 지정되어 있다.

3) 목적론적 신 증명과 여타의 신 증명들

칸트로부터 배울 수 있는 것은, 목적론의 개념이 실천적인 이해로부터 연유한다는 것인데, 더 정확히 말하자면 이론적-실천적인 자기수행으로서의 인간의 자기이해로부터 연유한다는 것이다. 관념론으로부터 배울 것이 있다면, 이러한 자기이해가 세계와 자기존재로서의 존재의 파악을 위한 열쇠라는 점이다. 절대적 존재로의 논증적 추론은 한편으로는 KGB의 구조를 따르고 있다: 종속적인 자기존재는 절대적인 자기존재 안에 정초되어 있다. 다른 한편으로 그것은 AxGB를 따르고 있다: 인간이 자신에게서 파악하는 자기목적성은 그 마지막 근거를 절대적인 자기목적 안에 혹은 무한한 선 안에 가져야만 한다. 그 무한한 선으로부터 유한적인 자기목적들을 가능하게 하는 것으로서의 세계와 유한적인 선이 유래한다.

게다가 목적론적인 존재론의 틀 안에서 KGB에 있어서 남겨졌던 문제[1부 I. 10. d. 4) 참조]의 해결이 발견된다. 왜냐하면 마지막으로 자기 안에 정초되는 존재의 내적인 척도는 오직 자기존재로서 생각된 유한한 존재로부터 취해질 수 있었기 때문이다. 하지만 이러한 생각은 그에 상응하는 자기존재의 존재론을 요구한다. 자기존재의 존재론은 그 이전에는 전제된 것이었지만, 목적론에 대한 숙고들이 비로소 그것을 위해서 결정적인 근거를 제공한다. 존재를 자기존재로서 파악하는 것은 존재에 모종의 자기연관성을 부여함을 의미하기 때문이다. 이것이 가능한 것은, 이러한 파악에 이르는 열쇠가 인간의 자기존재인 경우이며, 또한 존재 일반이 '자각적 존재'Beisichsein, 즉 반성Re-flexion과 다름이 아니라고, 그것도 물론

상이한 정도들 안에서, 생각될 수 있는 경우이다. 이로부터 귀결되는 것은, 존재는 단순히 가치중립적이 아니라, 그것에 이미 선의 관점이 귀속한다는 것이다. 여기서 존재의 형이상학적 근본규정들로서의 초월자들Transzendentalien에 대한 오래된 중세적 가르침과의 연결이 생겨난다: 단일성, 진리, 선성(unum, verum, bonum). AlGB는 진리와 단일성을 주제로 가졌었다. 이때 존재에 대한 생각으로서의 진리는 OGB의 관점을 규정했었다. 선성으로서의 존재는 AxGB의 토대를 이룬다. 거기서 TelGB와의 연결을 형성하는 것은 무엇보다도 '함께 긍정함'Mitbejahung의 논증인데, 이 논증은 그 자체적으로 긍정되어야 할 세계를 자기내존재Insichsein의 상이한 단계들에 따라서 시야에 들어오게 해준다. 이 상이한 단계들은 세계 안에서 마주칠 수 있는 것들이다. 이러한 자기내존재는 TelGB의 틀 안에서 존재 일반에 고유한 것으로 드러났다. 그것을 위한 인식적 열쇠는 자기목적의 수행으로서의 인간의 자기이해였다.

목적에 대한 물음은 19세기 이래로 더욱 빈번히 "의미"에 대한 물음으로서 제기되고 있다. 인간은 자신의 실존의 의미에 대해 물으며, 이런 물음을 중재로 해서 전체적인 존재의 의미에 대해 묻는다. 이러한 근대의 질문방향은 정확하게도 방법론적으로 불가피하게 제시되었던 존재의 목적구조들에 대한 규명과 상응한다. 이 규명은 인간의 자기이해를 거친 것이었다. "의미"라는 주제는 오늘날 대개 일반 목적론의 테두리 안에서가 아니라 그것의 실존적인 의미로부터 다루어지고 있기는 하다. 이하에서는 그 점을 참작할 것이다. 그럼에도 불구하고 밝혀지게 될 것은, 의미문제가 신 문제를 거쳐서 다시금 일반목적론을 토론의 장으로 불러들인다는 것이며, 그와 함께 새로운 옷을 입었을 뿐, 실은 오래된 문제제기로서의 자신의 정체를 드러내게 된다는 것이다. 하지만 이 근대적인 형태를 띤 전통적 물음을 새롭게 수용하는 것은 값어치가 있는 일이다. 왜냐하면, 첫째로 의미물음이 오늘날의 우리들의 사유에 더 가깝게 서 있다는 이유 때문이며, 둘째로는 의미개념이 대단히 풍요로운 철학의 개념으로 입증되기 때문인데, 그 결과 의미개념을 통해서 심지어 철학적인 전경全景에 대한 일별이 감행될 수 있는 것이다. 이 전경은 또한 좁은 의미의 신론을 넘어서는 것이다.

2. 인간의 목적 – 의미문제

a. "의미" 에 대한 물음들

우리가 "의미"Sinn라는 말의 뜻Bedeutung에 대해서 정보를 제공해야 한다면, 다음과 같은 질문들을 먼저 해명하도록 주의를 환기시킬 것이다: 어떤 특정한 기호나 말, 문장 혹은 행위의 의미가 무엇인가? 그 기계의 누름단추의 의미는 무엇이며, 혹은 한 그림의 맥락 속에서 이 형상의 의미는 무엇인지, 혹은 하나의 시詩 안에서 이 은유의 의미는 무엇인가? 이런 질문도 참조될 수 있다: 내 친구의 의미는 무엇인가? 그는 가족을 위해서 어떤 의미를 가지는가? 물론 다음과 같이 마지막 실존적 깊이를 건드리는 물음들도 우리에게 떠오를 수 있을 것이다: 내 삶의 의미, 내 실존의 의미는 무엇인가? 신은 나에게 어떤 의미를 가지는가? 이 물음들이 보여주는 바는 이렇다. 의미개념은 그 모든 다층성에 즉해서 마지막 철저성에 이르는 역동성을 내포하고 있으며, 이때 이 철저성은 의미개념 안에 포함되어 있고, 그래서 마치도 그것이 파악되기만을 기다리고 있다는 사실이다. "근거"Grund라는 개념도 이와 유사하다. 우리는 대개 경계 지어진 한계들 안에서 근거들 혹은 원인들에 대해 물으며, 이 영역들 내에 놓여져 있는 대답들로 만족한다. 하지만 어린아이들은 우리가 늘 계속하여 "어째서"라고 물을 수 있다는 시범을 보인다. 이 종결될 수 없는 아이들의 물음은 모든 한계들을 넘어서고자 진력하는 정신의 각성적 능력에 대한 표현과 다름이 아니다. "의미"라는 개념 역시 우리에게 그와 같이 철저한 추구와 물음을 촉구한다. 그것은 전체를 향해 나가게 하는 역동성을 내포하고 있다. 우리가 일단 그 물음과 마주치게 되면, 그것으로부터 벗어나기란 여간 어려운 일이 아니다(슈미트Schmidt 1975; 1999).

b. 어원, 언어용법 그리고 개념의 역사

"의미"Sinn라는 말은 "심사숙고하다"sinnen라는 동사와 연관되어 있다. 이 동사는 원래 "여행하다"reisen를 뜻했던 고대독일어 "sinnan"으로부터 도출된다(이 말로부터 여행을 하도록 야기하는 "보내다"senden란 말이 유래하는데, 마찬가지로 고대독일어에서 농가의 하인들을 지칭했던 "Gesinde"란 말도 원래 여행동반을 의미했다). 이 말은 또한 "추구하다", "탐하다", "무엇에 주의하다", 즉 어떤 것에 대한 내적인 추구를 의미하기도 했다. 이로부터 "심사숙고하다"라는 동사(타동사적으로: 무엇을 숙고하다. 혹은 자동사적으로: 숙고하다. 곰곰이 생각하다)와 "정신을 가다듬다"(sich) besinnen라는 동사가 유래한다. 지향적으로 실행된 운동이라는 이 근본적인 뜻으로부터 그 명사가 갖는 다음과 같이 잘 알려진 의미변형태들이 유래한다: (1) 운동방향(시계바늘의 방향, 방향의 의미), (2) 내적인 실행Ausrichtung에로의 성향(감각들, 즉 미각, 촉각, 시각 등등, 혹은 우리가 다음과 같이 말할 경우: 그는 예술에 대한 감각을 가지고 있다), (3) 지향된 내용(행위의 의미, 행위의 목적). 그리고 지향적인 운동은 목적내용으로부터 이해될 수 있는 것이기에, 의미는 또한 (4) 언어적 표명의 내용을 지시한다(단어의 의미, 본문의 의미). 마지막으로 추구 내지는 의지의 수행에 귀속되어 생겨나는 바, 의미는 (5) 가치있는 것, 동의할만한 것, 그리고 표준적인 것(규범적으로 이념적인 것: 당위적으로 그래야만 한다)이란 뜻을 취한다(이것은 의미 있고, 좋은 것이다).

이제 의미개념의 역사에로 눈을 돌려서 아름다운 문학작품에서 출발해 보기로 하자: 19세기의 전환기에 괴테는 자신의 파우스트

Faust로 하여금(1224절 이하) 요한복음의 서두인 "한 처음에 말씀이 있었다"를 "한 처음에 의미가 있었다"로 번역하게 했다. 하지만 파우스트는 의미라는 말 안에 창조의 관점이 결여된 듯이 보였기에 망설인 끝에 "의미"라는 말을 "힘"Kraft이란 말과 바꾸고 있다. 마지막으로 그는 다음과 같이 쓰고 있다: "한 처음에 행위Tat가 있었다." 그러나 한갓 힘에 비하면, 행위라는 개념 안에서 의미의 관점이 다시 수용되었다: 행위하며 의미를 실현함은 (신적으로) 근원적인 것이자 인간에게는 표준적인 것이다. 거의 비슷한 시기에 피히테는 행위의 철학을 발전시키고 있다. 그는 윤리적으로 요구된 인간의 자기수행 안에서 행위가 실현되어 있음을 보고 있다. 피히테가 말하듯이 이러한 "사행事行"Tathandlung 안에 "인간의 규정" Bestimmung des Menschen(1800년의 저서이름)이 놓여 있고, 혹은 나중에 (아마도 처음으로) 말해진 것처럼 "인간의 현존재의 의미"가 놓여 있다(SW XI, 23). 그 이후의 시기에 "의미"라는 말은 "가치" 혹은 "뜻"이란 말처럼 삶의 전체적인 방향정위의 개념으로서 사용되고 있는데, 예컨대 포이에르바흐(세계로 향한 낙천주의 속에서)나 혹은 쇼펜하우어(세계를 부정하는 염세주의 안에서)에게서 그러하다. 니이체는 이 말과 함께 충격적인 근본물음을 제기한다: "현존재는 도대체 의미를 가지는가? — 이 질문은 오직 완전히 그리고 그것의 모든 깊이 안으로 들려지기 위해서 수백 년의 시간을 요하게 될 것이다"(Werke II, 228). 니이체에게서 출발하는 이 노선은 카뮈의 실존주의에까지 다다르는데, 그의 질문은 이러하다: "의미가 없는 삶?"(Camus 1959, 13). 이러한 발전과 평행하게 19세기 말엽 의미개념은 정신과학들 안에서 근본적인 중요성을 획득한다. "의미"는 여기서 본문들이나 전승들, 역사적인 상황들 안에서 "이해될 수 있기에" 적합한 것을 뜻한다(예컨대, 딜타이W. Dilthey). 오늘날의 해석학(가다머H. G. Gadamer)은 이러한 전통 안에 서 있다. 근대의 언어철학 안에서 "의미"가 뜻하는 것은 가령 언어적 구성물의 내용이다(프레게G. Frege, 비트겐슈타인L. Wittgenstein). 막스 베버

Max Weber는 "의미"라는 개념을 사회학 안으로 도입하고 있다. 그에 따르면 사회학이란 인간적 행위를 해석하면서 이해하는 것인데, 하나의 지향된 의미로부터 도출된 개인적 행위는 다양한 방식으로 다른 개인들의 행위와 상호작용하고, 이런 방식으로 제도들과 같은 사회적 구성물들이 생겨나는 한에서 그러하다(이런 관점은 쉿쯔A. Schütz나 루만N. Luhmann에 의해서 수정되어 수용되고 계속 전개되었다). 심리학에서는 빅터 프랭클V. Frankl이 의미개념에 중심적인 의의를 할당했으며, 정신적으로 동기를 부여하는 인간의 가치정위에 대한 표현으로서 그것을 사용했다. 이때 프랭클은 한갓 충동집착이라는 프로이드식의 편협한 인간상으로부터 심리학을 해방시키려 했다. 신학 안에서는 틸리히가 의미개념을 학문들의 체계화를 위한 핵심개념으로 들어올렸다. 이때 종교는 "무제약적인 의미"를 향한 실행을 성취한다(Tillich 1962, 44). 판넨베르그는 (딜타이로부터 유래하여) 의미개념을 역사신학의 제시를 위해서 사용하고 있으며, 그 안에서 사건들과 인간적 삶의 의미는 역사의 종말을 조망하면서 해명되고 있다. 의미개념이 철학의 언어 안으로 유입된 것이 꽤 늦은 일임에도 유념해야 할 것은, 이 개념이 전통적인 내용을 말하고 있다는 것이며, 물론 새롭게 언표되고, 새로운 강조점을 지닌 것으로서 그렇다는 것이다. 쿤은 이에 대해 다음과 같이 적고 있다: "'의미'에 대한 근대적 물음은 – 이 말은 니이체를 통해서 비로소 우리에게 친숙한 의미무게를 획득한 것인데 – 근저에 있어서는 선에 대한 물음이며, 이는 존재론적인 속수무책의 상태 속에서 표현된 것이다"(쿤Kuhn, 672).

c. 의미개념의 구성요소들과 의미의 정의

우리가 의미개념과 함께 주어진 주제와 의미에 대한 근본적인 물음을 더 자세히 다루고자 한다면, 우선 의미개념부터 연구해야 할 것이다. 이는 우리가 그 안에서 움직이게 될 바로서의 의미개념의 사용넓이가 얼마만한 것인지를 해명하기 위함이다. 이때 드러나게 될 사실은, 통상적인 그러나 또한 학문적인 언어용법의 상이한 요소들이 서로에게서 멀리 떨어진 것이 아니라 심지어 내적으로 긴밀하게 결합되어있다는 사실이다. 그렇기 때문에 개별적인 의미요소들을 체계적으로 전개하고 통일적인 개념으로 제시하는 일에 착수하는 것은 자연스럽게 떠오르는 생각이다. 이러한 시도에 있어서 우리를 인도하는 신념은, 앞서 언급한 원칙적이고 포괄적인 것에로의 경향이 의미개념의 사용 안에 잠재적으로 내포되어 있지, 어떤 실존적인 필요를 통해서 단지 외적으로 그것에 "부가되는" 것이 아니라는 생각이다. 이것은 물론 하나의 선결정이며, 그것이 의미하는 바는, 학문적인 문헌 안에서의 모든 의미개념의 사용방식들이 우리의 사용방식들과 일치하지는 않는다는 사실이다. 이를 위해 두 가지 보기들만을 들어 보겠다: 사회학자인 루만은 이렇게 말한다: "확인되어야 할 점은, 의미개념은 인간적 체험의 질서형식Ordnungsform을 표시한다는 것이다[...] 따라서, 이러한 언어용법을 가정했을 때, 의미가 없는 체험이란 없다"(Luhmann 1971, 31). 비트겐슈타인에 따르면, 언어적 진술명제는 "만일 그 명제가 참일 경우에 사태가 어떠한지를 보여주면서", 그 명제는 자신의 의미를 "보여준다"(Tractatus, 4. 022). 이 양자의 의미이해들 안에는 실존적으로 의미심장한 주제를 위해서는 포기할 수 없는 관점들이 제외되어 있다. 왜냐하면 우리는 우리에게 무의미하게 영락하는 어떤 것을 매우 잘 체험할 수 있고(의미 있게 파악할 수 있고), 그것에 대해서 의미 있는 명제들을 만들 수 있기 때문이다. 따라서 우리는 특별한 학문적 용법을 위해서는 합목적적일지도 모르는 그러한 종류의 제한에 구속될 필요가 없다. 의미개념의 관점들은 다음과 같은 것들이다:

(1) *맥락으로서의 내용*: 의미는 우선 어떤 내용을 뜻한다. 그 내용은 자체적으로 하나의 맥락을 제시한다. 그러나 맥락이 뜻하는 것은 적어도 이런 것이다. 여기서 문제가 되는 것은 구조, 곧 조직

이라는 것인데, 다시 말해서 (아주 일반적으로) 단일성 안에 통합되어 있는 다수성이다. 그로써 의미개념은 관계 내지는 연관의 개념을 포함한다. 우리가 "의미"라는 개념과 결부시키는 것이 무엇이든, 즉 그것이 문장이든, 사건이든, 예술작품이든, 기계이든, 하나의 유기체이든 등등, 그것은 항상 요소들의 결합, 곧 관계적 구성물, 하나의 조직이라는 것이다.

(2) *조화로운 내용*: 그러나 의미는 마치 우연적인 덩어리로 파악될 수도 있는 어떤 맥락을 뜻하는 것은 아니다. 오히려 그것은 조화로운 맥락이어야만 한다. 곧 그 안에서 요소들이 서로 어울리고, 자신을 부분들로서 전체 안으로 끼워 맞추는 그러한 맥락이다. 맥락이 갖는 모종의 질서 안에서만 우리는 도대체 하나의 내용을 파악할 수 있다. 순수한 혼돈은 인식될 수가 없다. 이러한 요건이 의미개념으로부터 두드러지게 강조되고 있는 것이다. 우리가 어떤 조화를 지각할 경우에 우리는 비로소 의미구성물에 대해 말하게 된다. 돌덩어리가 어떤 배열 속에서 우리에게 주어져 있을 경우에만, 우리는 돌덩어리 또한 파악할 수 있음이 사실이다. 그러나 우리는 그러한 집합체를 여전히 의미구성체로 부르지는 않을 것이다. 돌덩어리가 의미구성체로 존재하게 되는 것은, 비로소 돌들이 이해 가능한 계획에 따라 서로에게 부속되어 있어서 결과적으로 서로 간에 어울리는 경우인데, 예컨대 집을 구성하는 건축 부분들로서, 혹은 유기체 안의 지체들로서, 혹은 문장 안의 단어들로서 편입되어 있는 경우이다. 조화의 관점과 함께 비례와도 관련이 맺어졌다. 더욱 더 조화로울수록, 그만큼 더 많은 그리고 더 풍부한 의미가 주어져 있는 것이다. 의미개념 안에 놓여 있는 규범적인 것 역시 이미 함께 지칭되었다.

(3) *이론적으로 조화로운 내용*: 의미는 우선은 일단 우리가 주의력을 돌릴 수 있는 하나의 "내용"Gehalt이다: 그것은 지향의 의미이며, 따라서 우리가 그것에 대해 말하는 바의 것, 우리가 주제화하고 정신적으로 기획하는 것, 혹은 선소여성으로서 파악하고 이해가 되

도록 분명히 할 수 있는 것이다. 의미는 그로써 우리가 "마음 안에"im Sinn 가지고 있는 바의 것이다. 이러한 표현과 그것이 지니는 이중적인 의미개념, 곧 객관적인 측면 내지는 주관적인 측면에 따른 의미개념과 함께, 의미개념이 우리에게 지시하는 맥락이 분명해진다. 왜냐하면 우리가 하나의 내용을 정신 안에 갖는 것은 오직 우리가 그 내용을 "가지는" 경우에, 다시 말해서 그것을 수용하고 실행하는 경우뿐이다. 하나의 객체는 우리에게 오직 주관-객관의 통일성으로서 주어져 있다. 하나의 대상은 단지 그것이 우리에게 "마주 서 있을" 경우에, 곧 우리의 자아에 대해 마주 서 있을 경우에 주어진다. 내용이라는 말은 이 점을 암시하는데, 우리는 그 말 안에서 "붙잡음"Halten이라는 말을 함께 들을 수 있기 때문이다. 하나의 내용은, 그것이 우리에게 그러한 것이 되기 위해서는, 우리에 의해서 "붙잡혀지고"gehalten, "파악되어야" 한다. 따라서 수행이 그 안에 내포되어 있다. 이 수행은 실천적인 것이다. 그러나 그것은 맹목적인 것이 아니라 통찰하는 수행, 즉 인식적인 것의 의미에서이다. 원초적 단어는 항상 "sinnan"이라는 동사로서, 이것은 현대독일어 안에서 "심사숙고하다"sinnen 내지는 "정신을 가다듬다" besinnen 라는 말로서 계속 살아남아 있다. 이것은 계속적인 해명을 위한 뜻을 갖고 있다. 내용이라는 단어는 그것이 말하고 있는 바의 것이 갖는 내적인 구조에 대해서 무엇인가를 말하고 있다. 내용은 그 자체로 하나의 "붙잡음"이다. 거기서 무엇인가가 다른 무엇에 의해서 붙잡혀지며, 결과적으로 요소들이 [서로를] 구성하면서 서로에게 관련되어 있다. 내용은 따라서 주체만을 염두에 두는 것이 아니라, 그 자체에 있어서 하나의 "사정"Verhalt 혹은 "사태" Sachverhalt인 것이다. 우리가 내용 안에서 파악하는 것은, 무엇인가가 그러그러하다는 것인데, 이는 그것이 그러한 사정에 처해있기 때문이다. 즉 여기서는 하나의 관계Verhältnis가 지배하고 있기 때문이다. 우리에게 하나의 소여성이 "사정"으로서, 그리하여 모종의 복잡성 안에서 제시될 때, 더욱이 그 소여성이 이 세계의 다른 사정들이나 사태들과의 관계들 안에서 내부를 향한, 그러나 또한 외부를 향한 맥락으로서 제시될 때에야 비로소, 그 무엇은 우리에게 우리의 대상세계 일체의 부분으로서 그 동일성이 확인될 수 있는 것이다.

(4) *실천적으로 조화로운 내용*: 인식은 이러한 조화의 공共수행이자 후後수행이다. 조화는 건성으로 들은 문장에서보다는 진지한 대화 중에 청취한 단어나 혹은 어떤 예술작품의 관조 가운데서 더 강렬해질 것이다. 우리가 하나의 생물체를 실제로 파악하게 되는 경우는, 우리가 그것을 독립적인 생명의 수행으로서 "승인할" 때이다. 이점은 물론 특별히 인간을 염두에 둘 때 타당하다. 인간은 특별한 방식 안에서 독립적으로 생명을 수행하는 존재이다. 그렇기에 인간을 그러한 존재로 인식한다 함은, 인간을 그러한 존재로 승인한다는 뜻이기도 하다. 그러나 이러한 승인은 오직 감정이입적인 공동생활 안에서만 가능하다. 인간이 전형적으로 인간적인 수행들의 능력을 갖는다고 우리가 가정할 때에만, 즉 인간 안에서 발생하는 것을 우리가 직관적으로 "알" 때에만, 우리는 인간을 파악할 수 있다. 조화의 파악과 함께 주어진 동의는 전적으로 부수적일 수도 있으나, 결코 완전히 결여되어 있지는 않다. 왜냐하면 의미구성체는 항상 정신적 수행의 지향적 내용이기 때문이다. 이 수행은, 수행되는 경우에, 수행되기를 원하며, 아울러 이것을 그때마다의 의미내용을 겨냥하며 행한다. 이 내용이 사람들이 거부하는 어떤 것 안에 존립한다 하더라도, 이러한 거부는 하나의 동의의 의해서 지탱되어 있다. 그 동의가 없이는 모든 부정적인 연관은 생각할 수도 없게 될 것이다. 여기서 암시되는 것은 고유한 특성을 가진 맥락이다. 그 맥락은 수행을 정당화시키는 척도와 관련된다. 다시 말해서 그 맥락은 지향된 내용이 지니는 선성과 승인할만한 가치를 염두에 둔 정초의 맥락인 것이다. 그러나 하나의 의미-내용은 우리가 그것에 개방될 때에만 주어질 수 있다. 비로소 그런 연후에야 의미내용이 이해될 수 있다(이론적으로 파악될 수 있다). 이러한 자기개방이 일상 안에서 우리에게 드물게 의식된다 하더라도, 그것은 자유로운 행위이다.

자유는 결코 어떤 경우에도 완전히 사유에서 몰아낼 수가 없는 것이다. 그렇지 않다면 우리의 인식은 차라리 감광판 위에서의 모사에 비유할 수 있을 것이다. 하지만 그와 같은 모사과정은 자신을 알지 못한다. 바로 이러한 자기지식, 곧 자각은 자아의 연역불가능한 자기수행이며, 이것이 우리의 인격성을 형성한다. 그렇기 때문에 의미는 숙고, 자각과 관계가 있는 것이다. 이러한 종류의 수행들은 단순하게 "발생하지는" 않는다. 우리는 그것들을 실현해야하며, 또 그러길 원한다. 우리가 대면하고 있는 의미내용의 가치에 따라서 우리는 그때마다 더 약하게 혹은 더 강하게 우리의 자유가 말을 건네받고 있음을 느낀다. 그래서 하나의 예술작품은 우리로 하여금 그것에 응하도록 요구하며, 나에게 향해진 진지한 말 한 마디는 우리가 그것을 경청할 준비를 갖추도록 요구하며, 하나의 인간적 삶은 우리가 그것을 존중하고, 만일 그 삶이 위험에 처할 경우 우리의 도움을 베풀도록 요구한다. 이 지각된 의미가 우리에 의해서 이론적 실천적으로 이러한 방식 안에서 "실현되지" 않는다면, 우리는 실제적으로 그 의미를 "가지고" 있는 것이 아니다. 즉, 의미-수행은 오직 정신의 자유로운 자기수행으로서만 가능하다. 이미 수행은 완전히 일반적으로 실천을 의미한다. 실천 안에는 항상 의지의 계기 또한 포함되어 있다. 나는 수행을 그것이 가진 내용과 함께 실행하고 싶어 해야 한다. 이것은 강요될 수 있는 것이 아니다. 이미 인식을 위해서 나는 눈을 떠야만 하는 것이다. 조화의 공수행이 동의다. 그런 한에서 의미는 동의의 요소를 내포하는데, 때때로 아주 부수적으로 (저마다의 인식행위 안에서처럼), 때때로 명시적인 동의의 수행 안에서처럼 더 강하게, 때때로 수행의 목적, 곧 실현목적으로서 그러하다. 나는 이 목적을 실현하고 싶어 한다. 의미는 실천을 위해서 구성적인 것으로서, 행위 자체도 목적으로서 규정한다. 다시 말해서, 나는 의미를 나에게 고유한 것으로 만들며, 내 눈앞에 가진 의미를 실현한다. 나는 이 목적, 곧 이 의미와 동일시되어 있다. 나는 의미를, 곧 나의 의미를 일별하면서, 내 자신을 실현한다. 이때 목적은 규범적으로 작용한다. 행위는 단지 그것의 의미가 실현될 때에만 성공적이다. 의미는 이로써 행위와 삶을 위한 그때마다의 표준적인 것의 개념도 되는 것이다. 이런 맥락에서 우리는 철두철미 플라톤의 이데아들에 대해 생각해 볼 수 있다. 왜냐하면 이것들은 행위에 의미를 부여하는 규범들이기 때문이며, 이것들이 행위의 규범들인 이유는 그것들이 동시에 의미를 부여하는 세계의 구성소들 Konstituentien이기 때문이다.

(5) *의미-내용의 다차원적인 맥락*: 의미는 내용의 맥락으로서 제시된다. 이 내용은 우선은 내적인 것이다. 그것은 자체 내에 조화를 지녀야 한다. 그러나 그것의 맥락은 개별적인 의미구성체를 넘어서 무엇인가를 가리키며, 이렇게 보다 계속적인 맥락은 개별적인 의미구성체에 대해서 외적인 것이 아니라, 비록 등급을 이룬 방식 안에서이긴 하나, 그것에 대해 철저히 본질적인 것이어서, 그 맥락이 없이는 개별적인 의미구성체가 생각될 수도 없다. 이때 맥락의 상이한 차원들이 존재한다: 예컨대, 주체-객체-관계의 맥락이 존재하며, 나아가서는 언어와 그것의 맥락이 존재하는데, 이 맥락은 저마다의 의미내용의 뜻을 함께 규정한다. 언어는 마침내 현실을 현존하게 만들 수 있는 것이다. 현실과의 이러한 관련과 함께 진리문제가 특별한 일치맥락으로서 시야에 들어온다. 이 맥락은, 진리능력이 있는 그리고 진리임을 주장하는 표현이 관련을 맺는 것이 예컨대 개념세계의 구성물인지, 경험적 소여성인지, 혹은 실재의 형이상학적 심층구조인지에 따라서 상이하다. 맥락은 또한, 그 안에서 특별한 학문적 관점(자연과학적으로 혹은 정신과학적으로 역사적인 관점)이 표명되거나, 혹은 인격적인 상호작용의 특수한 의미형태들을 가진 대화의 행위가 표명되는 한에서 상이하다. 이 모든 것들은 여기서 충분히 열거됨이 없이, 적어도 의미맥락들의 다차원성을 지시하기 위해 단지 암시된 것일 뿐이다. 마찬가지로 동의의 관점도 다양한 맥락들을 계속해서 지시한다. 이것들은 이하에서 더 상세히 언급될 것이다.

(6) *의미의 반성적인 마지막 척도*: 동의의 관점은 특별히 언급되어야만 하는 하나의 특징을 지니고 있는데, 그것은 말하자면 정초 내지는 마지막 정초라는 특징이다. 내가 만일 이것 혹은 저것이 실제로 의미가 있거나 좋은 것이라는 확신을 가질 경우, 나는 이러한 판단의 마지막 정당성으로부터 출발한다. 의미내용의 다양한 맥락들이 어떤 불확실성과 추월될 가능성을 보유하고 있다는 점은 위의 사실과 양립할 수 있다. 그럼에도 불구하고 마지막 맥락과의 관련은 의미내용에 고유한 것이며, 이 마지막 맥락은 [의미내용에 대한] 동의를 근저에 있어서 정당화된 것으로 나타나게 한다. 이것은, 이러한 정당화가 모든 보폭들 안에서 입증될 수 있다는 것을 의미하지는 않는다. 그러나 그 정당화는 항상 선취되고 있다. 내가 이것 혹은 저것을 의미가 있다거나 좋은 것이라고 간주하는 것은, 그러한 판단이 마지막으로 정당화된 것이라고 확신하기 때문이며, 곧 그 판단을 정당화시키는 마지막 근거가 있다고 확신하기 때문이다. 의미수행 안에는 하나의 예Ja가 내포되어 있고, 그것은 그 지향으로 보건대 단지 잠정적인 것에만 관련되는 것은 아니다. 그 예는 마지막 정초를 선취한다. 그런 한에서 막스 뮐러의 말은 타당하다: "의미문제는 전체적이고, 보편적인, 그리고 철저한 권리의 문제quaestio juris이다"(Müller 1980, 52). 그러나 나는 어디서 이 마지막 것에로 향하는 동의가 정당하다는 척도를 갖는가? 모든 고려와 사안적인 숙고를 통해 보건대, 그것은 나 자신과의 일치이며, 이것이 나에게 결정적인 판단을 허용한다. 의미내용의 조화가 나에 의해서 파악되는 것은 나로 하여금 내 자신과 일치하게 만드는 조화 속에서이다. 우리는 우리 자신과 일치하게 되기를 원하거나 그래야 한다는 것을 알고 있다. 바로 그렇기 때문에 우리는 정신을 가다듬는 것이다. 정신을 가다듬는다는 것이 의미하는 바는 자신에게 머물러 있고자 하는 것인데, 바로 이것이 의미가 있기 때문이다. (자기)숙고라는 의미수행은 더 이상의 계속되는 정초를 필요로 하지 않는다. 자각은 마지막 정당화가 의식 안에 주어져 있거나 혹은 선취되어 있는 방

식이다. 그렇기 때문에 우리는 무엇인가 잘못된 일이나 의미에 반하는 일을 하는 사람에 대해 그 사람이 제 정신이 아니거나 사려 깊지 못하다고 말하는 것이다. 의미를 파악함이 뜻하는 것은 스스로 정신을 가다듬음 내지는 자신에게 머물러 있음이다. 소크라테스가 따르는 말, 곧 "너 자신을 알라!"는 그와 같은 숙고에 대한 촉구를 뜻한 것이다. 그것은 또한 다음과 같이 말해질 수도 있다: "너에게 돌아오라!" "네 자신이 되어라!" "네 자신과 일치하라!" "네가 모순들 속에서 분열됨으로써 네 자신에게 '너'라고 말하는 것이 어렵게 되지 않도록 하라. 그것이 어렵게 되는 것은 네가 네 자신을 잃어버렸기 때문이다." 자기숙고의 마지막 조화에 상응하는 것은 마지막으로 정초된 의미이다. 하지만 마지막 조화를 고려할 때, 인간에게 이러한 자기숙고의 능력이 있는 것일까? 의미의 이 마지막 조화가 인간의 뇌리에 곧장 떠오르는 아주 단순한 경험이 있는데, 그것은 바로 양심의 경험이다. 여기서 인간은 그가 원하든 그렇지 않든 조화와 대질하게 되는데, 인간은 오직 자기방기와 자기파괴라는 대가를 치르고서만 이 조화를 거절할 수 있다. 이러한 경험 안에서 명백해지는 것은, 우리가 참된 것과 선한 것, 곧 의미의 마지막 척도를 조회하게끔 되어 있다는 것이다. 이 척도는, 그 무엇이 진실로 선하고 의미가 있는 것인지를 우리가 양심적으로 물어야만 하는 곳이라면, 그 어디에서도 통용되고 있다.

지금까지 논의된 관점들을 요약하자면, 의미는 다음과 같이 정의될 수 있다: 의미는 "*이론적-실천적인, 다차원적으로 맥락에 근거하는, 그리고 반성적으로 최후로 정초될 있는 조화로운 내용*"이다.

d. 의미와 행복

의심할 바 없이 의미의 개념은 행복의 개념과 매우 가깝다. 그러나 의미개념에 있어서는 객관적이고 내용적인 조화가 포기될 수 없는 것임에 반해서, 행복에 있어서는 주관적인 체험의 상태가 중심을 이루고 있다. 행복 역시 객관적인 성분들을 가지고 있기는 하다. 이것은 이미 언어적으로 잘되다Glücken 혹은 성공하다Gelingen라는 뜻으로서의 행복Glück 안에 놓여져 있다. 그러나 문제는 이렇다: 행복의 척도는 무엇인가? 여기서 대답들은 언제든 다시 그 결정적인 척도를 다음의 사실 안에서 발견하려는 데로 기운다. 곧 나는 나의 주관적 관점으로부터 무엇인가를 조화로운 것으로 체험하는 것이다. 하지만 이로써 객관적인 조화의 관점은 뒤로 후퇴한다. 그런데 행복주의Eudaimonismus(εὐδαιμονία = 행복)의 고전적 전통은 항상 객관적 관점을 강조했다(아리스토텔레스나 토마스 아퀴나스에서처럼). 하지만 그 전통에 있어서도 주관주의적인 해석을 완전히 배제하는 것은 성공하지 못했다. 이러한 결함을 통해서 행복은 결코 쾌락Lust과 명백히 구분되지 못한 채 남아 있었다. 쾌락주의Hedonismus(ἡδονή = 쾌락)의 가르침은 그로부터 결론을 이끌어내서 이렇게 말했다: 유일하게 분명히 제시될 수 있는 행복의 척도는 행복한 상태의 경험이며, 그것은 쾌적한 것이다. 모든 행위, 저마다의 수행은 그것이 나에게 쾌락을 가져다주느냐에 따라서 판단되어야만 한다. 하지만 이것은 완전히 일면적인 생각이다. 왜냐하면 우리에게 중요한 것은 어떤 대가를 치르고서라도 육체적인 평안함을 누리는 것이 결코 아니라는 사실이 쾌락주의에서는 고려되고 있지 않기 때문이다. 오히려 우리에게 더욱 중요한 것은 객관적인 선이고, 우리가 마음으로부터 동의할 수 있는 어떤 무엇에 대한 경험이다. 곧 우리를 기쁘게 만드는 참된 이유, 바로 우리를 행복하게 만드는 의미심장한 것이 더욱 관건이 되는 것이다. 결정적인 것은 조화의 체험이 아니라, 체험되고 있는 조화이다. 즉 체험에 대한 사안적인 근거가 더 중요한 것이다. 조화의 체험은 고립될 수가 없고, 지향적으로 남아야만 한다. 나는 이 점을 설명을 통해서보다는 몇 개의 인용문들을 가지고 해명하고 싶다:

"행복하게 만드는 것이 선한 것이 아니라, 선한 것이 행복하게 만든다”(피히테Fichte, SW VI, 299).

괴테의 “빌헬름 마이스터의 편력시대”Wilhelm Meisters Wanderjahre 에서는 어떻게 몬탄이 자신의 친구를 광구鑛區로 안내하는지가 설명되고 있다. “도처에서 거친 광부들로부터 ‘행복하게!’라는 인사를 받자, 그들은 명랑하게 그 인사를 되돌려준다. 몬탄이 말하기를, 나는 그대들에게 이렇게 자주 소리쳐 알리고 싶네: ‘의미 있기를!’, 왜냐하면 의미는 행복이상이기 때문이지”(Kap 9, HA, 8, 263).

“진지한 노력의 모든 성공, 모든 사랑과 사랑받음, 인간적인 위대함에 대한 모든 관여, 이념적인 목적들이나 혹은 커다란 사건에 대한 모든 헌신은 명백하게 동일한 종속의 방향을 나타낸다: 행복하게 만들기 때문에 의미가 있는 것이 아니라, 의미가 있기 때문에 행복하게 만든다”(하르트만Hartmann, 265).

“[...] 인간이 진실로 행복에로 정향되어 있는 존재라는 것을 나는 개인적으로 결코 믿지 않는다. 오히려 내가 보기에는, 인간이 정말로 원하는 것은 행복한 근거를 갖고자 한다는 것이다. 즉 인간이 그런 근거를 가질 경우, 행복은 저절로 모습을 드러낸다”(프랭클Frankl, 108).

“실제에 있어서 인간들에게 의미는 주관적인 평안함보다 더 중요하다. 만일 누군가가 우리에게 마취상태에서 수술대 위에 누운 채 두뇌에 연결된 관을 통해서 계속적인 쾌감상태에 빠져 있는 사람을 보여준다고 하자. 그리고 우리에게 그 사람과 처지를 바꿀 용의가 있는지를 물어온다고 하자. 아마도 우리 모두는 이런 방식으로 행복해지기보다는 차라리 계속해서 우리 자신에 대해 지루한 강연을 하도록 내맡기고 싶어 할 것이다”(슈패만Spaemann 1973, 5).

이 인용문들 안에서 의미는 행복해지기 위한 타당한 근거의 보증인이다. 그러나 이것은 다시금 의미사건 안에서의 객관적인 측면을 지시한다. 이점과 관련해서 신뢰할 만한 증인으로 간주될 수 있는 아도르노의 말이 참고가 될 것이다: “불가피하게 삶의 의미에 대한 물음과 거의 한 패가 되어서 내려지는 대답은, 삶의 의미는 그것을 묻는 자가 삶에 제시하는 바로 그 의미라는 것이다. 이 대답은 잘못된 것이다. 의미의 개념은 모든 만듦Machen을 넘어서 있는 객관성을 포함하고 있다; 만들어진 것으로서의 의미의 개념은 이미 허구이다. 그것은 주체를 배가시키고, 주체를 속여서 의미개념이 제공하는 듯이 보이는 것을 가로챈다. 형이상학은, 주관적인 측면으로부터 자신을 면제함이 없이, 객관적인 것을 다룬다"(아도르노Adorno 1966, 369).

e. 의미물음의 철저성

의미의 맥락에 대한 물음은 상이한 차원들 위에서 제기되는데, 가령 언어적 의미의 차원에서 한 문장 혹은 본문 안에서의 한 단어의 뜻을 묻는 경우이다. 실존적인 의미물음은 특별히 동의의 관점과 관련되어 있다: 의미, 곧 인식적 내용은 내가 그것에 동의할 수 있고, 내가 그것을 수행할 수 있고, 그것을 나에게 동화시킬 수 있는 그런 것인가(그 결과 의미가 곧 나의 의미와 같은 것인가)? 의미는 특별히 행위 안에서 나와 하나이다. 왜냐하면 여기서 의미는 나의 수행 내지는 자기수행 안으로 수용되었기 때문이다. 또는 자기수행은 의미로부터 비로소 의미 있는 행위가 되기 때문이다. 우리가 이러한 수행의 관점을 더 커다란 폭에서 바라볼 때, 우리의 삶은 본래 우리의 수행들의 총체로서 이해될 수 있으며, 이 삶은 우리가 그 안에서 수행하는 의미를 통해서 의미 있게 된다. 따라서 우리는 다음의 질문을 추적할 수 있다: 나의 수행, 나의 실천, 나의 행위는, 나의 삶이 그로부터 존립하는데, 의미 있는 것인가? 이렇게 보았을 때 관건이 되는 것은, 내가 여전히 그로부터 분리될 수 있는 바로서의 의미에 대한 인식이 아니라, 내가 수행하고 살며 체험하는 그 의미이다. 그렇기 때문에 우리는 의미물음이 철저성의 경향을 지닌다는 것을 명료히 하고자 행위의미Handlungssinn로부터 시작하기로 한다.

1) 외재적 의미: "~과 관련해서 본" 의미(기능적 의미)

의미는 우리가 본 것처럼 동의를 받을 만한 어떤 "내용"이다. 그 내용에 이론적-실천적으로 상응하는 데서 의미가 성취된다. 비로소 이러한 행위적 실현, 곧 그 내용의 수행이 의미에다 우리의 지향이 마지막으로 겨냥되어 있는 저 완성태Vollgestalt를 부여하며, 그 수행이 의미를 살아진, 그리고 살아있는 의미로 만든다. 동의내용으로부터 요구된 실현이 없이는 의미는 미완성으로 남게 될 것이다. 우리가 구체적으로 어디서 의미와 관계를 맺는지, 더욱이 살아 있고 수행된 의미, 그런 한에서 삶의 의미와 관계를 맺는지 하는 물음에 직면했을 때, 우리의 눈앞에 떠오르는 것은 아마도 우선은 저 실행들인데, 그것들은 곧 "무엇 때문에"wozu를 분명히 인식하게 해주는 것들이다. 나는 무엇인가를 행한다. 그 의미는 무엇인가? 내가 그 수행을 통해서 실현하는 바로 그것이다. 단순한 예를 들자면 이렇다: 나는 전차를 타고 일터로 간다. 이것은 의미 있는 행동이다. 여기서 나는 어떤 의미를 실현하고 있는가? 그것은 바로 내가 일터로 가서, 거기서 일할 수 있게 되는 그 의미이다. 일을 한다는 것은 여기서 동의내용이고, 이 의미와 관련해서만 전차를 타고 가는 것 역시 의미가 있는 것이다.

물론 나는 계속해서 물을 수 있다: 그렇다면 일이란? 어디에 일의 의미가 놓여 있는가? 아마도 돈을 버는 일에. 그렇다면 돈을 버는 일의 의미는? 아마도 내 가족을 부양하기 위한 목적에서. 여기서도 나는 계속해서 더 물어갈 수 있는가? 어떤 것도 내가 계속해서 물어가는 것을 방해하지는 못한다. 우리가 본 것처럼, 계속해서 더 나아가는 것은 의미문제에 고유한 경향이다. 곧 분명해지겠지만, 계속되는 '무엇 때문에'를 통해서 더 이상 규정되지 않는 의미실현을 내가 목전에 가지지 않는 한, 나는 이 물음으로써 실현되어야 할 의미를 언제든 계속해서 유예할 뿐이어서 결국은 그 의미가 나에게서 완전히 사라질 지경에 처하게 될 것이다. 내가 기능성을 의미실현 일체의 본질로 천명할 경우, 저마다의 의미는 나에게서 사라지*게 되어 있다muβ*.

기능적인 의미개념이 유일하게 가능한 것으로 간주되는 데에 위험이 존재한다. 이것에 상응하는 것이 호르크하이머가 "도구적인 이성"이라 부른 정신적 태도이다(Horkheimer 1964). 도구적 이성은 모든 행위, 모든 의미수행을 무엇인가를 제조해내는 능력에 따라서 평가한다. 이러한 사고는 기술을 통해 각인된 우리시대와 상응한다. 행위는 "~에로의 수단"으로 간주되며, 배타적으로 그 수단가치에 따라서만 평가된다. 이 가치는 그것이 더 많은 힘을, 더 많은 가능성을 만들어낼수록 더 커진다. 하지만 여기서 제기되는 물음은 이렇다: 무엇을 위한 가능성인가? 무엇을 위한 힘인가? 대답은: 더 많은 가능성들, 더 많은 힘을 획득하기 위해서? 그러나 이것은 명백한 모순이다. 왜냐하면 더 이상 또 다른 '무엇 때문에'를 지시하지 않는 어떤 '무엇 때문에'가 없다면 "수단들"의 의미와 더불어 의미 자체가 폐기된다. 오직 "삶의 수단"만을 염려하고, 더 이상 삶 자체가 무엇인지를 알지 못하는 것은 하나의 부조리가 아닐까?(피퍼Pieper 1964, 82 참조).

2) 내재적 의미: "자체적인" 의미(자기의미Selbstsinn)

이로써 우리의 주의는 본질적인 물음에로 향해졌다: 관건이 되는 것은 삶 자체이다. 오직 자체적으로 의미 있는 삶의 수행 또한 존재할 때에만 의미가 존재할 수 있다. 한갓 기능적인 의미정초는 폐기된다. 삶 자체가 의미 있는 것으로 분명히 드러나야만 한다. 그런데 삶은 실제로 자기수행이다. 과연 삶은 수많은 목적-수단-기능들 안에서 제시되고 있기는 하다. 하지만 이것들이 "의미"를 만들어내는 것은, 오직 그들이 삶에 기여하기 때문이다. 삶은 이러한 기능들을 통해서 수행되는데, 바로 이 본질적인 관점에서 삶은 더 이상 기능적으로 간주될 수 없는 것이다. 사실 우리가 삶의 의미에 대해서 물을 때, 그저 사실적인 삶을 지시하는 것만으로는 우리에게 충분치 않다. 그러나 아마도 한 가지는 우리에게 이미 분명해 졌는데, 그것은 바로 "삶"을 올바로 파악하는 것이 중요하다는 점이다. 우리가 삶을 단지 기능적으로 바라볼 때, 우리는 삶을 도대체 이해하고 있는 것인가? 삶은 자기수행이다. 우리의 사유 역시 자기수행이다. 반성이 뜻하는 것은, 우리가 우리 자신에게로 되돌아와서 우리 삶의 자기수행을 현실화할 수 있다는 것이다. 우리의 사유는, 그것이 제 아무리 기술적인 사고로 소멸되는 듯이 보여도, 본질적으로 반성으로서의 자기수행이며, 그로써 곧 삶이다.

이러한 숙고들은 삶이 분명히 자기의미로 나타나는 경험들에 대해서 우리의 주의력을 환기시켜야만 한다. 삶이 그렇게 현상으로 나타나지 않는다면, 삶은 곧 증발해 버리고 말 것이기 때문이다. 그렇게 되면 우리는 자신을 생명체로서 이해할 수 있기보다는 오히려 기계장치로 이해해야 할 것이다. 그러나 이것은 물론 모순이 될 것이다. 왜냐하면 이 "진리"에 대한 반성은 항상 삶의 수행으로 남겠기 때문이다. 그러나 우리가 삶의 자기의미에 대해 확신을 가지기 위해서는 이러한 모순의 입증으로는 아직 충분치 않다. 끊임없이 우리는 삶을 자기의미로서 분명히 드러내주는 우연한 경험들에 민감해져 있어야만 한다.

실제로 그러한 경험들이 많이 있다: 우리가 사랑하는 사람들과 함께 있음. 누군가에게 선을 행하거나, 그를 돕거나, 혹은 단순히 친절한 말 한마디를 건네는 것. 아름다운 자연을 체험하고, 예술작품을 관조하는 것, 음악을 듣거나 유희하는 것, 운동을 하고 신체적인 일을 하며 그 양자 안에서 자신의 몸을 체험하는 것, 춤추는 것, 반성하는 것, 철학적 질문을 제기하는 것, 진리를 인식하는 것, 하느님께 예배를 거행하는 것, 기도하는 것. 우리의 삶 안에서 상이한 정도로 뜻을 지니는 이 모든 수행들을 그저 기능적으로 이해하는 것은 억지가 될 수 있다. 그것들은 기능적인 관점들 역시 가지고 있다. 그러나 그러한 수행들을 기능적인 관점에 고정시키는 것은 곧 그것들을 사라지게 함을 의미한다. 삶 안에서 자기의미가 출현하며, 이것은 삶을 자기의미로 드러나게 해준다. 하지만 이로써 삶의 의미에 대한 물음이 이미 대답된 것인가?

3) 자체적인 의미와 그것의 보편적 경향

우리가 본 것처럼 기능적 의미의 절대화는 가능하지 않다. 그 이유는, 우리가 계속해서 물어갈 수 있고, 이는 결국 공허에로 이끌기 때문이다. 이로써 의미주제의 전형적인 철저성, 곧 전체로 향한 행보는 모순적인 것인가? 우리는 그렇게까지 나갈 필요는 없다. 하지만 한 가지는 분명하다: 물음의 철저성이 단지 기능적 의미에만 결부되어 있다면, 그 물음은 폐기될 것이다. 하지만 위에서 묘사한 것처럼, 그 의미를 자신 안에 지니고 있는 경험들(자기의미의 경험들)은 어떠한가? 전체로까지 나아가는 철저한 의미물음은, 자기의미의 경험들에게서 다시금 그 의미를 해체시킴이 없이, 그러한 경험들과 결부되는가? 이제 개별적인 자기의미의 경험은, 더 계속되는 의미에 종속되어 있는 기능적인 의미체험과는 달리, 우선은 자체 안에 존립한다. 그러나 이 자기의미의 경험 역시 스스로를 넘어서는 무엇인가를 지시한다. 그것은 하나의 삶의 맥락 안에 삽입되어 있기 때문이다. 그것은 이 맥락에 개입되어 있으며, 그것을 비추고 있다. 자기의미의 경험에 있어서는 이 보다 넓은 맥락이 자신의 의미를 개별적인 경험으로부터 얻는 것처럼 보이는데, 이는 기능적인 의미에 있어서처럼 개별적인 경험이 자신의 의미를 맥락으로부터 비로소 얻게 되는 것과는 다르다.

그렇게 사랑과 공동체의 경험들은 계속되는 삶에 영향을 미치게 될 것이다. 그 경험들은 다른 이들을 위한 활동적인 투신에 동기를 부여하며, 일상의 노동에 새로운 의미를 부여할 수 있다. 예술작품과의 대면도 사람에게 삶의 보다 깊은 차원을 개시해줄 수 있으며,

권태와 냉담의 침울한 시간들을 잊게 해준다. 아름다운 자연의 체험을 상기하는 것은 회색빛 일상을 환하게 밝혀준다. 종교적인 몰아의 순간들이 허락되었을 때, 이 세계 일체를 바라보는 시각이 변하게 된다. 이로써 분명해지는 사실은 이렇다: 자기의미의 경험들은, 물론 그 강렬함의 정도에 따라, 그 의미 안에서 그때그때 그것들이 출현하는 작은 영역에 국한되는 것이 아니라, 여분의 삶과 접촉하게 된다. 그것들은 곧 과거와 미래를 새로운 빛 속에서 나타나게 하는 방식으로 삶을 규정하게 된다. 자기의미의 경험들은 삶이 단일성을 이루는 곳, 즉 모든 것이 모든 것과 연관되는 심연에까지 다다르는 것처럼 보인다. 깊은 동의의 경험은 전체로서의 삶에 새로운 동의 또한 제시한다.

니이체는 이 확장과 포괄의 경향을 그 자신의 고유한 엄격성 안에서 이렇게 표현했다: "우리가 어떤 유일한 순간에 '예'라고 말한다면, 우리는 그로써 우리 자신에게만이 아니라 모든 현존재에 대해서 예라고 말한 것이다. 왜냐하면 어떤 것도 자신을 위해서, 우리 자신 안에서든 사물들 안에서든, 존립하지는 않으며[...] 우리가 예라고 말한 이 유일한 순간 안에서 영겁이 시인되었고, 구원되었으며, 정당화되었고 긍정되었기 때문이다"(Werke III, 893). 비슷한 방식으로 도스또옙스키는 일찍이 "악령"에서 개별적이면서도 동시에 보편적인 동의의 체험에 대해 말하고 있다. 키릴롭은 햇빛의 범람을 받은 가을 꽃잎을 보았다: "비유가 아니야! 단순히 하나의 꽃잎이야. 오직 하나의 꽃잎. 하나의 꽃잎으로 좋아. 모든 것이 좋아. — 모든 것? — 모든 것!"(II, 1, 5).

하지만 부정적인 경험들도 삶을 전체로서 포착하는 힘을 가지고 있다. 의미에 어긋나는 것들은 이미 체험된 것을 어둡게 만들 수 있다. 행복할 만큼 신뢰했던 좋은 친구가 비열한 방식으로 우리를 속였다는 것을 차후에 우리가 경험하게 될 때, 과거에 행복했었다는 사실이 결코 우리를 위로하지는 못할 것이다. 그 당시에 행복했었다는 말은 그저 절망적으로 들릴 뿐, 신빙성이 없게 된다. 멋진 요양 휴가 역시 위협적인 미래 앞에서는 그 “조화”를 잃어버리고 몹시 흐려질 수 있다. 부정적인 경험들은 심지어 다음과 같은 질문을 야기할 수 있다: 도대체 모든 것이 의미가 있는가? 종교적인 신념들 역시 이때는 많이 동요하게 된다. 왜냐하면 마찬가지로 전체를 향하는 부정적인 경험들이 종교적인 신념들과 직접적으로 모순 되는 듯이 보이기 때문이다. 이것은 끔찍하게도 원리적으로 발생할 수 있다. 도스또옙스키는 “카라마조프가의 형제들”에서 이반의 입을 통해 격렬한 ‘아니오’를 말하게 하고 있다. 이는 종교적인 인간들에게도 낯선 것이 아니다: “나는 고상한 조화 따위는 완전히 포기하고 말겠어. 그런 것 따위는 자기 가슴을 주먹으로 두드리며 구린내 나는 개집에서 보상받지 못할 눈물을 흘리며 ‘하느님 아버지’께 기도를 드린 그 고통 받는 어린애의 눈물, 단지 그것 한 방울의 가치도 없는 것 아니겠어! 정말 그럴만한 가치가 없다고. 왜냐하면 그 애의 눈물은 보상받지 못한 채 버려졌기 때문이야”(I, 5. 4).

이것이 보여주는 바는 이렇다: 의미의 경험들은, 그것이 이제 긍정적인 것이든 부정적인 것이든, 즉 의미의 경험이든 혹은 의미부재의 경험이든, 삶 일체와 관련 맺는 경향이 있다는 것이다. 그 경험들은 삶을 전체로서 시야에 들어오게 하며, 그 안에서 삶이 통틀어 문제가 되고 있음을 분명히 해준다. 우리는 삶에 동의할 수 있는가 혹은 그렇지 않은가? 이것은 우리의 자유에 건네지는 물음이다. 동의의 사건으로서의 의미는 자유를 통해서 구성되어 있으며, 경험이 더욱 심원할수록 그만큼 우리의 자유는 보다 철저하게 요구를 받는다.

그러나 어떻게 우리는 전체적인 삶에 대해 결정을 내려야만 하는가? 이 물음은 삶의 모든 경험들을 개관해야 함을 뜻한다. 이제 우리는 아마도 우리의 개인적인 삶을 그것이 종결될 때 통합적으로 한 눈에 조망할 수 있기를 희망할 수도 있다. 그러나 우리는 우리의 개인적인 삶의 의미를 다음과 같은 관심사들, 곧 인류가 어떻게 되어갈지, 우리의 자녀나 후손들이 어떻게 살아가게 될지 등에 또한 종속시키지 않는가? 이러한 관점 안에서 즉시 분명해지는 것은, 우리는 삶을 전체적으로 조망할 수 없다는 사실이다. 역사는 완결되지 않은 채로 남는다. 하지만 이러한 비완결성에도 불구하고 어떤 근본적인 의미경험들은 삶의 의미에 대해 찬반을 말하도록 우리의 결정을 촉구한다. 삶이 정말로 한번은 이렇고 한번은 저렇다는 식의 타협은 대답이 아니다. 그 즉시 어떤 측면이 더 중요한 것인지에 대한 물음이 제기되기 때문이다. 이 중요도의 판정은 근본적인 선택을 내포한다. 따라서 우리는 부득이 숙고할 수밖에 없다. 숙고에 대한 포기는 자신의 결정을 우발적인 영향들에 내맡기는 것을 의미한다. 그렇다면 그것은 자신의 자유로부터 작별함을 뜻하게 될 것이다.

4) 의미를 수립하는 마지막 힘들의 탐색

자기의미의 (혹은 그것의 부재에 대한) 경험이 갖는 보편성의 경향과 함께 우리의 자유 또한 그에 상응하는 근본적인 결정을 내리도록 촉구된다. 자유가 비합리적인 결과를 나타내지 않아야만 한다면, 만일 그럴 경우 그와 함께 자유가 폐기되겠기에, 막스 뮐러와 함께 우리가 마지막 정당성의 물음에 대한 대답이라고 부를 수 있는 것이 고려되어야만 한다. 다시 말해서 우리가 의미를 선택한다면, 이것은 동시에 마지막 정당성의 근거, 곧 삶을 전체적인 것으로서 지탱하는 의미근거에 찬성하는 결정이다. 의미에 반하는 선택이 뜻하는 것은, 그와 같은 의미근거가 최종적으로 결여되어 있음을 받아들이는 것이다. 그런데 그러한 의미근거는 본래 파악할 수 없는 것처럼 보인다. 이 파악불가능성은 첫 눈에 우리의 자유와 부합하는 것처럼 보인다. 왜냐하면 우리의 자유는 처음부터 어떤 것을 통해서도 구속되어서는 안 되기 때문이다. 자유는 오히려 자신의 속박들 자체와 만나야만 한다. 우리는 저 마지막 정당성의 근거에 대하여 자유롭게 규정할 수가 없거나, 아니 그럴 필요가 없는 것일까? 아마도 이럴 것이다: 우선 우리는 자유 안에서 그 근거에 찬성하며,

그 근거를 더 정확히 규정하면서 그 파악불가능성으로부터 그것을 강조한다. 비로소 그렇게 우리의 삶은 의미를 얻는 것처럼 보인다. 이것은 말하자면 분명히 파악할 수 있는, 의미를 수립하는 힘에 의한 것인데, 이 힘은 우리에게 끈질기게 다가오거나 혹은 우리 자신이 그것을 확정한다.

우리는 곧 귀납적으로 진행할 수 있으며, 범례들에 초점을 맞출 수가 있다. 무엇이 그처럼 마지막으로 의미를 수립하는 힘에로 고양될 수 있을까? 무엇이 절대적인 의미근거와 그에 상응하는 마지막 정당화를 제시할 수 있을까? 물음이 이렇게 제기된다면, 그것은 이미 하나의 척도를 지시하고 있다. 말하자면 그것은 더 이상의 정당화와 정초를 필요로 하지 않는, 혹은 도대체 마지막 정당화와 정초의 능력이 있는 의미근거일 수밖에 없다. 무엇이 우리에 의해서 이런 방식으로 마지막 의미수립의 힘에로 고양될 수 있을까? 여기서 문제가 되는 것은 의미를 수립하는 내용들 일체가 아니라, 자기 단독으로 각각의 의미를 정당화하고 저마다의 경험을 비로소 의미로 채워야만 하는 그런 것임을 유념해야 할 것이다. 예컨대 자신의 (학문적, 정치적 혹은 여타의) 성공을 최후로 의미를 수립하는 크기에로 들어올리는 것이 가능하지 않을까? 혹은 힘이나 영향력을 그런 것으로 볼 수는 없을까? 하지만 그와 같은 종류의 의미크기들에로 구속됨은 극단적인 이기주의로 귀결될 것이며, 이는 단순히 모순적이다. 왜냐하면 그럴 때 다른 사람들은 오직 수단으로서만 간주될 수 있겠기 때문이다. 그렇게 되면 어떤 현실적인 공동체도 더 이상 존재하지 않게 될 것이다. 우정은 동등성과 상호간의 인정을 전제로 한다. 이기주의자는 완전한 고독을 대가로 치르고서야 삶의 의미를 얻게 될 것이다. 사람들 사이에서 가장 좋은 자리를 움켜잡으려는 가운데 이기주의자는 다른 사람들로부터 고립될 것이다. 만일 사람들이 극단적인 이기주의로부터 거리를 둔다면, 공동체는 의미를 수립하는 크기로 간주될 수 있을 것이다. 그러나 어떤 공동체인가? 가족인가? 하지만 가족 역시 인간적인 삶의 맥락 안에 편입되어 있으며, 그러한 맥락과 마주해서 가족을 유일하게 표준적인 가치로 만드는 것은 극도의 억지일 뿐이다. 그렇다면 민족인가? 우리는 그러한 집단이기주의에 대해 나쁜 경험들을 했다. 그러면 인류인가? 하지만 인류란 말로 의미된 것이 무엇인가? 미래의 인류가 의미되고 있는가, 가령 역사의 종점으로서의 계급 없는 복지사회가 의미되고 있는가? 그것은 영예로운 목적이 될지도 모른다. 그러나 우리가 숙고해야 하는 것은, 무엇이 여기서 관건이 되고 있는가 하는 것이다. 관건이 되는 것은 의미를 수립하는 특정한 크기에 대한 물음인데, 이 크기는 모든 의미수행들의 마지막 정당성의 근거를 제시할 수 있는 그런 것이다. 그렇게 투사된 마지막 인류의 미래를 일별할 때, 그 의미는 이렇다: 지금 살아있는 우리들은 단지 저 미래를 위한 수단으로서만 쓸모가 있을 뿐이다. 그와 함께 그에 상응하는 정치적 행위도 정당화될 수 있을 것이다. 즉시 분명해지는 것은, 이러한 길 위에서 인간의 자기가치는 부정된다는 것이며, 미래의 세대들을 고양시켜서 유일하게 규정하는 자기가치로 만드는 것은 자의적이라는 것이다.

우리가 도달하게 되는 결론은, 마지막으로 정당화하는 의미근거는 이 세계의 개별적인 크기일 수가 없다는 것이다. 의미는 어떤 경우에도 다수의 크기들에로 분배되는 것처럼 보인다. 그러나 정확히 이런 통찰이야말로 통일성을 부여하는 정당성의 근거에 대한 물음을 새롭게 불러일으켜야 한다. 체계적인 사유에 의해서 이렇게 귀납적으로 도달된 결론은 처음부터, 즉 선천적으로 명백하다. 왜냐하면 어떤 방식으로든 여전히 보다 넓은 맥락 안으로 편입되는 모든 것은 그런 한에서 상대적이고 제약된 것이며, 그렇기에 구해지고 있는 마지막이자 무제약적인 정당성을 제시할 수 없다. 하지만 범례들을 통과하면서 현상학적으로 분명해져야 마땅한 것은, 무엇이 선천적으로 통찰되고 있는가 하는 것인데, 따라서 그것은 일종의 체험적인 시험 안에서이다(모든 것이 ~에 좌우된다고 일단 가정해보자). 하지만 그와 함께 아무런 오해들도 생겨나지 않는다: 열거한 보기들은 철저히 의미경험, 곧 마지막으로 정당화된 의미경험의 영역들이다(공동체, 가족을 위한 헌신 등등). 그러나 그것들은 그들 안에서 나타나고 있는 의미의 마지막 정당성의 근거가 아니며, 그렇게 될 수도 없다. 만일 그렇다면 그것들의 개별적인 출현형태가 절대화될 것이고, 다른 모든 것들이 그것들을 겨냥함으로써 결국 그것들의 고유한 의미형태가 사라지게 되겠기 때문이다. 그렇다면 저 개별적인 의미충족들의 총계는 어떨까? 그것이 추구된 저 마지막 정당성의 근거가 될 수는 없을까? 우리는 이 질문에 대한 답변을 위해서 역시 우선은 표상과 체험의 영역 위에서 논증할 수 있다. 사람들은 단지 열거된 모든 목적들이 달성되었고 서로 간에 조정이 되었다고 생각한다. 이것은 우리의 의미물음에 대한 답변의 보증이 되는가? 모든 것은 그럼에도 불구하고 속이 빈 것처럼 느껴질 수 있지 않은가? 그렇다면 그것이 의미하는 바는 이렇다: 마지막으로 정당화하는 의미근거는 바로 저 모든 의미경험들의 총계로부터 생겨나는 것이 아니다. 그렇다면 그것은 어디에 존립하는가? 그것이 개별적인 의미경험과도, 그리고 모든 가능한 인간적 의미수행들의 총계와도 동일시될 수 없다면, 그것은 도대체 이해할 수 없는 것이 아닌가?

의미근거가 모든 개별적인 것과 구분된다면, 그것은 독특하게도 파악 불가능한 것처럼 보인다. 모든 유한적인 경험들의 총계마저 그것을 보장할 수 없기 때문이다. 선천적인 숙고들 역시 그러한 결론에로 이끈다. 모든 제약된 것의 총계는 여전히 무제약적인 것을 구성하지 못한다. 하지만 그렇다면 추구된 의미는 우리의 경험 너머에 놓여있는 것이 아닌가? 그러나 의미근거가 도대체 모든 포착가능성과 이해가능성을 넘어서 존재하는가? 의미근거가 우리에게서 완전히 벗어나 있고 그래서 무로 화할 것이라는 느낌은, 그것을 구체적인 크기로 고정시키려는 노력을 이해할만하게 해준다. 의미근거가 도대체 존재해야만 한다면, 우리는 그것을 어떤 곳에선가 붙잡을 수 있게 되어 있지 않을까? 하지만 의미근거를 어떤 곳에서든 가용적이고 제어할 수 있는 세계 내의 크기로 만들려는 기도는 실패하고 만다. 자유가 그러한 속박들 안에서 고갈된다면, 자유 역시 의심스러운 것이 된다. 그래서 우리는 하나의 결론에 이르게 되는데, 그것은 의미에 대한 우리의 물음이 재차 마지막 철저성에로 첨예화된다는 것이다. 어쩌면 저 의미근거와 관계된 것은 정말 아무것도 없는 것일까? 그래서 우리의 자유 역시 의미근거를 구할 수 없고 스스로 그것과 함께 상실된 것인가?

f. 허무주의 — 가능성과 불가능성

이것이 허무주의의 테제이다. 니이체는 그 안에서 잠재적이면서도 더욱 억제할 수 없이 등장하는, 서양의 모든 가치이해와 의미이해에 대한 문제제기를 발견했다: "심리적 상태로서의 허무주의는, 첫째로는, 우리가 모든 사건들 안에서 '의미'를 추구하지만 그 안에 어떤 의미도 없을 경우에 부득이 등장하게 될 것이다"(Werke III, 676). 니이체에 의해서 허무주의는 "가치와 의미, 바람직한 것에 대한 철저한 거부"(Werke III, 881)로 정의된다. 그리고 그것은 저지할 수 없이 다가온다: "니힐리즘이 문 앞에 서 있다. 모든 방문객들 중에서 가장 기분 나쁜 이 손님은 어디로부터 오는 것일까?"(같은 곳. "돈 죠반니"Don Givoanni의 "석상"을 암시함). 최후의 선소여적인 의미근거(형이상학, 종교) 안에서 가치와 의미의 토대를 확립함이 중지될 때, 허무주의는 피할 수 없게 된다. 니이체는 인간의 순수한 속박들로서의 도덕적인 가치들이 그 옛 힘을 보존할 수 있다는 환상을 경고한다: "종교적인 배경이 없는 도덕주의를 가지고 빠져나올 수 있다고 믿는 사람이 있다: 그로써 허무주의에로 이르는 길은 필연적인 것이 된다"(같은 곳.) "지금까지의 인류의 모든 관념론은 이제 막 허무주의에로 전도될 처지에 있다. 즉 절대적인 무가치성, 곧 무의미성에 대한 신앙에로"(III, 896). 니이체의 눈에 의지의 자유 역시 무력하게 됨은 우연이 아니다(I, 461).

사람들은 허무주의와 이성적으로 대질할 수 있는 것인가? 혹은 의미를 그저 고집스럽게 붙들고 있는 방어적 저항만이 남는가? 니이체는 바로 이러한 근본주의적인 고수 역시 잠재적으로 허무적인 것이라고 그 정체를 폭로했다. 왜냐하면 맹목적인, 이성적인 대질에 눈을 감아 버린 고착은 스스로가 자신의 정당성을 믿지 않기 때문이다. 그러나 허무주의와의 이성적인 대질은 어떤 경우에도 결코 가망이 없는 것이 아니다. 이점을 나는 이하에서 제시하고자 한다.

모든 의미의 부정은 과연 실행가능한 입장인가? 이 물음은 부정되어야만 한다. 그것을 위해 한 저자를 인용할 수 있는데, 그는 확실히 순진한 의미신심의 의혹에서 벗어나 있다. 그는 알베르 카뮈다: “모든 것이 의미가 없다고 주장하자마자 그 사람은 이미 의미를 가진 어떤 것을 진술하고 있다”(Camus 1994, 92). 사람들은 아마도 이렇게 대꾸할 것이다: 이 인용문이 보여주는 바는 다만, 우리는 어느 정도의 의미의 재고在庫가 없이는 살아갈 수 없지만, 삶을 지탱하는 의미는 그와 함께 아직도 입증되지 않았다는 것이다. 이것은 옳은 생각이다. 하지만 의미의 부정 역시 모종의 의미수행들을 전제하고 있다는 것을 우리가 분명히 할 경우, 우리는 한 걸음 더 진척한 셈이다. 아주 일반적으로 의미전제들에 주의하는 것은 하나의 실마리가 될 수 있다. 의미전제들은 전적인 무의미성을 받아들이기 위한 투쟁의 열화 속에서 잊혀지거나 꺼져버린 것들이다. 정직한 허무주의자에게도 예컨대 진리가 중요하며, 진리를 인식하는 것은 그에게 의미가 있는 것이다. 니이체가 자기비판적으로 시인하기를, “오늘날의 우리 인식자들, 무신론자이자 반형이상학자인 우리들은 천년 동안의 신앙, 곧 그리스도교 신앙이 점화시킨 불로부터 *우리의* 불씨도 취하고 있다. 그 신앙은 또한 플라톤의 신앙이기도 했는데, 그 내용은 신이 진리이며 진리는 신적이라는 것이다”(Werke II, 208). 니이체는 모든 것을, 심지어 자기 자신마저 비웃는 사람에게서도 비슷한 자기모순을 입증하고 있다: 왜냐하면, “자기 자신을 경멸하는 사람은 그런 가운데서도 항상 여전히 경멸하는 자로서의 자신에게 주의를 기울이고 있다"(Werke II, 627). 휠덜린에 따르면 심지어 조화의 경험은 (그것은 그에게 있어서 아름다움이다) 바로 그것의 현존에 대한 의심이 가능하기 위한 더 깊은 전제이다. "히페리온"Hyperion에서 그는 이렇게 적고 있다: "적어도 생애에서 한 번, 더러워지지 않은 충일된 미를 자기 내부에서 느껴 본 적이 없는 사람, 자기 속에서 자기의 본질이 갖는 여러 가지 힘이 일곱 가지의 무지개 색처럼 서로 비치면서 맺어 있는 것을 보고 경이의 감정을 느껴 본 적이 없는 사람, 감격할 때 어떻게 일체가 융화하고 융합하는가를 한번도 경험한 적이 없는 사람은 철학적인 회의론자가 되는 일이 없을 겁니다. [...] 회의론자가 사람이 생각하는 모든 것에서 모순과 결함을 찾아내는 것은 그가 완전무결한 미의 조화를 알고 있기 때문입니다"(Hölderlin, Werke I, 367).

의미부정이 내포하는 의미전제들에 대한 이 같은 비판적 물음을 우리 삶의 해석학의 실마리로 삼는다면, 우리는 여러 가지 점에서 성공적인 발견을 거두게 될 것이다. 어떤 인정도 받지 못하기에 자신의 삶에 절망한 사람은 인정이라는 가치를 알고 있고 또 그것을 경험했어야만 한다. 모욕으로 괴로워하는 사람은 어느 만큼의 자존심을 소유하게 되어 있다. 누군가가 사랑을 그리워한다면, 그 사람의 삶 안에서 한번은 사랑이 어떤 역할을 했어야만 한다. 오직 사랑하고 긍정할 능력이 있는 사람만이 후회하고 슬퍼할 수 있는 법이다. 내가 이러한 그때그때 전제된 수행들 역시 의미가 없는 것으로 천명한다면, 나는 나에게서 비판과 부정을 위한 토대를 박탈한 것이다. 그렇게 되면 절망을 갖지 않은 절망에 이르게 될 것이다. 설령 내가 그 전제들의 의심가능성들을 고집할 수 있다손 치더라도, 실제에 있어서는 카뮈의 반론이 타당하다. 왜냐하면 현실적으로 저마다의 의미를 부정하는 태도는 단순히 스스로를 폐기하기 때문이다. 이 근본적인 반성은 다양하게 전제된 의미경험들을 진지하게 받아들이도록 격려해 주는데, 곧 그러한 경험들에 일반적인 기만의 의혹을 부과하는 것이 아니라, 오히려 그 경험들로부터 항상 현존하는 의미배경에 대한 암시를 얻게끔 고무시켜 준다. 이 의미배경은 다양한 방식으로 삶 안에서 출현하며, 각각의 의미가 위태롭게 보일지라도 현존하는 것이다.

그 어떤 곳에서라면 여기야말로 바로 자유의 참된 장소가 구해져야 할 곳이다. 그 장소는 자의적이고 정초되지 않은 의미설정들 안에서가 아니라, 자기 자신에게로 '돌아와야 함' 안에, 즉 정신을 가다듬고 자신의 정신적 행위를 자기수행의 조화 안으로 가져가도록 '요구받고 있음' 안에 위치한다. 이렇게 보았을 때 또한 분명해지는 것은, 의미는 이 세계 내의 한 가지 사실처럼 객관적으로 증명될 수 있는 것은 아니라는 점이다. 하지만 이 "증명불가능성"이 의미를 우리의 자의적 의향에 내맡기게 하는 것은 아니다. 오히려 그러한 증명불가능성은 의미가 단지 반성으로서, 곧 자신에게로 되돌림으로서, 혹은 자기 자신을 떠맡으면서 붙잡는 자유수행으로서 파악될 수 있음에 대한 표현이다. 그렇기에 철학은 항상 반성에 대한 촉구로 이해되어 왔는데, 소크라테스의 "너 자신을 알라!"로부터 시작해서(Platon, Phaidros 229 e) 아우구스티누스의 "네 안으로 들어가라!"(de vera religione, 202)를 거쳐서 그와 유사한 피히테의 호소(SW I, 422)에 이르기까지 말이다.

바이셰델에 의하면 허무주의나 무제약적인 의미 모두가 증명될 수는 없다. 철학자는 이점을 인정해야만 하며, 어느 한 쪽을 선택함이 없이 이 견해들 사이에서 부유하고 있음을 감내해야만 한다는 것이다: 철학함은 "어떤 종류의 독단적 입장으로도 달아나서는 안된다. 그것이 긍정적이든 부정적인 의미에서든. 무제약적인 의미와 절대적인 무의미라는 이 양자의 극단적 가능성들 사이에서 부유하는 중에 철학함은 진실로 자기 자신에게로 건네진다. 그와 같은 부유의 가능성은 바로 물음 안에 놓여 있다. 그런 이유로 철학자는 물음을 고수하며 어떤 대답에도 고정되지 않는다"(Weischedel II, 178). 이러한 물음에 선행하는 것은 하나의 "근본결정"이다. "그것은 자유로부터 자라난다." "물론 자유는 그리고 그와 함께 비필연성은 늘 철학자의 근본결정의 원천적인 특징으로 남는다"(같은 책. 181). 철학자가 하나의 선택을 향해서 그것을 넘겨받게 될 경우, 그는 자유를 잃게 된다는 것이다. 이러한 선택 역시 자유의 행위이기는 하겠으나, 그것은 동시에 자유의 폐기도 될 것이다. 어떤 구속에도 매이지 않을 때 자유는 자유로 남는다. 우선 바이셰델의 이러한 생각에 반대해서, 의미의 거부나 수용이 등가적인 가능성들이 아니라는 이의를 제기할 수 있을 것이다. 보다 철저한 반성이 보여주는 바는, 우리는 의미의 선택으로부터 살아간다는 점이며, 이러한 의미선택은 그러나 항상 우리의 자유에 대한 조회라는 점이다. 바이셰델의 관점이 정당한 것은, 의미가 늘 자유와 관계되며 그것과 결부되어 있다는 점에서 뿐이다. 그러나 이 자유는, 두 개의 동일하게 잘 정초될 수 있는, 혹은 마찬가지로 정초될 수 없는 선택들이 면전에 존립하고 있다는 식으로 그렇게 이해될 수는 없다. 만일 선택을 이렇게 생각한다면, 양자 중에서 하나의 선택이 자유를 폐기하게 된다는 바이셰델의 견해가 옳다고 시인해야겠지만, 그것은 자유가 자신을 구속하기 때문이 아니라 그때의 자유는 도대체 자유가 아니었기 때문이다. 왜냐하면 자유는 근거들에 입각해서 결정을 내려야만 하며, 그렇지 않을 경우 자유는 자의일 뿐이며, 그와 같은 자의는 외부적으로 규정된 것이기 때문이다. 참된 자유는 근거지어진 자유이다. 한갓 부유, 즉 순전한 포기는 어떤 예외도 만들지 않는다. 완전히 근거지어지지 않은 것으로서의 부유는 다른 선택들처럼 외부적으로 규정된 것이 될 것이다. 물론 바이셰델은 부유가 잘 정초된 것이라고, 말하자면 보편적인 불확실성과 의심의 정당성 안에서 정초된 것이라고 그 타당성을 주장하려 할 것이다. 그러나 여기서 헤겔과 함께 물어보아야 할 것은, 과연 이러한 입장이 어떤 의문의 여지도 없는 것인가 하는 것이다: "만일 오류에 빠지게 될 것에 대한 염려가 학문에 대한 불신을 정립한다면, [...] 어째서 역으로 이러한 불신에 대한 불신이 고려되고, 오류에 빠질 것에 대한 걱정이 이미 오류 자체라는 점이 염려되어서는 안 되는지가 간파될 수는 없다" (PG, 69). 하지만 바이셰델에 있어서도 불신이 모든 것을 그렇게 전적으로 지배할 수는 없다. 왜냐하면, 만일 의심이 정초된 것이어야 한다면, 근거들에 대해서 묻는 것은 따라서 의미가 있는 것이고, 진리를 탐구하는 것도 마찬가지기 때문이다. 바이셰델 역시 이와 같은 의미수행들의 전제를 피하지는 못한다. 그 반대로 그는 높은 정도로 그 전제를 요구하고 있다. 그는 부유를 향한 저 근본결정이 "인간에 대한 요구"라고 말하고 있다(Weischedel II, 181). 하지만 그로써 바이셰델은 하나의 의미논리Sinnlogik를 따르고 있는데, 그것은 말하자면 진리와 의미에 대한 물음의 의미논리이다. 이 물음은 자의적인 것이 아니며, 어떤 요구 밑에, 즉 무제약적인 요구 아래에 존립한다. 바로 이것이야말로 하나의, 심지어 명실상부한 의미요구 *der* Sinnanspruch인 것이다. 자유는 자신 안에서 무제약적인 것의 척도를 포착하는데, 이 척도는 요구로서als Forderung 자유와 만난다. 이것은 근본적인 의미경험이다. 이로부터 의미와 무의미 사이의 저 선택들은 등가적인 것이 아니며, 자유가 도대체 자신을 진지하게 받아들인다면 그 선택들은 이미 자유에 의해서 결정된 것이다.

g. 신, 자유의 초월적이자 내재적인 의미근거

의미에 대한 물음은 우리를 신에 대한 생각에로 이끈다. 왜라고 묻는 것은 비로소 여기서 잠잠해진다. 그것은 더 이상의 질문을 허용하지 않는 것과 함께 대답되었다. 그것은 계속되는 질문을 불필요하게 만들며, 전적으로 의문의 여지가 없는 것을 가지고 대답하기 때문이다. 전적으로 의문의 여지가 없는 것은 그 자체로 의미가 있고 좋은 것이며, 단순하고 완전하기 때문이다. 이 최후의 '자기자신 때문에'Umseinerselbstwillen는 완전히 비종속적인 것이다. 왜냐하면, 그것이 종속적이라면 어떤 구조 안에 세워질 텐데, 이 구조는 존재와 함께 의미 역시 다시금 제약된 것으로 인식되도록 하기 때문이다. 오직 순수한 '자기로부터의 존재'Aussichsein만이 완전한 의미이고, 완전한 의미수행이다. 이것은 영원한 신이며, 바로 그의 비종속성은 그를 우리로부터 멀어지게 하지 않고 오히려 가깝게 만들어준다. 왜냐하면 그의 절대적인 그리고 자신 안에서 정초되는 예Ja는 우리 모두가 긍정될 수 있음처럼 모든 긍정을 지탱하고 있기 때문이다. 이 근거가 없이는 그 어떤 "예"도 공중에 떠 있게 될 것이다. 그것은 어떠한 토대도 갖지 않게 될 것이고, 우리의 자의에 넘겨지게 될 것이다. 그 어떤 예가 의미에 대한 물음과 함께 발판을 얻게 되는 것은, 비로소 더 이상 어떤 것도 질문에 붙여질 수 없는 곳에서이며, 어떤 조건들 밑에서도 존립하지 않는 것이 달성된 곳에서이다: "그보다 더 큰 것을 생각할 수 없는 그 무엇"id quo maius cogitari nequit. 그러나 인간이 비로소 이 최고의 존재자와 더불어 만족하게 된다면, 인간은 본래 불손한 존재가 아닐까? 하지만 무한성에 대한 우리의 승인, 즉 무한하고도 능가할 수 없는 지고의 존재에 대한 개방성의 승인이 문제가 되는 곳에서, 불손이란 당치도 않은 말이다. 비로소 이러한 개방성을 *통해서* 인간은 무한한 신에 종속되고 참된 겸손을 발견할 수 있기 때문이다. 저 개방성이 없을 경우 인간은 자신을 감추게 되고, 스스로를 절대적인 존재로 만들며, 그래서 가장 고치기 힘든 불손함에 빠지게 된다.

절대적인 동의를 얻을만한 것은 인간 정신의 저 개방성을 단독으로 채워줄 수 있는 것, 곧 절대적인 선뿐이다. 우리의 모든 정당화된 동의들을 위한 근거는 오직 그것 안에서만 주어져 있기 때문이다. 제약된 선은 그곳으로부터 자신의 가치를 획득하며, 더 이상 "공중에" 걸려있지 않게 된다. 제약된 선은 가장 심오한 신적인 의미와 존재에 참여하면서, 신뢰할 만하고 버팀이 되는 기초를 갖게 된다. 이 신적인 의미와 존재는 자기편에서 모든 유한한 선과 의미있는 것들 안에 나타난다. 특별히 이점은 인간에게서 분명해진다. 실로 인간은 무제약적인 선이 아니다. 그럼에도 그는 무제약적으로 긍정되어야 하며, 자기 자신을 이 심연 속에서 긍정해야만 한다. 왜냐하면 무제약적인 선은 인간 안에서 특별한 방식으로 현존하며 투명하게 나타나기 때문이다. 성서적으로 말하자면, 인간은 "신의 모상"으로서 그분의 현시이기 때문이다.

선은 요구한다. 예를 말해야 하는 당위는 우리의 자의 속에 있지 않다. 동의를 받을만한 가치가 있는 것에 대해 예라고 말하는 것과 그래서 신적인 예에 찬동하는 것은, 요구이자 동시에 초대이다. 의미, 곧 삶과 전체적인 현존재의 의미는 이 신적인 예에 근거하고 있다. 신은 모든 의미의 의미근거이며, 어떤 방식으로든 본래적이자 최후의 의미 그 자체이다. 우리가 마땅히 이점을 말해도 된다면, 우리는 당연히 인간적인 의미경험에 초점을 맞추었던 앞에서의 정의를 정확히 표현해야만 한다. 그랬을 때 신은 자기 자신 안에서 완전히 정당화된 동의내용이다. 신은 하나의 맥락 안에 편입될 수 없는데, 그 이유는 그가 각기의 의미맥락을 비로소 근거지우기 때문이다. 그런 한에서 신은 맥락을 갖지 않는 존재이며, 혹은 사람들이 이렇게 말하기를 원한다면, 신은 순수한 자기연관으로서 그 자신의 고유한 맥락이다. 비로소 이러한 무맥락성Kontextlosigkeit을 근거로 해서 신은 무제약적이며, 모든 조건구조와 저마다의 의미맥락의 근거가 될 수 있다.

신은 모든 현존재의 참된 의미근거이다. 그의 완전성과 절대성은 그를 이 세계 내의 하나의 크기로 만드는 것을 금한다. 그는 세계에 대해 초월적이다. 우리가 맞닥뜨린 의미근거의 파악불가능성은 그를 무화시켜버릴 듯하지만, 그것은 단지 비교할 수 없는 신의 현실과 그의 초월성에 대한 표현일 뿐이다. 신은 자신의 철저한 다름Andersheit을 통해서 우리와 가까이 있을 수 있으며, 이 세계의 어떤 구성요소가 일찍이 그랬던 것보다도 더 우리와 가까이 있을 수 있다. 우리는 우리의 자유를 신의 이러한 현존으로부터 이해해도 좋은 것이다. 왜냐하면 신에 대한 우리의 종속은, 우리의 자유를 폐기하는 것이 아니라 도리어 가능하게 하는 유일한 것이기 때문이다. 신은 우리의 자유를 제한하지 않는다. 그는 우리의 자유를 정초하면서 그것을 해방시킨다. 우리의 자유의 의미근거인 신에게 속해 있음은 우리 자신에게 처해 있음, 즉 자유로움을 뜻한다. "하느님께서는 자유를 주시려고 여러분을 부르셨습니다!"고 바오로 사도는 우리에게 말하고 있다(갈라디아 5, 13). 아우구스티누스는 이런 말로 하느님께 기도하고 있다: "그러나 당신은 나의 가장 깊은 곳에 거처하셨고, 가장 높은 내 것 위에서 더 솟아 계시었습니다" (Confessiones III, 6, 11).

3. 의미개념에 정위된 철학적 체계론을 향해서

의미개념이 최근의 철학 안에서 획득한 비중을 통해서 입증한 바는, 그것이 인간학으로부터 출발하면서 "목적"Telos과 같은 전통적 형이상학의 개념에 새로운 생명력을 불어넣고, 그리하여 전통적인 TelGB을 현대의 실존적 문제를 포괄하는 영역위에서 새롭게 표현하는데 적합하다는 것이었다. 이때 의미개념은 그것이 지닌 다차원적인 뜻으로 말미암아 특별한 방식으로 개괄적인 철학적 용어로서 적합하다는 점이 밝혀졌다. 이 용어는 철학적 주제들의 상이한 시각들을 지시하며, 심지어 그 시각들의 가능한 질서를 앞서 그려낼 수 있다. 그렇기 때문에 이 개념에 초점을 맞춘 가운데, 단지 일종의 초안으로 남기는 할 철학적 체계론의 윤곽이 제시되어야 할 것이다. 부연하자면 그러한 체계론은 지금까지의 상론들 근저에 놓여 있었던 것이며, 혹은 그것들 안에서 나타난 것이었다.

a. 감성Sinnlichkeit으로서의 의미 – 그 근본 형식들: 공간과 시간

주체는 외부를 향해 있으며, 외부로부터 자신에게로 방향을 되돌린다. 그 점에서 주체의 유한성이 드러난다. 우리는 단순히 우리 자신에게 처해 있는 것이 아니라 오직 외부를 통해 중재되어 있다. 이 외부는 우선 *공간*이다: 상호분리의 상호공존das Miteinander des Auseinander. 공간은 이렇게 동등한 권리를 가진 다름Andersheit인데, 그 안에서 이미 유한적인 것들의 대칭(유한적인 것들의 동등한 대구)이 확립되어 있다(반면에 시간은 비대칭적인 다름이다). 시간으로부터 보자면 공간은 동시적인 다름이다. 그럼에도 공간은 시간으로 번역되거나 해소될 수 없다. 왜냐하면 시간은 바로 연속Nacheinander이기에 동시적인 상호분리가 아니기 때문이다. 공간과 시간은 동시성을 거쳐서 결합되어 있다. 공간은 오직 시간으로부터만 포착될 수 있기 때문이다. 공간은 그 안에서 연속이 운동으로서 실행될 수 있는 곳이며, 그 운동은 공간적이고 시간적인 것이다. 따라서 동시적인 분산Diskrete으로서의 공간은 분산된 것의 연속에 항상 앞서 주어진 것이다. 그러나 공간은 (상호분리의 동시적인 무한성으로서의) 이러한 선소여성 안에서 온전하고 완결된 것으로 생각될 수는 없으며, 오직 불완전한 것으로, 그리고 항상 단지 운동에 앞서 주어진 저 상호공존으로서 생각될 수 있을 뿐이다. 그 안에서 운동의 연속이 실행된다. 나는 공간을 시간적인 연속에로 환원시킴이 없이 잠재적인 것으로 생각해야만 한다(현실적인 무한성으로서의 공간을 나는 완성된 유한성이라고 생각해야만 할 것이다).

시간 안에서도 주체는 자신의 유한성을 경험한다. 주체는 자신을 연속으로서 경험한다. 곧 주체는 자신을 과거와 미래 안에서는 자신으로부터 멀리 떨어져 있고, 오직 현재의 사라지는 시점 안에서만 실재하는 것으로 경험한다. 그럼에도 시간경험과 공간경험의 중재 안에서 주체는 공간적인 동시성 내에서의 외부의 지속을 연속의 전제로서 파악한다. 내가 소유한 '나에게-외적으로-있음'Mir-Äußerlich-Sein은 공간적이며 시간적이다. 공간 안에서 나는 이미 최초로 내 자신의 타자를 갖는데, 그것은 나에 대해 대칭인 외부이다. 반면에 그것은 시간 안에서는 더 이상 있지 않거나 혹은 아직 있지 않으며, 그래서 단지 나의 기억이나 기대만이 될 수 있을 뿐이다. 시간이 공간 없

이는 존재하지 않듯이, 주관적인 내부는 객관적인 외부 없이는 존재하지 않고 그 역도 마찬가지이다. 상호분리를 오직 시간 안에서만 존립하게 하는 것은, 그것이 완전히 주체의 성취로부터 유래한다는 견해에로 오도한다(전망과 회고로서). 그러나 공간은 항시 이미 주어진 것이며, 주체와 함께 동시적인 (그리고 동시성 안으로 미치는) 상호분리인 것이다. 내부관점과 외부관점은 '자기 밖에 있음'Auβersichsein의 경험 안에서 중재되어 있다.

b. '감각적인 것' Sinnliches으로서의 의미 — 신체와 사물들

주체—객체—경험의 다음 단계는 외부의 다양성이다. 그것은 상호분리로서의 외부의 구체화인데, 그 상호분리는 바로 동형성 Gleichförmigkeit만을 의미할 수는 없다. 상호분리가 단지 동형성일 뿐이라면, 그것은 경험될 수가 없을 것이다. 외부는 게다가 어떤 저항성 안에서 경험된다. 외부의 저항적인 것은 그 자신의 현실을 고시하는데, 그 현실은 나에게 작용을 하고, 나는 그 현실에 작용한다. 그 현실은 내 자신이 나에게 외부적인 한에서 나에게 작용을 한다. 즉 그것은 신체로서의 나에게 작용을 한다. 그리고 나는 신체를 통해서 그 현실에 영향을 미친다. 하나의 작용맥락과 참여자들의 그 어떤 독자성 간의 상호대립 안에 있는 이 외부는 물질성이다. 나는 나의 작용을 계속되는, 보편적인 작용맥락의 부분으로서 경험한다. 물론 작용이 존재할 수 있는 것은, 오직 그것의 경과들이 규칙성에 의해 각인되어 있을 경우이다. 그렇지 않을 경우 나는 결코 특정한 작용을 셈할 수 없을 것이고, 그래서 어떤 작용도 경험하지 못하게 될 터인데, 그것이 나에게 작용으로서 인식될 수 없겠기 때문이다.

c. 반성적으로 파악 가능한 지향내용 내지는 존재내용으로서의 의미

외부로의 방향전환과 상응하는 것은 내부로의 방향전환이다. 하나가 더 많이 발전될수록 다른 하나도 그만큼 더 발전한다. 다시 말해서, 내가 더욱 독립적으로 자신을 알게 될수록, 더욱 분명하게 타자 역시 나에게 독립적인 상대Gegenüber가 된다. 내가 단지 표상내용들만을 가지고 있다면, 나는 아직도 완전히 나에게 처해 있는 것이 아니다. 내가 외부를 그것 자신 안에 있는 어떤 것으로서 파악할 때에야, 즉 그 자신을 위한 어떤 것으로서 간주할 수 있을 때에야, 비로소 나는 내 자신 또한 나의 대자존재Für-mich-Sein 안에서 파악하게 되며 그 역도 마찬가지이다. 나에 대한 온전한 반성은 정신 안에서 실현된다. 나는 처음부터 경향적으로 정신이다. 정신 안에서야 비로소 나는 존재, 진리, 객관적인 것을 파악하는 수준에 다다른다. 타자와 내 자신의 파악은 따라서 그에 상응하는 더 높은 반성운동에서 말미암는데, 이 반성운동은 자기존재로서의 존재 안에 부여되어 있고, 그것의 뚜렷한 형태들 안에서 더 분명히 드러난다. 나는 나에게로 되돌아오며, 반성적으로 나를 내 자신으로 파악하며, 그렇게 더 많이 그리고 더 고유하게 내 자신이 된다. 상응하는 운동 안에서 나는 타자 또한 그것 자체로서 파악한다. 반성적 파악은 "~(으)로서"als를 통해서 특징지어져 있다. 그 안에서 자기존재는 함께- 그리고 추追체험되며, 아울러 자기를 실행하고, 그래서 개별적인 것과 맥락의 (자기－)인식이 가능해지는데, 개별적인 것은 이 맥락 안에 위치하며 그것이 없이는 유한적인 것으로서 존재하지도 그리고 파악될 수도 없는 것이다. 나는 개별자와 보편자를 일자 안에서 파악한다(나를 나"로서", 어떤 것을 나무"로서" 등등).

d. '자신에게 머물러 있음'과 '타자에 머물러 있음'의 실현으로서의 의미

내가 나의 고유존재를 파악하는 것은, 내가 다른 존재를 고유존재로 파악하는 정도에 따른다. 나는 타자로부터 내 자신에게로 돌아온다. 나의 반성은 따라서 타자를 향한 길을 걷다가 나에게 돌아오며, 나에게서부터 다시금 타자를 향해 간다. 이로써 다른 존재의 척도가 주어졌다. 정말로 타자는 나와 동등한 다름 안에서 나의 상대이어야만 한다. 그러한 상대와 그것의 척도가 없다면 나는 타자를 실제로 나와 분리시킬 수가 없을 것이다(타자는 나의 표상으로 남게 될 것이다). 또한 나는 진실로 나에게 머물러 있기 위해서 나를 타자와 분리시킬 수도 없을 것이다. 나를 파악하기 위해서는 나에게 상대가 주어져 있어야만 한다. 내가 나에 대한 반성을 수행하듯이, 나는 그 상대를 자신에 대해 동일하게 반성하는 무엇으로서 파악하며, 그와 함께 내가 자기존재인 것처럼 그 상대도 자기존재로서 파악한다. 이 상대를 통해서 나에게 개시되는 공간 안에서야, 비로소 나는 세계의 사물들을 나에 대한 그들의 상대적인 독자성 안에서 인식할 수 있다. 존재자들이 갖는 고유존재의 이 공간은 동등한 상대와의 관련을 통해서 가능해진 것이다. 내가 그 상대에 대해서 자기존재인 것처럼, 그것은 나에게 자기존재로 인식될 수 있는 것이다. 내 자신의 '외부를-향해-있음'이 모종의 우선권을 가지는 한에서, 왜냐하면 비로소 나는 자신이 유한적 존재라는 '자각에 *이르기*'zu mir *kommt* 때문에, 나는 오직 그렇게 타자를 고려하는 가운데 나의 자기존재에 이를 수 있다. 타자를 바라보면서 나는 타자의 시선 안에서 나를 보게 되며, 타자의 시선과 함께 내 자신에게로 돌아온다. 이때 나를 바라보는 타자의 시선은 그를 바라보는 내 시선의 반사경이 아니다. 오히려 그것은 타자의 자기시선이며, 그 안에서 내가 나를 알아보는 것이다. 이와 같은 상호간의 반성이 대화의 토대이며, 이 대화는 우리 자신과 우리의 세계에 대한 공동의 인식으로서 수행된다. 그와 같은, 그러나 내면화되고 내 안에서 수행된 반성 안에 나의 숙고가 존립한다. 여기서 나는 논증들을 주고받으며, 내 자신에게 반론들을 제기하고 논거를 펼치는 것이다.

e. 공통적으로 경험된 감각적 세계로서의 의미: 자연

이렇게 대화에 의해서 개시된 공간 안에서 우리는 자연을 그것의 고유존재 안에서 파악한다. 독자성의 척도는 정신적 개별성이다. 그러나 그와 유사하게 외적인 자연의 현실들 역시, 즉 층계적인 순위 안에 있는 대상들과 생명체들 역시 독자적인 현실들로서 우리에게 인식될 수 있고 의식되고 있다. 우리는 이러한 우리의 세계를 또한 규칙적인 작용맥락으로서 파악해야한다는 것을 보았다. 이것은 상호인격성에 의해서 쉽게 통찰될 수 있다. 왜냐하면 우리가 의사소통을 할 수 있는 것은, 오직 규정화된 작용맥락인 외부세계를 거쳐서뿐이기 때문이다. 개념성은 그 안에서 자연경과들과 그 작용맥락들의 규칙성이 우리에게 개시되는 바의 것인데, 그것은 관념적인 동형성의 언어, 즉 수학의 언어이다. 그 안에서 실재적인 동형성이 파악된다. 개념성은 그렇기에 자연에 대한 학문적인 언어이며, 역으로 자연은 이 언어 안에서 파악되어 자신의 관념성을 보여준다. 즉 자연은 그 자신의 본질을 드러내며, 자신을 놀라운 질서구조로서 제시한다. 자연의 규칙성이 그저 계기적 사건의 동형성, 즉 작용맥락 그 이상이라는 점은, 물론 한갓 현상성Phänomenalität에서 추론해 낼 수는 없다. 그것은 단지 우리에게 세계의 작용맥락들 안에서 벌어지는 작용의 고유경험을 거쳐서만 파악될 수 있는 것이다. 이 고유작용Eigenwirkung이 우리에게 세계의 작용에 대해 해명한다. 왜냐하면 우리 자신에게서 경험될 수 있는 우리의 고유한 작용은 오직 이 세계의 작용맥락 안에서만 생각될 수 있기 때문이다.

f. 우리 세계의 의미공간이자 세계의 초월로서의 의미

자연은 개별적으로나 전체적으로 일종의 (절대적인 것은 아니라 하더라도) 고유존재, 즉 고유–현실과 고유–작용을 소유해야 한다. 자연은 발전하며, 항상 더욱 분명하게 자신의 본질, 즉 자기존재를 인간 안에서 그것이 파악되고 드러날 때까지 제시한다. 세계는 이렇게 보았을 때 목적론적으로 구성되어 있고, 의미-구성물로서 간주될 수 있다. 세계는 자신의 자기존재 안에서 항상 이미 자신을 선취해 있으며, 때때로 사실적인 세계 "이상"mehr이다. 그렇기 때문에 세계가 확고한 출발조건들에 의해서 그 운행이 규정되어 있다는, 순전히 결정론적인 세계에 대한 생각은, 단순한 추상으로서, 이는 철학적 사유에 의해 교정되어야 한다. 왜냐하면 자기존재와 '자기-선취적인-존재'는 그처럼 결정론적으로 생각될 수 없기 때문이다. 결정론적인 경과들은 그 나름대로의 의미를 보유하며, 더욱이 작용맥락으로부터 그러하다. 하지만 그것들은 피상적 차원을 형성하며, 그 차원은 자기존재의 구조를 중심으로 삼아 보완되어야 한다. 이 구조는 부정될 수가 없다. 그렇지 않을 경우 나는 자유 또한 부정할 수밖에 없기 때문이다. 자기로부터의 존재인 세계는 그 자신의 작용맥락 안에서 매순간 자신을 전체로서 제시한다고 말할 수 있다. 세계가 참된 자기존재인 곳에서, 세계는 말하자면 항상 자신의 (무시간적으로 늘 주어져 있는) 시초 안으로 다다른다. 철학은 여러 번 이런 생각에 이르렀는데, 말하자면 자유는 세계와 결부되어 있기는 하나, 그 사건연속과 관련해서는 세계 밖에 놓여 있는 시초성 안에 근거한다는 것이다(Platon: Phaidros 245 c 이하; 249 b; Politeia 616 b 이하; Kant: Religion 25; KpV A, 174-179; Schelling: Freiheit SW I/7, 383-389; Schopenhauer: Die Welt als Wille und Vorstellung § 55; Über die Freiheit des Willens, Schluβ und höhere Ansicht). 자유와 결정의 문제는, 그 두 가지 모두가 고려의 대상이 되어야 할 것들인데, 아마도 세계의 목적론적인 구성적 본성의 심층에서야 비로소 해결될 수 있을 것이다.

그러나 항상 숙고되어야 하는 사실은, 세계는 유한적이며 그자신의 자기존재에 있어서도 그러하다는 것이다. 자기존재와 유한성은 서로를 배제하지 않기 때문이다. 만일 그들이 서로를 배제한다면, 유한한 *존재*에 대해서 말해질 수 없을 것이다. 존재는 항상 또한 자기존재를 의미하기 때문이다. 이러한 존재에 본래적인 선취는 온전히 그리고 유일하게 그 존재 자신으로부터 설명될 수는 없다. 선취는 그 존재에 귀속되고, 그것에 주어져 있으며, 자기존재가 되게 하는 은사인 것이다. 그래서 유한적 존재는 전체로서 항상 이미 현존해야만 한다는 아포리아에 빠지지 않는다. 가령 프로그램으로서의 그와 같은 아포리아는, 더 악화된 아포리아에 빠지게 하는데, 그러한 시초를 단지 생각해볼 수도 있다는 헛된 시도가 그것을 보여준다. 자기존재의 유한성과 함께 세계는 오히려 극단적인 의미에서 자기를 넘어서서 하나의 초월을 지시한다. 그것은 완전하고 절대적인 자기존재이자 자기로부터의 존재이며, 세계는 그 존재에 자신을 빚지고 있는 것이다. 이것이 신 증명들의 논점이다.

g. 의미논리 안에서의 사유

이것이 의미질서이며, 그 안에서 우리가 살아가고 사유한다. 그 안에서 외부로 향해 있는 감성으로서의 의미는 반성의 자기-숙고와 함께 상이한 의미—차원들 안으로 중재된다. 그 차원들이 곧 의미질서인데, 우리는 그것을 향하게 되어 있다. 플라톤이 이미 자신의 방식으로 깨달은 것처럼, 의미질서는 우리에 대해서 이념적으로 규범적인 성격을 갖기 때문이다. 왜냐하면 유한적이자 무한적인 것으로서의 의미수행은 고유한 이론적—실천적 교차 안에서 우리를 주재하는 반성이자 이념, 곧 우리의 정신적 삶의 아프리오리Apriori이기 때문이다(플라톤과 헤겔에 있어서처럼). 우리는 의미, 곧 의미질서 안에서 움직인다. 그것은 고대의 그리스도교적인 의미에서 의미구조로서의 우주이며, 그것은 진과 선의 의미통일성 안에 있다. 의미라는 개념은 이로써 "이념"Idee 내지는 "존재"Sein라는 개념과 상응하며, 우리로 하여금 이 개념들을 새롭게 이해하도록 해준다.

제 2 부

신의 자기내존재Insichsein와 세계와의 관계

I. 절대적인 것의 인격성에 대하여

1. 지금까지의 논의와 이 주제의 연결

지금까지의 논의와의 연결은 가치론적 신 증명에서 분명해진다. 절대적인 것이 요구(양심)안에서 자신을 드러낸다면, 그것은 전적으로 비인격적인 것이 될 수는 없다. 요구의 출처는 말을 건넬 수 있어야만 한다. 연결은 존재론적 신 증명에서도 이루어진다. 왜냐하면 거기서 절대적인 것은 자아수행(더욱이 자신의 자립성이라는 핵심 안에서)을 구성하는 근거로서, 그리고 그런 한에서 절대적인 자기수행 혹은 절대적인 반성으로서 (고대의 누스에 상응하는) 규정되고 주석되었기 때문이다. 나의 자아－근거Ich-Grund는 자아－적인ich-haft것이어야 한다. 그렇지 않다면 그것은 나에게 의무를 지울 수 없으며, 있는 그대로의 자아로서 나를 정초할 수 없을 것이다. 물론 양자는 서로 연관되어 있다. 정초는 동시에 요구이다. 왜냐하면 정초는 결정론적인 것이 될 수 없고, 특별하게 자유를 근거지우는 것이어야 하기 때문이다. 절대적인 것이 완전히 중립적이고 자연적인, 한갓 사실적인 힘으로서 비인격적으로 생각된다면, 자아는 그것으로부터 사유하면서 거리를 둘 수 있고 또 그렇게 될 수밖에 없다. 절대적인 것의 힘은 자아의 자기확실성에 경계를 맞대게 될 것이다. 나는 나의 자기수행이 이루어지는, 오직 나에게만 속해 있는 내부영역 안으로 물러나서, 그 안에서 자신을 절대적인 것에 의해 접촉되지 않은 것으로, 그리고 접촉될 수 없는 것으로 파악할 수 있게 될 것이다. 심지어 나는 절대적인 것의 사실적인 우세와 나의 무력함에도 불구하고 내 자신을 절대적인 것보다 (이 점에서) 우월한 것으로 파악할 수도 있을 것이다. 왜냐하면, 나의 자유가 자유로서 재차 어디에 속박되어 있는지를 내가 물을 경우에, 절대적인 것은 바로 그에 대한 대답이 될 수 없기 때문이다. 여전히 그처럼 강력하고 중립적인 존재를 통해서는 나는 내 자신이 자유*로서* 구속되어 있음을 결코 알 수 없다. 역으로 추론하자면 이렇다: 내 자신이 자유*로서* 정초되어 있고 종속적이라는 것을 내가 안다면, 전제된 근거는 자유가 없는, 비인격적인 것이 될 수는 없다. 따라서 양자택일은 이렇다: 나는 내 안에 있는 특정한 영역, 말하자면 오직 나에게만 접근이 가능한 내 자유의 영역을 절대적인 것을 통한 정초에서 벗어나게 한다. 그렇게 되면 결과적으로 절대적인 것의 개념은 해체될 수밖에 없다. 아니면 나는 내 자유에 홀로 적합한 절대적인 것을 통한 정초를 생각해볼 수 있다. 그러나 그렇게 되면 절대적인 것 자체가 자유로서 생각되어져야 한다. 이러한 견해에 대해서 쉽게 제기되는 반론은 투사Projektion의 반론이다: 절대적인 것의 자유와 인격성에 대한 생각은 인간적이고 유한한 표상들을 모든 경계들이 폐기되어 있는 영역에로, 그로써 인격, 자유, 사유, 정신과 같은 우리의 개념들 역시 부적합하게 되는 영역에로 전이시킨 것이 아닌가? 이하에서 제시되어야 하듯이, 사유의 역사는 정확히 이 문제를 반영하고 있다. 그 역사는 그러나 해결을 위한 암시도 제공하고 있다. 이때 물론 인격적인 것의 종교적인 그리고 신학적인 개념도 더 자세히 살펴보아야 할 것이다. 그 개념은 철학사 안에서 언제든 다시 비판적으로뿐만 아니라 동의와 함께 수용된 연관점이었기 때문이다.

2. "인격" 개념의 역사에 대해서

("인격"개념의 보다 정확한 상론과 전거는 다음을 참조할 것: Ritter HWPh 7; 슈패만Spaemann 1996, 30 이하). "인격"Persona(그리스어로 πρόσωπον)은 우선 연극언어 안에 그 유래를 갖고 있다. 최초의 전거는 플라우투스Plautus(기원전 200년경)에게서 발견된다. 여기서 이 말이 의미하는 것은 가면, 역할이다. 이러한 사용은 누군가가 자신의 사회적인 삶 안에서 점유하고 있는 "역할"의 의미로 그 뜻이 확장된다. 알렉산드리아와 로마의 문법이론 안에서는 화법의 "세 인칭들"이 구분되고 있다(1., 2., 3. 인칭, 복수 혹은 단수로). 이러한 세분화는 그 개념이 법정언어 안에서 개인의 신원을 확인하는데 적합한 것이 되게 했다. 로마황제 시점의 법률학 안에서는 인격-개념의 도움으로 예컨대 인권법과 물권법 사이의, 혹은 사유권을 가진 사람들(personae sui iuris: 자유인)과 타인의 권리에 종속된 사람들(personae alieno juri subjectae: 노예) 사이의 일반적인 구별이 지칭되었다. 하지만 법률언어는 아직도 인격 그 자체가(사회적 지위, 재산, 혹은 여타의 상황들에 종속되지 않은) 법적 주체라는 것에 대한 어떤 개념도 가지지 않았다. 이러한 개념으로의 일보는 바로크스콜라학Barockscholastik 안에서야 비로소 이루어졌는데, 그것은 인디언들의 법률적 지위에 대한 토론이 진행되면서였다. "인격"의 본질규정을 위해서는 그리스도교인인 보에티우스를 통한 고대후기의 정의가 큰 영향을 끼쳤다: "인격은 이성적 본성을 가진 개별적 실체이다(persona est individua substantia rationalis naturae)". 인격적 개별성은 여기서 아리스토텔레스적인 개념들의 도움을 받아 표현되고 있다. 그러나 이러한 개념규정을 야기한 정신적 개별성의 의미는 (그리스적 사유 안에서의 보편자의 우세와 비교했을 때) 그리스도교로부터 유래한다.

3. 절대적인 것의 인격성에 대한 논쟁

a. 고전적 고대: 최상의 것의 정신성Geistigkeit에 대한 논쟁

이미 개념사로부터 끄집어낼 수 있는 사실은, "페르소나" 혹은 "프로소폰"이라는 개념은 고전적인 고대 안에서는 너무도 하위의 역할을 수행했기 때문에 신적인 것의 철학적 규정을 위해서는 고려될 수가 없었다는 것이다. 그러나 우리의 관심을 끄는 체계적 질문과 관련해 보자면, 고대에서는 신적인 것의 철학적 규정에 대해 철두철미 생생한 의식이 있었다. 그럼에도 불구하고 중심에 있었던 것은 "인격"개념이 아니라 "정신"(νοῦς)이란 개념이었다.

우리는 이미 크세노파네스(기원전 6세기)를 언급했었다. 종교적인 신인동형론에 대한 그의 비판은 신에 대한 생각을 정화하고 그것을 정신적으로 승화시키는 것과 결부되어 있었다. 최고의 신에 대해서는 이렇게 말해진다: "그는 전체로서 보며, 전체로서 이해하고(νοεῖ), 전체로서 듣는다"(B 24). 여기서는 아직도 감각지각들에 대한 표현들이 사용되고 있다. 하지만 이 신은 특별한 기관을 가지고서가 아니라 "전체로서" 보거나 듣기 때문에, 이로써 초감각적인, 순수한 정신적 인식이 의미되고 있다. 그래서 신은 또한 다음과 같이 말해진다: "정신의(νόου) 진력함이 없이 그는 모든 것을 자신의 의식을 가지고 주재한다(φρενί)"(B 25). 신은 본질적으로 정신(νοῦς)이다. 이것은 신에 대한, 혹은 최상의 그리고 참된 현실에 대한 계속되는 가르침을 위해서 규정적인 것이다.

파르메니데스에 따르면 하나로 생각되어야 할 순수하고 절대적인 존재는 동시에 사유이다: "왜냐하면 사유(νοεῖν)와 존재(εἶναι)는 같은 것이기 때문이다"(B 3). 파르메니데스가 이러한 통일성을 신이라 명명하고 있지는 않지만, 그는 자신의 학설을 그에게 분배된 종교적 계시로 묘사하고 있다(B 1).

아낙사고라스는 우주와 그것의 다양성을 정신 안에 정초시키고 있다: "정신은 무한하고 자기세력적인 것이다. 정신은 어떤 사물과도 섞여있지 않다[...]; 정신은 저마다의 사물에 대한 인식을 가지며, 가장 커다란 힘이다[...]; 정신은 또한 전체의 선회운동에 대한 지배권을 가진다[...]. 모든 것이 어떻게 되어야만 하는지, 모든 것이 어떠했는지, 그리고 모든 것이 지금 어떠한지, 이 모든 것을 질서지우는 것은 정신이며, 지금 별들과 태양과 달이 수행하는 운동도 역시 그러하다"(B 12). 아낙사고라스는 정신을 결코 신이라 부르지는 않는데, 이는 아마도 종교적 오해들을 피하기 위함이었을 것이다. 그 역시 그러한 오해들에 내맡겨져 있었으나(기원전 432년에 그는 신앙이 없다는 이유로 고발되었다), 사안에 따라 보자면 그는 철학적 신 개념을 발전시키고 있다.

플라톤도 마찬가지로 누스가 세계를 정초하는 원리라고 가르치고 있다. 물론 누스는 그에게 있어서는 사실적인 원리일 뿐만 아니라 무엇보다도 규범적인 질서의 원리이다. 정신은 인간을 규범적으로 주재하는 것이며, 그런 한에서 신적인 것이다. "인간은 만물의 척도이다"라는 프로타고라스의 언명에 반대해서 플라톤은 "신이 만물의 척도이다"(Nomoi 716 c)라고 말한다. 모든 것을 주재하는 이성(혹은 이성을 소유하고 있는 영혼)은 그렇기 때문에 신과 동일시될 수 있다(897 b). "선의 이데아"는 모든 인식가능성 너머에, 그리고 그와 함께 누스 또한 넘어서는 것처럼 보인다(Politeia 506-509). 하지만 '선분의 비유'에 따르면 선의 이데아는 다시금 누스의 실현이다(511). 왜냐하면 마지막으로 문제가 되는 것은 선의 인식이기 때문이다: "(손님:) 그런데 신에 맹세코 다음은 어떤가? 우리는 실제로 운동과 생명과 혼과 슬기가 '완벽하게 존재하는 것'에는 나타나지 않는다고, 즉 그것은 살아 있지도 않고 분별을 지니지도 않은 것이지만, 지성을 지니지 않은 채 엄숙하고 신성하게 부동不動으로 서 있다고 쉽게 설득될 수 있을까? (테아이테토스:) 손님이시여, 그렇다면 우리는 무서운 주장에 동의한 것일 테죠"(Sophistes 248 e 이하). 그럼에도 불구하고 최고의 존재를 규정함에 있어서 플로틴을 미리 지시하는 어떤 긴장이 나타나고 있다.

아리스토텔레스의 신론은 이미 제시되었다[1부 I. 3, IV. 3, V. 1. a. 3) 참조]. 그에게 있어서 최상이자 마지막 것은 순수한 사유이자, 반성적 누스, 곧 "사유의 사유"(νόησις νοήσεως)이다. 하지만 어떤 단편 안에서 아리스토텔레스는, 아마도 그의 스승인 플라톤의 정신 안에서, 누스가 능가될 수 있음을 숙고하고 있다. 그는 이렇게 말한다: "신(ὁ θεός)은 정신(νοῦς)이거나 혹은 정신을 넘어서 있다(ἐπέκεινα τι τοῦ νοῦ)"(심플리키오스Simplicius, de caelo 485, 19-22). 플로틴은 누스, 곧 정신을 최상의 존재로 부르는 것에 반대하고 있다. 그의 주장은 이러하다: 만일 최상의 것이 순수한 통일성이어야 한다면, 누스는 이 위치를 점할 수 없다. 누스는 사유와 사유된 것의 관계로서 이해되어야 하며, 그런 한에서 본질적으로, 게다가 자기반성 안에서도 여전히, 이원성이기 때문이다. "만일 정신이 사유하는 것이자 스스로 사유된 것이기도 하다면, 그는 이원적이고 단순하지 않다. 따라서 일자가 아니다"(En VI 9, 2; 마찬가지로: V 4, 2; V 1, 4). "이원성은 비로소 두 번째 것이며, 그것은 일자로부터 나온다"(V 1, 5). "만물의 근원은 단순해야만 한다"(VI 9, 5). 일자는 "사유가 아니다. 그렇지 않다면 그 안에 다름이 있게 될 것이다"(VI 9, 6). 그런 이유로 플로틴은 아리스토텔레스와 최상의 반성적 누스에 대한 그의 학설에 반대한다: "아리스토텔레스는 최초의 것이[...] 분리되어 있고 정신적인 것이라 부른다. 그러나 만일 그가 최초의 것이 스스로 자기 자신을 사유한다고 주장한다면, 그는 최초의 것을 다시금 최초의 것으로 만들지 않는 것이다"(V 1, 9). 따라서 일자는 누스보다 상위에 있어야 하며, 누스의 보다 더 깊은 근원이어야 한다. 플로틴에 따르면 이원성은 원칙적으로 하나의 결핍이며, 결핍된 것은 최상의 존재이자 보편적인 근원일 수가 없기 때문이다. 이로써 오늘날까지 지속되는 논쟁의 밑그림이 그려졌다. 한편으로는 최상의 것, 신적인 것은 단지 정신적인 것으로만 파악될 수 있는 것처럼 보인다. 하지만 그럼에도 불구하고 정신은 우리의 인간적인, 다시 말해서, 제약되어 있는 지평에서부터 나온 개념이 아닌가? 정신은 그와 함께 유한성의 개념이 아닐까? 정신은 능가될 수밖에 없는 것이 아닌가? 그 결과 저 최상의 것이자 신적인 것은 비-정신적인 것으로, 그렇기 때문에 비-인격적인 것으로 생각될 수 있는 것이 아닐까?

b. 그리스도교적인 신 개념과 삼위일체론

1) 성서

구약성서 안에서 하느님은 인간에게 말을 건네고 요구하는 존재로 경험되고 있다. 예컨대 아브라함은 하느님으로부터 말을 건네받고 있다(창세기 12장 이하). 이러한 말 건넴 속에 또한 하느님으로부터의 선택이 놓여 있다. 말 건넴을 받은 자가 요구에 자신을 내맡긴다면, 그는 이 하느님의 선의와 보호를 확신해도 좋은 것이다. 말 건네받음과 선택은 이때 모든 백성, 곧 아브라함의 혈족과 후손에게도 적용되는 것이다. 그렇게 해서 이스라엘 백성은 하느님의 인도를 받게 된다. 하느님은 그 백성을 이집트의 종살이에서 이끌어내어 시나이 산에서 계명을 주신다. 윤리적 순종과 종교적 순종은 단일하다. 하느님의 뜻을 따른다는 것은 그분의 선택에 부응하여 자신을 그분의 보호 아래에 종속시킴을 의미한다. 그것이 하느님이 자신의 백성과 체결한 "계약"의 사상이다. 저 계명들은 자의적인 계명들이 아니다. 그것들은 무엇이 이 백성을 위해서 좋은 것이며, 더 나아가서는 인류를 위해서도 좋은 것인지를 진술하고 있다. 완전한 선이신 하느님은 여기서 무엇이 절대적으로 좋은 것이며 준수되어야 하는 것인지를 말하고 있기 때문이다. 시나이의 계명은 그 핵심내용인 십계명 안에서 모든 인간들을 위한 보편타당한 선을 말하고 있다. 이러한 의식 속에서 모세는 백성 앞에서 이 계명에 대해 말하고 있다: "그것을 보고 다른 민족들이 너희가 지혜롭고 슬기롭다는 것을 알게 될 것이다. 사람들은 이 모든 규정을 듣고 '정녕 지혜롭고 슬기로운 백성은 이 위대한 민족밖에 없다!'고 할 것이다. 우리 하느님 야훼께서는 우리가 부를 때마다 가까이 계셔 주시는 분이시다. 그처럼 가까이 계셔 주시는 신을 모신 위대한 민족이 어디 또 있겠느냐? 내가 오늘 너희 앞에 선포하는 이 모든 법만큼 바른 규정과 법규를 가진 위대한 민족이 어디 또 있겠느냐?"(신명기 4, 6 이하). 이미 아브라함에게 하느님은 말씀하셨다: "세상 사람들이 네 덕을 입을 것이다"(창세기 12, 3).

신약성서의 복음은 이러한 전통 안에 서 있다. 예수는 자비롭고 인간에게 관심을 기울이는 하느님의 의지를 선포한다. 그는 가까이 임박한 "하느님의 주권"(마르코 1, 15)을 선포한다. 이 하느님에 대해서 마땅히 취해야 할 태도는, 그분의 자비로움에 "신앙하면서" 자신을 여는 것, 다시 말해서 "회심하는"(같은 곳.) 것, 즉 그분을 향해 돌아서는 것이다. 하느님에게 중요한 것은 인간들이며, 더욱이 그분은 저마다의 개별적 인간을 향하신다. 이를 통해서 사람들은 그들의 품위를 갖게 된다. 그렇게 예수는 바로 평소에 제외되어 있던 사람들을 향한다. 그는 "죄인들과 세리들의 친구"로 통한다(마태오 11, 19)(세리들은 착취자나 혹은 로마의 협력자로 여겨졌다). 그는 여성들을 진지하게 받아들이며(요한 4), 그들을 엄격주의적인 법해석으로부터 보호한다(요한 8, 1 이하; 루가 7, 36 이하). 그는 법에 따라 볼 때 남성들 편에서 상대적으로 쉽고 가능했던 이혼에 반대하고 있으며, 혼인이 근원적으로 하느님의 의지에 근거해 있음을 지적하는데, 그분의 의지는 자신의 토대를 창조질서 안에 갖는 것이다. 인간은 남자와 여자로 창조되었으며, 혼인은 존재적인 통일성으로서("한 몸이 됨", 창세기 2, 24) 단순히 인간의 처분에 맡겨진 것은 아니라는 것이다(마태오 19, 3 이하). 예수는 율법을 "폐지하려는" 것이 아니라, "완성시키려" 한다(마태오 5, 17). 그래서 예수는 그 유명한 산상설교의 반립명제를("그러나 나는 너희에게 말한다") 항상 구약성서로부터 길어내고 있는데, 예컨대 비로소 살인이 죄가 됨이 아니라 성을 내고 욕을 하는 것이 이미 죄라는 주장이나(마태오 5, 21 이하; 레위기 19, 17 참조), 혹은 비로소 간음이 죄가 되는 것이 아니라 그것을 탐하는 것이 죄라는 주장(마태오 5, 27 이하; 신명기 5, 21 참조) 등이 그것이다. 심지어 원수에 대한 사랑에 대해서도(마태오 5, 44) 예수는 전승에 의존하고 있다(잠언 25, 21; 출애굽기 23, 4 이하). 예컨대 십계명의 두 번째 목록(4-10 계명)을 요약하고 있는 이웃사랑의 근본계명도(마태오 22, 39; 로마서 13, 9 이하) "율법"안에서 발견되며(레위기 19, 18), 그 계명은 동포들에게 뿐만 아니라 "이방인들"에게도 관련되고 있다(레위기 19, 34). 예수는 외적인 율법이해와 그에 따르는 실천을 비판하고 있다. 그는 보다 깊은 하느님의 뜻을 지시하고 있는데, 그것이 수많은 율법의 규정들을 넘어서서 본래적이고도 참된 것으로 여겨져야 한다는 것이다. 인간이 은총 속에서 자신에세 다가오는 하느님께 마음을 열 때에, 하느님의 이 의지는 인간에게 접근할 수 있는 것이 된다. 바로 이 은총 속에서 하느님은 인간들이 그분에게 무엇을 의미하는지를 보여주며, 인간들 상호 간의 교제를 위한 척도를 설정한다. 인간들은 하느님을 향해야 하며, 그분과 함께 다시금 동료인간들을 향해야 한다. 인간들은 아들을 다시금 받아들이고(루가 15, 11-32) 잃어버린 양을 찾아나서는(루가 15, 4-7) 아버지의 그 화해시키는 사랑 안으로 일치되어야 한다. "너희의 아버지께서 자비로우신 것같이 너희도 자비로운 사람이 되어라"(루가 6, 36).

예수는 온전히 이 하느님께 정향되어 있다. 그는 그분의 부성애적인 자비를 선포하고 있으며, 그 자비에 마음을 열고 그것에 따라 살아가도록 독려하고 있다. 이때 그는 자기 자신을 중심에 위치시키지 않는다. 그 반대로, 그는 자기를 떠나서 하느님을 향하도록 지시하고 있다. 공관복음서의 저자들에게서(마태오, 마르코, 루가) 이 점은 다음과 같은 사실에서 인식될 수 있는데, 바로 예수의 선포의 주요내용은 다가오시는 하느님이며, 임박한 "하느님의 주권"이라는 데에 있다. 요한복음서에서는 예수가 일인칭 화법으로 자신의 고유한 의미에 대해서도 말하고 있는데(예를 들면, 요한 14, 6: "나는 길이요, 진리요, 생명이다"), 이때 동시에 분명해지는 것은, 예수의 이 의미는 오직 그의 아버지인 하느님께로 그가 철저하게 향해 있음을 반영하는데 있다는 것이다: "나는 나의 뜻을 구하지 않고 나를 보내신 분의 뜻을 구할 따름이다"(요한 5, 30; 7, 16. 28; 8, 28 등등). 하지만 예수의 청중은 바로 이러한 자기이해가 하느님과의 단일성에로 귀결되었음을 감지했고 그래서 예수를 비난하였는데, "왜냐하면 그가 하느님을 자기 아버지라고 하면서 자기를 하느님과 같다고 했기 때문이다"(요한 5, 18). 하느님을 아버지라고 부르는 것은 구약성서에 따르면 금지되어 있었다(이사야 63, 16; 64, 7). 그러나 사람들은 예수의 등장 안에서 비길 데 없이 철저한 하느님과의 일치에 대한 주장이 들어있음을 지각하였다. 비록 이 일치가 하느님의 의지에 대한 예수의 완전한 개방의 결과였음에도 불구하고 말이다. 하느님은 이 사람 안에서 당신께 대한 그의 완전한 정향을 통해 현존하시게 되었다. 예수의 다음과 같은 언명들도 그렇게 이해될 수 있는 것이다: "아버지와 나는 하나이다"(요한 10, 30), 혹은 "나를 보았으면 곧 아버지를 본 것이다"(요한 14, 9). 예수는 아주 명백히 그의 아버지인 하느님과 유일무이한 관계를 갖고 있었다. 그는 비할 나위 없는 방식으로 이 아버지의 아들이었다: "아버지께서는 모든 것을 저에게 맡겨 주셨습니다. 아들이 누구인지는 아버지만이 아시고 또 아버지가 누구신지는 아들과 또 그가 아버지를 계시하려고 택한 사람만이 알 수 있습니다"(루가 10, 22). 아버지와 아들 간의 이 친밀한 관계 속에서 하느님은 사람들에게 당신을 볼 수 있게 해주신 것이다.

하느님의 뜻은 인간들에게 가까이 다가오고 또 가까이 있기를 원하셨다는 점에 있었다. 이것이 예수의 복음이었다. 이 예수와 그의 선포를 체험하면서 분명해질 수 있었던 것은, 바로 이 인간 예수 안에서 사람들에게 가까이 있는 것이 하느님의 뜻이었다는 사실이다. 하지만 예수에 대한 처음의 이 신앙은 그의 십자가상 죽음이라는 위기를 통과해가야만 했다. 그렇다면 그의 부활에 대한 경험은 이

런 의미였다: 이 예수는 사라져 버렸다. 하지만 그것은 그가 등장했을 때 이미 경험될 수 있었던 하느님과의 일치 안으로였다. 그는 하느님이 살아계시듯이 살아있으며, 하느님과의 일치 안에서 살아있다. 이 부활복음의 빛 안에서 예수는 하느님의 위대한 행적으로 간주되었다. 하느님은 인간들에게 다가오기를 원하셨으며, 그들 가운데서 인간으로 거처하기를 원하셨는데, 그것은 인간존재 일반의 보편성 안에서가 아니라, 구체적으로 한 개별적 인간, 바로 *이* 인간 예수 안에서였다. 따라서 하느님은 당신의 의지를 계명들 안에서보다 더 많이 한 인간의 인간성 안에서 고지하셨다. 그 이후로 *이* 인간, 인간으로서의 그의 행위와 말들은 우리가 하느님의 의지에로 정향되기 위한 척도가 되었다. 하느님은 당신의 의지를 이 인간 안에서 계시하셨기 때문이다. 무엇보다도 하느님은 당신이 우리 가까이에 있음을 표명하셨다. 하느님은 이 인간 예수 안에서 당신을 완전히 나타내셨다. 만일 이것이 반복될 수 있는 것이라면, 구체성은 탈락될 것이고, 하느님은 다만 상이한 형태들 안에서 동등한 정도로 알려질 뿐, 어떤 형태 안에서도 완전히 그분 자신으로서 알려지지는 않을 것이다. 하지만 예수 그리스도에 대한 신앙은 바로 이점을 말하는 것이다: 하느님은 유보 없이 그리고 완전히 당신을 계시하셨는데, 이것은 최후의 구체성 안에서 그리고 그와 함께 추월불가능성과 유일회성 안에서, 이 인간의 삶과 행위, 그의 십자가와 부활 안에서였다. 하느님이 이 예수 안에서 그처럼 완전히 당신을 드러내셨다면, 예수는 하느님의 본질에 속하는 것이다. 왜냐하면 완전한 계시가 뜻하는 것은, 하느님이 자신을 있는 그대로, 더욱이 당신의 영원한 본질에 있어서 당신이 어떤 분인지를 우리에게 보여주신다는 것이기 때문이다. 이 의미는, 예수는 이제부터 영원한 하느님의 정의定義에 속한다는 것이다.

사람들이 이점을 인식하는 것은 오직 하느님을 통해서만, 그리고 그분의 빛 안에서만 가능한 일이다. 이 빛은 예수가 예고했던 "성령"Geist의 은사이다: "성령께서는 모든 것을 너희에게 가르쳐 주실 뿐만 아니라 내가 너희에게 한 말을 모두 되새기게 하여 주실 것이다"(요한 14, 26). 그리고: "그분은 나에게서 들은 것을 너희에게 전하여 나를 영광스럽게 하실 것이다"(요한 16, 14). 이 성령이 없이는 우리는 하느님께 다다를 수 없으며, 예수 안에서의 그분의 계시를 진실로 이해할 수도 없다. 즉, 성령은 이 계시에 속한다. 따라서 하느님의 계시는 다음과 같은 내용 안에 존립한다: 아버지이신 하느님이 아들인 예수 안에서 성령을 통하여 당신을 우리에게 드러내시는데, 성령은 우리를 아들과 아버지께로 인도하여 그들의 일치를 우리가 볼 수 있게 해주는 분이다. 그러나 성령은 또한 아버지와 아들 자신도 연결시킨다. 예수가 요르단 강에서 세례를 받으실 때, "성령"이 예수에게 내려왔고, 다음과 같은 아버지의 음성이 들렸다고 보도되고 있다: "너는 나의 사랑하는 아들이다"(루가 3, 21). 예수는 이 성령으로 충만해서 사람들에게 말하고 있다(루가 4, 18 이하). 이 성령 안에서 그는 기도하면서 하느님을 향하고 있다(루가 10, 21). 성령은 아버지와 아들을 결합하고, 우리를 아버지와 아들에게로 인도해서 그분들의 생명에 참여하도록 우리의 내면을 비춘다. 하느님은 결국 아버지, 아들, 그리고 성령의 삼위일체 안에서 당신을 계시하신다. 하느님이 이 관계단일성Beziehungseinheit 안에서 당신을 계시하실 때, 그분이 그저 자신의 가면만을 우리에게 보여주고, 당신은 그 가면 뒤에서 완전히 다른 분으로 늘 숨어 계신 것이 아니라면, 즉 하느님이 엄격한 의미에서 *자신을* 보여주고 계시하신다면, 그분은 그 영원한 본질에 있어서도 거룩한 성령 안에서의 아버지와 아들의 단일성이다. 하느님은 따라서 그분의 영원한 본질에 있어서 인격적이며, *하나의* 위격[9]이 아니라, 인격적인 교환이다. "하느님은 사랑이시다"(요한 1서 4, 8. 16)라는 말은 그로부터 이해되어야 한다. 하느님께 사랑이 귀속될 수 있는 것은, 그분의 사랑이

9) 이하에서 "인격"Person이라는 말이 특별히 성서의 "신"에게 적용되는 경우에는, 통상적인 신학적 번역어인 "위격"으로 표기하기도 할 것이다.

향해질 수 있는 피조물을 앞에 둠에 따라서 그분이 사랑한다는 그런 의미에서가 아니다. 그것은 그분이 자기 자신 안에서, 당신의 영원한 신적인 생명 안에서 사랑이라는 의미에서이다. 인간으로서의 우리의 규정은 이 생명에 참여하는 것이다.

2) 교의상의 발전

젊은 그리스도교에게 이 신앙을 굳건히 보존하고, 헬레니즘이라는 고도로 발달된 문화 안에서 그것을 대변하는 것은 중요한 일이었다. 이 신앙은 그 때문에 합리적으로도 천착되고 개화되어야만 했다. 이것은 신에 대한 사상에 적합한 것으로서, 그것은 모든 사람들에게 접근될 수 있어야만 하는 것이다. 이때 저마다의 진리가 소유한 보편타당성의 영역은 바로 이성의 영역이다. 그래서 그리스도교 신학은 고대철학의 도움을 받아서 자신의 신 개념을 더 자세히 파악하고 설명하는데 진력했는데, 이는 신 개념을 이해시키고 스스로도 더 잘 이해하려는 목적에서였다.

니체아(325년)와 콘스탄티노플(381년)의 공의회들에서 이 신앙은 다음과 같이 표현되었다: 아버지와 아들로서의 하느님: "하느님에게서 나신 하느님, 빛에서 나신 빛, 참 하느님에게서 나신 참 하느님"(DH 125), 그리고 성령은 "아버지로부터 (그리고 아들에게서) 나시어 아버지와 아들과 함께 흠숭 받고 영광을 받으시는"(DH 150) 분이다(첨가어인 '그리고 아들에게서', 즉 소위 'filioque'는 후에 서방교회를 통해서 첨가된 것인데, 이 말은 서방교회와 동방교회 간에 논란이 되었다). 하지만 고대적 사유의 도움으로 신 개념을 표현하는 것은 아주 쉽지만은 않았다. 한편으로는 하느님의 단일성이 확고히 보존되고, 다른 한편으로는 그 분 안에 있는 상이성에 대해 말해져야만 했다. 만일 한 분이신 하느님이 아버지, 아들, 그리고 성령으로서 자신을 계시한다면, 그분은 자기 자신 안에서도 그렇게 생각되어야만 하기 때문이다. 테르툴리아누스Tertullian는 (라틴 서방에서) 세 개의 신적인 "위격들"Personen에 대해서 말하기 시작했다(adv. prax. 6; 8; 18). 그리스적 동방에서는 "프로소폰"πρόσωπον이란 개념보다는 "히포스타시스"ὑπόστασις란 개념이 선호되었다. 그 이유는, 프로소폰은 "용모"라는 그 의미에 있어서 외부로의 방향전환을 강조함에 비해서, 히포스타시스는 '자기-자신-안의-존재'를 강조하기 때문이다. 하지만 이 개념의 사용이 문제가 없었던 것은 아니었다. 니체아에서 그 개념은 거부되었다(DH 126). 그 이유는 명백했다. 고도로 발전된 철학적 신론, 말하자면 신플라톤주의의 "실체들" Hypostasen(일자, 정신, 영혼)은 연결점을 제공하기는 했으나, 종속을 표현하게 되었다. 아버지에 대한 아들의 그와 같은 종속을 지지했던 아리우스교도들에 대해서, 교회는 신적인 위격들의 동등성을 강조해야 했다. 따라서 "실체"란 말의 사용은 오직 철학적으로 승인된 의미의 수정과 함께 가능할 수 있었다. 그렇게 해서 사람들은 *세 개의* 동등한 "실체들" 안에 있는 하느님의 *하나의* "본질"οὐσία (Wesen, Sein)이란 표현에 이르렀다. 하지만 실체들은 어떻게 구성된 것인가? 그것들의 상이성은 서로에 대한 관계를 통해서 수립된 것이다. 아버지는 단지 아들과의 관계 안에서 아버지이며, 그 역도 마찬가지다. 따라서 하느님 안에 있는 독자성들은 그들의 관계들을 통해서 특징지어져 있다. 그래서 나지안스의 그레고리우스는 이렇게 말한다: "아버지는 본질성(οὐσία)의 이름도 아니요, 활동(ἐνέργεια)의 이름도 아니다. 그것은 관계(σχέσις)의 이름인데, 이는 어떻게 아버지가 아들과, 아들이 아버지와 관계 맺는지를 보여준다"(Gregor von Nazianz, Oratio 29, 16; 31, 9 참조). 그와 동시대인인 바실리우스Basilius(ep. 38, 7), 그리고 이미 오리기네스Origines(de princ. I, 2, 10)나 아타나시우스Athanasius(contra Arian. I, 26-28; II, 59 이하)에게서도 비슷하다. 즉, 위격들의 독자성과 상이성은 그들의 관계를 통해서 구성된 것이다. 이와 함께 삼위일체론 안에서 드러난 것은, 인격과 인격적 독립성은 풀 수 없게끔 관계와 결부되어 있다는 것이다. 이것은 광범위한 결과를 갖게 될 터였는데, 그 결과는 비로소 훨씬 나중에서야 그 전적인 영향력을 전개했다. 라틴어를 사용하는 서방에서는 개념적으로 "우시아"usia가 "실체"substantia로, "히포스타시스"hypóstasis가 "인격"persona으로 번역되어서, 다음과 같은 고전적인 정식에 이르렀다: "우리는 위격으로는 상이하나 실체에 따라 한 분이신 삼위의 하느님을 믿습니다(credimus hanc trinitatem personis distinctam, substantiam unam)"(DH 188, Toledo 400). "관계"의 개념은 후에 마찬가지로 플로렌쯔 공의회(1442)에서 공식적으로 수용되었다: 하느님과 그분의 속성들에 대해서 타당한 것은: "관계의 대구가 배치되지 않는 곳에서, 모든 것은 하나이다(omniaque sunt unum, ubi non obviat relationis oppositio)"(DH 1330).

3) 아우구스티누스의 삼위일체론

서구의 신학과 철학에 가장 큰 영향을 끼친 삼위일체론은 아우구스티누스의 것이다. 삼위의 하느님에 대한 가르침을 이해시키려는 노력 속에서 (비록 남김없이 파악할 수는 없더라도) 아우구스티누스는 인간이 하느님의 모상이라는 성서의 가르침(창세기 1, 26)을 실마리로 삼는다. 하느님은 자신의 모상 안에서 당신을 드러내신다. 따라서 하느님은 이 모상으로부터 인식될 수 있어야만 한다. "또한 하느님은 인간을 성령 안에서 당신의 모상에 따라 창조하셨다: 그곳이 말하자면 하느님의 모상이다; 그렇기 때문에 성령 자체는 인간 자체로부터가 아니면, 즉 인간이 하느님의 모상인 곳 밖에서는 파악될 수 없다(Fecit et hominem ad imaginem et similitudinem suam in mente: ibi est enim image Dei; ideo mens ipsa non potest comprehendi nec a seipsa, ubi est imag Dei)"(de symbolo I, 2, PL 40, 628). 그러나 이제 인간의 정신은 세분화된 구조로 특징지어져 있다. 하느님이 자신을 이 구조 안에서 모사되게 할 수 있다면, 그분 자신이 그것을 소유해야만 한다. 정신은 우선 근본적인 자각自覺Beisichsein이다. 아우구스티누스는 플라톤의 개념에 의거하여 이를 "상기"Anamnesis라 부른다: "기억"memoria, "회상". 여기서 의미된 것은 어떤 개별적인 사항들에 대한 회상이 아니라, 정신의 자기관련적인 구성적 본성인데, 이것이 인간에게 자신에게로의 귀환을 가능하게 해준다. 자신에게로의 귀환운동은 두 가지 계기들을 통해서 특징지어져 있다. 한번은 "지성"intelligentia, 곧 (자기)인식을 통해서인데, 이 안에서 정신은 자신과 맞세워진다. 이것은 그 다음으로 이 상대Gegenüber의 긍정 속에서, 즉 "의지" voluntas 안에서, 이 분리를 떨쳐내고 자신을 스스로와 결합시키기 위함이다. 이 삼중의 구조를 아우구스티누스는 어떤 다른 개념들 안에서도 소개하고 있다. 근원적인 자각에 해당되는 것은 예컨대 단순히 "존재"esse, 혹은 "정신"mens이란 말이며, 인식은 "지식" nosse 혹은 "인지"notitia, 그리고 긍정은 "의지"velle 혹은 "사랑" amor 등의 말로 지칭된다: "내 마음 같아서는 인간들이 자신 안에서 이 세 가지를 생각했으면 싶습니다[...]. 이 세 가지란 존재, 인식, 의욕을 말함입니다. 사실 나는 존재하며(sum), 인식하고(scio), 의욕합니다(volo). 나는 인식하고 의욕하는 자로 *존재하며*, 내가 존재하고 의욕함을 *인식하며*, 또 존재하고 인식하기를 *의욕합니다.* 생명(vita)이란 얼마나 불가분한 것인지를, 즉 하나의 생명, 하나의 정신, 하나의 본질이(una vita, una mens, una essentia) – 그리고 구별이 있으면서도(tamen distinctio) 얼마나 불가분의 구별을 지니는지를(inseparabilis distinctio)"(confess. 13, 11). 인간의 정신은 근본적인 자기연관이자 자기연관을 가지며, 인식적이고 긍정적이다. 타자와의 관계도 자기연관에 의해서 규정되어 있거나, 혹은 그것을 통해서 가능해진 것이다. 왜냐하면 나는 "나를" 타자와 관계시키기 때문이다. 이러한 자기연관의 실현은 오직 정신이 이미 시초에도 자신에게 머물러 있을 경우에만 가능하다.

"따라서 정신은 자기 자신을 인식하며, 자신을 마치도 부재자처럼 구하는 것이 아니라, 다른 사물들에로 방황하던 의지의 주의력을 자신에게로 돌려서 자기 자신을 사유한다. 그렇게 해서 정신은, 그가 결코 자신을 사랑하지 않았던 것이 아니며, 결코 자신을 알지 못했던 것이 아니라는 것을 깨닫게 될 것이다"(de trin. X, 8. 11). 자기인식은 인간에게 있어서는 하나의 과정이다. 그것은 상태가 아니라, 인간이 그것에로 부름을 받은 운동이다. "너 자신을 알라"라는 소크라테스적 플라톤적 철학의 요구가 바로 그러한 부름을 의미한다. 따라서 정신의 아직도 실현되지 않은 부분은 그 부름 안에서, 실현되어야 할 것의 선소여성과 결부되어야만 한다. "사람들이 정신에게 '너 자신을 알라!'고 말한다고 하자. 그가 '너 자신을'이란 말을 이해하는 바로 그 순간에 그는 자신을 인식하는 것이다. 그는 어떤 다른 이유에서가 아니라 자신에게 현전해 있기 때문에 자신을 인식한다. 그가 만일 이 말을 이해하지 못한다면, 그는 이 명령에 따라 행동하지도 않을 것이다. 그가 이 명령 자체를 이해한다면, 그에게는 바로 그가 행하는 것을 행하도록 하는 것이 명해져 있다"(de trin. X, 9. 12).

실현이 명백히 보여주는 사실은, 자신과의 단일성은 오직 자신과의 불일치를 거쳐서 획득될 수 있다는 것이다. 자기인식 안에서 주체는 자신에게 대상이며, 자신과 마주서 있다. 이러한 대립이 주체의 활동성에서 생겨나는 한에서, 주체가 자신을 그 안에서 보는 바로서의 상대Gegenüber는 자기의 "후예"(proles) 혹은 "말"(verbum)이다. 주체가 이제 자신에 의해서 산출된 이 상대 안에서 자신을 발견하고 긍정하고 사랑하는 한에서, 주체는 분리를 통해 중재되어 자기 자신과의 더 깊은 일치에 다다른다. 그러나 동일시는 오직 동등성에서만 성공할 수 있다. 동등성이 없이는 삼위의 그 어떤 진정한 상도 생겨나지 않을 것이다. "그렇게 해서 이제 어떤 방식으로 삼위일체의 상(imago trinitatis)이 존립한다: 첫째는 정신 자체(mens)이다. 둘째는 정신의 인식(notitia)인데, 이는 정신에 의해 산출된 정신의 후예(proles)이자 말(verbum)이다. 세 번째가 사랑(amor)이다. 이 셋은 하나(unum)이며, 하나의 실체(substantia)이다. 단지 정신이 자신을 있는 그대로 인식할 경우, 후예는 더 작지 않다. 정신이 오직 자신을 자신의 인식과 존재에 부합하는 방식으로 사랑할 경우, 사랑은 더 작지 않다"(de trin. IX, 12. 18).

마지막으로 아우구스티누스는 저 삼위성의 개념들 역시 사용하고 있는데, 이것들이 가장 잘 알려지게 된 것들이다: "기억"memoria, "지성"intelligentia, 그리고 "의지"voluntas(de trin. X, 11. 18). 인간은 이러한 정신적 구조와 본성 안에서 하느님의 상(imago)이다. 그렇기 때문에 인간은 하느님을 수용할 능력이 있으며, 그분에 대한 개념을 만들 수 있는 것이다. 다른 경우라면 이는 가능하지 않을 것이다: "인간은 하느님에 대해서 수용능력이 있으며(eius capax) 그분께 관여할 수 있게(particeps) 됨을 통해서 바로 하느님의 모상인 것이다. 인간은 오직 그가 하느님의 모상임을 통해서만 그처럼 높은 가치를 현실화시킬 수 있다. 보라, 정신은 자신을 회상하며, 자신을 인식하고, 자신을 사랑한다(meminit sui, intellegit se, diligit se). 우리가 그것을 이해한다면, 우리는 삼위가 하나임을(trinitatem) 본다. 우리는 아직 하느님을 보는 것은 아니지만, 그럼에도 이미 그분의 상을(imaginem Dei) 본다"(de trin. XIV, 8. 11).

이 고도로 발전된 삼위일체론이 커다란 영향력을 획득하고 심지어 서구신학을 규정하게 된 것은 놀랄만한 일이 아니다. 아우구스티누스 자신은 자기가 제안한 학설의 사변적인 영향력에 대해서 오히려 신중한 입장을 표명했다. 그는 자신의 학설이 엄격한 의미에서 하느님에 대한 인식이기를 원치 않았다. 그것은 하느님에 대한 하나의 "상"이라는 것이다. 왜냐하면 우리는 하느님을 모상 안에서만 인식하며, 다시 말해서 우리는 그분을 고린도 1서 13장 12절의 표현대로 단지 "거울" 안에서처럼, 그리고 "수수께끼"로서 인식할 수 있을 뿐이기 때문이다(de trin. XV, 23. 44). 그럼에도 아우구스티누스의 사상전개는 높은 정도의 논리적 일관성을 가졌기에, 사람들은 그것을 이성근거들로부터 연역된 것으로 이해할 수 있었다.

안젤무스는 아우구스티누스의 학설을 그렇게 이해하였다. 그는 자신의 저서인 "모놀로기온"Monologion에서 신앙에 "이성의 필연성"(rationis necessitas)이라는 형태를 부여하려고 하며(서론), 신앙을 "오직 이성에 입각해서(sola ratione) 제시하려고 한다(1장).

이에 상응하게 안젤무스는 아우구스티누스의 사고전개에 따라 삼위일체론을 발전시키고 있다(28-67장). 이에 대해 12세기 중엽에 포레의 길버트Gilbert de la Porrée는 이성을 가지고는 오직 하느님의 단일성만을 인식할 수 있다고 반론했다. 그분의 세 위격성은 오직 신앙을 통해서만 접근할 수 있다는 것이다(판넨베르그Pannenberg Sy Th I, 307, 312 참조). 토마스 아퀴나스는 두 가지 견해들을 중재하려 했다. "신학대전"의 사상전개 안에서 그는 아우구스티누스와 안젤무스를 따르고 있다. 하느님의 존재에 대한 증명 다음에 그분의 비물질성과 정신성으로부터 그분의 지식(scientia, intellectus)이 추론되고 있다(Sth I, q 14 a 1). 그와 함께 의지 또한 주어져 있다: "의지는 지성을 뒤따른다(voluntas enim intellectum consequitur)" (q 19 a 1 resp). 하느님의 삼위일체적인 세분화는 지성과 의지의 단일성 안에 있는 그분의 본성으로부터 생겨난다(q 27 a 1-5). 그럼에도 불구하고 우리는 하느님의 삼위일체를 마지막에는 단지 성서와 교회의 가르침이 갖는 "권위"auctoritas를 통해서만 인식할 수 있다. 왜냐하면 우리에게 인식될 수 있는 것은 "일의적으로"univoce 하느님께 전의될 수 없기 때문이다(q 32 a 1 resp 와 ad 2)(판넨베르그Pannenberg Sy Th I, 313 참조).

아우구스티누스는 삼위일체론의 진로를 결정했고, 교회와 서양의 문화는 그의 학설에 초점을 맞추었다. 그의 삼위일체론은 신 개념을 각인했다. 그 학설이 갖는 위험은, 근저에 있어서는 오직 유일한 주체에 대해서만 이야기되고 있는 듯이 여겨졌다는 데에 있다. 그 주체는 기억과 인식, 그리고 의지의 내부적인 작용들 안으로 분화된 것이었다. 신앙은 *하나의* 신적인 인격을 지향하고 있는 것처럼 여겨졌다. 이 하나의 인격 안에서 여전히 구별들이 존재했다는 것은 저 학설에서 보건대 수긍할 만한 것이기는 했다. 그러나 이러한 구별들이 인격들이라고 불려질 수 있다는 점은 받아들여야 할 신앙의 신비로서 간주되었으며, 이 신비는 신 개념을 위해서는 어떤 중요성도 갖지 못한 것처럼 보였다. 성서적 전거에 상응하는 것처럼, 신적인 위격들의 상호대면Zueinander과 상호공존Miteinander에 대한 본래의 신앙은 뒤로 후퇴하였다. 그래서 초세계적인 인격으로서의 신에 대해 단도직입적으로 말했던 계몽주의의 이성신학, 즉 이신론Deismus은 이 점에 있어서 커다란 저항을 발견하지 않았다. 오히려 이신론의 가르침은 신학으로부터 곧바로 준비된 것이었다. 슐라이어마허가 쓴 "그리스도교 신앙"Der christliche Glaube의 교의학 안에서 삼위일체론은 단지 마지막 장(§ § 170-172)에서만 다루어지고 있으며, 그것도 아마 전통에 대한 외경심에서 첨부된 것이지 신학적으로 체계를 형성하는 기능은 갖고 있지 않다. 세계를 초월해 있는 하나의 신적인 인격에 대한 표상은, 엄격히 보아 그릇된 학설임에도 불구하고, 오늘날에도 계속해서 그리스도인들의 의식에 영향을 끼치고 있다. 그것이 그릇된 학설인 이유는, 그리스도교적인 신앙은 "세 위격 안에 있는 하나의 하느님"에 대한 신앙이기 때문이다. *하나의* 신적인 주체에 대한 표상은 철학 편에서 보건대 하느님의 인격성에 대한 근대적 비판의 배경을 이루고 있다. 인격은 유한성의 개념이 아닌가? 인격으로서의 하느님에 대한 표상은 인간의 투사가 아닌가? 피히테와 포이에르바흐는 그렇게 주장했다.

동방교회는 이 길을 걷지 않았다. 동방교회는 결코 아우구스티누스의 가르침을 넘겨받지 않았다. 동방교회의 선구적인 교의학자들을 일별해 본다면, 예컨대 니사의 그레고리우스Gregor von Nyssa가 쓴 "대교리서"나 혹은 8세기 중엽 다마스케누스의 요한네스Johannes von Damaskus가 쓴 "정통신앙의 올바른 제시"등을 볼 때, 차이는 명백해진다. 이 저서들은 하나인 하느님께 대한 신앙을 간략히 근거지우고 난 후에 즉시 세 개의 신적인 실체들에 대한 가르침으로 시작한다: 신적인 근원으로서의 "아버지", 그분으로부터 그분의 외화, 곧 "말씀"으로서의 아들의 산출, 그리고 아버지로부터 진리와 이 말씀을 계시하는 "성령"의 산출. 비록 여기서도 고대의 '정신론'Geistlehre이 배경으로서 인식될 수 있기는 하나, 신학적인 진술 안에서, 그런 다음 무엇보다도 전례적인 언어와 신앙의 표상세계 안에서, 인격들은 더욱 커다란 독자성을 유지하고 있으며, 어쨌든 하나의 신적인 주관성의 계기들로 간주되고 있지는 않다. 그러는 동안에 근래에 이르러 가톨릭 신학에서뿐만 아니라 프로테스탄트 신학 안에서도, 삼위일체론이 처음부터 체계를 구성하는 그러한 신학에로의 전환이 이루어졌다. 저명한 범례들로 거명할 수 있는 학자들은 판넨베르그W. Pannenberg, 융겔E. Jüngel, 발타살H. U. von Balthasar, 그레사케G. Greshake 등이다 (라너K. Rahner는 이 점에서는 오히려 전통적으로 머물러 있다). 아우구스티누스의 비중에도 불구하고 간과되어서는 안 되는 사실은, 이미 더 일찍이 또 다른 신학적 단초들이 있었다는 점인데, 이것들은 오늘날에도 기꺼이 소급해서 참조할 수 있는 것들이다. 이하에서 나는 단지 가장 중요한 단초만을 소개하겠다.

4) 생 빅토르 리카르두스Richard von St. Victor의 삼위일체론

생 빅토르의 리카르두스(파리의 생 빅토르 시토수도회 원장. 1173년 사망)의 삼위일체론은 아우구스티누스에 대한 대안을 제시한다. 사안적으로 그의 삼위일체론은 커다란 중요성을 가지지만 단지 제한적인 영향력만을 끼쳤다. 그의 저서 "삼위일체에 관하여"de Trinitate(PL 196, 888-992; 독일어 역: Die Dreieinigkeit, Einsiedeln 1980)는 여섯 권의 책으로 구성되어 있다. 첫째와 둘째 권은 하나의 신적인 "실체"와 그로부터 추론되는 하느님의 "속성들"을 다루고 있다. 나중에 삼위일체에 대해서 말해지는 것은 이 밑그림 하에 명백히 서 있으며, 그것은 하느님의 단일성에 대한 가르침과 어긋나는 것이 아니라, 단지 그것을 적절히 주석하고 더 상세히 규정하려는 것이다. 삼위일체론은 바로 하느님의 단일성을 생각할 수 있는 최고의, 그리고 가장 강도 높은 사랑의 수행이자 단일성의 수행으로 규정하려는 것이다. 세 번째 책이 삼위일체를 다루고 있다. "하느님은 영이시다"(요한 4, 24)라는 말에 적합하게 아우구스티누스에게서는 하느님을 "영"Geist으로 주석하는 것이 중요한 관건이었다면, 리카르두스는 무엇보다도 "하느님은 사랑이시다"(요한 1서 4, 8. 16)라는 말을 전거로 삼는다. 그는 사랑이 상이성을 전제로 하며 그때마다 타자와 관계를 맺는다는 점을 확인하면서 시작한다(III, 2). 이때 그는 다음과 같은 그레고리우스 대 교황의 말을 수용하고 있다: "사랑에 속하는 것은 적어도 둘이다. 사람들은 본래적인 의미에서(proprie), 누군가가 자기 자신에 대한 사랑(caritas)을 가지고 있노라고 말하지는 않는다. 사랑(caritas)이 되기 위해서, (선택하는) 사랑(dilectio)은 타자와 관계를 맺는다(in alterum tendit)"(PL 76, 1139). 리카르두스에 따르면 사랑은 완전무결에 대한 표현이다: "우리가 위에서 말한 것처럼, 최고의 선이자 완전한 존재인 하느님 안에서 선성의 온전한 충일과 완전무결이 발견된다. 충만한 자비가 있는 곳에 최고의 참된 사랑이 결여될 수 없다. 그 어떤 것도 사랑보다 더 낫거나 완전할 수 없기 때문이다. 그 누구에 대해서도, 만일 그가 그저 사적으로 고립된 자로서의 자기 자신을 사랑할 경우, 그가 완전한 사랑을 소유하고 있다고 말해지지는 않는다. 따라서 사랑(amor)은 몰아적이고 본래적인 사랑(caritas)이 되기 위해서는 타자를 향해야만 한다. 다수의 인격들이 존재하지 않는 곳에서는 결코 본래적인 사랑도 있을 수 없다"(III, 2). "한 인격의 완성은 다른 인격과의 공동체를 필요로 한다. 가장 영예롭고 훌륭한 일은, 자기가 나누지 않는 그 어떤 것도 가지려 하지 않는 것이다. 그렇기 때문에 최고의 자비로운 인격은 벗에게(consors) 자신의 존엄이 결여되어 있는 것을 원치 않았다. 그 인격이 자신의 전능한 의지로서 원했던 것은, 또한 철저히 존재해야만 했다. 그 인격이 일찍이 자신의 불변적인 의지로서 원했던 것을 그 인격은 항상 원했다. 그렇게 해서 그 영원한 인격은 똑같이 영원한 하나의 인격을 가져야만 했다; 어떤 인격도 다른 것에 앞서서 존재할 수는 없었으며, 어떤 인격도 다른 것을 나중에 따를 수는 없었다. 영원하고 불변하는 신성 안에서는 그 어떤 것도 낡은 것으로 물러날 수 없으며, 그 어떤 것도 새로운 것으로 등장할 수 없다. 그래서 신적인 인격들은 모든 점에서 똑같이 영원할 수밖에 없는 것이다"(Ⅲ, 6).

하느님 안에서의 위격들의 완전한 동등성은 사랑의 교환을 위해서 구성적인 것이다. 하나의 위격이 자신의 완전한 신성을 다른 위격에게 줄 때, 이 다른 위격은 이 은사를 수용할 수 있어야만 한다. 즉 그 다른 위격은 완전한 신성을 받아들일 능력이 있어야하며, 그로써 하느님과 동일하며, 스스로가 하느님이어야만 한다. 그렇게 해서 보장되는 것은, 언급되고 있는 사랑이 하느님의 영역에 머물며, 가령 우리와 같은 피조물들에로의 정향에 매이지 않는다는 점이다. "완전히 상호적인 사랑의 법칙이 요구하는 것은, 각자가 타자로부터 온전히 사랑받고, 결과적으로 [...] 또한 각자가 온전한 사랑을 받을 만한 가치가 있다는 것이다. 그러나 각자가 똑같은 방식으로(aeque) 사랑받아야만 하는 곳에서는, 각자는 똑같이(aeque) 완전해야만 한다. 따라서 양자는 똑같이 권세가 있고, 똑같이 지혜롭고, 똑같이 선하며, 똑같이 복되어야만 한다. 그래서 사랑의 충일은 서로 사랑하는 존재들 안에서 전적으로 똑같은 완전성을 요구한다"(Ⅲ, 7).

사랑을 계속 전해주는 것 역시 완전한 사랑에 속한다. 즉, 사랑 안에서 "제 삼자"에게 공간이 주어지는 것 역시 사랑에 속한다. 비로소 이와 같은 '함께-사랑하길-원함' 안에서 순수한 몰아성이자 순수한 선사로서의 사랑이 실현된다. 다시 말해서 사랑은 나-너에 제한되어 있지 않고, 그 안에 가두어진 것이 아니다. 사랑은 스스로 기꺼이 허락되고 전달된다. "한 사람이 다른 사람에게 사랑을 선사한다면, 외로운 사람이 외로운 사람을 사랑한다면, 과연 사랑은 현존하고 있기는 하다. 그러나 '함께 나누는 사랑'(condilectio)은 결여되어 있다. 두 사람이 서로를 사랑한다면, 서로에게 커다란 동경 안에서 마음을 선사한다면, 그리고 사랑의 물결이 이 사람에서 저 사람으로, 저 사람에서 이 사람에로 흐르고, 그래서 상대를 향해 있다면, 과연 사랑은 양 편에서 현존하고 있기는 하다. 그러나 함께 나누는 사랑은 결여되어 있다. 함께 나누는 사랑에 대해서 말해질 수 있는 것은, 제 삼자가 양자로부터 의좋게 사랑을 받을 때, 즉 유대 안에서 사랑받으며 감싸질 때, 그리고 양자의 호의가 제 삼자에 대한 사랑의 화염 속에서 구별됨이 없이 맞부딪칠 때이다"(III, 19).

리카르두스는 사랑의 현상학으로부터 출발해서 그것을 넘어 사랑의 본질구조를 파악하기에 이르는데, 그것은 바로 "순수한 완전성"perfectio pura이며, 이것은 무한대로까지 상승하는 것이다. 사랑이 양자성 안에서만이 아니라 제 삼자에 대한 개방성 안에서 실현되는 것이라면, 이는 하느님 안에 있는 완전한 사랑에 대해서도 적용되어야 한다. 그래서 신적인 사랑은 다시금 우리의 사랑의 원형이며, 우리 인간들은 우리의 사랑함 안에서 하느님이 우리를 창조하신 대로의 그분의 "모상들"imagines이다. 이 사랑의 신적인 원형 안에서의 "제 삼자"는 물론 다른 위격들과 동등하며 스스로가 하느님이어야만 한다. 하느님 안에서는 어떤 종속적 차이들도 존재하지 않기 때문이다. 그분 안에 있는 모든 것은 자기연관이며 동등하다. 이것이 첫 번째 책의 전제이다. 그렇지 않다면 하느님은 자신에게 외적인 것이 될 것이다. "제 삼자", 곧 성령은 따라서 세 번째의 신적인 위격이다. 성령과 함께 하느님의 자기존재, 그분의 관계단일성이 실현된다. 더욱이 그것은 단일성의 수행 내지는 사랑의 수행 안에서 이루어지는데, 그 수행은 차이를 허용할 뿐만 아니라 포함하기도 하며, 그리고 그 차이를 조건짓는 것으로서 자신을 전제한다. 슈플렛은 인격적 삼위성에 대한 리카르두스의 학설 안에서 "관건이 되고 있는" 것을 다음과 같은 점에서 보고 있다: "각자는 다른 것과 함께 제 삼자에게 좋은 것이며, 각자는 자신의 너를 제 삼자에 의해서 이끌게 하며, 같은 정도로 다른 것에 의해서 제 삼자를 자신의 너로서 이끌게 한다. 이는 마침내 이러한 방식으로 스스로가 하나에 의해서 다른 것에로 인도되기 위함이다"(Splett 1990, 68).

네 번째 책에서 리카르두스는 이러한 삼위일체론으로부터 인격개념을 위한 귀결을 이끌어내고 있다. "인격"에 대한 표준적 정의는 보에티우스의 것이었다: "인격은 이성적 본성을 가진 개별적 실체이다." 보에티우스는 이 정의를 그리스도론을 위해서 발전시켰는데, 거기서 문제가 되는 것은 인격의 유일회성이었다. 하지만 이 정의를 삼위일체론에 적용하는 것은 어려운 것으로 입증이 되었다. 그 이유는, 첫째로 실체란 개념은 단일한 하느님을 위해서 유보되었고, 둘째로 이 정의 안에서는 관계적인 것이 표현되어 있지 않았는데, 하느님 안에서의 위격존재는 그것을 통해서 구성되어 있기 때문이었다. 리카르두스는 다른 길을 취하고 있다. 그는 인격을 "실체" substantia로서가 아니라 "실존"existentia으로서 파악한다. 이때 그에게 관건이 되는 것은 이 말의 두 구성요소들인데, 그것들은 "~(으)로부터"ex와 "서 있다"sistere이다. 따라서 "실존"이란 관계적인 독립성을 의미하며, 곧 "어디로부터"에 자신을 빚지고 있는 존립 Standfinden을 의미한다. 리카르두스는 다음과 같이 설명하고 있다: "실존한다는 것이 다른 것에 의한 존립이 아니라면 도대체 무엇이겠는가. 그것은 실체적으로 다른 것으로부터 존재함이다(quid est enim existere, nisi ex aliquo sistere, hoc est substantialiter ex aliquo esse)"(IV, 12). 삼위일체의 위격들이 그처럼 생각되어져야 하는 이유는, 그들이 위격들로서의 자신들의 고유존재를 다른 위격들과의 관계를 통해서 가지고 있기 때문이다. 그러나 만일 인격의 가장 깊은 본질이 이러한 방식으로 파악될 수 있고, 하느님의 모상인 우리가 그분의 원형에 따라서 우리의 인격성을 가지고 있다면, 우리는 그에 부합하게 우리의 인격성을 이해해야만 한다. 즉 우리는 인격성을 우선적으로 개별적인 독립성 내지는 실체성으로 보고, 그것이 비로소 나중에 질서 지어진 방식으로 (우연적으로) 관계성 안에 존립하는 것으로서가 아니라(아리스토텔레스에 따르면 관계들은 실체의 우유성들에 속하지 그것의 본질에 속하는 것이 아니다), 우리의 인격성은 그 핵심에 있어서 관계를 통해서 구성된 것으로 이해해야 한다. 리카르두스의 인격정의는 넓게는 19세기와 20세기의 '상호인격의 철학'Interpersonalphilosophie을 예시한다. 이때 그러한 엄격히 관계적인 인격개념의 사상이 처음으로 그리스도교의 신론 안에서 발전되었고 그로부터 인격성 일반에로 전의되었음을 인지하는 것은, 대수롭지 않은 일이 아니다. 이후의 상호인격의 철학 안에서 이러한 신학적 근원은 대체로 더 이상 알려져 있지 않았다(판넨베르그Pannenberg "Person" im RGG 참조).

c. 절대적인 것의 인격성에 대한 근세의 논의

1) 스피노자

근세에서 신의 인격성에 대한 학설은 여러 차례 영향력이 큰 방식으로 논박되고 있는데, 예컨대 스피노자에 의해서 그러하다. 그에게 신은 무한한 실체이며, 이는 우리에게 "사유"와 "연장"이라는 두 가지 속성들 안에서, 즉 정신과 물질 안에서 제시된다. 데카르트에게 있어서 "사유하는 존재"res cogitans와 "연장을 가진 존재"res extensa는 구분된 것이고 더 이상 결합되지 않는 것인데, 스피노자는 이들을 하나의 실체에 편입시킴으로써 결합하고 있다. 두 가지 속성들은 (무한히 많은 속성들이 있지만 우리는 오직 두 가지만을 인식한다) 그것들이 구체화되는 상이한 "양태들"Modi 안에서 드러난다. 그 양태들이 우리의 (정신적이고 감각적인) 세계를 구성한다. 연장의 기본적인 양태들은 "운동"과 "정지"이며, 사유의 기본적인 양태들은 "오성"과 "의지"이다. 신의 무한한 실체는 철저히 그 출현방식들 너머에 존립하기 때문에, 우리에게 알려져 있지 않은 신적 실체의 자기내존재Insichsein는 속성의 어느 한 양태 내지는 특정한 양태들에로 고정될 수가 없다. 그리하여 스피노자에게 있어서 일관성 있게 추론되는 결론은 이렇다: "신의 본성에는 오성도 의지도 속하지 않는다(ad Dei naturam neque intellectum, neque voluntatem pertinere)" (Ethik I, prop. 17 schol.).

2) 피히테

피히테는 "신적인 세계지배에 대한 우리 신앙의 근거에 대하여" Über den Grund unseres Glaubens an eine göttliche Weltregierung (1798)라는 그의 저서에서 얼마 안 되는 지면을 할애해 자신의 종교철학의 윤곽을 제시하고 있다. 인간이 그 아래에 서 있는 윤리적 요구, 곧 "당위"Sollen는 인간으로 하여금 "초감각적인 세계"를 확신하게 해준다. 초감각적인 세계는 인간에게 그의 윤리적 행위가 목적에 이르도록 보장해주는데, 비록 이러한 성공이 경험적으로 보자면 의심스럽게 여겨지더라도 말이다. 왜냐하면 저 세계가 본래적이고 참된 세계이고, 예지적인 것의 왕국이기 때문이다. 피히테는 그 세계를 "도덕적인 세계질서"라고 부른다. "이것이 참된 신앙이다; 이 도덕적 질서가 우리가 받아들이는 *신적인 것*이다"(SW V, 185). 이러한 맥락에서 피히테는 인격으로서의 신에 대한 표상처럼 전통적인 종교적 표상들에 비판을 가한다. "당신들은 이제 인격성과 의식을 도대체 무엇이라고 부르는가? 아마도 당신들이 당신들 자체 안에서 발견했고, 당신들에게서 알게 되었고, 이 이름으로 지칭한 바로 그것이겠지? 그러나 당신들이 이것을 제약이나 유한성이 없이는 절대로 사유하지 않으며 사유할 수도 없다는 점을, 당신들이 이 개념을 구성했다는 사실에 대한 최소한의 주의가 당신들에게 가르쳐줄 수 있다. 그러므로 당신들은 이 존재[신]를 이 술어[인격]의 부여를 통해서 유한적인 것, 즉 당신들과 똑같은 존재로 만든다. 당신들은, 당신들이 원했던 것처럼, 신을 사유한 것이 아니라, 단지 사유 안에서 당신들 자신만을 복제한 것이다"(187). 피히테는 여기서 포이에르바흐의 투사이론의 선구자인 것처럼 보인다. 하지만 그는 오히려 크세노파네스의 전통에 서 있다. 그에게 문제가 되는 것은 종교적 신앙의 순화이자 갱신이기 때문이다. 그에게 있어서 요체는 윤리적 요구 안에 들어있는 순수한 무제약성의 경험이다. 이 요구는 한갓 이상과는 전적으로 다른 것이다. 오히려 그것은 본래적이고 참된 존재의 직접적인 현존이다. 그렇지만 이 참된 존재는 순수한 무제약성 안에 존립하며, 오직 윤리적 자유의 행위에만 접근될 수 있기 때문에, 그것은 어떤 방식으로든 더 이상 대상화될 수 없다. 하지만 우리의 종교적 표상들은 그럼에도 불구하고 이 존재를 대상화하려고 한다. 그렇기 때문에 피히테는 그러한 표상들에 반대하는 논거를 펼친다. 그러한 표상들을 통해서 무제약적인 것의 순수하고 내적인 현존 그리고 그와 함께 무제약적인 것 자체가 우리의 정신적 삶으로부터 사라져버릴 지경에 이르기 때문이다. 이 저서의 전적인 종교적 취지에도 불구하고 그것은 소위 "무신론논쟁"을 불러일으켰다. 그 결과로 피히테는 예나대학을 떠나야만 했다.

3) 헤겔

그에 반해서 헤겔은 그의 종교철학에서 인격개념을 신에게 적용하는 것을 허용하고 있는데, 더욱이 삼위일체론의 틀 안에서이다. 그는 삼위일체론을 그 사변적 잠재력 안에서 인식하고 있으며, 계몽주의의 비판에 (신학적인 비판에도) 맞서서 옹호하고 있다. 생 빅토르의 리카르두스와 비슷하게 (그는 하지만 헤겔에게는 알려져 있지 않았다) 헤겔은 이 그리스도교적인 가르침 안에서 인격개념이 사용되었음을 보며, 그 개념의 일반적이고 신학적인 의미를 헤겔은 이렇게 묘사하고 있다:

"인격성이 진술하는 바는, 대립이 *절대적으로* [...] 취해져야한다는 것이다. 바로 이 정점에서 대립은 스스로 지양된다. 자신의 고립화, 곧 *격리를 지양하는 것*이 인격, 아니 주체의 성격이다. 윤리성과 사랑은 주체의 특수성, 즉 특별한 인격성을 포기하고 보편성에로 확장하는 것이다. 가족이나 우정도 마찬가지이다. 이러한 동일성은 타자들과 하나로 현존한다. 내가 타자에 대해 올바로 행위하면서, 나는 그를 나와 동일하게 간주한다. 우정과 사랑 안에서 나는 나의 추상적인 인격성을 포기하고, 이를 통해 그 인격성을 구체적인 것으로서 획득한다. 참된 인격성은 따라서 바로 이런 침몰을 통해서, 곧 타자 안으로 몰두함을 통해서 얻어지는 것이다"(TW 17, 233). "사람들이 '하느님은 사랑이다'라고 말한다면, 그것은 매우 위대하고 진실히 말해진 것이다; 그러나 사랑이 무엇인지를 분석함이 없이, 그저 소박하게 이 언사를 단순한 규정으로 파악하는 것은 무의미한 일이 될 것이다. 사랑은 둘을 구분함이며, 그러나 이 둘은 서로에게 전적으로 구분되어 있지 않기 때문이다. 이 동일성에 대한 느낌과 의식이 사랑이며, 이것은 말하자면 내 밖에 있음이다: 나는 나의 자의식을 내 안에 갖는 것이 아니라, 타자 안에 갖는다. 그러나 이 타자는 [...] 자신의 자의식을 오직 내 안에서 갖는다. 그래서 양자는 단지 그들의 '자기 밖에 있음'Auβersichsein과 그들의 동일성에 대한 의식이다"(TW 17, 221).

따라서 헤겔에게 있어서 "인격"이란 단순히 유한성의 개념이 아니다. 인격의 제약성은 인격 자신을 통해서 넘어서지고 있으며, 이때 비로소 이러한 넘어섬 안에서 인격존재가 실현되기 때문이다. 이와 같은 한계의 초월이 인격개념을 위해서 본질적인 것이라면, 인격개념은 신에게도 적용될 수 있는 것이다. 스콜라적으로 말하자면, "인격"은 "순수한 완전성"perfectio pura, 즉 하나의 규정으로서, 이는 모순 없이 절대화될 수 있으며(존재, 선성, 진리와 같이), "혼합된 완전성"perfectio mixta이 아닌 것이다. 혼합된 완전성은 유한성과 연결되어 있기 때문에 절대화될 수가 없는 것이다. "배제하지 않는 개별성"으로서의 "인격성"은 헤겔에게 있어서는 최고의 논리적-형이상학적 "개념", 곧 "절대적 이념"(TW 6, 549)에 대한 적합한 규정이다. 신의 인격성에 대한 학설을 비판하는 사람들은 "인격"을 혼합된 완전성으로 파악하며, 그로부터 불가피하게 그것이 신에게 적용될 수 없다는 결론이 도출된다. 삼위일체론과의 연관은 더 이상 파악되지 않는데, 이는 삼위일체론이 오래 전에 단일한 인격으로서의 신의 표상을 위해서 시야에서 사려졌기 때문이다. 헤겔은 최초로, 옛 맥락을 다시금 소급해 취해서, 그 맥락이 일반적인 인격개념의 발전을 위해 내포한 생산성을 인식한 사람이다. 그 개념의 의미는 신론에서는 물론이요, 인간학에서도 드러난다.

4) 포이에르바흐

루드비히 포이에르바흐의 종교비판적인 투사이론은 개별적이고 초월적인 주체로서의 신의 표상에 반대해 조준된 것이다. 그로써 그는 확실히 널리 유포된 종교적 의식을 적중시켰다. 하지만 그는 사변적으로는 헤겔보다 한참 뒤로 되돌아갔다. 피히테를 상기시키는 그의 비판은 종교의 해체, 혹은 종교를 인간학으로 고쳐 해석하는 것을 목표로 삼는데, 이 비판을 그는 "실증철학의 비판에로"Zur Kritik der positiven Philosophie(1838)라는 논문에서 다음과 같이 표현하고 있다:

"실제적인 인격성의 자기의식은 항상 개별적으로 규정되고 제약된 것이다. 그것은 행위이며, 이를 통해서 자신을 타자와 구분하며, 타자에 대해 자신을 닫는다. 그리고 이를 통해서 자기의식은 자신을 자기 자신으로서 정립한다. 절대적인 자기의식은 비-존재non-ens이다; 사람들은 이때 아무 것도 생각하지 않을 수 있다; 왜냐하면 사람들이 이때 생각할 수도 있는 그 무엇은 경계설정이겠기 때문이다. 즉 그것은 이 의식의 개별적인 규정성일 것이고, 그러나 그 규정성은 '절대적'이라는 술어를 통해서 제거되기 때문이다[...]. '절대적'이라는 첨가어는, 그것을 통해서 신적인 인격성의 자기의식은 우리의 것과는 마땅히 다른 것이 되어야 하는데, 그렇기 때문에 존재, 실재, 특정한 객관적 개념을 표현하는 것이 아니라, 한갓 공상이자 기만이며, 사색하는 자는 이를 통해서 자신의 사변의 대상이 자기의 고유한 자아가 아니라 타자, 곧 신적인 존재라는 환영에 빠지게 된다. 사색하는 주체는 자기 자신을 객관화시키는 것이다"(Werke II, 190).

5) 쉴러

하나의 인격이라는 신의 표상이 어떻게 유포되어 있었는지는 문학작품의 거울 안에서도 나타난다. 쉴러의 시 "우정"Die Freundschaft의 마지막 연이 그 점을 잘 보여준다:

"그 위대한 세계주인은 친구가 없었네, [그는] *결핍*을 느꼈고 — 그래서 영들을 창조했다네,

그의 지복을 반사하는 복된 거울이여! — 그 최고의 존재는 이미 똑같은 것을 발견 못했고, 온 영혼의 왕국의 잔에서 *그에게* 일고 있는 거품은 — 무한성이라네."

쉴러는 여기서 세계의 창조를, 자신의 외로움을 극복하고 창조 안에서 하나의 상대자를 발견하려는 단일인격적인einpersönlichen 신의 노력으로부터 도출하고 있다. 이 시가 아무리 아름답다 해도 그것은 고작해야 이신론적이다. 그것은 그리스도교적이지 않다. 그리스도교의 신앙에 따르면 신은 이미 자기 자신 안에서 완전한 인격적 교환이다. 신은 자기 밖에서 상대자를 구해야 할 필요가 없다. 그분은 세계를 "필요로 하지" 않는다. 오히려 세계는 그분의 순수한 선물이며, 피조물들이 신적인 생명에 참여하게 하려는 목적에서 은총으로부터 창조된 것이다. 그것이 세계의 규정이다. 인간의 가치는, 신이 그를 필요로 했다는 점을 통해서 오직 외견상으로만 고양될 것이다. 사실은 인간은 신의 자기실현의 수단으로, 즉 아주 고상한 것이기는 하나 그럼에도 불구하고 하나의 수단으로 만들어졌다.

인간의 자기목적이란 그래서 정초될 수가 없는 것이다. 만일 그에 반해서 신이 인간을 필요로 하지 않고, 그분이 인간에게 순전히 "거저" 실존을 선사하고 허락한다면, 그분은 자기 자신 때문에 인간을 창조한 것이다. 인간은 그리하여 신의 순수한 '자기-자신-때문에'에 참여해도 좋은 것이며, 이 '자기자신때문에'는 완성 안에 있는 신 자체이며, 그래서 비로소 자기목적인 것이다. 쉘러의 신은 처음부터 결함이 있는 존재로 생각되었고("결핍을 느꼈다"), 그로써 진실로 신이 아닌 것이다. 참된 신은 오직 절대적으로 완전한 존재일 수 있어야 하기 때문이다. 그러나 신의 완전성이 인격적으로 생각되어져야만 한다면, 그는 어떤 경우에도 고독하거나 결핍을 가진 인격일 수는 없다. 그러한 존재로서의 신은 사실상 인간적인 투사 이외의 다른 것이 아닐 것이다.

d. 절대적인 것의 인격성에 대한 물음을 위한 삼위일체론의 철학적 의미

그리스도교는 일신론, 즉 *하나인* 그리고 *오직* 하나인 하느님에 대한 신앙이다. 그것은 유대적인 구약성서의 전통이며 결코 물음에 붙일 수 없는 토대이다. 삼위일체론은 단지 하나의 하느님에 대한 이와 같은 신앙의 주석이자 전개일 뿐이다. 더욱이 그것의 목적은 하느님의 단일성을 보다 근거 있고 설득력 있게 표현하려는 것이다. 이 역설적으로 보이는 요구는 신학적-철학적인 반성에서 생겨난다. 우리는 이미 이 주제의 신학적이고 성서적인 측면을 조명해 보았다. 이제 삼위일체론이 실제로, 헤겔이 인식했듯이, 대단히 풍부한 사변적 잠재력을 포함하고 있다는 사실에 대한 철학적인 논거들이 보다 분명하게 제시되어야만 한다. 하나의 절대적인 것에 대한 물음을 제기하는 철학은 이러한 사변적 잠재력에 대해서 최고의 관심을 표명해야 하는데, 만일 철학이 자신의 대상이 요구하는 수준에 올바로 부응하고자 한다면 말이다. 나는 적어도 윤곽적으로나마 철학에 대해서 갖는 삼위일체론의 의미를 제시하고자 한다.

만일 하느님이 최고의 단일성이라면, 그분은 또한 관계가 아닌 것인가? 플로틴적인 전통은 이를 부정한다. 하지만 그것을 위한 논거들은 충분한 것인가? 관계는 사실상 차이를 포함한다. 그러나 차이는 항상 단일성의 결핍인가? 오히려 단일성은 항상 관계단일성으로 생각되어야 하는 것이 아닐까? 그래서 최고의 단일성은 그것에 특유한 차이를 포함해야 하며, 그 차이는 단일성을 축소시키는 것이 아니라 가능하게 하는 것이 아닐까? 만일 이에 대해서 예라고 답할 수 있다면, 그때에는 차이 역시 "순수한 완전성", 곧 무한으로까지 상승하는 완전성으로 생각될 수 있어야만 한다. 그렇다면 최고의 단일성은 또한 최고의 차이를 포함하는 것으로 파악될 수 있을 것이고, 이때 그 차이는 물론 어떤 하나의 차이가 아니라, *이러한* 관계단일성으로서의 최고의 단일성에만 적합한 차이이다.

다른 대안은 무엇이겠는가? 그것은 어떤 차이도 갖지 않는 단일성을 생각하는데 있을 것이다. "단일성"이라는 개념에 도대체 하나의 의미가 부여될 수 있는지를 일단 도외시했을 때, 이제 물어보아야 할 것은, 과연 완전한 무차별성이 절대적인 것에 대한 생각에 적합할 수 있는가 하는 것이다. 사정은 그렇지 않을 것이다. 왜냐하면 완전한 무차별성은 적어도 차별성에 개념적으로 맞서서 정립되며, 바로 그로써 자신에게서 차이를 가지고 있기 때문이다. 절대적인 무규정성 역시 자신의 규정성을 (그와 함께 자신의 차별성을) 가지는데, 말하자면 그것이 규정성에 맞서서 정립된다는 점에서 그렇다. 따라서 순수한 무규정성의 개념은 결함이 있는 개념이며, 절대적인 것에는 적용될 수 없는 것이다. 이미 아리스토텔레스는 아페이론 Apeiron, 즉 완전하게 무규정적인 것이 최상의 존재이자 신적인 존재에 대한 개념이 될 수 없음을 알아차렸다. 헤겔에 있어서도 이 비판적 사고는 그의 "논리학" 안에서 주도적인 것이 되었다. 규정 Bestimmung은 절대적인 것에 귀속되어야 한다. 규정은 절대적인 것에 외적인 것일 수는 없다. 규정이 절대적인 것에 귀속될 수밖에 없는 소이는, 그것이 절대적인 것을 한계지우는 것이 아니라, 절대적인 것의 자기규정으로부터 산출되기에, 따라서 외부로부터 그것에 부과된 것이 아니기에 그렇다. 절대적인 것의 규정성은, 아리스토텔레스가 분명하게 인식한 것처럼, 오직 완전한 자기연관으로 생각될 수 있다. 여기서 단일성은 완전한 관계단일성이며, 그 안에서 차이의 계기는 이 완전성에 함께 속하는 것이다. 오직 그와 같은 절대자만이 모든 규정들을 포괄할 수 있으며, 정당하게도 "모든 것을 규정하는 현실"(판넨베르그Pannenberg 1973, 304)로 지칭될 수 있다. 그렇지 않다면 규정성은 절대적인 것에 낯선 것이 될 것이며, 그렇게 되면 그것은 포괄적이고 절대적인 것이 아닐 것이다.

최고의 규정성은 자기-규정성, 즉 자기연관이다. 구별은 자기연관 안에 포함되어 있으며, 하지만 완전히 단일성 안으로 받아들여져서 그것에 속한다. 구별은 단일성에게 본질적인 것이며 오직 단일성의 다른 측면일 뿐이다. 그러나 절대적인 자기연관 안에서의 구별은 오직 동등성만을 의미할 수 있다. 그렇지 않다면 절대적인 것은 자기 자신에게 종속되고 외적인 것이 될 것이다. 즉 절대적인 것은 유한하게 될 것이다. 최고의 주관성은 그 안에서 객체가 주체에게 종속되어 있는 바로서의 주체－객체－연관으로 생각되지는 않는다. 마찬가지로 그것은 반성으로 생각되지도 않는다. 반성은 비로소 나중에 자신에게 되돌아오면서 구별을 구성한 것이다. 최고의 주관성은 오직 주체－주체－연관으로서만 생각된다. 그것이 이미 본래적으로 "자기연관"의 뜻이다. 최상의 단일성 안에는 최상의 차이 역시 존재한다는 사실이 견지될 수 있어야만 한다. 절대적인 자기연관 안에서 주체는 철저하게 "자신과" 마주서 있는데, 이 철저성은 유한적인 것 안에서는 존재할 수 없다. 왜냐하면 거기서는 다름Andersheit이란 것이 항상 외적인 중재단일성Vermittlungseinheit을 통해서 특징지어져 있기 때문이다(예컨대 하나의 종 안에 있는 상이한 생명체들이나 나의 개별적 자아 역시 그러한데, 자아는 결코 자신으로부터 자신과의 완전한 단일성을 이루지 않으며, 그래서 결코 자신에 대해 완전한 대립이 아니다). 절대적인 것 안에서 이러한 다름은 절대적이며, 동시에 그것은 자신과의 완전한 단일성이고, 이 단일성은 그것의 자신Selbst과 자기수행으로부터 유래한다. 그것은 자기 자신으로부터의 단일성이자 다름이며, 바로 그렇게 이 고유한 '자기와—마주해있음'Sich-Gegenübersein을 (스스로) 중재하는 중심이다. 이 단일성은 외적인 결합도 아니며, 선소여적인 단일성—기체Einheits-Substrat에서의 이차적인 구별성도 아니다. 양자는 *자기*수행으로서의 절대적인 것과는 양립할 수 없을 것이다. 절대적인 것의 차이—단일성은 계속해서 복제될 수도 없다. 그렇게 되면 단지 동일한 구조만이 늘 반복될 수 있을 뿐이다. 이 차이—단일성은 절대적인 것 안에서 그 자체로 항상 이미 완성되어 있다(즉, 이것은 잠재력을 갖지 않는다. 잠재력은 셈하는 것에서처럼 유한적인 것과 그것의 증가가능성의 특징이다). 그러나 절대적인 것의 개념은 여전히 또 하나의 계속되는 결정적 규정을 요구하는데, 그것이 없이는 절대적인 것의 차이—단일성은 온전하게 생각될 수 없다. 그것은 선의 규정이다. 최고의 자기내존재Insichsein는 동시에 최고의 '자기—자신—때문에'이다. 이것이 의미하는 바는, 절대적인 것의 자기연관은 인식일 뿐만 아니라, 의욕, 긍정, 그리고 자기긍정이기도 해야 한다는 것이다. 절대적인 것은 자기와 동일한 상대를 긍정하는 수행으로서 그것은 곧 사랑이며, 절대적인 사랑이다. 이 사랑은 절대적으로 타자에게 적용되며, 절대적인 것의 고유한 중심으로부터 유래한다.

간과될 수 없는 사실은, 절대적인 것에 대한 이 사변적 학설이 그리스도교의 삼위일체론에 의해서 영감을 받았다는 것이며, 아마도 그것이 없었다면 이 학설은 감행되지 않았을 것이라는 점이다. 하지만 이러한 학설이 자신을 삼위일체론의 주석으로 이해한다고 하더라도, 그 논증은 자신을 통해서 설득력을 가져야만 한다. 오직 그렇게 해서만 이 학설은 절대적인 것의 본질에 대한 철학적 논의를 위해서 자신의 근원인 신학적 삼위일체론의 의미를 올바로 해석할 수 있다.

이때, 이 학설이 신학적인 사전척도Vorgabe와 관련을 맺고 있음이 순수한 철학적 설득력을 감소시킬 필요는 없을 것이다. 그럼에도 불구하고 사변적 학설의 개념적 형태는 추월될 수가 있다. 그러나 이러한 추월에 언제든 다시 도전을 가하는 척도는 신앙의 내용과 다른 것일 수는 없다. 그 내용의 주석이 저 사변적 학설에로 귀결되었던 것이다. 해석학과 사변은 그렇게 보았을 때 분리할 수 없는 단일성을 형성하며, 이를 위해 지침이 되고 있는 것은 안젤무스의 정식인 "지성을 요구하는 신앙"fides quaerens intellectum이다. 이러한 의미에서 나는 절대적인 것에 대한 저 사변적 학설을 몇 가지 근본특징들 안에서, 그리고 신학적인 사전척도의 언어에 밀접히 의존해서, 재차 수용하고자 한다. 이는 바로 이러한 사전척도의 무진장한 재화중에서 그 어떤 것을 저마다의 계속적인 체계적 주석을 위해서 시사하기 위함이다.

하느님은 사랑이시다(요한 1서 4, 8. 16). 그분은 그런 한에서 상대와의 관계이며, 그 상대에게 자신의 모든 신적인 재화를 넘겨주고, 그렇기 때문에 그 상대는 주는 분과 동일하다. 그 상대는 하느님을 온전히 선물로서 받아들일 수 있는 처지에 있기 때문이다. 그래서 하느님-아버지로부터 하느님인 아들이 유래한다. 이 아들은 "유일한"(요한 1, 18) 분이다. 왜냐하면 하느님은 자신의 유일성을 이 유일한 분 안에서 완전하게 표명하기 때문이다. 그분은 하느님의 "말씀"이다(요한 1, 1). 이 사랑을 수령함은 그 사랑에 대한 답례이다. 그렇게 수령하는 자를 통해서 주는 자는 수여자가 되며, 수령하는 아들을 통해서 주는 하느님은 아버지가 된다. 하느님은 자신을 그렇게 계시한다. 그분은 그렇게 사람들에게 나타난다: "아버지께서는 모든 것을 저에게 맡겨 주셨습니다. 아들이 누구인지는 아버지만이 아시고 또 아버지가 누구신지는 아들과 또 그가 아버지를 계시하려고 택한 사람만이 알 수 있습니다"(루가 10, 22). 예수의 이 언사는 다음의 말로 도입되고 있다: "바로 그 때에 예수께서 성령을 받아 기쁨에 넘쳐서 이렇게 말씀하셨다"(10, 21). 아들은 성령 안에서 아버지께로 향하고 있다. 이 성령은 아버지의 선물이며, 그것을 통해서 예수는 요르단 강에서 세례를 받을 때 아들로서 계시가 되고 있다("너는 나의 사랑하는 아들이다")(루가 3, 21 이하). 성령은 아버지와 아들을 결합시키며, 인간들을 그분들께로, 곧 하느님께로 인도하는 분이다. 그렇기 때문에 성령이 인간들에게 파견되고 있다: "이제 아버지께서 내 이름으로 보내주실 성령 곧 그 협조자는 모든 것을 너희에게 가르쳐 주실 뿐만 아니라 내가 너희에게 한 말을 모두 되새기게 하여 주실 것이다"(요한 14, 26). "그분은 자기 생각대로 말씀하시지 않고 들은 대로 일러주실 것이며, [...] 또 그분은 나에게서 들은 것을 너희에게 전하여 나를 영광스럽게 하실 것이다"(요한 16, 13 이하). 성령 안에서 그리고 오직 그분을 통해서만 인간들은 하느님을 향할 수 있는 상태에 있게 된다(로마서 8, 14 이하). 이 삼위성은, 그 안에서 하느님이 당신을 계시하며 그것은 하느님 자신이기도 한데, 어떻게 이해될 수 있을까?

그에 대한 해명은 다음과 같을 수 있다: 하느님 안에서의 상호적인 사랑은 아버지와 아들의 사랑이다. 그러나 과감히 비유를 들어 말하자면, 하느님은 동시에 이 사랑이 발생하는 "공간"이다. 이 공간의 절대적인 개방성은 말하자면 매체인데, 그것을 통해서 하느님은 당신의 사랑에다 본래적인 진리와 객관성을 부여한다. 그렇지 않으면 아버지와 아들의 상호성은 다음과 같이 이해될 수도 있을 것이다: 그 상호성은 사랑하는 존재들을, 그들이 서로를 상호적으로 그들의 인격존재 안에서 구성하는 가운데, 또한 서로에게 종속되게 하며, 어쨌든 아들은 단지 아버지를 통해서 아들이며, 역으로 아버지는 단지 아들을 통해서 아버지라는 것이다. 한 존재는 말하자면 다른 존재의 주관성의 관점 안에서 소멸될 수도 있을 것이다. 한 존재는 다른 존재를 완전히 자신을 통해서 구성하게 되었을 테고, 자신만을 위해서 그렇게 했을 것이다. 그러나 이것은 하느님이자 하느님이기를 원하는 참된 사랑이 아니다. 그렇기 때문에 하느님은 자신에게 동시에 저 공간, 저 중심을 전제하는데, 그것을 통해서 그분의 사랑은 상관적인 관점들 너머에까지 다다르며, 그리하여 비로소 그 진리를 획득하는 것이다. 그러나 하느님 안에서는 동등성을 갖지 않은 어떤 구별도 있을 수 없기 때문에, 저 공간 혹은 저 중심과 중재는 하느님 자신이기도 하며, 두 위격들과 똑같은 정도로 독자적이며 스스로 위격이다. 저 공간 혹은 저 개방성은 말하자면 양자의 사랑하는 존재들에 대한 시선이며, 이 시선은 그들을 분리하고 또 서로에게 이끌며(그들을 "영광스럽게 하며"), 양자는 그 시선에게 그들의 사랑의 중재를 신세지고 있다. 바로 이 때문에 저 중재하는 위격은 양자의 사랑에 참여하고 "함께 사랑받는 존재"(생 빅토르의 리카르두스)가 된다. 양자 중의 누구도 자신 만을 위해서 타자를 소유하지는 않는다(그리고 자신 만을 위해서 소유하려 하지 않는다). 각자는 타자를 제 삼자에게 기꺼이 허락하며, 제 삼자에 의해서 타자를 자신에게 선사하게 한다. 그리고 양자는 이러한 방식으로 제 삼자를 사랑하며, 제 삼자에 의해서 이러한 방식으로 사랑을 받는다. 그렇게 해서야 비로소 하느님은 완성된, 몰아적 사랑이다(그리고 영원히 그것이기를 원하신다). 그로써 그분은 모든 사랑의 원형이며, 인간은 그분의 모상으로서 그 원형을 향해 있고, 함께 살아감 안에서 그 원형을 실현해야만 하는 것이다. 인간들의 사랑은 따라서 양자성 안에서 고갈되어서는 안 되며, "제 삼자"를 위해서 열려져 있어야만 한다. 다시 말해서 사랑은, 이 제 삼자가 구체적으로 인간에게 무엇을 의미하든지 간에(인간은 창조적으로 그것을 스스로 발견해내어야 한다), 사랑의 참여와 분여에 대해 열려져 있어야 한다. 당신의 사랑에 참여하도록 하느님이 성령 안에서 자신을 개방한다는 바로 그 점에서, 그분은 이미 당신의 영원성 안에서 하느님으로서의 자신을 넘어서서 신적이지 않은 것의 영역 안으로 걸음을 내딛으셨다. 자신을 분여하고자 하는 그분의 의지는 그분을 그렇게 세상의 창조주가 되게 하며, 그에 상응하게도 세계의 규정과 목적은 하느님의 생명에 대한 피조물들의 참여인 것이다. 피조물들이 그들의 신적인 근원을 향해서 자신을 여는 경우에만, 그들은 자신들의 규정을 현실화시킬 수 있다. 그러나 창조주에 대한 이 자기개방이 의미하는 것은 그분에게 '예'라고 말하는 것 이외의 그 어떤 것도 아니다. 그 의미는 다시금 이런 것이다: 그분의 '예'에 화답하는 것, 즉 신적으로 개방적인 그리고 분여하는 사랑의 의미로 스스로 사랑하는 것이다.

e. 세계의 근원이자 인격적 상대로서의 삼위의 하느님

유한적인 것은 무한적인 것에 근거한다. 이것은 신 증명의 결과였다. 이제 신학적 삼위일체론은 철학에 대해서 하나의 도전을 가하는데, 이 도전은 철학에 의해서 다음과 같은 방식으로 수용될 수 있다: 철학은 무한적인 것 혹은 절대적인 것을 관계–단일성으로서, 다시 말해서 살아있고 정신적인 차이-동일성으로서 파악하는 것을 배운다. 이때 드러나는 것은, 절대적인 것에 대한 이 보다 심원한 개념은 몇몇 물음들에 대한 대답들을 준비해 놓고 있다는 것이다. 그 물음들은 신 증명들을 통해서 해명된 정초구조와 함께 제기되는 것들이다. 세 가지 사항들이 (물론 이들은 서로 연관되고 있다) 간략히 언급될 수 있을 것이다.

1) 차이의 근거로서의 절대적인 것

절대적인 것은 유한적인 것의 영역을 그것의 모든 차원들 안에서 정초할 수 있어야 한다. 그렇지 않다면 그저 개별적일 뿐, 최후의 정초는 결과 되지 않을 것이다. 그런데 유한적인 것은 구별들, 곧 다름과 차이를 통해서 특징지어져 있다. 한갓 단일성으로 생각된 절대적인 것은 (위에서 언급한 난점들을 도외시하고서) 유한적인 것의 이 차별상을 정초할 수 없다. 이것은 정초되지 않은 채로 남으며, [한갓] 사실로 남게 된다. 유한적인 것의 특징인 '자신을–통한

−존재가−아님'das Nicht-durch-sich-Sein은 과연 그 근거로서 무한적인 것을 요구한다(KGB). 그러나 정초되어야 하는 것의 "아님"das Nicht에 대해서 무한적인 것 안에서의 저마다의 정초가 결여될 수 있는가? 만일 절대적인 것이 정초되어야 하는 것에게 완전히 낯설고 외적인 것이라면, 그것의 정초능력과 절대성은 의문에 붙여질 것이다. 이와 같은 정초의 결함은, 그 "아님" 역시 그러한 것으로서 절대적인 것 안에 근거를 갖는다는 생각을 통해서 비로소 제거될 수 있는데, 그 아님은 절대적인 것의 완전성에 속하기 때문이다. 역으로 절대적인 것을 통한 정초는 유한적인 것 안에서의 "아님"에 다른 성격을 부여한다. 그렇게 되면 유한적인 것은 더 이상 부정적으로만 간주될 수는 없다. 다시 말해서, 다름, 구별, 차이 등은 원칙적으로 무엇인가 긍정적인 것이고, 긍정해야만 하는 것이다. 그것들은 절대적인 것을 통한 긍정적인 정초를 수용할 능력이 있기 때문이다. 발타살은 이러한 맥락을 다음과 같이 적절하게 진술하고 있다: "하느님이 [...] 단지 일자만인 곳에서, 타자에 대한 모든 만족할 만한 해명은 발견될 수가 없다." 철학적으로 그렇게 사유된 곳에서는 "타자이자 다수로서의 세계는 오직 유일하게 그 자체로 지복적인 일자로부터의 탈락으로서만 생각될 수 있었다" (Balthasar 1985, 166). "그러나 만일 타자가 존재한다는 것이 절대적으로 선한 것이라면, 이 다름은 완전한 본질단일성 내에서 하느님과 본질이 다른 피조물의 가능적 다름을 위한 토대이자, 이 피조물에 고유한 폐지할 수 없는 차이들을 위한 토대이기도 하다"(같은 책, 76).

2) 절대적인 것의 자기관계로서의 세계에 대한 관계

차이-단일성으로서 생각된 절대적인 것은 유한자의 차이의 근거로 생각될 수 있으며, 이 차이를 그것의 측면에서 보았을 때 정초수용력이 있는 긍정적인 것으로 나타나게 한다. 그러나 발타살의 언명들이 이미 시사한 것처럼, 무한적인 것이 유한적인 것과 갖는 관계 역시, 즉 무한자가 갖는 유한자와의 차이-단일성은 이러한 관점에서 보다 적합하게 생각될 수 있다. 신적이지 않은 것으로서의 타자와 하느님의 차이는 그 가능근거를 관계 안에서 갖는데, 하느님은 이 관계를 당신 자신 안에서 당신의 타자를 향해 갖는다. 타자가 존재한다는 것은 그 자체로 가치가 있는 것이다. 그로부터 하느님은 자신에 대한 타자에게도 고유한 존재를 수여하며, 그것이 바로 창조인 것이다. 세계에 대한 관계는 하느님에게 외적이고 비본질적인 것이 아니다. 그분은 그 관계 안에서 당신 자신, 곧 자신의 본질을 표명하며, 그 본질이란 한계를 넘어서는 사랑이다. 그리스도교적인 신론에 따르면, 이 사랑이 실현되는 것은, 하느님이 완전히 이 타자, 곧 세계 쪽으로 들어선다는 데에 있는데, 이때 하느님은 스스로가 피조물로서, 곧 특정하고 구체적인 인간으로서 세계 안으로 진입한다. 이는 하느님이 역사 안에서 이 개별적인 현존을 통해서, 그리고 영으로서의 자신의 보편적인 현존을 통해서, 인간들을 당신의 자기연관, 당신의 신적인 생명에 참여할 수 있게 하려는 목적에서이다. 이러한 맥락을 분명히 안다는 것의 의미는, 자신이 하느님에 의해서 에워싸여져 있음을 안다는 것이며, 더욱이 그분과 피조물의 다름이 그분의 자기연관 안에서 보호받고 있음을 안다는 것이다. 우리가 본 것처럼, 하느님의 육화에 대한 신앙, 예수 안에서의 그분의 발현에 대한 신앙은 삼위일체론이 발전되는 동기이자 근거였다. 삼위일체론은 이 지반, 즉 하느님의 완전한 자기계시, 이 세계 안에서의 그분의 완전한 발현에 의거하고 있다. 하느님의 육화에 대한 가르침은 이로써 신학을 통해서 철학에 던져진 고유하고도 커다란 도전이다. 이 가르침은 세계에 대한 하느님의 관계가 어떻게 생각되어야 할지, 그리고 어떻게 해서 이러한 관계가 하느님에게 외적인 것이 아니며, 따라서 그분의 신성을 제약하지 않는 그런 방식으로 생각될 수 있는지 하는 물음에 대해 최후의 근본적인 대답을 준다.

하여튼 이 물음에 대한 답은 다음과 같이 내려지고 있다. 그 대답의 내용, 즉 한 특정한 인격 안에서의, 말하자면 나자렛 사람 예수라는 특정한 인격 안에서의 하느님의 인간됨은 모든 철학적인 연역 가능성을 넘어선다. 단순히 그 이유는, 여기서 문제가 되는 것은 우연적인 사실이고, 그 사실의 의미는 하느님의 자기연관 안으로 우연적인 것을 수용함이며, 그렇기에 우연적인 것을 그러한 것으로서 내맡겨두어야 하기 때문이다. 그럼에도 불구하고, 철학이 신과 세계의 정초관계에 대한 물음에 최후의 만족스런 대답을 얻고자 한다면, 철학은 이 지점에서 그와 같은 사실의 가능한 수용을 위해 자기 자신을 넘어섬이 필수적이라는 것을 여전히 철학적으로 인식할 수 있다.

3) 하느님의 '영의 현존' Geistpräsenz과 인격으로서의 그분에 대한 관계

우리는 어떻게 하느님을 인식할 수 있으며, 그분께 이르는 통로를 얻을 수 있는가? 인식하면서 그분께 이르는 통로는, 마치도 우리가 하느님을 "외부로부터" 우리의 대상으로 파악할 수 있는 것처럼 그렇게 이해되어서는 안 된다. 하느님에 대한 우리의 인식은 말하자면 그분에게 "가해질 수" 있는 것이어서, 그 결과 그것이 그분에게 단순히 "발생하는" 그런 것이 아니다. 하느님을 그렇게 대상으로 만드는 것은 그분을 우리와 외적인 관계에 놓이게 하는 것이고, 그래서 그분을 유한화시키는 것을 의미하게 될 것이다. 우리의 대상Gegen-Stand은 그렇게 되면 어떤 무엇이지, 우리가 지향하는 절대적인 것은 아닐 것이다. 우리가 하느님과 인식적인 관계를 맺을 능력이 있는 것은, 오직 그 관계가 그분 자신을 통해서 가능하게 된 경우이다. 오직 하느님을 통해서 능력을 얻게 되었을 때, 우리는 그분에게 도달할 수 있다. 하느님이 영적으로 우리의 면전에 나타난다고 한다면, 그분은 곧 우리의 "배후에" 있어야만 한다. 정확히 이것이 성령에 대한 삼위일체론이다. 오직 성령의 은사를 통해서만 우리는 하느님께로 향할 수 있으며, 오직 성령을 통해서만 우리는 세계를 향한 그분의 증여와 예수란 인간 안에서의 그분의 완전한 자기계시 또한 인식할 수 있다. "그러나 진리의 성령이 오시면 너희를 이끌어 진리를 온전히 깨닫게 하여 주실 것이다"라고 예수는 말한다(요한 16, 13). "길이요 진리요 생명"(요한 14, 6)으로서, 즉 신적인 진리의 완전한 현존으로서의 예수는 비로소 성령을 통해서 알아볼 수 있다. 그럴 때에야 비로소 그는 우리에게 하느님의 생명에 참여하게 되는 "길"로서 인식될 수가 있다. 바울로에게 있어서 그 의미는 이렇다: "여러분이 받은 성령은 여러분을 다시 노예로 만들어서 공포에 몰아넣으시는 분이 아니라 여러분을 하느님의 자녀로 만들어 주시는 분이십니다. 그래서 우리는 그 성령에 힘입어 하느님을 '아빠, 아버지'라고 부릅니다. 바로 그 성령께서 우리가 하느님의 자녀라는 것을 증명해 주십니다"(로마서 8, 15 이하). 오직 하느님의 성령 안에서만 우리는 아버지인 하느님께로 향할 수 있다. 성령으로서 우리 안에서 활동하고 우리를 당신에게로 움직이는 그 하느님이 아니라면, 하느님은 우리에게 인격적인 상대가 될 수 없다. 하느님은 우리를 당신의 내부적인 신적 생명 안으로 포함시키면서, 우리에게 이러한 상대를 선사한다. 어떻게 우리는 단독의 힘만으로 그분께 향할 수 있단 말인가? "성령께서도 연약한 우리를 도와주십니다. 어떻게 기도해야 할지로 모르는 우리를 대신해서 말로 다 할 수 없을 만큼 깊이 탄식하시며 하느님께 간구해 주십니다"(로마서 8, 26). 그렇기에 바울로는 공동체를 위해서 청하고 있다: "나는 우리 주 예수 그리스도의 하느님, 영광스러운 아버지께서 여러분에게 영적인 지혜와 통찰력을 내려 주셔서 하느님을 참으로 알게 하시기를 바랍니다"(에페소 1, 17). 오직 하느님으로부터 그리고 그분과 함께만 우리는 그분과 관계를 맺을 수 있다. 그분은 우리와 함께 당신에게 이르는 길을 걸어야만 하며, 동료인간으로서 그리고 우리 안에서 성령으로 활동하심을 통해서, 이 세상의 도상에서 이것을 행한다.

하느님의 인격성이라는 사상에 대해서 늘 재차 제기되는 비판은, 여기서는 하느님이 유한화되고 있다는 논점에 의거하고 있다. 인간이 하느님을 하나의 상대로 만들어서 자기와 동일한 유한적 존재로 만든다는 것이다. 이 비판은 전적으로 그 정당성을 가진다. 다만 그것은 그리스도교적인 신론에는 적중하지 않을 뿐이다. 철학에 대한 그리스도교적 신론의 가치는, 그것이 사변적인 요구를 만족시킨다는 데에 있으며, 오직 하느님이 우리에 대한 대상이 아닐 경우에만 우리는 그분과 관계를 맺을 수 있다는 가르침에 있다. 하느님 자신이 우리의 내부에서 활동하고 있을 경우에만, 우리는 그분께 향할 수 있는 처지에 있게 된다. 이로써 저 비판은 발판을 잃게 된다. 하느님의 무한성은 침해받지 않은 채 남으며, 마찬가지로 우리가 하느님을 인격적으로 이해해도 좋다는 사실 역시 보존된다. 바로 이점에 대한 포기가 저 비판에 귀속될 수밖에 없다. 하느님은 일종의 중성이 될 것이고, 우리가 우리의 자유와 인격성의 이름으로 그로부터 거리를 둘 *수밖에 없는* 바로서의 더 높은 대상이 될 것이다. 우리의 자유가 보전된 상태에서 그분과 맺는 관계는 오직, 우리가 자유롭고 인격적인 의미에서 그분에 의해서 지탱되고 또 규정되었음을 알고 있는 경우에만 생각될 수 있는 것이다.

II. 신과 세계의 관계

절대적인 것의 인격성에 대한 물음과 함께 그것과 세계의 관계에 대한 물음 또한 제기된다. 이미 KGB의 맥락 안에서 그 관계가 말해졌다. 이 증명은 그 결과로서 무한적인 것(절대적인 것)의 영역과 유한적인 것(상대적인 것)의 영역 사이의 분명한 구별에 도달했기 때문이다. 하지만 이러한 구별은 즉시 두 영역의 관계에 대한 문제를 제기한다. 왜냐하면 한갓 대립은 외적인 관계만을 의미하게 될 것이고, 그러한 관계는 바로 KGB 안에서 유한적인 것의 특징이었기 때문이다. 이제 KGB나 다른 신 증명들은 한갓 관계에 대해서 말하는데 그치지 않고, 그것에다 무한적인 것을 통한 유한적인 것의 정초라는 비대칭적인 관계의 의미를 부여한다. 그러나 그 관계가 여전히 외적인 관계라는 인상이 피해질 수 있는 것은, 비로소 정초하는 것이 정초된 것을 완전히 포괄함으로써, 그 결과 정초하는 것이 자신의 상대 안에서도 완전히 작용하고 현존할 때이다. 절대적인 것에는 이제 실로 어떤 외부나 선소여적인 타자도 존재할 수 없다. 그와는 달리 이러한 것은 유한적인 것에서 보자면 가능하고 또 필연적인 것으로 생각될 수 있다. 우리는 삼위일체론이 (그것에 본질적인 육화신학과의 연관성 안에서) 이 포괄적인 관계단일성을 위해서 극도의 사유가능성을 개시한다는 것을 보았다. 그 사유가능성 안에서 근본적인 정초의 비대칭적 관계개념이 완성되는데, 이 개념은 신학적으로는 창조론 안에 내포되어 있는 것처럼, 무한적인 것이 유한적인 것과 갖는 관계 안에서의 무한적인 것의 자기연관의 개념이다.

물론 신학적인 사전척도를 통해서 개시된 이 사유가능성이 철학적으로 적합한 해결로 이해될 수 있는 것은, 오로지 사유의 역사 안에서 상이하게 등장한 개념들을 배경으로 해서인데, 그 개념들 안에서 사람들은 무한적인 것과 유한적인 것의 관계를 이해하고자 시도했던 것이다. 그 개념들은 동시에 체계적인 사유를 위해서 지속적이고도 논리적인 가능성들을 형성하며, 그 가능성들은 그렇기 때문에 사유의 역사로부터 사라지지 않고 항상 다시 르네상스를 체험하며 대변되고 있는 것이다. 이런 의미에서 나는 이하에서 그 개념들을 제시하고 토론하고자 한다.

1. 무한성일원론Unendlichkeitsmonismus

테제: 오직 무한적인 것, 절대적인 것만이 존재한다. 유한적인 것은 가상Schein이다. 서양에서 이러한 견해는 가령 파르메니데스에 의해 대변되었다. 그는 순수한 존재에 대해 말하고 있는데, 이 존재는 어떠한 비존재도 포함하지 않으며, 절대적인 것의 속성에는 분할 불가능성이나 불변성 같은 것이 귀속된다. 그는 이 유일한 진리의 세계를 한갓 가상(doxa)의 세계와 대립시킨다. 가상은 우리 인간들에게는 다수 안에 있는 사물들의 정상적인 모습이다. 우리는 근세의 스피노자를, 적어도 그 경향에 따라서, 이러한 방향으로 해석할 수 있을 것이다. 그는 우리의 세계가 단지 가상이라고 말하지는 않는다. 하지만 그에 따르면 세계는 본래적으로 "있지" 않으며, 어떤 경우에도 실체적인 의미에서 본래적이지 않다. 유일한 실체는 신이다. 인도에서는 베단타Vedanta 철학이 그 탁월한 대변자인 샹카라Shamkara(9세기)와 함께 절대적인 것의 일원론을 지지하고 있다: 최고의 진리는 비이원성(a-dvaita)이다. 다수성과 함께 우리에게 앞서 주어진 세계는 단지 가상(maya)이며, 현자는 순수한 존재에 대한 통찰 안에서 그것을 [가상으로서] 꿰뚫어 본다.

비판 (1): 이러한 일원론 안에서는 분명히 유한적인 것의 영역이 충분할 정도로 진지하게 받아들여지고 있지 않다. 우리는 실제로 유한적인 것을 각기의 고유한 존재를 갖지 않은 가상으로서만 파악할 수 있는 것인가? 사실 유한적인 것은 절대적인 것의 완전한 존재를 갖고 있지는 않다. 그러나 그렇다고 해서 그것은 이미 순전히 존재하지 않는 것인가? 게다가 모든 관점에서 그러한가? 우리 자신의 실존은 어떠한가? 우리는 우리 자신에게 단지 가상인가? 도대체 이것이 일관성 있게 생각될 수 있는 것인가? 이로써 이미 원칙적인 비판이 암시되었다. 우리는 가상을 결코 완전히 사라지게 할 수는 없다. 그것은 우리의 면전에 있고 계속해서 가상의 존재를 가지기 때문이다. 그것은 가상으로서 실존한다. 오직 그렇게 해서 그것은 우리에게 문제가 된다. 우리는 가상을 결코 완전히 떼어놓지 못한다. 가상을 완전히는 파기할 수 없음이 보여주는 바는, 유한적인 것이 시종일관 모종의 고유존재를 갖고 있으며, 그 점에 상응해서 그 가치를 인정받아야 한다는 것이다. 따라서 다만 절대적인 것의 존재론만이 있을 수는 없다.

비판 (2): 이 일원론은 유한적인 것뿐만 아니라 무한적인 것 역시 왜곡된 빛 속에 나타나게 한다. 왜냐하면 무한적인 것과 유한적인 것의 관계에 대한 표상이 경쟁의 의미로 이해될 때, 그것은 무한적인 것의 개념에 부응하지 않으며 오히려 그것을 폐기하기 때문이다. 도대체 유한적인 것은 그것이 무한적인 것의 그기를 침해하지 않기 위해서는 될 수 있는 한 미미한 것으로 생각되어야만 하는 것인가? 한갓 가상이요, "거의 무無"로서, 심지어 그저 가능한 실존으로서 생각된 자신의 미미함 안에서도, 유한적인 것은 하나의 경쟁적인 반대법정으로 남아서 무한적인 것을 제약하는 상태에 있게 될 것이다. 그러나 이러한 제약가능성은 무한적인 것의 개념을 폐지한다. 무한적인 것의 참된 개념은, 그것이 유한적인 것을 꺼릴 필요가 없다는 점에 있다. 그로써 무한적인 것은 유한적인 것을 통해서 어떤 방식으로든 침해받지 않는 경우에, 즉 유한적인 것을 통해서 최소한의 제약도 당함이 없이 유한적인 것에 공간을 부여하고 그것에 고유존재를 허용할 수 있을 때에야, 비로소 참되게 사유된 것이다.

2. 유한성일원론Endlichkeitsmonismus

테제: 유한적인 것만이 존재한다. 무한적인 것은 단지 가상이다. 이러한 일원론은 유물론과 자연주의Naturalismus의 모든 변종에 의해서 대변되고 있다. 오직 (자연과학적으로 파악할 수 있는) 사실들

만이 실존을 가진다. 오직 유한적인 것만이 자신의 다양성과 상호적인 종속성 안에서 존재한다. 그것을 넘어서는 절대적인 것에 대한 표상은 단지 공상일 뿐이다. 존재의 전체성 또는 절대성은 유한적인 것의 총체 안에서 고갈된다.

비판 (1): 무한성일원론과는 거꾸로 여기서는 우선 무한적인 것이 그에 상응하게 평가되고 있지 않다. KGB로써 이러한 일원론을 문제 삼고 논박할 수 있을 것이다. 절대적인 것은 가상이 아니라, 완전한 존재요 유한적인 존재의 근거이다.

비판 (2): 유한적인 것 역시 이러한 일원론 안에서 충분히 진지하게 받아들여지고 있지 않다(마치도 무한성일원론 안에서 유한적인 것에 대한 견해뿐만 아니라 무한적인 것에 대한 견해 역시 불충분했던 것과 유사하게). 왜냐하면 또 다른 유한적인 것과 맞서서 갖는 유한적인 것의 독자성은 여기서 만족스러울 만큼 사유될 수 없기 때문이다. 만일 유한적인 것이 다른 유한적인 것에 그때그때 종속되어 있음이 단지 그것이 완전히 다른 것에로 환원될 수 있음을 의미할 뿐이라면, 유한적인 것의 독자성은 전혀 존재하지 않는 것처럼 보인다. 인과성의 개념은 여기서 모든 사건들과 존재자들이 남김없이 타자에로 환원될 수 있다는 데서 출발한다. 자신을 위해 존립하는 것, 고유한 것, 다른 것에로 환원될 수 없는 실체성은 내재적 관계들의 이 체계 안에서는 존재할 수 없다. 자유는 이로써 그 자체로per se 불가능하다. 이와 함께 세계는 모든 종류의 독자성을 잃게 된다. 세계 안에서 그 어떤 것도 개별적으로 더 이상 독자적이지 않다면, 세계는 전체에 있어서도 독자적이지 않다. 세계는 완전히 텅 비게 될 것이다. 하지만 세계는 유일하게 현실적이며 또 활동적인 존재자여야 하는 것이 아닌가? 그런데 정확히 이 점이 더 이상 사유될 수 없는 것이다. 이러한 관점이 아포리아에 빠진다면, 그 대안은 무엇인가? 유한적인 것의 독자성과 그로써 타자에로 해소될 수 없는 그것의 모종의 자기존재는 어떻게 생각될 수 있을까? 이점에 대해서 사람들은 인과연관 안에서의 어떤 빈틈들을 받아들여야만 하는가? 그럼에도 불구하고 그러한 균열들은 탐구에 의해서 점차로 제거되는 것들이다. 또 다른 가능성이 있는데, 그것은 유한적인 것이 무한적인 것에 종속되어 있다는 생각에 놓여 있다. 실제로, 유한적인 것은 어떤 관점에서도 절대적으로 자기 자신으로부터 말미암지 않는다. 하지만 정초는 유한적인 것의 맥락 안으로뿐만 아니라, 무한적인 것과의 연관 안으로도 통한다. 저마다의 존재자는, 그것이 존재하는 한, 직접적으로 자신의 근거를 무한적인 것 안에 갖는다. 이러한 종속성은 유한적인 것의 상대적 독자성과 그것이 다른 유한적인 것에로 환원될 수 없음에 대한 보증이다. 특별히 이 점은 인간적인 자유에서 분명히 인식될 수 있다. 인간적 자유는 모든 유한적인 결정요인들과 마주해서 자신의 독자성을 무한적인 것과의 직접적인 (종속-) 연관을 통해서 가진다. 약화된 (유비적인) 방식으로 이 점은 다른 모든 유한적 존재자들에게 대해서도 적용된다. 이것들은 세계의 인과연관 안에 온전히 편입되어 있음에도 불구하고, 절대적인 것에 대한 종속을 통해서 모종의 독자성을 그들의 맥락에 맞서서 가지고 있다. 그들은 그 맥락 안에서 소멸하지 않는다. 그 반대로, 오직 그들의 독자성을 조망할 때에만 작용 일체의 맥락에 대한 언사가 의미를 갖는다.

3. 이원론Dualismus

테제: 무한적인 것과 유한적인 것, 신과 세계는 연결되지 않은 채 병렬적으로 존재한다. 양자는 똑같이 근원적이다. 이원론은 일찍이 그다지 이상적인 유형으로 대변된 적이 없다. 그러나 종교들 안에는, 가령 2세기의 "영지주의"Gnosis의 상이한 체계들 안에는 이원론적인 경향들이 있다. 감각적 세계와 정신적 세계는 여기서 근본

적으로 소원하게 마주서 있으며, 이때 전자는 부정적으로, 후자는 긍정적으로 평가된다. 구원자적인 인물들이 양 세계를 중재한다. 3세기와 4세기에 이러한 체계들은 "마니교"Manichäismus 안에서 계속해서 나타나며, 이것은 (다른 무엇보다도) 고대 이란의 원천(조로아스터Zoroaster의 종교)으로부터 자양분을 얻고 있다. 마니교에 따르면 빛의 세계와 어둠의 세계는 근원적으로 대립해 있다. 인간은 그들의 싸움에 연루되어 있고, 그래서 내적인 갈등들을 겪는 것이다. 아우구스티누스는 그리스도교인이 되기 전에 이 학설을 신봉했었다. 이원론적인 경향들은 힌두교나 중국의 종교 안에서도 확인될 수 있다. 철학적으로 이원론이 나타나는 곳은 항상 두 개의 영역들이 중재되지 않은 채로 대립되는 곳에서이다. 존재론적으로 예컨대 플라톤주의 안에서 그러한데, 여기서는 물질과 정신의 이원성이 더 이상 중재되지 않은 채 전제되고 있다(플로틴은 양자를 하나의 종속체계 내지는 유출체계 안에서 서로에게 부속시키려 하고 있다). 데카르트에 있어서도 "사유하는 것"res cogitans(사유하는 존재, 정신)과 "연장된 것"res extensa(연장된 존재, 즉 물질)이 구분되는데, 비록 그에게 있어서는 배경에 있는 창조신학이 이러한 이원성을 원칙적으로 극복할 수 있음에도 불구하고 말이다. 이원론들은 인식이론 안에서도 만날 수 있다. 가령 감각적으로 그리고 정신적으로 인식할 수 있는 것의 영역들이 중재 없이 병렬적으로 존립하는 경우인데, 이것은 어떤 방식으로는 플라톤과 칸트의 사상들에 대해서 말해질 수 있는 것이다.

모든 종류의 이원론에 대한 결정적인 비판은 항상 한 가지인데, 그것은 단지 분리되어 있고 상이할 뿐인 두 영역들의 한갓 대립에 머물러 있을 수는 없다는 비판이다. 왜냐하면 언제든 중재하는 원칙을 구할 수 있으며, 이 원칙은 또한 이미 전제되어 있기 때문이다. 대립은 대체로 오직 공통성을 고려해서만 시도될 수 있기 때문이다. 동일성이 없는 그 어떤 차이도 존재하지 않는다.

4. 범신론Pantheismus

테제: 신과 세계, 무한적인 것과 유한적인 것은 (다소 간에) 갈라지지 않는 통일성을 형성한다. 범신론의 정당한 관심사는 이원론을 극복하려는 데에 있다. 그러나 범신론은 신과 세계의 차이에 부응하지 못하고 있다. 혹은 범신론의 단일성학설은 너무 비규정적이어서 보다 정확한 규정을 필요로 하는데, 이는 물론 두 영역들의 근본적인 차이성 또한 고려해야만 하는 것이다. "범신론"이라는 개념은 영국의 계몽주의 신학자인 존 톨란드John Toland에 반대하는 논쟁서로부터 유래한다. 톨란드는 자신의 저서인 "유대적 근원들"Origines Judaicae(1709)에서 자기를 포함한 "범신론자들"의 신앙을 이렇게 묘사하고 있다: 세계와 구별되는 신적인 존재는 있을 수 없으며, 자연의 전체가 유일한 최상의 신성이다(Ritter HWPh 7, "Pantheismus" 참조). 물론 이러한 단일성학설은 그것에 대한 저 개념보다도 훨씬 더 오래된 것이다.

크세노파네스는 아리스토텔레스에 의해서 종교적–철학적인 단일성학설의 대변자로 지칭되고 있다. 이미 언급된 *하나의* 신에 대한 그의 견해는(Fragmente B 23-26) 아리스토텔레스에 의해서 이렇게 이해되었다: "처음으로 일자에 대한 학설을 대변했던 크세노파네스는(파르메니데스는 그의 제자였다고 한다)[...] 전체의 하늘을 고려하면서 말하기를, 일자는 신이라는 것이다(τὸ ἓν εἶναί φησιν τὸν θεόν)"(Met. 986 b). 스토아 철학은 플라톤(후에는 플로틴)과는 달리, 그리고 아리스토텔레스와도 달리, 신과 세계의 광범위한 단일성을 강조하고 있다. 플라톤과 플로틴에게 있어서 "세계영혼"에 해당하는 것은(그것을 넘어서서는 누스Nous와 선의 이데아가 존재한다), 스토아에게 있어서는 이미 최상의 신인 것이다. "제논은 전체의 세계와 천체를 신의 실체(οὐσίαν δὲ θεοῦ)로 지칭하는데, 크리시포스나 포세이도니오스도 이와 유사하다"(Diog. Laert. VII, 148). 키케로가 보도하는 바에 따르면, 제논은 "우주보다 더 나은 것은 없다(nihil autem mundo melius)"고 가르쳤으며, 이로부터 그에게 귀결된 것은, “우주는 신이다(esse mundum deum)”(de nat. deor. II, 21)라는 것이었다. 마르크스 아우렐리우스에게서 이것은 다음과 같이 표현된다: “모든 사물들은 서로 연관되어 있다. 그 연결은 거룩한 것이며, 하나는 다른 것에 결코 소원하지 않다. 왜냐하면 그것은 서로 연결되어 있으며, 함께 동일한 우주를 형성하고 있기 때문이다. 모든 것으로부터 구성된 오직 하나의 우주(κόσμος)만이 있고, 모든 것을 통하여 오직 하나의 신(θεός)이 있으며, 하나의 실체(οὐσία)와 하나의 법칙(νόμος)만이 있고, 모든 정신적인 존재들에 공통적인 이성(λόγος)과 하나의 진리(ἀλήθεια)가 있다”(Selbstbetrachtungen VII, 9). 그러나 마르크스에게서는 이러한 단일성이해에 양면성도 나타난다. 우주는 마지막에 있어서 그것의 신적이고 정신적인 측면에 따라서 파악되어야 하는가, 혹은 그것의 물질적이고 사실적인 측면에 따라서인가? 우주는 자신과의 분리되지 않은 동일성으로서 두 개의 관점들을 허용하는 것처럼 보인다. 사람들은 선하고 조화로운 우주에 대한 진술들과(III, 2; IV, 23; V, 8) 그것의 맹목적 무관심에 대한 경악을 표현하는 또 다른 진술들(VII, 38; VIII, 37; IX, 37)을, 그리고 우주는 둘 중에서 어느 경우인가 하는 의심을 인식시켜주는 진술들(III, 3; IX, 28; XII, 14)을 비교한다.

이러한 양면성은 근세에서는 스피노자의 체계에서 나타난다. 그에 따르면 하나의 실체인 “신”은 또한 “자연”으로 불려질 수 있다: “무한적 존재자는 우리가 신 혹은 자연이라고 부른다(infinitum Ens, quod Deum, seu Naturam appellamus)”(Ethica IV, praef.). 그의 체계 안에서는 하나의 실체로부터 출발해서 속성들을 거쳐 세계 내의 양태들과 모든 사건들에로 이르는 엄격한 필연관계가 지배하고 있다. 사유와 연장(질료)의 평행론을 통해서 모든 사건은 두 측면들에 따라 해석될 수 있게 된다. 그렇기 때문에 스피노자가 유신론적으로, 그러나 또한 무신론적이자 유물론적으로 이해되었던 것은 놀라운 일이 아니다. 야코비가 자신의 저서인 “스피노자의 학설에 대하여”Über die Lehre des Spinoza(1785, 2. Aufl. 1789,

Werke IV/1)에서 나중의 의미로 스피노자에게 가한 비판은 유명하게 되었다. 그는 그 저서에서 레싱Lessing과의 대화들을 전하고 있는데, 레싱은 그 대화들 안에서 "하나이며 모든 것"Hen kai Pan이라는 표어에 따라서 스피노자주의Spinozismus를 고백했다는 것이다. 그래서 야코비는 신에 대한 레싱의 견해를 레싱 자신의 스피노자-해석의 의미로 이해해야만 한다고 생각한다. 하지만 레싱의 신학은, 그가 "인류의 양육"Die Erziehung des Menschengeschlechtes (1780)이란 저서에서 입안한 것처럼, 오히려 유신론적으로 제시된다. 따라서 레싱의 스피노자이해는 야코비와 일치하지 않는다. 헤르더Herder는 스피노자를 완성되지 않은 유신론으로 해석한다(in "Gott", 1787, 2. Aufl. 1800). 그와 비슷하게 셸링은 "인간적 자유의 본질에 대하여"Über das Wesen der menschlichen Freiheit(1809)라는 저서 초두에서 스피노자를 범신론의 의미로 해석하고 있는데, 이 범신론은 계속해서 유신론적인 특징들을 제시한다고 보았다(SW I, 7, 336-352). 헤겔에 따르면, 스피노자는 신을 향한 세계의 증발을 가르쳤는데, 그 이유는 오직 하나의 실체, 즉 신만이 존재하기 때문이다: "오직 신만이 존재하며, 모든 세계성은 어떤 진리도 갖고 있지 않다. 따라서 사람들은 그의 체계를 무우주론Akosmismus이라고 명명할 수 있을 것이다"(TW 20, 177).

범신론은 자체적으로 양면성을 지니고 있어서, 그 결과 그것이 가르친 단일성은 양 측면에 따라서, 즉 신에 따라서 그리고 세계에 따라서 해석될 수 있다. 그러나 본래의 사변적 과제는 바로 하나로 천명된 두 영역들의 중재일 것이다. 사람들이 이러한 과제에 응하지 않을 경우, 사람들은 저 비규정성에 이르게 되며 그리고 그와 함께 범신론적인 신–세계–단일성에 대한 상반된 견해들에 이르게 된다. 개념적 명료성의 결여와 또한 연관되는 것은, 여기서 관건이 되는 것은 종종 어떤 느낌의 표현이라는 것인데, 가령 여전히 세분화된 반성들의 전방에 놓여 있는 기분이나 직관과 같은 느낌이다. 물론 느낌 안에서의 이러한 정박은 범신론의 강점이기도 한데, 그것은 문학과의 근접 안에서 드러난다. 탁월한 보기로 괴테를 들 수 있을 것이다. 다음의 아름다운 시구들을 떠올려 보자: “어떤 존재도 무로 분쇄될 수는 없지!/ 영원한 것은 계속해서 모든 것 안에 생기하네,/ 존재에 즉해 네 자신을 행복하게 보존하길!/ 존재는 영원하다네; 왜냐하면 법칙들이기에/ 살아있는 보물들을 보존하기를,/ 그로부터 모든 것이 꾸며지는 법.” 혹은: “오직 밖에서부터 마주치는 신은 무엇이겠는가,/ 손가락으로 모든 것을 순환 속에서 운행하게 한 자!/ 그에게는 세계를 내부에서 움직이는 것이 어울리네,/ 자신 안에 자연을, 자연 안에 자신을 품고자,/ 그래서 신 안에서 살고 움직이고 존재하는 그 무엇은,/ 결코 그분의 힘을, 결코 그분의 정신을 그리워하지 않네”(HA 1, 369, 357). 이 시구들은 그 밖에도 시종일관 신과 세계에 대한 유신론적인 초월-내재-학설의 의미로 이해될 수 있다. 괴테는 자신의 분명한 세계관을 무엇인가 불가사의하게 다음과 같이 규정했다: “우리는 자연을 탐구하면서 범신론자들이며, 시를 쓰면서 다신론자들이며, 윤리적으로는 일신론자들이다”(Maximen und Reflexionen 49, HA 12, 372).

우리는 범신론의 두 근본경향들을 두 가지 방식들에서 명료화할 수 있는데, 그것들은 단일성학설을 다음과 같은 진술로 표현한다: (1) “신은 모든 것이다”, 그리고 (2) “모든 것은 신이다”. 술어가 주체의 고유한 규정을 제시한다면 (1)은 유한성일원론에로 치우치며(신이란 말로 무엇을 이해할 수 있는가? — 바로 존재하는 모든 것이다), (2)는 무한성일원론에로 기운다(존재하는 모든 것은 무엇인가? — 마지막에 있어서 신이다). 야코비는 범신론을 비판적으로 (1)의 의미로 해석했다. 그 점에서 쇼펜하우어는 야코비를 따랐지만, 다음과 같이 결과 되는 학설에 동의하면서였다: “범신론은 주신主神에게 작별을 고하는 예의바른 전환이다”(Nachlaβ 1864, 441). 이는 포이에르바흐에게도 똑같이 적용되는데, 그에게는 이 학설 안에서 그 외에도 신학의 자기폐지가 표현되고 있다: “범신론은 신학의 관점에서 신학의 부정이다”(Vorläufige Thesen zur Reformation der Philosophie, in: GW 9, 245). 이미 홀바흐P.-H. Holbach는 "자연의 체계"Système de la nature(1770)에서 "범신론"이라는 개념을 자신의 유물론적 체계를 위해서 사용하고 있다(Ritter, HWPh 7, "Pantheismus" 참조). 대안 (2)의 대변자들은 위에서 거명한 철학자들이다.

범신론의 흥미로운 변양태는 "범재신론"Panentheismus이다(Ritter, HWPh 7, 이 주제어 참조). 이 개념은 셸링주의자인 칼 크리스티안 크라우제(1832년 사망)에게서 유래한다. 그는 이 개념 안에서 요약된 학설, 곧 모든 것이 신 "안에서", 그리고 신은 모든 것 "안에서" 파악될 수 있다는 학설로써 범신론의 관심사를 수용하려 했고, 이러한 시도는 동시에 이 관심사가 유신론 안에서만 실현되어 있음을 보기 위한 것이었다: "따라서 범신론 혹은 만신론Allgottlehre에 대한 비판, 즉 세계 혹은 자연 혹은 일체의 유한적인 사물들을 신과 혼동하고 있다는 의미에서의 비판과 관련해서 보자면, 그 비판은 모든 유한적인 것을 신에 즉해서, 혹은 신 안에서 그리고 근거이자 원인으로서의 신을 통해서 인식하는 학문에 대해서는 적용되지 않는다; — 오히려 오직 범재신론 또는 만유신론Allingottlehre만이, 만일 이 용어가 올바로 이해된다면, 그와 동일한 학문으로 불려질 수 있다"(크라우제Krause 1829, 484). "[...] 왜냐하면 본질직관 안에서 [크라우제는 신적인 절대자에 대한 통찰을 그렇게 명명한다] 인식되는 것은, 신은 자신 안에서 자신 하에서 그리고 자신을 통해서 모든 것이기도 하다는 점이며, 그래서 그 학문은 실로 범재신론이라 불려질 수 있을 것이다. 그러나 만일 사람들이 범신론이라는 비규정적인 표현을 다음과 같이 천명할 경우, 곧 세계와 인간, 그리고 인간적 정신 역시 어떤 방식으로든 신 안에 있다고 주장하는 저마다의 학설이 범신론이라고 천명한다면, 철학자는 이러한 범신론을 신봉해도 좋은 것이다. 그러나 이것을 사람들은 일반적으로 범신론이라는 말로 이해하지는 않는데, 사람들이 범신론이라는 말을 비난의 의미로 사용할 경우 그러하다. 오히려 사람들이 범신론이라는 말로서 이해하는 것은, 앞서 말했듯이 유한적인 것 혹은 유한적인 것의 총합으로서의 세계를 신 자신으로 간주하고, 그래서 신격화하여 신과 혼동하는 학설이다; 이러한 학설과 본질직관의 학문은 철저히 아무것도 공유하는 것이 없다"(Krause 1828, 256). 실제로 성서의 어법들 중에는 범재신론적인 해석을 암시하는 것들이 발견된다. 이미 구약성서에는 "그분(하느님)이 전부다(τὸ πᾶν ἐστιν)"(집회서 43, 27)라는 말이 있다. 바울로에게 있어서는 이러한 단일성은 종말론적인 성취로 생각되고 있다. 예컨대 "하느님께서 모든 것 안에서 모든 것이 되기 위해서(ὁ θεὸς τὰ πάντα ἐν πᾶσιν)"(고린도 1서 15, 28)라는 표현이 그것이다. 이때 이미 현재에도 타당한 것은 "만민의 아버지이신 하느님도 한 분이시고, 그분은 만물 위에 계시고 만물을 꿰뚫어 계시며 만물 안에 계시다"(에페소 4, 6)라는 것이다. 왜냐하면 (스토아 철학을 넌지시 암시하면서) "우리는 그분 안에서 살아가고 움직이며 존재하기"(사도행전 17, 28) 때문이다.

마지막으로 한 저명한 동시대인을 인용할 수 있겠는데, 그의 종교적 고백은 범신론의 현대적인 변양태라 불려져도 좋을 것이다. 그는 알베르트 아인슈타인이다: "자신이 창조한 객체들에게 상을 주기도 하고 벌을 내리기도 하며, 우리가 우리 자신에게서 체험하는 그런 종류의 의지를 갖고 있는 신을 나는 상상할 수가 없다. 자신의 육체적인 죽음 이후에도 존속하는 개인을 나는 생각할 수가 없다; 허약한 영혼들은 공포나 혹은 우스꽝스런 이기주의에서 그런 생각들에 근접할지도 모른다. 나에게 충분한 것은 삶의 영원성의 신비이고, 존재자의 놀라운 구조에 대한 의식과 예감이며, 자연 안에서 자신을 현시하는 이성의 그렇게도 미세한 부분들을 파악하려는 전심전력의 추구이다"(Einstein, 10). "그러나 탐구자는 모든 사건들의 인과율에 사로잡혀 있다. 미래는 그에게 과거보다 덜하지 않게 필연적으로 규정되어 있다. 도덕적인 것은 그에게 신적인 것이 아니라, 순전히 인간적인 관심사이다. 그의 종교성은 자연법칙성의 조화에 대한 황홀한 경탄 속에 놓여 있다. 그 조화 안에서 그토록 월등한 이성이 자신을 계시하며, 그에 반하여 인간적인 사유와 배열의 모든 의미심장한 것은 완전히 헛된 반사광이다. 이 느낌은, 그것이 이기적인 욕구의 노예상태를 극복할 수 있는 한에서, 탐구자의 삶과 추구의 주도적 동기이다. 의심할 바 없이 이러한 느낌은, 모든 시대들을 통해서 종교적으로 창조적인 본성들을 충만케 했던 것과 매우 유사하다"(같은 책. 18).

5. 창조사상

a. 고대의 철학적 접근

우리는 창조사상에로의 접근을 플라톤의 노년의 대화편인 "티마이오스"에서 발견한다. 여기서 문제가 되고 있는 것은 가시적인 우주와 그것의 건축구조, 그리고 그 생성이다. 이 우주를 특징짓는 것은 생성과 소멸이기에, 즉 우주는 생성된 것이기에, 우주를 이해하기 위해서는 그 근원 또한 숙고되어야만 한다. 하지만 사람들은 어떻게 이것에 대해서 확실한 무엇을 말할 수 있겠는가? 엄밀한 이성인식은 사멸하지 않는 이데아들에 대해서만 가능하다. 우주는 그러나 감각적인 영역에 속한다. 우주와 관련해서는 오직 개연적 진술들만이 가능하다. 우주의 생성에 대한 인식은 필연적으로 그러한 진술들과 함께 관련되어 있다. 그 의미는 이렇다: "우리의 묘사가 우주를 저마다의 다른 것과 함께 개연성에 있어서 이해할 수 있게 한다면, 그것으로 충분해야 합니다. 우리 모두는, 말하는 저나 판정자들인 여러분이, 인간적 본성을 갖고 있음을 기억해야만 합니다. 따라서 이러한 것들에 대해서 '그럼직한 신화'를 듣게 된다면 그것으로 우리는 온전히 만족할 수 있으며, 그것을 넘어 더 이상은 요구할 필요가 없는 것입니다"(Timaios 29 c/d). 이 "그럼직한 신화"에 따르면 우주의 생성은 신적인 창조자인 "데미우르고스"(제작자)에게 돌려진다. 그는 영원한 이데아들을 바라보면서 무질서한 질료로부터 우주를 형성하였다. 따라서 여기서는 그리스도교가 가르치는 것처럼 무로부터의 세계의 창조에 대해서는 언급이 없다.

"우주의 창조자와 아버지를 찾아내는 것은 힘든 일이거니와, 누군가가 그분을 찾아낸다 하더라도 모든 이들을 상대로 이를 말해준다는 것도 불가능합니다. 그래서 우주와 관련해서는 이 문제를 다시 생각해 보아야만 합니다. 즉 우주를 구성한 이가 전형들(παραδείγματα) 중의 어떤 것에 따라서 우주를 창조했는지, 곧 '똑같은 방식으로 한결같은 상태로 있는 것'을 바라보면서 그랬는지 혹은 생성된 것을 바라보면서 그랬는지를 말씀입니다. 왜냐하면 만일 이 우주가 과연 아름답고 이를 만든 데미우르고스가 또한 훌륭하다면, 그는 분명히 영원한 것을 바라보고서 그랬을 것이기 때문입니다. 다른 경우에, 이는 아무도 언급조차 하지 말아야하는데, 그는 생성된 것을 바라보고서 그랬을 것입니다. 따라서 누구에게나 분명한 것은, 데미우르고스가 영원한 것을 바라보고서 그랬다는 것입니다. 왜냐하면 우주는 모든 생성된 것 중에서 가장 아름다우며, 데미우르고스는 모든 창립자들 중에서 가장 훌륭하기 때문입니다"(28 c - 29 a). "따라서 어떤 이유에서 창조자가 생성과 이 우주를 만들었는지 말하도록 하지요. 그는 선한 분이었고, 선한 것 안에서는 어떤 사안 때문에라도 결코 질투심이 생성되는 법이 없습니다. 그는 질투심에서 벗어나 있어서, 모든 것이 가능한 한 자신과 비슷하게 되기를 원했습니다. 따라서 이것이 생성과 세계질서에 대한 가장 중요한 출발점입니다. 이것을 현자들의 입으로부터 받아들이는 사람은 그 문제에 있어서 아주 올바로 행동하는 겁니다. 신은 말하자면 모든 것이 가능한 한 선하고 열등하지 않기를 원했습니다. 그래서 그는 평온 속에 머물기보다는 불규칙하고 무질서하게 움직이는 가시적인 모든 것을 취해서, 그것을 무질서로부터 질서로 옮겨 놓았습니다. 그는 이러한 상태가 어떤 경우에도 무질서한 상태보다 낫다고 확신했습니다"(29 d - 30 a).

질투하지 않는 신의 자비는 따라서 창조의 근거이며, 창조는 그의 선성과 지혜를 닮아야만 한다. 이 점에 전승된 종교성에 대한 비판이 내포되어 있다. 왜냐하면 인간에게 무엇인가 위대한 것이 성취되면, 인간은 신들의 질투를 두려워했기 때문이다. 하지만 플라톤에 따르면, 신은 그를 채우고 있는 선성으로부터 파악되어야 하기에 질투는 신의 본성에 어긋나는 것이다. 우주는 "눈에 보이는 생명체(ζῷον)"(30 d)로서 창조되었고, 그것의 영혼은 신으로 만들어졌다: "따라서 신은 이 모든 것들을 수단으로 해서 우주를 복된 신으로 생겨나게 했습니다"(34 b). 그렇다면 전통적인 신들은 이 우주 안에서, 물론 종속적인 것이기는 하나, 그들의 자리 또한 보유하고 있는데, 그 신들은 예컨대 천체들이다. 계속되는 대화는 전체적인 우주의 건축을 포함하고 있다. 플라톤적인 체계 안에서는 하나의 등급이 암시되고 있는데, 이는 후에 플로틴에 의해 차용되어서 개념적으로 고정되고 있다: 일찍이 그 어디에 이데아들의 영역이 있고, 그들 중 최상의 것은 선의 이데아이다. 정신은 이데아들의 영역을 향해 정위되어 있으며, 세계를 산출한다. 이때 정신은 세계를 신적인 영혼 안에서 정초되게 하는데, 그 결과 세계는 "오직 지성에 의해서라야 알 수 있는 것의 모상이요, 지각될 수 있는 신"(92 c 참조)이다.

그리스도교 저술가인 유스티노스(2세기)는 플라톤의 이러한 학설 안에서 성서의 창세기 1장에 나오는 창조보도와의 명백한 상응을 보며, 그래서 플라톤이 성서를 알고 있었다고 생각했다. 그는 자신의 "첫 번째 호교론"에서 이렇게 쓰고 있다: "그러나 너희가 플라톤이 우리의 스승들로부터, 우리의 생각으로는 예언자들을 통해서 이전에 선포된 로고스에 의해서, 하느님이 무형의 물질을 변형시켜 세상을 창조했다는 명제를 넘겨받았다는 사실을 인식하기 위해서는, 모세가 말한 바를 문자 그대로 들어야 할 것이다. 그는 이미 언급된 것처럼, 가장 오래된 예언자였고 모든 그리스의 저술가들보다도 먼저 살았던 사람이다. 그를 통해서 예언적인 정신은, 어떻게 그리고 무엇으로부터 하느님이 시초에 세상을 지어냈는지를 알리기 위해서, 다음과 같이 말했던 것이다: '한 처음에 하느님께서 하늘과 땅을 지어 내셨다. 땅은 아직 모양을 갖추지 않고 아무 것도 생기지 않았는데, 어둠이 깊은 심연 위에 뒤덮여 있었고 하느님의 영이 물 위에서 휘돌고 있었다'"(59). 유스티노스는 그리스도교의 창조론을 이 플라톤적인 사유로부터 표현하고 있다: "더 나아가서 우리에게 가르쳐진 바는, 그분[하느님]은 선하시기 때문에 시초에 모든 것을 무형의 물질로부터 인간을 위해서 창조하셨다는 것이다"(10). 물론 그는 이때 성서의 창조보도 안에 있는 더 근본적인 의도를 간과하고 있다. 그와 동시대인인 안티오키아의 테오필로스는 열정적으로 이 학설에 반대하고 있는데, 그것은 플라톤에 의거해서 무형의 물질이 창조신에게 먼저 주어져 있는 것으로 보는 학설이다(an Autolykos II, 4). 그러나 우리가 인정해야만 하는 것은, 창세기 1장의 본문이 이 점에 있어서 명백하지가 않다는 것이다.

플로틴은 플라톤처럼 세계의 창조에 대해서 말하지는 않는다. 그 대신에 그가 제시하는 학설은 세계의 근원에 관한 것인데, 그 근원이란 바로 일자이다. 그로부터 먼저 정신적인 세계가 산출되었으며, 그 세계는 다시금 감각적 세계를 생겨나게 했다. 플로틴은 이러한 자신의 생각을 더 이상 신화로서가 아니라, 개념적으로 묘사가 가능한 학설로 이해한다. 나는 단지 원문에서 첫 번째이자 결정적인 산출에 대한 내용만을 인용하기로 하겠다. 플로틴은 여기서, 도대체 순수한 단일성의 근원으로부터 타자와 다양성의 영역으로의 생성이 어떻게 생각될 수 있는가 하는 물음에 사변적인 대답을 내리고 있다: "일자는 모든 것이지만 유일한 것은 아니다. 모든 것의 근원은 모든 것이 아니라 오히려 모든 것이 일자로부터 유래하기 때문이다 [...] 그러나 어떻게 그것이[이 '모든 것'이] 단순한 일자로부터 유래할 수 있는가? 왜냐하면 일자 안에서는 아무런 다양성도, 그 어떤 조각들의 조립도 나타나지 않기 때문이다. 이제 일자 안에는 아무것도 없었다는 바로 그 이유 때문에, 모든 것이 일자로부터 유래할 수 있다[...] 저것은[일자는] 완전한 성숙이기에(일자는 아무 것도 추구하지 않으며, 아무것도 소유하지 않고, 아무 것도 필요로 하지 않는다), 그것은 말하자면 흘러넘쳤고, 그것의 충만함이 다른 것을 생겨나게 했다”(En V 2,1). 근원은 “무”이며, 이것은 동시에 충일이자 그러한 것으로서 창조적이다. 플로틴의 사변적 창조론은 이러한 산출 안에 토대를 두고 있다. 계속되는 실체인 정신(Nous)은 저 근원으로부터 유래하며, 그렇기에 그것에 종속되어 있다. 그런 다음 정신으로부터 영혼(Psyche)이 유래한다. 이 세 실체들은 초감각적인 영역에 속한다. 비로소 세 번째 실체인 영혼을 통해서 가시적인 우주가 정초되는데, 이 우주에 상응하는 것이 티마이오스에 있어서의 “세계영혼”인 것이다.

b. 성서적인 창조개념과 그 철학적 의미

1) 성서적 창조신앙의 종교사적인 맥락에 대하여

a) *가나안*의 종교를 거명할 수 있다(엘리아데Eliade I, 144 이하). 이 종교는 특별히 우가릿(시리아의 연안지방)의 발굴물을 통해서 알려지게 되었다(이 도시의 전성기는 기원전 1500년에서 1200년경 사이이다). 원문들은 최고의 신인 “엘”El에 대해서 말하고 있다(이것은 신을 지칭하는 구약성서의 단어인 엘이나 아랍의 알라Allah와 동일한 셈족의 단어이다). 엘은 “신들과 인간들의 아버지”로 불려지고 있다. 그는 자신의 배우자들과 함께 다른 신들을 낳는다. 이 계열 안에 있는 하나의 신이 (비록 직접적으로 엘로부터 출생한 것은 아니더라도) 바알Baal이다. 이 바알은 엘에 대항하여 일어나서, 그에게서 지배권을 빼앗고, 경쟁자들과의 여러 상이한 전투를 견디어 내다 죽임을 당하지만, 다시 소생하여 마침내 주권을 장악한다(바알은 히브리어로 주님이란 뜻인데, 이스라엘인들이 번번이 배교하여 숭배했던 신의 이름이다. 열왕기상 18, 20 이하 참조). 젊은 신들의 세대가 더 오래된 신들에게 대항해 봉기했다는 주제는 많은 신화들

안에서 발견되는데, 그리스 신화들 안에서도 그러하다. 거기서 우라노스Uranos는 오래된 천신인데, 대지는 이 신을 자신의 상대로 산출했으며, 그의 아들인 크로노스Kronos는 그와 지배권을 다투게 된다. 이 크로노스에게서 다시금 그의 아들인 제우스Zeus가 지배권을 탈취하며, 그런 연후 그는 올림푸스 산에서 최종적으로 지배하게 된다. 죽고 또 소생하는 바알은 계절이 바뀔 때마다 다산을 보증한다.

b) 구약성서를 위해 중요한 것은 또한 *고대바빌론*의 우주론이다. 이것은 우리에게 "에누마 엘리쉬"Enuma Elisch라는 시를 통해서 잘 알려져 있다(슈프로울Sproul, 93 이하 참조). 이 시의 첫 말들은 이렇다: "저 위에서였을 때"(하늘이 아직 지칭되지 않았을 때). 이 시는 니니베에 있는 아시리아 왕 아수르바니발(기원전 7세기)의 도서관 폐허에서 발견되었는데, 그 유래는 적어도 함무라비 시대(기원전 18세기)까지 거슬러 올라간다. 그것은 이렇게 시작된다: 저 위로는 하늘과 아래로는 땅이 아직 있지 않았을 때, 오직 물만이 있었다. 저 정확히는 상이한 물들이 있었다. 티아마트Tiamat는 바닷물의 여성적 태고존재 내지는 물 속의 태고존재였다. 이 물들로부터 두 번째 세대의 신들이 생겨났다. 태고의 신들에 대한 반란 안에서 특별히 마르둑Marduk이 두각을 나타냈는데, 그는 영웅으로 묘사되고 있다. 그는 마침내 티아마트를 때려죽이고, 그의 신체로부터 땅과 하늘 그리고 전 세계를 만들어낸다. 그는 별들을 고정시키고, 신들에게 과제를 할당하며, 마침내 바빌론을 거주지로 선택한다. 전체는 바빌론의 수호신에 대한 찬양이다. 구약성서와의 연관은 아마도 이미 언어적인 관련이다(아카드어는 우가릿어처럼 셈의 어족에 속한다). 티아마트는 히브리어의 "수심"(창세기 1, 1: "어둠이 깊은 물 위에 뒤덮여 있었고")이라는 말과 연관되어 있을 것이다(엘리아데 Eliade, Quellentexte, 92 Anm 3 참조).

c) *이집트*의 창조신화들로부터는 구약성서를 위해서 두 가지 점

이 특별한 관심을 끈다:

c1) 이집트 고대제국의 수도인 멤피스의 수호신인 프타Ptah의 신화(중기와 후기의 제국에서 이 의미는 테벤으로 넘어갔다). 이 신은 수공업자와 예술의 신이다. 멤피스에서 그는 창조신으로 숭배되었다. 프타는 전 우주를 정신적인 방식으로, 말하자면 그의 마음에서 나오는 말들을 통해서 창조했다. 그래서 그는 우선 아홉 신들을 창조하고(그들은 모든 신들을 대변한다), 그 다음에 세계("모든 사물들")를 창조했다(엘리아데Eliade, Quellentexte, 76).

c2) 아메노피스 4세(기원전 14세기)의 일신론. 그는 극단적인 종교적 개혁을 실행하였다. 오직 하나의 신만이 정당성을 가진다: 아톤Aton, 태양(그래서 아메노피스는 자신의 고유한 이름마저 "에크나톤"Echnaton으로 개칭했는데, 이는 '아톤의 마음에 드는'이란 뜻이다). 다른 모든 신들은 제거되었다. 송가에서 아톤은 유일한 신으로 찬양받고 있다: "당신의 업적들이 아무리 많아도 인간의 시선에는 감추어져 있으니[태양은 너무 환해서 바라다볼 수가 없다는 의미], 당신 유일한 신이시여, 당신 밖에는 다른 어떤 신도 없습니다. 당신은 당신의 뜻에 따라 대지를 창조했고, 당신 홀로 인간과 가축, 그리고 모든 동물들을 지어 냈습니다"(엘리아데Eliade, Quellentexte, 38). 이것은 구약성서, 곧 시편(시편 104, 24 참조)과 제2이사야(이사야 43, 10 이하 참조), 그리고 또한 창세기 1장의 언어이다(토마스만Thomas Mann의 "요셉과 그의 형제들"에서는 에크나톤이 요셉의 파라오이다). 그럼에도 하나의 차이가 있다: "그러나 에크나톤의 유일신론은 여전히 우주신론적kosmotheistisch이며, — 그 점에서 성서의 유일신론과 결정적인 차이를 가진다 —, 그것은 스스로를 태양으로[...] 현시하는 우주적 힘의 숭배에 근거하고 있다. 그 힘의 계시는 도덕법칙들이나 역사적 행위 안에서가 아니라, 모든 것이 — 전체의 가시적인 그리고 비가시적인 현실이 - 태양의[...] 작용에로 환원된다는 인식 속에 존립한다"(아스만Assmann 1999, 245).

에크나톤의 경우 구약과의 차이는 비로소 두 번째 시선에서 드러나지만, 이미 언급된 다른 경우들에서는 그 차이가 이미 첫 눈에 나타난다. 왜냐하면 구약의 창조신은 생식이나 신들 간의 전투를 통해서 창조하지 않으며, 자신의 주권을 어떤 반란에도 힘입고 있지 않다. 이스라엘이 아무리 여러 영향들을 수용했다고 하더라도, 이스라엘은 이 영향들을 수정해서 자신의 종교적 경험에 상응하는 특별한 방식으로 변형했다는 사실 또한 분명하다.

2) 성서적인 창조신앙

이스라엘의 역사 안에서 발생한 커다란 사건은 이집트로부터의 해방이었다(성서적 창조신앙의 생성에 대한 최근의 논의를 위해서는 판넨베르그Pannenberg Sy Th II, 23 이하를 참조할 것). 하느님의 이 구원행위에 대한 집단적 회상이 이스라엘 민족을 형성하고 있다. 그래서 파라오의 군대 앞에서 이루어진 구원을 찬양하는 "모세의 승전가"(출애굽기 15)는 구약의 가장 오래된 텍스트에 속하는 것이다(로핑크Lohfink, 102 이하). 하느님은 해방자이시다. 그래서 하느님은 시나이의 첫 번째 계명과 계명들 일체의 서두에서 자신을 스스로 이렇게 소개하고 있다: "너희 하느님은 나 야훼이다. 바로 내가 너희를 이집트 땅 종살이하던 집에서 이끌어 낸 하느님이다. 너희는 내 앞에서 다른 신을 모시지 못한다"(출애굽기 20, 2). 공동의 하느님은 따라서 역사적으로 활동하는 하느님으로서 그 동일성이 확인되고 있다.

그러나 하느님이 역사 안에서 그렇게 강력한 분으로 자신을 입증했다면, 그분은 역사 일체를 손 안에 쥐고 있으며, 그 오랜 역사의 진행 위에서 항상 이미 구원받아야 할 자들을 생각했다. 따라서 그분은 선조들의 하느님이기도 했다. 그와 함께 그분은 이미 "조상들"을 이끌었다. 그러니까 그분에게는 "우리가" 소중한 것이다. 우리가 그분에게 중요하다는 것이 이스라엘 민족의 확신이다. 그 결과로 하나의 전사가 이야기되고 있는데, 그것은 우선 아브라함으로부터 시작된다. 그는 하느님께서 선택한 사람이며, 하느님은 그에게 역사를 통한 긴 노정 후에 이스라엘 민족이 이주하게 될 땅을 약속하셨다(역사상의 중요한 사건들은 이런 것들이다: 이집트에서의 체류, 사막을 통한 이동, 영토의 획득과 왕권의 확립). 세계와 자연을 보존하고 있던 가나안의 신들 그리고 아마도 이집트의 신들과도 대질하면서 이스라엘 사람들은 이런 물음을 제기했을 것이다: 우리의 하느님은 이 신적인 힘들에 대해 어떤 상태에 있을까? 만일 그 분이 전 역사를 손 안에 쥐고 계신 분이라면, 그분은 전체의 자연보다 우위에 있는 강력한 분이어야만 한다. 자연을 지배하는 힘은, 오직 그것이 최후의 창조적인 힘일 경우에만, 철저하게 생각된 것이다. 그렇기 때문에 근방의 종교들 안에서보다 더욱 분명하게 하느님은 전체의 세계보다 우위에 있는 유일하고 비종속적인 주님으로서 간주된다. 세계는 그분에게 자신의 존재를 힘입고 있으며, 이 세계 내의 어떤 사건도 그분을 벗어날 수는 없는 것이다.

그래서 창세기 2장의 창조보도는 선조들의 역사(기원전 9세기경)보다 앞에 설정되었다. 창조보도 안에서는 즉시 인간에 대해서 말해지고 있는데, 하느님은 인간을 진흙으로 빚어 만드시고 숨을 불어 넣어 생명을 갖게 하셨다. 하느님은 동물들도 만드시고, 최초의 인간(아담)에게서 두 번째 인간(하와)을 지어 내셨다. 하느님이 당신의 피조물들을 물질로부터 형성해서 그러한 방식으로 창조했다는 표상은 구약의 후기 저작들에 이르기까지 견지되고 있다. 그래서 지혜서(기원전 1세기)는 이렇게 말하고 있다: "무형의 물질로부터 세상을 만들어 내신 당신의 전능하신 손(κτίσασα τὸν κόσμον ἐξ ἀμόρφου ὕλης)"(지혜서 11, 17). 여기서 저 오래된 창조의 표상을 표현하기 위해서 그리스의 질료형상론이 동원되고 있음은 명백하다. 잘 알려진 창세기 1장의 창조보도는 훨씬 나중의 텍스트이다. 그것은 아마도 유배시기로부터 혹은 유배이후의 시기로부터 유래할 것이다(기원전 6./5 세기). "한 처음에 하느님께서 하늘과 땅을 지어 내셨다. 땅은 아직 모양을 갖추지 않고 아무 것도 생기지 않았는데, 어둠이 깊은 물 위에 뒤덮여 있었고 그 물 위에 하느님의 기운이 휘돌고 있었다. 하느님께서 '빛이 생겨라!' 하시자 빛이 생겨났다"(창세기 1, 1 이하). 여기서 언급되고 있는 것이 무로부터의 창조인가 하는 것은 논란의 여지가 있다. 하느님께서는 맨 처음에 '형태가 없고 공허한' 것을 만들고 그런 연후에 세계를 만든 것인가? 기이한 생각이다. 혹은 하느님은 무질서에 형태를 부여하면서 당신의 창조력을 증명하고 있는가? 우리가 본 것처럼, 첫 번째 현실로서의 태고의 물은 "에누마 엘리쉬"라는 시에서도 발견된다. 어떤 경우에도 창세기 1장의 하느님은 주권을 소유한 창조주인데, 비록 '형태가 없고 공허한' 것이 그분에게 앞서 주어진 무질서로서 이해될지라도 말이다. 창세기 1장의 창조는 전적으로, 마치 지혜서 11장 17절에서 묘사되고 있듯이, 말하자면 선소여적인 무형의 질료에 형태를 부여한 것으로 이해될 수 있었던 것 같다. 우리는 그리스도교인인 유스티노스가 창세기 1장의 본문을 (플라톤의 티마이오스와 상응하게) 여전히 그렇게 이해하고 있음을 보았다(I Apol 10 그리고 59). 하지만 창세기 1장에서는 어쨌든 하느님의 주권이 그보다 더 오래된 창세기 2장의 창조보도에서보다도 이미 그분의 활동방식을 통해서 더 분명하게 표현되어 있다. 하느님은 말씀을 통해서 창조하시지, 더 이상 손으로 일하는 방식을 취하지 않는다. 따라서 그것은 더 거리를 둔 것이자 더 주권적인 것이다. 그런데 말씀은 또한 하느님의 역사적인 활동을 상기시킨다. 하느님은 아브라함을 부르셨고, 모세에게 말을 건네셨으며, 시나이 산의 계명들 안에서 당신을 알리셨다. 세계창조의 신학은 그렇게 본질적으로 하느님의 저 역사적 활동에 대한 신앙이 철저해짐을 통해서 생겨나며, 그것은 스스로가 다시금 역사적 활동에 부응하면서 표현되고 있다. 왜냐하면 하느님의 말씀은 모든 사건에 시작을 설정하는 행위이기 때문이다.

"무로부터의 창조"에 대한 명시적인 개념은 기원전 2세기에 집필된 마카베오 2서에서야 비로소 발견된다(그리스어로 집필되었다).

그 맥락은 다음과 같다: 셀레우코스 왕조의 안티오쿠스 에피파네스(그는 기원전 175년에서 164년까지 통치했다)는 자기 왕국의 종교를 통일하려 했다. 이때 유대인들이 방해가 되었다(팔레스티나는 셀레우코스 왕국에 속했다). 성전은 손상되었고, 이스라엘 민족은 사형의 협박 하에 자신들의 종교적 계율을 어기도록 강요받았다 (예컨대 돼지고기를 먹으라는 강요). 일곱 아들을 둔 어머니에 대해서 보도되고 있다. 아들들은 단호히 대처한다. 그들은 차례차례로 고문을 당하고 죽어간다. 어머니는 보고만 있어야 한다. 마침내 가장 어린 아들만이 남게 된다. 안티오쿠스는 어머니에게 요구한다: 만일 네가 적어도 이 아들만은 곁에 남겨두고 싶다면, 그로 하여금 너희의 하느님에 대한 서약을 파기하도록 종용하라. 그러나 어머니는 다음과 같은 말로 자식에게 이른다: "얘야, 내 부탁을 들어다오. 하늘과 땅을 바라보아라. 그리고 그 안에 있는 모든 것을 살펴라. 하느님께서 무엇인가를 가지고 이 모든 것을 만들었다고 생각하지 말아라(οὐκ ἐξ ὄντων, 몇몇 텍스트에서는: ἐξ οὐκ ὄντων). 인류가 생겨난 것도 마찬가지다. 이 도살자를 무서워하지 말고 네 형들에게 부끄럽지 않은 태도로 죽음을 달게 받아라. 그러면 하느님의 자비로 내가 너를 너의 형들과 함께 다시 맞이하게 될 것이다"(마카베오 2서 7, 28 이하). 무로부터의 창조에 대한 고도의 사변적 사상이 극적인 역사적 맥락 안에서 진술되고 있다. 이 진술은 무로부터의 창조에 대한 생각을 다시금 하느님의 역사적 활동과 결부시키고 있다. 세계와 자연을 능가하는 강력한 하느님은 신뢰할 수 있는 분이다. 실존적으로 무 앞에 선 채로 신뢰가 향하고 있는 존재는, 그 힘이 무에 접해서도 아무런 한계를 갖지 않는 그런 분이다. 무로부터의 창조에 대한 신앙과 죽은 자들의 부활에 대한 희망이 연결되고 있는 것은 시사하는 바가 크다. 이 연결 또한 구약성서의 더 오래된 책들 안에서는 아직 발견되지 않고 있다(비로소 기원전 2세기경: 다니엘 12; 이사야 26, 19; 마카베오 2서 7, 9; 12, 44; 14, 46). 신약성서에서도 이 연결이 발견되고 있다: 로마서에서는 아브라함에 대해서 적혀있기를, 그는 “죽은 자를 살리고 없는 것을 있게 만드시는(καλοῦντος τὰ μὴ ὄντα ὡς ὄντα)” 하느님을 “절망 속에서도 희망을 잃지 않고 믿었다”(로마서 4, 17 이하). 마카베오 2서 7장 28절에 따른 창조신앙의 표현은 그리스도교 저작인 “헤르마스의 목자”(120년경)에 수용되었다: 하느님은 “존재하지 않는 것에서 존재하는 것을 만드신 분”(I, 1)이다. 이레네우스(2세기)가 하느님에 대해서 다음과 같이 말할 때, 그는 아마도 그 표현을 인용했을 것이다: “하느님은 그렇기 때문에 존재하지 않았던 것으로부터 모든 것을 그것들이 현재 존재할 수 있는 것이 되도록 만드셨다(omnia [...] fecit ex eo quod non erat ad hoc quod sint omnia)”(adv. haer. I, 22, 1). “무로부터의 창조”creatio ex nihilo라는 고전적인 가르침은 이렇게 확립되었다(이 가르침이 이미 마카베오 2서 7장 28절을 온전히 토대로 삼는지에 대한 논의는 판넨베르그Pannenberg Sy Th II, 28 이하를 참조).

하느님은 구원자시다. 그분은 역사를 지배하는 주님이며, 그렇기에 전체로서의 세계보다 우월한 분이다. 세계의 창조는 마찬가지로 일종의 역사적 행위이며, 자연적인 유출이 아니라 자유의 행위이다. 하느님에게 인간들이 소중하다는 것, 즉 인간들은 하느님에게 상관없는 존재가 아니라는 이해 역시 하느님의 자유로운 자기-증여라는 표상을 내포한다. 이 표상은 선택의 사상에로 이어지며, 이 사상이 구약성서 전체를 관통하고 있다. 사람들은 이 하느님을 의지할 수 있다. 하느님의 본질은 그분이 인간에 의해서 유일한 하느님으로 승인되어야 한다는 데에 있는데, 이는 첫째 계명의 의미이기도 하다: 하느님 홀로! 그분이 구원하셨다. 그분은 신뢰할 수 있는 분이다. 그러나 그분은 또한 의무지우며, 도처에서 오직 이 하느님만이 의무지울 수 있다. 오직 그분만이 마지막 법정이며, 혼자서 최후로 명령할 수 있다. 계명들의 무제약성, 곧 양심의 무제약성은 하느님의 무제약성에 매달려 있다. 동시에 타당한 사실은 이렇다: 이 하느님으로부터 의무를 짊어진다는 것이 뜻하는 것은 그분을 신뢰한다는 것이며, 그분을 신뢰한다는 것은 그분이 모든 것을 능가하는 강력한 하느님임을 믿는 것이다. 그렇게 구약성서의 중심적인 주제들은 함께 연관되어 있다: 구원하며, 역사적으로 활동하고, 선택하며, 무조건 의무지우고, 세계를 자유 안에서 창조하신 하느님을 신뢰하는 것. 하느님이 세계를 창조하신 것은, 세계가 자각하여 자신의 신적인 창조주를 자유 안에서 인식하고 승인하도록 하기 위함이다.

3) 창조사상의 철학적 의미에 대하여

a) 창조신 – 실천철학의 요청

성서적 창조사상은 사변적인 이론에서 유래하는 것이 아니다. 오히려 그 사상의 참으로 사변적인 내용은 실천적인 통찰들에서 연유한 것인데, 그 하나는, 하느님이 신뢰할 수 있는 분이라는 통찰이다. 만일 그와 같은 통찰대로라면, 하느님은 어떻게 생각되어질 수 있겠는가? 대답: 그분은 한분이자 강력한 신으로서 늘 어떤 종속성들을 지닌 채 숭배되는 여타의 신들과는 같지 않다. 다른 하나는, 하느님은 윤리적인 계명들 안에서 무조건적으로 명령하는 분이라는 통찰이다. 그렇다면 그분 자신이 말하자면 무제약자여야만 한다. 두 가지 통찰들은 함께 연관된다. 내가 완전히 신뢰하는 하느님은 내가 전 인격으로써 향해 있는 분이기도 한데, 그 이유는 그분이 그럴 정도로 철저히 내 자신을 요구하고 있기 때문이다. 나를 완전히 요구하는 분은 따라서 내가 완전히 내 자신을 양도해도 좋은 분이다. 내가 그분의 요구에 순응할 때, 나는 그분의 보호를 받고 있음을 안다. 어떤 경우에도 내가 관계 맺고 있는 하느님은 한분이요 절대적으로 강력한 분으로서, 모든 유한적인 것과 세계를 지탱하는 분으로서 전제되고 있다. 창조신앙은 이 실천적인 확실성에 뿌리를 두고 있는데, 그것은 일체의 마지막 확신들이 다분히 실천적인 통찰들과 결부되어 있는 것과도 같다. 따라서 인간이 자신을 윤리적으로 구속된 자로서, 그리고 그것과의 통일성 안에서 희망하고 신뢰하는 자로서 이해한다면, 그로부터 형이상학적인 귀결들 또한 숙고되어야만 하는데, 그 귀결들은 이러한 태도들과 수행들안에 함축되어 있는 것들이다. 이 귀결들에 대한 반성과 연관해서 창조신앙은 철학적으로 의미심장한 것이다. 그렇게 칸트에게 있어서는 도덕과의 연계성 안에서 신요청Gottespostulat이 생겨난다: 정언명법에 응하는 사람이 희망해도 좋은 사실은, 선한 사람, 곧 행복을 차지할만한 사람은, 실제로 자신의 행복, 즉 자신의 모든 인간적인 실현에 이른다는 것이다. 그러나 그것은 오직 하나의 힘만이 보증할 수 있는데, 그 힘은 자연경과를 주재할 능력이 있으며, 다시 말해서 그 힘은 오직 그리스도교의 창조신일 뿐이다(KpV A 198 이하, 223 이하).

여기서 관건이 되는 것은 설득력을 지닌 논거들이다. 물론 철학 안에서 거의 모든 것이 그렇듯이 이 논거들은 논란의 여지가 있다. 그럼에도 불구하고 다음의 언사가 이성적이라는 것은 지성적인 정직성 안에서 지지된다: 양심 안에서 경험한 무제약성은 오직 무제약적으로 선한 것에서 유래할 수 있을 뿐이며, 이것은 형이상학적인 의미에서도 무제약적이다. 양심의 "출처"를 개인적 혹은 집단적 구성이나 협약에로 환원하거나, 영혼의 힘 혹은 사실적인 필요에로 환원하는 것은, 양심의 근거를 여러 다른 것들 가운데 하나의 크기로 만들어서 상대화시키는 셈이 될 것이다. 그렇게 되면 그것은 자신의 무제약성을 상실하게 될 것이다. 똑같은 관점이 희망과 신뢰에 대해서도 적용된다: 마지막 신뢰는 잠정적인 것이 아니라 근원적으로 구조하는 힘에 의존한다. 이 힘은 오직 전적으로 마지막 것이자 무제약적인 것일 수밖에 없다.

b) 무로부터의 창조와 세계의 독자성

무로부터의 창조가 의미하는 것은 이렇다: 세계는 "무에로 설정되었다"ins Nichts gestellt. 세계는 오직 자기 자신과 경계를 맞대고 있고, "무"와 경계를 맞대고 있다. 이 진술의 긍정적인 의미는 이러하다: 세계는 자기 자신에게 조회되어 있다. 세계는 자기 자신으로부터 발전하도록 자기 자신에게 넘겨져 있다. 즉 무로부터의 창조에 대한 가르침은 최대한의 세계의 독립성에 대한 이론이다. 최대한의 독립성이 뜻하는 것은: 비록 절대적인 것은 아니나, 그럼에도 세계의 "외부조종"이 결코 생각될 수 없는 그런 독립성이다. 왜냐하면 세계는 무와 경계를 맞대고 있기 때문이다. 세계는 자신에게 조회되어 있으며, 전체로서 자기 자신에게 주어져 있다. 그러나 그 안에 두 가지 사실이 놓여 있다: 자기존재와 종속성. 세계는 자기 *자신에게selbst* 주어져 있다. 그리고: 세계는 자기 자신에게 *주어져 있다gegeben*. 창조개념은 양자를 하나로 말하는 것이다. 전체적으로 세계의 고유한 '자신에게 머물러 있음'Beisichsein은 세계 안에서 현상으로 나타나는데, 무엇보다도 살아있는 존재와 정신적인 존재 안에서이다. 여기서 세계의 자기존재가 현시된다. 세계는 자신으로부터 생명과 정신을 산출해 낼 수 있었다. 세계는 이러한 현실들 자체 안에서 자기를 표현한다. 달리 말하자면, 세계는 자신을 의식한다. 정신 안에서 세계는 자신을 되돌아보는 것이다.

무로부터의 창조라는 가르침은 그렇기 때문에 자연히 세계 내의 복합적 형성물들의 생성에 대한 과정적이고 진화적인 관점과 결부될 수 있다. 신학과 진화론 사이의 다툼은 완전히 불필요한 것이기에 심히 유감스런 것이다(라너와 연결하여 바이스마르Weissmahr 1999 참조). 성서가 그와 같은 연결에 대한 반대 논거로 제시될 수는 없다. 왜냐하면, 성서의 창조보도들 안에서 유일하게 문제가 되고 있는 핵심적인 진술은, 세계는 마지막으로 그 전적인 존재에 있어서 하느님에게 종속되어 있다는 것이기 때문이다. 오래 전부터 분명한 것은, 성서의 창조보도들이 사건기록들로서 읽혀져서는 안 된다는 것이다. 그 보도들은 심지어 많은 세부사항들 안에서 상충하고 있다. 하지만 구약성서의 신앙인은 그러한 모순들에도 불구하고 그 보도들 안에서, 세계는 하느님에 의해서 창조되었다는 하나의 중요한 진리를 발견하는데 명백히 아무런 어려움도 가지지 않았다. 오늘날 우리가 알기로는, 세계는 긴 과정을 거쳐서 오늘날의 상태로 발전되어 왔다. 그러나 하느님께서 세계가 이러한 과정에 이르도록 그것을 자유롭게 설정했다. 그분이 세계에 공간을 부여했고, 그것은 세계가 자신을 전개하고 자신을 의식하도록 만들기 위함이었다. 니콜라우스 쿠사누스는 이렇게 적고 있다: "대지는 당신을 들으며, 대지의 이 들음은 인간의 생성입니다(Et audit te terra et hoc audire eius est fieri hominem)"(de visione dei 10).

c) 창조와 우연성

유대-그리스도교적인 창조사상은 하느님과 역사적인 현실과의 관계에 대한 반성에서 자라나고 있으며, 그 가장 사변적인 표현 속에서도(마카베오 2서 7장) 역사와 관련 맺은 채로 남아 있고, 그 안에서 고유한 지반을 갖는다. 이를 통해서 이 역사적 현실은 고대에게는 이례적이었던 가치를 획득한다. 왜냐하면 고대철학 안에서는 보편적인 것이 우선권을 갖기 때문이다. 개별적이고 우연적인 것은, 그로부터 사건의 연속이 형성되었는데, 단지 우연적인 가치만을 갖는다. 변천이란 단지 그것이 보편적인 것을 현상하게 하는 한에서만 흥미로운 것이다. 그러나 성서의 창조론을 통해서 반복될 수 없는 개별적인 것이 강조되고 있고 중요성을 띠게 된다. 하느님은 사적인 개별자들에게 말을 건네고 계시며, 그러나 또한 집단적 개별자, 곧 특정한 민족에게도 말을 건네시는데, 더욱이 그것은 그때마다 구체적이고 역사적이다. 개별자는 이런 방식으로 하느님의 직접적인 수취인이 되도록 그 가치가 인정되고 있다. 하느님은 이렇게 인간에게 향하면서 당신의 의지와 그와 함께 당신 자신을 고지한다. 그로써 개별자는 자신의 역사적 현실 안에서 높은 품위를 획득하는데, 이것은 후기 구약성서에 나타난 죽은 자들의 부활에 대한 신앙 안에서도 표현되고 있다. 이 신앙이 영혼의 불멸성에 대한 그리스적 학설(아리스토텔레스에게 있어서는 보편적인 것과 그것에 대한 능력, 곧 누스만이 불멸적이다)과 구분되는 것은 다음을 통해서이다. 곧 성서적 신앙에 따르면 구체적이고 역사적으로 생성된 형체(성서적으로: "육체")는 영원을 위해서 결정적인 의미를 획득한다(그렇기 때문에 "육체의 부활"이란 표현이 나온다). 헤겔은 이렇게 말한다: "이 이념은 그리스도교를 통해서 세상 안으로 들어왔다. 그리스도교에 따르면, 개인은 *그러한 존재로서 무한한* 가치를 갖는데, 그것은 개인이 하느님의 사랑의 대상이자 목적이며, 정신으로서의 하느님과 절대적인 관계를 갖도록, 그분의 정신이 자신 안에 거처하도록 규정되었기기 때문이다. 즉 인간은 그 자체로 최상의 자유에로 규정되었다"(Enz § 482); "그리스도교의 가장 아름다운 요점; 유한성의 절대적인 변용Verklärung이 비로소 직관되기에 이르렀다"(Vorlesungen 5, 49).

d) 초월과 내재의 관계 및 육화신학 그리고 삼위일체신학과의 연관

창조론, 특히 그 성서적 형태는 18세기 계몽주의의 "이신론"과는 달리, 세계 안에서의 하느님의 현존을 강조한다. 하느님이 세계를 지탱하며, 더욱이 역사를 관통하면서 지탱하기 때문이다. 그 의미는 이렇다: 창조주의 초월성은 그분의 내재성과의 통일성 안에서 생각되고 있다. 그런데 이 통일성은 육화신학과 삼위일체신학 안에서 특별히 첨예하게 부각된다. 여기서 다시 한번 이 가르침들을 살펴보자. 보다 정확히 말해서 그 사변적 의미를 알아보자: 이 가르침들에 따르면 하느님은 개별적 인간이 되었다. 하느님의 이 완전한 역사적 현존이 역사에 비로소 그 의미를 부여한다. 하느님이 우연성 안으로 들어온 것은 우연성에 최상의 의미를 부여한다. 따라서 우연성은 절대적인 하느님에게 소원한 것이 아니다. 그분은 우연성 안에서 자신을 완전히 표명하고 제시할 능력이 있기 때문이다. 절대적인 것은, 우연적인 유한자에 대한 자신의 영속적이고 본질적인 차이를 침해받음이 없이, 우연적인 것의 편에 설 수 있으며, 그것을 자신의 자기연관 안으로 받아들일 수 있다. KGB와의 연계성 안에서 제기된 물음, 곧 하느님과 세계의 관계는 외적인 관계로 남는 것이 아닌가 하는 물음에 대한 답은 여기서 내려졌고, 더욱이 더 이상 능가될 수 없는 방식으로 대답되었다. 왜냐하면 이러한 이해에 따르면, 하느님은 자신을 우연적인 것 안에서, 즉 *우연적인 것으로서의* 그것의 유일회성과 반복불가능성 안에서 표명했기 때문이다. 이를 통해서 우연적인 것은 놀랄만한 품위에로 들어 높여졌고, 하느님 앞에서 개별자로 서 있는 인간은 이 품위를 통해서 최상의 의미를 획득하였다. 이 의미는 여전히 개별적인 인간과 집단 사이의 통일성에 앞서서 존재하는 것이고, 그 통일성 안에서 소멸되는 것이 아니다. 헤겔이 말하듯이, 유한성이, 곧 그러한 것으로서의 우연성이 변용된 것이다. 왜냐하면 인간이야말로 가장 우연적인 것 그 자체이기 때문이다. 우연성은 인간 안에서 그저 사실적으로 현존할 뿐만 아니라, 우연성은 그 자신을 의식하고 있기도 하며, 그로써 우연성은 강화된 채 현존한다. 인간은 자신의 유일회성을 오직 자신의 한계에 대한 파악 안에서만 이해하며, 그 한계는 동시에 자신의 무상성無常性이다. 하느님을 통한 저 은혜로운 우연성의 고양이 있기 전에, 인간은 자신의 무상성을 극복하게 해 주는 위로를 보편적인 그리고 시대를 포괄하는 현실의 구조들 안에서 구하도록 강요받았다. 예컨대 삶 안에서, 자연과 그 순환경과들 안에서, 가족이나 민족, 국가, 왕조와 같이 상응하는 종교적 질을 소유했던 영속적인 제도들 안에서, 인간은 위로를 구했었다.

그러나 이제 그 위로는 완전히 다른 것이다. 하느님이 우연적이고 제약된 것 안에서 완전히 당신을 표명하셨다면, 이 우연적인 것은 그분의 눈에는 정확히 그 유일회성 때문에 귀중한 것이다. 유일회성은 바로 제약성과 시간성을 통하여 그 윤곽을 얻고 있다. 우연적인 것은 그러한 것으로서 부각되어 고양되었고, 더욱이 하느님 자신의 생명에 포함되는 정도로까지 고양되었다. 인간은 자신의 우연성, 자신의 유일회성을 진지하게 받아들이고, 그것이 자신의 모습이 되도록 해야 한다. 인간이 이를 행하는 것은, 그가 하느님으로부터 말을 건네받고, 그분을 선택하며, 그 선택에 따라 자신의 삶을 형성할 때이다. 자유 안에서의 이 결정은 인간의 개별성의 수행이다. 그 개별성 안에서 인간은 자신의 우연성을 확증하고 살아가며, 동시에 우연적이지 않은 분, 곧 하느님과 가장 내적으로 결합되어 있는 것이다. 고유한 우연성의 자유로운 수행은 그 우연성 자체를 환한 빛 속에 나타나게 하며, 그래서 동시에 그 우연성의 구원이자 보존인 것이다. 그렇게 순환은 창조론과 연결된다. 창조론의 의노는 하느님의 육화를 통해서 확증되고 있다. 창조는 하느님의 자유로운 행위로부터 유래한다. 그것은 발생*해야 할 필연성이* 없었다. 하느님은 그것을 필요로 하지 않았다. 그것은 순수한 선물이다. 그 점에 창조의 우연성이 놓여있다. 그러나 이 우연성과 함께 또한 창조의 품위가 정초되었다. 만일 세계가 하느님에 의해서 필연적으로 생성된 것이 아니라면(예컨대 스피노자에 있어서 세계는 필연적이다. 그는 이로써 세계의 우연성을 폐지하고 있으며, 마찬가지로 하느님의 참된 필연성도 폐지하고 있다고 말할 수 있다), 세계는 자기 자신 때문에 창조된 것이고, 그러한 것으로서 최상의 그리고 절대적인 자기목적의 반영이다. 하느님은 이러한 창조를 유지하고 있으며, 그 안에서 현존하고 있다. 그분의 말씀을 통해서 세계가 창조되었고, 그분은 늘 다시금 세계에 선포하는 당신의 부름을 통해서 세계에 그때마다 무게와 깊이를 부여하고, 세계의 시간적 경과를 비로소 역사가 되도록 만드신다. 하느님은 당신의 창조 안에서 활동하고 계시다. 이런 의미에서 사람들은 그분의 섭리에 대해서 말할 수 있다. 그분은 당신의 세계를 지탱하고 주재하신다. 그분 자신이 세계를 통합하는 세계의 중심이다. 그분은 세계 안에서 당신을 표명하며,

그와 함께 세계를 당신에게로 향하도록 질서 지우는데, 이는 당신의 신적인 생명에 참여하도록 세계를 고양시키기 위함이다. 그분과 세계와의 차이는 그분의 자기연관에 의해서 지탱되어 있고 또 둘러싸여져 있다. 절대적인 것을 그 절대성 안에서 사유하고 그것을 어떤 방식으로든 제약하지 않는 것이 관건이 되고 있는 철학자에게는, 가령 그는 신과 세계와의 필연적인 단일성에 대한 학설을 통해서나 혹은 세계와 신의 지속적인 외적 관계가 극복할 수 없는 것이라는 학설을 통해서 절대적인 것을 사유하는데, 그렇게 사유하는 철학자에게 위에서 묘사한 그리스도교적인 신앙의 가르침은 최고의 그리고 가장 수확풍부한 정신적 도전이 될 것이다. 그럼에도 그는 신과 세계의 관계라는 문제에 대해서 그리스도교의 대답과 견줄만한 사변적 수준의 대안이 도대체 생각될 수 있는지를 자문해야만 할까? (슈미트Schmidt 2001 b 참조).

Ⅲ. 변신론의 문제

1. 철학적 변신론의 문제, 그 역사와 (불)가능한 해결

변신론의 문제는 세계를 지탱하고 주재하는 선한 근원적 힘을 고려할 때 악이 (고통과 해악 그리고 양자의 교차라는 형태 안에서) 왜 그리고 어디서 유래하는지에 대한 물음인데, 이 문제는 결코 근세에서야 비로소 등장한 것도 아니고, 유대-그리스도교적인 신앙 전통의 맥락 안에서 비로소 등장한 것도 아니다(슈미트Schmidt 1997 b).

이미 *플라톤*에게서 이 문제와 만날 수 있다. "국가"의 두 번째 책 안에서는 올바른 양육이 문제되고 있다. 어린아이들은 신들에 대해서 무엇인가 잘못된 것, 곧 비윤리적인 내용을 말하는 신화들을 듣게 되어서는 안 된다. 다시 말해서 그들은 호머나 헤시오드가 이야기하는 것과 같은 "거짓역사들"μύθους ψευεῖς을 들어서는 안 된다(377 d). 이 영역에서 말해져도 좋은 것은 단순히 시인들의 환상에 내맡겨진 채로 있을 수는 없다. 오히려 중요한 것은, "신학의 근본유형들"τύποι περὶ θεολογίας을 발전시키는 것이다(379 a). 신의 참된 본성을 구하려는 노력 속에서, 곧 신에 대한 이론들뿐만 아니라 신의 본성들에 대해 말해질 수 있는 것을 구하려는 진력 속에서, 처음으로 "신학"이라는 말이 나타난다. 첫 번째 근본명제는 이렇다: "신은 선하다"αγαθὸς ὅ θεός(379 b). 선한 것은 그러나 선한 것만을 산출한다(379 c). 악에 대해서는 다른 원인들을 발견해 내어야 한다. 아이스킬로스가 말하는 것처럼, 신이 누군가를 죄짓게 만드는 것은 참일 수가 없다(380 a). 신의 이 완전한 선성으로부터 그 밖의 신학유형이 도출되고 있다: 신의 단순성과 불가변성. "신은 행위와 말에 있어서 시종일관 단순하고 참되다. 그는 자기 자신을 변화시키지 않으며 다른 이들을 속이지도 않는다"(382 e). 변화란 단지 더 나쁜 것이 될 수 있을 뿐이다. 그러나 인간의 나쁜 행위들은 어디로부터 오는 것인가? 그것들은 신으로부터 오는 것이 아니다. 그것들은 인간으로부터 온다. "국가"의 열 번째 책에서는 세계창조 이전의 삶의 선택에 대한 신화가 나오는데, 거기에 다음과 같은 간결한 말이 있다: "죄는 선택한 자에게 있으며, 신은 죄가 없다(θεὸς ἀναίτιος)"(617 e). 이 신학 안에서 발전되고 있는 것은 그토록 많이 사유된 올림픽 신들의 천계를 통해서도 더 이상 은폐되어 있지 않다. 오히려 모든 것은 선의 이데아에 대한 학설을 미리 지시하고 있다. 선은 추구해야 할 최상의 목적이며, 또한 행위의 마지막 결정적인 척도이다. 그것은 영혼과 사회적인 삶 그리고 우주의 이념적인 질서 안에서 행위자에게 중재된다. 그 질서는 통찰될 수 있으며, 참된 것이고, 동시에 규제하는 것이며, 전적으로 선하고, (트라시마코스와 칼리클레스가 생각하는 것처럼) 단지 어떤 이해관계와 결부된 정립에서 연유하지는 않는다. 선 자체는 이데아들 중의 이데아이며, "비가설적인 것"ἀνυπόθετον이고, 그러한 것으로서 "모든 것의 시작"ἀρχὴ τοῦ παντός(511 b)이다. 그것은 자신의 완전성으로부터 명령하며, 그것도 무조건적으로 명령하며, 그러나 마찬가지로 또한 구조救助하기도 한다. 왜냐하면 선에 의탁하는 사람은 결정적인 힘과 결부되어 있기 때문이다. 그럼에도 이러한 형이상학은 이성적인 실천의 주석과 다름이 아니며, 소크라테스가 살았던 바의 전제들을 재수용하는 것이다. 그는 말하자면 자신의 심판관들에게 향하면서 이렇게 말하고 있다: "그리고 이 한 가지, 즉 착한 사람에게는 살아있을 때나 죽어서나 나쁜 일이 하나도 없고, 또 무슨 일을 하든지 신들의 배려를 받지 않는 법이 없다는 것을 진리로 알고 마음에 새겨 두어야 하겠습니다"(Apologie 41 c/d). 이 점은 외양이 그 반대를 말하는 경우에도 타당하다. 비가시적이지만 그럼에도 그렇게 확실한 것이 본래적으로 현실적인 것이다. "국가"의 열 번째 책에서는 마지막 신화로 이행하면서 이렇게 적혀 있다: "그러니까 올바른 사람의 경우에는 우리가 이렇게 생각해야 하네. 그가 가난한 처지가 되거나 또는 질병이나 그 밖에 나쁜 걸로 여겨지는 어떤 곤경에 처하게 되더라도, 이런 일들이 그가 살아 생전에건 또는 죽어서건, 결국에는 좋은 일로 끝을 맺게 된다고 말일세. 그야 물론 올바르게 되려고 열심히 노력하는 사람이, 그리고 덕을 수행하여 인간으로서 가능한 한 신을 닮으려 하는(ὁμοιοῦσθαι θεῷ) 사람이 적어도 신들한테서 홀대받는 일은 결코 없을 것이기 때문이네"(613 a). (우리는 로마서 8장 28절의 말을 상기할 수 있을 것이다: "하느님을 사랑하는 사람들에게는 모든 일이 좋은 결과를 이룬다는 것을 우리가 알고 있습니다"). 따라서 감수된 악은 선의 구조하는 힘에 대한 반론은 아니다. 심지어 그 악은 소용이 될 수도 있다. 하지만 선을 무력한 것으로 천명하려는 유혹은 잔존하며, 더욱이 의로운 자가 완전히 패배자처럼 보일 때 그러한데, 다음과 같은 악의에 찬 말이 이런 사정을 대변한다: "그와 같은 처지에 있는 의인은 태형을 당하고, 사지를 비틀리는 고문과 결박을 당하며, 두 눈이 불 지짐을 당하고, 마침내는 온갖 나쁜 일을 겪은 끝에 십자가에 매달리고서야 (문자 그대로의 의미: 쪼개진 나무에 매달리고서야), 실제로 올바르려고 할 것이 아니라 다만 올바른 것처럼 보이려고 해야만 된다는 사실을 깨닫게 될 것이라고 말씀입니다"(361 e 이하). 그러나 의인은 바로 이 무력함 속에서도 아직 끝장나지 않은 선의 우월적인 힘을 증언한다. 그러나 악은 본래 무엇인가? 플라톤의 심원한 대답은 이렇다: 그것은 영혼의 질서에 대항하는 봉기(στάσις)(Politeia 444 a-e) 혹은 공동체 삶의 질서에 대항하는 봉기이다(국가 안에서는 545 c-e, 국가 간에는 470 b). 그러나 악은 어떻게 가능한가? 이에 대해서는 여러 대답들이 발견된다: 잘못된 삶의 선택을 통해서(617 d 이하), 오류를 통해서(Menon 77 a 이하), 세계창조 이전의 주락을 통해서(Phaidros 248), 신들 편에서 세계경과들을 그 자체에 방치해 둠을 통해서(Politikos 272 이하). 우주의 완전성을 한정하는 물질 역시 그 역할을 수행하고 있는데(Politikos 273 b), 이는 비록 한정된 선한 우주가 "생성된 것 중에서 가장 아름다운 것"(Timaios 29 a), 즉 모든 가능한 세계들 중의 최상의 세계이며, 하지만 단지 가능성에 따라 최상의 것임에도 불구하고 말이다. 플라톤은 선의 힘이 악의 문제를 첨예화시키고 있음을 감수하고 있다. 그는 악의 문제를 해결하고 있다기보다는 도리어 그 둘레를 맴돌고 있다. 그러나 분명한 것은 최후의 결정적인 의미에서 이 악이 무력하다는 것이다.

*플로틴*에 따르면, 절대적으로 선한 것은 영혼의 도야의 목표점이자 동시에 전 우주, 곧 가지적인 것과 감각적인 것의 근원이다. 왜냐하면 등급들은(ἕν, νοῦς, ψυχή, En V 1, 그리고 그 등급들에 있어서의 가시적인 우주, V 2) 일자, 곧 헨을 원인으로 해서 생겨난 결과들이며, 이 헨은 동시에 최상의 선(심지어 선을 초월해 있는 것, ὑπεράγαθον VI 9, 6)이다. 총체적인 질서는 물론 가시적인 우주 또한 선하다("영지주의자들에 반대하여"라고 엔네아데스Ennéades II 9

에 적혀 있다). 물질이라는 최후의 단계 역시 최상의 것의 유출이자 현시이다. "왜냐하면 이 우주보다도 더 아름다울 상위세계의 모사를 사람들은 표상할 수 없기 때문이다"(II 9, 4). 물질은 그 자체로 보았을 때 (따라서 다른 것과 결부되지 않은 상태에서는) "존재하지 않는 것"μὴ ὄν의 순수한 원리이며 그와 함께 "악한 것"κακόν이다(I 8, 5,9 그리고 7, 20 이하). 그러나 여기서도 "악한 것"은 "선의 결여"ἔλλειψις τοῦ ἀγαθοῦ(I 8, 5; 라틴어로는: privatio boni)이며, 그렇기에 항상 단지 외견상의 힘을 획득할 수 있을 뿐이다.

악은 *스토아주의자*들의 일원론적인 체계 안에서 특별한 문제를 형성할 수밖에 없다. 왜냐하면 우주는 선하기 때문이다. 우주는 로고스에 의해서 주재되고 있다. 우주, 신, 자연, 로고스, 운명, 섭리 등은 거의 동의어들이다. 로고스는 사실적인 그리고 규범적인 의미에서 법칙이다. "자연에 따라 사는 것"secundum naturam vivere은 윤리적인 근본요구이다. 악의 문제는 그렇기에 특별히 절박한 것이 될 수밖에 없다. 그래서 스토아는 세분화된 변신론을 발전시켰는데, 물론 그것은 악의 전모를 파악하면서 가능한 한 그것을 폐기하려는 변신론이다. 도덕적 악은 인간의 책임으로 낙착된다. 그것은 인간에게 반격을 가하며, 그러나 선의 반대로서 단지 선을 더 분명하게 만들 뿐이다. 물리적인 악들과 관련해서 보자면, 그것들은 우주적 운행들의 동반현상들로 간주되어야만 한다. 그것들은 덕 있는 자에게는 확증에 기여하고, 악한 자에게는 벌과 개선에 기여한다. 크리시포스에 따르면 세계 안에 있는 모든 것은 선하다. 맹수들은 우리가 용기를 훈련할 수 있도록 섭리에 의해 창조되었다(SVF II, 1173). 그리고: "빈대들은 우리로 하여금 오래 동안 잠자지 않도록 하기에 그 유용성을 가지며, 쥐들은 우리가 물건들을 소홀히 보관하지 않도록 주의를 환기시킨다"(SVF II, 1163). 수많은 자들을 죽게 한 트로이 전쟁은, 인간적인 관점에서 보자면 식민지 정복이었던 것처럼, 신적인 섭리의 관점에서 보자면 인구문제의 해결로 간주되어야 한다(SVF II, 1177). 우주의 선성을 어떤 경우에도 보존하려는 이 노력이 깊은 경건성에서 유래한다는 것은 마르쿠스 아우렐리우스의 한 기도문에 문서로 표명되어 있다: "오 우주여, 그대와 일치하는 모든 것에 나도 동의합니다. 그대에게 제 시간에 찾아오는 그 어떤 것도 나에게 너무 일찍 혹은 너무 늦게 오는 법은 없습니다. 그대 선한 자연이여, 그대의 계절들이 가져다주는 모든 것은 나에게는 무르익은 수확입니다. 모든 것은 그대로부터, 그대 안에, 그대 안으로"(Selbstbetrachtungen IV, 23).

그러나 부분적으로 꽤 억지를 부리는 스토아주의자들의 변신론은 *에피쿠로스* 안에서 그들의 위대한 비판자를 발견했다. 에피쿠로스의 고전적인 반론은 이렇다: "신은 악을 폐지하기를 원하며 하지만 그렇게 할 수 없거나, 혹은 그는 악을 폐지할 수 있고 그러니 그것을 원하지 않거나, 혹은 그는 악을 폐지하기를 원하지도 않고 그렇게 할 수도 없거나, 혹은 그는 악을 폐지하기를 원하고 또 그렇게 할 수도 있거나 이다. 만일 그가 악을 폐지하기를 원하면서 그렇게 할 수 없다면, 그는 약한 것이고, 이것은 신에게 해당되지 않는다. 만일 그가 그렇게 할 수 있으면서 그것을 원하지 않는다면, 그는 질투심이 많은 것이고, 이것도 마찬가지로 신에게는 적합하지 않다. 만일 그가 그것을 원하지도 않고 할 수도 없다면, 그는 시기심이 있고 약한 것이며, 따라서 그는 신이 아니다. 만일 그가 그것을 원하기도 하고 할 수도 있다면, 이것만이 신에게 귀속된다. 그렇다면 악은 어디서 유래하며, 왜 신은 그것을 폐지하지 않는가?"(Lactanz, de ira dei, PL 7, 121). 그리스도교 저술가인 락탄티우스가 이 비판을 전해주고 있는 것은 우연이 아니다. 왜냐하면 그 비판과 함께 분명해지는 것은 이렇기 때문이다: 신 개념은 힘과 선성의 통일성에 매달려있다. 그러나 정확히도 그것은 악과 함께 의문시된다. 에피쿠로스가 신들을 무력화시킨 것은 그리스도인들의 눈에는 무신론에로 귀결될 수밖에 없다. 에피쿠로스에 의해 제기된 아포리아를 락탄티우스는 이렇게 해결하고 있다. 즉 신은 악을 허용하고 있는데, 이는 그것을 통해서 선의 인식을 촉진하기 위함이다: "그렇기 때문에 만일 우리가 먼저 악을 인식하지 못한다면, 우리는 선을 인식할 수 없게 될 것이다(Itaque nisi prius malum agnoverimus, nec bonum poterimus agnoscere)"(PL 7, 121).

하느님 안에서의 힘과 선성의 통일성은 *아우구스티누스*에게 있어서는 양심의 경험으로부터 나오는 귀결이다. 그 통일성은 무제약적으로 명령하는 선의 힘에서 귀결된다. 아우구스티누스가 이전에 주시했었던 것처럼, 악의 문제를 마니교도들의 의미에서 해결하려는 것은 이후에 그에게는 더 이상 문제되지 않았다. 그래서 고백록에는 이렇게 적혀 있다: "그때까지의 내 견해로는 죄를 짓는 것은 인간 자신이 아니라, 인간 안에 있는 무슨 딴 것이 죄를 짓는다는 것이었고, 이러므로 나의 교만도 죄 되는 것이 아니라는 점이 무척 신명나는 노릇이며, 따라서 무엇을 잘못했으며[...] 죄를 고백하기는커녕 오히려 두둔하기와, 내게 있으나 내가 알지도 못하는 무엇에게 탓을 돌리기를 즐기는 것이었습니다. 따지고 보면 이나저나 나 하나뿐인 것을, 몹쓸 나는 자가당착으로 나를 둘로 갈라놓았으니 나를 죄인으로 여기지 않는 이것이 고칠래야 고칠 수 없는 죄악이었습니다"(V 10, 18). 선 앞에서 자신의 책임에 대한 지각은 이 명령하는 선을 제약된 크기로 이해하는 것을 허용하지 않는다. 물론 그와 함께 변신론의 물음은 새롭게 그리고 특별히 첨예하게 생겨난다. 본래적인 악에 대한 아우구스티누스의 대답은 이러하다: 그것은 하느님에 의해서 선사된 자유의 남용, 곧 적극적으로 수행된 선의 결여 privatio boni이며, 이것은 단지 자기파괴에서 종결될 수 있을 뿐이다. 물리적인 악과 관련해서는, 스토아주의자들의 수많은 논점들이 아우구스티누스에게서 재차 발견되고 있다(신플라톤주의적으로 강하게 각인된 디오니시우스 아레오파기타의 변신론에 대해서는: de div nom IV, 19 이하).

*보에티우스*로부터 다음과 같은 유명한 표현이 유래한다: "하느님이 존재한다면 어디서 악이 유래하는가? 하지만 하느님이 존재하지 않는다면 어디서 선이 유래하는가?(Si quidem deus est, unde mala? Bona vero unde, si non set?)"(cons. I 4 p, 100 이하). *토마스*는 이 문제제기를 더욱 첨예화시키고 있다. 만일 악이 결여 privatio로서, 즉 선의 부정으로서 선을 전제하고 있다면, 선은 악과 함께 입증된 것이고, 그와 함께 무제약적인 선도 입증된 것이기 때문이다. "세상 안에 있는 악들로부터 하느님이 존재하지 않는다고 추론하는 사람들의 오류는 배제될 수 있다[...] 그들은 묻는다: 하느님이 존재한다면 악은 어디서 오는가?(si deus est, unde malum?) 그러나 사람들은 이렇게 말해야 한다: 만일 악이 존재한다면 하느님도 존재한다(si malum est, deus est). 왜냐하면 만일 선의 질서가 존립하지 않는다면 악은 존재하지 않을 텐데, 선의 박탈이 악이기 때문이다. 그런데 하느님이 존재하지 않는다면 이 질서도 존재하지 않을 것이다"(Scg III 71).

*라이프니쯔*에 의한 변신론(그에게서 이 개념이 유래한다)의 동기는 신 개념의 통일성에 대한 피에르 베일Pierre Bayle의 공격이었다. 그의 생각으로는, 신의 선성과 지혜는 세계 내의 악과는 전적으로 양립할 수 없는 것이었다. 그러나 라이프니쯔에게 있어서 신은 최상의 완전성으로서 자신의 모든 철학적 체계의 요체이기도 했다. 따라서 자신의 마지막 철학적 토대들을 견지하려는 그의 노력은 "변신론"(T)에 대한 보다 문학적으로 집필된 저서(이것은 프로이센의 여왕이었던 소피 샬롯트Sophie Charlotte와의 대화들에서 생겨났다)의 사목적인 관심과 결부되어 있다. 신은 자신의 지혜안에서 이론적으로 가능한 세계들의 무한한 충만을 인식한다. 자신의 자비로움 안에서 신은 최상의 세계를 선택하며, 자신의 힘 안에서 그는 그 세계가 현실이 되도록 한다. 그러나 이 사실적인 세계가 최상의 가능한 세계라면, 악은 이 세계의 선성 안에 통합될 수 있어야 하며,

더욱이 원칙적으로 간파할 수 있는 방식으로 그러해야 한다. 이 원칙적인 통찰가능성은 개별적으로 그러한 것이 아니다. 베일 편에서의 그러한 요구에 라이프니쯔는 반대하고 있다. 그러나 원칙상 라이프니쯔는 자신의 여타의 체계 안에서처럼 통찰가능성을 요구하고 있다. "과연 사람들은 마치도 유토피아에 대한 소설들처럼(그것들이 묘사하는 바와 같이)[...] 죄와 불행이 없는 세계를 표상할 수 있다 [...] 그러나 이 세계들은 그 밖의 점들에 있어서는 우리의 세계에 현저히 못 미칠 것이다. 나는 그것을 개별적으로 제시하고 싶지는 않다. 어떻게 내가 무한성들을 인식하고, 묘사하고, 서로 비교할 수 있겠는가? 그러나 사람들은 결과로부터ab effectu 그 점을 나에게 시인해야만 한다. 왜냐하면 신은 우리의 세계를 현재의 세계대로 선택했기 때문이다. 그밖에도 우리는 종종 악이 선을 일으킨다는 것을 알고 있다. 그 선은 악이 없이는 실현되지 않았을 그러한 것이다"(T, I 10).

결국 라이프니쯔의 증명은 우선은 선천적인 것이다. 신이 세계를 창조했다면, 악은 창조의 선성과 조화될 수 있어야만 한다. 그러나 인용문의 마지막 문장에서 암시되고 있는 내용은, 악의 의미를 창조주의 세계계획 안에서 긍정적으로 통찰되도록 또 경험적으로 납득할만한 것이 되도록 만들려는 시도이다. 이러한 신빙성을 위해서 이제 라이프니쯔는 이미 스토아주의자들이나 아우구스티누스에 의해서 알려지게 된 논증들을 인용한다: 악은 세계라는 예술작품에 속한다(T, 147). 악은 대조의 경험을 위해서 필요하며(T, I 12), 물론 벌로서 필요하다(T, 126, 241). 마찬가지로 그것은 양육과 선의 확증을 위해서 필요하다(T, I 23, 126, 369). 마지막으로 다음과 같은 포기할 수 없는 논점이 결여되어서는 안 된다: 자유의 남용을 허락함은 자유로운 피조물들의 창조의 귀결이다(T, I 20-23, 158, 비슷하게 IV 69, 79, 126).

하지만 이러한 논변들에서 라이프니쯔는 도를 넘고 있다. 그가 가령 이렇게 열거할 경우, 즉 삶에서는 "모든 것 안에서 선이 악을 넘어서고 있다"(T, 259)거나, 혹은 "삶은 보통 그런대로 꽤 괜찮은 것"(T, 260)이라고 말하는 경우이다. 혹은: "인간적 삶 안에는 비교할 수 없을 만큼 선이 악보다 많이 존재하는데, 이것은 집이 감옥보다 비교할 수 없을 정도로 더 많은 것과도 같다"(T, 148). 혹은, 죽음이 임박해서도 사람들은 삶을 다시 한 번 기꺼이 견디어 낼 것이다(T, I 13, 아우구스티누스, 볼테르, 칸트는 이 점에서 철저히 다른 견해를 가지는데, 아마도 우리들 중의 대다수도 그럴 것이다). 혹은: 우주의 크기에 직면하여(T, I 19) 악을 사라지는 크기로, 곧 "거의 무"(T, I 19)로 생각할 가능성은 항상 존립한다. 불행한 사건들이나 기형아로 태어나는 것 등은 우리에게는 통찰될 수 없는 더 높은 질서의 의미로 해석될 수 있는데, 이는 마치 우연한 수들로부터 하나의 세열이나 방정식이 수학자에게 인식될 수 있는 것과도 같다(T, 241 이하). 라이프니쯔의 변신론을 불신하게 만든 것은 이러한 종류의 "사람에 대한 논증"argumenta ad hominem이다. 그는 선천적인 논증들 역시 과장하고 있다. 이미 모든 가능한 세계들 중의 최상의 세계라는 개념은 문제의 소지가 있다(아우구스티누스와 토마스는 이 개념을 거부한다). 정말로 창조주의 자비는 악에 매달려 있는 것인가? "그가 악을 제거했다면, 그는 선하지 않았다(Si mala sustulerat, non erat ille bonus)"(T, 121). 악을 허용하는 것은 라이프니쯔에 따라서 신의 "의무"인가(마치 장교의 의무처럼 T, I 24)? 악을 허용하지 않는 것은 실수가 될 것이다. 그러나: "신에게는 어떤 실수도 죄를 의미하게 될 것이다"(T, 131). 마지막으로, 다음의 말은 그의 합리주의적 극단성에 대한 증언이다: "그로써 세계 안에서 발생하는 가장 경미한 악이라도 결여될 경우, 이 세계는 더 이상 모든 것 중의 모든 것, 곧 창조주의 선택에 의해서 최상으로 존립하게 된 그 세계가 아닐 것이다"(T, I 9).

헤르만 사무엘 라이마루스(1694~1768)는 그의 저서인 "자연종교의 가장 고귀한 진리들"Die vornehmsten Wahrheiten der natürlichen

Religion에서 이신론의 정신으로 변신론을 계속 전개시키고 있는데, 이 책의 9장이 이 주제에 바쳐졌다. 모든 고전적인 논증들, 그리고 이미 스토아주의자들에게서 발견되는 변신론의 논증들이 사용되고 있다. 그 결과는 이렇다: "그렇게 해서 우리는 아무런 희망도 갖지 않은 인간들과는 달리, 어떤 것 안에서도, 또한 가장 나쁜 우연적 사건들 안에서도 섭리에 대해 불평을 해서는 안 된다: 품행이 나쁜 사람들이 짧은 행복을 누리는 것을 보고서도 우리가 그들을 도무지 부러워할 필요가 없는 것은, 그럴수록 그들은 더 커다란 벌을 지고 있기 때문이다"(Reimarus, 689).

1791년에 *칸트*의 소책자인 "변신론에 있어서 모든 철학적 시도들의 실패에 대하여"Über das Mißlingen aller philosophischen Versuche in der Theodizee가 출판된다. "하느님의 사안에 대한 변호"는 실제로는 단지 "우리의 월권적인, 이와 함께 자신의 울타리를 오인하는, 이성의 사안"(Werke, IX, 105)일 뿐이다. 라이프니쯔의 방식으로 신을 변호한다 함은 곧, 악das Böse, "전적으로 목적과 상충하는 것", 불행das Übel, "제한적으로 목적과 상충하는 것", 추정적인 불의, "세계 내의 범죄나 벌과 같은 불화들"(106 이하)을 하나의 의미맥락 안으로 해소하려는 것인데, 이는 모두가 불충분한 것이다. 덧붙여 타당한 사실은 이렇다: 신적인 "예술적 지혜"(115), 즉 그분의 창조섭리를 인간적 자유와 함께 하나의 이론적 체계 안으로 포섭하는 것이 불가능하기 때문에, 변신론의 모든 그러한 시도는 선천적으로apriori 실패하도록 선고되었다.

그러나 칸트는 이로써 변신론에 대하여 아직 모든 것을 말한 것은 아니다. 말하자면 그는 교의적인doktrinalen 변신론과 진정한authentischen 변신론을 구분하고 있다. "선언된 입법자의 의지"에 대한 주석이 교의적인 경우는, 사람들이 그 의지의 표명들을 그 밖의 입법자의 알려진 의도들과 일치시키면서 해명하려 할 때이다. 주석이 진정한 경우는, 그것이 입법자 자신에 의해서 주어질 때이다. 이제 우리에게는 세계로부터 신의 최종의도를 파악하는 것이 불가능하다. 따라서 교의적인 변신론의 길은 불가능하다. “그러나 우리는 신적인 지혜에 대한 모든 반론들이 완료되더라도 그것에 변신론의 이름을 거절할 수는 없는데, 그것은 만일 신적인 지혜가 신적인 권위자의 명령이거나, 혹은 (그것은 이 경우에 하나로 귀결되는데) 그 지혜가 동일한 이성의 판결일 경우이다. 그러한 것들을 통해서 우리는 도덕적이고 지혜로운 존재로서의 신에 대한 개념을 필연적으로 그리고 모든 경험에 앞서서 만들게 되는 것이다. 왜냐하면 거기서 신은 우리의 이성 자체를 통해서, 창조를 통해 선포한 자신의 의지를 주석하는 자가 되기 때문이다; 이러한 변신론을 우리는 진정한 변신론이라 부를 수 있다”(116). 그와 같은 진정한 변신론을 칸트는 욥기에서 발견한다. 욥의 친구들이 대변한 변신론들은 하느님 자신에 의해서 배척되고 있다. “하느님은 의견이 일치한 분이다”(즉, 그분은 자신과 동일하게 존재한다). “그분은 당신이 원하시는 대로 하신다”(117; 욥기 23, 13). 욥은 “무조건적인 신적 결의의 체계에 승복하고 있다”(117). 자신의 의심을 거슬러서 욥은 이렇게 자신의 신념을 표명한다: “나 숨지기까지 결코 내 신앙으로부터 벗어나지 않겠네”(119, 욥기 27, 6). 욥이 만일 “고위성직자들의 총회”에서 신학시험을 치르면서 변신론의 문제에 대해 그같이 답했다면 낙방했을 것이라고 칸트는 [희화적으로] 말하고 있다(119). 그러나 이성은 그의 말이 옳다고 인정한다. 실천이성비판에서 칸트는 다음의 결과에 이르렀다: “그것으로 인해 우리가 존재하게 되는 그 헤아릴 길 없는 [신의] 지혜는 그것이 우리에게 배여配與한 것에서와 마찬가지로 그것이 우리에게 거부한 것 안에서도 숭배할 만한 것이다”(KpV A 266).

*피히테*에게는 이 점이 중요하다: 양심의 소리를 듣는 사람에게는 악과 함께 제기되는 모든 물음들이 원칙상 대답되었다: “양심의 소리를 경청하는 것, 정직하고 공평무사하게 그리고 겁이나 궤변을 갖

지 않은 채 그 소리에 순종하는 것, 이것이 나의 유일한 규정이며, 이것이내 현존재의 전적인 목적이다"(Fichte 1800, 98). "오직 하나의 세계, 곧 철저히 선한 세계만이 가능하다. 이 세계 안에서 발생하는 모든 것은 인간들의 개선과 도야에 기여하며, 이로써 그들의 현세적 목적을 도래하게 하는데 기여한다. 이 더 높은 세계계획은 우리가 자연이라고 부르는 바의 것인데, 만일 우리가 다음과 같이 말할 경우이다: 자연은 인간으로 하여금 결함을 통하여 근면하도록 이끌고, 일반적인 무질서의 해악을 통하여 올바른 체질이 되도록 이끌며, 중단 없는 전쟁의 곤경을 통하여 마침내 영원한 평화에로 이끈다. 당신의 의지, 무한자여, 당신의 섭리 홀로 이 더 높은 자연입니다"(같은 책. 147 이하). 삶은 "시험과 도야의 기관"으로 이해될 수 있으며, "자신들의 의무를 사랑하고 당신을 사랑하는 사람들에게는 모든 일들이 최선의 결과를 낳는데 기여하게 되어 있다"(같은 책. 148)는 것은 믿을만한 가치가 있다. 라이프니쯔에게서도 로마서 8장 28절에 대한 이 암시가 발견된다(Metaphysische Abhandlung § 5. 플라톤에게서 그 전형이 발견되고 있음을 우리는 이미 알게 되었다). 그러나 피히테는 라이프니쯔에게서 발견되는 신빙성의 근거들을 포기한다. 양심은 또한 구조하는 힘으로서의 선을 지시한다. 우리는 비록 영원한 것의 계획들을 알지 못한다: "그러나 나는 내가 최상의 지혜와 자비의 세계 안에 존재하고 있음을 안다. 그 세계는 자신의 계획을 철저히 꿰뚫어보며, 그것을 오류 없이 실행한다; 나는 이러한 확신 안에서 평온하며 행복하다"(같은 책. 154).

*헤겔*은 고전적인 전통 안에 서 있다. 절대적 이념은 (완전히 플라톤적으로) 이데아들의 이데아이며, 진리와 선성의 마지막 통일성이고, 모든 인식과 그리고 그 때문에 또한 모든 현실의 척도이다. 절대적 이념은 또한 최후의 근원적인 힘이다. 그렇기 때문에 신 개념은 단지 그 절대적 이념을 일별할 때만 형성될 수 있다. "선은 실현되어져야 한다; 사람들은 그와 동일한 것을 산출해 내도록 일

해야 하며, 의지는 단지 활동하는 선일뿐이다"(Enz § 234 Zus.). 그러나 이러한 노력은 단순히 실현할 수 없는 것에로 귀착되지는 않는다. 만일 그렇다면 그것은 해체될 것이다. 그 노력의 근저에는 실현이 놓여져 있다. "세계의 최종목적은, 그것이 영원히 자신을 실행하고 있는 것처럼, 마찬가지로 완성되어 있음을 우리가 인식한다면, 만족하지 못한 진력은 사라지게 되는데"(같은 곳.), 바로 선은 요구하면서 이미 현실적으로 작용하고 있으며, 이 현실의 결정적인 힘이기 때문이다. 이성의 총괄개념으로서의 절대적 이념이 이러한 힘이라는 것은 역사 안에서 드러난다. 역사는 어떤 이상적인 것들에 따라서 진행되었다는 말이 아니다. 역사는 바로 그렇게 진행되지 않는다. 그러나 이념은 역사 안에서 움직이게 하는 것이다. 바로 사람들이 그 이념에 거슬러 행동할 때, 이념은 자신의 힘을 보여주는데, 이는 이념이 이성에 역행하는 것을 그 자신의 아포리아에로 영락하게 만들면서이다. (철학은 세계사를 그 대상으로 삼는다:) "그러나 철학이 가져다주는 유일한 사상은 *이성*의 단순한 사상인데, 그것은 이성이 세계를 지배하며, 따라서 세계사는 이성적으로 진행되었다는 것이다"(TW 12, 20). 이성이 의미하는 것은 물론 어떤 인과맥락들에 따른 인식가능성이 아니다. 오히려 그것은 규범적이고 이념적인 것, 참되고 선한 것이라는 의미에서 본래적으로 움직이게 하는 것이다. 이성의 이 척도는 마지막에 있어서는 긍정적인 자기연관, 즉 자유이기 때문에, 그에 상응해서 역사는 "자유의 의식 안에서의 진보"(같은 책. 32)이다. 자유는 역사 안에서 움직이게 하는 것이다. "우리의 숙고는 그런 한에서 변신론, 곧 신의 정당화인데, 라이프니쯔는 이를 형이상학적인 자신의 방식으로 여전히 비규정적이고 추상적인 범주들 안에서 시도했었다"(같은 책. 28). "세계사가 이러한 발전과정이며 실제적인 정신의 생성이라는 것, 그 역사들이 교체되는 연극들 하에서 - 이것이 진정한 변신론이며, 역사 안에서의 신의 정당화이다. 발생한 것과 늘 발생하는 것은 신이 없이는 발생하지 않을 뿐만 아니라, 본질적으로 그분 자신의 작품이라는 통찰만이 정신을 세계사와 그리고 현실과 화해시킬 수 있다"(같은 책. 540).

헤겔은 자신의 철학사 말미에서 비슷한 말을 하고 있다. 철학사의 움직임들과 논쟁, 정립들과 반정립들은 오직 하나의 통일적인 척도가 있기 때문에 가능한 것이다. 그 척도가 항상 관건이 되며, 그것은 그 때문에 타당하게 간주된다. 가령 유물론과 같은 극단적인 철학들 역시 정당성을 갖는데, 그 이유는 그들이 하나의 참된 계기를 부각시키기 때문이다. 그 계기는 바로 과장된 관념론적 철학에 맞서서 자신의 정당성을 소유한다. 그러나 이러한 계기를 절대화시킴은 다시금 불가피하면서도 의미 있는 반대운동을 도입시킬 수밖에 없다. 그 하나의 정신이 여기서 작용하고 있으며, 이러한 논쟁을 가능하게 만든다. 그렇기 때문에 철학사는 그 하나의 진리를 얻으려는 다툼으로 서술된다. "철학은 진정한 변신론이며, [...] 정신의 이와 같은 화해인데, 더욱이 자신의 자유와 풍요로운 현실 속에서 스스로를 파악한 정신의 화해이다"(TW 20, 455).

변신론을 위한 탁월한 입장의 소유자는 *셸링*이다. 그런 이유로 나는 그의 입장을 좀 더 상세히 고찰하고자 한다. "철학과 종교" Philosophie und Religion(1804)라는 저서에서 셸링은 유한성 일체가 "절대적인 것으로부터의 이탈" 안에 정초되어 있음을 본다(SW I/6, 38). 악과 죄는 따라서 이미 유한성과 함께 주어진 것이며, 곧 바로 유한성을 구성하는 것이다. 셸링은 후에 창조사상의 수용을 위해서 이 극단적인 사상을 포기했다. 그것은 "인간적 자유의 본질과 그와 연관된 대상들에 대한 철학적 탐구들"Philosophische Untersuchungen über das Wesen der menschlichen Freiheit und die damit zusammenhängenden Gegenstände(1809)이란 저서 안에서이다. 여기서 셸링은 사변적인 창조론을 발전시키고 있는데, 그것은 동시에 변신론이기를 주장한다. 나는 다만 우리의 주제에 적합한 사상들만을 가려내고자 한다(Schelling 1809: F). 셸링은 고전적인 신론의 한 근본적인 진술로부터 시작한다: "아무 것도 신에 앞서 혹은 신 밖에 존재하지 않기 때문에, 신은 자신의 실존의 근거를 자기 자신 안에 가져야만 한다"(F 30). 그러나 셸링은 신 안에 있는 "근거"Grund와 그의 "실존"Existenz을 구별해야하는 필연성이 이 진술과 함께 주어져있음을 본다(같은 곳.). "신이 자기 안에 갖는 자신의 실존의 근거는 절대적으로 관조했을 때, 즉 신이 실존하는 한에서, 신이 아니다; 왜냐하면 그 근거는 오직 그분의 실존의 근거일 뿐이며, 그것은 본성이기 때문이다, — 신 안에 있는; 그분과 비록 불가분리적인 것이기는 하나 그럼에도 구별된 본질이다"(같은 곳.). 이러한 구별은 신적인 자기연관의 완전성 안에서 동시에 지양되어 있기는 하다. 왜냐하면: "신은 자기 안에 자신의 실존의 내적인 근거를 가지며, 그런 한에서 그 근거는 실존하는 자로서의 그분에 선행한다: 그러나 마찬가지로 신은 다시금 그 근거보다 앞선 자 das Prius인데, 왜냐하면 그 근거는, 만일 신이 현실적으로actu 실존하지 않는다면, 그러한 것으로서 존재할 수 없겠기 때문이다"(F 31). 그럼에도 이 구별은 신에게 종속된 존재를 일별함에 있어서는 유용한, 심지어 필수적인 것으로 입증된다. 이런 존재는 단순히 신 "안에" 있는 것으로 생각될 수는 없는데(배제되어야 할 범신론의 의미에서), 생성되는 "사물들"은 "전체로 보아toto genere, 혹은 더 정확히 말해서, 무한히 그분과 상이하기"(F 31) 때문이다. 오히려, 그리고 더군다나 이러한 상이성 때문에 "그것들은 그분과는 상이한 근거 안에서 생성되어야 한다. 하지만 그럼에도 신 밖에는 어떤 것도 존재할 수 없기 때문에, 이 모순은 오직 다음을 통해서만 해소될 수 있을 뿐이다: 사물들은 그들의 근거를 '신 자신 안에서 그분 자신이 아닌 것'was in Gott selbst nicht Er selbst ist 안에, 즉 '그분의 실존의 근거인 것'was Grund seiner Existenz ist 안에 가지고 있다"(F 31). 사물들의 정초에 있어서 신은 그들에게 무엇인가 자신의 존재를 나누어 준다: 근거로부터 생성 중에 있는 존재. 그럼에도 신은 이미 영원한 완성 속에서 이러한 생성이다. 사물들에게 분배된 생성은 아직 완성되지 않은 그들의 자기수행의 과제이다. 신이 자신의 창조물 안에서 스스로를 계시하는 한, 그분은 비록 자신의 고유한 생성을 항상 이미 완성했음에도 불구하고, 창조물의 생성 안에서 자기 자신을 드러낸다. 셸링에 따르면 오직 이러한 계시사상을 통해서만 신 안에서의 시간성과 생성의 정초가 통찰될 수 있는 것이다. 신과 전혀 무관한 그 무엇이 어떻게 신 안에서 정초될 수 있겠는가? 생성 자체는 어떤 정초도 갖지 못하게 될 것이다.

셸링은 신 안에서 이미 항상 완성된 내적인 생성을 삼위일체론과 결부시킨다. 그 학설에 따르면, "신 자신 안에서 내적이고 반성적인 표상이 산출되는데" 그 안에서 "신은 하나의 모상 속에서 자기 자신을 본다"(F 33). 그러한 반성적인 '자신에게로의 도래'Zusichkommen를 신은 자신의 창조물에게도 그들의 자기존재의 가능성이자 과제로서 분배한다. 이러한 자기존재에로의 생성은 이미 완성되지 않은 것으로서 어두운 근거로부터 빛에로 이행하는 점진적인 과정이다(F 32 이하). 불규칙적이고 무질서적인 것으로부터 점차로 관계로서의 질서가 형성된다: "그러나 항상 여전히 근저에 놓여 있는 것은 불규칙적인 것인데, 마치 언젠가 다시 돌출할 수 있을 것처럼 말이다"(F 32). 어둠으로부터 빛에로 이르는 창조의 이 생성, 곧 무질서한 근거로부터 질서 지어진 관계 내의 참된 실존에로의 이 생성은, 어둡고 혼란스런 근거를 통해서 그 과정이 영속적으로 위협받고 있는데, 이것이 셸링에 따르면 창조의 드라마를 형성한다. 피조물은 자신의 유한성을 통해서 모든 구속을 부정하는 "고유의지"Eignewillen와 관계들 안에서 자신을 형성하는 "보편의지"Universalwillen 사이의 원칙적인 긴장 안에 처해 있다(F 35). "그 원리는, 그것이 근거로부터 유래하고 어두운 것인 한, 피조물의 고유의지이며, 그러나 이 의지는, 그것이 여전히 (오성의 원리인) 빛과의 완전한 통일성에로 고양되지 않은 한에서(그것을 파악하지 못하는 한에서), 한갓 추구이거나 탐욕, 즉 맹목적인 의지이다. 이러한 피조물의 고유의지에 맞서 있는 것은 보편의지로서의 오성이며, 오성은 저 고유의지를 이용하며 한갓 도구로서 자신에게 종속시킨다"(F 35). 신 자신은 두 원리들의 절대적인 통일성이다(F 36). 그러나 세계 안에서 그 원리들은 갈라져 등장할 수밖에 없는데, 그것은 피조물에 의한 그 원리들의 통합이 자기화Selbstwerdung라는 피조물의 규정과 과제로 파악되고 또 수행되기 위함이다. 그러나 그와 함께 또한 "선과 악의 가능성"이 주어진 것이다(같은 곳.).

악에로의 가능성은 고유의지가 보편의지 안으로의 통합에 저항하는 데서 존립한다. "여기서 가장 적절한 비유는 질병이 제시하고 있는데, 그것은 자유의 남용을 통해서 자연 안으로 들어온 무질서로서 악이나 죄의 진정한 모형이다"(F 38). 물론 자신을 고립시키는 의지 또한 통합에로의 능력이 없이는 일어나지 않는다. 그러나 이 능력조차, 마치 질병의 보기가 (가령 암癌에 대해 생각해 볼 수 있다) 잘 예증하는 것처럼, 해체시키는 경향들을 통해서 규정되어 있다(같은 곳.). 셸링에 따르면 두 가지의 의지적 원리들, 곧 보편성에로의 의지와 개별성에로의 의지는 "사랑에로의 의지와 근거의 의지"(F 47)로서 서로에게 맞서 존립한다. 그것들은 서로에게 맞서 있으며, 그러나 또한 서로를 필요로 한다. "왜냐하면 사랑이 존재할 수 있기 위해서는 근거가 작용해야만 하기 때문이다"(F 47). 신 안에서 이 긴장은 늘 이미 최상의 조화 안으로 지양되어 있다. 세계 안에서 그리고 특별히 인간 안에서 이러한 지양은 비로소 목적이다. 이 목적이 달성되지 않는 한, 두 원리들은 다툼 속에 있으며, 그와 함께 악에로 기우는 성향이 현존한다. 이 성향은 그 자체로써 보자면 아직 어떤 나쁜 것도 아니다. 그것은 사랑에로의 자유로운 결단을 가능하게 하며, 창조의 드라마를 위한 영역을 개시한다. 왜냐하면 인간 안에는 이미 그가 존립하는 최초의 순간에 피조물에 고유한 개별성에로의 의지로서 "근거"에로의 의지가 고지되기 때문이다. 그러나 동시에 인간 안에는 보편적인 것을 향해서 자신의 개별성을 넘어서려는 의지가 현존한다. 이때 인간에게 친숙한 최대의 관심사는 자신의 피조물적인 개별성이다. 그것의 피안, 곧 보편적인 것은 인간에게 "초超피조물적인 것"으로 여겨지며, 그것은 인간 안에서 낯섦과 섬뜩함의 느낌을 생겨나게 한다. "근거의 의지"는 이러한 방식으로 "자유" 안에서 아주 기본적으로 "피조물적인 것에로의 욕망"을 일깨우는데, "이는 마치 어떤 비밀스런 목소리가 높고 가파른 정상에서 현기증에 엄습당한 사람에게 아래로 돌진하라고 부르는 것처럼 들리거나, 혹은 마치도 오랜 우화에 따라서 항해하는 자를 소용돌이 아래로 끌어내리려는 목적으로 심연으로부터 사이렌Sirene의 노래가 울려 퍼지는 것과도 같다"(F 53). 결국 인간을 그의 개별성에 달라붙게 만드는 것은 "불안"Angst이다. 그것은 "인간을 그가 창조된 중심으로부터 몰아내는데"(같은 곳.), 이때 여기서 "중심"이라 함은 모든 것을 구속하는 전체의 중앙을 의미한다. 피조물에 특유한 개별성은 자기 자신에 대한 불안 속에서 이 통합하는 중심으로부터 벗어나서 주변부로 향한다. 주변부의 관점으로부터 보자면 중심에로 방향을 돌림은 완전한 자기포기와 다를 바가 없는데, "모든 의지의 가장 순수한 본질로서의 이 중심은 저마다의 특별한 의지에 대해서 살라버리는 불이기 때문이다; 그 중심 안에서 살 수 있기 위해서 인간은 모든 고유성에 대해 죽어야만 하는 것이다"(같은 곳.). 베를린에서 셸링의 강의를 들었던 키에르케고르는 후에 자신의 저서인 "불안의 개념"(1844)에서 비슷하게 죄를 근거지우고 있다: 인간은 무한성과 유한성으로부터의 "종합"이다. 그러한 것으로서 인간은 자신을 인식하고 받아들여야 한다. 그러나 이러한 종합의 긴장 안에 사로잡혀서 인간은 그르칠 위험에 처해 있다. 일종의 소용돌이가 존재하는데, 그것은 인간이 올바른 균형을 발견하는 것을 어렵게 만들며, 그것이 "불안"이다(GW 11./12., 40). 이것은 유한적인 것으로부터 분리되는 순간에 떠오른다. 자아는 자신에게 의존되어 있음을 발견한다. 자아는 어떤 발판도 더 이상 갖지 않으며, 유한적인 것에 고착된다. 그것이 죄이며, 더 정확하게는 원초적- 혹은 원죄이다. 마찬가지로 셸링에 따르면, "불안"이 의지를 이기적이 되게 한다. 이것은 피할 수 없는 것인가? 거의 그렇게 보인다. 그러나 셸링은 곧바로 이를 교정한다: "이러한 보편적인 필연성에도 불구하고 악은 항상 인간 자신의 선택으로 남는다; 근거는 악 자체를 만들 수 없으며, 저마다의 피조물은 그 자신의 죄를 통해서 타락하는 것이다"(F 53 이하).

위에서 제시한 악의 이해에 대한 가능한 반론이 변신론의 문제이다. 어떻게 신은 악에로의 가능성을 지닌 창조물에 대해 책임질 수 있었는가? 셸링의 대답은 이렇다: "고유의지의 자극은 단지, 사랑이 자신을 실현하는 재료나 등가물을 인간 안에서 발견하려는 목적에서 발생한다. [중심과] 결별한 자기성Selbstheit이 악의 원리인 한에서, 근거는 물론 악의 가능한 원리를 자극하지만, 악 자체는 아니며, 악에로 이르지도 않는다"(F 73). 그럼에도 어째서 신은 대관절 창조를 하게 되었는가? "악이 적어도 신의 자기계시로부터 동반적인 방식으로 귀결되리라는 것"(F 74)을 신이 예견해야만 했다면, 왜 그는 창조 안에서 자신을 계시하고자 원했는가? 하지만 창조의 포기는 사랑의 계시를 불가능하게 만들고, 그로써 사랑을 포기하는 것을 의미하게 될 것이다. 그렇게 되면 이런 의미가 될 것이다: "사랑의 어떤 반대도 존재할 수 없기 위해서는 사랑 자체도 존재해서는 안 된다. 즉 절대적으로 긍정적인 것은 그것의 대구인 실존만을 가진 것에, 영원한 것은 한갓 시간적인 것에 희생되어야만 한다"(F 74). 이것은 신의 항복이 될 것이며, 증오 앞에서 사랑의 항복, 악 앞에서 선의 항복, '아니오' 앞에서 '예'의 항복이 될 것이다. "실로 그렇게 신이 악 때문에 자신을 계시하지 않았다면, 악이 선과 사랑을 누르고 승리한 셈이 되었을 것이다"(F 74). 그러나 이것이 마지막으로 뜻하는 바는: "따라서 악이 존재하지 않도록 하기 위해서는, 신 자신이 존재하지 않을 수밖에 없다"(같은 곳.).

셸링의 이 인상 깊은 사상은 그리스도교를 사변적으로 부흥시키려는 그의 노력과 연관되는 것인데, 그것은 한계선상에서 움직이고 있는 사상이다. 무엇보다도 신 안의 근거에 대한 언사는 적어도 하나의 해석을 비호하고 있는데, 그것은 어둠이 신 자신 안에 기초되어 있다고 봄으로써 절대적으로 선한 것의 완전성에 대한 학설을 약화시키는 해석이다. 그러나 바로 이점은 단지 변신론의 문제를 표현하기 위해서라도 포기할 수 없는 핵심이다. 셸링이 이러한 사전척도에 대해 완전히 부응할 상태에 있지 못하면서도 그것을 손상시키지 않으려고 얼마나 애쓰고 있는지를 보는 것은 감동적인 일이다. 만일 그 사전척도가 침해된다면, 경계는 위반된 것이고 [지금껏] 기술된 사유의 총체적인 전통과의 단절이 도입된 것이다.

발터 슐쯔Walter Schulz는 어두운 신적 근거와 자기존재가 되려는 그 근거의 의지에 대한 셸링의 학설로부터 *쇼펜하우어*에 이르는 길이 이어지고 있다고 추측하는데, 이는 올바른 추측일 것이다(슐쯔 Schulz 1972, 383, 499 이하). 쇼펜하우어에 따르면 맹목적인 의지 하나만이 세계를 통치하며, 세계의 가장 깊은 근거요 그것의 즉자Ansich이고, 본래적인 현실이다. 이 원초적 의지의 개별화는 극도의 반대세력들을 낳게 되고, 우리의 세계와 삶은 그것들에 의해서 특징지어져 있는 것이다. 라이프니쯔의 변신론에 대한 쇼펜하우어의 비판은 이렇다: 세계는 모든 가능한 세계들 중에서 최악의 것이다. 만일 세계가 무엇인가 더 나쁜 것이라면, 그것은 더 이상 존립할 수 없을 것이다(Werke IV, 683). 쇼펜하우어의 해결책은 의지 일체를 포기하는 것이다.

*니이체*는 쇼펜하우어의 분석에 매료되었다. 그러나 그는 마지막에 있어서는 격렬하게 쇼펜하우어의 해결, 곧 체념에 반대하고 있다. 의지를, 삶에 대한 긍정을 포기하는 것은 정직하지 못한 것이다. 그것은 질시와 적개심에 의거하는 것이다: "그런 이유로 너희들은 이제 삶과 대지에 대해 화를 내는 것이다. 너희들의 멸시하는 눈초리 속에는 남모를 질투가 들어 있다"(Werke II, 301). 정직하면서도 진실로 설득력 있는 것은 오직 예라는 것, 의지, 곧 긍정된 의지이다. 그러나 의지는 보편적으로 정향되어 있기에 긍정은 또한 전체를 지향해야만 한다. 이 전체는 그러나 사실적인 것의 총체성이다. 그것은 긍정되어야 하는 것이며, 영원하고 완전하다. 결론은

영속적으로 동일한 것의 회귀에 대한 학설이다. 초인Übermensch만이 그것을 견디어낼 수 있다. 그렇기 때문에 그는 또한 대지의 의미이기도 하다. 이러한 긍정은 변신론을 포함한다: "인간은 이제 더 이상 '악의 정당화'를 필요로 하지 않는다[...] 그는 순전히 악을 즐기며, 무의미한 악을 가장 흥미 있는 것으로 발견한다. 그가 이전에 신을 필요로 했다면, 이제 그를 황홀케 하는 것은 신이 없는 세계의 무질서, 곧 우연의 세계이며, 그 안에서는 무시무시한 것, 애매한 것, 유혹하는 것이 본질에 속한다[...] 강함의 이 염세주의도 하나의 변신론으로 종결된다. 그것은 다시 말해서 세계에 대해서 절대적으로 '예'라고 말함이다"(Werke III, 626 이하). 무제약적인 선에 대한 전통적인 학설은 여기서 굴절된 방식으로 여전히 보존되어 있다. 정당화된 '예'는 무제약적인 긍정이며, 전체에 대한 긍정이다. 물론 이 전체는 맹목적인 사실성의 총계와 일치한다. 비판적으로 첨언하자면, 그것은 영웅적인 긍정이며, 무제약성을 완전히 자기 자신으로부터 취하는, 아포리아적이고 불가능한 긍정이다.

결국 철학 안에서 변신론의 문제는 결코 우연한 방식으로 등장하는 것은 아니다. 가령 그것은 특별히 신학적인 사유과제의 차용물로서만 등장하는 것은 아니다. 그 문제는 철저히 순수한 철학적 문제이다. 왜냐하면, 만일 선이 통일적이며 무제약적인 것으로서 그리고 현실적인 것의 결정적인 힘으로서 생각된다면, 우리의 추구는 바로 그 힘을 향한 것이며 그리고 그 힘으로부터 무제약적인 요구가 우리에게 발생하는데, 그때에는 (1) 악의 문제가 강력히 제기되며, 아울러 악의 출처에 대한 물음이 제기되기 때문이다. 역으로 (2) 악의 파악과 함께 선의 척도 또한 더욱 분명하게 밝혀진다. 게다가 놀랄만하게 들리겠지만 (3): 변신론의 문제는 원칙상 해결된 것이다. 원칙적으로, 말하자면 선이 어떠한 경우든 모든 것을 결정하는 힘으로 간주되는 한에서. 선이 다만 여러 다른 것들 중의 하나의 요인이라면, 그것은 무제약성 안에서 명령할 수는 없게 될 것이다.

*외르그 슈플렛*은 보에티우스의 이중질문으로부터 출발하면서 철학적 사유의 이와 같은 수확을 적절하게 요약하고 있다: "'하느님이 존재한다면 어디서 불행과 악이 유래하는가? 하지만 하느님이 존재하지 않는다면 어디서 선이 유래하는가?' 첫 번째 물음에 대한 답은 마지막으로는, 첫 번째 것[불행]에 접해 표명될 수 있는 한에서, 이렇다: *나는 그것을 모른다*. 발판이 없음을 확인하는 것은 철학에서 대답의 프로그램들인데, 그것들은 더 많은 것을 말하고자 한다. 그리고 이것은 긍정적인 제안들에 대해서만 적용되는 것은 아니다. 어떤 이론도 육체로부터 고통의 가시를 빼내지는 못한다. 변신론은 실제로 해결될 수 없는 것이다. 그러나 바로 그렇기 때문에 신을 부정함으로써 해결하려는 시도를 우리는 거절해야만 한다. 그것은 물음의 수준을 너무 값싸게 매기는 것이며 ― 그리고 그 밖에도 욥에게서 다른 모든 것에 더해 그의 품위를 빼앗는 것이다: 그의 항의는 오류가 되고, 거룩한 분께 대한 그의 탄원은 신을 의인화시키고, 그의 희망은 유치한 환상이 된다. 그러나 보에티우스는 두 번째 물음을 제기했다. 그리고 그에 대한 답은 '나는 모른다'가 *아니다*. 말하자면 우리는 그 대답을 아주 잘 *알고 있다*: 하느님이 없다면, 마지막으로 어떤 선도 없다. 굴종하는 자, 모욕을 당한 자, 손해를 본 자들에게 장차 선은 없다; 형리들에게, 혹은 게으른 향유자들에게도 당연히 선은 없다. 그러나 그로부터 현재에도 또한 선은 단호히 없다. 그렇게 되면 행복이란 단지 외면과 '잊음'을 토대로 해서만 생각해볼 수 있게 될 것이다. 그러나 이것은 경험과 우리의 감사의무에 부응하는 것인가? 선은 환원할 수 없게끔 우리와 만나고 있지 않은가? 다른 모든 것에 앞서서 ― 철저히 부담지우고 굴종하게 만드는 ― 양심의 경험 안에서"(Splett 1996, 308 이하).

2. 신학적 맥락 안에서의 변신론의 문제화와 철저화

선을 축소되지 않은 채 견지하는 것은 선 자체를 통해서 제공되어 있다. 나는 선을 악과 결합시키는 문제를 해결하기 위해서 선을 무력하게 만들어서는 안 된다. 그러나 이 문제에 대해 어떤 대답이 존재하는가? 첫 번째 대답은 창조사상이다. 사실성의 총합으로서의 세계가 긍정될 필요는 없다. 오히려 무제약적으로 선한 것이 이 세계와의 상위성 안에서 존립한다. 그런데도 창조행위로부터 세계가 그 선성 안에서 산출된다. 신은 세계를 사랑하기 때문에 그것을 창조한다. 그러나 이로써 변신론의 문제는 바로 그 해결과 함께 첨예화된다. "어떤 의미에서 고통의 문제는 그리스도교를 통해서 해결되었다기보다는 오히려 만들어졌다. 왜냐하면, 만일 우리가 고통으로 가득 찬 세상과의 일상적인 경험 속에 매몰된 채, 그럼에도 불구하고, 우리가 믿는 바대로, 마지막 현실은 정의와 사랑으로 가득할 것이라는 유효한 보증을 선사받지 않았더라면, 고통은 아무런 문제도 아닐 것이기 때문이다"(루이스C. S. Lewis, 1954, 27).

문제의 첨예화는 강화된 항의의 방식, 곧 이 세계의 창조주인 신을 고발하는 방식 속에서도 표명된다. 이때 고발은 다소간에 분명히 그리고 공공연히 이 신의 죽음을 목표로 삼고 있고, 혹은 그것을 결과로 갖는다. 신은 모순에 처해서, 곧 자신의 본질적인 특성들, 자신의 힘, 자신의 자비로움과의 불일치에 처해서 죽어간다. 나는 이러한 항의의 예로서 하나의 증언에 국한하겠다. 도스또옙스키의 소설인 "까라마조프가의 형제들"(1879)에 나오는 그 유명한 변신론의 대화 안에서, 중요한 논거는 잔인한 인간적 악의의 희생물이 되고 있는 어린아이들의 고통이다:

"(이반이 알리오샤에게 말한다) '이렇게 가정해 보자. 만일 네 자신이 인류를 위해서 세계법칙들의 전 구조물을 건축하게 되었다고 하자. 그리고 이때 네가 목적으로 안전에 두는 것은, 마지막으로는 모든 인간들을 행복하게 만들고 그들에게 마침내 평온과 평화를 주는 것이라고 하자. 그러나 이 목적을 이루기 위해서 네가 그전에 무조건, 저 목적을 위해서 불가피한 전제조건으로서, 예컨대 단지 단 하나의 미소한 피조물을 죽음에 이르도록 괴롭혀야만 한다고 하자. 말하자면 그 작은 주먹으로 가슴을 친 [고문을 당한 어린아이에 대한 이야기가 그 이전에 있었다] 이 작은 어린아이를 말이야. 이 보상받지 못한 어린아이의 눈물 위에서 네가 이 구조물을 건축해야만 한다면, 그때 너는 이러한 조건 아래서 구조물의 건축가가 되는 데에 동의할 텐가? 거짓 없이 나에게 대답해 봐!' — '아니, 나는 동의하지 않을 거야', 알리오샤가 나지막이 말했다. '너는 네가 건축을 해서 도움을 주려는 사람들이 자신들의 행복을 정당화되지 못한 그 작은 순교자의 피를 대가로 얻는 것에 동의할 것이라는 표상이 가능하다고 인정할 수 있겠니? 혹은 만일 그들이 그렇게 했다면, 그들이 영원히 행복하게 남을 수 있을 것이라는 표상을 허용할 수 있겠니?' — '아니, 나는 그렇게 할 수 없어'"(V, 4, Fischer TB, 283).

즉, 그리스도교의 창조사상은 모순적이며, 그와 함께 창조주도 모순적이다. 우리는 이와 비슷한 많은 텍스트들을 인용할 수 있을 것이다. 예컨대 게오르그 뷘히너Georg Bünchner, 하인리히 하이네Heinrich Heine, 알베르 카뮈Albert Camus, 아르노 슈미트Arno Schmidt, 엘리 비젤Elie Wiesel, 라인홀드 슈나이더Reinhold Schneider, 요셉 로트Josef Roth, 베르트 브레히트Bert Brecht, 프리드리히 뒤렌마트Friedrich Dürrenmatt, 그리고 그 밖의 사람들. 마지막으로 스탕달Stendhal을 그의 유명한 말과 함께 거명할 수 있을 것이다: "신의 유일한 변명은 그가 존재하지 않는다는 것이다". 이것은 니이체가 스탕달에게서 부러워했던 말이다(Werke II, 1088).

하지만 냉소적으로 비꼬는 스탕달의 이 말은 그렇게 정초된 무신론의 문제점 또한 분명히 보여준다. 신의 부정과 함께 고발의 수취자 또한 사라지기 때문이다. 이 세계의 근원적 힘이 절대적으로 선하지 않다면, 항의는 무엇에 반대하여 제기되는가? 항의는 자신을 폐기한다. 그것은 근저에 있어서는 미숙함이다. 우주가 단지 맹목적인 사실성이라면, 고발하는 자는 자기가 부딪친 탁자를 탓하는 어린 아이처럼 보인다. 고발은 고통의 단순한 표현이 된다. 그러나 항의로서의 고발은 그럼에도 불구하고 더 많은 것이기를 원한다.

종교적 신앙은 따라서 인간에게 항의의 가능성을 보증해 준다. 수취하는 분이 존재한다. 사람들은 한탄하면서, 격분하면서 그분에게 향할 수 있다. 그러나 만일 그분이 힘과 선성의 저 근본적인 통일성이 아니라면, 어떻게 내가 그분에게로 향할 수 있겠는가? 내가 나의 항의를 그 앞에 전달할 수 있는 분은 선성이 없는 한갓 힘도 아니요, 힘을 결여한 단순한 선성도 아닌 분이다. 이러한 의미에서 그분은 오직 하느님으로서, 진정한 하느님으로서만 나의 상대자가 될 수 있다. 물론, 내가 하느님에게 향할 경우, 나의 한탄은 이미 기도이며, 이미 헌신이기도 하다. 왜냐하면 나의 항의는, 그것을 수취하는 분이 자신의 선성을 관철시키리라는 신뢰에 의해서 둘러싸여져 있기 때문이다. 그분의 선성은 곧 그분 자신이다. 따라서 한탄은 그것의 진정한 자리를 신앙 안에서 가지며, 이 신앙의 표현이다. 시편들을 일별해 보는 것만으로도 확증으로서 충분하다. 신앙과 함께 아마도 탄식은 사라질 수밖에 없다. 만일 탄식 자체가 신앙이라면, 그 의미는 이렇다: 신앙은 한탄해야 할 것의 '왜'와 '어디로부터'에 대한 물음을 개방적으로 견지하면서도 가능하다.

선에 대한 헌신 역시 선의 마지막 힘에 대한 신뢰를 포함한다. 여기서도 해결의 선취는 불행의 이유에 대한 물음을 개방적으로 견지하는 것과 결합될 수 있다. 신앙 안에서 이러한 신뢰는 명시적으로 인격적인 행위가 되며, 개방적인 태도는 가장 내적인 신비의 수용이 된다. 그 신비는 이 하느님의 자유와 함께 주어져 있는 파악불가능성이다. 이 신앙은 그러나 한탄할 수 있도록 해방시킨다. 한탄은 신앙 안에서 그것의 적법한 자리를 취한다. 그것은 무신론자에게서처럼 경직된 체념을 통해서나, 그리고 라이프니쯔에게 있어서처럼 추정적으로 보다 높은 통찰을 통해서도 억압될 필요가 없다 (슈파른W. Sparn은 라이프니쯔와 관련해서 "한탄의 금지"에 대해

말하고 있다: 콜페Colpe, 216). 이런 맥락에서 '한탄할 수 있음'의 심리적 의미 또한 나에게는 숙고할 가치가 있는 것처럼 보인다. 점증하는 탄식의 욕구를 억압하지 않는 것은 단순히 인간적인 것이며, 심리적 건강을 위해서 본질적인 것이다. 그렇지만 이제 진정한 탄식의 내적인 전제에 대해서도 물어질 수 있어야 한다. 내가 의미하는 것은, 비로소 신앙 안에서 그 전제가 주어져 있다는 것이다. 탄식은 선하고 강력한 하느님을 향하며, 그분의 이름 안에서 발생한다. 하느님은 탄식의 배경이며 그것을 가능하게 하는 분이다. 그분은 탄식하는 자 안에서 현존한다. 신약성서에 따르면, 이러한 현존은 예수라는 인격 안에서 추월할 수 없을 만큼 완전한 방식으로 실현되었다. 예수 안에서 하느님 자신이, 무력하면서도 강하게, 현존하고 계시다.

예수는 십자가에 매달려 시편 22를 기도하고 있다. 탄식은 기도이며, 저항과 항의는 동시에 마지막 신뢰이다. 그리고 바로 이러한 탄식 안에서 하느님의 의지에로의 완전한 양도가 발생한다. 그것은 너무도 완전해서, 이 하느님이 완전히 그곳에 현존할 수 있었다. 이 탄식은 마침내 하나의 외침 안으로 흘러 들어가고, 바로 이 외침은 완전한 명료성 안에서 하느님과 예수의 일치를 드러냈고, 그것을 이교인인 백인대장에게 보여주었다. "예수를 지켜보고 서 있던 백인대장이 예수께서 그렇게 소리를 지르고 숨을 거두시는 광경을 보고 말했다: 이 사람이야말로 정말 하느님의 아들이었구나!"(마르코 15, 39).

이 시간 이래로 우리의 탄식은 하느님의 탄식 안에서 보호받고 있으며, 우리의 고통은 그분의 고통 안에서 보호받고 있다. 그분 자신이 암흑의 고통을 우리 중의 그 누구보다도 극심히 겪으셨고, 동시에 그것을 그 내부로부터 분쇄하셨다. 암흑이 무력화된 것은 하느님이 이와 같은 극심한 시련 속에서 당신의 신성을 입증하셨기 때문이다. 바로 이것이 우리에게는 모든 것을 결정하는 핵심이다. 인간은 힘과 선성의 마지막 통일성과 관계 맺고 있는 경우에만 자유롭다는 사실이 옳다면, 인간에게는 모든 것이 이러한 통일성의 입증과 보존에 달려있겠기 때문이다. 이 신적 통일성에 대한 섬뜩한 반론은 하느님 자신에 의해서 무력화되었다. 더욱이 그것은, 그분이 악으로 하여금 철저히 자신을 덮치도록 허용함을 통해서 이루어진 것이었다. 예수의 옆구리를 찌른 창은 하느님 자신을 적중시켰다. 부활한 예수가 제자인 도마에게 자신의 옆구리상처를 보여주시자, 도마는 이렇게 말한다: "나의 주님, 나의 하느님". 이는 복음서들 안에서 예수가 하느님으로 불려지고 있는 최초이자 유일한 경우이다. 도마가 자신의 손을 집어넣은 그 상처는 하느님 자신의 상처이다. 하느님은 당신의 창조로부터 유래하는 파괴적인 힘들에 의해서 자신이 철저히 적중되도록 하시면서도 하느님으로 남고 계시는데, 이를 통해서 그분은 당신이 영원토록 힘과 선성의 결정적인 통일성임을 입증하셨다. 왜냐하면 수난과 죄를 이렇게 자신이 떠맡는 것은 조금도 하느님에게 가해진 사건이 아니라, 그분 자신의 가장 고유한 행위이기 때문이다. 하느님은 자신이, 바로 하느님으로서의 자신이 적중되게 하신 것이다. 이것이 그분의 행위를 능가할 수 없을 만큼 철저하게 만들고 있으며, 동시에 그것은 손실될 수 없는 그분의 신성을 입증하는 것이다. 하느님은 이 행위를 통해서 힘과 선성의 영원한 통일성으로서 계시되었다. 하느님은 우리의 죄를 짊어지신다. 그분은 그것을 견디어 내신다. 몇몇 신학자들은 이렇게 말한다: 하느님은 당신 자신을 수난과 악에 내맡김으로써 당신의 피조물들이 현재의 모습대로 있는 것에 대한 책임을 넘겨받으셨다(과르디니R. Guardini 1976, 11 이하, 그리고 전자에 의거하여, 그레사케 G. Greshake, 1978, 36, 마찬가지로, 양자에 종속됨이 없이, 판넨베르그W. Pannenberg, SyTh II, 193, 196). 우리의 죄를 짊어지고 견디어 내는 것, 하느님이 그것을 넘겨받는 것은 물론 우리의 책임을 삭제하는 것이 아니며, 우리에게 금치산 선고를 내리는 것도 아니다. 오히려 우리는 하느님의 이 행위를 통해서 우리의 자유 안으로 새롭게 지정되었다. 왜냐하면 책임 안에서 정초되는 자유가 오직 힘과 선성의 마지막 통일성을 통해서만 가능하다면, 그 통일성의 결정적인 입증은, 즉 "책임의 인수" 안에서 모든 것을 지배하는 선한 하느님의 주권에 대한 입증은, 우리에게 있어서는 우리의 자유라는 선물이기 때문이다.

무제약적인 선에 대한 철학적 가르침은 이 하느님에 대한 신앙을 통해서 확증되었다. 이 하느님이 힘과 선성의 통일성이기 때문이다. 그러나 그 가르침은 또한 순화되며 변화되고 있는데, 이는 선에 대한 이론이 자신을 실천으로부터 이해하는 것을 배우면서이다. 그 실천이란 신뢰로서의 인격적인 헌신이다. 그러나 이러한 헌신 속에서 선에 대한 이론은, 선에로의 그 정립이 세계 내의 악 내지는 수난의 실존과 결합가능하다는 것을 온전히 파악할 수 있어야만 한다는 염려로부터 면제되었다. 이러한 염려로부터 생겨나는 물음들은 이제 침묵에 이르게 되며, 하지만 이 침묵은 하느님의 사랑 안에서 보호받고 있음을 알고 있는 침묵이다. 하느님은 나눌 수 없는 선의 힘에 유보 없이 자신을 내맡길 준비가 되어 있는 사람에게 이미 이 보호받고 있음에 대한 예감을 베푸신다.

Ⅳ. 철학적 신학과 그리스도교 신앙

1. 신 증명들 안에서의 인격적 요소

철학적 신학 안에서 철학은 종교에서 신이라 불려지는 것에 다다른다. 철학은 이성을 거쳐서, 그리고 이성 안에서 무제약성의 차원을 발견한다. 이 차원을 해석함에 있어서 관건이 되는 것은, 사유하면서 이러한 무제약성에 부응하는 것이며 그것을 (아마도 비밀리에) 어떤 제약된 것의 의미로 이해하지 않는 것이다(세계내의 한 요소로, 영혼의 힘으로, 개별적이거나 혹은 집단적인 구성물로 등등). 그 차원에 대한 적합한 해석은, KGB 내에서는 자기 자신을 정초하는 존재에 대한 생각 안에서, AlGB 안에서는 포괄적인 진리지평에 대한 생각 안에서, OGB 내에서는 우리의 사유 일체를 마지막으로 규정하는 것에 대한 생각 안에서, AxGB 내에서는 무제약적으로 선한 것에 대한 생각 안에서, 그리고 TelGB 내에서는 마지막 목적과 의미에 대한 생각 안에서, 도달되었다. 마지막에 열거한 것들이 보여주는 바는, 우리의 자유에 대한 근본적인 요구가 문제되고 있다는 것이며, 그 요구의 빛 안에서 또 다른 무제약성의 개념들 역시 파악될 수 있다는 것이다. 우리가 이러한 도전과 요구의 성격에 따라 무제약성을 해석할 때, 무제약적인 것의 인격적 성격에 대한 언사가 (비록 유비적으로만 가능한 것이기는 하나) 그 권리를 얻게 된다. 이때 드러나는 것은, 인격적인 것에 대한 생각이 특유의 사변적 가능성들을 포함한다는 것인데, 이 가능성들은 실질적이고 대상적인 사유에는 닫혀져 있다. 이에 상응하게도 무제약적인 것의 파악가능성과 파악불가능성의 결합은 인격적 이해에 의해서 모순으로부터 보호될 수 있는데, 자기를 계시하는 현존과 영속하는 불가용성 Unverfügbarkeit의 동시적인 통일성은 인격적 구조에 본래적인 것이기 때문이다.

그러나 핵심에 있어서 '자유의 관계'Freiheitsverhältnis가 문제되고 있다면, 이 영역에서는 어떤 완전한 실증이나 증명도 존재할 수가 없는데, 그런 증명이 "밖으로부터"의 논증이거나 대상화의 영역을 전제할 경우에 그렇다. 외적인 논증은 다만 저 내적인 영역을 드러내도록 도울 수 있을 뿐이다. 그 안에서 진리로서 드러나는 것은 사람들이 그것에 의해서 사로잡히면서 자유롭게 파악되어져야 하는 것이다. 신 증명들의 전개 안에서 이 증명불가능성의 성격은 사유과정들의 비완결성에서 드러났고, 이 논증들 안에서 바로 문제가 되고 있는 저 전체와 마지막 것을 대상화시키면서 파악할 수 없음에서 드러났다(현실의 단면들과 관련되는 증명들과는 달리). 이때 (마지막 대상화의) 이 불가능성은 "대상"의 파악불가능성에 대한 자생적 통찰이란 의미에서 저 논증들 자체로부터 생겨났다. 신 증명들은 함께 연관되며 서로를 지시한다. 자유와 선의 차원이 그 증명들의 중심이다(플라톤에게 있어서 최고의 이데아가 선의 이데아라는 것은 우연이 아니다). 그러나 바로 여기서 우리가 본 것처럼 변신론의 문제가 제기된다. 그것은 모든 "증명들"을 다시금 의문에 처하게 만드는 것이다. 그렇지만 여기서 재차 분명해지는 점은, 증명들이 그것에로 이끌고자 하는 바의 통찰은 자유라는 핵심영역 안에서 전개되고 있다는 것이다. 결국 변신론이라는 커다란 최종문제에서 드러나는 것은, 자신을 드러내는 진리의 저 파악은 자유로운 행위이자 하나의 감행이라는 것인데, 자유는 항상 자신에게 *주어져 있는* 것이기 때문이다.

신 증명들의 이성적인 근거들은 그 안에서 인간이 자기 자신에게 의거해 있는 바로서의 공간, 즉 그 안에서 인간이 자신의 마지막 결정능력 내지는 결정필연성과 대질되어 있는 바로서의 공간을 드러낼 수 있을 뿐이다(모든 자의성은 이탈이 될 것이다). 그것은 인간이 그 안에서 자기 자신을 알아보게 되는 바로서의 공간인데, 더욱이 그것이 가능한 것은, 인간이 자신을 구속하며 요구하는 저 무제약성을 발견하게 됨을 통해서이다. 그 무제약성은 한편으로는 인간 자신이며, 다른 한편으로는 동시에 인간을 무한히 넘어서는 것이다. 인간이 그것에 자신을 맡길 경우, 인간은 자기 자신에게로 일보를 디딘 것이며, 그리고 — 자신으로부터 벗어난 것이다. 그것은 자기—획득과 자기-포기의 걸음이다. 왜냐하면 자신에게로 돌아오면서 자기를 파악하는 자는 동시에 자신을 놓아주어야 하며, 자신을 영속하는 불가용성에 넘겨야 하기 때문이다. 인간이 실제로 그것에 자신을 *위탁한다*면, 미결의 물음들은 여전히 전모가 파악되지 않은 "잔여"의 성격을 잃게 된다. 모든 것의 전모를 파악하기를 원하지 않음은 신뢰적 행위의 부분이다. 영속하는 '불가용적인 것'의 현존으로 충분하며, 마지막 진리로서의 그것의 자기—개시와 자기—수락으로 충분하다. 앎과 무지가 *하나의* 행위 안에서 결합하여 아는 무지, 곧 "무지의 지"docta ignorantia(쿠사누스)가 되는데, 이것이 신학적으로 말하자면 인격적 신앙인 것이다.

2. 사유의 역사성 그리고 철학과 신학의 차이-단일성

a. 역사를 통한 토론맥락으로서의 철학

나의 판단은 이성적이어야 한다. 그것은 철학의 단순한 요구이다. 나는 따라서 판단을 정초할 수 있어야 한다. 나는 반론들에 눈을 감아서는 안 되며, 논증할 준비를 갖추어야 한다. 원칙상 나는 토론에 관심을 가질 수도 있겠지만, 중요한 것은 다른 무엇보다도 진리이지 어떤 경우에도 한갓 자기확증은 아니며, 이것은 전체의 방향설정에 대한 모든, 그리고 가장 원칙적인 물음들 안에서도 그러하다. 각각의 견해는 재차 비판적인 이성의 법정 안에서 책임을 져야 한다. 견해들은 비판받을 수 있고 철학의 사상들은 추월될 수 있다는 것이 드러난다. 그러나 그것은 모든 견해들과 사상들에 대해서 적용되는 것이 아닌가? 그렇지만 어떤 경우에도 우리는 상대주의에 항복할 필요는 없다. 왜냐하면 상대주의 또한 하나의 견해일 뿐이며, 철저히 공격받을 수 있기 때문이다. 사유하는 자에게는 오직 하나의 가능성만이 존재하는데, 말하자면 함께 이루는 것, 곧 이성의 영역으로 들어가서 토론에 참여하는 것이다. 분명히 진리는 이런 방식으로, 곧 간접적으로 그리고 특정한 견해와 그에 대한 비판을 거쳐서 드러난다. 플라톤은 그것을 "토론하는 것"διαλέγεσθαι이라 불렀다. 무엇이 참된 선인지가 플라톤에게 분명해지는 것은, 예컨대 소크라테스가 칼리클레스와 토론하는 경우를 통해서이다. 칼리클레스는 극단적인 이기주의와 쾌락주의를 지지하고 있으며, 방종한 독재자가 그에게는 위대한 이상이다. 소크라테스는 이러한 견해의 모순성을 드러내고 있으며, 이때 갑자기 참된 선이 어디에 존립하는지가 윤곽적으로 분명해진다. 마찬가지로 프로타고라스의 주관주의적인 인식이론에 대한 비판을 통해서 간접적으로 참된 인식이 구해져야 할 방향이 분명해진다. “숙고하는 것”διανοεῖσθαι은 “영혼의 자기 자신과의 대화(Logos)”, 곧 “토론하는 것” 이외의 어떤 것이 아니며, 그 안에서 영혼은 자기 자신에게 묻고 대답하며, 동의하거나 동의하지 않는 것이다”(Theaitetos 189/190). 오직 이러한 방식으로 진리는 주어져 있다. 우리가 진리로부터 완전히 배제되어 있다고 주장하는 것은 모순적이다. 그러나 진리는 단지 토론을 거쳐서만 소유될 수 있다. 그런 한에서 철학사는 철학의 위대한 스승이다. 철학사는 시대들을 포괄하는 대화이며, 그 대화에 참여하지 않고서는 진리에 도달할 수 없기 때문이다. 철학사는 상이한 견해들의 위대함과 아울러 그 한계, 즉 제약성과 역사성도 가르치며, 그럼에도 불구하고 단순히 그 앞에서의 최종적인 좌초를 입증하지는 않는다. 왜냐하면 그와 같은 견해는 심리학적으로 이해할만한 것이기는 하나 유지할 수 없는 것이며, 더욱이 저 위대한 대화의 진행이 연속되고 있음을 고려할 때 가장 근거가 없는 견해 중의 하나이다. 그보다 훨씬 더 나은 견해는 진리에로의 정향이 포기될 수 없다는 것인데, 진리가 단지 간접적으로만, 말하자면 굴절된 채 자신을 드러내더라도 말이다. 그러나 이것은 다음의 사실을 위해서 충분한 것인데, 바로 진리는 항상 요구로서 우리에게 떠오르며, 그런 한에서 결코 우리에게 낯선 것일 수가 없다는 점이다. 진리에 대한 본래적인 친숙함이 비로소 우리로 하여금 진리의 요구를 인식할 수 있게 해주며, 양자가 우리의 자유를 형성한다. 그렇지만 역사성과 역사적 제약 역시 우리의 자유를 형성한다. 그러나 이러한 제약성이 우리에 의해서 인식되고 있는 만큼이나 우리는 더 이상 단순히 그 제약성에 종속되어 있지 않고, 그것을 넘어서라는 요구를 이미 따르고 있는 것이다. 이제 이러한 견해가 철학과 신학의 관계에 대해서 어떤 귀결들을 가지는가?

b. 종교와 그리스도교

서구에서는 철학이 이미 그 생성에서부터 종교와 내적인 친화력을 가지고 있다. 종교 안에서는 직접적으로 감각적인 것을 넘어서는 영역이 경험되며 또 표현되기 때문이다. 종교적 의식이 인간 내의 정신적 삶의 각성과 긴밀히 연관되어 있음은 인류학적이고 상고사적인 전거에 다분히 상응하는 것 같은데, 이는 사안적인 근거를 가지고 있다. 직접적으로 주어진 것을 넘어서는 영역에 대한 경험은 인간을 자기 자신과 대질시킨다. 초월능력과 반성능력은 공속하며, 말하자면 동전의 양면과도 같은 것이다. 저편Jenseits의 선재성에 대한 종교적 경험, 곧 저편을 통해 시작되었음에 대한 경험과, 그 안에 놓여 있는 인간의 자기경험은 모두가 인간의 자의식과 반성능력의 계속적인 개화를 위해 의미를 가진다. 철학은 종교의 지반 위에서 자라난다. 철학은 저 반성의 계기를, 그것은 종교를 통해 일깨워진 정신성 안에 놓여 있는 것인데, 자신에게 특별하게 계속 전개시킨다. 자립적인 사유에로의 능력이 인간에게 의식된다. 이와 같은 인간의 자립적인 사유는 곧 종교적 표상들을 비판적으로도 대하게 되며, 그러나 무조건 파괴적으로가 아니라, 크세노파네스에게서처럼 종교적 의식의 순화라는 의미에서 그러하다. 고대의 형이상학적 전통의 위대한 체계들은 이러한 선상에 놓여 있다: 플라톤, 아리스토텔레스, 플로틴. 그들의 철학은 종교적으로 조율되어 있으며, 명시적으로 "신학적"이다. 이 개념은 바로 이 철학적 전통에서 유래하기 때문이다.

철학적 반성의 맥락 안에서 드러나는 것은, 진리가 *그때마다* 나타난다는 것인데, 곧 언제든 재차 논박당한 통찰의 조건들 아래서, 굴절되고 역사성을 띤 채 나타난다는 것이다. 이것은 종교를 특징짓는 것이기도 하다. 종교적 표상들은 발전한다. 그것들은 다른 것들과 연결된다. 그래서 혼합주의Synkretismus가 생기는데, 그것도 저마다의 종교 안에서 그러하다. 각자가 자신의 역사를 갖기 때문이다. 그러나 이러한 변화들은 단지 (사회적, 정치적, 경제적인 종류의) 외적인 이유들만을 갖는 것이 아니라, 특별히 종교적인 이유도 갖는다: 신적인 것에 대한 관습적인 표상들은 새로운 역사적 조건들 하에서 더 이상 수용될 수 없는 것으로 지각되고, 그래서 수정들이 이루어지는 것이다. 이것은, 스스로가 재차 종교적으로 반성되지 않고, 일반적으로 종교들의 배후에서 벌어지는 것처럼 보이는데, 새로운 것과 일찍이 현존하지 않았던 것에 대한 경험이 종교적인 의식에게 그 자체로 낯선 것은 아님에도 불구하고 말이다. 신적인 것 혹은 성스러움은 자신의 불가용성 또한 드러내기 때문이다. 언제든 다시 성스러움은 자신을 은폐하면서 그것에 대한 표상들을 돌파한다(리하르드 셰플러는 종교적 경험 안에서의 이 잠재적 역사성을 부각시켰다. Schaeffler 1973; 1983, 118 이하 참조). 이러한 역사성을 실제로 종교적 의식 안으로 수용한 것은 아마도 이스라엘 민족이 처음이다. 이스라엘의 하느님은 역사의 하느님이다. 이 하느님은 자신을 역사 안에서 강한 자로 실증하며, 그렇기 때문에 인간들이 미래를 바라보면서 신뢰할 수 있는 분인데, 이는 그분을 처음에는 감추고 있는 듯한 재난들에 직면해서도 그러하다. 그러나 이 재난들은 그분으로부터 의미를 획득하며, 그분을 통해서 다시금 선으로 인도될 수 있는 것들이다. 역사 안에서 활동하는 분으로서, 그 안에서 언제든 다시 당신을 새롭게 드러내는 분으로서의 하느님은 전체의 역사를 손 안에 쥐고 계시며, 처음부터 끝까지 그러하다.

그리스도교 신앙은 역사 안에서의 하느님의 이 현존을 마지막 극단에 이르기까지 표명했다. 하느님은 *이* 인간으로서의 예수란 인간 안에서 완전히 그리고 어떤 유보도 없이 당신을 드러냈다. 하느님과 인간의 만남의 역사로서의 역사는 여기서 실현되었다. 역사는 여기서 그 중심과 통합을 발견했다. 하느님이 인간의 편에 선 것이다. 그분은 우연적인 것 안에서 당신을 드러냈다. 그분은 자신을 우연적인 개별자이자 역사적인 존재로 현존하게 했다. 그분은 이러한 현존이 없이는 더 이상 생각될 수가 없다. 그 현존 안에서 그분은 자신을 정의했고, 더욱이 영원으로부터 영원한 하느님으로 자신을 정의했다. 세계에 대한 그분의 관계는 그분의 자기연관의 완전한 표현이 되었다. 이로써 세계는 그분의 자기 자신과의 연관 속으로 받아들여졌고, 그분의 생명에 참여하도록 고양되었다.

그분은 자연경과들이나 시나이에서처럼 계명들 안에서가 아니라, 인간 안에서 그리고 하느님 당신께 대한 인간의 정향 안에서 그렇게 출현하셨다. 그와 함께 여기서 인간의 본질이 실현된다. 왜냐하면 인간은 이러한 정향에로 창조되었기 때문이다. 그래서 인간은 하느님의 모상이다(창세기 1, 26). 이것이 인간의 본성적 특질이며, 이는 인간에게 동시에 규범이자 규정이다. 인간은 더욱 더 본래의 자신이 되어가야 한다. 인간은 그가 지향하고 있는 하느님을 증언하면서 인간이 되어야 한다. 이는 예수 안에서 실현되었다. 예수는 하느님의 모습이 완전히 반영되고 있는 증인이다(고린도 2서 4, 4; 골로사이서 1, 15; 히브리서 1, 3). 예수는, 그의 인간성은, 이제부터는 모든 인간존재의 규범적인 상이다(고린도 2서 3, 18; 에페소서 4, 24). 그러나 이 규범은 인간에게 외적인 것이 아니다. 왜냐하면 그것은 본래적인 인간의 실현, 곧 하느님께로부터 인간에게 선사된 인간으로서의 자신의 본질의 실현을 가리키기 때문이다. 인간은 그 실현 안에서 자신의 품위를 지닌다. 이미 구약성서에서 인간은 하느님의 모상이기 때문에(창세기 9, 6, 노아의 계약) 불가침의 존재이다. 신약성서에 따르면 인간으로서의 하느님의 완전한 현존은 모든 인간 안에서 반영되고 있고, 그것은 가장 보잘것없는 자에게도 무한한 가치와 품위를 수여한다(마태오 25, 31 이하. 심판의 비유).

하느님은 역사 안에서 자신을 능가할 수 없을 정도로 드러냈다. 그와 함께 역사는 드높은 지위를 획득하였다. 역사는 하느님의 권역에 낯설거나 외적인 것이 아니다. 인간은 덧없고 제약된 것의 영역을 넘어서는 곳에서야 비로소 완전히 자기 자신에게로 돌아오는 것이 아니다. 오히려 그는 역사 안에서, 자신의 유한성과 무상함의 굴절 속에서, 하느님과의 완전한 통일성에 도달할 수 있다. 그 점에 정신성에 대한 새로운 가치평가가 놓여 있다. 하느님과의 통일성은 인간이 반성적 누스의 보편성에로 고양된 곳에서 비로소 주어진 것이 아니다. 그것은 그의 자유 안에 주어져 있으며, 자유의 정신성은 그 결정의 특수한 개별성과 제약성, 그리고 구체성과 분리할 수 없게끔 결합되어 있다. 다시 말해서 자유의 정신성은 그것의 모든 연루들 그리고 실효성失效性과 결부되어 있다. 여기서 그리고 이런 조건들 하에서 인간은 하느님으로부터 말을 건네받은 자이며, 그분에 의해서 들어 높여진 자이다. 인간이 그런 존재인 이유는, 하느님이 이 영역으로까지 인간을 향해 마주 오셨기 때문이다. 이 지반 위에 서 있으면서 그리고 그분으로부터 분리되어 있지 않은 채로 인간은 영원한 하느님과 결합되어 있다.

c. 철학과 그리스도교 신앙

역사성이 근세철학을 위해서 획득한 의미는, 그리스도교와 그것이 역사적 사건들에 대해 내린 근본적으로 새로운 평가의 영향이 없이는 생각될 수 없다. 철학은 그리스도교와의 만남을 통해서 변화되었다. 철학은 그 때문에 소외되었는가? 결코 아니다. 역사성에 대한 인식과 함께 철학은 깊이를 획득하였다. 철학은 그리스도교를 통해서 더 많은 자기인식에로 일깨워졌다. 그런 이유에서 철학은 그리스도교와 그 신학에 관심을 가져야만 하는 것이 아닐까? 그런데 신학 안에서 역사성에 대한 학설은 세계를 능가하는 신에 대한 학설과 결부되어 있다. 철학은 이 세계초월적인 차원을 단순히 포기할 수 있는가? 만일 철학이 이를 포기한다면, 역사성에 관하여 무엇이 철학에 남게 되는가? 우연적인 것이다. 그렇게 되면 그것은 철학의 마지막 지평이다! 그렇다면 이 우연적인 것은 그것의 본질대로 남는가? 바로 그렇지가 않다! 우연적인 것은 고쳐 해석되어서, 마지막 것이자 절대적인 것이 된다. 그 의미는 이렇다: 우연적이고 역사적인 것을 참되게 고수하는 것은 그것이 초월될 수 있는 가능성에 달려있다. 그 초월가능성을 인식하는 것은 철학의 역량에 속하며, 이는 외래적인 전제들을 넘겨받음으로써가 아니라 오직 철학의 이성을 통해서 성취될 수 있다. 그럼에도 불구하고 철학이 신학에로 시선을 돌릴 때, 철학은 이 초월의 가능성을 숙고하도록 훈계와 격려를 받을 수 있다. 철학이 이 가능성을 파악하고 초역사적이고 무제약적인 것의 차원을 다시 획득하게 되었다면, 대화는 새로운 수준에서 계속 진행될 수 있다.

이미 플라톤적인 전통에서 분명했던 점은, 우리가 최상이자 절대적인 존재에 다다를 수 있는 것은 밖으로부터가 아니라, 오직 절대적인 것의 중재를 통해서였다는 것이었다. "눈이 태양과 같지 않다면,/ 눈은 태양을 결코 알아보지 못했을 거야;/ 우리 안에 신의 고유한 힘이 놓여 있지 않다면, / 어떻게 신적인 것이 우리를 매혹할 수 있을까?" 괴테의 이 말들은 플라톤적/플로틴적인 통찰을 시적으로 표현한 것이다. "절대적인 것이[...] 이미 우리 곁에 존재하지 않고 또 존재하기를 원하지 않았다면"(헤겔Hegel, PG 69) 우리는 그것에 도달할 수 없었을 것이다. 아우구스티누스는 말하기를, 절대적인 것이 우리에 대해서 우리를 항상 넘어서는 최상의 것이어야만 한다면, 그것은 동시에 우리가 우리 자신에게 내적으로 존재하는 것보다도 더욱 내적으로 우리에게 존재해야만 한다. 그러나 이것은 어떻게 생각될 수 있는가? 어떻게 무한적인 것의 영역이 유한적인 것의 영역과 중재될 수 있는가? 그와 같은 중재는 모순이 아닌가? 그렇지만 모순은 해소되는데, 그것은 중재가 오직 절대적인 것 자신을 통해서 발생할 경우뿐이다. 오직 절대적인 것에 의해서 들어 높여져서야 영혼은 그것에로 상승할 수 있다. 그리스도교 신앙은 다음과 같은 소식으로써 이러한 철학적 통찰을 완성시키고 있다: 하느님이 정확히 이 일보를 내딛으셨고, 더욱이 그것은 더 이상 강화될 수 없는 철저함 속에서 발생했다. 하느님은 우리와 함께 길을 가시면서 우리에게 당신께 이르는 통로를 개시한다. 하느님이 우리 곁에 존재하시는 것은 모든 사멸적인 것과 분리된 우리의 정신성의 정점 안에서 뿐만이 아니라, 역사적으로 구체적인 우리의 정신성 안에서, 곧 지금 여기서의 우리의 자유 안에서이다. 우리를 당신께로 들어 높이는 그분의 영은 (바울로의 말대로) "그리스도의 영"이며, 아래로 내려와 역사적이 된 하느님의 영이다.

칼 바르트가 이성에 의거한 하느님에 대한 인식과 그분 자신에 의해 개시된 인식의 결합이라는 "신인협력설적인synergistische 표상"에 반대했을 때(Barth 1957, 86), 그는 철학자를 옆으로 제쳐두고 있다. 절대적인 분은 그분의 외부로부터 인식될 수 없으며, 오직 그분 자신을 통해서만 인식될 수 있다는 것이다. 오직 그분에 의해서 고양되어졌을 때만 우리는 그분 곁에 존재한다. 다른 모든 관점은 절대적인 분을 유한하게 만들 뿐이다. 그러나 이러한 통찰로부터 철학자가 신적인 절대자에 대한 자신의 통찰이 그리스도교적인 계시론 안에서 최상으로 실현되고 있음을 인식할 수는 없는 것일까? 물론, 하느님의 역사적인 자기입증은 연역될 수 없는 행위인데, 바로 그것이 역사적이기 때문이며 우연적인 것 안에서 표명되기 때문이다. 그것은 단지 수용되고 신앙될 수 있을 뿐이다. 그럼에도 불구하고 그것은 이성의 가장 높은 의미실현이다. 비로소 이 의미실현과 함께 무한적인 것과 유한적인 것에 대한 통찰이 보장되어 있기 때문이다. 비로소 이 의미실현과 함께 필연적인 것과 우연적인 것 사이의 "추한 도랑"이 연결되었는데, 하느님이 온전히 우연적인 것의 편에 서시면서 자신을 그 영역마저도 지배하는 주인으로 입증했기 때문이다. 이러한 하느님의 자기입증은 세계의 구원이며, 연역할 수 없는 사랑의 행위이다. 그 안에서 하느님은 당신의 영원한 본질을 드러낸다. 하느님의 이 사랑은 단지 신앙될 수 있을 뿐이다. 그럼에도 이 신앙은 비합리적인 것에로의 비약이 아니라 이성의 가장 드높은 실현이다. 물론 이때 이성은 독단적으로 자신을 폐쇄하는 것이 아니라, 그 자신의 본질적인 개방성에 충실히 머무르며, "감지하는 이성"으로 자신을 이해한다(독일어에 특유한 이 맥락을 헤르더와 야코비가 철학을 위해서 활용했으며, 헤겔 역시 마찬가지였다. 헤겔은 이렇게 말하고 있다: “이성은 신적인 작품의 감지 Vernehmung이다”, TW 12, 52). 이성의 실현을 신앙으로의 변형이라고도 부를 수 있다면, 그것은 다만 이성이 이 변형 속에서 자신으로부터 벗어나는 것이 아니라, 즉 소외되는 것이 아니라, 자신에게로 돌아온다는 것, 바로 자신을 실현한다는 사실이 견지될 때뿐이다. 이러한 실현으로부터 이성은 자신의 전前단계들을 약속 Verheiβung으로 인식할 수 있다. 그리하여 신학적이 된 이성은 자신에 의해 인식된 은총이 그 자신의 모든 철학적 전 단계들 안에서 이미 작용하고 있음을 알게 된다.

d. 철학과 신학의 상호적인 시녀-관계

중세에는 철학과 신학의 관계가, 전자가 후자에게 시녀로서 봉사해야 하는 관계로 규정되었었다. 그렇지만 이성이 신학을 통해서 자신을 실현하게 한다는 점을 고려해야한다면, 신학이 이성에게 최대의 봉사를 베푼다는 것도 역시 고려되어야 한다. 그와 같은 실현으로부터 보건대, 철학적 토론의 전체적인 영역에서 신학은 철학에게 무엇인가 말해줄 것을 가질 수 있으며, 그 결과 철학은 신학과의 대화를 통해서 깊이와 풍요를 획득한다는 것 또한 있을 법한 일이다. 철학이 이점을 정직하게 확인한다면, 그리고 감독받고 있다고 느끼지 않는다면, 철학은 항상 이 대화에 흥미를 가진 채로 있을 것이다. 신학은 이 대화 안에서 철학으로 하여금, 예컨대 협소함에 대해서 분명히 주의를 기울이게 만들 것이다. 그러나 신학은 또한 긍정적으로 철학에게 그것의 고유한 가능성들을 지적해줄 것이다. 이 가능성들은 철학 자신이 때때로 잊어버릴 위험에 처해있는 것들인데, 신학은 철학에 간섭함이 없이 그것들을 지적해준다. 신학은 철학에게 가장 본래적인 주제들을 상기시켜 줄 것이다. 그것들은 물질적인 것에 대한 정신적인 것의 우위, 이성의 초월능력, 양심의 요구가 갖는 무제약성과 그와 함께 주어진 인간적 품위의 확립과 같은 것들이다. 자신에게 특유한 위험들과 일면성들에 민감한 철학은 신학과 같은 건설적인 권고자와의 대화에 관심을 갖게 될 것이다.

역으로 신학은 철학의 가치를 인정하면서 철학의 봉사를 기꺼이 요구하게 될 것이다. 그래서 철학은 계몽과 이성의 세계를 신학이 철저히 규명하도록 신학을 도울 수 있다. 신학은 그 세계 안으로 자신의 소식을 선포해야만 한다. 철학은 신학이 그 시대의 정신적 사조들과 접하도록 신학을 도울 것이다. 그 사조들의 언어에 대한 지식이 없이는 그들과의 대화는 불가능하며, 신학은 벙어리로 단죄되겠기 때문이다. 철학은 신학이 그 자신의 고유한 신학적 특수성을 시야에서 잃지 않도록 신학을 도울 수 있는데, 이는 이성에 가해지는 커다란 신학적 도전의 요점을 철학이 정확히 지시하면서이다. 철학은 신학이 이 본질적인 것을 수많은 부속물들과 혼동하지 않도록 신학을 도울 수 있다. 제도적인 신학으로서의 신학은 불가피하게도 그러한 부산물을 늘 자신과 함께 지니고 있다. 철학은 신학이 근본주의에로 영락하거나 권위에 의존한 논변으로 자신의 신용을 실추시키는 것을 방지하려할 것이다. 철학은 마지막으로 단순히 훌륭한 철학을 통해서 신학을 도울 것인데, 그러한 철학은 인간들의 이성으로 하여금 신앙의 보도를 수용하도록 만들며, 스스로를 가두어 둔 차단기로부터 이성을 해방시켜 준다. 그와 같은 점을 고려하면서 다루어야 할 주제들에는 가령 다음과 같은 것들이 속해 있다: 자연주의에 대한 비판, 도덕의 정초와 의지의 자유. 다시 말해서, 관건이 되는 것은, 신학 안에서 전제된 형이상학을 주제화하고 그것의 신빙성을 보여주는 일이다. 특별히 그리스도교 철학자는 이러한 과제들에 대해 의무감을 느끼게 될 것이다. 실로 그는 한편으로는, 신학의 특수성을 파악하고 그 내용을 축소함이 없이 대화 안으로 가져가야 할 처지에 있고, 다른 한편으로는, 철학이 자기 자신으로 머물며 그래서 도구화되거나 이데올로기적으로 이용되지 않도록 염려해야 할 처지에 있는데, 철학은 단지 사유의 자유와 자립성 안에서만 신학에게 훌륭한 봉사를 베풀 수 있기 때문이다.

e. 신화와 육화신앙

그리스도교 신앙은 하느님의 역사적 행위, 곧 그분의 육화와 관련을 맺는 것에서 첨예화되었다. 이 행위는 역사의 요약이자 세계의 중심이며, 세계의 척도이자 세계의 심판이다. 그리스도교의 교의들은 하느님의 이 행위의 전개로서 생겨난다. 그 행위에 대한 신앙이 이성의 실현이다. 그러나 하나의 우연적이고 역사적인 사실이 이성의 실현이 될 수 있다면, 여기 이 지점에서 이성에게 "다른 종류에로의 이행"metabasis eis allo genos이 승인되고 있는 것은 아닌지를 사람들은 자문해볼 수 있을 것이다. 이 이행은 세계구성에 대해 "이야기하는" 묘사 안으로의 또 다른 발걸음들을 자신을 위해 요구할 수 있다. 일단 그러한 설화를 "신화"라 부르기로 하자. 그렇다면 신화는 우연적인 것을 넘어서는 이성에 대해서 의미있고, 심지어 불가피한 보완이 아닐까? 아마도 신화로부터 이성으로 이행한 그 이전의 행보 이후에 이제 다시 이성으로부터 신화로 이행해야 할 시간이 된 것인가? 이러한 물음과 함께 하나의 이성적 관심이 고지된다는 것을 나는 철학사로부터 이끌어 낸 두 가지 보기들에서 해명하고자 한다.

a) 독일관념론의 가장 오래된 체계프로그램

1917년에 프란쯔 로젠쯔바이크Franz Rosenzweig는 수기로 작성된 어떤 텍스트의 단편을 출간했는데, 그것의 연대는 1796/97년으로 확인될 수 있는 것이다. 그 필사본은 헤겔의 것이다. 그러나 명백하게도 그가 여기서 남긴 생각들은 마찬가지로 그의 친구들인 휠덜린과 셸링에게도 속한다. 이 단편은 다음의 표제 하에 문헌 안으

로 들어왔다: “독일관념론의 가장 오래된 체계프로그램”. 이것은 하나의 강령적 개요이다. 그 개요는 칸트와 피히테로부터 유래하는 것으로 자유의 이념 위에 구축되어 있으며, 이 이념은 진, 선, 미의 이성이념들 안에서 계속 전개되어야만 하는 것이다. 그것은 신학적인 내용들도 자체 내에 수용하길 원하는 형이상학의 구상이다. 그 형이상학은 사변적이어야 하나, 엘리트적이 되어서는 안 된다. 그것은 광범위한 영향을 가져야 하며, 사람들을 이념적으로 구속해야만 한다.

“우선 나는 여기서, 내가 아는 한, 어떤 인간도 인지하지 못한 하나의 이념에 대하여 말할 것이다 — 우리는 새로운 신화학Mythologie을 가져야만 한다. 그러나 이 신화학은 이념들을 위해 봉사해야 하며, 그것은 *이성*의 신화학이 되어야 한다. 우리가 이념들을 심미적으로, 즉 신화적으로 만들기 전에는, 그것들은 *백성*에게 아무런 관심도 주지 못한다; 역으로, 신화학이 이성적이 되기 전에는, 철학자는 신화를 부끄럽게 여길 수밖에 없다. 그래서 마침내 계몽된 자들과 몽매한 자들은 손을 건네야 하며, 신화학은 철학적이 되어야 하고 백성은 이성적이 되어야 하며, 철학자들을 감성적으로 만들기 위해서 철학은 신화적이 되어야 한다. 그렇게 되면 우리들 간에 영원한 통일성이 지배하게 된다. 경멸적인 시선은 결코 존재하지 않으며, 현자들과 사제들 앞에서의 백성의 맹목적인 전율도 결코 존재하지 않게 된다. 그렇게 될 때 비로소 *모든* 능력들의 똑같은 도야가, 곧 개별자는 물론이요 모든 개인들의 도야가, 우리를 기다린다. 어떤 힘도 더 이상 억압되지 않을 것이다. 그렇게 되면 정신들의 보편적인 자유와 평등이 지배하게 된다! - 하늘로부터 파견된 보다 숭고한 정신이 이 새로운 종교를 우리 가운데 설립해야 하며, 그것은 인류의 마지막이자 가장 위대한 업적이 될 것이다”(Hegel TW 1, 236).

이 단편의 내용은 횔덜린, 셸링, 그리고 헤겔 세 사람의 공통정신으로부터 유래하는데(그들에게 텍스트의 저작권이 번갈아 귀속되고 있다), 이들 삼인은 그들의 작품 속에서 이 프로그램을 상이한 방식으로 이행하려했다. 예컨대 횔덜린은 시가를 통해서 신화적인 세계관을 부흥시키려 진력하고 있는데, 이때 그리스 신들을 사용하고 있다. 후기의 시들 안에서("유일자"Der Einzige, "파트모스"Patmos) 그리스도는 결정적인 신화적 인물이 되고 있다. 셸링은 자신의 후기철학에서 이 체계프로그램의 사상에로 되돌아왔고, "실증적인" 철학, 곧 자신을 표명하는 절대자에 대한 역사적으로 각인된 철학을 발전시키고 있다: 그것은 신화학의 철학으로서, 이는 계시의 철학 안으로 유입되어 그리스도교 신앙을 철학적 반성의 정점으로 묘사하고 있다. 헤겔에 있어서도 최상의 사변적 내용은 종교의 내용이며, 더욱이 그리스도교의 내용이다. 그리스도교는 합리성Vernünftigkeit에 있어서 다른 종교들을 능가한다. 그러나 이 합리성은 칸트에 있어서처럼 도덕에로의 환원에 존립하는 것이 아니라, 계시의 사상 안에 존립한다. 그에 따르면, 절대적인 것은 역사 안에서 나타나며, 더군다나 유일회성 안에서 나타난다는 것이다. "인도의 범신론 안에서는 수많은 육화들이 등장한다; 거기서 주관성, 곧 인간적 존재는 단지 우연적 형상이며, 신 안에서 그것은 단지 실체를 취하면서 우연한 방식으로 교체되는 *가면*일 뿐이다. 신은 그러나 정신으로서 자체에 주관성과 유일회성의 계기를 내포한다; 그의 출현은 그렇기에 하나의 유일한 현상일 수 있으며, 오직 일회적으로 발생할 수 있다"(TW 17, 277). 그리스도 안에서의 신의 계시의 유일회성 때문에 오늘날 그렇게도 논란이 되고 있는 절대성의 사상은 헤겔에 따르면 그리스도교의 위대한 사변적 사상이며, 이는 이성의 법정 앞에서 그 설득력을 성취하고 있다. 헤겔은 예컨대 그리스 신들에 대한 쉴러의 향수에 젖은 시선("그리스의 신들"Die Götter Griechenlands, 초판)을 비판하고 있다: "신들이 아직도 보다 인간적이었을 당시에,／인간들은 보다 신적이었다"(TW 14, 115). 어떤 길도 그리스의 신들에로 되돌아가지 않으며, 더욱이 그들의 신인동형론 때문에 그런 것은 아니다. 신인동형론은 그것이 충분할 정도로 철저한 것이 아니기에 비난받아야 하는 것이다. "그리스도교는 신인동형론을 훨씬 더 추진시켰다; 그리스도교의 가르침에 따르면, 하느님은 단지 인간적인 형태를 가진 개인이 아니라, 실제적인 개별적 개인이며, 완전한 하느님이자 완전한 실제적 인간이고, 현존재의 모든 조건들 안으로 들어선 분이지 단순히 인간적으로 형성된 미와 예술의 이상은 아니기 때문이다"(TW 14, 23).

b) 신화를 향한 니이체의 추구

니이체는 주지하다시피 서양의 합리성을 비판하고 있다. 그 합리성은 소크라테스/플라톤과 함께 시작되기에 니이체는 그것을 "소크라테스주의"라 부른다. 이 합리성은 대상화를 통해서 모든 것과 거리를 두는데, 이는 삶에 적대적인 것이다. 그것은 삶을 그 자체와 분리시킨다. 당면한 과제는 이러한 합리성을 극복하는 것인데, 그것은 삶이 자신을 새롭게 발견할 수 있기 위해서이다. 그것을 위해서는 신화의 부흥처럼 선합리적인 것의 영역들 안으로 일보를 내딛는 것이 필요하다(니이체가 그의 처녀작 안에서 했던 것처럼; 음악의 정신으로부터 비극의 탄생Die Geburt der Tragödie aus dem Geist der Musik, 1872, 2. Aufl. 1886).

"그러나 신화가 없다면 저마다의 문화는 그 건강하고 창조적인 자연력을 잃게 된다: 비로소 신화들로 둘러싸인 지평이 모든 문화운동을 통일성에 이르도록 완결시킨다[...] 국가 자신도 신화적 토대보다 더 강력한 어떤 불문율도 알지 못한다. 신화적 토대는 종교와의 연관, 신화적 표상들로부터의 자신의 성장을 보증한다. 이제 그 옆에다 신화들 없이 이끌어낸 추상적인 인간, 추상적인 양육, 추상적인 윤리, 추상적인 권리, 추상적인 국가를 설정해 보자: 불규칙적이고, 어떤 토속적인 신화에 의해서도 사육되지 않은 예술적 환영의 방황을 상상해 보자: 어떤 확고하고 거룩한 본향도 갖지 않고, 오히려 모든 가능성들을 탕진하고 모든 문화들로부터 비참하게 연명해가도록 단죄된 문화를 생각해 보자 — 이것이 신화의 근절을 목표로 삼았던 저 소크라테스주의의 결과물로서의 현시대이다. 이제 모든 과거들 아래서 영원히 굶주리고 있는, 신화 없는 인간이 서 있다. 그는 파헤쳐 뒤집으면서 뿌리들을 구하고 있다. 가장 멀리 떨어진 유적지들 안에서도 그는 파헤치고 있을는지 모른다. 만족하지 못한 현대문화의 그 엄청난 역사적 욕구, 수많은 다른 문화들의 수집, 살라버릴 듯한 앎의 의욕은, 만일 신화의 상실, 곧 신화적 고향의 상실을 지시하는 것이 아니라면 무엇을 지시하겠는가?"(Die Geburt der Tragödie, StA I, 145 이하).

니이체가 신화를 부흥시키려는 것은 "비극적 신화"(141)를 통해서인데, 그는 그것이 그리스의 비극 안에서 예시되어 있음을 발견한다. 그것은 생명에 대한 신화이며, 그 생명은 바로 경악과 고난 속에서도 자신의 무진장한 힘을 표현하고 있다. 그는 생명에 대한 이 신화를 그 당시에(1872 초판) 아직도 바그너의 음악 안에서 발견했다고 믿었다. 후에 그는 이 음악 역시 생명에 적대적인, 말하자면 금욕적인 것이라고 확신하게 되었는데, 마치 쇼펜하우어나 혹은 니이체에게 있어서는 전적으로 삶에 적대적인 것으로 간주된 그리스도교처럼 말이다. 나는 여기서 니이체의 해결이나 그것의 내적인 모순들을 더 깊이 다루지는 않겠다. 나에게 중요하게 여겨지는 것은 그의 진단이다. 그것은 신화가 없는 세계관은 참을 수 없는 것이고, 어떤 방식으로든 불가능하다는 진단이다.

c) 계몽주의를 견디어내는 신화로서의 그리스도교

오직 합리적이며 신화가 없는 관점만이 문제가 있어 보인다. 이성은 자신이 해결할 수 없는 마지막 우연성들에 봉착한다. 그렇게 되면 이 우연성들은 이런 혹은 저런 방식으로 신화적인 성격을 획득하며, 그것은 마지막 사실성들로서 오직 이야기될 수 있을 뿐이다. 철학적으로 야심적인 수많은 자연과학의 우주론들이 그 점을 알 수 있게 해준다. 그러한 우주론들에 따르면 우리의 실존은 더 이상 해결할 수 없는 원초적 사실성의 결과이다. 그래서 자크 모노 Jacques Monod(141)에 따르면, 과학이 우리에게 보여주는 바는, "살아 있는 자연 안에서 그 어떤 쇄신과 창조의 근저에 놓여 있는 것은 *유일하게도* 우연뿐이라는 것"이다. 브라이언 스윔Brian Swimme과 토마스 베리Thomas Berry(23)는 우주가 단순히 "무의 모태로부터" 분출되고 있음을 본다. 마찬가지로, 폴 데이비스Paul Davis(277)에 따르면, 우리의 우주는 단지 "무로부터 발생한 원인 없는 양자이동의 결과"일 수 있으며, 악셀 셴 레Axel Schenzle(43)에게 있어서도 "어떤 즉흥적이고, 조종될 수 없는 양자파동"이 "현존하는 것의 총체적인 발전을 위한" 개연적인 시작이었다. 스티븐 웨인버그 Steven Weinberg(212)는 우주의 발전에 대한 상세한 묘사의 말미에서 다음과 같은 확인에 이르고 있다: "우주가 우리에게 더 많이 파악될수록, 그만큼 더 그것은 의미 없는 것으로도 나타난다." 우리 존재의 근원과 그에 대한 해명은 여기서 늘 더 이상 해결할 수 없는 원초적 사실성이며, 이 사실성은 단지 이야기될 수 있을 뿐이다. 이때 그 지향은 과학적으로 엄호된 묘사 이상이며, 물론 이성을 마지막 척도가 삼고 있는 "제일 철학"prima philosophia도 아니다. 제시되고 있는 것은 오히려 신화이며, 이것이 우리의 비극을 해명하고 있는데, 이는 '원초적 알'Ur-Ei이 부분으로 나누어지면서 그 모든 분규와 고통을 가진 세계가 생겨났다는 신화와도 유사하다.

그러나 철학은 자신을 처음부터 신화비판적인 것으로 이해했다. 이성은 마지막 사실성들에 대한 언사를 승인하지 않는다. 모든 계속되는 질문에 반하여 그러한 사실성들을 고수하는 것은 이성에 의해서 늘 한갓 신화라고 비판받게 될 것이다. 호르크하이머와 아도르노가 보여준 것은, 어떻게 이러한 비판이 이성에 반해서도 즉 결함이 있는 이성이해에 반대해서도 정당하게 제기될 수 있는가 하는 것이었는데, 이는 말하자면 이성이 자신을 단지 도구적으로 그리고 목적합리성Zweckrationalität으로서 파악하여 저마다의 계속적인 정당화와 정초로부터 벗어나는 경우이다. 그렇게 되면 이성 자신이 신화가 되며, 그것도 유해한 신화가 된다. 그러나 이러한 신화의 영역은 피할 수 있는 것인가? 우리는 마지막에 있어서는 어떤 사실성들에로 소급해야만 하는 것이 아닐까? 우리는 마지막으로 무엇인가를 이야기해야만 하는 것이 아닐까? 이성이 실로 모든 것을 해결할 수 없기 때문이다. 신학도 이야기하고 있다: 세상은 하느님에 의해서 창조되었으며, 하느님은 이 세상을 그토록 사랑하셔서, 이 세상 안에 출현하여, 세상을 위해 살다가 죽어가며, 그렇게 세상을 당신에게로 들어올리신다. 여기서는 행위들, 곧 연역 불가능한 행위들이 이야기되고 있다. 그렇지만 동시에 그것들 안에서 의미성이 개시되는데, 그것은 바로 '그보다 더 큰 것을 생각할 수 없는'quo maius cogitari nequit 그 무엇이다. 사실성은 사라지지 않고 있다. 그것은 그대로 맡겨지고 있다. 물론 사실성은, 그것이 절대적인 의미성의 출현이 되는 한에서, *한갓* 사실성으로서는 극복되고 있으며 해소되고 있다. 그렇지만 이 의미성과 함께 이성의 척도가 지칭되었고, 진리와 선성이라는 이성의 가장 드높은 이념이 함께 표명되었다. 그리스도교의 신화, 하느님과 세계, 하느님과 인간에 대한 그리스도교의 설화, 이 그리스도교적인 신화가 참으로 계몽주의를 견디어내는 유일한 것일 수 있지 않을까? 이것이 의미하는 바는 이렇다: 그리스도교와 철학의 만남과 합동작용은 고대이래로 시대를 거쳐 가면서 양편의 이익에로 이끈 상호적인 장려와 심화의 역사이며, 그 고유한 공통의 역사가 드러낸 표징들 하에서 미래 또한 계속하여 존립할 수 있다. 그리고 상호적인 파괴에 이르기까지 양자가 서로 분리되는 것은 그저 지나가버리는 현상이다.

참 고 문 헌

고전적인 대가들에 대해서는 인용하기에 적합한 간행본들만이 사용되었다. 그 밖에 본문에서 그들의 작품들은 그것들 본래의 분류에 따라서 혹은 학문 안에서 일반화된, 간행본 전체를 포괄하는 쪽 매김에 따라서 인용되었다.

Adorno, Theodor W., Negative Dialektik, Frankfurt a. M. 1966

Albert, Hans, Traktat über kritische Vernunft, Tübingen 1968

Apel, Karl-Otto, Transformation der Philosophie 2 Bde, Frankfurt a. M. 1976

Arnou, Renatus, De quinque viis Sancti Thomae ad demonstrandem Dei existentiam apud antiquos Graecos et Arabes et Judaeos praeformatis et adumbratis, Rom 1949

Assmann, Jan, Ägypten. Eine Sinngeschichte, Frankfurt a. M. 1999

Balthasar, Hans Urs von, Theologik II. Wahrheit Gottes, Einsiedeln 1985

Barth, Karl, (1947) Kirchliche Dogmatik I, 1, Zürich 1947

Barth, Karl, (1957) Theologische Fragen und Antworten. Gesammelte Vorträge 3, Zürich 1957

Beck, Heinrich, Natürliche Theologie. Grundriβ philosophischer Gotteserkenntnis, München 1986

Bekenntnisschriften der evangelisch-lutherischen Kirche, hrsg. vom lutherischen Kirchenamt, Gütersloh 1986

Bonaventura, Opera omnia, 10 Bde, edita studio et cura PP. Collegii a S. bonaventura ad Claras Aquas (Quaracchi), 1882-1902

Brugger, Walter, (1964) Theologia naturalis, Freiburg 1964

Brugger, Walter, (1979) Summe einer philosophischen Gotteslehre, München 1979

Camus, Albert, (1959) Der Mythos des Sisyphos. Ein Versuch über das Absurde, Hamburg 1959

Camus, Albert, (1994) Hochzeit des Lichts. Heimkehr nach Tipasa, München 1994
Colpe, Carsten (Hrsg.), Das Böse, Frankfurt 1993
Coreth, Emerich, Metaphysik. Eine methodische Grundlegung, Innsbruck/Wien/München 1964
Craig, William Lane, The Cosmological Argument from Plato to Leibniz, London 1980
Dalferth, Ingolf, Religiöse Rede von Gott, München 1981
Davis, Paul, Gott und die moderne Physik, München 1986
Denzinger, H./Hünermann P. (Hrsg.), Kompendium der Glaubensbekenntnisse und kirchlichen Lehrentscheidungen, Freiburg 1991 (약어: DH)
DH: Denzinger를 참조할 것
Descartes, René, Meditationes de prima philosophia, lat./dt., Phil. Bibl., Hamburg 1959
Descartes, René, (1972) Meditationen über die Grundlagen der Philosophie, mit sämtlichen Einwänden und Erwiderungen, Phil. Bibl., Hamburg 1972
Dux, Günter, Die Logik der Weltbilder, Frankfurt a. M. 1982
Eckhart, Meister, (DW) Die deutschen und lateinischen Werke, hrsg. im Auftrag der deutschen Forschungsgemeinschaft, Stuttgart 1936 ff
Eckhart, Meister, (DP) Deutsche Predigten und Traktate, hrsg. von J. Quint, München 1963
Eckhart, Meister, Werke 2 Bde, hrsg. von N. Largier, Frankfurt a. M. 1993
Einstein, Albert, Mein Weltbild, Frankfurt a. M. 1979
Eliade, Mircea, Geschichte der religiösen Ideen, 3 Bde und ein Band Quellentexte, Freiburg/Basel/Wien 1978 ff
Erbrich, Paul, Makrokosmos - Mikrokosmos. Ursprung, Entwicklung und Probleme der Physik, Stuttgart 1996
Erikson, Erik H., Identität und Lebenszyklus, Frankfurt a. M. 1966

Ferber, Rafael, Philosophische Grundbegriffe, München 1994
Feuerbach, Ludwig, Werke, 5 Bde, hrsg. von E. Thies, Frankfurt a. M. 1975/76
Feuerbach, Ludwig, (GW) Gesammelte Werke, 18 Bde, hrsg. von W. Schuffenhauer, Berlin 1981 ff
Fichte, Johann Gottlieb, (SW) Fichtes Werke, 11 Bde, hrsg. von I. H. Fichte, Berlin 1834-1846, Neudruck Berlin 1971
Fichte, Johann Gottlieb, (1794) Grundlage der gesamten Wissenschaftslehre, Leipzig 1794, 인용된 출전: Phil. Bibl., Hamburg 1988
Fichte, Johann Gottlieb, (1800) Die Bestimmung des Menschen, Berlin 1800, 인용된 출전: Phil. Bibl., Hamburg 2000
Fichte, Johann Gottlieb, (1804) Die Wissenschaftslehre. 2. Vortrag im Jahre 1804, hrsg. von R. Lauth, Phil. Bibl., Hamburg 1986
Fichte, Johann Gottlieb, (1805) Die Wissenschaftslehre 1805, hrsg. von H. Gliwitzky, Phil. Bibl., Hamburg 1984
Fichte, Johann Gottlieb, (1806) Die Anweisung zum seligen Leben, Berlin 1806, 인용된 출전: Phil. Bibl., Hamburg 1983
Frank, Semen L., Das Unergründliche, Freiburg/München 1995
Frank, Viktor, Paradoxien des Glücks, in: Was ist Glück? Ein Symposion, München 1976, 108-126
Gaiser, Konrad, Platons ungeschriebene Lehre, Stuttgart 1967
Goethe, Johann Wolfgang von, Werke, 12 Bde, Hamburger Ausgabe (HA), München 1988
Gorgias von Leontinoi, Reden, Fragmente und Testimonien, hrsg. von Th. Buchheim, Hamburg 1989
Greshake, Gisbert, Der Preis der Liebe, Freiburg 1978
Guardini, Romano, Theologische Briefe an einen Freund, Paderborn 1976
Hartmann, Nicolai, Sinngebung und Sinnerfüllung, in: Kleinere Schriften I, Berlin 1955, 245-279
Hawking, Steven, Das Universum in der Nuβschale, Hamburg 2001

Hegel, Georg Wilhelm Friedrich, Theorie Werkausgabe (약어: TW), Werke in zwanzig Bänden, hrsg. von E. Moldenhauer und K. M. Michel, Frankfurt a. M. 1969-71. TW 3: Phänomenologie des Geistes (약어: PG); TW 7: Grundlinien der Philosophie des Rechts (약어: RP). TW 8-10: Enzyklopädie der philosophischen Wissenschaften (약어: Enz)

Hegel, Georg Wilhelm Friedrich, Vorlesungen. Ausgewählte Nachschriften und Manuskripte 16 Bde, Hamburg 1983 ff

Heidegger, Martin, Gesamtausgabe, Frankfurt a. M. 1975 ff

Heiler, Friedrich, Erscheinungsformen und Wesen der Religion, Stuttgart 1961

Heitsch, Ernst, Parmenides. Die Fragmente, Zürich 1995

Henrich, Dieter, (1960) Der Ontologische Gottesbeweis, Tübingen 1960

Henrich, Dieter, (1967) Fichtes ursprüngliche Einsicht, Frankfurt a. M. 1967

Henrici, Peter, Die metaphysische Dimension des Faktums, in: Mataphysik, hrsg. von G. Jánoska/F. Kauz, Darmstadt 1977, 370-377

Hirschberger, Johannes, Geschichte der Philosophie I-II, Freiburg 1976

Hölderlin, Friedrich, Werke und Briefe I-III, hrsg. von F. Beiβner u. J. Schmidt, Frankfurt a. M. 1969

Horkheimer, Max, Zur Kritik der instrumentellen Vernunft, Frankfurt a. M. 1964

Hölse, Vittorio, (1987) Begründungsfragen des objektiven Idealismus, in: Philosophie und Begründung, hrsg. vom Forum Philosophie Bad Homburg, Frankfurt a. M. 1987, 212-267

Hölse, Vittorio, (1994) Die Krise der Gegenwart und die Verantwortung der Philosophie, München 1994

Hughes, Gerard J., Towards a rehabilitation of Aquinas' 'third way', in: The Rationality of Theism, hrsg. von G. Brüntrup/R. Tacelli, Boston 1999, 105-123

HWPh: Ritter를 참고할 것

Jacobi, Friedrich Heinrich, Werke, 6 Bde, Leipzig 1812-1825

James, William, Die Vielfalt religiöser Erfahrung, deutsch: Frankfurt a. M. 1997

Jaspers, Karl, Der philosophische Glaube, München 1948

Kant, Immanuel, (AA) Kant's gesammelte Schriften, hrsg. von der Königlich Preuβischen Akademie der Wissenschaften, Berlin 1900 ff

Kant, Immanuel, Werke, hrsg. von W. Weischedel, 10 Bde, Darmstadt 1968

Kant, Immanuel, (1781) Kritik der reinen Vernunft, Riga 1781 (인용된 간행본: 2. Aufl. 1787, 약어: KrV B)

Kant, Immanuel, (1788) Kritik der praktischen Vernunft, Riga 1788 (인용된 간행본: Erstausgabe A. 약어: KpV A)

Kant, Immanuel, (1790) Kritik der Urteilskraft, Berlin 1790 (인용된 간행본: 2. Aufl. 1793, 약어: KUK B)

Kant, Immanuel, (1793) Die Religion innerhalb der Grenze der bloβen Vernunft, Königsberg 1793 (인용된 간행본: 2. Aufl. 1794)

Kehrer, Günter, Religion, in: Handbuch religionswissenschaftlicher Grundbegriffe, hrsg. von H. Cancik u.a., IV, Stuttgart 1998, 418-425

Keller, Albert, Allgemeine Erkenntnistheorie, Stuttgart 1982

Kierkegaard, Sören, Gesammelte Werke (GW), hrsg. von E. Hirsch, Abt. 1 ff, Düsseldorf/Köln 1950 ff

Kobusch, Theo, Nichts, in: Historisches Wörterbuch der Philosophie, hrsg. von J. Ritter, Basel/Stuttgart 1971 ff, V, 805-836

Krause, Karl Christian Friedrich, (1828) Vorlesungen über das System der Philosophie, Göttingen 1828

Krause, Karl Christian Friedrich, (1829) Vorlesungen über die Grundwahrheiten der Wissenschaft, Göttingen 1829

Krings, Hermann, System und Freiheit, Freiburg/München 1980

Kuhn, Helmut, Das Gute, in: Handbuch philosophischer Grundbegriffe, hrsg. von H. Krings u.a., München 1973,

657-677
Küng, Hans, Existiert Gott?, München 1978
Kutschera, Franz von, Vernunft und Glaube, Berlin 1990
Leibniz, Gottfried Wilhelm, Die Theodizee, Phil. Bibl., Hamburg 1968 (약어: T)
Leslie, John, Universe, London/New York 1989
Lessing, Gotthold Ephraim, Die Erziehung des Menschengeschlechts, Berlin 1780
Lewis, Clive Staples, Über den Schmerz, Köln 1954
Lieberg, Godo, Die 'theologia tripertita' in Forschung und Bezeugung, in: Aufstieg und Niedergang des römischen Reiches I, 4, hrsg. von H. Temporini, Berlin/New York 1973, 63-115
Lohfink, Norbert, Das Siegeslied am Schilfmeer, Frankfurt a. M. 1965
Lotz, Johannes B., Das Urteil und das Sein. Eine Grundlegung der Metaphysik, Pullach 1957
Lübbe, Hermann, Religion nach der Aufklärung, Graz/Köln 1986
Luhmann, Niklas, (1971) mit Habermas, Jürgen, Theorie der Gesellschaft oder Sozialtechnologie, Frankfurt a. M. 1971
Luhmann, Niklas, (1977) Funktion der Religion, Frankfurt a. M. 1977
Mackie, John Leslie, Das Wunder des Theismus. Argumente für und gegen die Existenz Gottes, Stuttgart 1985
Mensching, Gustav, Die Religion, Stuttgart 1959
Monod, Jacques, Zufall und Notwendigkeit, München 1972
Muck, Otto, Philosophische Gotteslehre, Düsseldorf 1983
Müller, Max, Der Kompromiß oder vom Unsinn und Sinn menschlichen Lebens, München 1980
Newman, John Henry, An Essay in Aid of a Grammar of Assent, London 1870, deutsch: Entwurf einer Zustimmungslehre, Mainz 1961
Nietzsche, Friedrich, Werke, 3 Bde, hrsg. von K. Schlechta, München 1969
Nietzsche, Friedrich, (StA) Sämtliche Werke, Kritische Studienausgabe 15 Bde, hrsg. von G. Colli/M. Montinari, München 1980

Otto, Rudolf, Das Heilige, Gotha 1926

Pannenberg, Wolfhart, (1961) Offenbarung als Geschichte, Göttingen 1961

Pannenberg, Wolfhart, (1971) Grundfrage systematischer Theologie, Göttingen 1971

Pannenberg, Wolfhart, (1973) Wissenschaftstheorie und Theologie, Frankfurt a. M. 1973

Pannenberg, Wolfhart, (1978) Die Bedeutung der Kategorien 'Teil' und 'Ganzes' für die Wissenschaftstheorie der Philosophie, in: Theologie und Philosophie 53 (1978), 481-497

Pannenberg, Wolfhart, (1983) Anthropologie in theologischer Perspektive, Göttingen 1983

Pannenberg, Wolfhart, Systematische Theologie I-III, Göttingen 1988/91/93 (약어: Sy Th)

Pieper, Josef, Erkenntnis und Freiheit, München 1964

Pollak, Detlef, Was ist Religion? Probleme der Definition, in: Zeitschrift für Religionswissenschaft 3 (1995), 163-190

Puntel, Lorenz B., (1974) Wahrheit, in: Handbuch philosophischer Grundbegriffe, hrsg. von H. Krings u.a., München 1973, 1649-1668

Puntel, Lorenz B., (1978) Wahrheitstheorien in der neueren Philosophie, Darmstadt 1978, 3. erw. Aufl. 1993

Rahner, Karl, (1941) Hörer des Wortes. Zur Grundlegung einer Religionsphilosophie, München 1941

Rahner, Karl, Schriften zur Theologie, 16 Bde, Einsiedeln/Zürich/Köln, 1964 ff

Rahner, Karl, (1976) Grundkurs des Glaubens, Freiburg 1976

Reimarus, Hermann Samuel, Die vornehmsten Wahrheiten der natürlichen Religion, 1754, 3. Aufl. Hamburg 1766 (Neudr. Göttingen 1985. 이 간행본에 따라 인용됨)

RGG: Die Religion in Geschichte und Gegenwart. Handwörterbuch für Theologie und Religionswissenschaft, hrsg. von K. Galling u.a.,

Studienausgabe 7 Bde, Tübingen 1986

Riesenhuber, Klaus, (1968) Existenzerfahrung und Religion, Mainz 1968

Riesenhuber, Klaus, (1971) Die Transzendenz der Freiheit zum Guten. Der Wille in der Anthropologie und Metaphysik des Thomas von Aquin, München 1971

Riesenhuber, Klaus, (1973) Nichts, in: Handbuch philosophischer Grundbegriffe, hrsg. von H. Krings u.a., München 1973, 991-1008

Ritter, Joachim, Hrsg., Historisches Wörterbuch der Philosophie (HWPh), Basel/Stuttgart, 1971 ff

Russel, Bertrand, Warum ich kein Christ bin, München 1968

Sala, Giovanni B., Die Christologie in Kants 'Religion innerhalb der Grenzen der bloβen Vernunft', Weilheim-Bierbronnen 2000

Schaeffler, Richard, (1973) Religion und kritisches Bewuβtsein, München 1973

Schaeffler, Richard, (1983) Religionsphilosophie, München 1983, 2. Aufl. 1997

Schelling, Friedrich Wilhelm Josef, (SW) Sämtliche Werke, hrsg. von K. F. A. Schelling, Stuttgart/Augsburg 1856-61

Schelling, Friedrich Wilhelm Josef, (1800) System des transzendentalen Idealismus, Tübingen 1800, 인용된 출전: Phil. Bibl., Hamburg 1992

Schelling, Friedrich Wilhelm Josef, (1809) Philosophische Untersuchungen über das Wesen der menschlichen Freiheit und die damit zusammenhängenden Gegenstände, 1809, SW I/7, 417-484. 인용된 출전: nach der von Th. Buchheim betreuten Ausgabe der Phil. Bibl., Hamburg 1997 (약어: F)

Schelling, Friedrich Wilhelm Josef, (Urfassung) Urfassung der Philosophie der Offenbarung, 2 Bde, hrsg. von W. E. Ehrhart, Hamburg 1992

Schenzle, Axel, Macht Naturwissenschaft Gott überflüssig? in: Welt ohne Gott, hrsg. von V. Schubert, St. Ottilien 1999, 15-50

Schleiermacher, Friedrich, Über die Religion, Berlin 1799

Schmidt, Josef, (1975) Die Sinnfrage und ihr Verhältnis zur Religion, in: Bernhard Grom/Josef Schmidt, Auf der Suche nach dem Sinn des Lebens, Freiburg 1975, 6. Aufl. 1988, 39-59

Schmidt, Josef, (1977) Hegels Wissenschaft der Logik und ihre Kritik durch Adolf Trendelenburg, München 1977

Schmidt, Josef, (1988) Rezension zu: Heinrich Beck, Natürliche Theologie, in: Theologie und Philosophie 63 (1988), 447-450

Schmidt, Josef, (1997 a) 'Geist', 'Religion' und 'absolutes Wissen'. Ein Kommentar zu den drei gleichnamigen Kapiteln aus Hegels 'Phänomenologie des Geistes', Stuttgart/Berlin/Köln 1997

Schmidt, Josef, (1997 b) Das philosophieimmanente Theodizeeproblem und seine theologische Radikalisierung, in: Theologie und Philosophie 72 (1997), 247-256

Schmidt, Josef, (1999) Auf der Suche nach Sinn, in: Der Glaube der Christen. Ein ökumenisches Handbuch, hrsg. von E. Biser/F. Hahn/M. Langer, München 1999, 238-257

Schmidt, Josef, (2000 a) Hegels Übernahme und Radikalisierung des Ontologischen Gottesbeweises, in: Wahrheit - Sein - Struktur. Auseinandersetzungen mit Metaphysik, hrsg. von C. Peres u. D. Greimann, Hildesheim/Zürich/New York 2000, 75-101

Schmidt, Josef, (2000 b) Der Gottesbeweis aus der Kontingenz - Tradition und bleibende Bedeutung, in: Schule des Denkens, hrsg. von J. Oswald, Stuttgart 2000, 192-224

Schmidt, Josef, (2001 a) Der Gedanke des Nichts und die Frage nach Gott, in: Mitdenken über Gott und den Menschen. Dialogische FS für J, Splett, hrsg. von J. Schmidt, M. Splett, Th. Splett, P. -O. Ulrich, Münster 2001

Schmidt, Josef, (2001 b) Zum Begriff der Schöpfung - theologisch, philosophisch, in: Zeitschrift für Katholische Theologie 123 (2001), 129-142

Schöndorf, Harald, (1987) Descartes, in: Argumente für Gott, hrsg. von K. -H. Weger, Feiburg 1987, 110-113

Schöndorf, Harald, (1989) Sinn und Funktion des Ontologischen Gottesbeweises in Descartes' 5. Meditation, in: Sinngestalten, FS für E. Coreth, hrsg. von O. Muck, Innsbruck/Wien 1989, 104-116

Schopenhauer, Arthur, Werke in zehn Bänden, Züricher Ausgabe, Zürich 1977

Schopenhauer, Arthur, (Nachlaβ) Aus Arthur Schopenhauer's handschriftlichem Nachlaβ, hrsg. von J. Frauenstädt, Leipzig 1864

Schulz, Walter, (1957) Der Gott der neuzeitlichen Metaphysik, Pfullingen 1957

Schulz, Walter, (1972) Philosophie in der veränderten Welt, Pfullingen 1972

Schurr, Adolf, Die Begründung der Philosophie durch Anselm von Canterbury. Eine Erörterung des ontologischen Gottesbeweises, Stuttgart 1966

Seifert, Josef, Gott als Gottesbeweis, Heidelberg 2000

Spaemann, Robert, (1972) Die Frage nach der Bedeutung des Wortes 'Gott', in: Internationale Katholische Zeitschrift 1 (1972), 54-72

Spaemann, Robert, (1973) Sinn und Faktizität, in: Zur Debatte. Themen der Katholischen Akademie in Bayern 3 Nr. 9 (1973), 2-5

Spaemann, Robert/Reinhard, Löw, (1981) Die Frage Wozu? Geschichte und Wiederentdeckung des teleologischen Denkens, München 1981

Spaemann, Robert, (1987) Das 'sum' im 'cogito sum', in: Zeitschrift für philosophische Forschung 41 (1987), 373-382

Spaemann, Robert, (1992) Kausalität, in: Handlexikon zur Wissenschaftstheorie, hrsg. von H. Seifert u. G. Radnitzky, München 1992, 160-164

Spaemann, Robert, (1994) Naturteleologie und Handlung, in: Philosophische Essays, Stuttgart 1994, 41-59

Spaemann, Robert, (1996) Personen, Stuttgart 1996
Splett, Jörg, (1964) Er ist das Ja, München 1964
Splett, Jörg, (1973) Gotteserfahrungen im Denken, München 1973, 3 überarb. Aufl. 1985
Splett, Jörg, (1978) Der Mensch ist Person, Frankfurt a. M. 1978, 2. Aufl. 1986
Splett, Jörg, (1986) Freiheits-Erfahrung, Frankfurt a. M. 1986
Splett, Jörg, (1990) Leben als Mit-Sein, Frankfurt a. M. 1990
Splett, Jörg, (1996) Denken vor Gott, Frankfurt a. M. 1996
Sproul, Barbara C., Schöpfungsmythen der östlichen Welt, München 1993
Steinvorth, Ulrich, Was ist Vernunft?, München 2002
Swimme, Brian/Berry, Thomas, Die Autobiographie des Universums, München 1999
Thomas von Aquin, Die Gottesbeweise, lat./dt., Übersetzung und Kommentar von H. Seidel, Hamburg 1982, Phil. Bibl.
Tillich, Paul, (1962) Religionsphilosophie, Stuttgart 1962
Tillich, Paul, (1968) Der Mut zum Sein, Stuttgart 1968
Tindal, Matthew, Christianity as Old as the Creation, London 1730
Toland, John, Christianity not Mysterious, London 1696
Vårdy, Peter, Zur Dialektik der Metamathematik, in: Hegel und die Naturwissenschaften, hrsg. von M. J. Petry, Stuttgart 1987, 205-240
Verweyen, Hansjürgen, Gottes letztes Wort, Düsseldorf 1991
Wagner, Hans, Aristoteles. Physikvorlesung, Darmstadt 1967
Weger, Karl-Heinz, (1979) (Hrsg.) Religionskritik von der Aufklärung bis zur Gegenwart. Autorenlexikon, Freiburg 1987
Weger, Karl-Heinz, (1987) (Hrsg.) Argumente für Gott. Gott-Denker von der Antike bis zur Gegenwart, Autorenlexikon, Freiburg 1987
Weinberg, Steven, Die ersten drei Minuten, München/Zürich 1977
Weischedel, Wilhelm, Der Gott der Philosophen 2 Bde, München 1979

Weissmahr, Bela, (1983) Philosophische Gotteslehre, Stuttgart 1983
Weissmahr, Bela, (1985) Ontologie, Stuttgart 1985
Weissmahr, Bela, (1989) Ein Vorschlag zur Theorie der retorsiven oder transzendentalen Argumentation, in: Sinngestalten, FS für E. Coreth, hrsg. von O. Muck, Innsbruck/Wien 1989
Weissmahr, Bela, (1990) Der retorsive Aufweis der Unmöglichkeit der Leugnung des absolut notwendigen Wesens, in: Köszöntö, FS für Tamás Nyíri, Budapest 1990, 466-470
Weissmahr, Bela, (1999) Kann Geist aus Materie entstehen?, in: Zeitschrift für Katholische Theologie 121 (1999), 1-24
Welte, Bernhard, Religionsphilosophie, Freiburg 1978
Wittgenstein, Ludwig, Tractatus logico-philosophicus, Frankfurt a. M. 1969
Wuchterl, Kurt, Analyse und Kritik der religiösen Vernunft, Stuttgart 1989

찾아보기: 인명

ㅁ

ㅂ

ㅅ

ㅇ

ㅈ

ㅎ

찾아보기: 용어

ㄴ

ㄷ

ㅁ

ㅂ

ㅅ

ㅇ

ㅈ

ㅊ

ㅋ

ㅌ

ㅍ

ㅎ

철학적 신학

초판 발행 | 2006년 9월 11일
2 쇄 발행 | 2011년 3월 25일

저　자 | 요셉 슈미트
옮긴이 | 이종진
발행인 | 이종욱
편집인 | 우찬제
발행처 | 서강대학교 출판부
등록번호 | 제313-2002-170호(1978년 9월 28일)
인쇄 | 한컴인쇄정보

주소 | 서울시 마포구 신수동 1번지
전화 | (02) 705-8212
팩스 | (02) 705-8612
홈페이지 | www.sogang.ac.kr/~sgpress

ISBN 978-89-7273-115-3　93110

정가 25,000원